普通高等教育“十一五”国家级规划教材

教育部高等学校社会学学科教学指导委员会推荐教材

新编21世纪社会学系列教材

中国社会思想史

第三版

History of Chinese Thought in Sociological Perspective

主　编　王处辉

中国人民大学出版社

·北京·

主编简介

王处辉 南开大学社会学系教授、博士生导师，南开大学高等教育研究所所长。著有《中国社会思想史》、《中国社会思想早熟轨迹》等，主持编纂《中国社会思想史资料选辑》（6卷本）等，在《社会学研究》等刊物上发表文章50余篇。

内容简介

本书以时代与社会发展为逻辑线索，对从先秦至20世纪初中国历代思想家的社会思想做了系统介绍与评价，使学生或一般读者能系统地了解中国社会思想史产生与发展的总体线索。本书充分体现了作为社会学核心课教材的要求，重点突出了中国社会思想与西方社会思想的不同特点，并充分反映了本学科的最新研究成果。

第三版序

这部由中国人民大学出版社出版的教材，从2002年作为“21世纪社会学系列教材”发行第一版以来，一直受到全国社会学系师生及社会广大读者的厚爱，并受到教育部有关部门的支持与肯定。本书第二版很荣幸地被教育部确定为“普通高等教育‘十一五’国家级规划教材”，并被教育部高等学校社会学学科教学指导委员会列为推荐教材。

本书作者与中国人民大学出版社本着对学术负责，对社会负责，对社会学学科发展负责，对中国社会思想史任课教师与学生负责，对中国传统文化爱好者及广大读者负责的精神，随着教学与研究工作的深入，在吸纳最新研究成果，听取来自中国社会思想史任课老师、修习中国社会思想史课程的大学生与研究生，以及社会广大读者的要求与意见的基础上，于2009年对本书进行了较大规模的修订，并出版了本书的第二版。关于本书第二版之特点，以及我们当时修订时的基本理念，我已在当年所写的第二版序言中做了说明，兹不重复。本书第二版出版发行以后，收到良好效果，得到社会学界及广大读者的更多支持与肯定。但我们深知，“生也有涯，而学也无涯”。这些支持与肯定是对我们所开展的中国社会思想史教学与研究工作的鼓励，并不代表我们的工作没有缺点或不足。时代在进步，中国在发展，中国社会学在深入，我们的中国社会思想史教学与研究的任务还很重，虽然我们取得了一点成绩，但只是刚刚起步而已。路漫漫其修远兮！我们前面的路不但很长很长，而且永远没有终点。在本书第三版出版之际，我想就以下问题谈谈心得体会。

第一，中国社会思想史在中国的社会学建设中的地位与作用问题。

我从1982年进入南开大学社会学系任教至今，亲身经历了中国社会学三十三年的发展路向，也在中国社会思想史教学研究岗位上虚度了三十三个春秋。但愚者千虑，必有一得。所以多少也对中国社会学发展的成就与不足有一些心得体会。纵观中国社会学三十多年的发展史，可以明显感觉到，这个学科已经从最初的移植西方理论与方法粗浅地研究中国社会，发展到了借鉴西方社会学理论与方法深入地研究中国社会。随着中国改革开放三十多年的社会发展，中国已经成为全世界公认的第二大经济体，2014 年 10 月国际货币基金组织（IMF）发布数据预示，以购买力评价（purchasing power parity）计，中国经济总量 2015 年将超越美国，成为世界最大的经济体。中国人民的生活明显改观了，中华民族的自信心显著提高了，中国社会学界当初那种炒作西方理论与概念的时代也随之成为过去。特别是自党的十七大提出“四大建设”（十八大又扩大为“五大建设”）以来，中国社会学界服务于社会建设的热情非常高涨。培养“知世界、知中国、服务中国”的新一代社会学工作者，已成为我国高校社会学院系的共同目标。社会学前辈们自 20 世纪 30 年代即提出的“社会学中国化”目标，经过八十多年的努力，现在已经基本实现，我们的更高目标已经不再是“社会学的中国化”，而应当是建设“中国的社会学”了。进入新世纪以来，建设有中国气派、中国风格、中国特色的社会学成为社会学界的时代最强音。

中国的社会学应当如何建设？学者们在思考，在探索，在实践。但无论如何，有一点可以肯定，即中国的社会学必定是以形成中国的社会学理论为标志的。而中国的社会学理论必须从中国传统优秀社会思想与当下中国的社会发展实践有机结合，并吸收人类一切优秀社会思想与理论中才能形成。照搬西方的社会学，绝不可能发展出“中国的”社会学理论。陈寅恪在论述“道教之真精神”时说：“窃疑中国自今日以后，即使能忠实输入北美或东欧之思想，其结局当亦等于玄奘唯识之学，在吾国思想史上，既不能居最高之地位，且亦终归于歇绝者。其真能于思想上自成系统，有所创获者，必须一方面吸收输入外来之学说，一方面不忘本来民族之地位。此二种相反而适相成之态度，乃道教之真精神。”2014 年 9 月，余英时先生在台湾地区获“唐奖”时曾说道：“中国文明不但起源于本土，而且是循着自己的独立途径成长起来的。……和以往不同，在重建和阐释中国文明的演进过程时，我们开始摆脱西方历史模式的笼罩。换句话说，从西方历史经验中总结出来的演进模式可以对中国史研究具有参证和比较的作用，但中国史的重建却不能直接纳入西方的模式之中。我们现在大致有一个共识：中国作为一个伟大的文化传统，主要在自身的内在动力驱使之下，前后经历了多次演进的阶段。但为了对于中国文明及其动态获得整体的认识，我们必须致力于揭示中国历史变动的独特过程和独特方式。”这些国学大家的结论很值得当下我国社会学工作者学习和体会。

近年来，中国共产党与政府最高领导集体对中国优秀传统文化的现代价值问题不断有新的论述。习近平总书记 2014 年 4 月在欧洲学院演讲时曾指出：中国如全盘照搬西方政治制度和发展模式，“不仅会水土不服，而且会带来灾难性后果”。如果我们把这一观点引入中国的社会学理论建设与发展之中，我们便可以说，如果中国社会学全盘照搬西方的社会学理论和方法，同样会有水土不服问题，也同样可能会带来灾难性后果。习总书记2014年5月4日在北京大学师生座谈会上的讲话中谈到中国的一流大学建设时说："办好中国的世界一流大学，必须有中国特色。没有特色，跟在他人后面亦步亦趋，依样画葫芦，是不可能办成功的。"如果我们把这一观点引入中国的社会学理论建设与发展之中，我们便可以说，中国社会学理论必须有中国特色，如果我们跟在西方社会学理论后面亦步亦趋，依样画葫芦，要建设中国的社会学理论，也同样是不能成功的。所以说，必须以服务于中国的社会建设与文化建设发展需要为目标，在虚心学习借鉴人类社会创造的一切文明成果的同时，认真发掘中国传统优秀社会思想的现代性元素，并将其融会贯通，实现习总书记所要求的"创造性转化"和"创新性发展"，才是中国的社会学理论建设的必由之路。因此可以看到，中国社会思想史在当前及今后中国社会学建设中的地位越来越重要了。

第二，传统优秀思想文化与中国社会学理论实现"创造性转化"和"创新性发展"的关系问题。

从党的十七大提出"四大建设"，特别是到十八大又增加生态文明建设而成为"五大建设"以来，中国共产党和政府对中国优秀传统思想文化的重视程度显著提高。据我个人的统计，仅自党的十八大至今的两年多时间里，习近平总书记至少有十九次强调我国的文化建设及核心价值观建设必须继承中国优秀传统文化的问题。

2014年9月，习近平在纪念孔子诞辰2 565周年国际学术研讨会暨国际儒学联合会第五届会员大会开幕会上的讲话中指出，"孔子创立的儒家学说以及在此基础上发展起来的儒家思想，对中华文明产生了深刻影响，是中国传统文化的重要组成部分。儒家思想同中华民族形成和发展过程中所产生的其他思想文化一道，记载了中华民族自古以来在建设家园的奋斗中开展的精神活动、进行的理性思维、创造的文化成果，反映了中华民族的精神追求，是中华民族生生不息、发展壮大的重要滋养。中华文明，不仅对中国发展产生了深刻影响，而且对人类文明进步作出了重大贡献"。

"包括儒家思想在内的中国优秀传统文化中蕴藏着解决当代人类面临的难题的重要启示，比如，关于道法自然、天人合一的思想，关于天下为公、大同世界的思想，关于自强不息、厚德载物的思想，关于以民为本、安民富民乐民的思想，关于为政以德、政者正也的思想，关于苟日新日日新又日新、革故鼎新、与时俱进的思想，关于脚踏实地、实事求是的思想，关于经世致用、知行合一、躬行实践的思想，关于集思广益、博施众利、群策群力的思想，关于仁者爱人、以德立人的思想，关于以诚待人、讲信修睦的思想，关于清廉从政、勤勉奉公的思想，关于俭约自守、力戒奢华的思想，关于中和、泰和、求同存异、和而不同、和谐相处的思想，关于安不忘危、存不忘亡、治不忘乱、居安思危的思想，等等。中国优秀传统文化的丰富哲学思想、人文精神、教化思想、道德理念等，可以为人们认识和改造世界提供有益启迪，可以为治国理政提供有益启示，也可以为道德建设提供有益启发。对传统文化中适合于调理社会关系和鼓励人们向上向善的内容，我们要结合时代条件加以继承和发扬，赋予其新的含义。希望中国和各国学者相互交流、相互切磋，把这个课题研究好，让中国优秀传统文化同世界各国优秀文化一道造福人类”。

“文明特别是思想文化是一个国家、一个民族的灵魂。无论哪一个国家、哪一个民族，如果不珍惜自己的思想文化，丢掉了思想文化这个灵魂，这个国家、这个民族是立不起来的。”

新中国成立65年来，作为党和国家的最高领导人，在两年多时间里如此高频度地反复强调中国传统思想文化的现代价值，是此前从来没有过的。从以上摘要引述中，我们不但可以看到新一届党和政府对中国传统文化之现代性意义的高度重视，也可以从中引发我们对中国的社会学理论发展方向的新认识，以及对中国社会思想史研究与教学之重要性的认识。特别是习近平总书记提出的加强对中华优秀传统文化的挖掘和阐发，并努力实现“创造性转化、创新性发展”的问题，应当成为我们今后很长时间里从事中国社会思想史教学与研究工作的努力方向，并应当成为中国社会学发展的努力方向，甚至可以说应当成为中国当代文化建设与社会建设的努力方向。

第三，社会学专业课程设置中轻视传统社会思想文化以及社会学专业人员的“补课”问题。

如前所述，虽然我们的社会学研究领域在中国化的道路上有长足进步，但是我们考察当下中国高校社会学专业本科生课程的设置，却还是西方理论与方法课程占用了大量学时。在十门主干课程中，涉及中国传统社会与传统思想文化的，只有中国社会思想史这一门课程，且仅有60个课时，而且还可以用“中国社会学史”代替这门课程。于是，开设中国社会思想史课程的社会学专业的本科生在学四年，必须修习完成的150多个学分中，只有3个学分是修习中国传统社会思想与文化的课程，而那些只开设“中国社会学史”而不开设“中国社会思想史”的社会学专业的本科生，在学四年，对中国传统社会思想与文化的课程的修习几乎为零。试问，以这样的培养方案教育出来的社会学专业毕业生，在建设中国的社会学之进程中，将如何充分发挥作用？在社会学领域落实习近平总书记提出的加强对中华优秀传统文化的挖掘和阐发，实现“创造性转化、创新性发展”的历史使命中，能够做出什么贡献？我国现有一百多所大学开设了社会学本科专业，但实际开设中国社会思想史课程的，却不足百分之六十，社会学专业研究生培养阶段开设中国社会思想史研究课程者则远不足二分之一。社会学专业的本科生和研究生除了修习西方社会学理论与方法，就是修习以介绍西方为主的社会学分支学科，一些研究水平较高的大学开设了以研究当代中国社会各类问题为核心内容的社会学分支课程，却对当代中国各类问题与传统中国社会思想和社会结构的关系知之甚少。一些分支课程的教师，虽注意当代中国与西方社会的比较，却没有能力对当代中国与传统中国的关系进行深入解读，这样的比较教学，很可能存在着习近平总书记所说的严重“水土不服”问题。2014 年 2 月 24 日，习近平在中共中央政治局第十三次集体学习时的讲话中说：“培育和弘扬社会主义核心价值观必须立足中华优秀传统文化。牢固的核心价值观，都有其固有的根本。抛弃传统、丢掉根本，就等于割断了自己的精神命脉。博大精深的中华优秀传统文化是我们在世界文化激荡中站稳脚跟的根基。”虽然这是针对如何培育和弘扬当代核心价值观而言的，但对我们进行社会学学科建设具有重要指导意义，我们也可以说：博大精深的中华优秀传统社会思想文化是中国社会学在世界社会学激荡发展中站稳脚跟的根基。中国的社会学专业开办至今，已经过了“而立”之年，应该具备了自立自强的能力，我们的社会学专业课程体系到了必须反思与改革的时候了。

我们不仅对社会学专业的培养方案如此担忧，对当前中国社会学教学与研究人员的知识结构也同样有所担忧。比如，我国社会学、人类学界的一代宗师费孝通先生，在他晚年反复强调中国社会学要“补课”，在很多文章中告诫中国社会学教学与研究者们，要重视对中国传统思想文化的研究。与此同时，我国社会学界的领军人物如陆学艺先生、郑杭生先生等学者多次撰文呼吁中国社会学界要加强对中国传统社会思想文化的研究，他们还身体力行，组织编写了中国社会思想史的著作或资料选辑。令人不解的是，他们的呼吁提倡，并没有在中国社会学教学研究队伍中引起应有的反响，其原因何在？以我的考察，原因就是当下中国的社会学专业队伍中，中国传统社会思想与文化的知识基础薄弱的人太多了，在国内接受社会学专业训练的，对中国传统社会思想的修习情况如前所述，少得可怜；而在国外接受社会学专业训练的，所修习的完全是西方社会学知识，对中国传统社会思想与文化必然更加陌生。以这样的知识结构为主体构成的中国社会学专业队伍，即使有意响应老一辈社会学家的号召，大概也是心有余而力不足。在中国的经济与社会快速发展、民族自尊与民族自信不断提高，党和政府对中国传统优秀文化的现代性意义高度重视的今天，我国的社会学专业队伍，确实如费孝通先生所告诫的那样，应该好好地“补课”了。中国的社会学专业人员，如果不能补好中国传统社会思想与文化的课程，就难以在实现社会学理论的“创造性转化”和“创新性发展”中做出突出贡献。

第四，这部教材编写的原则与教师讲授时的详略问题。

据我们的体会，教材的编写与专著的撰写有显著区别。专著同样以服务于当代学术发展及经济社会建设为目标，但却可以按作者的偏好，将作者对有关问题的所有心得与创新都写入书中，只要言之成理，无论读者群有多小，并不必特别关心。专著强调知识或理论的创新而成一家之言，即或一时无人能读懂，也可以藏之名山，以待来者。但教材却不能这样做。早在19世纪末，张之洞在其所著《劝学篇》一书中，即提出编写教材的四项原则，他很可能是中国近代以来系统提出教材编写原则的第一人。张之洞说：“学堂之书，但贵举要切用，有限有程，人人能解，且限定人人必解者也。”我试就个人的理解谈谈对张氏提出的四原则的认识。

张氏提出的教材编写原则之一为“举要切用”。所谓“举要”，就是选取最为重要的知识内容，而不能眉毛胡子一把抓，面面俱到；所谓“切用”，就是所举之要必须以经世致用为目标，或者说必须以服务于当代的科学技术、政治、经济、文化、社会的发展建设为目标。我们将这一原则用于本教材的编写过程中，就必须选取历代社会思想发展中在当时最具创新性，而对当代又最具社会学意义及现代性的社会思想加以介绍与阐述。

张氏提出的教材编写原则之二为“有限有程”。所谓“有限”，就是内容要有所限定，对不同教育程度的学生的教育内容有不同的限定，即教材的知识内容与深度要循序渐进，根据教育对象和教育目标而定，不能无边无际，对学生提过高要求；所谓“有程”，就有要有系统，有教程，不能依编写者的偏好或兴趣倚重倚轻。将此原则用于本教材的编写过程，就是要做到教材内容与知识总量不能太过宽泛，章与节的设置也必须做到知识内容与逻辑的系统性。

张氏提出的教材编写原则之三为“人人能解”。所谓“人人能解”，就是要求教材必须做到深入浅出，语言流畅，适应作为教育对象的学生们的一般知识能力与阅读理解能力，让每一位学生都能读得懂，不能写得太过深奥晦涩，味同嚼蜡，也不能让学生读起来如云里雾里，望而生畏。所以小学教材与中学教材的写法不能完全一样，大学教材与中小学教材的写法也不能相同。同样是大学教材，专业课教材与公共课教材也不能采取同样的写法。我们的中国社会思想史教材是大学社会学专业的专业课教材，考虑到社会学专业学生对古代汉语的阅读能力有限，所以我们才尽量采取用现代语言阐释传统社会思想的写法，把大量原始文献放到注释之中，以备有志于深入研习的学生阅读。

张氏提出的教材编写原则之四为“人人必解”。也就是说，凡是写入教材的知识内容，都是要求学生们必须认真学习熟练掌握的，严格地说只有全面掌握了教材所提供的知识内容的学生，才是可以得一百分的优秀学生。中小学教材与考试基本上是按这个原则进行的，大学教材与教学成绩考核虽也应坚持这一原则，但我却认为不必这样刻板。大学教育要求先生讲授与学生自学相辅相成，教授只是起到画龙点睛的作用，所以大学文科教材内容比教师讲授的更为宽泛一些是正常的。此原则用于我们的教材编写过程中，我们写入教材的知识范围要宽于教师讲授的知识范围，以便给学生们留出自学的空间。更何况大学授课，强调教、学、研一体化，教师可以一部教材为主，结合自己的研究成果和学生接受能力，自编授课讲义，对各章节讲授内容的详与略可由任课教师自行安排。据我的经验，凡是按一部教材在课堂上照本宣科的大学文科教师，一定不会受到学生的普遍欢迎。大学教材中要求"人人必解"的部分，如果教育部没有在教学内容要求的规定中明确，则应是教师讲授及任课教师指定学生必会必解的那一部分。所以在大学里，授课教师的研究能力与专业学术水平就显得格外重要。

第五，关于本次进行教材修订的工作目标与修订内容问题。

我一直认为，要编写出一部好的教材，其难度绝对不亚于撰写一部学术专著。而且一部好专著未必可以成为一部好教材，但一部好教材应当同时可以成为一部好专著。按上述张之洞提出的教材编写四原则，我们使教材与专著具有了一些显著区别。此外，我在为本书第二版所写的序言中，引用了南开大学前校长侯自新先生对我说过的一句话："教材是'教'出来的，不是'编'出来的！"我至今仍将此语视为至理名言。教材的好与不好，必须通过教学实践过程的检验。或者说，教学实践与效果是检验一部教材好与不好的唯一标准。本书第二版发行之后，被全国很多社会学专业所采用，据我们所做的本教材使用效果调查，大家普遍反映与第一版相比有显著进步，在教学中受到普遍肯定。但也提出本教材存在着字数较多的问题，知识内容太多，教师在40或60个课时的规定之下，没有办法全部讲授及学生难以通读。本教材是按至少80个学时编写的，由于一些学校安排的课时不足，造成教师只能重点讲授，学生不能系统地阅读教材，而觉得此教材较厚、内容较多，是很正常的。这次修订也没有对内容进行大范围的删减。

本次修订没有对全书章节的设置结构进行调整。因为根据我三十多年教授中国社会思想史课程的经验，并广泛征求全国多所院校授课教师的意见，均认为第二版确定的章节结构已经比较成熟，也比较便于教师的教和学生的学，目前也还没有更新、更好的变革全书结构的成熟方案，所以仍然保持了第二版的格局。

这次的修订工作，全书各章节的作者没有变动，由我对全书进行了统校、统改。我修订后的书稿，又请参加本书第二版编写的宣朝庆教授对唐代及以前的部分、刘集林教授对宋代及以后部分的书稿分别进行了校读，他们提出的修订意见也被采纳。这次修订的重点如下：其一，将新的学术成果补充进去；其二，将我认为不太必要的延伸性论述进行了删除；其三，将我认为全书前后提法不太统一或表述不太准确的文字进行了修改；其四，将原来征引出处不准确的注释进行了修正；其五，对第二版中存在的丢字、错别字或行文不太顺畅之处进行了修正；其六，保持第二版采取的正文中尽量使用现代汉语，而将原始文献放到注释中的特点，并将更多的仍在正文出现的原始文献移入注释之中。我相信，经过这次修订，本书在总体质量上定会有所提高。

此外，根据教育部对大学本科教育“厚基础，宽口径”的要求，为了满足社会学专业本科生及研究生拓展学术视野，以及深入研习中国社会思想史的需要，在这次对本书进行修订的同时，我们还编写了一部与本书章节设置相同、内容完全同步的《中国社会思想经典要义》，将本书中所引用的，以及本书虽没有引用但有助于对本书所论及的思想家及思想流派之社会思想有更深入全面理解的经典原始文献进行了编辑整理，并对这些原始文献做了必要注释。我们相信，如果读者能同时阅读这两本书，对中国历代社会思想的理解深度定会比只读本书有显著提高。

本书此次修订工作得到中国人民大学出版社领导及潘宇、宋义平、汤慧芸三位编辑的大力支持，我们深表感谢。

虽然我们相信经过此次修订，本书会比第二版更加完善，但仍会有一些缺点和不足，恳请各位专家学者、各位师生及广大读者提出宝贵意见，以便我们今后进一步对本书加以修改完善。是为序。

王处辉

2015年3月

于南开园

第二版序

一本好的教材，必须经过多年教学实践的锤炼。前不久，我与我们南开大学前校长侯自新教授讨论"中国何以跻身一流大学的方略"这一研究课题时，曾讨论到一流大学的教材建设问题。他以自身从教40年并做了十几年大学校长的经验，总结出了似乎很平常的一句话，他说："教材是'教'出来的，不是'编'出来的！"他认为，好的教科书不是用一两年就可以在书斋里"编"出来的，而是必须建立在多年教学实践的基础上，在先生"教"与学生"学"的互动过程中不断地锤炼、增删、修订，这样才能形成一部经得起检验的好教材，而且即使是一部被公认的好教材，也还总要不断地在教学过程中锤炼、增删、修订，与时俱进，才不会落伍。他的话之所以让我至今记忆犹新，一是我认为此乃至理，二是它符合我多年来教中国社会思想史课程、写中国社会思想史教材的感受。虽然由我主编，由中国人民大学出版社出版的《中国社会思想史》是在我从事中国社会思想史教学与研究20多年的基础上完成的，且已被全国多所大学的社会学系作为指定教材使用，但我个人仍以为它离我心目中的"好教材"还有相当的差距，它还必须不断地在教学过程中锤炼、增删、修订，以吸纳最新研究成果，回答时代提出的新问题，解决任课教师与修课学生在教与学过程中的困难与不便，方能向"好教材"的方向不断迈进。

时间过得真快，我从1982年开始从事中国社会思想史的教学与研究工作，屈指算来至少已给25届社会学专业本科生讲授过这门课程。从1989年我出版第一本《中国社会思想史》著作至今，也有20年历史。中国人民大学出版社出版本教材的第一版是在2002年，弹指之间也已过去了7年。作为教材，到了非修订不可的时候了。其实在两年以前，我们就开始了修订工作，2007年年初，中国人民大学出版社的潘宇编辑就与我签订了出版本书修订本的协议，并希望我能尽快地完成修订工作，但至今才算完成此任务。除了一些不能成为理由的原因之外，主要是我对如下问题的思考一直没有如意的结论，即如果没有新的突破，怎么能叫"修订"呢？如何通过修订，克服各校教师与学生在使用此教材时遇到的困难？通过修订让本教材再上一个新台阶的可能性和路径在哪里？中国社会思想史与当代中国社会学的发展如何接轨？如何认识和解读中国传统社会思想的现代性问题？在这些问题的困扰之下，修订工作竟然花了两年多的时间，至今才与读者见面，但是否在回答上列问题方面有所进步，仍不敢断言。这次修订主要做的新工作有以下几个方面：

第一，对"社会思想史"的定义进行了新的提炼。定义的修订是件大事，对于一个学科的定义，要改动其中一个字都是有困难的，初版时我对社会思想史的定义是："社会思想是人们在社会生产和生活实践中所形成的关于社会生活、社会问题、社会模式的观念、构想或理论。"这本是我在20多年前总结和借鉴前人成果的基础上形成的定义，已使用了20多年了，但我总觉得这个定义仍不尽如人意，经近年反复思考，在原先"社会思想"定义的基础上做出如下新的界定：

社会思想是人们在社会生产和生活实践中形成的关于社会生活秩序的构建、管理及理想社会模式的观念、构想或理论。中国社会思想史就是研究历代中国人在社会生产和生活实践中所形成的关于社会生活秩序的构建、管理及理想社会模式的观点、构想或理论发生、发展和继承或斗争的内在历史过程及其特点与规律的社会学基础理论学科。

第二，对本书的下限做了延伸。本书第一版的下限是社会学在中国出现，以孙中山的社会思想作为全书的最后一章，对民国时期的社会思想没有介绍。但作为一部完整的中国社会思想史教材，如不包括民国时期的社会思想，总觉得是个缺憾。这次修订增加了一章，即"民国时期价值多元化趋向中的社会思想"，我们认为，民国时期的社会思想十分活跃，但总括地说，除了孙中山主张的三民主义之外，主要有三大流派，即自由主义、马克思主义、文化保守主义，限于篇幅，只选了这个时期三个代表性人物，即胡适、陈独秀、梁漱溟的社会思想进行分析评介，以此反映这个中国思想界新的"百花齐放"时期社会思想之大致面貌，虽仍显不够详尽，有挂一漏万之虞，但有利于让读者对民国时期的社会思想有初步了解，并增强了教材的完整性。

第三，对古代文献原文做了有利青年学生们阅读的安排。我们在多年教学实践中发现，有些学生阅读和理解古代原始文献有一定困难，社会学专业的学生，阅读古汉语文献的能力一般比不上历史或中文专业的学生，教材中原始文献太多，可能影响学生对历代社会思想家之思想内容的理解程度，进而影响教学效果。为解决这个问题，在这次修订过程中，我们在正文中尽量少引述原始文献，而是改用现代汉语表述思想家的思想意涵，而将一些原始文献移入注释之中，这既便于一般学生的阅读，也让愿意深入研读的学生或读者仍可方便地读到原文，并让方家检验我们在正文对思想家之思想意涵的解读是否准确无误。

第四，保持第一版中每章之后有“本章要点”、“复习思考题”和“推荐阅读书目”的做法。要点力求简明扼要，将我们要表达的核心意思交代清楚；复习思考题则以巩固核心知识与调动读者的发散性思维为目标，给有意在此学术领域深造的学生及读者们自主地开展深入研究与思考的充分空间；推荐阅读书目则是以为学生及读者找到继续深入研读的最基本、最核心的资料提供便利，引导学生及读者将多种相关著作进行比较阅读和研究。

第五，采取了以“篇”表达历史时序性，以“章”的名称表明社会思想之特性的做法。本书第一版采用了以“篇”表达社会思想的历史时序，而以思想家为单位进行分“章”的做法。我们在多方倾听各校任课教师和学生的意见时发现，有些教师反映，教材章数太多，在规定的本课总学时之内，没有办法将全书内容讲授完毕，而有些学生则反映，章数和思想家都太多，在记忆时容易将不同社会思想家的相近思想混淆。为克服这个问题，我们在修订时采取了将思想内容有共性或有可比性的思想家之社会思想合并为一章的做法，并在章名中体现该章所介绍的思想家之社会思想的特性，例如：我们将孔子与孟子的社会思想合并为一章，该章取名为“‘法先王’以重建社会秩序的孔孟儒家社会思想”；将老子与庄子合并为一章，取名为“‘法自然’以恢复社会秩序的老庄道家社会思想”；又如，墨家与杨朱本来是没有直接思想共性的两个学派，但孟子曾说“杨朱、墨翟之言盈天下”，都曾一时成为“显学”，他们在那个时代思想界中有一个共性，即他们都是要标新立异，想用一套新思想、新方法治理社会，重构群体社会生活的秩序，所以我们将墨家与杨朱合并为一章，取名为“颠覆传统以重构社会秩序的墨家、杨朱社会思想”；再如，荀子本属儒家学派，但后人却将《荀子》一书归入“子学”之中，一个很重要的原因是他的社会思想与孟子等人有显著区别，即他更注重通过外在控制来实现社会生活秩序的重构，这种思想倾向再往前迈进一步，就成为了法家思想的理论来源，这也是他的两个学生都是法家代表人物的重要原因，据此，我们将荀子与他的学生韩非的社会思想合为一章，取名为“‘法后王’以改造社会秩序的荀子及韩非法家社会思想”。采用同样的思路，我们将《礼记》、董仲舒、《白虎通义》的社会思想合为一章，取名为“汉代官方儒学的社会思想”；将李觏、王安石、陈亮、叶适合并为一章，取名为“宋代功利主义儒家的社会思想”；将王守仁、王艮、何心隐、李贽合并为一章，取名为“明代心学及其平民化儒学的社会思想”；将龚自珍、魏源合并为一章，取名为“晚清之西力东侵初期的社会思想”；将太平天国洪秀全、洪仁玕与孙中山的社会思想合为一章，取名为“农民与资产阶级革命家的社会思想”，这是因为我们认为太平天国与辛亥革命都是晚清时期以颠覆旧的社会生活秩序为目标的革命性质的思想。陈独秀、胡适、梁漱溟本身并没有太多思想的一致性，甚至他们的社会思想之间相互还可能是冲突的。但我们还是将三人合并在一章之中，该章名为“民国时期价值多元化趋向中的社会思想”，意在通过这三位思想家向读者展示民国时期中国社会思想之发展特征与大势。

第六，坚持社会思想史发展时序性原则的同时，强化了思想内涵的关联性原则。在以“篇”划定的时间段内，强化了不同思想家之社会思想的关联性和特性的展示，适当淡化了对思想家出场次序的历史时间要求。在本书第一版中，我们较严格地按思想家的生卒年排列出场次序，这样做的优点是历史感强，但思想内涵的特性与关联性却因之被打乱了，如孔子与孟子，老子与庄子，《太平经》与葛洪，李觏与王安石、陈亮、叶适等人，王守仁与王艮、何心隐、李贽等人，其社会思想内涵的关联性很强，特性较一致，但受各自生卒年的限定，无法合在一起讲授；我们认为，作为社会学专业的学生，学习中国社会思想史，相对于历史专业的学生而言，最主要的目的是学习借鉴前人社会思想之精华，为当代社会研究与社会建设服务，而不是为了研究历史学而学习社会思想史，所以与其说他们需要关注思想家生活的具体时间，不如说他们更需要关注社会思想家们所处的那个大时代的社会生活秩序建构与管理中面临的最严重挑战是什么，在那样一个大的历史时期，为解决群体生活秩序中存在的最为突出的问题，他们的思想及提出的哪些思想理论是值得我们学习与借鉴的。故此我们在修订过程中，以“篇”规定出一个大时代、大时段，但在同一个大时代、大时段之内，不以思想家生卒年排列思想家次序，而是以其社会思想的关联性及特性的相对一致性划定“章”，以“节”排列思想家，为尊重历史的时序性，在同一章之中思想家的排序仍以生卒年为依据。

第七，将社会思想回归到它所发生的时代中加以介绍和论述。“中国社会思想史”并不等同于“中国社会史”，但社会思想是源于人们的社会生产与生活实践的，所有的新社会思想，都是思想家们面对他们所处的那个时代而发的，包括他们对理想社会的新构想，都离不开他们所处的那个时代所面临的问题与困惑。我们在研究中深刻认识到，所有社会思想家都是社会责任感极强的人，他们并不是只为自己的一己之私而活着，而是要在继承和发展前人思想的基础上，解决他们所处时代面临的社会生活秩序问题，志向更宏远者还要进而“为万世开太平”。无论他们的思想是否可以为我们当下所接受，我们都有必要将他们的社会思想放在他们所处的时代大背景之下，考察他们思想的时代价值和创新性，这才是历史唯物主义的态度。故此我们希望研读中国社会思想史的学生或读者，都要将社会思想的形成与发展与社会史结合在一起去认识，这样才能客观公正地认识某种社会思想的存在价值与存在合理性，不致在戴着有色眼镜或“屈光不正”① 的情况下去盲目地

① 在医学上，“屈光不正”是指眼在调节放松时，平行光线通过眼的屈光作用后，不能在视网膜上结成清晰的物像，而在视网膜前或后方成像。它包括远视、近视及散光。在此比喻不能科学正确地对待前人思想成就者。

褒贬前人社会思想的价值和创新性。为此，我们在每“篇”的开始加入了对该篇所涵盖的历史时期之社会政治、经济、文化、社会等社会历史情况的介绍。

第八，做了一些内容的增补与删节。为了加强社会思想的系统性与全面性，我们新增补了先秦的杨朱、汉代的《白虎通义》、明代的王艮、近现代的梁启超，以及前文已经言及的民国时期的陈独秀、胡适、梁漱溟等思想家或著作的社会思想。同时删除了郑观应等人之社会思想。对第一版中论述的其他社会思想家之社会思想也有所增删，限于篇幅，在此不便一一介绍。

这次修订工作中，撰写人也有所变动，第十章第一节“《礼记》的社会思想”，仍由武汉大学社会学系教授、博士生导师桂胜博士撰写；第二十二章“晚清之西力东侵初期的社会思想”、第二十三章第一节“康有为的社会思想”、第二十四章“农民与资产阶级革命家的社会思想”，由吉林大学社会学系教授、博士生导师田毅鹏博士撰写，第二十五章“民国时期价值多元化趋向中的社会思想”由南开大学社会学系副教授刘集林博士撰写；第二十三章第二节“梁启超的社会思想”由田毅鹏与刘集林共同撰写；全书中各篇开篇部分的社会历史情况的介绍及第十章第三节“《白虎通义》的社会思想”、第二十章第二节“王艮的社会思想”由南开大学社会学系副教授宣朝庆博士撰写，宣朝庆博士还协助主编做了将正文中的原始文献移入注释的工作及一些章节安排的调整工作，其他各章节均由本书主编南开大学社会学系教授、博士生导师王处辉博士撰写。此外，各章要点及参考文献的修订得到了南开大学社会学系博士研究生董向慧和孙跃的协助。

本书的修订出版工作得到了中国人民大学出版社的大力支持，潘宇女士为此投入了大量心血。于此谨对上述协助我们完成修订工作的各位撰写者及中国人民大学出版社的各位编审者致以真诚的感谢。

本书的修订版可能还有诸多不尽如人意之处，正如我在开头所论及的那样，“教材是‘教’出来的”。我们将在以后的教学实践中，不断探索，并广泛听取全国各大高校教师与学生们的宝贵意见和建议，相信在三五年后，我们如再次进行修订的话，定能使本教材的质量再上一个新台阶。故此，敬请各位同行教师、学生及广大方家读者不吝赐教。各位可将意见、建议直接发到我的电子信箱(wangch@nankai.edu.cn)。我愿意通过任何形式与各位师生及同行学者及方家读者就相关的任何问题交换意见或进行学术讨论。只有大家共同努力培育，中国社会思想史之学术发展之树，方能长青。

是为序。

王处辉

2009年2月10日

于南开园

第一版序

在我国高等院校社会学专业课程体系中，中国社会思想史被列为主干课程之一，所以“中国社会思想史”的教材建设便成为社会学学科建设中的一项重要任务。中国人民大学出版社堪称我国出版高等院校文科教材的重镇，出版了诸多高质量的高校文科教材。约两年之前，该出版社雄心勃勃，制定了面向21世纪，为高校社会学系出版一套高水平主干课程教材的规划。我本不知此事。一日，忽然接到该出版社一位我此前从不认识的编辑打来的电话，她叫潘宇。她向我介绍了他们的上述出版规划，并特约我完成其中的《中国社会思想史》教材的编写工作。面对他们给予的充分信任，我深感却之不恭，但我的研究成果已于近年出版，我没有能力在较短时间内再出版一部研究对象相同而内容全新的同名著作，于是经出版社同意，以我多年从事中国社会思想史教学与研究的体会及初步成果为基础，由我做主编，邀请几位对中国社会思想史研究有素的同志，一起完成这部教材的编写工作。经过将近两年时间的共同努力，这部教材终于可以呈献给各位读者了。

本教材的体例与各篇、章之设定，均出于我们多年的教学实践，具体撰写工作则在统一提纲的基础上由各位作者分别独立完成，全书撰写分工情况如下：第一章至第五章、第十六章至第四十三章由王处辉（南开大学社会学系教授，博士生导师）撰写；第六章、第七章由王处辉与周一骑（南开大学社会学系副教授）共同撰写；第八章至第十四章由周一骑撰写；第四十四章至第四十九章由田毅鹏（吉林大学社会学系副教授）撰写；第十五章由桂胜（武汉大学社会学系副教授）撰写。最后由王处辉负责统阅全稿，同时对全书做了必要的调整、加工或修订工作。由宣朝庆（南开大学社会学系博士研究生）对全书部分引文和注释加以核校。虽然各位作者都坚持严谨认真的治学精神，为保证本教材质量做了很多努力，但书中仍难免存在一些漏误或不足之处，敬请各位读者提出宝贵意见或建议，以便将来做进一步修订和完善。

作为一部教材，本书尽力采纳国内外已有的最新研究成果，力求用最简约和通俗易懂的语言，向读者展示中国自上古至20世纪初的社会思想的基本内容和特点。此外，为了便于加深学生和其他青年读者对古典文献的理解，以利于提高学习效果，我们在论述先秦时期各家社会思想时，对所引原文做了一些注释。这项工作既费时又费力，并使全书的注释体例产生了某些不一致，但我们思考再三，还是试着这样做了。其实际收效如何？还要请各位读者做出评判。

本书的出版得到中国人民大学出版社的大力支持，责任编辑潘宇同志为本书的编辑出版付出了大量心血。各位参编者都充分支持主编的工作，使我们的合作非常愉快。正是基于这些积极的支持和愉快的合作，才使本书得以顺利完成并付梓。在此谨向他们以及其他为本书编著和出版提供过帮助的同志们表示深深的谢意。

王处辉

2002年3月30日

于南开大学

目　录

第一篇　绪论

第二篇　原始社会至夏商西周时期的社会思想

第三篇　春秋战国时期的社会思想

第四篇 秦汉魏晋南北朝时期的社会思想

第五篇 隋唐宋元时期的社会思想

第六篇 明清时期的社会思想

第七篇 晚清至民国时期的社会思想

第一篇

绪论

中国社会思想史是社会学中国化的重要理论源泉之一。早在20世纪30年代社会学界提出社会学中国化的时候，就把中国社会思想史的研究作为了重要的领域，孙本文、潘光旦、吴文藻等社会学家均在这一方面有所建树。开展中国社会思想史的研究和教学，是由“社会学为中国社会服务”这个内在要求所决定的，没有对中国社会思想演进的清晰认识，就难以做到真正地懂中国、知中国，使社会学这门从西方输入的新兴学科在中国扎根、成长，也就谈不上“发挥中国社会学之特长”了。

中国社会学恢复重建之后，社会思想史研究承担起新的任务。20世纪80年代以来，在“社会学需要补课”的号召下，中国重新成为社会学理论的输入大国。在很长时间里，把西方的理论、教科书、方法搬到中国的教室里，成为“补课”的重要工作。表面看来，社会学好像是用行动、结构、规范、社会体系等抽象原则描述普遍性社会过程的科学，实际却是了解或解释某一个地区或国家，因此社会学必须对这个地区或国家形成独到、精准的“透视”能力。这就需要中国社会学重新检讨西方理论的适用范围，挖掘中国社会之特性，进而形成理论共识。中国社会思想研究要在中国社会理论、中国社会发展规律等方面有所突破，为中国社会学理论的发展做马前卒。

社会学的发展其实与文化传统有着莫大的关系。法国、德国社会学之所以能够与美国社会学分庭抗礼，大多是因他们有自身的传统，前者是人文主义传统，后者是马克思（或韦伯）的传统。这也就构成了具体社会学理论所禀受的社会文化内涵。中国社会学的发展也必须深深扎根在本土社会的文化传统中。20世纪40年代，中国社会学作为后起之秀，已经成为当时世界上除了美国之外的第二大社会学学术重镇，产生了差序格局、伦理本位社会、中和位育等社会学思想，这都与重视中国自身的社会思想有关系。中国社会学的未来发展，要取得国际社会学的认同，也必须能够展现中国文化特色，从中国历代社会思想中汲取具有现代性价值的精神与理论精华。要将“在中国的社会学”变为“中国的社会学”，不然就只有依附的社会学。

第一章
社会思想史的定义与研究方法

第一节
学习中国社会思想史的意义

社会思想是人们在社会生产和生活实践中所形成的关于社会生活秩序的构建、管理及理想社会模式的观念、构想或理论，属理论社会学范畴。中国社会思想史就是研究历代中国人在社会生产和生活实践中所形成的关于社会生活秩序、社会问题、社会管理及社会模式的观点、构想或理论发生、发展的内在历史过程及其特点与规律的社会学分支学科。中国社会思想史是构建中国特色社会学理论的重要源泉，是研究和正确解读当代中国社会生活秩序运行逻辑的重要基础。

自 1979 年我国恢复和重建社会学学科至今的 30 年来，中国社会学研究的深度和广度，无论是理论社会学还是应用社会学，均达到前所未有的水平。特别是 20 世纪 90 年代中期以后，中国社会学学科的队伍迅速扩大，学科建设也有了明显的进展。其最直接的表现之一，是对西方社会学理论的引进已从初期浮光掠影式的介绍或翻译，发展到较为系统的深入研究。表现之二，是在中国社会学者的最新研究成果中，照搬西方概念或理论与中国现实社会生硬比附的现象已大为减少，社会学家大都集中精力研究中国改革发展与社会转型中出现的重大现实问题。在对这些重大现实问题进行理论分析时，也已逐渐从依附于西方社会学理论的阶段走出来，在借鉴各种外国相关理论的同时，注重采用当代中国社会学者自己的逻辑和话语系统，解读中国社会，从而增强了中国社会学的国际对话能力。表现之三，是中国社会学家已有了“文化自觉”意识，充分认识到中国社会学学科的发展如不能与中国自身的实际及传统相结合，以形成中国的社会学基础理论，则不能对中国的应用社会学研究发挥指导作用；认识到中国的社会学基础理论，必须从中国社会中寻求，而中国是一个拥有五千年文明史，有自己的文化特色的国度，因此，要建设中国的社会学基础理论，就不能忽视中国在几千年的社会发展中所形成的各种社会思想之精华及其当代意义。

早在新中国成立以前的中国社会学界，就已有一些学者注意到了中国社会思想史研究的重要性，并做了一些有益的努力。民国政府教育部就曾把中国社会思想史作为我国大学社会学系的一门必修课程。[①] 当时中国社会学界之巨擘孙本文先生在他所著的《社会学原理》一书中即指出："中国社会思想，为研究中国社会学者必须研究之材料。"[②] 20 世纪 40 年代中期，孙本文发表了一篇名为《五十年来的中国社会学》的论文，又于 1948 年出版《当代中国社会学》一书，均提出了关于中国社会学学科建设的建议，作为当时中国社会学界最杰出的学者之一，他的这个建议可以代表当时中国社会学界对"今后应从事的工作"（孙本文语）的一个蓝图。这个蓝图分为两个方面，第一是"中国理论社会学的建立"；第二是"中国应用社会学的建立"。他说："今后社会学者应致力于中国化的社会学之建立，其重要工作有三：一、整理中国固有的社会史料……二、实地研究中国社会的性质……三、系统编辑社会学基本用书……"在其所说的第一项重要工作，即"整理中国固有的社会史料"一项中，又开列出五项具体工作目标，孙本文先生说，其中的第一、第二项具体工作为：

"（一）关于社会学说者。凡古人对于社会生活或社会问题的各种思想，均应加以搜集与整理，依历代顺序，编成有系统的中国社会思想史。"

"（二）关于社会理想者。古今贤哲发表有关社会组织及社会生活的各种理想与计划，亦应加以搜集与整理，编成一部中国社会理想史。"

也就是说，在这个中国社会学发展规划中，孙本文先生是把"中国社会思想史"与"中国社会理想史"作为"中国理论社会学的建立"中最首要的任务提出来的。由此可知，中国第一代社会学家把中国社会思想史研究放到了何等重要的地位。也由此可知，直到新中国成立前夕的 1948 年，社会学界关于中国社会思想史的研究仍处于起步阶段，尚无较有分量的成果问世。[③]

社会学恢复重建以后，以费孝通先生为代表的老一代社会学家反复强调中国传统文化与社会思想在社会学研究中的重要性。他在 20 世纪 90 年代初写的《略谈中国的社会学》中强调说，20 世纪 30 年代布朗教授在中国讲学时就说过，中国的荀子发明了社会学，比西方早两千五百多年，他在《孔林片思》一文中指出，21 世纪是一个世界范围内的"新的战国时代"，这个时代需要"新的孔子"，认为历代中国人在人际关系方面的思想对解决当今世界性的纷争和冲突具有重要意义，值得认真发掘。在此基础上，他提出中国的"文化自觉"问题，要求社会学家不但要关注社会的"生态"问题，更要关注社会的"心态"问题，以开创人类社会"美美与共，天下大同"的新局面。2003 年他又发表《试谈扩展社会学的传统界限》[④] 一文，专论中国传统社会思想与文化对当代中国社会及中国社会学发展的重要性。他指出："中国丰厚的文化传统和大量社会历史实践，包含着深厚的社会思想和人文精神理念，蕴藏着推动社会学发展的巨大潜力，是一个尚未认真发掘的文化宝藏。从过去二十多年的研究和教学的实践来看，深入发掘中国社会自身的历史文化传统，在实践中探索社会学的基本概念

① 参见龙冠海、张承汉：《社会思想史》，初版序，台北，三民书局，1967。

② 孙本文：《社会学原理》，684 页，上海，商务印书馆，1935。

③ 详见王处辉：《中国社会思想史研究的历史回顾与瞻望》，载《社会学研究》，2000 (1)。

④ 载《北京大学学报》，2003 (3)。

和基本理论，是中国学术的一个非常有潜力的发展方向，也是中国学者对国际社会学可能做出贡献的重要途径之一。”他还告诫社会学界说：“我们研究社会也好，改革社会也好，绝不能抛开历史，没有一个社会结构是完全凭空构建的，它总是要基于前一个社会结构，继承其中的某些要素，在此基础上建立新的东西。”他举中国当代社会为例，说：“像我们今天的这个‘中国’，虽然是在一场摧枯拉朽的革命之后建成，但我们今天的社会结构，并不都是1949年建国时一下子凭空创造出来的，它是过去几千年社会结构演化的继续，是和过去的社会密切相关的。建国时期几亿人口的思想、文化、价值、理念都是从此前的历史中延续下来的，谁也不可能把一个社会中旧的东西突然‘删除’、‘清洗’，变成空白，再装进去一个全新的东西。我们中国的革命，形式上是‘天翻地覆’、‘开天辟地’，实际上，它是建立在中国社会自身演化的内在逻辑之上的，也是中国文明演进的一个连续过程的一个阶段。建国五十年后的今天的中国社会，还是跟过去的社会密切相关，社会的方方面面的历史文化积累过程是不间断的、永恒的、全方位的。”他认为，中国传统社会思想与文化中，有造成了后来技术方面脆弱、在与西方对抗中不堪一击的问题，但中国文明的很多传统确实表现出直达和早熟的特征，而从宏观的全球视野考察当代世界上的很多问题，经过了很多波折、失误、冲突和破坏之后，“恰恰又不能不回到先贤们早已经关注、探讨和教诲的那些基本点上”。他认为，中国社会学家只有充分认识这种历史荣辱的“大轮回”，才有助于从总体上真正把握很多社会现象和社会问题的脉络。费孝通先生在该文结论中指出：中国传统社会思想与文化中，在诸如处理人与人、我与我、心与心、人与群体、人与自然等方面的思想确有“先见性”和“超前性”，而这些“常常是我们真正理解中国社会的关键，也蕴含着建立一个美好的、优质的现代社会的人文价值。社会学的研究，应该达到这一个层次，不达到这个层次，不是一个成熟的‘学’（science）。如果我们能够真正静下心来，坐下来，潜心梳理这些传统的宝贵遗产，真正在这方面获得一些突破，那将是社会学发展的一个重要的跃进”。

费孝通先生治社会学、人类学达七十多年，为中国社会学的发展投入了毕生精力，他在晚年所写的一系列学术反思性的文章中，反复强调中国社会学界要加强对中国传统社会思想与文化的研究，自然是有其深刻道理的。因为他已清楚地看到，真正“中国的”社会学的发展，必须要以中国丰富的社会思想为基础，才能继往而开来，自立于世界社会学之林。如果我们从世界社会学发展的视角鸟瞰中国社会思想史，则正如张琢先生所说的那样：“世界社会学如果没有中国这‘半个世界’（汤因比语）的社会史和社会思想史，就是最大的缺憾。继往开来，认真下工夫挖掘、整理中华民族源远流长、蕴涵丰富的社会思想的历史遗产，予以科学的阐释，并奉献于世界，使人类社会思想发展史逐步趋向完备，是中国社会学者责无旁贷的使命。”①

总之，中国社会思想史研究对于中国社会发展的重要性，以及中国社会思想在社会学学科中的重要地位，已经越来越受到中国社会学界的重视。因为人们已经认识到：如果我们要将中国建设成为和谐社会，就不能忽视中国在几千年的社会发展中所形成的各种社会思想之精华；如果我们要建设中国特色的社会学，就不能割裂中国的传统与现代的关系；如果我们要解读现代中国社会，就不能忽视中国几千年的社会基

---

① 张琢：《社会学之国学寻踪》，载《社会学研究》，1995（4）。

础和文化淀积；如果我们要建设中国的社会学理论，就不能不加强对中国社会思想史的研究。① 换言之，我国的社会学，以建立具有中国特色的社会学为其发展目标，就需要我们在吸收借鉴西方社会学研究成果的同时，致力于对中国现实社会的研究，进而建构起我国的社会学理论。我们要研究现实中国社会，就需研究和了解传统中国丰富的社会思想，从中汲取有益的思想材料，以之为现实服务。此外，若从社会学工作者所应具备的知识结构及进行应用性研究方面考察则显而易见的是：只有具备理论知识并熟练掌握研究问题的方法，才能对具体问题进行科学而深入的研究，而中国社会思想史即是社会学工作者必须具备的基本知识之一。可见，无论从建立新中国社会学的角度着眼，还是从这个学科的继承性和发展性立场出发，现在我们都有必要认真地学习和研究中国社会思想史。所以中国社会思想史课程一直受到教育部和各高校社会学系的高度重视，被列为社会学系本科必修课程之一。1999 年，中国社会学会理事会通过决议，成立“中国社会思想史专业委员会”，说明中国社会思想史课程与研究的重要地位已得到社会学界的普遍肯定。

第二节
前人“社会思想”定义简介

什么是“社会思想”或“社会思想史”？中外学者曾做过大量研究，而对社会思想的定义，国内外社会思想史专家众说纷纭，莫衷一是。至今我们所见到的关于“社会思想”的定义有六十多种。现择其要者作以介绍。

据我们所见的资料，问世最早的社会思想史专著，当推美国南加利福尼亚大学社会学教授波格达斯（Bogardus）于 1922 年所著的《社会思想史》一书。他给“社会思想”下定义说：“社会思想，即是等于各个人论及社会问题的思想。由此意义来说，则社会思考（想）也即一个人或少数人对于团体问题的考察。”② 他认为社会思想重点是研究关于社会问题的思想。但他强调社会思想是“个人”和“少数人”的思想，并不正确。

1925 年，日本九州帝国大学教授波多野鼎出版了《社会思想史概论》一书，但未对社会思想下明确定义。在此之前，他曾编写了《近世社会思想史》和《社会思想发达史》。后者收入日本新潮社编《社会问题讲座》第 1 卷。在书中，他认为“社会思想”的含义有广义与狭义之分，“广义的社会思想，是以社会问题作为对象的一切思想。……狭义的社会思想即是社会主义的思想。”③ 他本人是在狭义上使用这个概念的。他将社会思想等同于社会主义思想，显然是不可取的。

---

① 参见王处辉：《中国社会思想史研究的历史回顾与瞻望》，载《社会学研究》，2000（1）。

② ［美］波格达斯著，钟兆麟译：《社会思想史》，3 页，上海，世界书局，1933。

③ 参见《社会问题讲座》，第 3 卷，3 页，日本新潮社，1921 年日文版。

20世纪20—30年代很多日本学者都将“社会思想”等同于“社会主义思想”。如小泉信三著《近世社会思想史大要》，山内房吉著《社会思想解说》，也都把社会思想作为“社会主义”的同义词使用，米田庄太郎在其著作中也采取了这种观点；平林初之辅著《近代社会思想史要》一书，虽无明确定义，但从内容看，也近乎此说。稍晚的岛中雄三、山内房吉合著的《社会思想史》也明确指出：“本书所研究的是从古至今社会主义思想的发展的历史。”① 而日本人流川和夫所著《社会思想史》又把社会思想与“民主主义思想”画了等号。② 小泉信三等把社会思想解释为“社会主义”思想，他们所谓“社会主义”虽然也包括从古以来一切要求民主、自由、进步的思想，但其说不足取是不辩自明的。

此外，日本研究社会思想史的专家还有不少其他说法。如高岛善哉认为“社会思想史就是人类的社会的行动和表现于生活的思想的历史”③；加田哲二认为社会思想就是关于社会生活的理论以及理论的体系；本田喜代治则认为“社会思想史就是社会的思想史，也是思想的社会史，是从思想方面着眼的社会史，社会思想是当时的人们对于当时的社会以至一般的人类的社会的认识的集中点”④。

20世纪上半叶中国社会学家较早为社会思想下定义的有孙本文、钟兆麟、徐逸樵、王守礼、施存统与郭真等。孙本文注重社会生活及社会问题两方面，他在《社会思想》一书的“凡例”中说：“本书取材标准，大致以有关社会生活之起源、性质、组织、发展与各种共同生活问题以及解决途径者为主。”此段话可视为对社会思想定义的进一步解释。孙说基本可取，但可惜他没有把人们对未来社会的理想（或幻想）明确包括在内。徐逸樵说：“社会思想史为社会思想家的思想或行为底记录，指陈社会思想展开底行程，暗示社会问题合理的解释。”⑤ 程伯群说：“人类对于社会之问题常怀二种态度：第一种漠不关心，听其自然，第二种实地研究而求解决，前者称之为个人主义态度，后者称之为社会思想。”⑥

钟兆麟译波格达斯《社会思想史》所加的“译者弁言”说：“思想之类别可分为三：一为以人的活动为对象，一为以自然现象为对象，一为以思想本身的过程为对象。前一种即是社会思想。”钟兆麟对“社会思想”的研究对象也有进一步解释，他说：

“社会思想之对象有下列诸要点：（1）人类社会活动之因素；（2）社会之起源；（3）社会之结构；（4）社会之进化；（5）人与人之间，人与团体和团体与团体之间的关系；（6）社会病象之发生；（7）社会病象之诊治法。凡以上面所述的一点或数点为对象之思想，都是社会思想。……社会思想史即是论述从古至今人类社会思想发展的经过。”其所列较为详尽，但和孙本文一样，没有包括社会理想（或幻想）。

---

① 参见日本东京平凡社1932年日文版《社会思想全书》。

② 参见日本青木书店1963年日文版《现代哲学全书》。

③ ［日］高岛善哉、水田洋、平田清明合著：《社会思想史概论》，序章，日本岩波书店，1962年日文版。

④ ［日］本田喜代治：《社会思想史》，序文，日本东京培风馆，1954年日文版。

⑤ 徐逸樵：《社会思想史ABC》，序，上海，世界书局，1928。

⑥ 程伯群：《中国社会思想史》，1页，上海，世界书局，1937。

施存统著《社会思想史》和郭真著《中国社会思想史》二书则又认为：

“社会思想有两种意义：一是社会上一般普通流行的思想；一是人们对于社会而发的思想。……第一个意义的社会思想当在社会进化史中叙述。第二个意义的社会思想，也觉范围太广，不能叙述。这里能讲的，不是对于社会而发的一切思想，而只是它的一部分。这一部分是：人们因社会的毛病而发的改造、改良及乌托邦思想。”①

施存统与郭真之说实际上包括两项内容，一是关于社会问题及其解决的思想；一是乌托邦思想，把关于社会生活的思想排除在外。

王守礼又说：“社会思想是社会生活的反映和产物。”② 而熊得山编《社会思想》、黄新民编《欧洲社会思想史》等书，都对社会思想是什么的问题采取回避态度，从其内容看也失于庞杂。

20 世纪后半叶，特别是 80 年代以来，中国社会思想史在中国大陆和台湾的社会学界都受到特别重视，中国社会学家给社会思想做定义者比前半世纪还要多。中国台湾社会学家研究社会思想史的学者主要有龙冠海、张承汉、杨懋春、曾松友、杨孝濚等，香港地区有张德胜等，因为大陆学者不易找到他们的著作，这里摘其有代表性者作简要介绍。

龙冠海和张承汉认为人类生活乃群体生活，有群体生活自然有群体问题和社会问题。人类要解决这些问题，所以设计种种“理想”状态和方法，以适调社会环境，此即所谓社会思想。而人类的调适环境的历史，就是一部人类社会思想史。但他又强调，社会思想主要方面则包括社会的起源与变迁、社会组织与功能、社会问题。③ 龙冠海、张承汉合著的《社会思想史》基本采用孙本文的定义，认为“凡是与人类共同生活有关的思想都可谓之社会思想”。

杨懋春认为“社会思想”里的“社会”一词不是指由人群所构成的一个社会，而是指构成社会的那群人的人际关系。其中“思想”一词不是指人对于他所在的那个社会如何观察、分析、思考与陈述，而是指他对所见到、经验过、满意或不满意的人际关系所起思考、所发问题、所作评价及所提建议。总体来说，社会思想是指人对于他所在或所关心的社会关系或人际关系及在此关系中所有各种社会活动所作的思考、所发的意见、所给的评断及所提的建议。最后他高度概括出社会思想是个人对其所在社会所表示的关怀。④

20 世纪 80 年代以来，中国大陆社会学家出版过“中国社会思想史”著作的有王处辉（1989、2000、2002）、陈定闳（1990）、吴根友（1998）、谢遐龄（2003）等，出版过“西方社会思想史”著作的有侯钧生、袁华音、于海等，他们对“社会思想”的定义有同有异，但同多于异。因为这些著作均便于找到，所以对他们的社会思想定义不再一一介绍。

特别值得介绍的，是 2003 年在南开大学召开的“第二届中国社会思想史学术研

① 郭真：《中国社会思想史》，1～2 页，上海，平凡书局，1929。

② 王守礼：《西洋社会思想》，3 页，上海，中华书局，1949。

③ 参见龙冠海、张承汉：《西洋社会思想史》，台北，三民书局，1985。

④ 参见杨懋春：《中国社会思想史》，台北，幼狮文化事业公司，1986。

讨会”期间，来自全国各地的学者曾对“中国社会思想史”的学科特点和研究范围进行了专门研讨，景天魁、张德胜、王处辉等多位专家都发表了看法，并进行了热烈讨论，这些研究成果对推进这个学科的发展具有重要意义，这次会议的相关研究成果集中于《追寻中国社会的自性》① 一书中，兹不详述。

第三节 本书的“社会思想”定义及其研究范围

综合上述所列有代表性的“社会思想”定义，并对中外学者的社会思想史论著的内容加以分析，我们认为，概括起来，社会思想的内容不外乎社会生活、社会问题、社会理想等几个方面。关于社会生活的思想之核心是社会群体生活秩序如何构建和运行、管理的问题，而社会问题则属群体生活秩序运行中出现的障碍性问题。对社会问题的研究及解决方案的提出均属社会生活秩序管理的范畴。故此我们将“社会思想”定义如下：

社会思想是人们在社会生产和生活实践中所形成的关于社会生活秩序的构建、管理及理想社会模式的观点、理念或理论。中国社会思想史就是研究历代中国人在社会生产和生活实践中所形成的关于社会生活秩序的构建、管理及理想社会模式的观点、理念或理论发生、发展的内在历史过程及其特点或规律的社会学基础理论学科。

社会思想是与人类社会同时产生的，从人类开始进行群体生活时起，即已经有社会思想。或者说人类选择群体性生活方式，即是一种原始社会思想的体现。从远古至现代以至未来，只要有人类群体生活存在，就永远有社会思想存在。不同群体生活方式，或不同的群己关系模式，会产生不同的社会思想；不同的社会思想会催生不同的群体生活方式和不同的群己关系模式。从静态视角考察，社会思想最基本的内容是人类自己回答以下问题的思想，诸如：人何以群？人何以能群？群之人何以促成群之良性运行和发展？人之群何以满足其成员的各种需求？人与人何以相处？群与群何以协调？人与群是靠什么链接的？人与群何为主体？人或群是否必须要有高低贵贱之分？区分高低贵贱的机制和准则是什么？从动态视角考察，社会思想最基本的内容是人类自己回答以下问题的思想，诸如：人是从哪里来的？将来到哪里去？人与自然是什么关系？人类社会秩序何以管理和发展？发展的原动力何在？如果一个社会有高低贵贱之分，各种人及群体的既定位置及划分准则要不要变动？是变动划分准则还是变动人或群体的既定位置？从宏观视角考察，社会思想的最基本内容是人类自己回答以下问题的思想，诸如：人类为什么要创造出一个“人文世界”？它和“自然世界”是什么关系？这个“人文世界”是怎样运行的？又是怎样发展变迁的？现行的人文世界与过去的人文世界是什么关系？将来又会是什么样子？它和人们的理想一致

① 陆学艺、王处辉主编：《追寻中国社会的自性》，南宁，广西人民出版社，2004。

吗？在自然世界与人文世界双重作用下生活的人类比只生活在自然世界中的动物多得到了什么？多失去了什么？从微观视角考察，社会思想最基本的内容是人类自己回答以下问题的思想，诸如：人生的意义是什么？个人欲望或需求在什么情况下可以或应该得到满足？一个自然人怎样成为群体中的社会人？承担社会角色的人与自然人是什么关系？角色人与角色人如何互动？如果有人违反了角色规范或群体规范怎么办？

总之，中国社会思想史不是中国思想通史，而是从社会学视角对人类关于社会共同生活秩序的思想之发展历程的考察。因此它不可能是人类关于社会的思想的全部，而是以群己、家国、治乱兴衰为主题内容的思想。人类关于上述三主题的思想非常丰富，实际上我们在研究社会思想史时是有所侧重的。如，在国家生活与社会生活中，我们侧重对社会生活的考察；在人类的经济关系与社会关系中，我们侧重对社会关系的考察；在上层社会生活与下层社会生活中，我们侧重对下层民众社会生活的考察；在个人生活与社会生活中，我们侧重对社会生活的考察；在伦理关系与交往关系中，我们侧重对交往关系的考察；在宗教信仰与社会价值取向中，我们侧重对社会价值取向的考察；在价值理性与工具理性中，我们同等重视，而侧重对它们在实际社会生活秩序运行中之实际作用的考察。

如前所述，在人类关于社会的所有思想中，社会思想研究的范围应包括以下几个方面：

其一，作为社会思想之来源的社会生产和生活的样态。这是坚持了马克思主义历史唯物史观的基本观点。定义中所使用的“社会”一词，不是指哲学上的“社会存在”、“社会意识”等高度抽象层次的“社会”概念，而是指具体的或社会学意义上的“社会”概念。

其二，“社会生活秩序构建”思想。它是人们关于维系群体共同生活的规则构建并如何使之更适合个人及群体协调发展的思想。是指在具体的社会（社区）中，人们为什么要共同生活，这种共同生活秩序靠什么维系，以及人们应当如何对待共同生活等。它主要包括以下九个方面的问题：

（1）人的修养与社会化问题；

（2）人性与人的欲望、人的修养问题；

（3）人与人、人与团体、团体与团体之间的关系问题；

（4）人们的处世、社交态度及社会价值取向问题；

（5）社会组织与结构的原理问题；

（6）社会生活方式问题；

（7）社会起源、发展、变迁问题；

（8）社会规范制定的规则及欲达成的目标问题；

（9）宗教信仰与社会生活秩序之间的关系问题。

其三，“社会生活秩序管理”思想。它是人们对于社会生活秩序如何进行管理，对社会秩序运行和发展中遇到的障碍如何克服的思想，以及对现实社会运行机制的改良、改造思想等。社会生活秩序管理至少应包括以下社会学研究范畴：

(1) 对社会问题的认识及成因分析。“社会问题”，是指人们在社会的共同生活中所出现的对共同生活或社会进步产生障碍的问题。考察并解决社会问题的过程即是社会生活秩序管理的过程。不同时代或同一时代的不同立场的思想家发现或关注的社会问题是不尽相同的，分析路径也不尽相同。我们的任务是要研究他们是如何对社会问题之发生原因进行考察和分析的。

(2) 解决社会问题的方案设计。面对同一社会问题，不同阶层、不同立场的思想家提出的解决方案会有所不同，我们的任务是研究他们提出方案的动机及目的、特点及其当代启示。

(3) 社会控制与社会调适问题。对于社会群体生活秩序中出现的不和谐需要进行调适，对于违反社会规范，影响社会群体生活发展目标的行为要进行控制，与此相关的观点或思想，即属社会生活秩序管理思想范畴。

(4) 社会改革、改造思想。社会改革、改造过程即是改善社会管理的过程，所要达到的状态即是某种理想的社会生活秩序状态。

其四，“理想社会模式”。它是人们对于理想的社会结构体系方面的憧憬，属于价值理性的范畴。主要包括对现实社会及其结构“应然”状态的认知；对理想社会生活状态的构想；人们对理想社会模式的构想至少应包括以下内容：

(1) 对现实社会的“应然”状态的认知。它是人们解释社会生活秩序的合理性或不合理性，提出解决社会问题方案乃至进行现实社会改革、改造的依据和近期目的。

(2) 促进一个社会、一个社区或一个社会群体保持社会秩序良性运行、和谐发展的方法与理念，以及达成一个令人满意的社会状态的条件认知。

(3) 对未来理想社会样态的憧憬。它是人们社会价值观的核心，是人们社会生活中的信仰及进行现实社会改革、改造的根本依据和终极目标。

其五，我们在定义中使用“观点、理念或理论”的说法，旨在表明两重意义：一是不苛求古人对这些方面形成“理论体系”，也不用现代的所谓“实证科学”的尺度去要求历代社会思想家，所以称之为“观点”；二是由于历代社会思想家的很多思想，虽然都是因社会而发的，而且是基于他们的生活经验与社会价值取向的，但大都不是建立在经验材料或实证研究的基础之上的，所以称之为“理念”。换言之，在历代思想家的论述中或人们在社会实践中所表现出来的各种思想中，凡涉及我们上述所指任何一点的，都堪称“社会思想”，而不必是一套系统的理论。当然，如果他们已成为系统的理论则最好，而且事实上很多社会思想家的思想确实是自成一套系统理论的。

第四节
中国社会思想史的研究方法

中国社会思想史研究中国社会思想发生、发展或衰落的内在规律性。它是一门科学，而科学的研究必须建立在科学研究方法之上。研究方法又可分为两个层次，一是指导性方法，二是技术性方法。

一、指导性方法

所谓指导性方法，是一个方法论问题，也就是要用马克思主义的立场、观点和方法指导我们的具体研究的问题。马克思主义的唯物史观为我们今天的社会思想史的研究提供了科学的思想理论。我们只有在唯物史观的指导下，才能深入地研究社会思想发展的特殊规律性。这些指导性方法最基本的有如下几个方面：

第一，要历史地看问题。社会思想的发展过程受社会历史条件的制约，社会历史条件的变化不能不反映到社会思想当中。从现象上看，社会思想的发展表现为思想变迁或更替的历史。但是，如果我们寻找这种思想变迁或更替的根源及其规律性的话，就会发现，单从社会思想自身的发展来说明社会思想的历史是远远不够的，也是说不清楚的。社会思想是一种社会意识，作为社会意识，它的发生和发展的根源深藏于社会存在之中，所以社会思想发展的根源不在它的自身之中，而在丰富多彩的社会生活之中。马克思主义经典作家也告诉我们："人们首先必须吃、喝、住、穿，然后才能从事政治、科学、艺术、宗教等等；所以，直接的物质的生活资料的生产，从而一个民族或一个时代的一定的经济发展阶段，便构成基础，人们的国家设施、法的观点、艺术以至宗教观念，就是从这个基础上发展起来的，因而，也必须由这个基础来解释，而不是像过去那样做得相反。"① 这就是说，我们不应当首先用社会思想说明社会生活，恰恰相反，应该首先用后者说明前者，这就是社会思想的实践特性。背离这种实践性，把社会思想从活生生的现实社会生活中抽离出来，社会思想史就变成一部空洞抽象、贫乏无味的思想的更替史了。脱离了当时社会环境与民众社会生活实际需求的社会思想是毫无价值的。

第二，要阶级地或阶层地看问题。社会思想既然是社会意识，它必须严格遵循社会意识形态的运动规律。我们知道，除了原始社会，"至今一切社会的历史都是阶级斗争的历史"②，是社会被划分为不同阶级和阶层的历史。在各种等级社会中，人们有着不同的物质利益和政治利益。一定的思想是一定的阶级或阶层利益和目的的体现，在阶级社会中，各种思想无不带有深刻的阶级或阶层的烙印。社会的意识形态就是这种社会阶级或阶层矛盾的反映。这就是阶级社会现实生活的真实情况。科学的目的正是在于提供世界的真实情况，社会思想史作为一门科学应当反映社会的阶级斗争或阶层冲突的情况。那种所谓"为一切时代、一切民族、一切情况而设计出来"的社会思想和理论，"在任何时候和任何地方都是不适用的"③。社会思想发展的全部历史证明，社会思想在其发展的进程中，本身就包含着党性原则，这就要求我们"在对事变作任何评价时都必须直率而公开地站到一定社会集团的立场上"④。必须指出，真

---

① 《马克思恩格斯选集》，2版，第3卷，776页，北京，人民出版社，1995。

② 《马克思恩格斯选集》，2版，第1卷，272页，北京，人民出版社，1995。

③ 《马克思恩格斯选集》，2版，第4卷，240页，北京，人民出版社，1995。

④ 《列宁全集》，中文2版，第1卷，363页，北京，人民出版社，1984。

正的阶级分析及阶层分析不应当停留在外部的形式上，而应当深入到社会思想的内容里面去。我们应该在实践中真正贯彻马克思主义的阶级分析方法。

第三，要逻辑地看问题。社会思想作为理论研究的对象，有自己的逻辑发展规律，社会思想的发展受它的逻辑发展规律的制约，我们要把握社会思想产生、发展的规律性，必须研究它的逻辑发展规律。我们知道，在社会思想的发展过程中，各种社会思想是相互发生作用的，这种相互的作用与一定的历史条件相结合便产生了社会思想自身的发展逻辑。

逻辑发展的规律其实就是历史发展规律。研究社会思想自身发展的逻辑规律性，不能不研究社会思想自身发展的客观历史过程。恩格斯曾经明确地指出："历史从哪里开始，思想进程也应当从哪里开始，而思想进程的进一步发展不过是历史过程在抽象的、理论上前后一贯的形式上的反映；这种反映是经过修正的，然而是按照现实的历史过程本身的规律修正的……"[①] 因此，社会思想发展的逻辑过程与它的历史发展过程是同一的。

但是，社会思想的逻辑发展过程并不完全等于它的历史的自然过程。社会思想的逻辑发展过程是撇开了无关紧要的偶然现象的自身的矛盾运动过程。这个矛盾运动过程已经对它的自然历史过程进行了理论的抽象。所以，社会思想史作为社会学领域内的基础理论学科，需要用社会学本身的范畴和概念体系以抽象的理论形式再现它的历史发展过程。当然，这种抽象的再现绝不是把社会思想自身发展的历史过程描绘成纯逻辑的抽象过程。在社会思想史中，我们考察的不是只在我们头脑中发生的抽象的思想过程，而是在某个时候确实发生过或者还在发生的现实过程，这就是说，抽象的逻辑作为社会思想发展的内部属性是现实的思想内容的具体抽象。全部的社会思想发展的逻辑应该说明，社会思想史是一部经验的历史，是认识和改造现实社会生活秩序的历史。

二、技术性方法

对于中国社会思想史，要进行资料的收集归纳、分析和研究，尚需一套具体的技术性方法，这些方法主要包括：

第一，区域法。这是一种以一定的社会区域为研究的整体对象，一个区域一个区域地进行研究的方法。中国社会是一个宏大的整体，社会思想具有"一主多元"的特征[②]，我们过去研究社会思想的"一主性"多，而对"多元性"的关注不够。而实际上同一历史时期的不同社会区域，社会思想存在着不尽相同的特征，如从春秋战国时期开始及以后很长时期内，齐鲁地区、燕赵地区、湘楚地区、巴蜀地区、闽越地区的社会思想文化都有所不同。而且我们还可把这种方法应用于中国历史上的分治或分裂时期，如魏晋南北朝时期、宋辽金元时期，不同统治体之下的不同地域，其社会思想

① 《马克思恩格斯选集》，2版，第2卷，43页，北京，人民出版社，1995。

② 参见王处辉：《论中国社会价值系统的一主多元特性》，载《江海学刊》，2008（5）。

也可能有所不同。如拓跋人、党项人、女真人、蒙古人生活与统治的地域，其社会思想就会存在差异。即使是我们对当代中国社会思想的研究，也可以采用“区域法”对不同地区之社会思想特点进行发掘。

第二，阶段法。这是以一定的历史发展阶段作为一个研究的整体对象，一个阶段一个阶段地进行研究的方法。在几千年的中国历史中，我们可以按朝代划分为若干个时期，如春秋时期、汉朝时期、唐朝时期、明朝时期、清朝时期等，这是一种阶段的划分方法；而且我们还可按社会发展阶段，以原始社会、奴隶社会、封建社会等为单位去研究，这也是一种阶段的划分方法；根据政治、经济思想等方面的情况，分为若干个阶段去研究，如战国时期、魏晋南北朝时期等，这又是一种阶段的划分方法。此外，我们还可以按自然时序，以世纪为单位，将社会思想划分为若干阶段。这也是一种阶段划分方法。总之，阶段的划分是可以根据不同的标准，形成各种各样的划分方法的，利用“阶段法”进行社会思想史研究，便于把握社会思想与当时社会历史的全面状况的关系。

第三，学派法。这是一种以学派作为研究的整体对象，一个学派一个学派地进行研究的方法。春秋战国时期有诸子百家，学派林立；秦汉以降，中国思想界主要有儒、道、佛三大思想流派，而且每个学派之内还各有很多低一层次的分支学派。我们可以以学派为线索，研究每个学派产生、发展、分化的不同阶段的社会思想，研究各学派之内的各分支学派的社会思想之异同，研究各学派之间的社会思想之异同，从中发现其规律性。新中国成立以前，著名社会学家潘光旦开设的“儒家社会思想”的课程就运用了“学派法”。他还曾写过名为“派与汇”的文章，值得采用学派法研究社会思想者参考。利用“学派法”研究社会思想史，便于把握一个思想学派的社会思想的发展和继承性，利于鉴别各学派之间的异同。

第四，阶层法。这是以一个社会阶层作为研究的整体对象，一个阶层一个阶层地进行研究的方法。如人类进入阶级社会之后的任何一个历史时期，社会上都同时存在着若干社会阶层，他们的社会地位不同，行为方式及社会价值取向也就会有所不同，值得我们按阶层区分对其社会思想进行研究。如春秋战国时期的“士”阶层，历代的“隐士”、“侠士”阶层，官僚、商人、农民、僧侣等各阶层，都可以采用这种研究方法对其社会思想分别进行研究。

第五，民族法。中国是一个多民族国家，民族关系具有多元一体特征。而中国社会思想则具有一主多元特征。由于不同民族生产生活环境不同，其社会思想会有各自特点，呈多元性格局。以往的中国社会思想史研究，对中国少数民族的社会思想关注较少。如果我们以某个少数民族为研究单位，对其社会思想进行研究，比较不同少数民族之间、少数民族与汉族之间社会思想的异同，从而汲取少数民族社会思想精华，阐释中华民族社会思想中之“一主”与“多元”之间的和合关系，那么对推进中国社会思想研究发展与当下中国各民族和谐共处将大有裨益。

第六，群体法。这是以一个社会群体为研究的整体对象，一个社会群体一个社会群体地进行研究的方法。社会群体比阶层更具体、更微观。社会群体成员之间比同一社会阶层成员之间具有更多直接互动性和利害关联性，采用群体法进行研究，更便于深入解读某一特定社会群体之社会思想的特性。如对《水浒传》中梁山好汉群体、义和团、白莲教等群体社会思想的研究，或对时代的任何一个体制内社会群体或体制外社会群体社会思想的研究，都可采取这种研究方法。

第七，人物法。这是一种以思想家作为研究的整体对象，一个思想家一个思想家地进行研究的方法。任何思想学派都是由一些思想家为代表构成的，只有分别研究每个思想家的社会思想，才能审定他们的思想对前人有什么重大发展，而且这些思想家的论述，都是代表了一定时期中一定阶级或阶层的社会思想的，因此它是最具体最现实的。只有运用“人物法”，才利于我们更深入更细致地进行社会思想史研究。

第八，著作法。这是一种以一部著作为研究的整体单位进行研究的方法。现存的中国古代史料中常有这样的情况：一部著作很有价值，但著者不详，或是在一定时期内很多人合著的作品，对于这种情况，我们就可采用“著作法”去研究，我们无须考证其作者为谁，只要它反映了一定时期的某种有价值的社会思想，我们就应对它进行深入研究，如《淮南子》、《太平经》等。

第九，观念法。这是一种以某种特定的关于社会的观念为整体单位，一个观念一个观念地进行研究的方法。人类在社会发展过程中形成了诸多关于社会生活秩序、社会管理与理想社会的观念，我们可以打破区域、时段、学派、阶层、群体或人物的界限，对某一特定社会思想观念进行研究，如公私观、社会和谐观、社会控制观、群己观、家国观、兼爱观、中庸观、人性观、生死观、宗教观、社会交往与处世观、成就观等，都可以采用这种方法进行专门研究。

第十，田野法。田野调查法是社会学、人类学研究最常用的方法之一。我们一贯提倡中国社会思想史研究要以“知中国、服务中国”为原则，以发掘中国传统优秀社会思想的“现代性”为目标。中国社会思想史研究者不应只做文献分析，而应到现实社会生活中去，利用田野调查以及其他实证研究方法，通过考察当下中国民众生活理念、生活态度、行为方式、民俗习惯、价值取向等，分析其中所体现的民众社会思想，发现其中的传统因素与现代化的或西方化的因素，总结传统社会思想中仍被当代中国民众广泛接受的、对当下社会建设具有正能量的社会理念及社会价值观，以之为建设中华民族共有精神家园服务。为建设中国特色、中国气派、中国风格的社会学提供基础理论，已成为今后中国社会思想史研究的主要目标。

此外还有比较研究法、知识考古法、叙事法等，兹不详述。总之，现代的社会科学研究方法是多样的，而且常常是各种方法综合使用的，哪种方法最便利就采用哪种方法。但是我们也不能被这些方法束缚手脚，因为方法只是研究的手段，得出科学的研究成果为社会服务才是研究的目的。

本章要点

1. 社会思想史的定义。社会思想是人们在社会生产和生活实践中所形成的关于社会生活秩序的构建、管理及理想社会模式的观点、理念或理论。中国社会思想史就是研究历代中国人在社会生产和生活实践中所形成的关于社会生活秩序的构建、管理及理想社会模式的观点、理念或理论的内在历史过程及其特点与规律的社会学基础理论学科。

2. 社会思想史定义中几个概念的含义。“社会生活秩序构建”思想是人们关于维系群体共同生活的规则构建并如何使之更适合个人及群体协调发展的思想。是指在具体的社会（社区）中，人们为什么要共同生活，这种共同生活秩序靠什么维系，以及人们应当如何对待共同生活等。它至少应包括以下社会学研究范畴：(1) 人的修养与社会化问题；(2) 人性与人的欲望问题；(3) 人与人、人与团体、团体与团体之间的关系问题；(4) 人们的处世、社交态度及社会价值取向问题；(5) 社会组织与结构的原理问题；(6) 社会生活方式问题；(7) 社会起源、发展、变迁问题；(8) 社会规范制定的规则及欲达成的目标问题。“社会生活秩序管理”思想是人们对于社会生活秩序如何进行管理，对社会秩序运行和发展中遇到的障碍如何克服的思想及对现实社会运行机制的改良、改造思想等。它至少应包括以下社会学研究范畴：(1) 对社会问题的认识及成因分析；(2) 解决社会问题的方案设计；(3) 社会控制与社会调适问题；(4) 社会改革、改造思想。“理想社会模式”是人们对于理想的社会结构体系方面的憧憬，主要包括对现实社会及其结构“应然”状态的认知；对理想社会生活状态的构想；人们对理想社会模式的构想至少应包括以下内容：(1) 对现实社会的“应然”状态的认知。它是人们解释社会生活秩序的合理性或不合理性，提出解决社会问题方案乃至进行现实社会改革、改造的依据和近期目的。(2) 促进一个社会、一个社区或一个社会群体保持社会秩序良性运行、和谐发展的方法与理念，以及达成一个令人满意的社会状态的条件认知。(3) 对未来理想社会样态的憧憬。它是人们社会价值观的核心，是人们社会生活中的信仰及进行现实社会改革、改造的根本依据和终极目标。

3. 研究方法。研究方法又可分为两个层次，一是指导性方法，二是技术性方法。

指导性方法最基本的主要有：要历史地看问题；要阶级或阶层地看问题；要逻辑地看问题。技术性方法主要有区域法、阶段法、学派法、阶层法、民族法、群体法、人物法、著作法、观念法、田野法、比较研究法、知识考古法、叙事法等。

复习思考题

1. 中国社会思想史的定义是什么？
2. 中国社会思想史的研究方法有哪些？
3. 社会思想是如何产生的？

推荐阅读书目

1. 王处辉：《中国社会思想史》，第一章，天津，南开大学出版社，2000。
2. 陈定闳：《中国社会思想史》，绪论，北京，北京大学出版社，1990。
3. 张承汉：《中国社会思想史》，第一编，台北，三民书局，1992。
4. 杨懋春：《中国社会思想史》，第一章，台北，幼狮文化事业公司，1986。
5. 孙本文：《社会思想》，上海，商务印书馆，1945。

第二章 中国社会思想史研究的历史、现状及相关问题

第一节 中国社会思想史研究的历史与现状

一、1949年以前的中国社会思想史研究

对中国社会思想史研究之历史发展史的评价，可从1949年画线，分为前后两阶段。新中国成立以前的中国社会学界，如孙本文、黄文山、施存统、徐逸樵、王守礼等，都出版过社会思想史著作，但均为外国社会思想史，关于中国社会思想史的著作，据笔者所见，仅有三种：程伯群的《中国社会思想史》①，此书不足十万字，过于简单。郭真在30年代前后出版过两本书，一名《中国社会思想史》②；一名《中国社会思想概观》③，这两本书不但内容大同小异，而且字数也基本相同，都只有四五万字。这些书籍现在已很难觅得了，笔者几经周折，才见到以上三书，但由于其参考价值不大，颇有失望之感。另外，据有关中国社会学史的资料可知，潘光旦先生曾开设过"儒家社会思想研究"课程，按潘光旦先生的学识作推断，他的讲授当是有深度的。但时至今日，尚未见有人将该讲义整理出版。其讲稿是否尚存于世，亦不得而知，李安宅先生1931年出版过《仪礼与礼记之社会学的研究》④ 一书，约四万字，可说是笔者所见的新中国成立前旧著中质量最高的中国社会思想史著作。

由此可见，解放以前的中国社会学界，已有一些学者注意到了中国社会思想史研究的重要性，并做了一些有益的努力。换言之，截至1949年新中国成立，社会学在中国发生发展的半个世纪的历程中，所走的是一条逐渐中国化（或本土化）的道路。

---

① 上海，世界书局，1937。

② 上海，平凡书局，1929。

③ 上海，光华书局，1930。

④ 上海，商务印书馆，1931。

在这个发展过程中，社会学家们已经认识到开展中国社会思想史研究的重要意义之所在。如本书第一章中介绍过的孙本文先生就曾指出“中国社会思想，为研究中国社会学者必须研究之材料”，并于1948年出版的《当代中国社会学》一书所提出的中国社会学发展的规划中，把中国社会思想史与中国社会理想史作为“中国理论社会学的建立”中最首要的任务提出来。

龙冠海先生在出版《社会思想史》① 一书时，曾在“初版序”中简要地总结了新中国成立以前，社会学界对于中国社会思想史的教学研究状况，可作为这一问题的佐证。龙冠海先生说：

“记得大概自抗战初期起，我国教育部开始厘定大专各院系统一化必修课程，在社会学系必修科目内，曾列有‘中国社会思想史’与‘西洋社会思想史’二科……但逾时不久，大概因为有些学校不易找到人授中国社会思想史，当教育部修订大专课时，该科目便被取消，而将原订二科并为一科，统称为‘社会思想史’，一直沿用到现在，规定为一年课程，计六至八学分。考诸外国，如美国，各大学社会学系差不多都将‘社会思想史’列为一门必修课程，故实际上它是社会学中一门最基本科目，凡是研究社会学的人都必须读的。……但回顾我国，不仅中国社会思想史之作尚无一本完全者（据本人所知，过去大陆曾有人出版过两种很简略的，今在台湾已不易找到了）。就是‘西洋社会思想史’，除了两三本翻译者外（今也已不易找到），本国人写的也还没有一本比较详细的。”

总之，20世纪前半叶，关于中国社会思想史的研究尚属起步阶段，虽然学界已经充分认识到它的重要性所在，但尚无能力进行深入研究，甚至连能讲授“中国社会思想史”课程的教师都如凤毛麟角，不易觅得。当时的教育部将中外社会思想史合而为一，乃是不得已之举，我们不能因此而得出当时社会学界对“中国社会思想史”之重要性的认识有所下降的结论。

二、1949年以后的中国社会思想史研究状况

新中国成立不久，于1952年12月，进行了大规模的院校调整，此次调整后，全国各大学的社会学系中，只有两所大学的社会学系幸存，到1953年进一步调整高等院校时，连这两个社会学系也不复存在了。皮之不存，毛将焉附？社会学被取消了，中国社会思想史的研究更无法提上日程。直至1979年中国恢复与重建社会学学科之后，对中国社会思想史的研究才重新开始起步。但中国的台湾、香港地区及侨居海外的中国社会学家的社会学研究，包括中国社会思想史的研究工作，则不存在这个中断的问题。因此，20世纪后半叶的中国社会思想史研究，当分两个方面。

第一，中国大陆学者对中国社会思想史的研究。1979年恢复与重建社会学学科后，1980—1982年，我国高校建立起了恢复重建后的第一批社会学系，包括北京大学、南开大学、中山大学等，其中设专人从事中国社会思想史教学与研究者，以南开

① 该书为西方社会思想史。

大学社会学系与上海大学[①]社会学系为最早。时任北京大学社会学系系主任的袁方教授苦于该系一时无合适之教师从事此项教学研究工作，请早年曾从师于孙本文教授学习社会学、时为重庆师范学院历史系教授的陈定闳先生讲授中国社会思想史课程。如前所述，由于学者们都在一个并不厚实的基础上起步，加之此项研究并非一朝一夕即可骤见显效，经数年努力，拙著《中国社会思想史》上册[②]才于1989年出版，陈定闳先生的《中国社会思想史》[③] 于1990年出版。1997年又有人出版了一部《中国社会思想史》[④] 教材。进入新世纪以来的十几年间，又有数部“中国社会思想史”教材出版，其中包括谢遐龄主编的《中国社会思想史》[⑤]、庞绍堂和季芳桐编著的《中国社会思想史》[⑥]、郑杭生和江立华主编的《中国社会思想史新编》[⑦]、黄忠晶编著的《中国社会思想研究》[⑧]，此外还有曾亦主编的《中国社会思想史读本》[⑨]、邹方红的《近代社会思想思潮》[⑩]、漆玲编的《和谐社会思想的由来》[⑪]。已出版的中国社会思想史资料与文献选读类成果主要有陆学艺和王处辉主编的《中国社会思想史资料选辑》(六卷本)[⑫]、中国哲学史学会云南省分会编的《云南少数民族哲学社会思想资料选辑》等等。与此同时，近十几年来还由中国社会学会社会思想史专业委员会组织，由陆学艺、王延辉等主编出版多部中国社会思想论文集。

关于中国社会思想史研究的专著，新中国成立前有前述李安宅先生的《仪礼与礼记之社会学的研究》，社会学学科建设恢复后，有王处辉的《中国社会思想早熟轨迹》[⑬] 一书。该书是笔者从事中国社会思想史教学与研究的体会之集合，分十个专题考察了中国社会思想的发展轨迹及特点。近年来有孟天运的《先秦社会思想研究》[⑭]一书出版。该书是作者长期对先秦时期社会思想史研究之力作。此外，按笔者对中国社会思想史的定义[⑮]，陈正炎等所著《中国古代大同思想研究》[⑯] 当属中国社会思想史的范围，可谓研究中国历代理想社会模式的一本专著。至于再早一些时候有人所著如《王船山社会思想》的小册子之类，虽以社会思想命名，但就内容而论，已不属中国社会思想方面的著作。

---

① 今之上海大学，当时称复旦大学分校。

② 天津，南开大学出版社，1989。

③ 北京，北京大学出版社，1990。

④ 吴根友编著：《中国社会思想史》，武汉，武汉大学出版社，1997。

⑤ 1版，北京，高等教育出版社，2003；2版，北京，高等教育出版社，2008。其中，第二版增加曾亦、郭晓冬为副主编。

⑥ 武汉，华中科技大学，2011。

⑦ 北京，中国人民大学出版社，2010。

⑧ 北京，中央党校出版社，2007。

⑨ 上海，上海人民出版社，2007。

⑩ 沈阳，辽海出版社，2007。

⑪ 天津，天津人民出版社，2006。

⑫ 桂林，广西人民出版社，2005—2007。

⑬ 北京，人民出版社，1996。

⑭ 北京，人民出版社，2013。

⑮ 参见拙著《中国社会思想史》上册“绪论”。

⑯ 上海，上海人民出版社，1986。

第二，港台地区及海外的中国社会思想史研究。港台及海外学者对中国社会思想史的研究大体可分为两支。

其一，从事系统的中国社会思想研究的学者，主要有张承汉、曾松友、杨懋春、杨孝濚等。

按出版时间顺序，其著作以曾松友的《社会思想史》① 为最早。该书分为上下两编，“上编”论述西方社会思想，“下编”则论述中国社会思想，下编共约 15 万字，分为十章。其特点是论述重在先秦诸子，而从两汉到民国，只论述了王充、孙中山。因此跳跃性很大，也很不系统。

杨孝濚所著《中国社会思想史》②，明显地比曾松友的著作增强了系统性，全书共分十四章，其特点是先秦部分按学派分章，两汉以后则按朝代分章，前详而后略，而且全书也只有 12 万字左右，分量尤显不足。

杨懋春的《中国社会思想史》③ 和张承汉的《中国社会思想史》上册④于同一年出版。杨懋春的著作具有几个特点：一是尊孔，以儒家社会思想作为正宗；二是论述较前人更为系统详尽；三是包括了清末民初知识分子的社会思想及中国现代社会思想；四是全书达 50 万字，其规模已属空前。

龙冠海先生早有志于写一部中国社会思想史，但终生未能如愿。张承汉先生继承其遗志，完成的《中国社会思想史》是迄今为止笔者所见港台及海外学者完成的较为规范的，也是水平较高的一部中国社会思想史著作。其上册共分五编，约 25 万字。下册约 26 万字，包括四编。其中第八编为民国时期的社会思想，此编着力最多，是作者研究最深之处，也是全书最有特色之处。

其二，关于中国社会思想史的专题研究，当以余英时、文崇一、李亦园、叶启政、金耀基、张德胜等为代表。其基本特点是从社会学的视角，探讨中国传统社会思想文化的特点及其与现代中国社会的关系。如余英时的《中国近世宗教伦理与商人精神》⑤ 一书，即是沿着韦伯的《新教伦理与资本主义精神》的理路，研究中国社会思想的成功之作。他的《中国思想传统的现代诠释》⑥ 中收集的论文以及《士与中国文化》⑦ 等著作中的论文，大都可视为对中国社会思想史的专题性研究成果。

文崇一先生对中国人的传统价值观的研究以及对中国历史社会学的研究，都为中国社会思想史研究拓宽了领域；叶启政对中国传统思想与知识分子的研究，可与余英时等人对中国古代知识分子的研究相呼应；金耀基先生所著《中国社会与文化》⑧、

---

① 台北，台湾商务印书馆，1976。
② 台北，五南图书出版公司，1982。
③ 台北，幼狮文化事业公司，1986。
④ 台北，三民书局，1986。
⑤ 台北，台湾联经出版事业公司，1987。后收入《中国思想传统的现代诠释》一书。
⑥ 南京，江苏人民出版社，1995。
⑦ 上海，上海人民出版社，1987。
⑧ 伦敦，牛津大学出版社，1993。

《三民主义与儒家思想》① 以及《从传统到现代》②、《中国现代化与知识分子》③ 等著作中，大都包含着对中国传统社会思想的发掘与分析；香港中文大学张德胜先生所著《儒家伦理与秩序情结——中国思想的社会学诠释》④，当属中国社会思想研究的一部有特色的专著，该书认为，“儒家伦理千条万条，但归根究底，不外乎从一个追求秩序情结衍生出来”，即认为儒家社会思想的核心是追求社会稳定，为保持社会稳定而特别强调社会秩序。就连法家、道家、墨家，乃至中国的佛家也无不重视社会秩序。总之，作者认为，因追求社会稳定而尤重秩序，是中国历代社会思想的特点所在。其论点颇有新意，堪成一家之言。另外，张德胜先生所进行的儒商研究，他与笔者等合作所开展的“清初三大思想家私利观的社会网络研究”等，都带有将中国社会思想史研究推向深入的倾向。

第二节
中国社会思想史研究中的相关问题

一、相关理论性问题

社会学作为一个学科，是由西方率先创立的，但人类对社会生活秩序、社会问题、社会管理及理想社会模式的思考——“社会思想”则由来已久，绝不是从有了社会学之后才开始的。社会思想史是社会学体系的一个重要部分，社会学要在中国生根，当然有必要对中国社会思想史做深入研究。我们要共同推进中国社会思想史研究的发展，亟须思考和解决的理论性问题主要有以下几点：

其一，如何摆脱中国社会学的依附地位问题。不少受过系统的西方社会学训练的中国或华裔社会学家都有一种共同感受，即中国社会学对西方社会学具有较强的依附性。费孝通先生早在1947年就发表文章，对当时中国社会学界提出批评说，中国社会学“辩论里所应用的论据，多引用西洋社会学的理论和事实。西洋社会学的理论和事实，西洋社会学里的各种派别，各从他们所授的生徒，分别传入中国。中国社会学所不尽同于西洋社会学的是在它们与实际社会的关系上：西洋的社会学不论哪一个派别，都反映一部分社会现实。但是当它被带进中国来时，却剩了一套脱离了社会现实的空洞理论”⑤。旧中国的社会学虽在“中国化”方面做了诸多努力，但总体来说，对西方社会学的依附性却是很强的。

---

① 台北，三民书局，1978。
② 台北，时报文化出版公司，1979。
③ 台北，时报文化出版公司，1977。
④ 台北，巨流图书公司，1989。
⑤ 费孝通：《中国社会学的成长》，载《社会研究》，1947（7）。

那么，在费先生发表上述意见半个世纪之后的现在，中国社会学的情况又如何呢？香港中文大学李沛良教授说，直到现在，社会学界仍处于“大部分社会学知识（包括概念、理论和方法）都源自西方学者并由西方社会事实所证实。人们无法断定在何种程度上这些知识与中国和其他非西方社会相关或可用”① 的状况之中。总之，人们已经认识到，社会学理论是建立在具体的“实际社会”和“社会事实”的基础之上的。从某一实际社会归纳出的“通则”未必适用于另一个实际社会。所以，用西方社会学理论解释中国社会事实，则常有扞格不通之处。② 如果只满足于用中国的社会事实解释西方某些社会学理论及命题，或论证西方某些社会学概念在中国的适用性，那么，中国的社会学将永远处于“依附”地位。社会学摆脱依附地位的关键就在于加强对中国社会自身特点的研究。中国历代社会思想当是现今中国诸多社会事实和特点的思想文化基础。

其二，如何发掘中国社会自身的特点问题。2007 年，中宣部部长刘云山指出：“一个民族的文化，凝聚着这个民族对世界和生命的历史认知和现实感受，积淀着这个民族最深层的精神追求和行为准则。几千年来，中华民族历经磨难而绵延不绝，一个重要原因就是有着深厚的文化传统和强烈的文化认同。古往今来，每一个伟大民族都有自己博大精深的文化，每一个现代国家都把文化作为推动社会发展进步的重要力量。一个民族的觉醒首先是文化的觉醒，一个国家的强盛离不开文化的支撑。文化深深熔铸在民族的血脉之中，始终是民族生存发展和国家繁荣振兴取之不尽、用之不竭的力量源泉。”③ 世界上不同民族、不同国家的社会运行的不同特点主要源于各自的文化个性。社会学家们充分认识到了这一点，所以早在 20 世纪 30 年代，中国的社会学家就提出“社会学中国化”的倡导。李沛良教授则于最近提出中国社会学应加强“适切研究”的观点，并认为，适切研究的第一个主要任务就是“依据对当地社会生活的深入调查和紧密观察，发掘具有文化特质的概念与命题”④。但社会文化的特质或性格并不是一朝一夕形成的，所以要考察现实社会生活的文化特质，就必须检视其由来。

中国的人文传统深厚，对社会人事的思考由来已久，且在世界思想文化中独树一帜。2013 年 8 月，中共中央总书记习近平提出“四个讲清楚”：讲清楚每个国家和民族的历史传统、文化积淀、基本国情不同，其发展道路必然有着自己的特色；讲清楚中华文化积淀着中华民族最深沉的精神追求，是中华民族生生不息、发展壮大的丰厚滋养；讲清楚中华优秀传统文化是中华民族的突出优势，是我们最深厚的文化软实力；讲清楚中国特色社会主义植根于中华文化沃土、反映中国人民意愿、适应中国和时代发展进步要求，有着深厚历史渊源和广泛现实基础。几千年来，中国历代各派社会思想在其自身不断发展完善过程中对中国人的社会理念及社会生活产生的影响，已

---

① 李沛良：《论中国式社会学研究的关联概念与命题》，见《东亚社会研究》，66 页，北京，北京大学出版社，1993。

② 参见王处辉：《中国文化中的“角色理论”刍议》，载《理论与现代化》，1998（11）。

③ 刘云山：《更加自觉、更加主动地推动社会主义文化大发展大繁荣》，见《十七大报告学习辅导百问》，61 页，北京，学习出版社、党建读物出版社，2007。

④ 李沛良：《论中国式社会学研究的关联概念与命题》，见《东亚社会研究》，66 页，北京，北京大学出版社，1993。

渗透、沉淀到中国人的“社会文化性格”或“文化特质”之中。只有对中国人的社会文化性格或文化特质有了较深刻的理解之后，才能较深刻地理解中国的社会事实，才能真正做到社会学的中国化或本土化。从这个意义上讲，研究中国社会思想史，就是研究中国人经几千年积淀所形成的民族最深层的精神追求和行为准则是什么，熔铸于中华民族血脉中的文化认同是什么，这即是中华民族的“社会文化性格”或“文化特质”。因此，加强对中国社会思想史研究的重要现实意义就不言而喻了。

其三，如何看待“早熟”的中国社会思想之现代意义问题。笔者在所著《中国社会思想早熟轨迹》一书中指出，中国社会思想是早熟的，并认为中国思想一向偏于社会人文方面，在先秦时期，中国就已形成较为稳健、成熟的社会思想了。后经一千多年的发展与融合，到宋代理学家社会思想体系形成，中国社会思想的成熟体系已经完成，从此以后基本格局已定，因袭多而创新少。明清时代是程朱理学家的社会思想占据统治地位的时代，理学开始被封建统治阶级神学化。清代考据学兴，社会思想的创新性更是日渐低落。在明代以前，中国社会思想处于世界领先地位，与同时代的世界各国相比具有显著的早熟性。明代中期以后直至近代，中国越来越落后于西方世界，中国的社会思想也变得贫乏而僵化。相比之下，西方思想从古希腊起即偏重对自然的探索，中世纪基督教神学盛行，人文思想更是掩抑而不彰。恰在中国社会思想由早熟而走向僵化和贫乏的同一时代，西方的世俗精神开始复活，以文艺复兴为契机开启了人文主义运动的新时代，其社会思想也由此而日渐活跃，各种新的社会思想大量涌现。而且其发展趋势是充满活力，愈后愈胜。相对于西方社会思想正处于上升繁荣阶段而言，中国社会思想则显示为早熟后的停滞状态。只是到了近一个世纪，受西学东渐的影响，中国社会思想才又重新开始活跃起来，但已比西方迟到了数百年。这一研究结论被诸多社会思想史研究者所赞同。中国传统社会思想为何会早熟？而新的活跃期又为何会迟滞呢？在费孝通先生所说的当今这个“世界性的战国时代”里，中国的社会思想是否有可能再领风骚，为人类的“共存”与“共荣”产生现代意义呢？费孝通先生在近年的这些著作中对此提出了颇有见地的观点。他说，当今世界“是一个更大规模的战国时代，这个时代在呼唤着新的孔子，一个比孔子心怀更开阔的大手笔”。并希望“新孔子”能“通过科学，联系实际，为全人类共同生存下去寻找一个办法”。同时还指出：“我们中国人讲人与人的相处讲了三千年了，却忽视了人和物的关系，经济落后了，但是从全世界看人与人相处的问题却越来越重要了。”① 费先生是从另一个角度论述了中国社会思想具有早熟性，并认为在人类的“共荣”与“心态”问题已成为时代课题的当今社会中，对中国早熟的社会思想和文化的研究应是具有世界性意义的。

其四，如何看待中国社会思想史研究在“文化自觉”中的地位问题。几年前，费孝通先生对社会学界提出了“文化自觉”的任务。其“文化自觉”的提出是从其对下列一连串的问题的思考开始的：“我们为什么这样生活？这样生活有什么意义？这样生活会为我们带来什么结果？……我们的文化是哪里来的？怎样形成的？它的实质是

① 以上均引自费孝通：《孔林片思》，见《从实求知录》，6页，北京，北京大学出版社，1998。

什么？它将把人类带到哪里去？”他认为，对这些问题的提出和思考就是“文化自觉”。① 在论述文化自觉的方法时他又指出：“反思实际上是文化自觉的尝试。……希望大家能致力于我们中国社会和文化的科学反思，用实证主义的态度，实事求是的精神来认识我们有悠久历史的中国社会和文化。”② 由此可见中国传统社会思想与文化在文化自觉之中占有重要地位。

江泽民同志在论述中国特色社会主义文化建设时指出，中国特色的社会主义文化，是有民族性的文化，它“渊源于中华民族五千年文明史，又植根于有中国特色社会主义的实践，具有鲜明的时代特点”③。也就是说，它是在中华民族当今的生存空间中发展起来的文化，它必然是反映中国的国情民情的、有民族色彩的新文化。也只有这样的文化才能为中国人民所理解和接受，才能根深叶茂，充满生机与活力，并真正发挥促进社会进步的作用。我们认为，中国民族的特性很大程度上体现为中国人的社会思想和文化的特性。即中国特色社会主义文化是当代中华民族独立自主的，有中华民族特性的新文化，而其民族特性有相当一部分源于中华民族几千年的文化淀积，如不继承优良的传统文化，“中国特色”的社会主义文化就无从谈起。同样，如果离开了这些优良的传统社会思想与文化，“文化自觉”也就失去了基础。

优秀的传统社会思想属于中国特色社会主义文化的一个有机组成部分。江泽民同志在庆祝建党七十周年大会上的讲话中强调指出：“中华民族是有悠久历史和优秀文化的伟大民族，我们的文化建设不能割断历史。”胡锦涛同志在党的十七大报告中提出“弘扬中华文化，建设中华民族共有精神家园”的使命：“中华文化是中华民族生生不息、团结奋进的不竭动力。要全面认识祖国传统文化，取其精华，去其糟粕，使之与当代社会相适应、与现代文明相协调，保持民族性，体现时代性。”④ 也就是说，我们在建设中国特色社会主义文化的工作中，应大力地弘扬优秀中华传统文化。其中当然包括中国历代优秀的社会思想。但现在的问题是，在中国社会学理论研究中，能注重继承、弘扬中国传统优秀社会思想者太少了。这种情况不利于中国特色社会主义文化的大繁荣大发展，也离“文化自觉”的目标相去甚远。

需要说明的是，这里强调中国传统优秀社会思想和文化在有中国特色社会主义文化建设及文化自觉中的应有地位，是与近代以来的“复古派”、“东方文化派”以及当代海外新儒家的“返本开新论”是有本质区别的。⑤

总之，中国特色的社会主义文化应是对包括中国传统优秀社会思想文化在内的人类一切优秀思想文化的继承和发展。以邓小平同志反复倡导的实事求是的态度，去对待传统社会思想和文化，是实现文化自觉，建设中国特色社会主义文化的重要内容之一。这也就是费孝通先生近年来一直倡导的“文化自觉”的重要意义之所在。中国要达到“文化自觉”就离不开对原有社会思想的总结。总结也是一种创新。在此过程

---

① 参见费孝通：《反思·对话·文化自觉》，见《从实求知录》，394页。

② 同上书，398页。

③ 江泽民在中国共产党第十五次全国代表大会上的报告。

④ 胡锦涛在中国共产党第十七次全国代表大会上的报告。

⑤ 参见费孝通：《从实求知录》，398页。

中，包含着总结者对中国社会思想史的理解，同时也反映出总结者“文化自觉”之程度。

其五，如何立足于中国社会，反思中国社会学之风气问题。学术发展是一个推陈出新的过程。在中国社会学中，所谓“陈”至少应包含两方面内容：一是中国原有的社会思想，二是西方的社会思想与社会学理论，二者能结合融贯才会有创新。清代学者章学诚曾指出，某一时代的学术风尚会趋于偏倾，如果学者囿于时风，眼界规模就会偏颇狭窄，不能完备。可是人们往往并不觉知，自以为胜过前人，但时过境迁，风气转移，便发现自己在诸多方面并没有超过前人。西方学者也有“典范式革命”的说法。这都提示我们要摆脱一时的学术风尚之偏见。所以学者贵在开风气，不贵趋风气。试问目前中国社会学界的风气是否也有偏倾呢？如果有，又当如何矫正？是否可以吸取传统的精华以补现代社会学之偏、以中国人的“文化自觉”救一味学步西方社会学之弊？为此，我们认为应重视对中国传统社会中优秀社会思想的研究并对其进行现代社会学诠释，亦即通过对中国社会思想的“适切研究”，发掘出具有中国社会文化性格或文化特质的概念和理论。这是中国社会思想史研究的时代课题，也是中国社会学理论研究的时代课题。

其六，如何看待中国社会思想史研究的取材与研究中心问题。到现在为止，所有的中国社会思想史著作，都是取材于中国历代精英思想家的著作，以精英思想家的社会思想为其研究对象的。我们认为，如果将社会思想分为官方的、士林的和民间的三个层次，则现在所有的社会思想史著作都是以“士林社会思想”为中心的。士林社会思想界于上述两者之间，属中间层次。它既不完全等同于官方社会思想，也不完全等同于民间社会思想。官方社会思想往往可以体现在官方政治思想与对实际社会的统治中，而民间社会思想虽十分丰富，却很少能够用文献方式较系统地保存下来。只有士林社会思想，亦即知识分子的社会思想之文献资料最多最系统，这大概是迄今为止的社会思想史著作都以士林社会思想为主要研究对象的原因所在吧！但是，社会思想区别于其他思想专史的重要特征之一，就在于它更侧重于对民众在实际社会生活中之社会理念的研究。受生活的压力与文化水平的限制，历代民众的生活理念确无系统的文献记录，但仍然有不少可供研究的资料，如传统社会的《神童诗》、《名贤集》等“蒙学”教材中就有丰富的社会思想；家训、谱牒、民谚民谣、民众喜闻乐见的故事曲艺以及社会风俗、生活方式之中，也保存着十分丰富的社会思想。占社会绝大多数没有机会读书受教育的下层劳动民众的社会思想和生活理念，并非直接来自经、史、子、集，而是来自于社会风俗与劳动、生活方式，以及民谣、民间故事曲艺之中。如果说这些社会思想属于“小传统”，而士林社会思想属于“大传统”，那么我们认为，对“大传统”的社会思想的研究固然是十分必要和必需的，而对“小传统”的社会思想研究更是十分必要和必需的。也就是说，当我们将研究视野扩展到民间社会之大众生活理念的层面，对中国的大、小传统的社会思想都有了较系统的研究之时，就表明中国社会思想史水平出现了一次新的飞跃。我们期待着这个中国社会思想研究之新飞跃的早日来临。

二、相关操作性问题

另外在中国社会思想史研究与教材写作中还有若干操作性问题需要妥善解决，其中最主要的有以下几个方面：

第一，社会思想史与其他学科的思想专史的关系问题。社会思想与其他思想专史的关系是学者讨论的热点问题。他们的观点之间有同有异，各有自己的特点与侧重。如：中国传统儒家“四书”的《大学》将社会治理分为格物、致知、诚意、正心、修身、齐家、治国、平天下八个层次（即“八条目”），而且这八个层次是环环相扣的一个系统。如果说格、致两层次大致是哲学思想的研究重点；诚、正两层次大致属心理思想研究的重点；治、平两层次大致属政治思想的研究重点；那么，修、齐两层次就是社会思想研究的重点所在。《大学》中又说：“自天子以至于庶人，一是皆以修身为本。其本乱而末治者否矣。”即八条目中，修身是根本。我们试举此例在于说明：各种思想专史是相通的和互补的，但又是各有所侧重的，在各种思想专史中，社会思想是处于根本地位的思想。

人们的社会生活是多方面的，包括政治、经济、法律……因此社会问题也是多方面的。那么社会思想史与政治思想史、经济思想史、法律思想史乃至伦理思想史等究竟有何区别呢？有几位日本学者认为：“假如政治思想史、法律思想史、经济思想史等是个别的社会思想史，那么，社会思想史大概可以称之为一般社会思想。”① 这种说法是值得商榷的。我们认为，社会思想史不是百科全书式的关于全部社会科学的思想史，它与政治思想史、经济思想史、法律思想史等一样，都是从一个侧面考察人类社会的思想遗产。政治思想史是从政治学的角度研究人类思想，经济思想史是从经济学的角度研究人类思想，而社会思想史则是从社会学的角度研究人类思想。基于这样的观点，我们认为，在研究社会思想史时所采取的历史材料，纵然可从政治学或经济学等角度考察，或可属于政治思想史、经济思想史、法思想史等范畴，然而这对于我们从社会学角度进行的社会思想史的研究是并行不悖的，是毫无妨碍或影响的。我们可用图表来表示各学科思想史之间的关系：

思想史类别	研究对象					
社会思想史：	A	B	C	E	W	Q
经济思想史：	A	B	C	N	M	F
政治思想史：	A	B	C	H	D	T
法律思想史：	A	B	C	U	O	X
伦理思想史：	A	B	C	P	R	S
其他思想史：	A	B	C	……		

各个学科的思想史之间有共同的研究领域（ABC），这是基础。它们又各有自己的研究领域，这是从不同学科角度考察人类思想遗产的结果，也是各种思想专史的特

① ［日］本田喜代治：《社会思想史》，序文。

点所在。

第二，社会思想的广义与狭义问题。在前引波多野鼎和施存统、郭真等人关于社会思想史的论述中，可见他们对社会思想有“广”与“狭”之分（分得是否准确暂不考虑）。此外，侯外庐在《中国思想通史》的序言中说：“这部中国思想通史，是综合了哲学思想、逻辑思想和社会思想在一起编著的。”其所谓“社会思想”指哲学思想、逻辑思想之外的一切关于社会的思想，是广义的概念。又吕振羽著《中国政治思想史》一书说：“我们说到政治思想史是什么东西呢？它并不是和经济思想相对立的东西，毋宁是人类各别阶级的阶级斗争思想的集中表现，而为其行动指导的原则。所以，政治思想史本质上系同于社会思想史，只有其范围大小的差异。”这里吕振羽之说和侯外庐没有实质性差别。如果我们把他们的所谓“社会思想”作为广义的概念的话，那么，我们所研究的社会思想就是狭义的。我们只是从社会学的角度，研究人们关于具体社会的社会生活、社会问题及社会模式的观点或设想。

第三，中国社会思想史课程的下限问题。社会思想史的实际研究，上起自人类有关于思想的记录之时，而其下限应在何时呢？我们认为，作为一门学科的社会思想，应当从上古到当代，其下限即是“当下社会”，但作为大学的一门课程的社会思想史，受到课时和课程分际的制约，必须确定一下合适的下限，本教材的下限确定在中国第一代社会学家的形成时期。当中国第一代社会学家出现之后，人们开始用社会学的理论和方法，对中国社会生活的存在法则、社会问题、社会管理及社会理想进行有意识的、专门的、系统的研究。在这样的基础之上，所产生的有关思想学说，则应该称为“社会学思想（理论）”。我们对以往的社会学思想（理论）的总结和研究，应叫做“社会学学说史”或“社会学史”等，这就成为社会学的其他分支所研究的对象。

社会学在中国出现是19世纪末20世纪初的事，而中国形成第一代社会学家，是在20世纪20—30年代，即民国初期。为保持社会思想发展阶段的完整性，本书论述基本上是以20世纪30年代为下限。而这个时期中国社会思想十分活跃，被一些学者视为中国思想发展的三个黄金时期之一，西方各种社会思想大量传入中国，各种“主义”都想争夺话语权，呈现出社会价值取向多元化特征，而其中最主要的大致有三种，一是源自西方的马克思主义的社会思想；二是源自西方的自由主义的社会思想；三是源自中国传统社会以“返本开新”为特征的社会思想。对此很值得进行细致而专门的研究和论述，但限于课程要求，我们只对这三大流派各选出一位代表性学者的社会思想进行分析介绍，以达承上启下之目标，并作为本教材之下限。应当承认，从民国时期到新中国成立后的近一百年间，中国社会中出现的很多与时俱进的新社会思想，并不是“中国社会学史”或“现代社会学理论”等学科所能包容的，所以很有进行专门研究的必要，对此，我们或可名之为“中国现代社会思想”，它也是中国社会思想史学科研究的当然范围。但作为一门课程或一本教材，本书不拟对其进行详细论述。

第四，思想家的时序性与思想内容关联性问题。思想史著作或教材的编写，传统的方法是遵守时序性优先的原则，如本教材的第一版即采用这种编次方式，即以一级标题表明某一群思想家所处的历史时期，二级标题是以思想家出生的时间顺序排列其出场的次序。这种编撰方法的优点是思想发展的时序感强，但思想内容的关联性则因被时序切割而呈散乱状态。细心的读者必须采用跳跃式的阅读方法，寻找和分析内容关联的思想发展变迁情况。近来有人试图打破这种传统的撰写方式，如葛兆光的《中国思想史》即是一种有益尝试。本书作者根据多年教学经验，并征求全国多位中国社会思想史教师的意见，发现社会学专业的学生学习中国社会思想史，并不一定需要有如此严格的时序性，他们更为关注的是社会思想内容的关联性。教师按教材向学生们总共介绍三千年间中国的数十位杰出思想家的社会思想后，学生难以自己梳理出这些思想家之社会思想的内在关联性或异质性来。为此，本书在这次修订过程中，在注重了思想家生平时序性的同时，在同一历史时期更加强调了其社会思想内容的关联性，以历史时期分篇，同一历史时期则按思想家之社会思想的特点分章，以求彰显同一时代之不同思想家之社会思想内容的内在关联性。我们相信，这种编写方法会更便于提高学生们对历代中国社会思想特点的认识，加深对中国传统社会思想与当代中国社会发展内在逻辑关系的理解程度。

本章要点

1. 对中国社会思想史研究之历史发展史的评价，可从1949年画线，分为前后两阶段。新中国成立以前的中国社会学界，已有一些学者注意到了中国社会思想史研究的重要性，并做了一些有益的努力。截至1949年新中国成立，社会学在中国发生发展的半个世纪的历程中，所走的是一条逐渐中国化（或本土化）的道路。在这个发展过程中，社会学家们已经认识到开展中国社会思想史研究的重要意义之所在，但研究成果并不多。

2. 20世纪后半叶的中国社会思想史研究，当分两个方面，一是中国大陆学者的研究，二是港台及海外学者的研究。中国大陆学者的研究可分为社会学者开展的研究和教材建设、其他相关学者开展的中国社会思想相关专题研究两支。港台地区及海外的中国社会思想史研究大体也可分为两支。其一为系统的中国社会思想史研究；其二为关于中国社会思想史的专题性研究。

3. 要共同推进中国社会思想史研究的发展，亟须思考和解决的理论性问题主要有：（1）如何摆脱中国社会学的依附地位问题。（2）如何发掘中国社会自身的特点问题。（3）如何看待“早熟”的中国社会思想之现代意义问题。（4）如何看待中国社会思想史研究在“文化自觉”中的地位问题。（5）如何立足于中国社会，反思中国社会学之风气问题。（6）如何看待中国社会思想史研究的取材与研究中心问题。

4. 在中国社会思想史研究与教材写作中还有若干操作性问题需要妥善解决，其中最主要的有以下几个方面：（1）社会思想史与其他学科的思想专史的关系问题。（2）社会思想的广义与狭义问题。（3）中国社会思想史课程的下限问题。（4）思想家的时序性与思想内容关联性问题。

复习思考题

1. 如何评价20世纪前半叶中国社会思想研究的成就？

2. 社会学学科恢复重建以来，中国社会思想史研究的基本情况如何？

3. 如何看待中国社会思想的早熟性问题？

4. 如何看待中国社会思想史研究的取材与研究中心问题？

5. 中国社会思想史与其他思想专史的关系是什么？

推荐阅读书目

1. 王处辉：《中国社会思想史研究的历史回顾与瞻望》，载《社会学研究》，2000(1)。

2. 王处辉：《中国社会思想史研究趋向》，载《社会学研究》，1999(4)。

3. 孙本文：《当代中国社会学》，第二十二章，上海，商务印书馆，1948。

4. 葛兆光：《中国思想史》，上海，复旦大学出版社，2005。

第二篇

原始社会至夏商西周时期的社会思想

中华文明的起源、形成、发展，经历了一个很长的过程，有着百万年的根系，一万年的文明起步。从一百万年前的猿人到一两万年前的现代人，中国社会也从旧石器时代进入了新石器时代，出现了以定居和农业为特征的氏族社会。在近一万年来，中国大地上出现了星罗棋布的文明遗存，如辽宁的红山文化的女神庙、祭坛、积石冢，浙江良渚文化的大型祭坛、贵族坟山等，以及各遗存中成批成套的玉制礼器，这些凌驾于氏族社会之上的遗迹都是文明古国的象征。这一阶段的社会出现了早期的宗教祭祀活动，距今 4 500～5 500 年，属于神权国家时期。从公元前 4500 年以后，中国进入王权社会。从传说上来看，这个阶段是从黄帝开始的，经过尧、舜、禹时代和夏、商的发展，到周代发展成为以礼制为核心的王权国家。

夏商时期，中国上古文化基本形成了六大区系：一是以燕山南北长城地带为重心的北方；二是以山东为中心的东方；三是以关中（陕西）、晋南、豫西为中心的中原；四是以环太湖为中心的东南部；五是以环洞庭湖与四川盆地为中心的西南部；六是以鄱阳湖至珠江三角洲一线为中轴的南方。各大区系各有渊源，各有特点，各有自己的发展道路，同时又互相影响。因此，它们在大致同步发展的前提下，不断组合与重组，形成在六大区系范围内多元一体的格局。①

从可靠的文字材料来看，中国早期社会已经具备了独特的文化气质，表现在重孝、亲人、贵民、崇德等方面。殷商时期繁盛的祖先崇祀便是重孝的体现，周代礼乐文化更是强烈表现出对宗族成员的亲和情感，对人间生活和人际关系的热爱，对家族家庭的义务和依赖。这种强调家族向心性而被人类学家称为亲族连带的表现，都体现出古代中国人对自己和所处世界的一种价值态度。这种文化气质与那些重视来生和神界，视人世与人生为纯粹幻觉，追求超自然取向的文化有很大不同，更倾向于积极的、社会性、热忱而人道的价值取向。中国文化在商周时期也形成了“尚德”的基因，道德评价受到社会重视。周公制礼作乐，进一步发展出敬天保民思想，成为后世儒家思想得以产生的源泉。② 这些文化特质和思想观念是中国社会思想发展的重要基石。

---

① 参见苏秉琦：《中国文明起源新探》，29～31 页，香港，商务印书馆，1997。

② 参见陈来：《古代宗教与伦理：儒家思想的根源》，7～8 页，北京，三联书店，1996。

第三章

原始社会及古代神话中的社会思想

第一节 原始社会时期的社会思想

整个原始社会包括从猿人到古人的原始群居生活时期和新人出现以后从母系氏族公社、父系氏族公社到原始社会解体这两大阶段。社会思想是人类社会生活的产物，只要有人类社会生活，就必然有相应的社会思想存在。原始社会自然也不例外。

以生产劳动为基础，各种社会关系之总和所构成的人类社会，其发展大约有两三百万年的历史。中国是一个文明古国，但真正有文献记载的历史尚不到三千年。这以前的社会，一般称为“史前期社会”。由于史前期社会的社会思想没有记录或保留下来，给我们今天的学习和研究带来很大的困难。我们虽然无法以确切的材料来说明史前期的中国社会思想，但我们却可以通过人类学、民族学、考古学以及古代神话传说等所提供的资料，略述中国原始社会的社会思想。

一、氏族社会时期社会思想的产生

恩格斯说，由于随着完全形成的人的出现而产生了新的因素——社会。克拉拉·汤普逊说：“社会不是某种与人相对立的东西，而是由人创造，同时又创造了人的东西。”[①] 也就是说人类与人类社会是同时产生的。我们则更可进一步说，人类、人类社会和人类的社会思想是同时产生的。

早在两三百万年以前，人类就在生产劳动中诞生了。由于生产力的低下，人类的劳动是集体的活动，只有依靠集体的行为，集体的力量，才能获得必要的生活资料，才能抵御猛兽的侵袭。古猿向人的转变，就是在群体的共同劳动中实现的。人类自诞

① ［美］J. A. 舍伦伯格著，孟小平译：《社会心理学的大师们》，37页，沈阳，辽宁人民出版社，1987。

生起，就过着群居式的社会生活。当时的人们在长期的共同生产劳动和社会生活中，越来越感到只有集体劳动、共同生活，才能求得生存，他们也逐渐意识到加强群体内各成员之间互助协作的好处，从而不断地强化了这个阶段的原始群体组织。于是人类从原始群时期逐渐发展到氏族社会时期。在这个过程中，就体现着一种社会思想。

在氏族社会里，人们在以血缘关系为纽带所组成的社会群体中，过着原始共产制的生活。由于生产资料公有，人们在共同的生产和生活中，结成原始的平等互助的人与人的关系，并且平均分配他们的劳动产品。由于当时的生产力水平很低，劳动成果很少，如果某些人分得过多，其他人就会饿死，整个群体将会遭到削弱和破坏，只有实行平均分配，才能维持整个氏族的困苦生活。例如，我国的姜寨、半坡等遗址，都有专门的制陶区，说明当时的制陶是氏族的集体活动；在半坡及北京周口店山顶洞人遗址，还发现作为氏族仓库用的窖穴也很集中，收获的粮食也归入公共仓库，统一由氏族长分配。① 在这样的经济基础之上，人们没有私有观念，在氏族社会内部的人与人关系，是一种平等互助关系。但由于当时的人类生活地域、社会视野和社会思想都较狭隘，往往把本氏族之外的其他氏族的人视为异类，常有血腥的氏族间屠杀事件发生。这些社会行为不仅是社会生活的产物，也是某种社会思想的产物。

二、原始宗教与社会习俗所体现的社会思想

在原始社会的群体生活中，逐渐产生了原始宗教。原始宗教是人们对于自然和现实社会的歪曲反映，是一种被歪曲了的社会思想，但它一经产生，就对氏族社会的群体生活起着控制作用。

在氏族社会的社会生活中，人们逐渐认识到许多自然现象与自己的社会生活密切相关，但又对这些现象束手无策，无法解释。于是人们把生活中的得失、胜败都归结为自然力的威力，错误地崇拜自然现象，从而出现了最早的宗教，即自然崇拜。人们崇拜日、月、星辰、土地、山、石、风、雨、水、火，等等。在此基础上，又逐步发展为灵物崇拜。灵物崇拜是对某些物品的崇拜，相信灵物能保护自己或本氏族，并能抵御敌人，战胜邪恶力量。② 后来又发展为图腾崇拜。③ 图腾崇拜是自然崇拜和祖先崇拜结合在一起的一种原始宗教。先民认为，自己的祖先就是由作为他们图腾名称的那种动物转变而来的。因此，图腾便成了一种不可侵犯的具有维系部落成员的魔力了。它以无形的巨手，控制着人们的行为模式，使同一部落的人都按照一个统一的行为规范去从事社会生活。图腾既是崇拜的对象，又是该氏族的名称或标记。有的在村落前立一个图腾柱为标记，有的氏族甚至以文身为标记。表面上看，似乎是为了表现图腾经常和本族人在一起，而从实际的社会意义上看，它是在制约着大家的行为。如

① 参见杜耀西、黎家芳、宋兆麟：《中国原始社会史》，183页、195页，北京，文物出版社，1993；裴文中：《中国史前时期之研究》，上海，商务印书馆，1950。

② 参见杜耀西等：《中国原始社会史》，468～486页。

③ 参见朱顺水：《中国古代宗教初探》，111～112页。

同一图腾的人不能通婚，禁杀禁食被奉为图腾对象的动植物，以及要求同一图腾的人要互助互爱，共同生活等，都表现出了图腾对于社会生活秩序管理的作用。

在原始共产制的生产关系下，为了维护集体的生存和利益、平等、忠诚、勇敢、团结互助、尊敬老人，以及维护氏族利益、为氏族成员复仇等行为，就成为氏族成员共同遵守的行为准则。这种社会行为准则世代相传，便成为氏族的习俗。如居住在我国东北大小兴安岭一带的鄂伦春族，在新中国成立前还保留着不少氏族公社的基本特点，他们的社会基层组织和生产组织叫“乌力楞”，集体过着游猎生活。猎物一般按户平均分配，缺乏劳动力的困难户，虽不参加打猎，也能得一份。好吃的肉，如头肉、内脏等，煮熟后由全“乌力楞”的人一同吃，如果有其他部落的人住在部落里，也送给他们一些肉。对于由本“乌力楞”供养的老人和寡妇，参加集体狩猎的人都送给他们一些肉，因此，他们实际得到的，有时比出猎者还多。在“乌力楞”内部，对老、弱、病、残的供养，他们认为是共同的义务和责任。①

美国社会学家波格达斯说，在初民社会，“民众思想”“是受制于风俗的”，而继承哪一种风俗，都是以其是否有利于该社会的利益及该社会秩序的安定为标准的。氏族社会的这种风俗相传既久，就成了人们自觉用来控制社会、管理社会的行为准则。在这种淳朴、蒙昧的道德观念中，包含了氏族社会的社会思想。但原始社会的这种道德观念，只适用于本部落氏族的范围之内，其他氏族的人往往被视为异类并予以排斥或杀戮。因此，它有很大的局限性和狭隘性。恩格斯指出：“部落始终是人们的界限，无论对别一部落的人来说或者对他们自己来说都是如此：部落、氏族及其制度，都是神圣而不可侵犯的，都是自然所赋予的最高权力，个人在感情、思想和行动上始终是无条件服从的。”② 而同时也应看到，氏族社会的习俗及制度，是和当时低下的生产力水平基本上相适应的。它对于调适和巩固部落、氏族的社会组织起过促进作用。到父系氏族社会后期，由于生产力的发展和私有制开始萌芽，这种淳朴的道德观念也逐渐发生变化。

三、巫觋文化中反映的社会思想

原始社会时期，人们对于自然界的规律知道得还很少，所以面对自然界对人类生活的困扰，常感到无能为力，他们常常感到自然界不按他们的期望变化和运动，因此他们就幻想到在自然界的背后藏着一些小神小鬼，有意地与他们为难，原始宗教就从这种情结中产生出来。他们相信在他们中有一种特别的“技术人才”，这些人有特别的能力，能用一种特别的术语、咒语，命令隐藏在自然界后面的小神小鬼照他们的意志去做，这些“技术人才”就叫作“巫”或“觋”，他们的“技术”就是巫术。③ 所以我们有理由认为，原始巫觋或巫术的出现就是一种社会思想的产物。

---

① 参见吕振羽：《史前期中国社会研究》，199～215 页，北京，三联书店，1980。

② 《马克思恩格斯选集》，2 版，第 4 卷，96 页。

③ 参见徐旭生：《中国古史的传说时代》，75～76 页，北京，科学出版社，1960。

巫术是原始宗教的重要表现形态之一。但中国历史上的巫术之起源年代，已无从考订。马林诺夫斯基认为，“巫术永远没有起源，永远不是发明的编造的，一切巫术简单地说都是存在的，古已有之的存在”①。也就是说，巫术是在人类社会形成并发展到一定阶段之后，人们在社会生活实践中逐步生成和发展起来的。② 我们认为，原始社会的巫术，属于人类精神活动的最重要表现形式，它所以会在当时成为主流文化，一定是出于人类社会生活的需要，因此其中必然包含着生活在那个时代的人们的某些社会思想。

《说文解字》对“巫”字的解释为：“巫，祝也。女能事无形，以舞降神者也。象人两褎舞形。与工同意，古者巫咸初作巫”。

“祝”是以言告神祈福之人，《说文解字》释“祝”为“祭主赞词者。从示从儿口。一曰从兑省。易曰：兑为口、为巫”。就是说“巫”以事神为其主要职能或角色特征。据《周礼·春官》记载，西周时期已有官巫，名为“司巫”。

司巫是负责代表人与天对话、向天祈福、求天为人们免除灾害的人。我们虽不能以西周时代的情况直接说明原始社会的情况，但我们可以说，巫的职官化，一定有一个漫长的历史演进过程。如《墨子》、《荀子》、《吕氏春秋》、《淮南子》等书中都有商汤在大旱之时自为牺牲，作仪式以祈天降雨的记载，所以有人认为这是由商汤主持的祈雨巫术，至少他承担了巫的某些职能。③

总之，在夏、商、西周时期，巫已成为官方思想和文化，由此可以推断，在原始社会曾有一个巫觋文化作为主流文化的阶段。所以巫在当时属于雷德斐尔德所谓“大传统”的范畴。而它所以能成为“大传统”中的思想文化，其思想渊源和社会生活实践基础主要是当时的人们对自然界各种现象的不理解和恐惧，以及人们求生存、求发展的渴望。在当时还不能用科学的方法认识自然规律的情况下，只能采取想象的方式与自然界（即“天”）沟通，以求取得天的支持帮助，消除影响人类生存与发展的各种灾祸。

徐旭生曾指出，中国氏族社会的宗教处于宗教的第一阶段，其特征在各地全表现为巫术，在这一阶段，宗教的主要表现为掐诀念咒，为人民求福免祸。其职务常由农或牧人兼充，并没有专业的巫师，但随着“社会组织逐渐扩大，社会秩序的问题也就成了宗教的重要内容，可是魔术师、巫觋太多，人杂言庞，社会秩序很难有相当长时的安定，极为不便”，所以到了帝颛顼时期，他大胆地对原始宗教进行改革，“使南正重司天以属神，火正黎司地以属民”，“使他们成为脱离生产的职业宗教服务人，有人专管社会秩序一部分的事，有人专管为人民求福免祸一部分事”④。徐旭生此说是有史料依据的。⑤《尚书·吕刑》中就记载了这一巫师专业化的过程，说自蚩尤作乱之

① ［英］马林诺夫斯基著，李安宅译：《巫术科学宗教与神话》，57页，北京，中国民间文艺出版社，1986。

② 据西方学者研究，欧洲历史上的巫术出现于旧石器晚期或更早。

③ 参见张光直：《中国青铜时代二集》，44页，北京，三联书店，1990。

④ 徐旭生：《中国古史的传说时代》，6页。

⑤ 参见徐旭生：《中国古史的传说时代》，第二章。

后“苗民弗用灵”，社会混乱，杀戮无辜，人与人相互欺诈，不守信用。于是无辜受害的人们向皇天上帝控告，“皇帝哀矜庶戮之不辜，报虐以威，遏绝苗民，无世在下。乃命重、黎，绝地天通，罔有降格。群后之逮在下，明明棐常，鳏寡无盖”。其意为，上帝因此而命令重和黎断绝天与地之间的联系渠道，命令人类社会中的酋长在地上管理社会，以重建社会生活秩序。《国语·楚语》中有楚昭王与观射父讨论“重、黎使天地不通”之原因的对话。观射父说中国氏族社会的原始宗教先有一个“古者民神不杂”时期，可能只是托古论今之思维方式的表现，并不一定是历史事实，而他所说的从一个“民神杂糅”时期，而进入“绝地天通”时期的说法，当是合乎原始宗教发展规律的事实。这个“绝地天通”的过程，实则是宗教信仰与社会价值观统一化的过程，反映了社会群体的规模扩大，社会生活秩序逐渐复杂化之后，对人们的思想和行为的统一性的要求，反映了中国的理性主义精神和社会管理思想。正如徐旭生所说，当社会群体规模扩大，社会得到一定发展之后，“会咒术的‘技术人才’是越多越好，多了，他们随时可以供应我们的需要。而传达或翻译大神意思的人却是越少越好。社会共同遵守的信条不能随便改易，人数一多，就有人杂言庞，使社会无所适从的危险”[①]。人人祭神，家家有巫史是原始社会后期巫觋文化广泛流行的表现。但随着社会范围和群体规模的扩大，氏族联合成为部落，进而又发展为部落联盟，在人们的共同生活中，社会秩序的协调问题越来越重要了，这就对人们的生活意义系统和统一性提出了更高要求。因为，如果人人都能自行以巫术“通天”，传达或翻译上天的意志，其结果必然会出现像墨子所说“一人则一义，二人则二义，十人则十义，其人兹众，其所谓义者亦兹众。……天下之乱，若禽兽然”[②] 的状况。观射父有“民渎齐盟”之说，“齐盟”就是指氏族之间或部落之间的联盟。联盟就会使社会群体的组织规模扩大，就必须有大家认同的社会规范和行动的相对一致性，这些都必须以人们对于某种社会和自然现象有更为统一的解释为前提。只有这样才能使决策具有一定权威性，人们的社会价值观及行动取向才能趋于一致，群体效应才能得到较充分的发挥。基于人们社会生活的上述需要，所以到颛顼为酋长的时期，便对原始巫觋思想文化进行了改革，“绝地天通”之后，只有颛顼本人和大巫才能管天上的事情，把群神的命令汇集起来，传达到人间，其他任何巫都不能通天，妄传群神的命令，又让黎“司地以属民”，管理地上的群巫，使他们好好地为民众治病和祈福。

总之，以“绝地天通”为主要特征的对原始宗教的这次改革，一是适应了原始社会群体规模和社会生活秩序协调的需要，二是反映了氏族社会后期将神事与人事相对分离思想的萌芽，三是反映出人们在社会群体生活实践中提出的对社会生活秩序的一致性的思想，四是从对神权的控制中反映出对社会统治权威和权力统一性的要求的社会发展趋势和思想。而所有这些思想的形成和发展，都是以社会生产力的发展和社区及社会群体规模发展为基础的，也为社会生产力和社区及社会群体规范的继续发展创造了条件。所以应将上古时代巫觋思想和文化纳入中国社会思想史的研究视野之中。

---

① 徐旭生：《中国古史的传说时代》，79 页。

② 《墨子·尚同上》。

第二节 古代神话中反映的社会思想

一、古代神话与社会思想

中国古代没有“神话”一词，这个词是20世纪初由日本移植来的。① 波格达斯说：“有一些具体而微的初民的社会概念，尚保存于歌谣的形式之中。……人类最初的歌谣，即启示社会思想之起源。”② 他所谓“歌谣”即包括古代神话。在本质上说，神话也和别的艺术一样，是反映一定的社会生活的。远古时代劳动人民根据自己在劳动过程中的具体感受和欲望需求，创造出各种神话。因此，神话的产生并非出于人类的毫无根据的空想，而是基于现实的社会生活。所以说，“古代每一个时期的神话所包含的特定意义以及诸如此类的问题，都不能离开当时人类的现实生活、劳动和斗争而作凭空的推想。”③

马克思说：“任何神话都是用想象和借助想象以征服自然力，支配自然力，把自然力加以形象化。”④ 马克思的精辟论述，足以说明古代神话的社会思想性质。神话和原始宗教一样，既是人类社会生产力发展到一定阶段的产物，又是生产力水平发展不高的产物。关于中国神话起源的时期，杨堃认为是在旧石器时代晚期⑤，袁珂则认为神话产生于原始社会前期，说在“蒙昧期的中级阶段，那时人类过着原始群居生活，已经有了萌芽状态的神话产生”⑥ 什么是中国神话传说时期？郭沫若曾说；“殷之先世，大抵自上甲。以下入于有史时代，自上甲以上则为神话传说时代，此在殷时已然。观其祀典之有差异，即可判知。”⑦ 但严格说来，中国有明确的历史记载是从公元前841年，即西周共和元年开始。殷之大甲至周共和元年的历史，也都是后人根据传说而追记的。

神话是人类社会童年的产物，从神话里，我们可以看到古代劳动人民的思想观念是怎样的，他们怎样设想人类世界的构成，怎样歌颂人民的英雄，怎样向往更美好的生活，怎样赞美劳动和斗争……⑧我们这里所论述的，只是反映无阶级社会情况的一些神话传说及其体现的社会思想。

---

① 现可查到中国最早使用“神话”一词的是蒋观云1903年发表在《新民丛报》上的《神话、历史养成的人物》一文。

② ［美］波格达斯著，钟兆麟译：《社会思想史》，10页。

③ 袁珂：《中国古代神话》，13页，北京，中华书局，1981。

④ 《马克思恩格斯选集》，2版，第2卷，29页。

⑤ 杨堃：《论神话的起源和发展》，载《民间文学论坛》，1985（3）。

⑥ 袁珂：《中国神话史》，3页，上海，上海文艺出版社，1988。

⑦ 郭沫若：《卜辞通纂考释》，74页。

⑧ 参见袁珂：《中国古代神话》，23页。

二、关于世界和人类产生的思想

世界是怎样形成的？关于这个问题，古代神话中有盘古开天辟地的神话，《艺文类聚》卷九记载说。“天地浑沌如鸡子，盘古生其中，万八千岁，天地开辟，阳清为天，阴浊为地。”类似的神话还有一些，但其中有一个共同特点，就是把世界的起源，归结为神人的力量。社会群体生活的主体是人，关于人和社会的产生，在古代神话传说中有不少这类故事，但依然归结为神人的力量，例如女娲创造人类的传说。[①] 汉代许慎所著《说文解字》卷十二说：“娲，古之神圣女，化万物者也。”是她化育了世界的万物，当然，人类的产生是由这位“神圣女”所创造的了。东汉应劭撰的《风俗通义》中又记载说，在天地开辟后还没有人类的时期，女娲用泥捏制成人，但这样工作效率太低，不能满足需要，于是就把绳子放到泥潭当中，挥动带泥的绳子，甩出的泥浆变成泥点落在地上，就化作了人，人类就这样产生了。[②] 据说，女娲还是“婚姻之神”，她让男人和女人配合成亲，传宗接代，这样大地上的人类就渐渐地繁衍起来了。在希腊神话、希伯来神话中，也有类似的神创造人类的神话。[③] 我们从这类神话中，可以看到原始人类在长时期同大自然和其他动物作斗争中得到了初步胜利所引起的作为“人”的自豪感，人是神亲手创造而且人像神，以别于其他的生物。这就决定了人类在世界上的特殊地位。

在古代神话中，还有很多有关人的感生说，如说伏羲之生，是华胥氏在雷泽踩了巨人的脚印而生，“大迹出雷泽，华胥履之，生宓牺”[④]；后稷之生，也是其母“姜原出野，见巨人迹，心忻然说，欲践之，践之而身动，如孕者，居期而生子”[⑤]；契的母亲简狄，吞了玄鸟的卵，即孕而生契。[⑥] 这些古代著名人物感天而生的神话，正是母系氏族社会时期“民知其母，而不知其父”的社会状况的真实反映。古代伟大人物都是因女人受感于天而生出来的神话，反映了当时人们认为妇女的社会地位高于男人的思想。

三、对人民英雄的歌颂

古代神话中，还塑造了很多为民除害兴利而不计个人得失的英雄人物。如前已述及的女娲，她还有补天的动人事迹：在天崩地裂，四极毁坏，天不能尽覆万物，地不能遍载万物，所见只有延烧不灭的烈火和泛滥不息的洪水，而其间又有恶禽猛兽趁机

① 在屈原的《楚辞・天问》中有这样的句子：“女娲有体，孰制匠之？”意思是说：女娲创造了别人的身体，而她自己的身体又是谁做成的呢？由此可知女娲之神话由来已久。

② 参见《太平御览》卷七八，引《风俗通义》。

③ 参见陶大镛：《社会发展史》，23页，北京，北京出版社，1985。

④ 《太平御览》卷七八，引《诗含神雾》。

⑤ 《山海经・海内经》。

⑥ 参见《史记・殷本纪》。

从山林窜出来攫食善良的人民和老弱的妇孺的时候，女娲“炼五色石而补苍天，断鳌足以立四极，杀黑龙以济冀州，积芦灰以止淫水”。她为人类平息了灾害，使善良人民的生活重新有了生机，而她自己却“不彰其功，不扬其声”，隐藏了一个具有真德的人的神通和本领，来顺从天地的自然变化。① 这段神话故事反映了氏族公社的平等互助，以社会利益高于个人得失的道德情操和社会思想。

神话中的英雄羿，他不怕触忤天帝，一口气射落残害人民的天帝的九个太阳儿子，又铲除了其他一些残害人民的恶禽猛兽，使人民安居乐业，并开始使各社区之间有了道路里程，人得以互相往来，增强了社会的交往和流动。②

为人民治水的大禹，神话里说他逐共工，杀相柳，诛防风氏，变成大熊开山，等等。他“沐甚雨，栉疾风”，“颜色黎黑，窍藏不通”③，“身执耒臿，以为民先”，“居外十三年，过家门不敢入”。神话将其描写为一个具有舍己为人、忘我劳动、大公无私精神的伟大人物的形象。④

像女娲、羿、大禹这类人物之所以受到推崇，是反映了时代精神的，人们都崇拜他们，歌颂他们，以他们为楷模，这反映出在氏族社会的社会生活中，人与人的关系是以舍己为人、大公无私为宗旨的。当人类遭到危难时，人们都应竭尽全力去解除它。人们所向往的，是一个人人都能背负大地，怀抱青天，安居乐业，怡然自得地生活的社会。

神话中关于廪君的故事，反映了原始社会后期的更为文明化的社会思想。故事是这样的：在巴郡、南郡的少数民族，本有五姓，巴氏、樊氏、瞫氏、相氏和郑氏，他们都出于武落钟离山。这山上有两个洞穴，巴氏的孩子生在红色洞穴，其他四姓的孩子生在黑色洞穴。他们原没有首领，而以鬼神为统帅。廪君名叫务相，姓巴。后来他们都感到设立一个人为统帅的必要性，于是五姓的人都来比试才能，争着做统帅。他们共同约定比试项目：大家都往石头上投掷利剑，谁能投中，谁就做统帅。结果，只有务相一人投中，大家都为之惊叹。于是，又出了第二个比试项目：各自坐上用泥土做成的船，放到水中，谁的船能漂浮在水面上，就立即让谁当统帅（这大概是其他四姓的人见务相独能投剑中石，心怀嫉妒而提出的刁难人的试题）。但比试的结果是余姓之船悉沉，唯务相之船独浮，因而五姓共立他为廪君。尔后，廪君率领他的部落联盟，坐泥船顺夷水去寻觅理想的生活地点。当走到盐阳时，有一盐水女神爱上了他，希望他能留下来，但廪君见那里不适合本部落的生存，因而谢绝了。这位女神出于爱情，夜里来和廪君同床，天一亮就变做飞虫，并纠集了好多飞虫，漫天飞舞，掩蔽天日，搞得天昏地暗，使廪君无法辨别方向，如此七天七夜。廪君从全部落联盟的利益出发，忍痛设计把盐水女神射死。⑤ 廪君又率众乘泥船前进，走到夷城，认为这里适

---

① 参见《淮南子·览冥篇》。

② 参见《淮南子·本经训》。

③ 《吕氏春秋·慎行论》。

④ 参见袁珂：《中国古代神话》，第七章。

⑤ 以上据《世本》，秦嘉漠辑补本。

合本部落发展，使上岸立城而居。以后，这个部落联盟很是昌盛，五姓后裔繁衍得很快。[①] 这段神话故事，描写了氏族社会从选贤能者为酋长，而酋长不计个人利益，全心全意为全部落着想，带领全部落的成员另觅新的居地，使整个部落更加昌盛的过程，反映了氏族社会的人民从愚昧状态中觉醒过来，要求社会进步的心理状态。廪君的形象，代表了人民要求社会进步的思想。

四、古代神话所反映的社会思想之特点

从以上列举的古代神话中，我们已经粗略地看到了一些氏族社会时期的社会思想，但是，神话中所反映的社会思想是有很大局限性的。这种借神话和传说保留下来的原始社会的社会思想，具有以下几个特点：

第一，它是非常粗浅、简单而不发达的；

第二，它是各不相关，没有系统的；

第三，在全部古神话中，可分为人对自然和人对社会两类，而属于人和社会的一类为数甚少，绝大多数是反映人和自然斗争情况的；

第四，只是通过神话故事的形式，隐隐约约地反映出一些关于社会生活秩序的建构与管理思想，以及社会进化的思想，而没有抽象的社会思想。

但是，我们不能因此忽略古代神话传说中保留下来的社会思想的重要价值，更应重视其对于后来的思想家之思想形成的启迪作用。特别在中国，古代思想家有一种托古而论今的学风。所以，中国古代神话在中国社会思想史中，是占有重要地位的。

本章要点

1. 社会思想是人类社会生活的产物，只要有人类社会生活，就必然有相应的社会思想存在。原始社会自然也不例外。在氏族社会里，人们在以血缘关系为纽带所组成的社会群体中，过着原始共产制的生活。生产资料公有，并且平均分配他们的劳动产品。在这样的经济基础之上，人们没有私有观念，在氏族社会内部的人与人关系，是一种平等互助关系。这是当时某种社会思想的产物。

2. 氏族社会形成的原始宗教是人们对于自然和现实社会的歪曲反映，是一种被歪曲了的社会思想，但它一经产生，就对氏族社会的群体生活起着整合与控制的作用。

3. 原始巫觋或巫术的出现就是一种社会思想的产物。巫术是在人类社会形成并发展到一定阶段之后，人们在社会生活实践中逐步生成和发展起来的。原始社会的巫术，属于人类精神活动的最重要表现形式，它所以会在当时成为主流文化，是出于人类社会生活的需要，因此其中必然包含着生活在那个时代的人们的某些社会思想。

4. 以“绝地天通”为主要特征的对原始宗教的改革，适应了原始社会群体规模和社会生活秩序协调的需要，反映了氏族社会后期将神事与人事相对分离思想的萌

① 据《晋书·李特载记》。

芽，反映出人们在社会群体生活实践中提出的对社会生活秩序的一致性的思想，并可从对神权的控制中反映出对社会统治权威和权力统一性的社会发展趋势和思想。而所有这些思想的形成和发展，都是以社会生产力的发展和社区及社会群体规模发展为基础的，也为社会生产力和社区及社会群体规范的继续发展创造了条件。

5. 神话是人类社会童年的产物，从中国古代神话里，我们可以看到古代中国劳动人民的思想观念是怎样的，他们怎样设想人类世界的构成，怎样歌颂人民的英雄，怎样向往更美好的生活，怎样赞美劳动和斗争，等等。

6. 以神话和传说形式保留下来的原始社会的社会思想具有以下几个特点：(1) 它是非常粗浅、简单而不发达的；(2) 它是各不相关，没有系统的；(3) 在全部古神话中，可分为人对自然和人对社会两类，而属于人和社会的一类为数甚少，绝大多数是反映人和自然斗争情况的；(4) 只是通过神话故事的形式，隐隐约约地反映出一些关于社会生活秩序的建构与管理思想，以及社会进化的思想，而没有抽象的社会思想。

复习思考题

1. 氏族社会的社会思想的基本特点是什么？
2. 原始宗教与社会思想的关系如何？
3. 以“绝地天通”为特征对原始宗教的改革在中国社会思想发展中的意义是什么？
4. 古代神话与社会思想的关系如何？
5. 中国古代神话中是如何认识世界和人类的产生方式的？
6. 以神话和传说形式保留下来的社会思想具有什么特点？

推荐阅读书目

1. 袁珂：《中国神话史》，上海，上海文艺出版社，1988。
2. 杜耀西、黎家芳、宋兆麟：《中国原始社会史》，北京，文物出版社，1993。
3. 裴文中：《中国史前时期之研究》，上海，商务印书馆，1950。
4. 徐旭生：《中国古代的传说时代》，北京，科学出版社，1960。
5. ［英］马林诺夫斯基：《巫术科学宗教与神话》，北京，中国民间文艺出版社，1986。
6. 吕振羽：《史前期中国社会研究》，北京，三联书店，1980。

第四章

夏商西周时期的社会思想

第一节 夏商时期的社会思想

大禹之后，中国社会继替的“禅让”时代终结，“天下为公”转而为“家天下”。中国第一个世袭王朝是夏王朝。中国历史上的夏、商、西周时期，是中国奴隶社会的形成和发展时期。夏王朝是中国历史上的第一个奴隶制王朝，它的建立标志着中国社会进入了文明时代。

一、夏商时期社会思想的历史地位

从夏商到西周时期，社会思想的趋势是从重视神事向重视人间事物的方向发展。其思想文化由氏族社会后期的以巫术文化占主导，发展为殷商时期的以祭祀文化为主导，再发展为西周时期的以礼乐文化为主导。这种社会思想发展大趋向为春秋战国时期诸子百家社会思想的形成奠定了基础。

夏朝已有了文字，虽然目前我国发现的文字是在殷墟等处发现的甲骨文和金文，但它已经是基本成熟的文字了。郭沫若说：“中国文字到了甲骨文时代，毫无疑问是经过了至少两三千年的发展的。”① 因此，夏代是已有了文字的，而文字的发明及其应用于文献记录，是由野蛮高级阶段过渡到文明时代的重要标志之一。

夏代已经有了一套较为完整的社会制度。孔子说：“殷因于夏礼，所损益可知也；周因于殷礼，所损益可知也。”② 夏代的社会制度为商、周社会制度奠定了基础。《论语·八佾》说：“夏礼，吾能言之，杞不足征也；殷礼，吾能言之，宋不足征也。文献不足故也。足，则吾能征之矣。”春秋时期的孔子能讲夏礼，也能讲殷

---

① 郭沫若：《古代文字之辩证的发展》，见郭沫若：《奴隶制时代》，北京，人民出版社，1973。

② 《论语·为政》。

礼；但他苦于文献不足，无法验证讲得对与不对。这里应当指出：在中国古代所谓“礼”的意义是很广泛的，除了现在“礼”字所有的意义之外，古时还兼指一切民俗习惯及社会制度。故子产说：“夫礼，天之经也，地之义也，民之行也。”庄子说“礼以道行”①。凡是关于人们的行为规范，都可包括在“礼”的范围之内。② 所以，在社会学的已有概念和范畴内，“礼”是没有相当的对应名称的，大而等于“文化”，小而不过几方面的礼节。③ 但毫无疑问，“礼”是社会思想史研究的重要内容之一。可是，对于夏礼及夏代社会思想的研究，我们比两千年前的孔子更感到资料不足，但商因夏礼，我们只好将夏、商两代进行综合论述。

二、夏商时期从巫觋文化向祭祀文化的转变

早在原始社会后期，就产生了原始宗教，由于当时人们生活着的人间世界的一切成员都是平等的，所以他们所设计的神间世界也是一切成员都平等的。到夏代以后，中国社会发展到奴隶社会，统治阶级认为社会上的一切都应被他们所统治，因而他们设计出来的神间世界也和人间一样，有一个支配一切的主宰——上帝。④

夏代奴隶主阶级已开始利用宗教信仰作为社会生活秩序建构与管理的工具，来维护其统治。《尚书》说：“有夏服（受）天命”⑤，《论语·泰伯》中也曾说夏禹“致孝乎鬼神”。由此可见，夏代统治者是认为天命鬼神主宰着人们的社会生活的。同是也说明夏代仍然是巫觋文化占主导地位的。到了商代，随着奴隶社会制度的发展，神权主宰社会的思想进一步发展。他们按当时人间社会的阶级结构去设计神的世界，描绘了一个有人格、有意志的上帝——他是自然和人类社会的主宰，死后的商王和大臣，都到上帝那里去担任“里正”或“工臣”，辅佐上帝统治人类社会和自然界，并代为向上帝转达人间的要求。也就是说他们在上帝那里仍然保持着原来的君臣关系，关心着他们的后代子孙。如果奴隶和平民不服从奴隶主阶级的统治，上帝就会予以惩罚，即所谓“天罚”。而崇拜上帝，就能得福而免祸。他们企图用这种思想来束缚人民的思想和行为，维持奴隶制社会秩序的稳定。

由于殷人认为帝是最高神⑥，所以有时也用祭帝之礼来祭自己最崇敬的祖先，认为他们的祖先即是上帝的嫡系子孙，是“下帝”。如“有娀方将，帝立子生商”⑦，又如“天命玄鸟，降而生商”⑧。上帝有如父亲，下帝有如儿子，即所谓“天子”。这儿子一切都要服从父亲的命令，按父命行事，下帝之所行所为，都可以说是“上帝”的

---

① 《庄子·天下》。

② 参见冯友兰：《中国哲学史》，59页，上海，华东师范大学出版社，2000。

③ 参见李安宅：《仪礼与礼记之社会学的研究》，4页，上海，商务印书馆，1940。

④ 郭沫若在《先秦天道观之进展》一文中认为，商代虽早已有“天”字，“但卜辞称至上神为帝，却决不称之为天”。参见《郭沫若全集·历史编》，第1卷，321页，北京，人民出版社，1980。

⑤ 《尚书·召诰》。

⑥ 《礼记·表记》：“殷人尊神，率民以事神，先鬼而后礼。”

⑦ 《诗经·商颂·长发》。

⑧ 《诗经·商颂·玄鸟》。

意志，因此，所有被统治者都必须无条件地服从。商王成为上帝在世俗社会的合法代理人，他集神权与王权于一身，代表虚幻的上帝对人类社会生活进行管理。天之命很自然地转化为其进行的社会统治的合理性依据——这是商王朝统治的一个重要特点。在对人愿与天意之关系的方面，天意的权力要在人愿之上。而在决策过程中，"人事"的成分则是不断加重的。《尚书·洪范》"九畴"中的第七"畴"云：

汝则有大疑，谋及乃心，谋及卿士，谋及庶人，谋及卜筮。汝则从、龟从、筮从、卿士从、庶民从，是之谓大同。身其康彊，子孙其逢吉。汝则从、龟从、筮从、卿士逆、庶民逆，吉。卿士从、龟从、筮从、汝则逆、庶民逆，吉。庶民从、龟从、筮从、汝则逆、卿士逆，吉。汝则从、龟从、筮逆、卿士逆、庶民逆，作内吉，作外凶。龟筮共违于人，用静吉，用作凶。

我们可以列成下表：

性质	意见主体	情势一	情势二	情势三	情势四	情势五	情势六
人愿	汝则	从	从	逆	逆	从	（从）
	卿士	从	逆	从	逆	逆	（从）
	庶民	从	逆	逆	从	逆	（从）
神意	龟	从	从	从	从	从	逆
	筮	从	从	从	从	逆	逆
性质认定及行为选择		大同（即大吉）	臣民与君相左，但天意从君之愿，为中吉，可举事。	君民不从臣意，决之卜筮。天意从之，则为吉，可举事。	民与君臣意见相左，决之卜筮，天意从民意则为吉，可举事。	作内吉作外凶。可祭祀冠婚，不可出师征伐。	用静吉用作凶。天意与人愿相反，不可行动。

由此可见，在商代人的思想中，神意的地位高于人愿。但只有神意与人愿相合，才能被视为大吉（即"大同"）。殷商中后期，"尚鬼"、"崇天"观念虽然依然盛行，但由于现实统治的需要和理性的进步，"人事"在决策中的地位已有所上升。《尚书·洪范》中列出了商人的五个终极人生目标，即"五福"："一曰寿，二曰富，三曰康宁，四曰攸好德，五曰考终命。"与此相对，人世间最不幸的事有"六短"："一曰凶短折，二曰疾，三曰忧，四曰贫，五曰恶，六曰弱。"由此可见，商族的族群文化特征尽管"尚鬼"，但出于维护王朝统一的理性需要，到商代中后期重人事的"人本"理性得以延续和发展。

殷商时代与夏代的最大不同是殷商时代已由夏代的巫觋文化占主导转变为祭祀文化占主导。殷王一年三百六十五天几乎是天天举行祭祀①，20世纪以来在殷墟发现的甲骨卜辞的内容中，也是"以有关于自然神祇和祖先的祭祀为最多"②。应该说，无

① 李亚农：《殷代社会生活》，见《李亚农史论集》416页，上海，上海人民出版社，1978。
② 陈梦家：《殷墟卜辞综述》，636页，北京，中华书局，1988。

论是巫觋还是祭祀，都是神权思想的表现，但这一转变却属重大的进步。弗雷泽曾指出："在人类发展进步进程中，巫术的出现早于宗教的出现，人在努力通过祈祷、献祭等温和谄媚手段以求哄诱安抚顽固暴躁、变幻莫测的神灵之前，曾试图借符咒的力量来使自然界附和人的愿望。"① 即巫术只是错误地应用了人类最简单、最基本的思维过程，以求强制自然界服从人类社会生活的某种需要，而祭祀则具有以讨好、顺应自然力和超自然力量，使之不与人类作对，或帮助人类更好地实现理想社会生活的意义。这种对自然与人类生活之关系的认识，显然比巫术思想文化对天人关系的认识更具有理性化的色彩。殷商祭祀文化的发展，使祭祀礼仪逐步规范化，成为这一时期社会规范的主要内容。发展到周代，这种源于祭祀的礼仪规范又进而逐步脱去祭祀的外衣，而演变为摆脱了宗教内容的社会规范体系，即所谓"周礼"，或可称之为"礼乐文化"。这便成为后来的儒家社会思想文化之滥觞。

恩格斯说："一切宗教……其根源在于蒙昧时代的狭隘而愚昧的观念。"② 马克思也说："宗教本身是没有内容的，它的根源不是在天上，而是在人间。"③ 由于夏商时期社会生产力处于低级发展阶段，人们在物质生活过程中，人和人之间及人和自然之间的关系还很狭隘，人们无从理解现实社会中的现象和问题，于是从社会生活中折射出"神的社会"。但这种神的社会之根源不是在天上，而是存在于人间。夏商时期神权社会思想之具体内容的嬗变，是人间社会发展的必然结果，也是人们在社会生活实践中对人与自然、人类社会生活与超自然力关系的认识水平发展的产物。

三、商代社会规范思想

商代统治者在宣扬神权社会的同时，还极重视人的个人修养和人的社会行为规范。关于人的个人修养，商代强调一个"德"字，《尚书·盘庚》中曾多次提到所谓"德"。如"非予自荒兹德，惟汝含德，不惕予一人，予若观火"；"汝克黜乃心，施实德于民，至于婚友。丕乃敢大言，汝有积德。"可见，商代的统治阶层是很讲究"德"的。什么是"德"呢？从"德"字的含义上讲，就是"得"的意思。所谓"德"，就是说人们做事要于人于己都过得去，无愧于心。德有善有恶，善德即可作为福，恶德即可作为灾，福或灾是对其德善或恶的报应，报应也就是"得"。由此可知商代是很强调个人的内在修养的。一个人有了"善"的内在修养，才有善的行为，而这个人也可以从中得到福。如此，人们在各自的社会生活和社会角色中，就能实行自我行为的控制。

人们要完成"德"的修养，必须用"礼"来作为行为规范。礼，繁体字作"禮"，卜辞中作"豊"。《尚书·商书》中说"典祀无丰于昵"，也就是说，"祭祀近祖，礼节无须隆重"。《尚书·周书·君篇》中又说："故殷礼陟配天，多历年所。"意思是说，

① ［英］弗雷泽著，徐育新等译：《金枝》，81页，北京，中国民间文艺出版社，1987。

② 《马克思恩格斯全集》，中文1版，第21卷，316页，北京，人民出版社，1965。

③ 《马克思恩格斯全集》，中文1版，第27卷，436页，北京，人民出版社，1972。

“殷礼能和上天相配，所以事国久长”。周人甚至把商代享国久长归结为“礼”的作用，可知商代是极重“礼”的，把它视为“德”的外化形式。没有“礼”作为行为规范，就无从表现一个人的“德”；没有“德”，人就不能保持“礼”所要求的行为规范，“德”和“礼”是一而二，二而一的东西。商人认为，人们有了“德”的修养和“礼”作为行为的规范，社会生活秩序才能稳定，也就是说，只有这样，才便于奴隶主阶级实行统治权力。

商代所谓“礼”的具体表现主要是“孝”。商代已有了孝的思想。如《尚书·周书·无逸篇》记载说：“周公曰……若在殷……高宗……作其即位，乃或亮阴，三年不言。”意思是说，殷王小乙死后，他儿子武丁为他守丧三年，这三年他默而不言，不理国政。可见武丁是个孝子。正因为他是至孝，所以“其惟不言，言乃雍，不敢荒宁，嘉靖殷邦。至于小大，无时或怨，肆高宗之享国五十有九年”。守丧三年间不问政，丧毕治理国事，则天下和。他不敢荒怠自安，使社会安宁，其为政，上下大小均无怨言，所以享国永年。周公以此为例，来教训臣民，可知这事在当时是为人们所熟悉的。殷人崇尚孝道的思想，其社会作用有三：

其一，通过实行孝道，人们可以不忘祖先，因而也就不会忘记血缘关系，由于殷商奴隶主的统治保留了以血缘关系为纽带的氏族家长制的传统，因此，可以通过宣扬孝道，使殷商的宗族血缘关系得以长期维持，以保证统治体系的长期巩固。

其二，实行孝道，不但可使殷族中的人趋于纯厚而不去作乱，也可缓解社会矛盾，使其他各被奴役的阶级或阶层不致起而反抗奴隶主的统治。

其三，由于殷商时代是崇拜祖先一元神的，所以，实行孝道也就是对殷王的效忠，使人们都成为殷王的俯首帖耳的臣民或奴隶。

总之，商代的“德——礼——孝”的思想体系，目的在于以此作为人们的社会行为规范，控制人们的思想与行为，以管理社会秩序，维护殷商社会的长治久安。

第二节
西周时期的社会思想

西周是中国奴隶社会的全盛时期。历史的发展赋予西周较之商代的一些新特点，如井田制、分封制、宗法制及礼等。我们可以从中发现西周时期新的社会思想。同时我们更可以从周公旦的言论中发现西周初期人们对于社会生活的一些新思考。这些都可表明，中国社会思想发展到西周初年，已经进入了成熟期。[①]

周族在族群和文化渊源上与殷商并不同源，而是“诸夏”中的一支或与“夏”有着诸多瓜葛的一个族群。但是，周族是一个西岐小国，代商初期，统治并不十分稳定，商族的支持与认同对于周族统治至为关键。为获取商族的支持，周基本上沿袭了

① 参见王处辉：《中国社会思想早熟轨迹》，第一章，北京，人民出版社，1996。

商的制度、文化与风俗。因此，出于统治策略的需要，直至周公三监时期，周的统治者仍然继承了殷人不少信仰和观念。

到了周公摄政时期，通过东征平定了武庚禄父、管叔、蔡叔的叛乱之后，西周政权基本得以巩固，以周公为首的统治集团才开始从历史经验出发，对信仰、制度等进行了一系列的改革。周公指出："我不可不监于有夏，亦不可不监于有殷，我不敢知曰，有夏服天命，惟有历年。我不敢知曰，不其延。惟不敬厥德，乃早坠厥命。我不敢知曰，有殷受天命，惟有历年。我不敢知曰，不其延。惟不敬厥德，乃早坠厥命。"① 那么，如何保持周族的天下呢？《召诰》指出："夫知保抱携持厥妇子，以哀吁天，徂厥亡，出执。呜呼！天亦哀于四方民，其眷命用懋。王其疾敬德！"这表明"天听自我民听"，民情决定于王的道德修养，这无疑是有夏"民惟邦本，本固邦宁"的人本主义的延续与发展。

周初的制度设计通过延续和发展殷代的"孝道"，企图利用"祖先崇拜"中的血缘关系来进一步巩固和完善分封制，创设了"宗法分封制"。这一制度糅合、发展了殷商时代的天帝信仰和祖先崇拜。周王是天帝的儿子，按照君权神授的理论，王自然拥有自高无上的权力，因此，臣下有"尊王"的义务；同时，分封到各地的诸侯是王的亲戚，按照亲亲、长长、男女有别的宗族伦理原则，亲戚之间又具有某种宗法伦理的义务。至此，通过继承和融合有夏的山神祭祀、殷商的鬼神祭祀和祖先祭祀，西周构建了一个庞大的礼乐体系，详细而理性地规定了每个人在不同时刻、不同场合在社会关系网络中的具体权利、义务，有效地建构了一个严密的等级体系。

一、宗法制、封建制反映的社会组织思想

社会思想的发展是人们在一代又一代的物质生活过程中实现的。任何一个社会都必须有其代际传递的方式，这个过程或可叫做社会继替。继替过程若没有一定的规则，或其规则不适应当时社会的状况，势必引起社会的混乱。② 在奴隶社会，奴隶是会说话的工具，社会继替问题只存在于统治阶级之中，而最明显、最尖锐地表现在最高统治者权力的继承上。

宗法制度是西周政治社会中的一个重要特点。殷人崇拜祖先，也讲大宗小宗，但还没有系统的宗法制度。其王位有时是"兄终弟及"，有时是"父死子继"，在帝乙以前以兄终弟及为主，此后以父死子继为主。在中国奴隶社会，王位的继承问题是关系到一个王朝兴衰的大问题。老王死后，如果兄终弟及，不仅兄弟之间要发生争执，叔侄之间也会发生争执。如果只讲父死子继，那么，长子与诸子，嫡子与庶子之间也要发生争执。如《史记·殷本纪》所载，殷代"自中丁以来，废嫡而更立诸弟子，弟子或争相代立，比九世乱"。周人以殷为鉴，确立了嫡长子继承制，长子传长孙，成为一种严格的制度，争执也就不复存在了，宗法制度保证了长子继承制的实行。

---

① 《尚书·召诰》这是周公还政以后所作的一篇重要的政治文献。

② 参见费孝通：《生育制度》，181页，北京，商务印书馆，1999。

周代宗法制的内容，《礼记·丧服小记》及《礼记·大传》中有较详记录。按这样的宗法制度，天子以嫡长子继承制世代相传，其他诸子则转为诸侯；诸侯也是嫡长子继承制，其别子另封；别子也是嫡长子继承制。以此类推。每一个梯次对其下都是“大宗”，对其上都是“小宗”，天子是天下的大宗。这样从天子以下，以血缘关系为纽带，在全国范围内形成了一个宗法系统。

周代的宗法制，反映了周代社会继替与殷商的不同。《史记·梁孝王世家》（褚少孙补）曾说：“殷道亲亲者，立弟，周道尊尊者，立子”，“周道，太子死，立嫡孙；殷道，太子死，立其弟。”亲其所亲，是以血缘关系为主的继替，反映出其带有浓厚的原始民主性母权制残余；而尊其所尊，则是以名分和等级等政治关系、社会关系为主的继替，反映出父权制已取得了绝对的地位。可见，在周代统治阶级思想中，社会权力继替标准的观念发生了变化，在社会生活中，人们把阶级、等级、名分观念看得比血缘更重要了。这虽不能说完全摆脱了氏族社会的影响，但无疑是有重大进步意义的。

另外，宗法制度之建立，说明周代统治阶级已意识到，要对社会实行有效的控制，必须有一套社会组织体系，在这个组织体系中，必须“名分”分明，正如《吕氏春秋·慎势篇》所引《慎子》云：“今一兔走，百人逐之，非一兔足为百人分也，由未定。由未定，尧且屈力，而况众人乎？积兔满市，行者不顾，非不欲兔也，分已定矣。分已定，人虽鄙，不争。故治天下及国，在乎定分而已矣。”名分已定，而人虽鄙不争，是指一个人依其出生既得的身份、占据的地位来决定他一生应有的权利和义务，没有争执的余地。周代统治阶级已经认识到了这一点，看到宗法组织与控制社会秩序之间的密切关系。

从整个人类的历史看，社会继替的原则是由身份（status）到契约（contract）或能力的发展过程。周代确定了以身份为继替标准的原则，并由此而形成一个社会控制的组织体系。西方现代社会管理中之所谓“科层制度”，是一种按个人能力或契约为依据而构成的社会控制的组织体系。因此说，周代的宗法思想，标志着古代中国社会组织思想已经发展到成熟的阶段。

周人兴起于西部，殷王室位于东部。周王朝取代殷王朝之后所要进行的一项重要工作，就是把周人的势力扩展到东部去，这种扩展工作靠的就是封建制度。所谓“封建”，就是划定一块领地，建立一个诸侯国。受封的人大多是“自己人”，也就是周天子的子弟、宗亲、功臣、姻戚。任用亲信是本着“亲亲”的原则。“亲亲”原则的背后，又有宗法制度与宗法观念。

宗法就是家族系统的组织原则，它具有伦理与政治双重性质。宗法系统是按“尊尊”与“亲亲”的原则组织起来的。家族系统中的成员，按照血缘关系的亲疏远近确定政治地位的高低。宗法制度可以确定一个人的“名分”，名分一确定，地位也就确立，不容争执。譬如天子去世，宗法制规定只有天子的嫡长子可以继承王位，其他诸子即使贤能，也没有继承的资格，否则人人自以为能做天子，势必带来政治上的纷扰。

在当时地广人稀，交通不便，消息传递很慢的情况下①，周王室不太可能像秦代以后的郡县制度那样，委派官吏去各地治理，中央政府可根据地方官的政绩，随时予以任免。当时的政治权力，还没有如此强韧。只能做到分而治之，即派一队人马到一个指定区域，令他们在此区域内自治，国君世袭，并享有很大的自主权。在分权情况下，如何能保证被分封的诸侯不反叛王室？所靠的就是受封者是“自己人”，即子弟宗亲姻戚②，诸侯除了少数异姓开国功臣（如姜尚等）之外，不是天子的子弟伯父，就是母舅亲家，“自己人”当然不容易反叛，值得信赖。但这里的问题是，诸侯在初受封时，是天子的伯、叔、弟、子，有源于血缘的亲密感，但经过许多世代以后，感情上就不免疏远了，所谓“同源分流，人易世疏”。如何能使诸侯不背叛中央政府呢？西周统治者确定的解决方案有二：一是政治上尊一统；二是对子弟宗族施以礼乐教化，加强亲属的认同感。前者是“尊尊”，富于政治性，后者是“亲亲”，富于伦理色彩。

所谓尊一统就是尊周王室为大宗，小宗五世而迁（五代以后就不再有亲属关系），大宗百世不迁，周王室是各诸侯国的大宗，从政治名分上讲，各诸侯国应该世世代代如百川朝宗，拥戴周天子为中心。封建宗法制度已经使得当时的中国达到统一局面，这种统一，与后代郡县制统一之不同在于：它不是中央集权，而是分权。虽然是分权，却又不失为统一，这正是封建宗法制度的卓越之处。

西周封建制度还有值得注意的一点，就是周人除了分封宗族亲戚外，还有一番“兴灭国，继绝世”的举动。已灭的国让它再兴，已绝的世让它再继。据《礼记·乐记》记载，周人灭商之后，封黄帝之后于蓟，封帝尧之后于祝，封帝舜之后于陈，封夏朝之后于杞，封商朝之后于宋。凡历史上有名的部落或曾经受天下共同拥戴为天子的，周人都表示尊重，一一为他们设立封国，在封国内让他们享有高度的自治权，可以保留他们传统的文化习俗和宗教信仰。

虽然“兴灭继绝”的举动对于天下大局、形势利害的影响无足轻重，但却意义重大。事实上，当时所有的战略要点、交通中心、富庶地区，受封的都是周朝的“自己人”，这些封国形成了一个点与线织成的大网，那些“兴灭继绝”的封国无论从规模上，还是从战略形势上都不足以动摇大局，但这种举动却很有象征意味。其意义至少有如下诸端：其一，向天下昭示周王朝有宽宏之大德，无独擅天下的私心。其二，表明尊重文化传统之意。这些受封的部落都有其悠久的文化传统，周人能一一尊重保留它们，可见周人的文化远有来历，既有继承，又有创新。其三，这些封国都有一番兴亡的历史，保留这些封国，也就是把活的历史摆在眼前，可以警诫周朝子孙吸取经验教训，否则周人未来的命运也如他们。

可见，西周封建制度兼顾了政治上的实际需要及历史文化上的深远意义。人并不只是在空间上结群，还要在时间上，在历史文化传统中与古人及后代认同，这就使西

① 关于春秋以前中国疆域内的形势，请参见钱穆：《中国文化史导论》，57页，北京，商务印书馆，1994；钱穆：《国史大纲》，65页，北京，商务印书馆，1994。

② 《荀子·儒效》：“周公兼制天下，立七十一国，姬姓独居五十三人。”

周封建制度在一定意义上具有继往开来的性质，成为后来中国儒家社会组织理论的思想基础。

二、礼乐制度反映的社会规范思想

西周礼乐制度和宗法思想有着密切的内在联系。宗法制所设计出的是西周奴隶主阶级治理社会的组织框架，而礼乐制度所设计出的则是在宗法制度之中调解内部各种关系，维护贵族特权的行为规范。或者说，西周统治阶级的礼乐制度和社会规范思想，就是在宗法思想的基础上产生和发展起来的。

如前所述，礼的概念在殷商时期已经产生了，西周时期又有了新的发展，将它系统化，形成“礼治”的思想体系。关于周礼，西周直接保留下来的资料较少，但尚能从儒家的经典著作中得其踪迹。

西周礼乐制度要达到的目的，是通过“礼”来“经国家，定社稷，序民人，利后嗣者也”①。具体说来，就是要通过“礼”，规定等级秩序下的各种名分。对于下层自由民，要使“民不迁，农不移，工贾不变”②，要使士之子恒为士，农之子恒为农，工之子恒为工，商之子恒为商，要使被奴役的人民恪守其职，而不得有所逾越；对于奴隶主阶级来说，自天子以下如诸侯、卿大夫、士等，也要各守自己的名分，不要僭越③，其中包括权、利、义务、祭祀的范围（如天子祭天下名山大川，诸侯祭名山大川之在其地者）、房基的高度（天子之堂九尺，诸侯六尺，大夫五尺，士三尺。见《礼记·礼器》）及武器、乐器、祭器等使用和占有的规定，超出规定就是“犯上”之罪。如“器”之中“九鼎”最贵重，是天子统治权力的象征，任何其他人都不得问津。春秋时期，楚庄王打了胜仗，到空有其名的周天子那里去问九鼎之轻重，仍被指斥为“非礼”，说他有“不良”的野心。所以《礼记·曲礼上》说：“道德仁义，非礼不成，教训正俗，非礼不备；分争辩讼，非礼不决；君臣上下，父子兄弟，非礼不定；宦学事师，非礼不亲；班朝治军，莅官行法，非礼威严不行。”由此不难看出周代是如何重视“礼”对于社会管理及社会控制的重要作用的。

在周代的文献中，常常礼、乐并称。礼乐究竟是什么？它有什么性质？概而言之，礼就是一种社会规范、社会制度；乐就是与礼相应的音乐。它们具有宗教性、政治性、社会性、艺术性，并且富有教育意义。

荀子说：“礼乐法而不说。”④ 礼乐只是些规矩法度，要人遵循。别人跪拜，你也跟着跪拜；别人唱歌，你也跟着唱歌，这其中有什么意义，它是不明白说出来的。孔子说过：“民可使由之，不可使知之。”讲的也是这个意思。礼乐只是在一些情境下，尤其是一些重大场合要人蹈循的仪式。在西周时期制定的“礼”中，如结婚、丧葬、

---

① 《左传》隐公十一年传。
② 《左传》昭公二十六年，晏子语。
③ 参见《礼记·王制》。
④ 《荀子·劝学》。

祭祀、作战、宾主相见、聚会都有一番相应的礼节与音乐。① 这些礼节，往往相当烦琐，《诗经·豳风》形容当时的婚礼是“九十其仪”，可见仪式的繁多。古代婚礼的详情，如纳彩、问名、纳吉、纳征、请期、亲迎、合卺等细节，今天已无从详考。但我们可以从现在中国民间所遵行的传统婚礼上知其大概。这些繁文缛节，乍看起来，都是些束缚人的东西，没什么意义可言，但其实可以起到熏陶感染，莫知其然而然地打动人心的作用，从而使人受到启发教育。② 通过这种方式所树立的观念，或许比理性的说教更能深入人心。

在西周时期制定的各种礼制之中，最重要、最富于宗教色彩的是祭祀之礼。在祭礼中，又分祭天（郊祀之礼）之礼与祭祖之礼（宗庙之礼）。值得注意的是，祭天之礼虽然是人对上帝的宗教礼节，但却有浓厚的政治色彩。换言之，就是超世的意味轻，人世的意味重。因为祭天大礼，只许天子举行，诸侯卿大夫以下，都不许私自祭天。按照当时的宗教观念与宗教理论，上帝无上尊严，管不到人间每一人的私事，如果人人都向上帝有私求，上帝如何能一一满足？所以应该由下界的公共代表来向上帝请求。所谓天子，就是上天之子，只有他有资格与上帝沟通。但他的请求，并不是帝王一人的要求，而是代表了社会大群的公共利益。若非如此，他就不具备代表民众的资格，不成其为天子了。古代的宗教典礼，富于团体性，上帝与人的关系，不是与每一个人，而是与社会大群的关系，这种观念与基督教每个人都可向上帝祈祷的个人主义精神不同。

周代的祭礼富于政治的等级性。天子祭天，诸侯祭境内的名山大川之神，老百姓祭灶神等更低等的神，都有明确的规定，不能僭越。世界上的宗教，一般是超世的，而周代的宗教则受到世俗政治力量的规范，未能形成独立的力量。这也是后世中国宗教始终没有发展出如西方那样的天人二分的宗教的原因。这本身也即成为中国社会思想的特点之一。

祭天之礼外，最重要的就是宗庙之礼。宗庙之礼是祭祀祖先的，它有什么意义呢?《礼记·大传》说：

> 人道，亲亲也。亲亲故尊祖，尊祖故敬宗，敬宗故收族，收族故宗庙严，宗庙严故重社稷，重社稷故爱百姓。

西周的政治及社会组织，是基于家族的，国家就是家族的扩大。祭祖的宗庙之礼，自然就成了政治生活和社会中的大事。谨于宗庙之礼是为了团结家族，团结家族则本于尊祖敬宗的观念，尊祖敬宗又是本着孝的观念。把政治制度奠基于社会伦理，又把社会伦理奠基于个人内心自然本有的孝悌之心。从个人的孝悌心推而建立宗法，

---

① 如《诗经》中《国风·关雎》用于乡党聚会，《小雅·鹿鸣》用于国君宴群臣嘉宾，《小雅·四牡》用于国君慰劳使臣，《大雅·文王》用于大祭及诸侯来见天子或两君相见。《颂》用于宗庙祭祀。

② 我们可借助宋代学者程颐的话说明这一点。他说：“古者兴于诗、立于礼、成于乐。如今人怎生会得？古人于诗，如今人歌曲一般，虽闾巷童稚，皆习闻其说而晓其义。故能兴起于诗。后世老师宿儒，尚不能晓其义，怎生责得学者？是不得兴于诗也。古礼既废，人伦不明，以至治家皆无法度，是不得立于礼也。古人歌咏以养其性情，声音以养其耳目，舞蹈以养其血脉，今皆无之，是不得成于乐也。古之成材也易，今之成材也难。”（《近思录》卷十一）

又推而奠定封建。政治的根底，在下而不在上，在社会而不在政治，在伦理而不在权力。只要能维持个人的孝悌心即家族感情，封建制度就能稳固。家族感情是柔性的，却富有韧性，周人虽以武力得天下，但西周初期的统治者们深知武力不足以治天下（若崇尚武力，则天下仍将陷于战乱，不利于长治久安），所以极重视以文治天下，而宗庙之礼，就是文治精神的集中体现。[①] 文治精神的和平倾向，有利于形成天下太平的大一统局面，大一统将逐渐消除国家民族的界限，结成以“天下”即全人类为单位的人类大群。据《礼记·中庸》记述，每当在宗庙举行祭祖之礼时，要排定辈分，分别血统上的亲疏；血统上的亲疏决定了政治地位上的贵贱。按照周公所制的礼，每年冬至前后，各国诸侯都到周朝来集会，在文王庙里举行祭文王之礼，天子主祭，诸侯助祭。祭礼直接的用意是“事死如事生，事亡如事存”（对待死者，还像对待他活着时一样）[②]，培养孝心的，本于孝心而有悌心（临祭者都是我祖的子孙，我的兄弟）。所以，祭礼的间接用意是加强生者之间的感情，增强家族的凝聚力。祭礼是庄严肃穆的，它注重的是正式的政治上的尊卑，维持家族的秩序，但周公也注意到礼还该有轻松活泼的一面，若没有这一面，还不足以沟通上下之间的感情。所以，祭礼之后，还要在宗庙举行燕礼。大家在一起喝酒、唱歌、舞蹈，歌舞的内容，似乎都与周人祖先（后稷、文王、武王）创业的事迹有关。这些娱乐活动使众人在不知不觉中受到教育，这正是周公制礼作乐的高明之处。通过宗庙内的一番礼乐，使得生者与死者（家族群体在时间上的直通）结为一体。以死者为媒介，又使生者之亲疏贵贱之间，沟通联络，排定次序（家族群体在空间上的横通）。所以，宗庙之礼本质上能发挥强化家族群体（即政治组织）的秩序，增强其凝聚力的功用。

宗庙之礼仅限于贵族（即周王室的亲戚）内部，并未及于普通的社会民众。周公注意到全社会也应该有一个共同尊奉的对象。所以，在周公所制之礼中，还有祭后稷之礼。宗庙之礼，只有天子、诸侯、公卿大夫参加，而祭后稷则是社会上下都可以，乡村野外到处可以祭。为什么全社会都要祭后稷呢？按照周公的说法，后稷是周人的祖先，是发明农业的第一人，当时的中国是农业社会，后稷也是五谷之神，可以保佑五谷丰登，从周代以后，全中国的人每年都在村边田野祭社神、稷神，祭神之后，又举行赛神会，既用以娱神，又用来自娱自乐，沟通乡村群体的感情，这都是从周公时代传下来的礼。

---

① 周武王以武力得天下，照理讲，应该把开国得天下之功归于武王，但周公却有不同的解释。他说，受命得天下的是周文王，文王三分天下有其二，还是服从商朝，并非有意夺取天下，文王有如此的大德，上天才将天命授予文王的。可见周朝得天下，是出于天意。按照当时的宗教观念，一族的始祖，其身份是配天的，常在上帝左右，所以，周公将开国始祖定为周文王。这也是重德不重力，尚文不尚武的表示。死后称谥之制度，也是周公所定，文王谥为文，武王谥为武，而始受命的是文王，可见武功本于文治。据《史记》记载，武王伐纣后，纵马于华山之阳，放牛于桃林之虚，偃干戈，振兵释旅，示天下不复用也。这也是一种表示。其实，据史学家所考，文王化行南国，三分天下有其二，可能是采取捣虚批亢、迂回包抄殷王朝的战略，而伐纣之后，周公又有平定叛乱的东征，并非真的不用武。历史事实是一回事，对此事实的解释又是另一回事，但就此解释，可见解释者的思想与用意。又，根据“武”字的字义，止戈为武，就是说能制止战争才是武，而一味逞强则是不武，造字者的这种观念，就反映了中国文化本有一种崇尚和平的倾向，周公的思想，正体现了这种倾向。

② 《礼记·中庸》里说：“春秋修其祖庙，陈其宗器，设其裳衣，荐其时食……践其位，行其礼，奏其乐，尊其所尊，爱其所亲，事死如事生，事亡如事存。”当时宗庙祭祀的景象与功用，可以据此想象其大概。

周代的礼治思想的基本原则有二，一是亲亲，二是尊尊。这是要求人人必须遵守的行为准则，也是奴隶主阶级的最基本的道德原则。“亲亲”就是亲其所亲，要求父慈、子孝、兄友、弟恭，《尚书·周书·康诰》中指出，人所大恶大憝，莫大于不孝、不友。做儿子的不能恭敬地服行父道，而怠忽其业，大伤其父之心，是为不孝；做父亲的不爱其子，是为不慈；做弟弟的不念天之明道，而不恭事其兄，是为不恭；做哥哥的不念幼子可哀，而对其弟不友爱，是为不友。社会的道德规范乱了，一家也就会大乱，全社会各家都大乱，一国也就大乱。因此按社会的道德伦理规范，做到父慈、子孝、兄友、弟恭、夫和、妻柔，大家相敬如宾，互相礼让，社会才能稳定。“尊尊”就是尊其所尊，反映了这个社会的政治关系，它要求下级贵族服从上级贵族，不许犯上作乱，而平民和奴隶必须安分守己，不许反抗，以此来缓和社会冲突。

殷商时期言“礼”，主要表现为孝。周代礼治思想体系继承了殷人的思想，也极重视孝道。这是因为“孝”是道德规范和行为规范的基点，无论是父子关系，还是君臣关系、兄弟关系、夫妻关系，都能通过“孝”反映出来。关于周人重孝道的记载，无论是《诗经》还是《尚书·周书》，以及周金铭文中都有记载，周代“大克鼎”上就有“天子明哲，靓孝于申”的金铭文①，《诗经·周颂》中也有“于荐广牡，相予肆祀，假哉皇考，绥予孝子”等记载，《诗经·大雅·既醉》中甚至说，如果贵族们都能守孝道，做孝子，就能承保周王朝的统治。因为贵族如果都不忘祖先，就不会僭越，就可以互相忍让，就可以宗法关系为纽带团结在一起，周代统治也就可以长久，而且一个人既然能对祖先行孝，自然就会忠于国君，忠于天子。《尚书·周书·蔡仲之命》说“惟忠惟孝”，把忠和孝联系在一起，孝是忠的基础。

可见，周代宗法思想和礼治思想是不可分割的一个整体，这个整体的产生，是和当时的社会关系及生产关系相适应的，它作为一种社会思想，在当时对于社会秩序的安定具有重大作用，因而在当时它是一种具有创新性的进步的社会思想。

但是，西周的礼治，主要用于整合统治阶级的内部关系，即所谓“礼不下庶人”。对于被统治阶级则主要采用强制性的控制手段，即所谓“刑不上大夫”。可这也并不是滥用刑罚，而要“明德慎刑”，“毋庸杀之，姑惟教之”②。因为他们已经注意到了“保民”对维持社会秩序稳定的重要性。

三、周公旦的敬天、明德、保民思想

周公旦，姓姬名旦，是周初的大政治家、思想家，被历代儒家推崇为“圣人”。他是周武王的弟弟，是辅佐武王灭殷的重要人物。武王死后，成王年幼，由周公旦辅政，这时期他除三监（管、蔡、霍三叔）和殷武庚，妥善地处理了殷代的遗民，实行了分封，并营建了东都“洛”，为巩固周王朝立下了汗马功劳。周公旦的社会思想是在社会大变动中产生的，其思想资料主要集中于《尚书》的《大诰》、《康诰》、《酒

① 参见杨荣国：《中国古代思想史》，31页，北京，人民出版社，1974。

② 《尚书·酒诰》。

诰》、《梓材》、《多方》、《多士》、《召诰》、《洛诰》、《立政》诸篇中。

周朝推翻商朝，取代它的统治地位是当时政治上的一件大事，周统治者如何对此政权交替的重大事件作出解释呢？

周人是以武力战胜商王朝而获得王位的，如果把王位的获得看成是武力征伐的结果，殷人会认为是自己一时力量不够，不会心服的。周公对殷遗民说，不是我们周人有意夺取王位，而是上天命我们周人取代你们的统治。天命你总不能不听，周公说：

> 皇天上帝改厥元子，兹大国殷之命（天子即是上天的元子）。①

商代是一个宗教气氛很浓的时代，所以说"殷人尚鬼"。这一点从殷墟发掘出大量占卜用的甲骨就可以看出。商朝统治者认为自己是代表上帝来统治下界的，上帝之所以偏偏选中他们，或是因为他们能通晓上帝意旨，或是因为勤于祭祀，获得了上帝的欢心。总之，他们似乎认为天命是可知、可恃的，社会人生的重心放在了上帝一边。

周公一方面承认商王朝膺受天命，代表上帝的理论，另一方面又将此理论作了修改。他说，殷人固然曾获得上帝的欢心，但并不是一开始就这样的，在殷王朝之前，夏王朝也曾获得过上帝的欢心，但他们后来失却了上帝的欢心，于是上帝委派殷人统治天下，但后来殷人也失却了上帝的欢心，于是上帝才选中了周人来统治天下的。总之，他认为天命不是固定的，而是不断转移的，所以说"天命靡常"②，"天命不易，天难谌"③，"洪惟图天之命，弗永"④。天命是无常的，不可信的，不可揣度、不可倚恃。虽然天意渺茫难测，但可以从民心上得见。所以说：

> 天视自我民视，天听自我民听。⑤
>
> 天畏棐忱，民情大可见，小人难保。⑥

民心的向背，就是天命所在。而民心的向背，又以当政者的德行为归依。有德就能受天命，为天子，失德也就失去做人间统治者的资格。

殷人的天命观，经过周公的继承发展，已不知不觉发生了根本性的改变。社会人生的重心，已从天帝鬼神一边，转到人类内在德行一边。重天帝鬼神，势必要揣度其意旨，耽于宗教玄想，重天轻人。而敬畏民心则须总结历史经验，留心社会民情，调整自身的行为。社会思想是对人事的思考，从宗教观转为人文历史观，自然有利于社会思想的发展。中国后世宗教思想不发达，而人文历史精神非常浓厚，自然受到周公旦的这种天命随着德行转移之观念的影响。

周公注重人文历史的观念，也把殷人与周人置于平等的地位。在周公思想里，并没有民族优越的观念存在。既然上帝并非偏爱某一部族，那么殷人自然不能永远为下

---

① 《尚书·召诰》。
② 《诗经·大雅·文王》。
③ 《尚书·君奭》。
④ 《尚书·多方》。
⑤ 《孟子》引《尚书·泰誓》。
⑥ 《尚书·康诰》。

界的统治者。但周朝子孙也不能大意，如果不吸取历史教训，不敬德，天命也会转移。德行观高过了民族观，历史观高过了宗教观。在这种思想观念之下，易于使被征服者心服，征服者也不敢放纵。所以其对社会生活秩序管理的意义是很深远的。

在周公的思想中，并没有征服者骄傲心态的流露，而总是对上帝、对民众小心敬畏，不敢放纵，他似乎倾向于把政治当成责任。他告诫成王说："惟王受命，无疆惟休，亦无疆惟恤，呜呼！曷其奈何弗敬！"受命为天子，是无限大好事，也有无穷的忧虑，又怎能不小心翼翼呢！他说："用顾畏于民碞。"要顾念民众之碞险可畏。又说："小人难保。"他要求诸侯在他们的封国里遵循文王、武王的德行，还要广求殷代哲王的治理社会之道来安民，万不要只贪图安逸，要先知农夫种田的艰难，然后再谋安乐闲逸，这样才能保民；要戒酒、戒淫，慎刑。他告诫说，不要让人民有怨恨心理，不要因为人民对你的怨恨小就有所忽略，要设法使人民顺从，勉励他们尽力，这样怨恨无论大小就不会产生了。

在这样的基础上，还要注意协调基层民众中人与人之间的关系，使人民不要互相残伤，互相虐杀，而应相敬相让，敬养寡弱。妻对妾要和睦，妾要好好侍奉妻；人与人要双方相容而不生怨恨，即所谓"无胥虐，至于敬寡，至于属妇，合由以容"①。周公旦还强调，对于不合礼治，不利社会稳定的因素，要多加注意，防止越轨行为的发生。比如他说："孺子其朋，其往：无若火始焰焰，厥攸灼叙，弗其绝。"② 因为朋党败俗，今后年少子弟，不要结为朋党，不要让结朋党而败俗的行为像火一样——开始是小火，当燃烧起来以后，就不好解决了。

可见，周公旦的敬天、明德、保民思想，就是要使用怀柔的办法，让人民安于现状，遵守现行社会生活秩序。从根本上讲，其目的是维护周贵族的既得利益，但他注重社会下层的疾苦，注意调适社会下层的人与人关系，以保持社会秩序稳定的思想，是对中国社会治理思想的一个发展。周公旦的社会思想是有进步意义的。

周公旦的社会思想对后世的影响相当大，主要表现在如下方面：

第一，他代表了君师合一的理想。周公旦是一位有深刻社会思想的政治家，他的各项政治方案都极富进步的思想文化意味。他并不仅把眼光局限于现实，而是注意到历史。在上层的政治权力之外，并未忽略下层的社会伦理。他以政治家的身份而建立了一番文化事业（即君师之合一）。在他的社会治理方案中，确有一种理想，一种极富学理的精神。这种政治与文化合一的风格，对后世的影响极大：一方面，从事实际政治者常常抱有一番文化理想，注重礼乐教化，着眼于社会全体，以求社会的长治久安；另一方面，学者也往往不能忘怀于政治事业，向往能像周公一样，以圣人的人格，建立王者的功业。所以我们不能仅从周公自身的事业，更要在中国文化与中国历史的整体中体认他的思想。

第二，孔子开创了儒家学派，而孔子则是以周公为理想的政治楷模的。在汉唐以前，学者常以周孔并称，把孔子看成与周公一样，是一个理想的政治家。制礼作乐始

① 《尚书·康诰》。
② 《尚书·洛诰》。

终是儒家所向往的政治事业。所以，周公可谓是儒家学派的远祖。

第三，周公转变了殷人的天命观，把社会人事的重心从天命鬼神一边转到德性民心一边。虽未明确否定天命的存在，但天命随民心与德性而转移的说法已经是很开明的见解了。后世儒家“天人合一”的观念可谓由周公开其端。

总之，在我国的周代，形成了一整套的成体系的社会生活秩序管理的新理念与新制度，这是中国奴隶制社会发展到全盛时期的产物，反映出我国古代的社会思想已经发展到成熟的阶段。这也是后代儒家要效法周代以治理社会的重要原因。

在周代社会思想中，有很多地方放射着灿烂的思想火花，如礼治思想，周公旦的明德保民思想等，都有其重要的进步意义，但这毕竟是周代统治阶级的社会思想，他们为了维护自己的统治，其所敬之“德”和人民所崇尚的道德无论从内容上还是从阶级属性上，都是有着显著区别的。因此，其所谓“保民”，也绝不会是彻底的。到西周后期，由于统治阶级的残酷统治，社会的阶级矛盾日益尖锐化，奴隶社会的危机已经显露，人民的反抗斗争也越来越激烈。如《诗经》中，就有不少篇目是反映人民的反抗情绪的。他们怨恨上天之不公平，批判奴隶主阶级是“不稼不穑”的寄生虫，是“硕鼠”。与此同时，统治阶级内部秩序也日趋瓦解，出现了所谓“礼崩乐坏”的社会混乱现象——这就是中国古代的春秋时期。

本章要点

1. 从夏商到西周时期，社会思想的趋势是从重视神事向重视人间事物的方向发展。其思想文化由民族社会后期的以巫术文化占主导，发展为殷商时期的以祭祀文化为主导，再发展为西周时期的以礼乐文化为主导。这种社会思想发展大趋向为春秋战国时期诸子百家社会思想的形成奠定了基础。

2. 夏代奴隶主阶级已开始利用宗教信仰作为社会生活秩序建构与管理的工具，来维护其统治。认为天命鬼神主宰着人们的社会生活。这也说明夏代仍然是巫觋文化占主导地位。到了商代，神权主宰社会的思想进一步发展。他们按当时人间社会的阶级结构去设计神的世界，描绘了一个有人格、有意志的上帝。认为上帝会对不恪守人世社会规范的人予以惩罚，即所谓“天罚”。而崇拜上帝，就能得福而免祸。他们企图用这种思想来束缚人民的思想和行为，维持奴隶制社会秩序的稳定。

3. 奴隶主阶级认为他们的祖先是上帝的嫡系子孙，即“下帝”。因此，商王成为上帝在世俗社会的合法代理人，他集神权与王权于一身，代表虚幻的上帝对人类社会生活进行管理。所以有时也用祭帝之礼来祭自己最崇敬的祖先，这就逐步导致了人与神之关系的变化。即由夏代的巫觋文化占主导逐步转变为祭祀文化占主导。殷商祭祀文化的发展，使祭祀礼仪逐步规范化，成为这一时期社会规范的主要内容。发展到周代，这种源于祭祀的礼仪规范又进而逐步脱去祭祀的外衣，而演变为摆脱了宗教内容的社会规范体系，即所谓“周礼”，或可称之为“礼乐文化”。这便成为后来的儒家社会思想文化之滥觞。

4. 关于人的个人修养，商代强调一个“德”字，所谓“德”，就是说人们做事于人于己都要过得去，无愧于心。德有善有恶，善德即可作为福，恶德即可作为灾，福或灾是对其德善或恶的报应，报应也就是“得”。人们要完成“德”的修养，必须用“礼”来作为行为规范。商代所谓“礼”的具体表现主要是“孝”。商代的“德——礼——孝”的思想体系，目的在于以此作为人们的社会行为规范，控制人们的思想与行为，以整合社会秩序。

5. 宗法制度是西周社会政治生活中的一个重要特点。殷人崇拜祖先，但还没有系统的宗法制度，造成了社会继替的不确定性，并常因此发生社会动乱。周人以殷为鉴，确立了嫡长子继承制，长子传长孙，成为一种严格的制度，争执也就不复存在。宗法制度保证了长子继承制的实行。周代的宗法制，反映了周代社会继替与殷商的不同。在周代人的思想中，社会权力继替标准的观念发生了变化，在社会生活中，人们把阶级、等级、名分观念看得比血缘更重要了。这虽不能说完全摆脱了氏族社会的影响，但无疑是有重大进步意义的。

6. 从整个人类的历史看，社会继替的原则是由身份（status）到契约（contract）或能力的发展过程。周代确定了以身份为继替标准的原则，并由此而形成一个社会控制的组织体系。西方现代社会管理中之所谓“科层制度”，就是一种按个人能力或契约为依据而构成的社会控制的组织体系。因此说，周代的宗法思想，标志着古代中国社会组织思想已经发展到成熟的阶段。

7. 西周礼乐制度和宗法思想有着密切的内在联系。宗法制所设计出的是西周奴隶主阶级治理社会的组织框架，而礼乐制度所设计出的则是在宗法制度之中调解内部各种关系，维护贵族特权的行为规范。或者说，西周统治阶级的礼乐制度和社会规范思想，就是在宗法思想的基础上产生和发展起来的。周代宗法思想和礼治思想是不可分割的一个整体，它作为一种社会思想，在当时对于社会秩序的安定是具有重大作用的，因而在当时它是一种进步的社会思想。

8. 周代的礼治思想的基本原则有二，一是亲亲，二是尊尊。这是要求人人必须遵守的行为准则，也是奴隶主阶级的最基本的道德原则。“亲亲”就是亲其所亲，要求父慈、子孝、兄友、弟恭。“尊尊”就是尊其所尊，反映了这个社会的政治关系，它要求下级贵族服从上级贵族，不许犯上作乱，而平民和奴隶必须安分守己，不许反抗，以此来缓和社会冲突。

9. 殷人的天命观经过周公旦的继承发展，已发生了根本性的改变。社会人生的重心，已从天帝鬼神一边，转到人类内在德行一边。重天帝鬼神，势必要耽于宗教玄想，重天轻人；而敬畏民心则须总结历史经验，留心社会民情，调整人类自身的社会行为。这标志着中国社会思想的发展步入了成熟期。中国后世宗教思想不发达，而人文历史精神非常浓厚，与周公旦的天命随着德行转移之观念有密切渊源关系。

10. 周公旦的社会思想集中体现在他的敬天、明德、保民思想体系之中。他的社会思想对后世的影响很大。主要表现为：（1）他代表了君师合一的理想；（2）他成了后来儒家学派理想的政治楷模；（3）他的天命随民心与德性而转移的思想成为后世儒家“天人合一”观念之滥觞。

复习思考题

1. 夏商时期从巫术文化向祭祀文化转变的社会学意义是什么？

2. 如何评价夏商时期“德”的社会整合功能？

3. “礼”和“孝”的观念是如何形成的？其在当时是否属于进步的社会思想？

4. 与夏商时期相比，西周对天人关系的认识有什么新发展？这种发展的社会意义是什么？

5. 试评西周宗法制度的社会学意义。

6. 西周礼治思想中反映的社会思想有什么特点？

7. 如何理解周公旦的敬天、明德、保民思想？它对后代的影响是什么？

推荐阅读书目

1. 李亚农：《殷代社会生活》，见《李亚农史论集》，上海，上海人民出版社，1978。

2. 李安宅：《仪礼与礼记之社会学的研究》，上海，商务印书馆，1940。

3. 冯友兰：《中国哲学史》，第三章，上海，华东师范大学出版社，2000。

4. 《十三经注疏》，北京，中华书局，1980。

5. ［法］库朗热：《古代城邦——古希腊罗马祭祀、权利和政制研究》，上海，华东师范大学出版社，2006。

第三篇

春秋战国时期的社会思想

公元前771年，鉴于内部叛乱与西方部落入侵，周统治者被迫把首都东迁。周王朝从此开始衰弱而各诸侯国渐强。从公元前770年至公元前453年三家分晋，在中国历史上被称为春秋时期。从三家分晋至公元前221年秦统一全国，在中国历史上被称为战国时期。历史研究中经常把二者合称春秋战国时期。春秋之名源于孔子为鲁国作的编年史著作《春秋》。周平王迁都标志着周天子之王权或中央政府之权威的衰落，诸侯大国藐视周室，不再尊重周天子的政令和宗法制度的禁令，诸侯国之间发起军备竞赛和战争。但是，失去了王权约束的诸侯们也很快腐败了，“民闻公命，如逃寇雠”。从春秋后期开始，很多诸侯国的政治或被公族中的强势者把持，或被原来的家臣所掌握，“政在家门”。当时的思想家从历史的角度认为，相对于周公的“制礼作乐”，春秋战国时期是“礼坏乐崩”的时代。王室控制力的失效导致的诸侯与诸侯之间、地方与中央之间、新旧贵族之间、大夫与大夫之间、士与士之间的竞争日趋激烈，国家的原有体制正在走向解体。从历史记载来看，中央王权衰落导致社会解体，这在中国历史上尚属首次。在以后的朝代里，每当中央政府或王权遭到削弱的时候，社会就会陷入动荡、军阀割据的状态，因此也有人称古代中国是“普遍王权”的社会，社会安危、政治清明与否均系于王权。

在礼制衰落，趋向崩溃的同时，各国相继出现了带有政治倾向的变法改革。齐国作为春秋五霸之首，继承“尊贤尚功”的传统，率先由管仲发起改革。他对姜太公以来的旧法加以修改，择其善者而用之，进一步突出了齐国政治中的重法色彩，实现了富国强兵，称霸诸侯的野心。在齐国之后，晋国进行变法，主事者为郭偃。韩非子认为，如果齐国不用管仲，晋国不用郭偃，就没有齐桓公、晋文公的霸业了。郭偃之法对战国时期商鞅等法家具有影响。[①] 秦国最终经过彻底的变法而由弱变强，统一六国。

春秋战国时期的思想界经历了巨大的转型，其中最为显著的是由尊天、敬鬼神到重民、重社会秩序的变革。西周末年，社会上已经出现了一股骂天思潮。《诗经》中对上天提出指责的就很多，如《小雅·节南山》中说“昊天不平”、“昊天不惠”、“昊天不清”，《小雅·十月之交》中责难“天命不彻”，《雨无正》中说“如何昊天，辟言不信”，等等。到春秋时期，随着奴隶制的逐渐瓦解和封建制的不断发展，社会思想中形成了轻天命重人事的思想。郑国政治家子产曾说：“天道远，人道迩，非能及也。”[②] 意思是说，天道和人道是两回事，人间的吉凶祸福在于人事。这种把天与人区别开来的思想，实际就是对天命的否定。齐国的政治家管仲在“重天”与“重民”的价值选择上也表现出同样的倾向，主张民意代表了天意，治理社会应该仔细倾听社会舆论，君王的统治权威都依赖于百姓的社会认同。[③] 社会上层已经相信，“民”是

---

① 例如《商君书·更法》曰：“郭偃之法曰：‘论至德者不和于俗；成大功者不谋于众。’”

② 《左传》昭公十八年。

③ 《说苑·建本》第二十五篇：“齐桓公问管仲曰：‘王者何贵?’曰：‘贵天。’桓公仰观天。管仲曰：‘所谓天者，非谓苍苍莽莽之天也。君人者，以百姓为天，百姓与之则安，辅之则强，非之则危，背之则亡。’”管仲所说的“天”，已经不是“苍苍莽莽之天”，而完全是“百姓”的一种代称，这种“天”的意识，已与夏以前“绝地天通”之“天”，以及商周“天命”之“天”全然不同了。《管子·霸形》则直截了当地说：“齐国百姓，公之本也。”齐国另一个政治家晏婴也说：“婴闻之，卑而不失尊，曲而不失正者，以民为本也。”（《晏子春秋·内篇问下》）

上天的主宰，社会和睦团结，国君或上层社会才会得到神的祝福①。这个进步表明，在春秋时期人们已经认识到，社会的稳定或动乱、社会秩序协调与失调的根本原因不是在天上，而是存在于由活生生的人、人群而组成的现实社会之中，寻求解决社会问题的方案，也只能依据社会本身的状况。

春秋以来中国社会的道德观念也发生了巨大的变迁。西周之道德观念，适用的范围是为政的周族，提倡效法文王"明德慎罚"、"不敢侮鳏寡"、"知稼穑之艰难"、"知小民之隐"等，关注于道德政治和为政者的德行，这些内容与一般民众无关。随着宗法制度与周礼开始崩溃，道德的作用逐步加强，礼由作为宗法等级制度体现的礼制，向作为道德规范的礼仪转化；孝由维护宗法等级制度向孝养父母的孝道转化。另外，仁、义、忠、信、智、勇等道德范畴开始出现。

这些思潮的出现，标志着中国社会思想已经形成独自的特色，也标志着中国社会思想已经发展到相当成熟的阶段。从此时期开始，研究现实社会中人们社会生活秩序、社会问题及从现实的世俗社会出发设计理想社会模式，成为中国社会思想的主流，而曾经作为主流文化或"大传统"的巫术文化和思想，则相对退居为非主流的或"小传统"的行列。

思想的变动先是从贵族上层开始，后来延伸到平民阶层。"春秋的末年，贤士大夫讲求学问，议论故实的风气已经很盛行了。试就《左传》、《国语》所记载的而言，如周之单襄公、单穆公、苌弘，晋之羊舌肸（即叔向——编者注），齐之晏婴，楚之观射父，吴之季札，郑之子产、裨灶等，都是博学而好议论的人，他们的言论风采为天下所仰望，影响于当时的人心不少。当时的平民耳濡目染，也未尝无一二有智有学能够自己表见的，如与晋伯综论梁山崩的重人、如用隐语述年纪的绛县老人，都是平民中之有才学者，不过为数不多罢了。"② 自孔子开始，提倡平民教育，整理《诗》、《书》、《易》、《春秋》、《礼》等文化典籍，把文化系统从政治系统中剥离出来，兴办私学教育，平民逐渐有了受教育的机会，儒家之徒遍布列国，于是私学大兴于世。这种自发产生的集教育、交流、辩论、结社于一体的私学是真正的学术思想产生的温床，是孕育社会良心的摇篮，引得其他学派也闻风而起，竞相从过去的"王官之学"抽取有效成分，创造学术思想的独立话语系统，可谓风气遂为之一变。齐国之稷下学宫即是典型代表。从此，学术公开，思想解放，新气象一发而不可遏了。春秋战国时代，产生了《论语》、《墨子》、《老子》、《庄子》、《孟子》、《韩非子》等文化经典著作，成为中国文化的瑰宝。

这是一个以社会阶层的地位上升、没落、贫困化和解体为标志的时期，社会分层、社会集团与社会思想发展之间存在着密切的关系。春秋战国时期，儒家、墨家、法家、兵家、纵横家、道家等都各显身手，为自己所代表的阶级或阶层竭诚效力③。各阶级或社会集团从本阶级或阶层的利益出发，去评判社会变迁中所产生的社会问

---

① 《左传》桓公六年载季梁语："民，神之主也。是以圣人先成民而后致力于神……民和而神降之福。"《国语·周语》载严公语："夫惠本而后民归之志，民和而后神降之福。"《左传》庄公三十二年载虢国史嚣语："国将兴，听于民；将亡，听于神。"

② 常乃德：《中国思想小史》，38～39页，上海，上海古籍出版社，2005。

③ 这里是用社会学的观念突破了古代人的认识。《庄子·天下》说："天下大乱，贤圣不明，道德不一。天下多得一察焉以自好。譬如耳目口鼻，皆有所明，不能相通。犹百家众技也，皆有所长，时有所用。虽然，不该不遍，一曲之士也。"

题，解释社会生活，“思以其道易天下”，提出符合本阶级或阶层利益的解决社会问题的方案或设想，构想自己所理想的社会模式，以调适各种社会关系，维护正常的社会生活秩序，因此春秋战国时期的社会思想是比较活跃的，特别是战国时期形成了“百家争鸣”的局面。各种社会思想都表现出来，并各自闪烁着思想火花，整个思想界呈现出一个百花争艳，五彩缤纷的壮观景象。因此，这个时期是中国历史上思想大解放时期，这一时期的很多社会思想都对后世产生过巨大影响。有人称这个时期是“中国社会思想的勃兴时代”，“中国社会思想史上的第一个黄金时代”①。

《汉书》列举春秋战国时期曾经有“九流十家”思想，不过思想确能独立，且有系统，能自成一家，并影响于后世者，只有儒、墨、道、法、阴阳五家，其余对于思想界的影响很小。从社会学视角考察，春秋战国诸子百家社会思想的核心，都是在“天下一体”的共识下，提出的各种关于如何实现社会秩序重建的理论。本篇将主要论述儒家、道家、法家、墨家及杨朱的社会思想。

---

① 郭真：《中国社会思想史》，13、16页。

第五章

“法先王”以重建社会秩序的孔孟儒家社会思想

孔子（公元前551—前479年），名丘，字仲尼，其祖先是宋国宗室，后逃难到鲁国定居下来，成为鲁人。他的家庭在父辈时已经降到武士一级，幼年丧父，家道中落。孔子自称“吾少也贱”[①]，年轻时曾做过管理仓库和看牛羊的小吏，中年在鲁国做过三个月的司寇，因为不得行其志去职后，聚徒讲学，周游列国，晚年回到鲁国，专心从事教育工作和古典文化的整理研究工作，卒年七十三岁[②]。孔子是儒家思想的创始人，中国古代伟大的教育家和思想家。儒家思想在中国思想界影响很大，在先秦已成为“显学”，之后一直是中国封建社会的正统思想。

但是，在春秋战国时期，儒家还是孔子所首创的民间学派。所谓儒，《说文》认为是术士的称号。术士又称为艺士，大概用于称呼娴习六艺的人士。儒并非如后世的文人，他们可凭道德学问做贵族的家庭教师、谋士，可因为书、数作贵族的家宰，可因知悉礼乐做贵族的小相，也可因娴熟弓马射御做将军，是文武兼通的人才。孔子专门用这种六艺的知识教导人，招收了许多弟子，是中国历史上开民间自由讲学风气的第一人。[③]

孔子生活在春秋末期，封建制的发展和奴隶制的衰落，使社会矛盾更为激烈，旧有的制度及伦理道德标准也都在发生重大变化。正如孟子所说：“世衰道微……臣弑其君者有之，子弑其父者有之。孔子惧，作《春秋》。”[④] 当时，很多重大社会问题摆在孔子面前，如奴隶主阶级与新兴地主阶级的矛盾，奴隶主阶级与奴隶的矛盾，诸侯间的兼并战争，旧有的社会规范失去其控制社会的能力，旧有的等级名分观念及人与人交往的行为准则发生了紊乱等。

孔子站在社会大变革过程中较为保守的阶级、阶层一边去考察这些社会问题，并提出解决这些社会问题的各种设想，这就是他的儒学社会思想。孔子的社会思想体现了儒学的一般特征，即继承西周重人事、德治的人道传统，顺应春秋以来重民思想的发展与道德观念的变革，以仁、礼、中庸为主要内容，维护周代礼乐文化，强调“礼

① 《论语·子罕》。

② 参见《史记·孔子世家》；也可参见杨伯峻：《试论孔子》，北京，中华书局，1958。

③ 参见李树青：《蜕变中的中国社会》，89～90页，重庆，商务印书馆，1945。

④ 《孟子·滕文公下》。

治”和“正名”，反对春秋以来由礼到法的变革。因此，其社会思想中既有新的因素，又有旧的成分。

据历史学家严耕望统计，“孔门弟子绝大多数为鲁籍，其次为东西毗邻之齐与卫，西南毗邻之宋陈较多，他国甚少，秦国隔三晋而有两人，颇为突出。其后鲁国人数比例减少，而传播渐广。东方之齐，人数大增，西方越卫申至魏、赵、燕，西南之陈，宋地区人数亦增，而秦国除孔门弟子两人外，再不见有习儒者”①。孔子思想在传播过程中与当地思想传统发生了联系、融合，逐渐分出若干派别。其中，进入三晋之地（魏、赵、韩）的儒家思想，受该地法家思想早萌的影响，下启法家思想在战国时期的发展。

孔子之后，历史进入了战国时代，在思想领域出现了“百家争鸣”的局面，儒家学说受到其他学派的挑战。发扬孔子学说的一派是子思和孟子，一派是荀子。孟子以捍卫孔子儒学思想为己任，对墨子、杨朱及法家、纵横家的言论进行猛烈攻击。他继承发展了仁的思想，提出仁政说，突出了“义”在儒家伦理中的地位，创立了性善论，为儒家伦理道德提供了人性论的基础。孔子所创的儒家学说在一百多年后，由于孟子的继承和发展而变得更丰富、更系统了，在中国传统文化的苑囿里，终于长成了一棵根深叶茂的大树。宋代以后，孔孟并举，孔子受封“大成至圣先师”，孟子号称“亚圣”，地位仅次于孔子，儒学也因此被称为孔孟之道。在社会思想方面，孟子提出了人与人的社会交往准则、社会分工论、社会管理方案和理想社会模式等，受到了当时社会的重视。

第一节 孔子的社会思想

孔子的思想以《论语》为代表。他不信神怪，专讲人事；政治上抛弃上古的天道思想，主张人治主义；以伦理为中心，其社会思想、政治主张均从伦理思想出发；主张以和平、折中的方式改革现实的社会体制。因此，他的思想风格是强调稳健与和平，反对战争和社会冲突，主张礼治与秩序，强调人的仁爱与社会均平。这种主张在当时不被社会所承认和重视，但在后世为四海咸钦，九州共尊，千载以下，莫不风从。就个人与社会的关系而言，孔子要求人们能具有理性，具有大局观，为人处世需要放下个人的种种私心杂念，放弃争强好胜的欲念，恢复或维护社会的秩序。这与《老子》所言“致虚极，守静笃，吾以观其复”，《荀子》所言“虚一而静”等思想相通。不过，孔子在强调理性的同时，更主张让仁爱充满人心，以此克己复礼，作为恢复社会秩序的基础。

---

① 严耕望：《战国学术地理与人才分布》，载《新亚书院学术年刊》，1976（18）。

一、社会规范思想——“礼治”与“正名”

孔子竭力提倡“礼治”，主张“齐之以礼”，用礼规范人的行为。如前所述，古代所谓“礼”，包括范围很广。孔子所说的“礼”，不但是一种政治原则，一种仪文，而且也是一套社会制度，一套社会规范。

孔子回溯礼的发展史，认为周代的“礼”是最完备的，是夏、商文化制度发展的高峰，可以为春秋及后世所借鉴。① 礼的主要表现形式就是西周以来的等级名分制度②，所以礼有“天子礼”、“诸侯礼”、“大夫礼”、“士礼”等。孔子认为，在这种等级名分制度下，同等级的人都按自己的权利和义务办事，谁也不要“僭越”，才是“天下有道”，才能使社会秩序井然，战争、政争及一切社会冲突才会消失。春秋时期以来，各诸侯、大夫、陪臣都在不断地争国命、失国命，故此战争不断，社会动荡。他面对这个“礼崩乐坏”的社会现实，期盼社会恢复“礼治”的理想状态，政治秩序安定，百姓生活安乐，即所谓“天下有道，则礼乐征伐自天子出……天下有道，则政不在大夫；天下有道，则庶民不议”③。他把恢复礼治秩序的希望寄托在学生们身上，要求学生们都努力学“礼”，自觉地担负起天下兴亡的责任。孔子在教学中实践这一思想，用礼约束学生们。颜渊回忆说：“夫子循循然善诱人，博我以文，约我以礼。”④ 孔子也教育自己的儿子，“不学礼，无以立”⑤，不学会礼就没有办法立足于社会。要立足于社会只有态度端正、举止谨慎、心口如一是不够的，还要有“礼”的制衡。否则，只注重态度端正而不知礼，就未免劳倦；只知举止谨慎而不知礼，就会胆小怕事；只知勇猛而不知礼，就会捅娄子；心直口快而不知礼，就会尖刻伤人⑥。

由于孔子是从维护奴隶制的社会秩序的高度提倡礼的，所以他对那些违反周礼的人和事深恶痛绝，把它看做是“是可忍，孰不可忍”⑦ 的“元恶大憝”。当然，孔子也并非固执地崇仰周礼，他知道时代不同了，礼是需要随时代变化而有所改变的⑧，但是礼的根本原则是不能改变的。因此，孔子所欲复之“礼”，在当时社会状况下还是具有保守性的。

要想恢复和维护“周礼”，就必须为社会各阶层的人“正名分”，也就是明确社会分工，规定各种社会角色。《论语》中有这样一段记述：孔子的学生子路问孔子，如果卫国国君请你去治理国政，你准备从哪里入手？孔子回答说：“必也正名乎！……

---

① 《论语·八佾》：“周监于二代，郁郁乎文哉！吾从周。”
② 《左传》庄公十八年：“名位不同，礼亦异数。”
③ 《论语·季氏》。
④ 《论语·子罕》。
⑤ 《论语·季氏》。
⑥ 《论语·泰伯》：“恭而无礼则劳，慎而无礼则葸，勇而无礼则乱，直而无礼则绞。”
⑦ 《论语·八佾》。
⑧ 参见《论语·为政》。

名不正，则言不顺；言不顺，则事不成，事不成，则礼乐不兴；礼乐不兴，则刑罚不中；刑罚不中，则民无所措手足。”① 孔子之意，首先要使每个人都按周礼所规定的各种社会角色，与这个角色所应承担的权利和义务各相一致，而不要僭越自己应遵守的行为规范，只有以此为前提，发出的政令才会有效；才能办成各项事业；也才能使礼乐制度兴办得起来。有了名分做客观标准，刑罚才能得当，老百姓也才知道应该如何做，不该如何做。社会机制才能正常地运转起来，发挥其应有的功能。

孔子对“正名”还曾作过具体解释。当齐景公向孔子询问治理国家的办法时，孔子回答说：“君君，臣臣，父父，子子。”即君要像个君，臣要像个臣，父要像个父，子要像个子，要名实相符。这个名就是名分（社会角色），这个实就是周礼所规定的各种角色的权利和义务。故齐景公对此心领神会，坦言：如果各种角色的人都不按其行为规范去做，统治者的地位就难保了。② 因此，孔子极注重正名分。据说，他作《春秋》一书的目的就是正名分。孟子就曾这样认为，他说孔子是在“世衰道微，邪说暴行有作，臣弑其君者有之，子弑其父者有之”，社会秩序混乱，名分不正，礼治不行的情况下，“孔子惧，作《春秋》”③ 的。《庄子·天下》也说，“《春秋》以道名分”。孔子为正名花费这样大的精力，可知其对正名的重视程度了。

孔子的“正名”理论为恢复社会正常秩序设计了一个有意义的方案。但社会是阶级的社会，由于他是站在没落的阶级立场上来观察社会的，他看不到当时的社会动荡是一场社会变革，是社会进步过程中的一个重要过渡阶段，而以陈旧的周礼来作为管理社会秩序的依据，显然是保守的。

二、论社会道德规范的核心——“仁”

在孔子的思想体系中，“仁”和“礼”是不可分割的一个整体。孔子对“仁”作了各种各样的解释，《论语》中“仁”字出现过 109 次之多，但究竟什么是“仁”？应该说，孔子的“仁”是一个抽象的概念，很难以一言蔽之。“仁”的要求是很高的，孔子从不轻易说谁是“仁人”。有人说“雍也仁而不佞”。孔子回答说：“不知其仁，焉用佞。”对令尹子和陈文子，孔子承认他们“忠”或“清”，而不同意他们是“仁人”④。但孔子曾说，“克己复礼为仁”，这是他对“仁”的高度概括，译成现在的话就是：所谓仁，就是克制自己，使礼治得以实行。关于“仁”字的含义，《说文解字》释为：“仁，亲也，从人二”，意即是一种人与人的关系。“礼”是人们制定的各种人与人关系中各个角色所具备的权利和义务，“克己”就是从自己所处角色出发，处理社会中的人与人关系。因此，我们认为孔子的“仁”，就是社会制定的人与人关系与每个人主动服从“礼”，主动按社会规范处理好人与人关系等行为的有机总和。正如

① 《论语·子路》。
② 《论语·颜渊》：“善哉！信如君不君，臣不臣，父不父，子不子，虽有粟，吾得而食诸？”
③ 《孟子·滕文公下》。
④ 《论语·公冶长》。

孟子所说，“仁者，人也。”[①] 只克制自己的行为，而不实行“礼”，或者不是在克制自己的行为的基础上实行的“礼”，都不是“仁”，只有两者有机结合起来才是“仁”。

另外，孔子的所谓“克己”也是一种人的心理素质的修养，是要把“礼”的规范内化于人们的思想和行动中的过程。他认为，如果人们的自我克制达到“非礼勿视，非礼勿听，非礼勿言，非礼勿动”[②]，能“从心所欲而不逾矩”[③] 的程度，就是“克己复礼”了，假如有谁一旦这样做了，天下就都会称他为“仁人”[④]。但这种内心修养是要靠视、听、言、行体现出来的。因此，谁要想成为仁人，就要在社会交往中按“礼”的规范去行事，而且只要自己努力，任何人都可能成为仁人。因为他认为人的先天素质都是差不多的，只是由于后天社会环境的影响，才有善有恶，相差悬殊，即所谓“性相近也，习相远也”。虽然他也认为“唯上智与下愚不移”[⑤]，但天生的圣人、善人、愚人、恶人都是很少的，绝大多数的人是生性相近的。所以，只要人们能努力克制自己的行为，使之自觉纳入“礼”所允许的范围之内，是有希望成为天下的仁人的。

“仁”是孔子提倡的社会道德规范的核心，在抽象的“仁”的概念之下，孔子还提出低一层次的道德规范，作为具体处理人际关系的准则。

三、处理人际关系的准则

处理人与人之间关系的伦理原则是什么呢？在关于“仁”的理论之下，孔子提出了低一层次的理论——“忠恕”[⑥]。

所谓“忠恕”之道，就是一个人要懂得爱护别人。故樊迟问仁，孔子说，只是爱人。爱人要能够做到，遇事把别人的利益放在心上，做事能够替别人设身处地想一想；要做到“己欲立而立人，己欲达而达人”[⑦]，“己所不欲，勿施于人”[⑧]，自己想要满足的欲望，也使别人满足这种欲望，自己不喜欢的事物，不要强加于别人。孔子的这种理想是十分美妙的，如果社会中人与人的关系都能建立在这样的宗旨上，整个社会关系结构就不会出现失调现象，孔子所面临的一切社会问题也就全都无从发生了。但在阶级社会里要人们都做到“己所不欲，勿施于人”是根本不可能的，孔子的“忠恕”原则，是有阶级性的。

孔子提出的“忠恕”原则，虽然比“仁”的理论具体了一个层次，但对于其提出的更低一层次的具体处理人际关系的准则而言，它仍然比较抽象，是一个最基本的

---

① 《孟子・尽心下》。
② 《论语・颜渊》。
③ 《论语・为政》。
④ 《论语・颜渊》：“一日克己复礼，天下归仁焉。”
⑤ 《论语・阳货》。
⑥ 《论语・里仁》。
⑦ 《论语・雍也》。
⑧ 《论语・颜洲》又《论语・卫灵公》。

宗旨。

费孝通指出，中国古代的社会关系结构，不是西方式的“团体格局”，而是一种“差序格局”，是“以‘己’为中心，像石子一般投入水中，和别人的社会关系，不像团体中的分子一般大家立在一个平面上的，而是像水的波纹一般，一圈圈推出去，愈推愈远，也愈推愈薄”[①]，社会范围是一个根据私人联系所构成的网络。故严格说来，在中国古代的社会关系结构中，没有一个超乎私人关系的道德规范，而每一种人际关系都需要一种道德要素维持。孔子所以对“仁”有这样那样的解释，也就是因为这种缘故。也就是说，仁在孔子这里并不是不分亲疏贵贱的人类之爱，首先是爱自己的父母、兄弟。因此，仁与孝悌是密切联系的。[②] 儒家讲爱人是由爱亲，扩展到爱人，也就是说孔子是推崇爱有差等的，即所谓的“推己及人”。孔子针对不同对象提出的对“仁”的解释，是指示各种处理人际关系的准则。

子对父——要“孝”。如《论语·阳货》载：“宰我问：‘三年之丧，期已久矣……’子曰：‘予之不仁也’。”

父对子——要“慈”。但父子之间如做了坏事，都要互相隐瞒，“父为子隐，子为父隐直在其中矣”[③]。

弟对兄长——要“悌”。《论语·学而》说：“弟子入则孝，出则悌。”

对朋友——要“信”。故孔子说：“与朋友交而不信乎？”[④]

君到臣——要“礼”。所谓“君使臣以礼”[⑤]。

臣对君——要“忠”。所谓“臣事君以忠”，“为人谋而不忠乎？”[⑥]

统治者对被统治者——要“爱”，要“泛爱众”，要恭、宽、信、敏、惠[⑦]。

可见，孔子提出的各项处理人际关系的标准，都是从“己”出发的，自己处于什么样的角色，就要按这种社会角色所应持的行为标准去与对方交往。社会中任何人所承担的社会角色都是多重的，比如一个人有父亲，又有儿子、朋友，又是君主的臣子，那么这个人就要同时对父“孝”，对子“慈”，对朋友“信”，对君主“忠”，如果他还有兄弟，同时还要对兄“悌”，对弟“友”。一句话，要以自己在与对方关系中所处的角色，对对方使用相应的行为准则。

孔子还认为，在这些人际交往的准则中，最重要、最基本的是“孝”和“悌”。家庭生活中形成的孝悌观念，将影响人的一生，在社会政治生活中保持温良恭俭让的

---

① 费孝通：《乡土中国与乡土重建》，24～29页，台北，风云时代出版社，1993。

② 《论语·学而》：“孝悌也者，其为仁之本与！”《论语·泰伯》：“君子笃于亲，则民兴于仁。”孔子的这一思想继承了西周的传统。《国语·周语下》中说：“孝，文之本也。”《左传·成公九年》中说：“不背本，仁也。”这些例子都说明，西周时期把父子、兄弟作为最根本的人伦关系，孝悌是最基本的道德要求，儒家讲孝悌为本是宗法理论特征的体现。

③ 《论语·子路》。

④ 《论语·学而》。

⑤ 《论语·八佾》。

⑥ 《论语·学而》。

⑦ 《论语·阳货》记载说：“子张问仁于孔子。孔子曰：‘能行五者于天下，为仁矣。……恭、宽、信、敏、惠。恭则不侮，宽则得众，信则人任焉，敏则有功，惠则足以使人。’”

本色。能做到孝悌的人中，是很少有喜欢犯上的，不喜欢犯上而喜欢作乱的人，是不会有的，此其一①；其二，他认为“孝慈，则忠”②，能做到孝悌的人，就自然会成为忠于君主的人。这也是他主张“孝悌也者，其为仁之本与！”的重要原因，他是把孝顺父母，敬爱兄长作为仁的基础对待的。

综上所述不难看出，孔子提出的处理人际关系的准则建立在“亲亲”和“尊尊”的原则上。尽管如此，也可设想，在形成差序格局的社会关系结构中，如果人们都能按孔子所倡导的行为准则去做，将会出现孔子梦寐以求的那种以现实社会既得利益阶级或阶层为尊者的没有社会冲突的太平社会。

从以上论述可以看到，孔子是极为重视社会行为规范的社会管理功能的，不过他和西周初年的周公旦犯了同样的错误，过分地强调了社会行为规范的功能，把它看作万能的法宝，他看不到阶级斗争和生产力、生产关系的矛盾的社会功能，是受阶级局限性和历史局限性制约的缘故，但我们不要苛求古人。

四、解决贫富不均问题的设想

贫与富的对立问题是任何阶级社会都无法解决的问题，不过在双方矛盾相对缓和一些的时代，统治阶级的思想家们不大注意这个问题，而更根本的，是他们不愿正视这个问题。在孔子所处的年代，贫富对立已严重地威胁着旧有的统治和社会秩序。孔子看到了这个重大社会问题的严重性，并从他所代表的阶级利益出发，分析了问题发生的原因，提出了解决问题的方案。

关于贫富对立问题的形成原因，孔子认为是人们的利欲之心太强烈的缘故。一方面，是社会统治者对财物的欲望太多。如季康子以盗贼多为患，向孔子询问解决问题的办法，孔子反讥说：假若你不过分追求财物，就是奖励百姓去盗窃，他们也不会干的。③ 因为有权力者过分贪求财物并可以得到相对的满足，而那些有同样贪欲却得不到满足的人，就会以非法的手段去偷窃。盗贼多，社会也就无法安定。另一方面，孔子认为人们过分追求财富是造成人际关系不协调的根源。大家都无限度地追求物质利益，就会把物质利益得失看得过重，于是也就容易产生怨恨之心④，欲与怨是密切相关的。由于人们都去追求物质利益，结果势必出现贫富不均，而要使贫穷者无怨恨之心是很困难的。⑤ 贫穷者又是社会中的绝大多数，如果一个社会绝大多数人都怨声载道，就势必会出现很多乱子。⑥

基于上述分析，孔子提出了一个“安贫”的解决问题方案：统治者不必忧虑财富不多，而应忧虑财富不均；不必忧虑人民太少，而应忧虑社会不安定。因为如果财富

---

① 《论语·学而》：“其为人也孝悌，而好犯上者，鲜矣！不好犯上，而好作乱者，未之有也。”
② 《论语·为政》。
③ 《论语·颜渊》：“苟子之不欲，虽赏之不窃。”
④ 《论语·里仁》：“放于利而行，多怨。”
⑤ 《论语·宪问》：“贫而无怨难。”
⑥ 《论语·泰伯》：“好勇疾贫，乱也。”

平均，就无贫穷可言，如果社会关系和谐，就不觉得人少，如果社会秩序安定，就不会有危难发生。① 很明显，孔子提出这种构想是从统治阶级利益出发而维护旧有社会结构和秩序的。但他已经接触到了发生社会问题的一个最重要原因，即财富的不平均，虽然他没有也不能发现贫富不均的问题形成的真正原因，可是他已经认识到社会中经济的不平等是引起社会冲突的重要原因，这是很有意义的。

这里还须指出，尽管孔子的这种构想主要是针对社会中下层而言的，但在当时大国争霸的历史条件下，在解决各统治集团之间的冲突问题时，也同样适用。那种认为这一理论构想只是对被统治者而言的说法是不准确的。

此外，孔子以为这种“安贫”的方案不够完满，于是又从伦理方面和信仰方面论证人们应当“安贫”的依据。孔子承认追求富贵是人们的共同欲望，要人们安于贫贱是违背人性的，但他又认为，人是社会的人，追求富贵不能肆无忌惮，不择手段，而应首先遵守社会伦理规范和行为规范。人们都厌恶贫贱而盼望富贵，但是必须用社会所允许的正当的行为去摆脱贫贱，得到富贵。否则，就应当安于贫贱。② 儒家所要培养的，正是这种不戚戚于贫贱，不汲汲于富贵的人。他坚信，用不正当的行为得来的富贵，就像过眼浮云一样；即使每天吃粗粮、喝冷水，弯着胳膊当作枕头，其中也有乐趣。③ 这就是“孔颜之乐”，这种情操与胸怀也是士人名列四民之首的真正原因。这里，孔子把人们取得富贵的行为牢牢地控制在社会伦理规范和行为规范的限定之内了。这还不够，孔子又从信仰的角度提出贫贱与富贵皆由“天命”的说教，认为人的富与贵是天命所定，是不可人为追求的，所以还是安心守自己的本分为好。④

然而安贫说在产生的时候就有它另外的目的。孔子的说教，着眼于秩序的维持和恢复，因此安贫说的另一个重要的功能，是劝说那些贫贱的人安于现状，不要采用统治者认为不正当的行为去争取富贵，不要和“天命”作对。只要人们都能安于贫贱，即使社会中有悬殊的贫富不均现象，人们也视为理所当然，这样就可避免贫富的对立，统治者的地位才能稳固。孔子的阶级立场是不言而喻的。

第二节 孟子的社会思想

孟子，名轲，邹（今山东邹县）人，约公元前 372—前 289 年（一说认为是公元前 390—前 305 年）。孟子出身于平民阶层，据说他祖上是鲁国贵族孟孙氏，但到他

---

① 《论语·季氏》：“闻有国有家者，不患贫而患不均，不患寡而患不安。盖均无贫，和无寡，安无倾。”

② 《论语·里仁》：“富与贵，是人之所欲也，不以其道得之，不处也；贫与贱，是人之所恶也，不以其道得之，不去也。”

③ 《论语·述而》：“饭疏食，饮水，曲肱而枕之，乐亦在其中矣。不义而富且贵，于我如浮云。”

④ 《论语·述而》：“富而可求也，虽执鞭之士，吾亦为之，如不可求，从吾所好。”《论语·颜渊》：“死生由命，富贵在天。”

时已经没落。他受业于孔子之孙子思的门人，可说是得到孔子学说的真传。孟子是孔子之道的忠实捍卫者，他的一生经历和遭遇也与孔子相似，曾周游“列国”，晚年回到邹国，“与万章之徒序《诗》、《书》，述仲尼之意，作《孟子》七篇”[①]。现存《孟子》一书是研究孟子思想和活动的可靠材料。

孟子处在一个社会急剧发展变化的时代，新兴地主阶级已占据主要统治地位，思想界出现了“百家争鸣”局面。不但“杨朱、墨翟之言盈天下”[②]，而且其他各家如法家、兵家、纵横家、道家等都各显身手，为自己所代表的阶级或阶层竭诚效力。孟子捍卫孔子的思想，批评杨朱提倡“为我”是“无君”，否定了君主的作用，歪曲了现实；批评墨子的“兼爱”是“无父”，放弃了对父兄的孝悌，背弃了个人的家庭义务，“无君无父，是禽兽也”。他抨击法家的耕战政策和纵横家在诸侯之间的游说，主张“善战者服上刑，连诸侯者次之，辟草莱，任土地者次之。”[③] 与此同时，他极力推崇孔子，称孔子是“集大成者”，自有人类以来，没有比孔子更伟大的：“孔子，圣之时者也”[④]，“可以仕则仕，可以止则止，可以久则久，可以速则速，孔子也”[⑤]，以学孔子为志愿。孟子思想是继承孔子思想的，但他所代表的阶级却不同于孔子。孟子所代表的是封建社会初期中小地主阶级利益的思想。他既赞成封建制度，又反对激进的封建化，而主张以仁、义为标准的渐进的改良，把以暴力进行封建化的思想和行为视为诐行、邪说、淫辞。

一、性善论

中国社会思想史视野中的人性有两层含义，一是生命的内核与本质，二是生命的可能。对人性持什么样的态度，关系到对人与社会的基本看法，所以人性问题就成了中国社会思想史的核心问题，两千年来争论不休。关于人性问题，孔子的时代还没有很深的思考，只是认为人类“性相近也，习相远也”。到战国时期，这个问题成为思想界普遍重视的问题，并把对这个问题论证的结果作为构想社会治理方案的依据。在各派思想家的争论中，孟子提出了“性善论”。后代学者大体接受了孟子的意见，认为人性是善良的。蒙学课本《三字经》开篇就说：“人之初，性本善。”因此，孟子的性善论对后世的影响极大，需要认真探讨。

孟子的性善论是在与告子的辩论中展开的。《孟子·告子上》记载了争辩的主要内容，依逻辑顺序可分为生之谓性之辩，以水喻性之辩，杞柳桮棬之辩，仁义内外之辩。“孟子的争辩，从形式逻辑上说，并不严密，但是由于思虑巧妙，找出了告子的很多疏漏之处，驳倒了告子，从而帮助性善论站住了脚跟。”[⑥]

---

① 参见《史记·孟子荀卿列传》。
② 《孟子·滕文公下》。
③ 《孟子·离娄上》。
④ 《孟子·万章下》。
⑤ 《孟子·公孙丑上》。
⑥ 杨泽波：《孟子性善论研究》，120页，北京，中国社会科学出版社，1995。

告子认为人性就是人的本能，像饮食、男女之爱，都是人的本能，都是人的本性。他从人的生物机制来解释人性，所以进一步得出人性无善无不善，也没有固定发展方向的结论。进而告子又讨论起人的社会性问题，认为人的社会性得之于对人之自然属性的加工、塑造，而这个加工、塑造的工具就是“义”。“文武兴，则民好善，幽厉兴，则民好暴。”① 一个人社会性的善与不善，要依社会用以加工塑造人的自然性的“工具”来决定。告子的思想是很有见地的，只可惜他把人的自然性和社会性混淆而为一谈了。

如果我们把人性分为自然性和社会性的话，那么孟子的人性，则是指人的社会性。他认为，人的这些生理欲望从广义上讲也是性的范畴，但人们能否满足这些生理欲望，是由命所决定的，所以君子不把这些叫做“性”②。另外，这些生理欲望，禽兽也同样有，人所以不同于禽兽的地方，就在于人有自觉的道德观念而禽兽没有，只有人的自然性而没有社会性，也就不能算作人了。但是，自然性与社会性的差别实在是微乎其微，普通人意识不到这一点，顺从自然性而忘记了社会性，君子则能强化道德修养，使善的种子一点点长大，很好地体现社会性。③ 也就是说，自然人因具有社会性而成为真正的、区别于动物界的人。因为自然性与社会性的不同，人有了“大人”和“小人”之分，凡道德观念强，严格遵守社会规范的人是“大人”，而一味追求生理欲望的满足，轻视“人伦”、“理”、“义”的人则是“小人”④。

孟子认为，善良是人的天性，就像人生而有四肢一样，这些道德品质的种子就是“仁”、“义”、“礼”、“智”的“善端”。这种观念来自于生活经验的启示，他举例说：假如现在有人忽然看到一个孩子要掉到井里去了，都会有惊恐、同情的心情，伸出援助之手——这不是想借此同孩子的父母攀交情，不是要在乡邻朋友中博取名声，也不是讨厌那孩子惊恐的哭叫声才这么做的。由此看来，没有同情心的，不是人；没有羞耻心的，不是人；没有谦让心的，不是人；没有是非心的，不是人。同情心是仁的开端，羞耻心是义的开端，谦让心是礼的开端，是非心是智的开端。人有这四种善端，就像他有四肢一样。重视、呵护这些善的种子，让它们在人性中一天天长大，初始的时候只是涓涓细流滋润心田，如持续不断地培养、扩充，让越来越多的人感受到你的人性之善，则足以温暖天下人，安定整个社会秩序。⑤ 一句话，仁义礼智这些东西都不是外界强加给人的，而是人类所固有，可以发扬光大，用以齐家治国平天下的。

---

① 《孟子·告子上》。

② 《孟子·尽心下》：“口之于味也，目之于色也，耳之于声也，鼻之于臭也，四肢之于安佚也，性也。有命焉，君子不谓性也。”

③ 《孟子·离娄下》：“人之所以异于禽兽者几希。庶民去之，君子存之。”

④ 参见《孟子·告子上》。

⑤ 《孟子·公孙丑上》：“人皆有不忍人之心。……今人乍见孺子将入于井，皆有怵惕恻隐之心，非所以内交于孺子之父母也，非所以要誉于乡党朋友也，非恶其声而然也。由是观之，无恻隐之心，非人也；无羞恶之心，非人也；无辞让之心，非人也；无是非之心，非人也。恻隐之心，仁之端也；羞恶之心，义之端也；辞让之心，礼之端也；是非之心，智之端也。人之有是四端也，犹其有四体也。有是四端而自谓不能者，自贼者也；谓其君不能者，贼其君者也。凡有四端于我者，知皆扩而充之矣，若火之始然，泉之始达。苟能充之，足以保四海；苟不充之，不足以事父母。”

人性固然是善的，但是社会上的人却不尽是君子，反而有很多小人。孟子认为这主要是由两个原因造成的：一是人们所处的社会环境不同所致。例如在丰年，青年子弟大多懒惰；遇上荒年，青年子弟大多凶暴，不是天生的性情有这种不同，是不同的食物供应环境改变了他们。这就像种大麦一样，播了种，耙了地，种的地方相同，种的时间又相同，麦子蓬勃地生长，到夏至的时候，都成熟了。即使有所不同，也是因为土地的肥瘦、雨露的滋养、人工的管理不一样的缘故。[①] 以此类推，人丧失了仁义之心，一是社会环境影响造成的，二是由于本人不“专心致志”地学习社会规范的缘故。孟子认为人必须有一个社会化的过程，社会化过程中最重要的是接受教育，学习“父子有亲，君臣有义，夫妇有别，长幼有叙，朋友有信”等人伦规范。否则，“饱食暖衣，逸居而无教，则近于禽兽”[②]。不过，教育作为一个互动的过程，教育效果在很大程度上取决于个体的投入。那些能专心学习，并以此培养自己的善心的人，就会成为君子，那些不专心学习的人就成为小人。他举例说：有两个人同时跟一个弈师学弈，专心者学得好，不专心者学得不好，不是两人的才智不同，而是由专心不专心造成的。[③]

孟子关于人性的论述，其中有些是可取的，但从根本上说，却犯有不可宽恕的错误。第一，伦理道德是人们社会生活的产物，并非是人类生而就有的。人生而就有的，是人类学习运用这些伦理道德的生理机制。恻隐之心，羞恶之心等，都是人们在社会生活中才形成的。第二，人们的伦理道德等社会规范，是一定社会关系的产物。在阶级社会里，人类没有一个超阶级的恻隐之心、羞恶之心、恭敬之心、是非之心。孟子所提倡的伦理道德也只是他所代表的阶级的伦理道德。

二、论社会交往准则

人们在社会中生活，人与人的交往是不可缺少的，而在社会交往过程中，应当遵照什么原则呢？孟子的学生万章就曾向孟子提出过这个问题，他的回答是保持恭敬谦和的心态，在与人交往、交游、接谈时，尊重对方，谨守交友之“道”，待之以“礼”。具体说来，孟子提倡的社会交往准则有三：

第一，“怀仁义以相接”。在人际交往中，有的人以仁义为怀，有的人“怀利以相接”，结果大为不同，前者可以持久，能肝胆相照，危难相扶持，得到的是真朋友；后者则多为酒肉朋友，结交的是真小人。所以孟子主张，人际交往应以仁义之心与人相处。如果臣下能心怀仁义侍奉国君，儿子能心怀仁义侍奉父亲，弟弟能心怀仁义侍奉哥哥，人人唯仁义是求，不再以利益为最高的原则，这样的国家没有不繁荣昌盛的[④]；相反，不讲仁义廉耻，把利益作为交往原则，常会让人忘记了互惠互利，专讲

---

① 《孟子·告子上》：“富岁，子弟多赖；凶岁，子弟多暴。非天之降才尔殊也，其所以陷溺其心者然也。”

② 《孟子·滕文公上》。

③ 参见《孟子·告子上》。

④ 《孟子·告子下》：“为人臣者怀仁义以事其君，为人子者怀仁义以事其父，为人弟者怀仁义以事其兄，是君臣、父子、兄弟去利，怀仁义以相接也，然而不王者，未之有也。”

损人利己，损公肥私，这样的社会几乎没有持久存在的可能。所以，仁义问题不是个人的小事，而是关系社会兴衰、国家存亡的大事。

第二，必须“与人为善”。要“善与人同，舍己从人，乐取于与人以为善”①。如上文所述，孟子所谓“善”，就是仁、义、礼、智。他主张在人际交往中，双方都应共同遵守“善”。把别人的“善”看作自己的善，也把自己的“善”看作别人的“善”，并且乐于学习别人的善行而成为自己的善行。“取诸人以为善，是与人为善者也”，而君子与人交往的原则，“莫大于与人为善”②。

第三，不与人结仇，不说别人的坏话。孟子生活的时代，复仇之风仍然盛行，杀人者必将遭到报复。所谓杀父之仇不共戴天，杀兄之仇不同处一国。见到杀父兄的仇人，顾不得回去取武器就进行肉搏战。孟子认为，杀人者与被杀者环环相报，你杀了别人的父兄，别人也来杀你的父兄，虽然不是自己杀自己的父兄，可这又和自己杀自己的父兄有多大区别呢？因此他主张，不要与别人结怨，否则，人们都以怨报怨，以仇报仇，结果双方都没有好处。同样道理，孟子又提出，与人交往，不要随便议论别人的缺点，否则后患无穷。

纵观孟子提出的社会交往原则，可以发现孟子的处世原则是很有理性的。他提倡社会交往要“怀仁义以相接”，反对“怀利以相接”，提倡与人为善，不轻易与别人结怨仇，对维护社会现行生活秩序是有利的。

三、论社会分工

孟子认为，人类在社会中生活，必须有社会分工，才有利于人类的共同生存与发展。

其一，维持人们的物质生活，必须有生产劳动方面的社会分工。

《孟子·滕文公》篇记载，当时有一个人叫许行，要求贤者、君子与人民一样，共同劳动，一起吃饭，不可坐享其成。这当然反映了农民反对剥削压迫的愿望，但它在一个日益复杂的社会里是不现实的乌托邦思想。许行的学生陈相见到孟子，向孟子转述了许行的言论。孟子反对共耕论，他在与陈相的辩论中阐述了自己的社会分工思想。

孟子问陈相：“许行先生一定要吃自己种出的粮食吗？”

陈相回答说：“是的。”

孟子又问：“许行先生戴帽子吗？”

陈相又答：“戴帽子。”

又问：“戴什么样的帽子？”

又答：“用白色生绢做的帽子。”

问：“是他自己织的吗？”

---

① 《孟子·公孙丑上》。

② 同上。

答：“不是，是用粮食换的。”

问：“他为什么不自己织呢？”

答：“自己织会影响耕种粮食。”

问：“许行先生用陶制的锅做饭吗？所用的农具是铁制的吗？”

答：“是的。”

问：“这些都是他自己做的吗？”

答：“不是，是用粮食换来的。”

问：“用粮食换器械，不损害制陶、冶铁的工匠，制陶冶铁的工匠用器械换粮食，难道会损害种田的人吗？许行先生为何不自己制造这些器械，自己来使用，而拿自己生产的粮食去与工匠交换，却不嫌麻烦呢？”

答：“工匠们所做制陶、冶铁工作，本来是不能既种田又能兼做的。”

问：“既然如此，那么，单单治理社会是可以与种田同时兼做的工作吗？……每一个人的生活日用，都体现着社会上从事各种工作的人的劳动。如果都要自己做的才能用，那是让天下人都疲于奔命而又无法自给的。”①

如果我们暂不考虑孟子立论的动机，可以看到，孟子已深刻地认识到，在人类社会物质生产劳动过程中，必须有社会分工，然后，各种不同职业的人“通功易事，以补不足”，结果就能各得所需了。孟子的立论是十分精辟的。

其二，在阶级社会里，必须有统治者和被统治者的社会分工，才能完成社会治理和社会发展。孟子认为，治理社会是“大人之事”，这种“大人”又可称为“君子”、“劳心者”，从事物质资料生产是“小人之事”，因劳作于城市之外的田野而称为“野人”、“劳力者”。劳心者统治劳力者，劳力者被劳心者统治，被统治者必须供养统治者，而统治者应当受被统治者供养，这是普遍的社会规律。所以，他认为“无君子莫治野人，无野人莫养君子”，通过“君子”和“野人”的社会分工，使野人的社会生活得以治理，君子也得到供养。从社会分工的角度来看，无论是从事生产劳动的人，还是从事“仁义”教育及从事社会管理的“君子”，都是在“食功”，其根据就是对社会的贡献。② 孟子的这一社会分工理论，是符合社会发展与社会分工原则的，与社会学家涂尔干“社会分工论”的理论原则是一致的。

四、对社会问题的考察及社会管理方案

孟子处在社会激烈变革，社会问题丛生的时代，作为一个思想家，他不能不注重观察社会问题，揭示社会问题。他曾愤愤地批评当时的社会说，仁德的君王迟迟没有出现，百姓受暴政折磨的痛苦，没有比现在更厉害的了③，充满了对统治者和政治的

---

① 据《孟子·滕文公上》意译。

② 以上俱见《孟子·滕文公上》。

③ 《孟子·公孙丑上》：“王者之不作，未有疏于此时者也；民之憔悴于虐政，未有甚于此时者也。”

失望，也深深地感受到儒者的责任。孟子关心的社会问题主要有以下几个：

第一，人们都在极力地争利、求富，而不顾仁义。孟子指出，当时的社会，人们谋求自己的利益，国王谋划“怎样才有利于我的国家”，大夫思考“怎样才有利于我的封邑”，士人平民询问“怎样有利于我自身”，互相争权夺利，国家社会处于危险之中。[①] 另外，见利忘义，盲目追求财富也是社会的一大问题，“为富不仁矣，为仁不富”这句话广为流传[②]，意思是要想发财就不能顾及仁爱，要仁爱就不能求发财。时代变了，那些侍奉在君主身边的大臣都不坚守仁义的原则，而是在竭力宣称自己能为君主开辟土地，增加财富，现在这种人被视为肱骨良臣，其实正是古代所说的残害百姓的“民贼”[③]。现实社会中，连评判人之良莠的标准都被颠倒了！他痛骂那些不按仁义等道德标准去谋取财富的君主是“富有的夏桀”[④]，诅咒他们不以仁义得富，也必如夏桀一样自取灭亡。因此他认为，城墙不坚固，军队不够多，不是国家的灾难；土地没有扩大，财富没有积聚，也不是国家的祸患。在上的不讲礼义，在下的不学礼义，作恶的百姓日益增多，才是国家真正的危机，这样的国家离灭亡已经没有几天了[⑤]。都是些不顾礼义、争利求富的丧国之君，丧国之君统治社会，社会安得不乱呢？

第二，战争与灾荒问题。春秋战国时代，统治者为了争利求富、争城夺地的战争连绵不断。孟子疾呼“春秋无义战”，大国的统治者们为争夺一块地方而杀人遍野，为争夺一座城池而杀人满城，这是让土地吃人肉，战争贩子们罪恶之大，死有余辜。[⑥] 战争使人口大量减少，百姓深受其害，再加上战争会影响生产，造成农业收成降低，人们四处逃难，年迈体弱的人辗转饿死在荒山沟里，壮年人逃往四方。人口的死亡和流动，必然造成劳动力的严重短缺。梁惠王就曾为人口问题而感到忧虑。

第三，严重的贫富不均问题。孟子看到当时的百姓贫困至极，他们终日劳动，但“仰不足以事父母，俯不足以畜妻子，乐岁终身苦，凶年不免于死亡”，他们要免于死亡都感到困难，就没有时间去学习礼义了。但在这“民有饥色，野有饿莩”的同时，那些只贪利与富的统治者却是“庖有肥肉，厩有肥马”，这简直又是在“率兽而食人”了！[⑦] 他批评那些国君号称百姓父母，却指使百姓一年到头劳累不堪，不仅不能养活父母，还得靠借贷来补足赋税，逼得老人孩子四处流亡，转死沟壑，这样的国君哪能算是百姓的父母呢？[⑧] 这样的统治者是不称职的。

第四，社会冲突问题。孟子看到了阶级冲突和人际关系失调的严重性。他认为，

---

① 《孟子·梁惠王上》：“王曰：‘何以利吾国？’大夫曰：‘何以利吾家？’士庶人曰：‘何以利吾身？’上下交征利而国危矣。”

② 《孟子·滕文公上》。

③ 《孟子·告子上》：“今之事君者，皆曰我能为君辟土地，充府库，今之所谓良臣，古之所谓民贼也。”

④ 《孟子·告子下》。

⑤ 《孟子·离娄上》：“城郭不完，兵甲不多，非国之灾也；田野不辟，货财不聚，非国之害也。上无礼，下无学，贼民兴，丧无日矣。”

⑥ 《孟子·离娄上》：“争地以战，杀人盈野；争城以战，杀人盈城，此所谓率土地而食人肉，罪不容于死。”

⑦ 参见《孟子·梁惠王上》。

⑧ 《孟子·滕文公上》：“为民父母，使民盻盻然，将终岁勤动，不得以养其父母，又称贷而益之，使老稚转乎沟壑，恶在其为民父母也？”

老百姓是社会的基础，是社会发展中最有价值的群体，所以“民为贵，社稷次之，君为轻”[①]，要使社会安定，必须得民心，缓解阶级冲突。得民心的办法其实是非常简单的，他们想要的，就给他们积聚起来；他们厌恶的，不加给他们，如此而已。[②] 这要求统治者能“与百姓同乐”，消除阶级对立情绪，上下一体，同心协力地治理社会，社会就一定能治理得好。但现实社会与此理想相反！人们都“怀利以相接”，“上下交征利”，言行不再守仁行义，社会风气日益败坏，“鸡鸣而起，孳孳为利”的人越来越多了[③]。他们都不按孟子设计的社会规范办事，使得各阶级、各阶层之间，以及各阶级、各阶层内部成员之间矛盾重重，以致用武力解决。社会局面混乱，在上的不依照义理度量事物，在下的不用法度约束自己，朝廷不信仰道义，官吏不信仰法度，君子触犯理义，小人触犯刑律，这给治理社会带来很大的困难。

但孟子依然相信：只要按他设计的解决社会问题的方案去做，社会一定能得到治理。他很自负地说：“欲治平天下，当今之世，舍我其谁也!”[④] 孟子设计的解决社会问题、治理社会的方案就是他所谓的“仁政”。他相信，由于社会危机已达到空前酷烈的程度，社会呼声极高，在这个时候“行仁政”，解民于倒悬，必会收到事半功倍的效果。

“仁政”的内容主要有以下几个方面：

第一，“不忍人之心”与“推恩”。政治领袖的不忍之心是仁政的社会心理基础，这和他的性善论相联系。[⑤] 因为人都有恻隐之心，都不忍心看到别人受危难困苦，所以就能“推恩”于人，做到“老吾老以及人之老，幼吾幼以及人之幼”。“推恩”就“足以保四海”，不推恩，连妻子儿女都得不到保障。只要推恩，管理社会就易如反掌。这是和孔子的“己所不欲，勿施于人”一脉相承的。

第二，“养心”、“寡欲”。面对社会上层利欲熏心，孳孳求利，孟子反其道而行之，提倡“养心莫善于寡欲”[⑥]。寡欲的人，因为追求少，争斗少，所以得以生存的可能性就多，虽然也有受人残害而不得生存者，但为数极少。比如一只豹子，能寡欲，独隐于深山而卧，也有遭遇到觅食的饿虎而亡的，但这种情况极少，如果它多欲，到处去求得满足欲望，则与饿虎遭遇的几率就多，这样的豹子得以幸存者就很少。[⑦] 所以，为求得自我生存，就要寡欲。孟子又说，那些极欲的人，其欲望是无法得到满足的。越想使贪欲得到满足，越无法满足。要使这样的人放弃贪欲而行寡欲，其灵丹妙药就是去孝顺父母。因为人小时爱慕父母，到长大而“知好色”之后，就爱慕美貌的少女，有了妻子，则又爱慕妻子，做了官，则又爱慕君主。如果“大孝终身

---

① 《孟子·尽心下》。

② 《孟子·离娄上》：“得天下有道：得其民，斯得天下矣。得其民有道：得其心，斯得其民矣。得其心有道：所欲与之聚之，所恶勿施尔也。”

③ 参见《孟子·尽心上》。

④ 《孟子·公孙丑下》。

⑤ 《孟子·公孙丑上》：“人皆有不忍人之心。先王有不忍人之心，斯有不忍人之政矣。”

⑥ 《孟子·尽心上》。

⑦ 参见《孟子注疏》。

慕父母”，那些希望别人喜欢自己、好色、求富、求贵的欲望自然就会被削弱了[①]。孟子的这番议论是滑稽可笑的。进入社会的人，随着生理、地位、处境的变化，自然会提出各种不同层次的社会需求，只用孝行来削弱这些需求，是无济于事的。

第三，“反求诸己”。孟子认为，行仁政必须从当政者自己做起。否则，就连自己的妻子也是不肯行“仁”道的。[②] 如果仁政不能行于社会，不能抱怨百姓，责任就在当政者自己。“行有不得者，皆反求诸己，其身正而天下归之。”如果你对待对方以仁以礼，而对方以横逆对待你，你就应当自我反省，“一定是我不仁、无礼造成的”，于是再加强仁和礼的修养；如果对方还以横逆对待你，你就应再次反省，“一定是我不忠诚造成的”，于是再加强忠诚方面的修养；如果对方还以横逆对待你，那就是对方的责任了，你可以说：“这是个荒谬无知的人，这样的人和禽兽有什么区别呢？”言外之意，这人与禽兽无别，杀掉他也是应该的。

第四，“明人伦”。孟子推崇仁义的价值，声称仁是人们最安全的住所，义是人们最正确的道路。[③] 他继承孔子“仁以孝弟为本”的观点，主张仁的实质是侍奉父母，义的实质是顺从兄长；智的实质是明白这两方面的道理而不背离；礼的实质是在这两方面不失礼节、态度恭敬。所以，行仁义者是“人伦之至”的人。行仁政应顺应这种社会需求，设庠序学校，教育人们“明人伦”，让人们以仁义为共同遵守的道德和行为的规范，人与人的关系也就和谐了。

五、理想中的小康社会模式

孟子设计了一个理想的社会模式，即小康社会。孟子的理想社会模式主要包括以下几方面内容：

第一，孟子的理想社会是一个讲求“仁义”的社会。人们首先爱自己的父母，进而关爱整个社会，“老吾老以及人之老，幼吾幼以及人之幼”。国家施行仁政，反对战争。关于这一点，我们已经介绍了很多，兹不赘述。总之，孟子所理想的小康社会是一个“尊贤使能，俊杰在位”[④]，由仁者担任社会治理者，人与人之间、集团与集团之间，都以“仁”和“义”作为行为规范来维系。从而形成“父子有亲，君臣有义，夫妇有别，长幼有叙，朋友有信”的和谐的社会关系。

第二，孟子的理想社会是一个省刑罚，薄税敛，而民有恒产的社会。孟子认为，“民之为道也，有恒产者有恒心，无恒产者无恒心。苟无恒心，放辟邪侈，无不为已”[⑤]。人们拥有一定数量的固定财产，是巩固社会秩序，保证人们按社会规范办事的必要条件。人民之所以有“放辟邪侈”等越轨行为，是由于“无恒产”造成的。孟子一方面看到了私有财产对社会秩序安定的效用，一方面也是从安定社会秩序的角度

---

① 参见《孟子·万章上》。
② 参见《孟子·尽心上》。
③ 《孟子·离娄上》：“仁，人之安宅也；义，人之正路也。”
④ 《孟子·公孙丑》。
⑤ 以上俱见《孟子·滕文公上》。

为私有制辩护。这和古希腊思想家亚里士多德从“人类之天性”出发为私有制辩护的主张是极为相似的。

另外，这个社会是“省刑罚，薄税敛”的社会。在市场管理方面，提供场地存放货物而不征租赁税，同时依照规定价格收购滞销货物，不使货物积压在货场；设立检查关卡，只检查不征税；对待农民，只要他们助耕公田，就不征收私田的赋税；对待天下之民，没有劳役税和额外的地税。由于对百姓施行仁政，少用刑罚，减轻赋税，农民得以深耕细作、勤除杂草，年轻人得以在劳作的闲暇去学习孝亲、敬兄、忠诚、守信的道理，在家侍奉父兄，在外敬重尊长，这样即使国土面积很小也能因社会优质而获得他国的尊重。[①]

由于人民有恒产，又薄其税敛，人民得以“深耕易耨”[②]，再加上“食之以时，用之以礼”，人们过着“财不胜用”的富裕生活。在这种前提下，仁、义等社会规范才能发挥其正常功能。孟子指出，“民非水火不生活”[③]，水和火是人们生活所必需的，但在傍晚之时叩开别人家的门，去寻取水或火，是没有不借的，因为人们存有的水和火通常都很充足，至于治理社会，能使人民拥有菽粟等生活必需品也像拥有水火那样充足，人民就没有不仁的了。孟子把人们物质生活资料的满足作为实行社会规范的基础，这种思想是非常深刻的。

第三，孟子的理想社会，是一个实行井田制的社会。《诗经》云：“普天之下，莫非王土”，井田制是王田制下的农村公社土地所有制，分为公田和私田。公田名义上属于公家的，实为王侯所有，是他们剥削自由民和奴隶的工具。私田是农民从农村公社领取的份地，但不是私产。春秋战国时期，贵族上层为了聚敛财富，已经不再谨守井田制，肆意扩充公田的面积，增加农民负担。农民作为弱者，一方面减少公田的投入，一方面为了生活则开辟新的私田，而新垦土地中有很多也往往为贵族以各种名义占有，逼迫农民开辟新的土地。所以，他提出，行仁政，一定要从划分、确定田界开始。田界不正，井田的面积就不均，作为俸禄的田租收入就不公平，因此暴君污吏必定要搞乱田地的界限。田界划分正确了，那么分配井田，制定俸禄标准，就可轻而易举地办妥了。[④] 孟子的办法是：在农村实行九分抽一的租税法，在都市自行交纳十分抽一的赋税。按照当时的生活、物价水平，卿以下官吏一定要有可供祭祀费用的五十亩田，对家中未成年的男子，另给二十五亩。百姓丧葬、迁居都不离乡。乡里土地在同一井田的各家，出入相互结伴，守卫防盗相互帮助，有病相互照顾，那么百姓之间就亲近和睦。一里见方的土地定为一方井田，每一井田九百亩地，中间一块是公田。八家都有一百亩私田，遵守先公后私的规矩，耕作时先共同耕作公田，公田农事完

---

① 《孟子·梁惠王上》：“地方百里而可以王。王如施仁政于民，省刑罚，薄税敛，深耕易耨，壮者以暇日修其孝悌忠信，入以事其父兄，出以事其长上，可使制梃以挞秦楚之坚甲利兵矣。”

② 《孟子·梁惠王上》。

③ 《孟子·尽心上》。

④ 《孟子·滕文公上》：“夫仁政，必自经界始。经界不正，井地不均，谷禄不平，是故暴君污吏必漫其经界。经界既正，分田制禄可坐而定也。”

毕，再忙私田上的农活。[①]

孟子的井田制是一种社会理想，不是对以往历史事实的描述。[②] 中国经济史学家胡寄窗更指出，“井田制只是孟子的一种乌托邦思想。绝不是他力求见诸行动的理想，还可能是他的尚未完全成熟的未来理想”[③]。其实，这种理想的井田制是为反对私有制日益排挤农村公社所有制而设计的。虽然这只是一种乌托邦社会理想，但对其后的中国思想界影响很深。从汉代至清代，提倡恢复井田制者不乏其人，就足以证明了这一点。

第四，孟子的理想社会，是由一个个足衣足食的小康之家构成的小康社会。在这个社会中，讲究节制和可持续的原则，统治者不乱用民力，老百姓不误农时，粮食丰足；禁止细密的渔网入塘捕捞，水产品吃不完；采伐山林有一定的时令限制，木材用不完。在这样的社会里，人们的生活日用品都能得到满足，百姓养家糊口、生老病死基本上没有什么遗憾，可以过悠然自得的生活。[④] 这样的小康社会是由无数个小康家庭构成的，孟子理想中的小康之家的模式是：

实行小土地所有制。家有宅基地五亩，房前屋后广植桑树，保证五十岁以上的老人能穿上丝帛衣服。[⑤] 按时节繁育鸡、猪和狗等畜禽，让七十岁以上的老人能吃上肉蛋。户均耕地一百亩，并保证劳动力的耕作时间，播种、除草、施肥、收获等环节不误农时，使数口之家免于饥饿。国家抓好学校教育，向年轻人灌输孝顺父母、敬爱兄长等人伦道德，主动承担家庭与社会责任，以减轻老者的负担。这种社会就是一个王道的社会，能在诸侯国中占据领袖的地位。[⑥]

孟子极为推崇这种以小农经济为基础的小康之家模式，他在《孟子》七篇中曾三次提到它，一次对梁惠王，一次对齐宣王[⑦]，一次见于《尽心上》。按照他的说法，这种模式起源于周文王，姜太公曾总结该模式的主要特点是“善养老人”：为了赡养老人，在住宅周围的墙边栽桑树，由家中女子养蚕织布，让老人能穿上丝帛衣服。院子里养五只母鸡、两只母猪，及时繁育，让老人不缺肉食。百亩之地，由家中男劳力耕种，使八口之家免于饥饿。这就是周文王的治国之道，以奉养老人为核心，规定了

---

① 《孟子·滕文公上》：“请野九一而助。国中什一使自赋。卿以下必有圭田，圭田五十亩，余夫二十五亩。死徙不出乡，乡田同井。出入相友，守望相助，疾病相扶持，则百姓亲睦。方里而井，井九百亩，其中为公田，八家皆私百亩，同养公田，公事毕，然后敢治私事。”

② 参见李剑农：《中国古代经济史稿》，第1册，武汉，武汉大学出版社，2006。

③ 胡寄窗：《中国经济思想史》（上），253～254页，上海，上海人民出版社，1962。

④ 《孟子·梁惠王上》：“不违农时，谷不可胜食也；数罟不入洿池，鱼鳖不可胜食也；斧斤以时入山林，材木不可胜用也。谷与鱼鳖不可胜食，材木不可胜用，是使民养生丧死无憾也。”

⑤ 文中的“五十者”是泛指老人。古代社会生产力水平比较低，粮食产量相当不稳定，再加上医疗卫生条件差，老人的死亡率相当高，因此人口的平均寿命比较低，五十岁的人在当时就可以算是老人了。再加上历代统治者都尽可能地使用民力，使老百姓衰老得比较快，人到了五十岁，就已气血两衰，身体虚弱，希望能穿着丝质的衣服安全过冬。而当时的生产力水平比较低，一般人穿不上丝织品，家里仅有的一点丝织品就理所当然给老人穿了，这是古代敬老习俗的体现。

⑥ 《孟子·梁惠王上》：“五亩之宅，树之以桑，五十者可以衣帛矣。鸡豚狗彘之畜，无失其时，七十者可以食肉矣。百亩之田，勿夺其时，数口之家可以无饥矣。谨庠序之教，申之以孝悌之义。颁白者不负戴于道路矣。七十者衣帛食肉，黎民不饥不寒，然而不王者，未之有也。”

⑦ 均见《孟子·梁惠王上》。

百姓的田亩、宅地，教育他们栽桑养畜，引导他的妻子儿女奉养老人，让他们穿好吃好，免于冻馁。①

综合孟子对小康之家的三次描述，可以看到一个更加完整的理想中的小康之家模式：一家有五亩地大小的宅院，宅院内外都种有桑树，妇女养蚕织帛，家中五十岁老人足以穿上帛制衣服，再养上五只母鸡，二只母猪，好好喂养，家中七十岁的老人就能够吃上肉食了。这家（按井田制）有百亩农田，不误农时，努力耕种，这个八口之家就不会挨饿了。这个社会设立学校，并用孝悌等行为规范为教育内容，认真谨慎地对人们进行教育，头发斑白的老人们就会受到尊重，而不必从事体力劳动了。老百姓都吃得饱，穿得暖。如此，理想中的社会就实现了。孟子真诚地相信这种以小农经济为基础的小康社会是一种理想的、永恒的社会模式，但在阶级社会中，统治阶级的贪欲使他们永远不会停止兼并和掠夺，小农经济以至中小地主阶级的分划是必然的。因此，这样的小康社会是无法实现的，孟子的理想是美好而又天真的。西汉中期的《盐铁论·未通》篇曾指出，汉代盛世仍然没有达到孟子倡导的理想社会。

本章要点

1. 孔子竭力提倡“礼治”。孔子所说的“礼”，不但是一种政治原则，一种仪文，而且也是一套社会制度，一套社会规范。孔子是从维护奴隶制的社会秩序的高度提倡礼的，所以他对那些违反周礼的人和事深恶痛绝。想恢复和维护“周礼”，就必须为社会各阶层的人“正名分”，也就是明确社会分工，规定各种社会角色。孔子的“正名”理论为恢复社会正常秩序设计了一个有意义的方案。

2. 在孔子的思想体系中，“仁”和“礼”是不可分割的一个整体。孔子的所谓“克己”也是一种人的心理素质的修养，是要把“礼”的规范内化于人们的思想和行动中的过程。“仁”是孔子提倡的社会道德规范的核心，在抽象的“仁”的概念之下，孔子还提出低一层次的道德规范“忠恕”，作为具体处理人际关系的准则。在操作层次上是要做到“推己及人”；“己欲立而立人，己欲达而达人”；“己所不欲，勿施于人”。从而建构了在中国社会通行两千多年的基本人际关系准则。

3. 孔子所处的年代，贫富对立已严重地威胁着旧有的统治和社会秩序。孔子看到了这个重大社会问题的严重性，提出了一个“安贫”的解决问题方案。孔子以为这种“安贫”的方案不够完满，于是又从伦理方面和信仰方面论证人们应当“安贫”的依据。孔子对待贫富问题的思想产生了深远的社会影响。

4. 人性问题是中国社会思想史的核心问题之一，在各派思想家关于人性问题的争论中，孟子提出了“性善论”。如果我们把人性分为自然性和社会性的话，那么，孟子的人性则是指人的社会性。

5. 孟子认为，人类必须结群为生，必须要有亲戚君臣上下之伦理关系及社会组

① 《孟子·尽心上》：“五亩之宅，树墙下以桑，匹妇蚕之，则老者足以衣帛矣。五母鸡，二母彘，无失其时，老者足以无失肉矣。百亩之田，匹夫耕之，八口之家足以无饥矣。所谓西伯善养老者，制其田里，教之树畜，导其妻子使养其老。五十非帛不暖，七十非肉不饱。不暖不饱，谓之冻馁。文王之民无冻馁之老者，此之谓也。”

织。认为人与人的交往关系可以分为利害关系与道义关系。认为，以“利”为交往准则，往往只看到局部的利益，“义”是相对于“利”而言的，二者并非决然对立。尚“义”则是着眼于人群的整体的利害。所以，“义”包含了“利”，而“利”不能包含“义”。在社会交往中，解决的办法在于“自反”，即反省自己。提倡“怀仁义以相接”、“与人往善”和不结仇、不说别人的坏话的社会交往准则。

6. 孟子认为，人类在社会中生活，必须有社会分工，“通工易事”才有利于人类的共同生存与发展，提出了要维持人们的物质生活，必须有生产劳动方面的社会分工、要治理社会必须有统治者和被统治者的社会分工的思想。

7. 孟子所关心的主要社会问题包括：（1）人们都在极力地争利、求富，而不顾仁义；（2）战争与灾荒问题；（3）严重的贫富不均问题；（4）社会冲突问题。孟子设计的解决社会问题、治理社会的方案“仁政”的内容主要有以下几个方面：（1）“不忍人之心”与“推恩”；（2）“养心”、“寡欲”；（3）“反求诸己”；（4）“明人伦”。

8. 孟子设计了一个理想的社会模式，即小康社会。孟子的理想社会模式主要包括以下几方面内容：（1）讲求“仁义”的社会；（2）省刑罚，薄税敛，而民有恒产的社会；（3）实行井田制的社会；（4）由一个个足衣足食的小康之家构成的小康社会。

复习思考题

1. 孔子的礼治及“正名”论的社会学意义是什么？
2. 孔子关于仁与礼之关系的思想特点是什么？
3. 如何从社会学的视角分析孔子处理人际关系准则的思想？
4. 孔子解决贫富不均问题的思想对中国社会产生的影响是什么？
5. 孟子“性善论”有什么社会学意义？
6. 试评孟子的社会分工论。
7. 孟子的仁政与社会理想是什么？
8. 孟子的社会思想与孔子相比有什么异同？

推荐阅读书目

1. 《论语》（版本极多，不指定。但以今人译注本为好，如杨伯峻《论语译注》、刘俊田等《四书全译·论语全译》等，均可读）。

2. 《孟子》（各版本均可。以今人译注本为好，如杨伯峻《孟子译注》、刘俊田等人《四书全译·孟子全译》等，均可读）。

3. 郭沫若：《十批判书》，北京，东方出版社，1996。

4. 刘泽华：《中国政治思想史》（先秦卷），杭州，浙江人民出版社，1996。

5. 萧公权：《中国政治思想史》（上），台北，台湾联经出版事业公司，1982。

第六章

“法自然”以恢复社会秩序的老庄道家社会思想

道家与儒家是公元前5世纪至公元前3世纪风起云涌的“思想学派”中影响最为深远的两个思想流派。两者的思想观念表面看来势如水火，实际上则是相反相成，分别反映了中国早期传统社会生活中两个互补的侧面：公与私，习俗和理智，自然与自觉。儒家为古代国家与社会提供了伦理与政治基础，道家则成为中国历代思想家“究天人之际”认识人类与自然之关系的理论源泉。道家的主要人物是老子、关尹、列御寇、杨朱、庄子等。

老子著有《老子》（或《道德经》）五千言。在老子看来，世上万物，都有一定之规，都不能违反“道”。自然界如此，社会人世也不例外。自然万物的运动变化是无目的、无动机、无造作、无意志的。云无心而飘，水无心而流，草木之生长繁茂，禽兽之趋生避死，虽然有一种生命意志，却没有造作的成分。草木禽兽似乎安于自然造化的安排：求食，只是单纯的求食；求偶，只是单纯的求偶；临死虽有哀鸣，却也平静地死去。人类能够对这些“道”的规定有所觉悟，体认到自然的力量和规律，就是“德”。他站在智者的角度，审视自然与人间社会，在看到社会人文繁荣之时，也为人类远离了自然而担忧，指出人在自然之上增添了太多的人为和不必要的成分，反而使人的处境恶化了。

我们从今本《老子》研究老子的思想，知道他认定“道”或“天”是自然的物质，事物的发展过程具有阶段性（“道生一，一生二，二生三，三生万物。”），对立的事物可以相互转化（如“有无相生，难易相成”等），主张以弱胜强，以柔克刚，以静制动。他批评现实社会与自然相反，天道是损有余以补不足，人道是损不足以奉有余；人民生活艰辛全是因为统治者收税太多，剥削太重造成的。他主张清静无为，认为人类做事必须遵守自然的规律，不可违犯自然规律，任意妄为，所以又说“无为无不为”。他的这些思想都很客观，但是他又主张静止，主张复古，主张无知无欲，主张柔弱、不争，因而形成消极退让、逃避现实的人生观。社会学家杨懋春认为，老子的社会思想中最主要的表现有：一是在社会治理方面主张反有为主义，反对各诸侯国在人民身上所施加的治理或政治；二是小国寡民的理想，主张国要小，民要少。[①]

---

① 参见杨懋春：《中国社会思想史》，144～147页。

在继承老子思想的人中，今天只有庄子的学说还能看到，列御寇、杨朱的学说现在只能从《孟子》、《荀子》、《庄子》、《韩非子》、《吕氏春秋》及晋朝人编撰的伪《列子》等书中去寻找，窥见其学说的大概。庄子与老子并称，二人在尊重自然力这个根本的一致之下，存在着众多的差异。老子尊重自然，是主张随顺自然之理以治事，其对于治国主无为而治，对于抗敌，主先以弱自处，都是入世的态度，所谓以无为有，以退为进。庄子则因尊重自然力而主张委心任运，颇有消极出世的一面，是将老子的消极面特别发展了。

第一节
老子的社会思想

史书中关于老子身世的记载大多语焉不详或互相矛盾。司马迁在《史记》中就有三种不同的说法。对于老子的出生地，一般争议不大，认为他是楚国苦县人，大约在今天安徽亳县一带。但关于他所处的时代，就说法不一了。一种说法是，老子即老聃，是周朝的史官，生活于春秋末叶，大约生于公元前576年前后，与孔子同时并年长于孔子，孔子曾向他问过礼；另一说法认为，老子是老莱子；最后一说认为，老子就是周太史儋，孔子死后129年太史儋见过秦献公。因为既有说老子与孔子同时的，也有说孔子死后一百多年老子又出现的，所以《史记》上说老子活了160多岁或200多岁。这使老子的身世显得扑朔迷离，神龙见首不见尾，颇有几分神秘色彩。近代学者关于老子的考证大约可分为两派：多数学者认为老子是春秋时代人，梁启超、钱穆则认为老子是战国时代人。①

我们认为，老子的社会思想代表了农民小私有者的利益。春秋战国时期，由于奴隶制的衰落和封建制的兴起，自给自足的农民小私有者阶层也出现了扩大的趋势，代表这一阶层要求的社会思想也就应运而生。

一、理想社会的模式：小国寡民

老子看到当时兵连祸结，人民饥寒交迫，阶级斗争日益尖锐的社会现实，而这种社会状况对农民小私有者阶层的生活造成了很大的影响，因此他极为厌恶这个社会。老子代表农民小私有者的利益，提出了他的“小国寡民”的理想社会模式。②

---

① 参见钱穆《先秦诸子系年》及《庄老通辨》。钱氏认为老子是战国时代人的理由是：第一，老子书的文体与《中庸》、《大学》等书类似。第二，老子书中用语为战国时代所常用。第三，老子书中所反映的社会状况较像战国时代。

② 《老子》八十章：“小国寡民。使有什伯之器而不用，使民重死而不远徙。虽有舟舆，无所乘之；虽有甲兵，无所陈之，使民复结绳而用之。甘其食，美其服，安其居，乐其俗。邻国相望，鸡犬之声相闻，民至老死不相往来。”

老子的理想社会，实际是一个封闭型的小型社区。[①] 整个社区规模不大，人口也不多，但人们安居乐业，生活安稳富足。人们文化不高，生活简单，既用不着机械，也用不着文字。他们不识不知，全听自然的支配。老子说：“以智治国国之贼，不以智治国国之福”，“常使民无知无欲”。在质朴的农村社区，一切知识，一切文化，徒足以增长诈伪而丧天真，都是他所要除去的。在这样的社会中，交通贸易，殊不发达。社区也不鼓励社区成员向外发展，与外界之间老死不相往来，不产生任何的联系，内部文化不能传向外界，外部的消息也无从传入。社区内部自己生产，自己消费，完全是一种自给自足的自然经济。人们安土重迁，很多代人守着一块土地，生活方式、风俗习惯都不大变动，发展成一个特殊而独立的社会文化单位。生活在这个社区中的民众，幸福感、安全感、舒适感都很高。他们认为自己所吃的饭食就是天下最好吃的饭食，自己所穿的衣服就是天下最美丽的衣服，自己所居住的地方就是天下最安适的地方，自己所习惯的风俗就是天下最合意的风俗。这个社区没有刑罚和忠孝仁义等社会道德规范作为社会控制的手段，用不着文字，而可以结绳记事。就如庄子所说的“端正而不知以为义，相爱而不知以为仁，实而不知以为忠，当而不知以为信，蠢动而相使不以为赐”[②]。嵇文甫评价道，“这样一个社会，是自然的，不是文明的；是自由的，不是强权的；是自给的，不是交易的；是静止的，不是活跃的；是小规模的，不是大规模的”[③]。

由于老子向往的理想社会地域范围很小，但同样的理想小国又很多，这个国可以看到那个国，互相之间鸡犬的叫声都能听得到，这样的国简直不能称为国，不过是一个封闭的原始农村社区，因此我们可以称之为一个社区的理想模式。一个一个同样模式的社区，构成整个中国社会，即所谓的“天下”，却不是一个有组织的大国家。尽管老子没有直接论述到这一层，可这层意思还是很明显的。

老子的理想社会模式的产生是有一定社会背景的。这种思想产生于春秋末期大国激烈争霸，战争频繁的社会，这个社会使生产受到严重影响，人民生活无法安定。所以，他的社会思想里痛恨强权，诅咒“强梁者不得其死”，“民不畏死，奈何以死惧之”；他反对战争，指“佳兵者不祥”，认为战争引发了太多的社会问题；他反对重税，“民之饥，以其上食税之多，是以饥”；他反对烦苛的法令，认为“法令滋章，盗贼多有”。如此等等，他认为都是当权者的罪过，他似乎觉得政府是万恶的渊源。他要摆脱这样强权的统治，而代以自由自在的村落社会，使人民都能从事农业生产，耕而食，织而衣，没有剥削，人民就可安居乐业，社会秩序自然安定。

小国寡民社会的构想，反映了农民小私有者自给自足，安于现状的特征，也表现了他们在社会变革的大风大浪之中消极退避的心理状态。老子设计了一个理想的乐园，作为他们企图逃避现实斗争的思想避难所。虽然老子所构想的小国寡民的社会模式，是在受到当时流传的原始社会的社会状况的启发的基础上而形成的，但他并不是要让历史倒退，回到原始氏族社会去。因此，我们不能简单地说老子关于小国寡民理

---

① 老子的这种理想社区类似于人类学家沃尔夫（Eric Wolf）所说的“封闭合作农村”。沃尔夫在研究中美洲的农村时，把村庄类型分为“封闭合作农村”和“开放的农村”。

② 《庄子·天地》。

③ 嵇文甫：《春秋战国事话》，38页，北京，中国青年出版社，1961。

想社会的构想是落后的、保守的、倒退的，等等。而应看到，这是当时农民小私有者痛苦生活的折射。虽然从根本上说，它是消极的，但在当时的社会状况之下，是具有重大现实意义的。

老子的小国寡民社会的构想，是其整个社会思想体系的核心，其他各种有关人们社会生活的思想，都是围绕这个理想社会而发的。

二、社会行为模式：寡欲、无知、知足

随着社会生产资料私有化的发展，社会阶级对立越来越严重。老子认为，社会中束缚下层社会成员的禁忌越来越多，被奴役的人民更加贫困，结果法令越来越严厉，越来越多，盗贼的数目不降反增；经济发展没有给人民带来实惠，生产工具越改善，生产的剩余产品越多，社会却越发混乱；社会分工越细，专门技术水平越高，人们却越争奇斗胜。[①] 这些社会冲突的产生源于人们的欲望太多。

老子反对儒家的社会伦理思想，认为社会伦理规范的出现都是社会混乱以后的产物，即所谓“大道废，有仁义；智慧出，有大伪；六亲不和，有孝慈；国家昏乱，有忠臣”[②]。自然秩序破坏了，才有儒家提倡仁义以图恢复；家庭关系充满了争斗，丢弃了和睦，才有人提出孝慈的规范；国家动荡，君上昏庸，才有社会舆论渴望忠臣。反过来说，如果大道行，六亲和，国家治，社会上没有人与人的对立，没有上下贵贱之别，人们都相安无事，互敬互爱，哪里用得着这些社会伦理来规范人们的行为呢？所以他又说：“夫礼者，忠信之薄而乱之首。”[③]

要解决这些社会问题，实现理想社会，老子认为首先要从根本上抛弃各项社会伦理准则，“绝圣弃智，民利百倍；绝仁弃义，民复孝慈；绝巧弃利，盗贼无有”[④]。所谓圣、智、仁、义、忠、信、孝、慈、利等观念，都是私有制的产物，是统治阶级用来调和阶级矛盾和各种社会冲突的工具，如果根本没有社会矛盾和冲突，也就不会有这些概念。若是人们能抛弃这些规范自己行为的观念，不但可以得到更多的利益，人们还能自觉地孝慈，而这样的孝慈才是真正的孝慈。若是人们都不知争利斗巧，也就根本没有盗贼出现了。只有这样，才能解决社会秩序混乱的问题，才能实现理想的社会模式。而要做到这一点，其第一步就是要使人们“见素抱朴，少私寡欲”[⑤]。物质上的种种享受固然是给人的感官带来诸多美感，但享受同时容易受到外界刺激的伤害。生存是根本，享受是派生的，享受并不是生存所必需的，没有享受，一样可以生存；享受过多，反而会妨害到生存，这是舍本逐末[⑥]。要寡欲首先做到“不尚贤，使

---

① 《老子》五十七章：“天下多忌讳，而民弥贫；人多利器，国家滋昏；人多伎巧，奇物滋起；法令滋彰，盗贼多有。”

② 《老子》十八章。

③ 《老子》三十八章。

④ 《老子》十九章。

⑤ 《老子》十九章。

⑥ 《老子》十二章：“五色令人目盲；五音令人耳聋；五味令人口爽；驰骋畋猎令人心发狂；难得之货令人行妨。是以圣人为腹不为目。故去彼取此。”

民不争；不贵难得之货，使民不为盗；不见可欲，使民心不乱”，使人们都“虚其心，实其腹，弱其志，强其骨”①，吃饱穿暖而没有什么欲望，四肢健壮而头脑简单，“不欲以静，天下将自正”②。他认为，因为人生之有欲，便设计出种种方法以满足这些欲望。然而，用来满足欲望的方法越多，其欲望越不能满足，而且人们在争相满足欲望过程中也自受其害，社会也因此而产生种种问题，也只有从根本上寡欲才能解决这些问题。欲望越少越简单，越是容易满足，所以他说“物或益之而损”，“物或损之而益”。但老子也知道人不能根本“无欲”，他常说的“无欲”实则是指要寡欲。欲望要寡到不可再寡，凡属保持最基本生存条件（衣、食、住）之外的欲望都是所谓“甚”、“奢”、“泰”，都是应予以绝弃的对象。③

从这个意义上说，老子的所谓“寡欲”，也就是他所谓的“俭”。“俭”是老子用来实现社会理想的三个法宝之一④，如果人们舍去“俭”，是自取灭亡之道。老子认为节俭的一个重要表现是“啬”，不铺张浪费，爱惜民力，所以“治人事莫如啬”。但求满足衣食之需，不去追求奢华，才“可以长久”⑤。那些统治天下者讲究“服文采，带利剑，厌饮食，财货有余”，就是窃取别人财物的盗贼！有这些人存在的社会，是无法安宁的。

要使人们寡欲，又必须先使人们无知无求，惟其如此才能无欲。所以老子说，要以“不欲”作为欲的内容，以“不学”作为学的内容⑥，学习各种智谋是众人的过错。儒家认为人的智慧必须有仁、礼、信的约束，才能发挥它的正功能。老子则看到了民智开启后的副作用，他强调民众的智谋越多，社会就越难以治理，所以“智慧出，有大伪”⑦，“民之难治，以其智多。故以智治国国之贼，不以智治国国之福”⑧。只有人们都无知识，无智慧，才能寡欲。这是因为，第一，知识本身就是欲望的对象之一；第二，知识能使人们知道更多的欲望对象，而造成人们“不知足”；第三，知识也是人们用来实现欲望的手段，从而造成人们“不知止”。

只有无知才容易知足，故老子说，“祸莫大于不知足，咎莫大于欲得。故知足之足，常足矣”⑨。要寡欲必须无知，要知足也必须无知。人们既寡欲，又能在寡欲的情况下知足知止，就不会有争夺发生。所谓“知足不辱，知止不殆，可以长久”。人们都寡欲、知足、知止，没有争夺，天下自然大治，老子的理想社会也就会开始实现了。

老子的这一套寡欲、无知、知足的理论体系，一方面反映了老子对当时的统治阶级穷奢极欲、残酷剥削人民的反对态度；另一方面，也是对当时正在兴起的新兴地主

① 《老子》三章。
② 《老子》三十七章。
③ 《老子》二十九章。
④ 《老子》六十七章：“我有三宝，持而保之：一曰慈，二曰俭，三曰不敢为天下先。”
⑤ 《老子》五十九章。
⑥ 《老子》六十四章：“是以圣人欲不欲，不贵难得之货；学不学，复众人之所过。”
⑦ 《老子》十八章。
⑧ 《老子》六十五章。
⑨ 《老子》四十六章。

阶级争夺权力的反抗，但本质上是面对社会转型的现实，抱持一种趋于消极的态度。

三、社会管理模式：愚民与无为

在老子的理想社会模式中，也有社会管理系统和社会管理人员，即他所谓的“圣人”。他认为圣人治理社会必须做到两点：一是要愚民，二是要无为。

（一）“愚民”

老子所谓“愚”，是一种混沌未开的淳朴状态。老子认为，使民众回归淳朴是治理社会的重要策略。[①] 在方法上，社会治理如同养育小孩，要时不时地哄着他，不能开口闭口讲大道理，或者如牛马般鞭笞管教[②]，要使人民在吃、喝、穿、住、睡觉、劳动中开开心心，高高兴兴，就像婴儿的状态不思不虑，思想意识上保持婴儿般的纯洁。在政策施行上，应“不尚贤，使民不争；不贵难得之货，使民不为盗；不见可欲，使民心不乱”[③]。人的欲望与社会机构提供的价值观有着内在的关联。如果社会不再重视贤能、珍贵、稀有等价值，民众将保持淳朴安定的状态，不会陷入争斗、盗抢，人心也不会纷乱浮躁。所以治理社会，最好塞住乱的源头，而不是在防堵上妄下功夫。所以他说：“绝圣弃智，民利百倍；绝仁弃义，民复孝慈；绝巧弃利，盗贼无有。此三者以为文不足，故令有所属：见素抱朴，少思寡欲，绝学无忧。”[④]

在愚民的工作没完成之前，社会管理者要先“自愚”，自己先回到淳朴真诚之中。一个淳朴真诚的人应该世事通达，大智若愚，对于社会上的争权夺利保持清醒的头脑，自觉远离各种欲望的困扰。当世人视虚伪奸猾、盲从潮流为精明的时候，他能冷静观之，不理不睬，如同与世无争的顽童或村野老夫。[⑤] 当社会管理者和人民都达到“诚朴”之后，理想中的社会也就来临了。老子对淳朴的要求是很高的，强调人追求淳朴的境界是自然的，纯真的，行动本身不以求取名声为目的。所以这是“无名之朴”，本身没有名字，也不用来求名。所谓“无名，天地之始”，个人能体认自然，回到天地之始的状态，才能真正无欲无求，认同不求任何回报的大爱，对自然和社会做出无私的奉献。

老子的愚民与自愚思想，是和上文所论老子要人民寡欲、无知、知止思想相通的。只不过其愚民、自愚是从管理社会的角度着眼的。

（二）“为无为”

老子认为，得道的领导人（圣人）在管理社会时最根本的是要“为无为”。他与

---

① 《老子》六十五章：“古之善为道者，非以明民，将以愚之。”

② 《老子》四十九章：“圣人在天下，歙歙焉，为天下浑其心，百姓皆注其耳目，圣人皆孩之。”

③ 《老子》三章。

④ 《老子》十九章。认为圣智、仁义、巧利之名目皆虚文，不足以教民。素，未染色之丝。朴，未斫器之木。

⑤ 《老子》二十章：“我愚人之心也哉！俗人昭昭，我独昏昏；俗人察察，我独闷闷。（澹兮其若海，飂兮若无止。）众有皆有以，而我独顽似鄙。”

孔子一样，对于现实中的统治者有着清晰的认识，认为国君或大夫们借治理社会之名，行鱼肉百姓之实，致使民不聊生。儒家主张以仁义忠信之德与礼乐制度之文，以救此弊。老子则以为仁义礼智的产生有违自然之本，用于拨乱反正、救乱至治，无异于扬汤止沸。所以，他提倡领导者应该“返璞归真”，心灵回到“无名之朴”。作为一个领导者要做到这一点就要彻底放弃“有为”的想法，不弄权，不妄为。他指出，如果有谁想有所作为，必然是自食其果而毫无作为；天下犹如神器，不是任何人的个人意志能够将其玩弄于股掌之间的，忽视了这一点必将自取其辱。[①] 治理社会者想要有所作为，并以有为的办法去求有作为，反而不会有所作为，因为你越是想有所作为，社会越会产生问题，也就越难以治理。只有能约束自己的行为，顺应天下的本质规律的治理者，才能对社会发展做出重大的贡献，获得天下人的承认。[②] 但现实是这样糟糕，太多的人希望在自己的权位上有所作为，他的智力怎么能达到操弄神器的程度呢？结果是越搞越乱，面对社会混乱的局面，他却叹息“刁民太难治理了”，殊不知正是因为他自己的作为扰乱了社会的正常秩序，破坏了人民安定的生活状态。[③] 治理大国怎么能随意作为呢？“治大国如烹小鲜”，应该如同煎小鱼那样，保持足够的小心，否则就会因为治理行动造成不必要的伤害和动荡。治理社会又如同养育子女，身教重于言传，自己先做出表率，人民必能归于正道。[④] 这就是“处无为之事，行不言之教”的道理。这种治理天下的作风，庄子称为“在宥”，就是自在、宽容的意思[⑤]，任天下自在地发展，社会各得其所，相安无事。

这里，老子不过是为那些管理社会的“圣人”们设计了一套以退求进，以无为求有为的策略。他自己曾说得很清楚，要保持清醒的头脑，知道哪些是自己应该做而能够做到的，哪些是自己不应该做不能够做的。[⑥] 一个领导，要想得到人民的拥护，必先为人民服务，做人民的公仆；要想做人民拥护的领袖，必要吃苦在前，享受在后，把自己的私欲降低到最低点。惟其如此，才能为人民仰慕，天下拥戴乐推。[⑦] 这就是“以正治国，以奇用兵，以无事取天下”[⑧] 的道理。这些话说得容易，要做得成，却是很难。取天下便是欲望所在，也必得有所作为，无欲无为从哪里能够实现呢？“《老子》中这类矛盾思想大抵都含着时代的背景。编者或撰者抱着反抗当时的文化、道德和政治的心态。在那时候，人君以术临民，人民以智巧相欺，越讲道德仁义，人生越乱，于是感到教育无功，政治无效，智慧无利，言说无朴。在文化史上，这种主张每

---

① 《老子》二十九章：“将欲取天下而为之，吾见其不得已；天下神器，不可为也，不可执也。为者败之，执者失之”。

② 《老子》六十四章：“无为，故无败；无执，故无失”。

③ 《老子》七十五章：“民之饥，以其上食税之多，是以饥；民之难治，以其上之有为，是以难治。”

④ 《老子》五十七章：“我无为，而民自化；我好静，而民自正；我无事，而民自富；我无欲，而民自朴。”

⑤ 具体见《庄子·在宥》。

⑥ 《老子》二十八章：“知其雄，守其雌……知其白，守其黑。……知其荣，守其辱。”

⑦ 《老子》六十六章：“是以圣人欲上民，必以言下之；欲先民，必以身后之。是以圣人处上而民不重，处前而民不害。是以天下乐推而不厌。以其不争，故天下莫能与之争。”

⑧ 《老子》五十七章。

出现于社会极乱时代，是颓废的，消极的。这种思想家，对于人生只理会它底腐败的、恶的、破坏的和失败的方面，甚至执持诡辩家或嬉笑怒骂底态度。他对于现实底不满常缺乏革新底理想，常主张复古。这可以叫做黑暗时代哲学，或乱世哲学。”①

老子的理想有着整体结构的考虑，与他的理想社会有关。在老子看来，“小国寡民”是一个有社会管理人员而无剥削的社会，而且这个社会的人们都饱食终日无所用心，没有复杂的社会关系，更没有社会关系不协调的问题，所以人们对管理社会的人不以为重，也不以为害，人们也乐于把那些“圣人”推举出来管理社会。在这样的社会里，在领袖角色的扮演中，比制度确认更重要的是理性，或者说对集体良知的敏感。所以，老子强调，得道的领导人清楚群众的心理和需要，甘愿把自己的利益摆在别人的利益之后，结果反而得到群体的认同与拥护，达到了自己的目的。② 如果认识不到这一点，即使得到了想得到的东西也会失去。③ 所以，社会治理者应该采取的行动与态度是，“万物作而弗始，生而弗有，为而弗恃，功成而弗居”④，承认领袖个人在历史中的作用是有限的，强调个人在功绩面前应保持足够清醒的头脑。儒家强调的理性与仁爱，在老子这里变成了很工具化的东西，却比孔子的思想更有说服力。

传说老子深知世乱难以有为，便选择“自隐无名”，所以老子的“无为”思想不是主张在斗争中求生存，而主张在忍让和退避中求苟安，具有消极保守的一面。不过，在当时情况下它仍有积极作用，因为它在反对兼并战争和统治者的残酷政治、经济统治方面，反映了农民小私有者的要求。老子是中国第一个论证剥削压迫不合理的思想家。综观老子的思想，可见他观察社会是很深刻的，他提出的各项设计方案都是具有辩证思想的。所以他的思想常对后来的进步思想家和空想的社会改革家产生深刻的影响，同时也常被后来的统治者利用来作为麻痹人民的思想工具，老子其人还被后来出现的道教推崇为祖师。由此不难看出老子社会思想对中国社会的重大影响。

第二节
庄子的社会思想

庄子，名周，字子休，战国时蒙人（今河南、安徽交界处）。和孟子同时，或稍后于孟子。生卒年大约在公元前369年至公元前286年。他一生比较贫寒，有一段时间曾做过蒙地的漆园吏。他基本上祖述了老子的思想，《史记》卷六十三“老子韩非列传”说他“其学无所不窥，然其要本归于老子之言”。这一论断是可信的。老、庄

---

① 许地山：《道教史》，37页，上海，华东师范大学出版社，1996。

② 《老子》七章：“圣人后其身而身先，外其身而身存。以其无私，故能成其私。”

③ 《老子》九章：“持而盈之，不知其已；揣而锐之，不可常保；金玉满堂，莫之能守；富贵而骄，自遗其咎。”

④ 《老子》二章。

思想一脉相通，但庄子也有其自己的特点。他的思想核心是相对主义，社会思想则是悲观厌世的。记录庄子思想的著作有《庄子》一书，现存 33 篇，分为“内篇”、“外篇”、“杂篇”三个部分，学者一般认为“内篇”是庄子自己所作，“外篇”、“杂篇”是庄子后学的作品，因此《庄子》一书是庄子及其后学的集体创作，但总的看来，全书的基本思想还是一致的。他们都是渴慕自然之道者，处世但求无名，因此本书把《庄子》思想视为庄子学术群体的共同思想遗产，下文中提到“庄子”的时候，多是说这个学术集团的思想。

一、论社会问题的形成原因

庄子的社会思想是消极厌世的，主张无为而超脱，所以对现实的社会问题很少正面论述。但他既然不能离群索居，就不能回避现实社会。《庄子》一书的字里行间，仍然记录了一些论述社会问题的思想。

庄子说，当时的社会是一个统治集团腐败无能，争权夺利，“有道德不能行”[①]的社会，这个社会里善人少而恶人多，天下嚣嚣，纷争不断，人们都互相践踏，互相欺压，追名逐利，不惜丧生，是社会自然秩序遭到破坏的乱世。庄子认为，造成天下大乱，社会关系失和的原因，就是人类社会的各种社会规范和文化。人们所推崇的所谓明、聪、仁、义、礼、乐、圣、智等，是造成社会自然秩序混乱的根本原因。[②]

第一，“仁义”对社会自然秩序的影响。庄子说，自从仁义成为一种价值之后，天下莫不奔命于仁义，各个阶层均希望博取仁义之名以获得相关利益，结果“小人则以身殉利，士则以身殉名，大大则以身殉家，圣人则以身殉天下”[③]。社会对仁义的过分关注和追求，改变了人类的自然性，也使仁义变成蛊惑人心、扰乱天下秩序的因素。所以，在春秋战国之世，“仁义”等圣人之道是“利天下也少而害天下也多”的。庄子因而嘲讽“圣人生而大盗起!”仁义是造成社会自然生活秩序紊乱的重要原因之一。

第二，“举贤”、“任智”对社会自然秩序的影响。庄子说，由于社会上要举贤，人们都争当所谓贤人，于是就互相倾轧；由于社会上起用有智慧的人，于是人们就各用自己的“智”而互相欺骗。因此，举贤、任能不仅不足以给老百姓带来好处，反而使老百姓都去努力谋求自己的利益，结果造成儿子杀父亲，臣下杀君主，盗贼白天抢劫的社会混乱局面。[④]

第三，教育对社会自然秩序的影响。由于社会上崇尚有智者，人们要学知识，增加智慧，就必须进行教育。庄子认为这是造成社会自然秩序混乱的又一重要原因。《论语》、《孟子》宣扬重教思想，庄子的反教育思想正为对抗儒家而来。他指出，中国社会从夏、商、周三代以下就是一个“好智”的社会，由于社会上好智，人们都舍

---

① 《庄子·山木》。

② 《庄子·在宥》。

③ 《庄子·骈拇》。

④ 《庄子·庚桑楚》：“举贤则民相轧，任知则民相盗。之数物者，不足以厚民。民之于利甚勤，子有杀父，臣有杀君，正昼为盗，日中穴阫。”

淳朴而乐奸佞；弃清静寡欲而热衷于学习“智慧”。教育和知识的增长，给了人类破坏自然的力量，随之破坏了秩序的自然性。比如人类懂得了捕鸟捉鱼擒兽的方法和器械，飞禽、鱼类、野兽就遭受了灭顶之灾，自然界的生物链就遭到了人为的破坏，很多动物或被迫迁移，或改变生物习性，或灭绝了。因此，知识教育是有着相当大的破坏作用的。好智的社会负功能如此，教人学智也就不能例外，所以他愤愤地说：“哼哼已乱天下矣!”① ——教育使天下大乱了！从这里看来，道家是秉持性本善论的。孟子之性善论，认为人禀善性，但有污染的可能，在外界环境的影响下，会产生恶的趋向，所以必须有教化来纠正它。老庄则认为，人性本善，不需教化，自然而然就会好起来。中国老百姓也有句老话叫“树大自然直”，颇得道家的底蕴。

第四，社会控制对社会自然秩序的影响。庄子认为，人类的社会秩序应任其自然，采用赏罚等社会控制手段，是有害而无益的。夏商周三代以来的历史证明，动员天下所有力量来奖励人们行善也嫌不够，动员天下所有力量来惩戒劣迹也嫌不足，因此天下虽很大仍不足以用来赏善罚恶。到现在人们还喋喋不休，专以赏罚为能事，以赏善罚恶为当政之急务，搞得人们难以安定自然本性和真情!②

由于以上种种原因使当时的社会问题丛生，自然的社会秩序已被破坏。庄子认为，这种状况是随着社会的变迁日益严重起来的。他把人类社会发展史视作一个倒退的过程，人类在从“自然”状态走向“失去自然”的过程中，越来越偏离自然之道。远古社会是“莫之为而常自然”的，至燧人、伏羲时社会还能听顺自然，及至神农、黄帝时只能安于自然却不能顺从，等到唐尧、虞舜时开始教化统治，破坏了人们自然而淳朴的风气，人的自然性从此泯灭，而依据各自的私心去办事，结果彼此就以私心去互相窥测，互相钩心斗角，社会变得不得安定。道德不再是对某人体认自然的肯定，而是博取名利的产物；智慧也不再是道法自然的结晶，而是与人争斗的技能。人类为了名利而倾轧，为了发展智慧去争斗，道家再也不能听任这种状态的发展了。③

总之，一切社会冲突和社会问题，都是由于人类社会中有各种文化、各种道德规范和行为规范。他喟然长叹，人类社会将每况愈下，以后将是一个“人相食”的社会，他看不到人类社会的发展前程是光明的。④

自然的社会秩序混乱了，一些所谓得道者应时而起，各自提出管理社会的方案，有儒家、法家、墨家等等。庄子认为，这些学说不但无济于事，而且把社会越搞越乱。墨子讲“兼爱”，庄子批评说，兼爱提倡无私，正是因为有私，这不是太迂腐了么⑤！儒家讲“仁义”，庄子批评说，仁义不过是假仁假义，那些大仁大义者总是达

---

① 《庄子·胠箧》。

② 《庄子·在宥》：“举天下以赏其善者不足，举天下以罚其恶者不给。故天下之大不足以赏罚。自三代以下者，匈匈焉终以赏罚为事，彼何暇安其性命之情哉!”

③ 《庄子·人间世》：“德荡乎名，知出乎争。名也者，相轧也；知也者，争之器也。二者凶器，非所以尽行也。”

④ 《庄子·庚桑楚》：“大乱之本，必生于尧舜之间，其末存乎千世之后，千世之后，其必有人与人相食者也!”

⑤ 《庄子·天道》：“兼爱不亦迂乎！无私焉，乃私也!”

官贵人[①]，这不是很奇怪嘛！换句话说，“仁义”不过是窃国大盗们手中的工具而已。儒家推行周制，也就像在陆地上行舟，结果必然是劳而无功。所以，儒家、墨家在这个“殊死者相枕”，“刑戮者相望”的“今世”，要想管理社会，真是螳臂当车，不识时务！这些“圣人”之道，无非是为窃国大盗们制造条件，而使得社会加速衰落。因而，庄子痛斥他们是“灾人”，诅咒他们自身必然深受其害。

二、社会管理的方案

庄子分析了社会问题的形成原因，并对儒墨两家的社会管理方案进行了尖刻的批判，看来庄子一定有高人一筹的社会管理方案了，实则不然。他提出的社会管理方案的核心，不过是任其自然，无为而治。具体说来，有以下几方面内容：

第一，以不治治天下。庄子从社会心理学的角度考察社会，认为人们虽然所好不同，但没有不想社会秩序安定的，这是社会秩序恢复与重建的根本力量，根本不用什么“圣人”、“贤人”去治理它。他进一步指出，历史上只听说过宽容天下，任其自然发展，从而促进社会安乐的经验，没有听说过靠治理能使天下人幸福的。儒家推崇唐尧，唐尧治理社会，使人们都欣欣然感到心身快乐，而失去了人性中自然的恬静，暴君夏桀治理社会使人民感到劳累疲惫而心身受苦，这些都违反了人的本性，要使社会得到长期稳定是不可能的。[②] 而只有使人们都能心虚静，气平和，而不夹杂有私心偏见，社会秩序才能走向大治。[③] 这就是道家的“无为而治”，基本原则是领导社会者无欲无求而天下自足，无所作为而万物自生，心灵如深渊一样宁静而百姓生活安定。这就是无为而无不为的道理，无为才是“天德”，是整治当时社会各种弊端的唯一道路。

第二，任其自然。庄子认为，“无为”就是不妄为，要按照万物本来的样了去做，而不是要人为改变什么。人都有其自然的本性，如果社会限制了人的自然性，就必然导致社会生活秩序的紊乱。[④] 要使社会井然有序，就要承认人与人各具所长，在共性之外还有个性，不能按照统一的标准来要求，不能强迫他们的行为都相同。只有承认差异，任其自然，才能名实相符，权责适当，使每个人都心情舒畅，获得幸福。[⑤] 反之，漠视人与人之间的差异，忽视各自的习性、爱好不同，违背了各自的习性爱好，就会出现怨恨。[⑥] 所以他主张，要治理社会就应听其自然。

第三，抛弃一切社会规范。这是无为而任其自然的另一方面。要无为而治，任其

---

① 《庄子·胠箧》：“窃钩者诛，窃国者为诸侯，诸侯之门而仁义存焉。”

② 《庄子·在宥》。

③ 《庄子·应帝王》：“游心于淡，合气于漠，顺物自然而无容私焉，而天下治矣。”

④ 《庄子·骈拇》：“凫胫虽短，续之则忧；鹤胫虽长，断之则悲。故性长非所断，性短非所续，无所去忧也。”

⑤ 《庄子·至乐》：“不一其能，不同其事。名止于实，义设于适，是之谓条达而福持。”

⑥ 《庄子·齐物论》：“民湿寝则腰疾偏死，鳅然乎哉？木处则惴栗恂惧，猨猴然乎哉？三者孰知正处？民食刍豢，麋鹿食荐，蝍蛆甘带，鸱鸦耆鼠，四者孰知正味？……毛嫱、丽姬，人之所美也，鱼见之深入，鸟见之高飞，麋鹿见之决骤，四者孰知天下之正色哉？”

自然，就不能有社会控制和社会规范存在。庄子认为，仁义已经成为强制人心的规范，成为“圣人”的假面具，“大盗们”的护身符。[①] 庄子指出，尧用仁义给人行墨刑。儒家所提倡的仁义、礼乐等社会规范（《庄子·徐无鬼》称为“礼教”），限制和违反了人的自然性，正常的社会自然秩序也被打乱了。因此，必须抛弃一切社会规范，才能恢复人类社会的自然状态。如果有当权者以为手中掌握着经式法度，强制人们听命而受教化，那就是大错特错了。不仅这种行为是“欺德”，而且用这种违背了人们自然性的方法去管理社会，就如同使蚊子背起一座大山，是根本不可能达到目的的。

第四，寡欲而不扰乱人心。庄子认为，富贵寿善是社会尊崇的基本价值，健康、美食、华服及各种娱乐体验是社会上共同的追求，人们的心态是通过各种手段，竭力达到或获得这些东西。为了求得“富”，人们甘愿接受艰苦的劳作，积累财富等到老了再去享用；为了求得地位（贵），人们夜以继日地思虑如何能使官运亨通而不被阻滞[②]，如此等等，简直都是自讨苦吃！岂不知，人类追求欲望满足的同时，也是把枷锁套在自己脖子上，真是愚蠢得要命！所以，要想管理社会，恢复其自然秩序，就不要刺激人们的欲望。自古而今，社会所以日趋衰落，就是因为没能做到这一点[③]。庄子的结论是：“天下脊脊大乱，罪在撄人心！”[④] 天下大乱的祸根就是人心被搅动了，造成了私欲横流。可见庄子把刺激人们的欲望对于社会自然秩序的负功能看得何等严重。

第五，掊击圣人，实行“坐忘”，恢复“常然”。在庄子看来，天地间本来就有自然的秩序，无须人为地进行管理，而孔子讲仁义等制约人们的行为，却扰乱了人性，因而他主张摒弃仁义和礼乐，取消一切束缚和羁绊，让社会和事物都回到它的自然和本性上去。他说：“意！（孔）夫子乱人之性也！”[⑤] 圣人与大盗实在是异名而同类，不打倒圣人，就消灭不了大盗，社会将不得安宁[⑥]。总之，他宣扬从绝圣弃智开始，捣毁一切社会规范和人类文明，才能使“天下不惑”，自然成序。庄子主张，使人们从追名逐利，互相欺诈，互相倾轧，纷然大乱的社会现实中摆脱出来的方法，就是“心斋”和“坐忘”。“心斋”就是要静心定虑，默观万物的发生发展。“坐忘”就是忘掉名利地位及一切社会规范而达到忘掉自己的存在的境界。庄子设计的坐忘的三部曲是，忘仁义——忘礼乐——忘自身存在，从而实现理想境界中的“大道”。这和庄子常说的“外天下”、“外物”意思是相同的。

---

① 参见陈鼓应：《庄子浅说》，49页，北京，三联书店，1998。

② 《庄子·至乐》。

③ 《庄子·在宥》：“昔者黄帝始以仁义撄人之心，尧、舜于是乎股无胈，胫无毛，以养天下之形，愁其五藏以为仁义，矜其血气以规法度。然犹有不胜也。……夫施及三王而天下大骇矣。……于是乎喜怒相疑，愚知相欺，善否相非，诞信相讥，而天下衰矣。”

④ 《庄子·在宥》。

⑤ 《庄子·天道》。

⑥ 《庄子·胠箧》：“绝圣弃知，大盗乃止；擿玉毁珠，小盗不起。焚符破玺，而民朴鄙；剖斗折衡，而民不争；殚残天下之圣法，而民始可与论议；擢乱六律，铄绝竽瑟，塞瞽旷之耳，而天下始人含其聪矣；灭文章，散五采，胶离朱之目，而天下始人含其明矣……”

三、论人的社会价值观念

人们在社会中生活，必然各有自己的社会价值观念。庄子以为这些都有害于人的本性，对社会极为不利。社会上各行各业的人，都各自被本职所蒙蔽，困惑于追名逐利而不知回头，是十分可悲的。① 所以，人不要有任何社会价值观念，应以“有人之形，无人之情”要求自己，在参与人类的社会生活的同时，不以自己的好恶损伤心知和身体，也不以道法自然来追求长寿，自得其得，自适其适，如此而已。没有社会价值观念，社会上的一切是是非非就不会在你身上有所反映了。庄子认为，好坏、善恶、贵贱等社会评价都没有什么客观标准，就看你站在什么角度上去评价它。从那些不同的方面着眼，肝和胆就像楚国和越国一样差别很大，如果从那些相同的方面着眼，万物都是一样的。② 推而广之，宇宙万物，以道衡量则没有贵贱之分，以自己的立场来看就会贵己而贱人，以世俗的观点来看则贵贱标准不在己；随着参照物的不同，有时候万物皆大，有时候万物皆小；从功能角度来看，万物既具有他物不具备的特定功能，也缺失他物所具有的特定功能，如此等等。③ 这些都有什么客观的标准呢？

退一步说，假使社会中确有各种差别的话，那么各个人所处的地位，都是天命运行的自然秩序的结果，“死生、存亡、穷达、贫富、贤不肖、毁誉、饥渴、寒暑、是非之变”，皆有定数，人们是无法以自身的力量去改变它的。在这种情况下，“有德者”知命而顺适，不强求改变，不患得患失。庄子认为，有德者之所以如此，是因为深悉自然之道，明白得之是因为天时有利，失之也是顺乎自然，因此“安时处顺”，不再以得失束缚自己，得到了利益也就不会高兴，失去了利益也不会悲哀，宠辱不惊。如果你不能自己解除这个束缚，那是因为你还在被生活中的利害得失观念所缠绕，因此而不得超脱。④

爱生恶死是人之常情，但庄子以为一切社会现象所以出现生死变化，只是时间作怪，在空间上本属一体，无所谓生，也无所谓死。所以他认为人不仅要抛弃固有的社会价值观念，也应该放弃爱生恶死，没有生死观念最好。于是庄子的妻子死了，他鼓盆而歌。他甚至认为人生不如死，因为人之生就像人身上多生出的肉疙瘩、长在身上的毒疮一样，是一个可恶的负担；而人之死是毒疮溃破，是一个解除祸患的快事。既然如此，人生在世，争名逐利又有什么用呢？嚣嚣然争辩谁是谁非又有什么用呢？所

① 《庄子·徐无鬼》。

② 《庄子·德充符》：“自其异者视之，肝胆楚越也；自其同者视之，万物皆一也。”

③ 《庄子·秋水》：“以道观之，物无贵贱；以物观之，自贵而相贱；以俗观之，贵贱不在己；以差观之，因其所大而大之，则万物莫不大，因其所小而小之，则万物莫不小。知天地之为稊米也，知毫末之为丘山也，则差数睹矣；以功观之，因其所有而有之，则万物莫不有；因其所无而无之，则万物莫不无；……以趣观之，因其所然而然之，则万物莫不然，因其所非而非之，则万物莫不非。知尧、桀之自然而相非，则趣操睹矣……”

④ 《庄子·大宗师》：“且夫得者，时也；失者，顺也。安时而处顺，哀乐不能入也，此古之所谓县解也。而不得自解者，物有结之。”

以庄子认为，是非之间根本没有客观标准，即便是辩论赢了，未必就是真胜；辩论失败了，也未必就是失败。如果各个社会成员都认识到没有任何一成不变的社会价值观念，社会上的一切混乱冲突就会戛然而止了。——其实，这本身就是庄子的社会价值观之所在。

四、论处世及社会交往的态度

无论人怎样加强思想的修养，怎样求得精神上的虚静、超脱，可既有人之形，就得在社会中过群体生活，而有群体生活，就有个处世态度和社会交往标准问题。庄子深知，要在乱世中追求幸福，躲避祸患，是一件异常艰难的事情；即便是讨生存，也委实有一套学问。① 所以，他采取的态度是：不求得福，但求免祸，在缝隙中讨生活。做好事不要达到出名的程度，做坏事不要达到受制裁的程度，以缝隙作为处世的正道，就可以保全身体和生命，可以修养精神，可以终其天年。② 为说明这个处世的原则态度，庄子讲了很多寓言故事。

在《庄子·山木》中有一个故事，讲庄子走在山路上，见到一棵大树，枝叶茂盛，伐木工人就在旁边却不去砍伐它。庄子很好奇，问为什么不砍伐大树，得到的回答是：这种木头没有用。庄子的结论是，这棵树因为材质不好而得以终其天年。庄子走出山林，到友人家中。友人见庄子来访，非常高兴，命仆人杀大雁来款待庄子。仆人问：一只能鸣叫，一只不能鸣叫，杀哪一只呢？友人说：杀那只不能鸣叫的。第二天，跟从的弟子就以上两个案例请教庄子：山中树木因为材质不好而幸存，大雁因为材质不好（不能鸣叫）被杀，先生到底认为作良材好还是不材好呢？庄子笑着说：我将处于良材和不材之间。

另外，在《人间世》篇，也有类似的寓言故事，这些都是将物喻人的。大概庄子还生怕别人不解其意，他又直接以人设喻了。他说，有一个人叫支离疏，他弓腰驼背，头弯到肚脐部位，是个丑不可言的特等残废。可是他能靠当裁缝填饱肚子，能靠算命的收入养活十个人，而统治者征兵打仗、征徭役这种倒霉事却找不到他头上。如果统治者搞社会救济，他还可以得到三钟米十束薪。他足以养其身而终其天年了！由此可见，人要想得以保全自身，终其天年，就必须做一个对社会、对他人毫无用处的"不材者"。庄子扬扬自得而又若有所悟地说："人皆知有用之用，而莫知无用之用也。"③ 这种思想与杨朱的思想有相通之处，也有着共同的社会背景，即生不逢时，思想家对不人道的人世间充满了失望。《荀子·解蔽》篇批评庄子的这种消极态度，称"庄子蔽于天而不知人"，只知道因循天道而忽略人道，看不到人类社会发展的道路。

---

① 《庄子·人间世》："方今之时，仅免刑焉。福轻乎羽，莫之知载；祸重乎地，莫之知避。"

② 《庄子·养生主》："为善无近名，为恶无近刑，缘督以为经，可以保身，可以全生，可以养亲，可以尽年。"

③ 《庄子·人间世》。

处世态度是一个人在社会生活和交往中自己所持的态度。此外，还有一个在一定处世态度指导下的社会交往的态度问题。庄子分析了人们在交往中的社会心理，指出：人们都喜欢别人和自己思想、行为相同，而厌恶与己不同，其用心在于出人头地。① 明白了这一点，在与人交往中就会主动了。

庄子社会交往的态度也是从保全自己的目的出发的。《人间世》篇有这样一段记述，表达了庄子的社会交往态度。颜阖将要到卫国做太子的老师，向智者请教说：有一个人生性残暴嗜杀，只看到别人的过失，却看不到自己的问题，和这种人交往，如果坚持原则就会害到我的国家；如果无原则，就会丧失了自我，怎么才能和这种人相处呢？智者教导说，和这种人交往，首先要端正自己的行为；诚心诚意和他接触，但不要被他完全同化而不能自拔，心里顺从他也不要太显露，否则你就要深受他的危害。他如果像婴儿那样天真无知，你也跟他装作天真无知；他的行为没有约束，你也跟他装作没有约束；他的行为放荡不羁，你也跟他装作放荡不羁。达到这样的程度，他就对你无可挑剔，你自己也就可以得到保全了。

庄子还认为，社会中无论人与人之间、团体与团体之间的交往，如果相距不远，能直接交往，这样容易做到互相信任而亲顺，如果相距远了，就得用语言经人转达来表示互相之间的忠诚，这种间接交往中，担任转达工作的人最不容易。特别是转达双方都很高兴或都很愤怒的事，是最困难的，因为双方都高兴，就会夸大对方的优点，双方都愤怒，就会夸大对方的缺点；而夸大就类似于说谎，说谎就会使人不大相信，使人不相信，这个转达者就会遭殃。所以，与人交往，转达别人的话，只转达基本内容，剔除那些出于两喜或两怒的溢言，这样大概就可保全自己了！

在与人交往过程中，可能会因为某种原因交往十分密切而结合成群体。庄子指出，要十分注意结合的目的性。如果是因为某种利害关系相结合的，在患难之时就会互相抛弃而各顾自己了；如果是从天性出发而互相关怀，在患难之时就会互相关照。同样是群体，至于那些无缘无故地结合而成的群体，也会无缘无故地离弃。②

不但要十分注重群体形成的原因，还应特别讲究社会交往的尺度。他说：“君子之交淡若水，小人之交甘若醴。君子淡以亲，小人甘以绝。”③ 君子之间的交往，因为是出于天性而不讲利害，显得像水一样清淡，而小人之间的交往，因为是利害相关，互相亲密得不得了。其实，君子之间交往虽显得淡，实际上却很亲密。而小人之间交往，互相计较利害得失，有利都很亲密，无利则断绝交往，只可共享乐而不可共患难。所以，与人交往就必须十分谨慎，不要和那些只计较利害的“小人”们往来。总之，庄子的社会交往态度是从保全自己和自私角度出发的，这是应当批判的。但庄子的一些处世和社交思想，客观上也可起到稳定社会秩序，协调人与人关系的作用，所以，我们应当看到其两重作用。

---

① 《庄子·在宥》：“世俗之人，皆喜人之同乎己，而恶人之异于己也。同于己而欲之，异于己而不欲者，以出乎众为心也。”

② 《庄子·山木》：“夫以利合者，迫贫祸患害相弃也；以天属者，迫穷祸患害相收也。夫相收之与相弃亦远矣……彼无故以合者，则无故以离。”

③ 《庄子·山木》。

五、理想社会模式

庄子的理想社会构想，沿着老子“小国寡民”的社会理想更推进了一步。从理想社会的总体构架上，庄子曾祖述老子的理想社会说：“昔者……民结绳而用之，甘其食，美其服，乐其俗，安其居，邻国相望，鸡狗之音相闻，民至老死而不相往来。若此之时，则至治已。”① 但庄子认为这样的社会还不十分理想，理想社会还应明确“无为”的宗旨。所以他又提出，远古比这种社会还要美好。在赫胥氏的时代，人民自由自在，无忧无虑，住下来不知干什么，行走不知往哪里去，嘴里含着食物互相打逗游戏，吃饱了肚子便四处游荡，这才是顺乎人类“常性”的。人们的共性是“织而衣，耕而食”，以及上天赐予而人人享有的自由（“天放”）。因而，这个美好社会中的人们个个悠然自得，质朴纯直。

庄子提出，建设一个美好的社会，首先应该重视把人类的本能和天性完整地留传下来。在“至德之世”（人类遵循自然之道的社会）里，山中没有路径和隧道，水上无船只和桥梁，各种物类共同生活，与人类的居所相通相连，禽兽成群结队，草木春生夏长。人类用绳子牵引着禽兽游玩，登上鸟鹊的巢窠探看而鸟鹊也不会惊恐。这是一个人类天性保留最完善的时代，万物并存，关系和谐，不尚贤，不使能，根本不知道什么君子、小人。人人都貌似蠢笨而无智慧，天性素朴纯真，像生绢和原木那样保持其自然的本色。② 这就是老子提倡的“见素抱朴”。《庄子·山木》又描写了一个理想的“建德之国”，这个国度的人民朴实无华，少私寡欲，懂得耕作而不懂私自收藏，施与而不图回报，一切行为任其自然，该做就做，不知道什么是“正义”和“礼貌”，貌似猖狂荒诞，其实自然大方。

综合庄子以上论述，可见其理想社会具有这样几个特点：(1) 他的理想社会是一个人与禽兽杂居的社会。人们过着居处相连而不分彼此的群居式生活，但没有人造的居所。(2) 人对自然界不进行任何改造。山上没有小路和人们凿通山石而成的隧道，河泽中也没有船只和桥梁，人们没有任何交通工具，人们出游，只是凭着生物的本能盲无目的地游荡。(3) 这个社会的人没有私心和欲望。只知劳作，但不知道把其收获的东西私藏起来，把这些东西施舍给别人而不知求对方报答。但人们的生与死都能得其所必需。(4) 这个社会没有任何社会规范，也不知什么君子小人等社会等级及社会价值观念。人们都无理智，无目的，自由自在地活动。

总之，这个社会是一个人的天然属性得到充分体现的社会，是一个踏上了“大道”的社会。但庄子的理想社会也还有其不能自圆其说的漏洞。如他说人还有“织而衣，耕而食”的“同德”，还“知作”，是和他的纯粹任乎自然的思想相矛盾的。庄子

---

① 《庄子·胠箧》。

② 《庄子·马蹄》：“当是时也，山无蹊隧，泽无舟梁；万物群生，连属其乡；禽兽成群，草木遂长。是故禽兽可系羁而游，鸟鹊之巢可攀援而窥。夫至德之世，同与禽兽居，族与万物并。恶乎知君子小人哉！同乎无知，其德不离；同乎无欲，是谓素朴。素朴而民性得矣。”

还是把现实社会中的生活状况不自觉地带入他的理想社会中去了。

我们把庄子的理想社会和老子的理想社会相比较，可以发现：其一，老子的理想社会中是有“什伯之器”、“有舟舆”、“有甲兵”的，而在庄子的理想社会中，这一切是根本没有的。其二，老子的理想社会还有社区（“国”），到庄子的理想社会，已经是“同与禽兽居，族与万物并”，根本没有什么“国”的概念了；其三，老子的理想社会中人们还养着鸡犬，而庄子的理想社会则是纯粹的任乎自然，根本没有什么家禽家畜之养了。从这里可以推想，老子的理想社会是有家庭生活的，而庄子的理想社会是根本没有家庭的。

庄子的理想社会，实际上就是原始社会，从社会进化的角度讲，比老子的理想社会又倒退了一大步。他提倡人类社会恢复到原始社会去的理想社会，是一种乌托邦理想，同时又是一种复古倒退的理论，因而庄子的思想虽曾祖述老子，但从其社会功能上讲，是不能和老子的思想同等对待的。

对于这个理想社会，其实庄子也自知是空想，人们还是要在现实社会中生活，他也说过要“与世俗处”。在与世俗处的现实生活中，庄子有他一套待人接物的方法，已见前述。但庄子认为这些权宜之计，在“群于人”而与世俗处中，最理想的是成为“真人”、“至人”，求得自身的超脱。

这种人具有旺盛的生命力和抗击自然的能力。例如庄子笔下的“至德者”水火不侵，寒暑不惧，禽兽不敢攻击，对于祸福安危能够明察秋毫[1]；“至人”近乎神，冲天大火能烧干大湖也不能伤他秋毫，极寒使江河结成一块而不能冻伤他，狂风霹雳搅得山崩地裂也不能惊吓到他。[2] 另外《大宗师》篇也有不少关于“真人”的描述。从这些描述中，我们可以看到他理想中“至德”的“真人”的一个大概形象：第一，“真人”对于生在世上不感到欢喜，对于死亡也从不抗拒。对待生死都是悠然由然，自由自在。因为他明白，一个人生和死都是“天道”所赋予的。第二，“真人”睡觉无梦，醒来无忧愁，吃饭不求美味，而又根本不考虑利与害。第三，“真人”身体、心理素质特优，刀枪不入，宠辱不惊。第四，“真人”不需要任何外在条件，能“乘云气，骑日月，而游乎四海之外”[3]，因此最“逍遥自得”。

可见，庄子的“真人”能超凡入圣，简直是“仙人”，是能够“独与天地精神往来，而不敖倪于万物，不谴是非，以与世俗处”的得“道”的“仙人”。后代道教推崇庄子为仅次于老子的亚祖，不是没有原因的。后来的道教徒被尊称为“真人”，盖原于庄子的“真人”说。

庄子的“真人”理想是和他的整个思想体系一致的，是他在看到理想社会无法实现的情况下所采取的逃避现实、保存自身、求得个人精神解脱的没落贵族阶级的理想。但既要“与世俗处”，其“真人”的理想也和其理想社会一样，是乌托邦式的空想。

---

① 《庄子·秋水》：“至德者，火弗能热，水弗能溺，寒暑弗能害，禽兽弗能贼。非谓其薄之也，言察乎安危，宁于祸福，谨于去就，莫之能害也。”

② 《庄子·齐物论》：“至人神矣！大泽焚而不能热，河汉沍而不能寒，疾雷破山、飘风振海而不能惊。”

③ 《庄子·齐物论》。

本章要点

1. 老子“小国寡民”的理想社会，实际是一个封闭型的小型社区。整个社区规模不大，人口也不多，但人们安居乐业，生活安稳富足。人们文化不高，生活简单，既用不着机械，也用不着文字。他们不识不知，全听自然的支配。老子所构想的小国寡民的社会模式，是在受到当时流传的原始社会的社会状况的启发的基础上而形成的，这是当时农民小私有者痛苦生活的折射。

2. 老子反对儒家的社会伦理思想，认为社会伦理规范的出现都是社会混乱以后的产物。要想实现理想社会，必须从根本上抛弃各项社会伦理准则。于是老子提出了一套寡欲、无知、知足的理论体系作为实现理想社会的步骤。

3. 在老子的理想社会模式中，也有社会管理系统和社会管理人员，即他所谓的“圣人”。他认为圣人治理社会必须做到两点：一是要愚民，二是要无为。

4. 庄子认为，造成天下大乱，社会关系失和的原因，就是人类社会的各种社会规范和文化，其中包括“仁义”、“举贤”、“任智”、教育和社会控制。庄子提出的管理社会的方案的核心，不过是任其自然，无为而治。具体说来，有以下几方面内容：(1) 以不治治天下；(2) 任其自然；(3) 抛弃一切社会规范；(4) 寡欲而不扰乱人心；(5) 掊击圣人，实行“坐忘”，恢复“常然”。

5. 庄子认为，人们不仅应该抛弃社会价值观念，而且应该放弃爱生恶死的观念。他主张顺乎自然，从社会的利害得失中超脱出来。惟其如此，社会上的一切混乱冲突才会戛然而止。

6. 庄子的处世态度是：不求得福，但求免祸，在缝隙中讨生活。在社会交往态度方面，庄子主张从保全自己的目的出发；与人交往，转达别人的话，只转达基本内容；要十分注意群体结合的目的性；讲究社会交往的尺度。

7. 庄子理想社会的特点：(1) 他的理想社会是一个人与禽兽杂居的社会；(2) 人对自然界不进行任何改造；(3) 这个社会的人没有私心和欲望；(4) 这个社会没有任何社会规范。

8. 与老子理想社会的差异：其一，老子的理想社会中是有“什伯之器”、“有舟舆”、“有甲兵”的，而在庄子的理想社会中，这一切是根本没有的。其二，老子的理想社会还有社区（“国”），到庄子的理想社会，已经是“同与禽兽居，族与万物并”，而根本没有什么“国”的概念了。其三，老子的理想社会中人们还养着鸡犬，而庄子的理想社会则是纯粹的任乎自然，根本没有什么家禽家畜之养了。从这里可以推想，老子的理想社会是有家庭生活的，而庄子的理想社会是根本没有家庭的。

复习思考题

1. 如何评价老子的“小国寡民”的理想社会模式？
2. 老子社会思想的实质是什么？
3. 如何评价庄子的处世态度与社会交往观？
4. 庄子理想社会的实质是什么？
5. 试比较老子与庄子社会思想之异同。

推荐阅读书目

1.《老子》（版本极多，不指定，以近代以来的译注本为好。如高亨《老子本话》、任继愈《老子今译》、陈鼓应《老子注译及其评介》等）。

2.《庄子》（各版本均可。以今人译注本为好。如陈鼓应《庄子今注今译》、杨柳桥《庄子译诂》及清代王先谦《庄子集解》等均较好）。

3. 陈鼓应：《老庄新论》，上海，上海古籍出版社，1992。

4. 钟泰：《庄子发微》，上海，上海古籍出版社，1988。

第七章

颠覆传统以重构社会秩序的墨家、杨朱社会思想

中国社会思想在春秋末期最先出现了孔子的儒家学派和老子的道家学派，至战国初期发展为儒家和墨家两大显学，进入战国中期，儒墨之辩方兴未艾，而杨朱学派又异军突起，形成了儒、墨、杨三家鼎立的局面。[①] 墨家与杨朱学派在当时声势雄壮，孟子说："杨朱、墨翟之言盈（充满）天下。天下之言不归杨，则归墨。"[②]《庄子》也是杨、墨并提。可见，在战国时期，杨、墨两大学派的思想具有重大的影响。《淮南子·氾论训》认为，墨子提倡兼爱、尚贤、尊信鬼神等，都为杨朱所反对；而杨朱自己的核心观点是"全性保真，不以物累形"，这种"为我"、"贵己"思想又为墨家所反对，而杨墨二家又均被儒家人物孟子所反对。

墨家与杨朱的对立主要表现在四个方面：（1）墨子提倡"兼爱"，主张一视同仁地爱人和利人，要求墨家学习大禹治水的精神，可以为了天下人把小腿上的汗毛全部磨光；杨朱则主张坚决不能拿自己一丝一毫去善待社会或他人，而自己也不要社会或他人任何帮助、恩惠。所以，墨子兼爱是为人，为天下，杨朱是为我，二者是对立的。（2）墨子主张"尚贤"，选举有德有能的人管理社会，如果工匠、农夫出身的人有德有能也不例外；杨朱认为"贵己"是第一位的，为国家是残余之事，"帝王之功"是圣人的末节之事，而不是"完身养生之道"。所以，墨子尚贤，强调社会组织性，杨朱无君，否定社会组织与团体对个人生活的重要性，二者是对立的。（3）墨子尊信鬼神，认为它能赏善罚恶，杨朱则不信鬼神，二者对立。（4）墨子提倡节俭，在衣食住行方面要求人们节约、劳苦，忽视了适当的舒适享受乃人之所欲；杨朱则提倡个人享乐主义，反对去欲自苦，二者对立。

总起来讲，墨家的精神偏重团体主义，强调大爱平等及社会组织与规范；而杨朱则偏重于个人主义的层面，重视个人利益不受侵犯。自利和关爱他人，都是人性中蕴藏着的两股巨大的力量，在恶劣的社会现实面前，它们通过墨家和杨朱的思想迸发出来，并展现出特殊的学派色彩，均对当时社会产生了重大影响。墨家与杨朱社会思想的共性是彻底颠覆传统的儒、道等思想学说，并期望按他们的价值观重构社会生活秩

---

① 参见吴乃恭：《孟子》，96 页，长春，吉林文史出版社，1997。

② 《孟子·滕文公下》。

序。因此我们把两者放在一起进行论述，以理解人类在面对类似社会问题和社会环境时的社会价值取向之异同。

第一节
墨家的社会思想

墨子，名翟，鲁国人，生活年代约在公元前468—前376年，正是战国初年。他自称为“贱人”①，没有贵族身份，也没有耕作之累，但会做木工，尤擅造车，自夸与鲁班各擅其长。② 相传他早年曾受过儒家的教育，后来抛弃儒家，创立了自己的学派。③

墨子是小生产阶层利益的代表者，他的弟子大都来自社会下层。小生产者互相协助的生产特性，使墨家学派结成一个严密的团体，有严格的纪律。墨子死后，墨家分为相里、相夫、邓陵等三个派别，学派领导人称为“巨子”。

墨家流传至今的著作有《墨子》53篇，大部分都是研究墨子思想的可靠材料，但其中《经》上、下，《经说》上、下，《大取》、《小取》是战国末期的作品，所反映的是墨子后学的思想。④

一、论社会生活及社会组织

墨子认为，人类之所以不同于普通动物，根本区别在于人类的生活资料要靠劳动来获取，而后者则是依靠自然的生物性条件。相对于人而言，动物依靠羽毛御寒，靠蹄爪行走或靠羽翼飞行，以水草等自然产品为饮食，雄性不知耕作，雌性不懂纺织。人类和动物相区别，依靠自己的劳动能力取得生活资料。墨子认为，动物生存靠的是“因”，就是倚恃生物性条件和生态链；人类靠的是“力”，就是依靠自己的劳动能力。人类的生存具有群体性和组织性的特点，内部存在着劳动分工。所以，墨子指出，“君子”（贵族）在社会治理方面能力不强，社会冲突就会加剧，表现为“刑政乱”，司法和行政手段扰乱正常社会秩序；“贱人”（平民）在社会劳动中能力不强，社会就会闹饥荒，表现为“财用不足”，整个社会的物质文化生活受到严重影响。⑤

---

① 《墨子·贵义》。

② 《墨子·鲁问》，又见《墨子·公输》。

③ 《淮南子·要略》：“墨子学儒者之业，受孔子之术，以为其礼烦扰不说（简易），厚葬靡财而贫民，服（服丧）伤生而害事，故背道而用夏政。”

④ 参见冯友兰：《中国哲学史》，110～111页。

⑤ 《墨子·非乐上》：“今人固与禽兽麋鹿、蜚鸟贞虫异者也。今之禽兽麋鹿、蜚鸟贞虫，因其羽毛以为衣裘，因其蹄蚤以为绔屦，因其水草以为饮食。故唯使雄不耕稼树艺，雌亦不纺绩织纴，衣食之财固已具矣。今人与此异者也，赖其力者生，不赖其力者不生。君子不强听治，即刑政乱，贱人不强从事，即财用不足。”

墨子认识到人类社会生活的基础是物质资料的生产，没有生产劳动也就没有人类的社会生活，这是人类所以区别于禽兽的根本。从东西文化比较的视角来看，这种观念早于西方基督教的认识数百年。基督教圣经《新约》中记有耶稣的话说，“用你自己的手工作”，保罗也以夜以继日地劳作而自豪，并为当时的基督教团体制定“不劳者不得食”的规约。不过，耶稣提出这一重视人类劳动的思想，已经比墨子晚了数百年。有意思的是，两个木匠出身的人，都创立了自己的学派或教派。

由于人类过着群体的社会生活，就需要规定出规范人们行为的制度，这就是墨子所谓“义”。而要保证人们都按社会所公认的正当行为——“义”办事，就又需要有一套社会组织，这就是墨子所谓的“政长”制。

墨子认为，在人类蒙昧时期，还没有“刑政”等社会制度，人们的行为没有一定的规范，所以人们都认为只有自己的行为才是正确的，而去指责别人的行为，结果是互相非难，莫衷一是。社会中父子、兄弟及其他一切人际关系都不能协调，人类社会之中“无君臣、上下、长幼之节，父子、兄弟之礼”，整个社会就像禽兽的世界一样杂乱无章，结果使人类的共同生存和生活受到影响①。出现这种混乱局面的原因是组织缺陷，缺少领袖——“无政长”。中国人经过历史的教训，开始用选举的方法选择贤能者作为自己的领袖，立以为天子；为了弥补他的能力上的不足，又选举贤者立为王公、诸侯，直到最低一级的“正长”②。这就形成了一套“刑”和“政”的组织系统和社会制度，规定了作为人类正当的行为而必须遵守的“义”。组织完善、制度健全，标志着中国进入文明时代。这个社会统一的“义”的出现，结束了过去“一人一义”，人们各是其义而非人之义的无规可循的混乱局面，社会才有了一定的秩序，因此他又说，“天下有义则治，无义则乱”③。而且在墨子看来，人类社会的共同生活，社会组织和社会行为规范的出现，都是由人类的衣、食、住等基本生存需要所决定的。这与君权神授说及社会神造说相比，具有重大进步意义。

二、论社会问题

墨子出身卑微，对人民的痛苦了解得较为深刻，对社会问题的观察也比较敏锐，并且还十分注重考察分析社会问题的形成原因，认为只有这样才能有效地解决社会问题。④所以，他极重视分析社会问题的来龙去脉，并在此基础上提出解决方案。

---

① 《墨子·尚同中》：“古者民始生未有刑政之时，盖其语，人异义。是以一人则一义，二人则二义，十人则十义，其人兹众，其所谓义者亦兹众。是以人是其义，以非人之义，故交相非也。是以内者父子兄弟作怨恶离散不能相和合。天下之百姓，皆以水火毒药相亏害。至有余力，不能以相劳；腐朽余财，不以相分；隐匿良道，不以相教。天下之乱，若禽兽然。”

② 《墨子·尚同上》：“是故选天下之贤可者，立以为天子。天子立，以其力为未足，又选择天下之贤可者，置立之以为三公……立诸侯国君……立之为正长。”

③ 《墨子·天志中》。

④ 《墨子·兼爱上》：“圣人以治天下为事者也，必知乱之所自起，焉（乃）能治之；不知乱之所自起，则不能治。譬之如医之攻人之疾者然，必知疾之所自起，焉（乃）能攻之；不知疾之所自起，则弗能攻。……圣人……不可不察乱之所自起。”

第一，墨子赞叹农夫、农妇的勤劳，指出这些早出晚归，夙兴夜寐，勤于耕作和纺织的劳动者有“三大疾苦”——“民有三患：饥者不得食，寒者不得衣，劳者不得息。三者，民之巨患也。”① 这里，墨子接触到了社会问题产生的根本所在，即阶级压迫。他指出，劳动人民是社会财富的创造者，如果农民懒于耕作和纺织，必将造成天下衣食之财不足。可是，当今的人民却因为贵族发动的战争，无法专心努力于生产劳动。② 连绵不断的战争不但造成社会生活秩序的混乱，而且严重地影响着社会的生产活动，动摇着人类社会生活的物质基础，也使人民的三个巨患日益深重，这是一个严重的社会问题。墨子认为，产生这种劳动者饥不得食、寒不得衣、劳不得息问题的根源，就是“不与其劳获其实，已（以）非其有所取之”③ 的社会不平等关系，由此可见墨子分析社会问题是深刻而切中要害的。

第二，论小盗为“盗”，大盗为“义”的社会怪现象。墨子认为，对于任何社会现象，无论是大还是小，只要属于同一类型，就应用同一的标准去评判，才能利于人们过有秩序的社会生活，但现实社会中却出现了不以同一的行为准则评判同一种社会行为的怪现象。《鲁问》篇记载墨子跟鲁国贵族文阳君的对话。墨子说，社会上层（贵族）以攻打别国，杀戮其民，掠取大量财物为荣，并树碑立传，流传后世；而在社会下层（平民），如果杀了邻居家的人，抢走其猪、狗、衣服、粮食，则被视为犯罪，这实在是令人费解的怪现象！④ 在《天志》篇中，墨子更明确地阐述了他对这一社会怪现象的见解。⑤ 他说：如果有人拿了别人的一桃一李，被发现都要受罚，人们也都会指责他，因为他要不劳而获，拿了不该由他占有的东西，违背了社会规范，人们对他的指责和惩罚是正当的。但那些掌握权力的贵族阶级侵凌、攻伐、兼并别国，抢掠杀人要比任何一个有严重越轨行为的百姓还严重千万倍，却自称为“义”，还要书之史册，传之后世，以为光彩，以小盗为“盗”是正常的，合理的，而以大盗为“义”则是黑白颠倒的社会怪现象！墨子对此愤愤不平，批评贵族们日光短浅、黑白不分。⑥ 由这样的阶层统治社会，社会没有一个统一的伦理道德和行为规范，社会正

① 《墨子·非乐上》。

② 《墨子·耕柱》：“今大国之攻小国也：攻者，农夫不得耕，妇人不得织，以守为事；攻人者，亦农夫不得耕，妇人不得织，以攻为事。”

③ 《墨子·天志下》。

④ 《墨子·鲁问》：“子墨子谓鲁阳文君曰：‘攻其邻国，杀其民人，取其牛马、粟米、货财，则书之于竹帛，镂之于金石，以为铭于钟鼎，传遗后世子孙曰‘莫若我多’。今贱人也，亦攻其邻家，杀其人民，取其狗豕食粮衣裘，亦书之竹帛，以为铭于席豆，以遗后世子孙曰‘莫若我多’。亓可乎？’鲁阳文君曰：‘然，吾以子之言观之，则天下之所谓可者，未必然也。”

⑤ 《墨子·天志下》“今有人于此，入人之场园，取人之桃李瓜姜者，上得且罚之，众闻则非之，是何也？曰：不与其劳获其实，已（以）非其有所取之故，而况逾于人之墙垣，抯格人之子女乎？与角（穴）人之府库，窃人之金玉蚤絫（布）者乎！与逾人之栏牢，窃人之牛马者乎？而况有杀一不辜人乎……今王公大人之加罚此也，虽古之尧舜禹汤文武之为政，亦无以异此矣。今天下之诸侯，将犹皆侵凌攻伐兼并，此为杀一不辜人者，数千万矣，此为逾人墙垣，抯格人之子女者。与角人府库，窃人金玉蚤絫者，数千万矣。……而自曰‘义’也。……少而示之黑谓之黑，多示之黑谓白，必曰：吾目乱。不知黑白之别。……今王公大人之政也，或杀人。其国家禁之，此蚤越有能多杀其邻国之人，因以为文义，此岂有异蕡责黑白……之别者哉！”

⑥ 《墨子·鲁问》：“世俗之君子，皆知小物而不知大物。今有人于此，窃一犬一彘，则谓之不仁，窃一国一都，则以为义。譬犹小视白谓之白，大视白则谓之黑。”

常秩序就无法恢复。

第三，论社会关系的失调问题。墨子认识到，社会秩序的紊乱，其主要原因是社会中集团与集团，人与人之间关系的失调，因而社会关系的失调就成为危害社会的祸患。[①] 造成社会关系失调的主要原因有三：一是各国家之间互相兼并和侵夺，强劫弱，众暴寡，诈欺愚，贵傲贱，各统治集团之间及统治集团内部关系紧张，以致兵戎相见。二是君不惠，臣不忠，父不慈，子不孝，个人没有正确履行自己的社会角色，不恪守自己的职责和义务，不按既定的社会行为规范处理与其他人的关系。三是社会下层，即所谓“贱人”们，也争强斗勇，互相之间损人以利己。有这三方面问题的存在，就造成整个社会关系从上到下的严重失调。

第四，论任人唯亲对社会的危害。墨子认为，社会统治集团在构成和继替方面的任人唯亲，是造成社会赏罚不当、乱不得治的重要原因。任人唯亲有两种情况，一是所用之人多是王公大人的骨肉之亲；二是除此之外的幸运儿多是相貌美好之人，即以用人者的兴趣、以貌取人。墨子讯问贵族们，那些相貌堂堂的人就一定智慧超群吗?人以貌取，用以治国，后果可想而知。任人唯亲，而不是贤者、智者，这些人治理社会难以正确把握制度与规则，势必赏罚不中，不能监督人民按一定社会规范做事，于是人民对国家和贵族们失去信心，对公共事务失去了积极性，变得自私自利，人际关系失调，从而造成饥饿、贫寒、秩序混乱等重大社会问题无法解决[②]。

三、管理社会的方案

墨子观察和解释社会生活，不像孔子那样借诗、书、礼、乐来阐发自己的观点，而是取人们日常生活中的饥寒、温饱、贫富、贵贱及社会交往等为例证来表达思想。墨子认为，要解决社会问题，只有在分析了问题形成原因的同时，提出解决问题的方案才有意义，所以极为重视管理社会方案的研究。

墨子为管理社会方案立下宗旨，即“求兴天下之利，除天下之害”[③]，并提出要因地制宜，针对各诸侯国的不同社会问题采取不同的方案。[④] 在此基础上，墨子还提出管理社会的几项原则：

---

① 《墨子·兼爱下》：“当今之时，天下之害孰为大？曰：‘若大国之攻小国也，大家之乱小家也，强之劫弱，众之暴寡，诈之谋愚，贵之傲贱，此天下之大害也，人与〔‘人’以王念孙校为‘又’之误，‘与’读‘如’〕为人君者之不惠也，臣者之不忠也，父者之不慈也，子者之不孝也，此又天下之害也。又与今人之贱人，执其兵刃毒药水火，以交相亏贼，此又天下之害也。”

② 《墨子·尚贤下》：“今王公大人，其所富，其所贵，皆王公大人骨肉之亲，无故富贵，面目美好者也。……无故富贵、面目美好者，焉故必知（智）哉？若不知，使治其国家，则其国家之乱可得而知也。……是故以赏不当贤，罚不当暴，其所赏者已无故矣，其所罚者亦无罪。是以使百姓皆攸心解体，沮以为善，垂其股肱之力而不相劳来也；腐臭余财而不相分资也；隐匿良道而不相教诲也。若此，则饥者不得食，寒者不得衣，乱者不得治。”

③ 散见《墨子》各篇。

④ 《墨子·鲁问》：“子墨子曰：凡入国，必择务而从事焉。国家昏乱，则语之尚贤、尚同；国家贫，则语之节用、节葬；国家熹音湛湎，则语之非乐、非命；国家淫僻无礼，则语之尊天、事鬼；国家务夺侵凌，则语之兼爱、非攻。”

第一，必须体察下情，这是社会治乱的根本。墨子指出，社会治理者能够准确获取社会舆论、民情民意，有利于赏善罚恶，导正社会秩序。

第二，要有一定的步骤。墨子指出，管理社会要有三个步骤：一是考察历史上管理社会的经验教训；二是要分析人民的现实生活状况；三是在前两步的基础上制定出具体的管理社会的方案。这样可以保证社会管理的效果，做到拨乱反正，转危为安。[①]

第三，要制定统一的社会行为规范和社会价值准则。墨子认为，社会秩序所以失调，就是由于人们认识中的"社会正当行为"——"义"的内容不相同所致。因此，必须"同一天下之义"[②]，然后要"不义不富，不义不贵，不义不亲，不义不近"[③]。而作为社会"公义"的内容应当是"爱人"、"利人"，而不应是"自私"、"自利"[④]。

第四，要鼓励人民自由竞争，努力成为生活的强者、社会的贤者。要以是否强与贤区分贫富、贵贱、荣辱[⑤]，而不能把贫富、贵贱、荣辱归结于"天命"。他认为，宣扬"天命"是欺骗老实人的伎俩[⑥]。因为如果人们都信"天命"，以为"寿夭富贵，安危治乱，固有天命，不可损益"，那么人们就会丧失上进心。官员信奉了天命之说，醉心于卜凶问吉，必将怠惰于本职工作；庶民信奉了天命，不再努力工作，荒废农工，必将由贫致乱，这不是人类所希望的情景。因而他对宣扬天命的儒家深恶痛绝，骂他们是"贼天下之人"[⑦]。

第五，必须注重调整人与人的关系。他认为，社会一切祸乱，都起于人们的自私自利，而厌恶别人伤害别人，即所谓"交相非"[⑧]。因为人们都自私自利，并因此厌恶别人，伤害别人，人与人互相狡诈欺谩，结果是自己和别人都得不到利益，人类的共同生活也深受影响。只有"爱人利人"才能使自己和别人都能得到利益，人类的共同生活才能长期维持并得到发展。[⑨]

四、理想的社会模式

指出社会的弊端是为了解决这些弊端，管理社会的过程就是实现理想社会的过程。墨子构想的理想社会是一个"兼爱"、"尚同"的社会。

第一，在墨子的理想社会中，人际关系是不分亲疏，互相关爱，形成"爱无差等"的"兼相爱"的关系。墨子认为，社会冲突和矛盾是由群体成员不能互相关爱引起的。下级不能拥护上级，子代不能孝顺父辈，都是社会冲突的重要表现形式。究其

---

① 《墨子·非命下》："则天下之乱也，将属可得而治也，社稷之危也，将属可得而定也。"

② 《墨子·尚贤下》。

③ 《墨子·尚贤上》。

④ 《墨子·尚同下》，《墨子·兼爱上》。

⑤ 参见《墨子·非命下》。

⑥ 同上。

⑦ 《墨子·非儒下》。

⑧ 《墨子·兼爱下》。

⑨ 参见《墨子·兼爱下》。

原因，子辈爱己胜于爱父母，所以才亏待父母而自利；弟弟爱己胜于爱兄长，才会亏待兄长而自利；推而广之，在各级社会组织中也是如此，大臣爱己胜于爱自己的君王，才会亏待君王而利己。道理反过来也是一样，父母自爱不知关爱子女，兄长自爱而不知关爱弟弟，君王自爱而不知关爱大臣，也会造成社会冲突。正是因为人们忘记了互相关爱是群体生活的基本准则，所以才有盗贼偷盗他人以利己，某贵族祸乱别的贵族以利自家，诸侯之间相互攻伐以利本国。①

社会的一切混乱和人与人关系的不和谐，都是因为人们违反了社会群体生活的原则，只知亏人自利，不知互相关爱，如果能做到人人互相关爱，必将天下大治。人与人之间，集团与集团之间，统治者与被统治者之间，应该“兼相爱，交相利”，“视人之国若视其国，视人之家若视其家，视人之身若视其身”，从而达到“天下之人皆相爱，强不执弱，众不劫寡，富不侮贫，贵不傲贱，诈不欺愚”② 的理想社会。在这个社会中，人们的行为标准是“兴天下之利，除天下之害。将以为法乎天下，利人乎即为，不利人乎即止”③。对于社会中那些“老而无子者”及“少失其父母”的儿童，都能提供给适当的生存条件或成长条件。

第二，墨子的理想社会，是一个人人劳动，有财相分的社会。他认为不仅要使人人从事生产，共同劳动，还必须有合理的社会分工，使人们各尽所能，这样“财不足”和“食不足”的问题就不存在了。人们的劳动不仅是为了自己，因此互相之间都是互相帮助、互相扶持、“交相利”的关系，都能自觉努力去帮助别人，这是墨子社会理想中很可贵的思想。

同时，这个理想社会的人们是有财相分的。墨子主张按劳动来分取社会给予的待遇或报酬。社会中没有不劳而获的剥削者，有的是“赖其力者生，不赖其力者不生”的分配关系。由于人与人是“兼相爱”的关系，人们有余财则分给不足的人，都自觉做到“有力者疾以助人，有财者勉以分人”，于是“饥者得食，寒者得衣，劳者得息”，社会秩序安定，人们都各安其事业，结果使全社会的各成员都得到了利益，至于那些“舍余力不以相劳……腐朽余财不以相分”的人，应当视之为“禽兽”。④

第三，墨子的理想社会是一个没有战乱和纷争的和平社会。他认为任何社会冲突对人们的生活都是有害的。大国攻小国，大家乱小家，强凌弱，诈欺愚，都是不合理现象。互相攻伐，贻误农时，又增加军费，加重了人民负担，从军打仗，还要死伤很

---

① 《墨子·兼爱上》：“圣人以治天下为事者也，不可不察乱之所自起。当察乱何自起？起不相爱。臣子之不孝君父，所谓乱也。子自爱不爱父，故亏父而自利；弟自爱不爱兄，故亏兄而自利；臣自爱不爱君，故亏君而自利，此所谓乱也。虽父之不慈子，兄之不慈弟，君之不慈臣，此亦天下之所谓乱也。父自爱也，不爱子，故亏子而自利；兄自爱也，不爱弟，故亏弟而自利；君自爱也，不爱臣，故亏臣而自利，是何也？皆起不相爱。虽至天下之为盗贼者亦然。盗爱其室，不爱其异室，故窃异室以利其室。贼爱其身不爱人，故贼人以利其身。此何也？皆起不相爱。虽至大夫之相乱家，诸侯之相攻国者亦然。大夫各爱其家不爱异家，故乱异家以利其家。诸侯各爱其国不爱异国，故攻异国以利其国。天下之乱物（事也）具此而已矣。”

② 《墨子·兼爱中》。

③ 《墨子·非乐上》。

④ 参见《墨子·尚同中》。

多人，战争的目的不过是贪图功名利禄，但其结果是“计其所得，反不如所丧者之多”[①]，给人民造成严重的“饥寒冻馁”、“疾病”、死亡等灾祸，对任何人来说都是有害而无利。因此，在理想社会里，无论是大国、小国、大家、小家、强、弱、智、愚，都有同样的存在权利，并互相爱护，共同受益，社会也就没有冲突了。

第四，理想社会的各级社会管理者，都由“贤者”担任。这个社会遵循德、能的原则，尚贤使能，“不党父兄，不偏富贵，不嬖颜色。贤者举而上之，富而贵之，以为官长；不肖者抑而废之，贫而贱之，以为徒役”[②]。由贤者领导实行社会共同的行为规范“义”。因为“义”是“善政”，是良好的社会规范和社会价值准则，只有“贤者”才能制定得出来，才能监督实行。[③]

社会所以拥立这些贤者为各级社会管理人员，不是为了高爵厚禄，以及富贵安逸的生活享受，而是要为“万民兴利，除害、富贫、众寡、安危、治乱也”[④]。由于他们制定的各项社会规范都是“善”的和最佳的，社会中任何一个成员都必须无条件地遵守。凡有不遵守者，都要报告给上一级社会管理者进行裁定，以这些上一级更为贤能者认可的标准为准。[⑤] 只有这样才能使社会长期保持良好的行为规范，社会才能治理得好。过去曾有人认为墨子的这种思想是要维护封建专制主义的独裁统治，其实是断章取义，误解了墨子的原意。

墨子理想社会中“尚贤”的构想，是他在肯定等级制度的前提下，为小生产者设计的一条取得社会地位的道路。因为在这个“尚贤”的社会里，即使是卑微的农夫或工匠，如果有贤能也可以得到举荐，并给予相当的地位和责任。相反，即便已是官长，如果不贤、无能，也会遭到贬废，沦为平民，所以这个社会里“官无常贵，而民无终贱”[⑥]，等级秩序是以是否贤与能为标准排列的，而不是以血缘关系，以相貌为标准的。所以，小生产阶层就具备了跻身社会上层的机会。这又一次证明，任何思想家都是站在本阶级或阶层的立场上来设计其理想社会模式的。

五、论社会控制

为限制现实社会中不合墨子提出的社会规范的行为，实现理想社会，必须有一套社会控制的手段。在墨子那里，社会控制的形式有两种，一是政治的，二是宗教的。[⑦]

第一，政治的形式。这主要靠赏与罚来完成，以管理社会的“贤者”、“能者”制定的社会行为规范为标准，对于严格实行这些规范的人进行褒扬，称为“善行”。其

① 《墨子·非攻中》。
② 《墨子·尚贤中》。
③ 参见《墨子·天志中》。
④ 《墨子·尚同中》。
⑤ 《墨子·尚同上》：“上之所是，必皆是之；上之所非，必皆非之。”
⑥ 《墨子·尚贤上》。
⑦ 参见程伯群：《中国社会思想史》，22～23页。

中有“善行”出众的，不论是农民还是工匠，都要推荐他为社会管理者，给他相应的社会地位。对于那些不遵守这些规范，有越轨行为的人，则要进行批评与惩罚，人们还要用社会舆论对他施加压力，即所谓“上之所罚，而百姓所毁”①。对严重的越轨行为还要制定法律，依法制裁。② 不过，法律作为社会控制的工具，必须用得很适当。使用得当，它是社会控制的工具；使用不当，则是造成社会混乱的契机，所谓“善用刑者以治民，不善用刑者以为五杀”，“以乱天下”③。

第二，宗教的形式。墨子觉得，以人类的力量控制人类的行为，有很大局限性，因此必须借助“天”和“鬼”的威力，协助人类完成控制社会的工作。故墨子提出，如果社会中有谁不按天意办事的话，必然会受到天的惩罚。墨子论天意有两层意思，一是天有控制社会的能力，赏罚分明；二是天的赏罚标准是兼相爱，交相利者赏；兼相恶，交相贼者罚。④ 可见，墨子的所谓“天意”，实际就是其理想的社会模式。所以他说：“明乎顺天之意……则刑政治，万民和，国家富，财用足，百姓皆得暖衣饱食，便宁无忧。”⑤

比天低一层次，还有鬼神控制社会。鬼神是“能赏贤而罚暴”的。他认为，春秋战国时期，天下失义，诸侯力征，君臣、父子、兄弟、正长、贱人，都不按自己承担的社会角色及相应的行为规范办事，以致官逼民反，杀人越货，这种“天下大乱”的现象就是因为人们不明白“鬼神报复的观念”有利于社会控制。⑥ 如果人们都相信鬼神有赏贤罚恶的能力，就不会有社会秩序混乱的现象发生了。⑦

因此，墨子要求人们必须“上尊天，中事鬼神，下爱人”⑧，相信天与鬼神具有控制社会的威力，诚心诚意地祭祀天与鬼神，才能有良好的社会秩序。正因相信鬼神的制裁，所以人类才不敢不认真审理犯人，不敢不平均分配财物，不敢怠慢了他人。⑨ 所以墨子的理想社会，在实现之前，就有了实现的保证，在实现之后，也能得以长期维护，这就是墨子提倡尊天事鬼的最主要目的。

墨子借助天与鬼神帮助人类进行社会控制，是一种落后的社会思想，是小生产者面对现实社会感到无能为力的表现。但是，在当时提出“天”和“鬼神”，也是对“天命”论的一场尖锐斗争，更何况他尊天事鬼是着眼于其社会功能的。如他在《明鬼》篇就曾说明：假使没有什么鬼神，你用作祭祀的“酒醴粢盛之财”，也并不是弃之沟壑，把这些东西“内者宗族，外者乡里，皆得如具饮食之”，仍可借此而得到

---

① 《墨子·尚同下》。

② 《墨子·尚同上》：“古者圣王为五刑，请以治其民，譬若丝缕之有纪，网罟之有纲，所连收天下之百姓不尚同其上者也。”

③ 《墨子·尚同中》。

④ 《墨子·天志上》：“当天意而不可不顺。顺天意者，兼相爱，交相利，必得赏；反天意者，别相恶，交相贼，必得罚。”

⑤ 《墨子·天志中》。

⑥ 《墨子·明鬼下》：“不明乎鬼神之能赏贤而罚暴也。”

⑦ 参见《墨子·明鬼》。

⑧ 《墨子·天志上》。

⑨ 《墨子·尚同中》：“春秋祭祀不敢失时几，听狱不敢不中，分财不敢不均，居处不敢怠慢。”

“合欢聚众，取亲于乡里”，调解社会关系的效益。很明显，墨子提倡尊天事鬼，其目的是在于利用天和鬼神达到管理社会的目的。

第二节 杨朱学派的社会思想

一、杨朱其人及其史料

杨朱，又称阳子居，或阳生，魏国人，与孟子、梁惠王同时代，生卒年约为公元前400年至公元前330年。[①] 杨朱没有著作传于后世，其思想言论散见于《孟子》、《庄子》、《韩非子》、《吕氏春秋》、《淮南子》、《说苑》、《法言》、《论衡》，而以《列子·杨朱篇》所记载最为系统。但对于《列子·杨朱篇》所反映的思想，学者尚有较大争论，有人认为《杨朱篇》是魏晋时人所作，反映的是魏晋时人的思想[②]，也有人认为它确是当时记载杨朱言行的文章，后被编选《列子》一书的人强行拉入。[③] 我们认为，无论《列子·杨朱篇》是何时的作品，其属于杨朱学派的思想是可以肯定的。所以我们把《杨朱篇》和其他关于杨朱言行的记载一起论列，而称之为“杨朱学派”的社会思想。

二、杨朱学派社会思想的核心：“为我”与“贵己”

杨朱学派社会思想的核心是“为我”和“贵己”。《吕氏春秋·不二》篇说：“阳生贵己”，孟子说：“杨氏为我”[④]，都是对其社会思想之核心的总概括。在《老子》里，“名与身孰亲？身与货孰多”（四十四章），“圣人自知不自见，自爱不自贵”（七十二章）等，都是杨朱学说的思想渊源。

在杨朱学派的社会价值观中，认为第一个可宝贵的就是自我的生命。杨朱提出，我的生命为我所有，它对我的好处最大。论贵贱，天子的爵位不能同它相比；论轻重，天下的财富也不可以和它交换。论安危，一旦失去生命，终身不可再得到[⑤]。所以天下没有比生命更为重要的了。因此，《淮南子·氾训论》评论杨朱学派是以“全

---

① 参见钱穆：《先秦诸子系年》。

② 参见冯友兰：《中国哲学史》，168页；侯外庐：《中国思想通史》，第一卷，338页，北京，人民出版社，1957；杨荣国：《中国古代思想史》，187页。

③ 参见陈此生：《杨朱》，6页；吴泽：《杨朱考辨》，载《华东师大学报》，1975（2）。

④ 《孟子·滕文公下》。

⑤ 《吕氏春秋·重己》：“今吾生之为我有，而利我亦大矣。论其贵贱，爵为天子不足以比焉。论其轻重，富有天下不可以易之。论其安危，一曙失之，终身不复得。”

性保真，不以物累形”为宗旨的。“全性保真”就是强调生命的重要性，要人们重视生命，保全性命，保持生命的本真。为了全生，杨朱主张生、死、耳、口、鼻的欲望（“六欲”）都应得到适当的满足。如果六欲只得到一半满足，这是对生命的亏待，即“亏生”；六欲得不到满足，这是对生命的迫害，即“迫生”。但是，生命不能自然发展的障碍，是各种各样的贪欲，所以圣人必须首先对六欲有所节制，凡是对生命有害的欲求都要停止，这就是“贵生之术”。因此，杨朱既反对不要欲求的禁欲，也反对欲求无度的纵欲，二者都有害于生命。[①] 他认为，人生的真谛就是保护自己的生命，保持生命的本来面貌。[②]

这种贵生的观念很自然地引出了“为我”的思想。《列子·杨朱篇》说：“智之所贵，存我为贵。”存我，就是“为我”，以我为贵，其他都不屑一顾。这就涉及“我”同外物的关系问题。换句话说，我对别人、国家、天下是采取什么态度，我对外界财物采取怎样的态度？杨朱认为，我为贵，国家、天下都是末节。孟子评价杨朱的社会思想是，“杨子取为我，拔一毛而利天下不为也”[③]，为了社会的利益而损失自身的一根毫毛，他都不会同意。韩非也评论杨朱学派都是些不肯拿小腿上一根毫毛来换天下大利的“轻物重生之士”[④]。《列子·杨朱篇》对于这一核心思想，更作了进一步解释，认为一毛虽然很微小，但是它是自己身体的一个有机组成部分，而自己的身体才是属于自己的。不但拔一毛而利天下不为，即使是拔一毛而得天下，也是不能做的事情。[⑤]《淮南子》中的“不以物累形”，就是认为“天下大利”跟生命没法比，不能以外物牵累了自己的生命和身形。与此同时，杨朱也反对侵夺私有财物的行为[⑥]，这与他尊重生命，主张“为我”的思想是一脉相承的。

在这种思想支配下，杨朱学派阐述了个人本位的社会思想体系：

第一，一切伦理道德的评价都是不应考虑的。杨朱认为，人生在世，应生时尽其欢，荣辱富贵礼义都要舍弃。现实中的人们不明白这一点，为了长寿、名望、地位和物质享受而劳作不息，还要“畏鬼”、“畏人”、“畏威”、“畏刑”，这样前怕狼后怕虎，终其一生都要夹着尾巴做人，没有一点自主和自由，还有什么意思？作为一个顺命之人，应该不逆命，不矜贵，不要势，不贪富，任何外在的规范都不能制约他。

杨朱以历史上的人物来解释他的观点：舜、禹、周公、孔子“四圣”获得天下之美名，被誉为“圣人”，但事实上他们“生无一日之欢，死有万世之名”。虽然后世称颂他们，赞扬他们，可他们是并不知道的；而夏桀、商纣“二凶”是得了天下之恶名

---

① 参见吴乃恭：《孟子》，105页，长春，吉林文史出版社，1997。

② 《吕氏春秋·贵生》：“道之真，以持身；其余绪，以为国家。”

③ 《孟子·尽心上》。

④ 《韩非子·显学》。

⑤ 《列子·杨朱篇》：“禽子问杨朱曰：‘去子体之一毛以济一世，汝为之乎？’杨子曰：‘世固非一毛之所济。’禽子曰：‘假济，为之乎？’杨子弗应。禽子出，语孟孙阳。孟孙阳曰：‘子不达夫子之心，吾请言之。有侵若肌肤获万金者，若为之乎？’曰：‘为之。’孟孙阳曰：‘有断若一节得一国，子为之乎？’禽子默然有间。孟孙阳曰：‘一毛微于肌肤，肌肤微于一节，省矣。然则积一毛以成肌肤，积肌肤以成一节。一毛固一体万分中之一物，奈何轻之乎？’”

⑥ 《列子·杨朱篇》：“力之所贱，侵物为贱。”

的，但他们生有纵欲之欢，死后得到愚暴之名，后世唾骂他们，诋毁他们，可他们也是并不知道的。那“四圣”得到了美名，但实际自己所得到的却是痛苦；这“二凶”得到了恶名，但实际自己所得到的却是享受。相比之下，还是求得人生在世的享受来得实惠。[①] 因此，凡不利于自身的生理欲望的虚名，都应置之不问。

杨朱学派并不是根本不要一切“名”的，凡是有利于逸乐之“名”，还是要谋取的。[②] 其社会行为取向和价值取向的标准，就在于是否逸乐而顺性。如果是在“名＝尊荣＝ 逸乐＝ 顺性”而“无名＝卑辱＝优苦＝犯性”的公式下，这个“名”是要努力谋取的，而对于“守名而累实”的“名”，则决不可谋取。[③]

第二，一个人在处理自身与社会，自身与物质财富等关系时，应毫无例外地以“我”自身为第一重要。自己的身体是行为的主体，而社会只是行为的对象。自己的身体丧失了，就一切都谈不上了。[④] 物质财富和自身的关系也是如此。物质财富是用来滋养人的自然性的，而不能损害人的自然性去谋取物质利益。否则，人的任何行为都不能达到预期目的。[⑤]

第三，个人享乐主义倾向。他们讥讽那些遑遑然而“竞一时之虚誉，规死后之余荣”的行为，是“徒失当年之至乐，不能自肆于一时”，是和“重囚累梏”无异的。认为人生的至乐就是“美厚”与“声色”。为达此目的，就不能有任何刑赏名法等社会规范来控制社会，限制人的行为，而应使人们都能“从心而动，不违自然所好……从性而游，不逆万物所好”[⑥]，这才可以达到人生的目的，才叫做人生。他们以这样的社会价值观看待人们的社会生活，甚至把人一生的绝大部分都作为非真正意义上的人生。

杨朱认为，在世界上生存百年的是长寿者，而他所能得到的真正意义上的人生竟非常之少，其他人就自然更少得可怜了。所以必须抓紧时间，及时逸乐。能得到这个实惠，即使少活些年也是值得的。[⑦] 许地山认为，杨朱的这种及时行乐的人生理想并非表达极端纵欲主义的思想，“杨朱所以主张保全生命，只因人生不乐，凡有造作，皆足以增加苦痛，不如任其自然更好。”[⑧] 故此，杨朱学派竭力宣扬，人生在世，“十年亦死，百年亦死；仁圣亦死，凶愚亦死。生则尧舜，死则腐骨；生则桀纣，死则腐骨。腐骨一矣，孰知其异？且趣当生，奚遑死后”[⑨]！无论你活在世上时是仁义之至，

---

① 参见《列子·杨朱篇》。

② 《列子·杨朱篇》：“今有名则尊荣，亡名则卑辱。尊荣则逸乐，卑辱则忧苦。忧苦，犯性者也；逸乐，顺性者也。斯实之所系也。”

③ 参见《列子·杨朱篇》。

④ 《吕氏春秋·审为》：“身者，所为也；天下者，所以为也。审（所为）所以为，而轻重得矣。”

⑤ 《吕氏春秋·本生》：“物也者，所以养性也，非所以性养也。今世之人，惑者多以性养物，则不知轻重也。不知轻重，则重者为轻，轻者为重矣。若此，则每动无不败。”

⑥ 《列子·杨朱篇》。

⑦ 《列子·杨朱篇》：“百年，寿之大齐。得百年者千无一焉。设有一者，孩抱以逮昏老，几居其半矣。夜眠之所弭，昼觉之所遗，又几居其半矣。痛疾哀苦，亡失忧惧，又几居其半矣。量十数年之中，逌然而自得，亡介焉之虑者，亦亡一时之中尔。”

⑧ 许地山：《道教史》，45 页，上海，华东师范大学出版社，1996。

⑨ 《列子·杨朱篇》。

还是残暴至极，死后同样是一把烂骨头。因而，只要能在生存的时候得到逸乐，至于死后的遗体，被怎样处理都用不着考虑，不必追求儒家所说的厚葬，而应如道家般看破生死，随遇而安好了。[①]

可见，杨朱学派的处世态度是极端个人主义的享乐主义，其社会价值观念总是把“我”放在最重要的位置。这是一种社会变革过程中没落阶级的趋于颓废的社会思想。

三、论“为我”主义的社会功能

杨朱学派提倡“为我”和个人享乐，并不是根本没有看到社会生活秩序的存在，而是因为他们认为只有把人作为生物性的人，以“为我”为目的而构成的社会关系模式，客观上才对社会秩序有益。

第一，认为只有人人“为我”、“贵己”，才能收到“公天下之物”的社会效果。杨朱学派认为，人人都应“为我”，但一个人生存，是自然的产物，即“身非我有也”。自然既产生了我的身体，我就不得不想尽办法保全它。同样，物质利益也并非我所有，但既然有了，就不能随意放弃。不过，杨朱还是坚持了老子“生而不有，为而不恃”的思想，主张对生命和物质利益采取达观、开放的态度[②]。如果过分看重自己的身体和物质利益，就会为私身私物而去掠夺别人，难以成为一个“公天下之身，公天下之物”的至人。

这里杨朱学派否定了私有财产，这和他的“为我”思想并不矛盾。在这一点上，并不是他们发现了私有制的罪恶，而完全是从自然主义出发看问题的。自身和财物都是自然的产物，人活在世上就应“当身之娱”，能享受一天就享受一天。以此为人生的真谛，私有财产自然就成了累赘，所以要“公天下之物”。甚至他们还反对“为子孙留财”的遗产继承制度，而主张散余财，把先人的遗产在自己享用之余，“先散之宗族；宗族之余，次散之邑里；邑里之余，乃散之一国”[③]，认为这样就能使更多的人“勤能使逸，饥能使饱，寒能使温，穷能使达”，达到享乐的目的。因此，我们不能把杨朱学派的“为我”、“贵己”理解为只顾自己有利而不管别人，否则，杨朱学派不可能在战国初年成为显学。

第二，认为社会上人人都“为我”、“贵己”，具有社会控制的功能。因为人们都“为我”、“贵己”，就不会去做有害于自己的事，就会节制不利于己的欲望。他们认为，人们耳欲五声，目欲五色，口欲五味，就是人们欲望的“情”。这些欲望，无论是贵贱、愚智、贤不肖，无论是神农、黄帝，还是夏桀、商纣，都是同样具有的，圣人与恶人不同之处，就在于能“得其情”，适度、适量地满足这些欲望，关键是必须从贵生出发。这是人们“死生存亡之本”，是万万不可忽视的。[④] 因此，杨朱学

① 《列子·杨朱篇》：“焚之亦可，沉之亦可，瘗之亦可，露之亦可，衣薪而弃诸沟壑亦可，衮衣绣裳而纳诸石椁亦可，唯所遇焉。”

② 《列子·杨朱篇》：“虽全生身，不可有其身，虽不去物，不可有其物。”

③ 《列子·杨朱篇》。

④ 《吕氏春秋·情欲》。

派才“深虑天下，莫贵于生”。只要人人贵生，即便人人都有欲望，也会因为贵生的观念而自觉对欲望进行有效制约，做到趋利避害。这就是所谓“全性之道”①。

如果人们都掌握了“全性之道”，就不会以物累形，煞费苦心去谋取有害于生命的利益了。人人都自觉这样做，儒家的仁、义、礼、智等社会道德规范及一切行为规范又有什么用呢？他们以为只有以“为我”、“贵己”为准则而节制各种欲望，所实现的社会控制，才是最自觉、最有理性的。

第三，认为人人都“为我”、“贵己”，各种社会问题才能得以根本解决。杨朱学派认为，社会问题之所以会发生，就是因为人民拼命去追求社会认同的婚姻、长寿、美名、官位和财物等事物所致。解决这个问题的根本方法，就是摆脱现实社会的价值标准，重视生命的自由，把自己的生死和一切牢牢地掌握在自己的手中。他们强调，如果人们没有结婚和做官的欲望，情欲就减少了一半；如果人们都不按照阶级的标准吃饭穿衣，就不会有君有臣和各种社会等级的划分。但人们大都贪图“丰屋、美服、厚味、姣色”、寿、名、位、货等东西，这是有害于人们自然性的，而由此所产生的“忠”、“孝”、“廉”、“耻”等各种伦理道德、行为规范，更是有害于人的自然性的。只有都从“为我”、“贵己”出发，取消一切社会规范，才能达到人、我皆安，“物己兼利”的社会效果。

按杨朱学派的社会设计，人们都以自利思想来要求自己，不但拔一毛利天下不为，就是悉天下奉一身也不取，社会照样向着繁荣昌盛的方向发展。② 因为如果悉天下奉一身，也就会损害社会上的其他人以利己，人人都为我、贵己，也就人人不损天下之人以利己了。社会也就因此得以治理了。

总之，杨朱这一派的人缺乏墨家人士兼相爱的大丈夫气概，他们对战争频仍的战国时期的社会变革充满了失望，却又没有勇气和能力承担拯救社会、建设新社会的责任。为了保护自己的利益不受侵犯，他们采取明哲保身的处世态度，并企图以此为宗旨，形成一个人人“为我”而又天下大治的社会。其实，这也是一种乌托邦社会。在春秋战国时代，人们在社会生活中的相互关系越来越强调分工、协作和竞争，越来越强调首先从社会利益的角度分析问题，调整自己的行为。以人人“为我”、“贵己”为内容形成的社会关系结构作为前提的“天下大治”，显然不合时宜。因此孟子评论道，墨子倡兼爱，就是无父，杨朱倡为我就是无君。人如无父无君，就与禽兽无异了！当人们从杨朱的思想中反省过来时，就会服膺儒家的思想，自觉地以天下为己任，强调一种人我关系中庸、仁爱的社会理想。③

本章要点

1. 墨子认识到人类社会生活的基础是物质资料的生产，没有生产劳动也就没有人类的社会生活，这是人类所以区别于禽兽的根本。由于人类过着群体的社会生活，

---

① 《吕氏春秋·本生》。

② 《列子·杨朱篇》：“损一毫利天下不与也，悉天下奉一身不取也。人人不损一毫，人人不利天下，天下治矣。”

③ 《孟子·尽心下》：“逃墨必归于杨，逃杨必归于儒。”

就需要规定出规范人们行为的制度，这就是墨子所谓“义”。而要保证人们都按社会所公认的正当行为——“义”办事，就又需要有一套社会组织，这就是墨子所谓的“政长”制。

2. 墨子论述了当时的社会问题：(1) 指出劳动者的三大疾苦，并认为产生此问题的根源是社会不平等；(2) 批评了社会没有一个统一的伦理道德和行为规范而出现的怪现象；(3) 社会关系的失调就成为危害社会的祸患；(4) 统治者任人唯亲。

3. 墨子为管理社会方案立下宗旨，即“求兴天下之利，除天下之害”，并提出因地制宜，针对各诸侯国的不同社会问题提出不同的方案。在此基础上，墨子还提出管理社会的几项原则：(1) 必须体察下情，这是社会治乱的根本；(2) 要有一定的步骤；(3) 要制定统一的社会行为规范和社会价值取向；(4) 要鼓励人民自由竞争，努力成为生活的强者、社会的贤者；(5) 必须注重调整人与人的关系。

4. 墨子构想的理想社会是一个“兼爱”、“尚同”的社会：(1) 人际关系是不分亲疏，互相关爱，形成“爱无差等”的“兼相爱”的关系；(2) 是一个人人劳动，有财相分的社会；(3) 是一个没有战乱和纷争的和平社会；(4) 各级社会管理者都由“贤者”担任。

5. 墨子的社会控制思想包括政治的与宗教的两种方式。前者主要靠赏罚来完成，而后者主要借助“天”与“鬼”的威力协助人类完成控制社会的工作。

6. 杨朱的“为我”社会思想体系：(1) 一切伦理道德的评价都是不应考虑的；(2) 一个人在处理自身与社会，自身与物质财富等关系时，应是无例外地以“我”自身为第一重要的；(3) 个人享乐主义倾向。

7. 杨朱“为我”的社会功能：(1) 认为只有人人“为我”、“贵己”，才能收到“公天下之物”的社会效果；(2) 认为社会上人人都“为我”、“贵己”，具有社会控制的功能；(3) 认为人人都“为我”、“贵己”，各种社会问题才能得以根本解决。

复习思考题

1. 墨子“兼爱”论的主要内容及其与儒家“仁爱”的区别是什么？
2. 墨子社会控制思想的特点是什么？
3. 墨子对社会问题考察的总体特点有哪些？
4. 杨朱所说的“为我”的社会功能有哪些？

推荐阅读书目

1.《墨子》(各版本均可。以今人译注本为好，如李渔叔《墨子今注今译》、周才珠《墨子全译》、吴毓江《墨子校注》等均可读)。

2.《列子·杨朱篇》(杨伯峻《列子集释》，严北溟、严捷《列子译注》均可)。

3. 周长耀：《墨子思想之研究》，台北，正中书局，1982。

4. 周富美：《救世的苦行者——墨子》，海口，三环出版社，1992。

第八章

“法后王”以改造社会秩序的荀子及韩非法家社会思想

春秋战国时期，法家思想的诞生不是一朝一夕的事情，而是时代递嬗的产物。“当时现实政治之一种趋势，为贵族政治趋于君主专制政治，由人治礼治趋于法治。”① 在礼与乐逐渐丧失维系社会秩序功能的过程中，一群有志之士崛起于时代，怀抱着高度的使命感，追求心中完美的社会政治理想。他们定义人之性恶，倡导刑法，反对德治，常为后世误解为刻薄寡恩或猜忍之人。事实上，法家人物实事求是重实际，讲求效率重法令，都是因应富国强兵目的的主张，他们为国努力、奉献的精神应值得肯定。

法家来自儒家，这可从法家人物如韩非子、李斯从学于儒家荀子之学，以及吴起受业于曾子等证明。从具体社会历史条件推论，战国之时，显学为儒墨而已，因此吴起、韩非之辈在当时受业于儒家是非常自然的事情，不过在社会变迁过程中，他们领悟时代的要求，发展出不同的主张，形成后世所称的法家思想。同时，也应注意到，儒家中人亦也有讲求实际、重视效率，以国为重之士，其观点主张接近于法家人物，为主张法家思想者所喜好、崇尚。荀子与韩非子的关系大概就是这样的。

第一节 荀子的社会思想

荀子名况，字卿，也叫孙卿，战国末期赵国人，曾长期游学于齐，是著名的“稷下学宫”后期的领袖人物，战国时期杰出的思想家，生卒年不可考。据清代人汪中《荀卿子年表》，约为公元前 298 年至公元前 238 年。他的思想保存在《荀子》一书中。

荀子所处的时代，正当社会大变革的战国末叶，新兴地主阶级地位上升，全国统一的封建政权即将形成，割据局面即将结束。他的思想倾向于统治阶层，反映了时代

① 冯友兰：《中国哲学史》，383 页。

的特色，试图为现实的统治者谋划切实可行的治国之策。因此，他既没有孔子对僭越者“是可忍，孰不可忍”的愤慨，也没有孟子对穷兵黩武者“率野兽而食人”的痛斥。他冷静地为统治者出谋划策，在其所撰《王制》、《富国》、《王霸》、《君道》、《臣道》、《致士》、《议兵》、《强国》、《解蔽》、《正名》、《成相》、《大略》等篇中，直接向统治者陈述治国兴邦之道。与诸子百家的救世之术相比较，荀子的社会思想更为具体、系统，切合实际，只有法家可与之比肩，其他诸家学说则不免鼓荡着过多的不切实际的乌托邦精神。汉以后历代统治者“杂糅王霸”的治国之道，其实并不像是孔孟申韩之学的结合，而是更近于荀子的学说。

荀子与孟子同是战国时代继承和发展孔子思想的儒者，从儒学发展阶段言之，荀子处于一个儒学自觉反思的时代，具有与孔、孟不同的历史任务。孔子建构儒学时尚没有足够强大的“异端邪说”，他所面对的主要是“礼崩乐坏”的社会现实，所以他凭借丰富的文化资源就可以以“立法者”（齐格蒙·鲍曼语）的姿态言说。孟子之时各派学说均已成熟，有些学说还得到诸侯们的采纳，秦国用商鞅之法，楚国用吴起之术，齐国用孙膑之学都取得了巨大成效，孟子必须与各种学说进行辩论以争取儒学的发展空间。所以，他必须同时充当辩者与“立法者”的双重角色。孔子作为学说创立者，只要讲应该如何就可以了；孟子则要不厌其烦地讲为什么要如此。这也就是孟子的学说在学理上远比孔子细密深刻的原因。到了荀子的时代，则不仅百家之学众声喧哗，而且儒学本身的发展也出现了不同的流派，故而他不仅要充当“辩者”与“立法者”的双重角色，而且还要对儒学本身进行反思——思考如何超越儒学不为世所用的困境并寻求使之成为真正的经世之学的可能途径。因此，对儒学本身的反思和在坚持儒学基本精神的前提下吸收其他学说的合理因素，将儒学建构成一种既有超越的乌托邦精神又具有现实有效性的社会意识形态就成了荀子学说的主旨所在。[①]

一、欲望论

先秦思想家谈及人类的物质欲望者很多，但大都浅尝辄止，没有深刻地加以研究。儒家从孔子开始关注欲望问题[②]，但孔孟对欲望本身都没有再做进一步分析，只是要求人们节欲或寡欲。墨子对欲望本身无所论列，而说要使人们的最基本的生存欲望得到满足。至于主张享乐主义的杨朱学派和主张无欲、绝欲的老庄学派，对欲望本身也语焉不详。其他思想家，如管子、商鞅，也只是提及欲望问题而已。直到荀子，才对人类欲望问题作了细致而独到的分析研究。

荀子的基础命题是“人生而有欲”[③]。人们的物质欲望是生来就有的，具体表现在饥饿则思食，寒冷则思保暖，劳累则思休息等，一言以蔽之就是趋利避害[④]。荀子

① 李春青:《荀学与思孟学派的差异及荀子诗学的独特性》，载《三峡大学学报》（人文社会科学版），2004（2）。

② 《论语·里仁》:“富与贵，是人之所欲也……贫与贱，是人之所恶也。”

③ 《荀子·礼论》。

④ 《荀子·非相》:“饥而欲食，寒而欲暖，劳而欲息，好利而恶害，是人之所生而有也。”

为了从个人内在心理的角度说明欲望的问题，进而界定了性、情、欲的区别。他认为，“性”是人天生就有的生理机能，即天性，而“情”（感情）是“性”的心理本质，即人之常情；“欲”则是“情”的具体心理反应，即欲望。① 由此可见，荀子的所谓人性是以人的自然性为核心的。

荀子认为，人的生理欲望是永不满足的。② 一方面，人总是“薄愿厚，恶愿美，狭愿广，贫愿富，贱愿贵”③；另一方面，当基本欲望（饥而欲食，寒而欲暖，劳而欲息）得到满足后，人们又会产生新的、更高层次的欲望和需求。④ 人的欲望就是这样“穷年累世不知足”⑤ 的，而那些要先使人们去欲、寡欲而后能管理社会秩序的说法，简直是冬烘夫子之见，不符合人们的心理，因而也自然不会有成效。⑥

那么完全顺乎人的生理欲望能行吗？荀子以为不可。他说，如果听凭个人予取予求，让自利之心不受约束，必然会出现严重的社会冲突。⑦ 因为人们欲望得不到满足就不能不去求取，求取无度，没有制度、规则的约束，势必发生利益冲突，破坏社会秩序，最终导致个人的困窘。⑧

荀子认为，解决问题的方法不在节“欲”，而在于节“求”。所谓“求”，就是人们用来满足欲望的一系列行为。荀子关于“求”的论述是很精辟的。他把人的欲望本身和用来满足欲望的一系列行为过程区分开来，认为欲望是不可节制的，是不知足的，欲望本身是人的自然生理现象，它的构成并不以有无满足它的可能性为前提。但是，人们的“求”与“欲”不同。人们并不是只根据自己的生理欲望而活动，还要经过理性的思维，进行判断，然后才决定是否可“求”，是否去“求”。

既然人们的“求”是经过思维判断后采取的用以满足欲望的一系列行为，那么，“求”和作为生理机能的“欲”，在范围上显然是有区别的。前者范围小而且是可以确定边界的，后者范围大甚至是没办法确定边界的。更重要的区别是，“欲”是生理性的，而“求”是社会性的。他认为，解决人的欲望的问题，不能去限制生理性的“欲”，但可以在“求”上做文章。所以他得出结论：“欲虽不可去，求可节也。”这样一来，荀子就在人类欲望问题的研究上向前迈进了新的一步。

荀子认为，人们既然在一定的社会群体中生活，就必须节“求”，以保证群体生活的良好秩序。如何节“求”呢？荀子以为有两种方法：

第一，以“理”和“道”节求。既然人之所“求”是经过思维分析判断的，那么人们对欲望有所节制，是因为自己认为不可求而制止的，这里面就有个“理”和“道”的问题，人们是在以是否合理、是否合于天道为依据分析判断欲是否可以谋求

① 《荀子·正名》：“性者，天之就也；情者，性之质也；欲者，情之应也。”

② 《荀子·正论》：“人之情，为欲多而不欲寡。”

③ 《荀子·性恶》。

④ 《荀子·荣辱》：“食欲有刍豢，衣欲有文绣，行欲有舆马，又欲夫余财蓄积之富也”。

⑤ 《荀子·荣辱》。

⑥ 《荀子·正名》：“凡语治而待去欲者，无以道（导）欲而困于有欲者也。凡语治而待寡欲者，无以节欲而困于多欲者也。”

⑦ 《荀子·性恶》：“从人之性，顺人之情，必出于争夺。”

⑧ 《荀子·礼论》：“欲而不得，则不能无求；求而无度量分界，则不能不争；争则乱，乱则穷。”

的。如果是合理的求，欲望再多也不会影响社会秩序；否则，就伤害到正常社会秩序。人的所欲能否来，所恶能否去，都是以“道”和“理”来决定的。但要懂得“道”和“理”，就需要有知识，为此荀子又强调人们学习知识[①]，荀子作《劝学》篇，要人们学习的也就是“道”和“理”。

第二，以权衡欲与恶、利与害节“求”。人们的“求”是为了满足欲望，可有所求时，应当先考虑到这种行为的结果是否会适得其反，不得所欲而得所恶？欲是求的动因，而欲的满足又是求的目的，以能否达到目的来权衡这种行为的可行性。[②] 这种思想就是韦伯所说的理性主义原则。

荀子认为，如果人们都按这两种办法来节求，那么，社会就不会有因人的生理欲望不知满足而引起的冲突与混乱，以致危及人类的群体生活了。荀子的欲望论远高于当时其他思想家对这个问题的研究水平，是对欲望论的一大贡献。

纵观其欲望论，有以下几个特点：

（1）他把物质欲望本身与通过理性的思维决定的“求”区分开来，认为虽然人们的全部欲望不可满足，而经过思维判断的合乎“理”的一部分欲望是可以满足的，这是他对欲望论的一大贡献。

（2）他认为合理的欲不应“去”或“节”，而应予以满足。天子的欲望不算多，守门人的欲望不算少。只要合理，天子的欲望虽多，也不应加以限制；同时也不能因守门人的下贱而不允许其满足合理的欲望。因而，荀子无形中找到了欲望问题的阶级分野，阶级的或等级的差别成了判断欲望是否合理的标准，他承认了社会不平等现象的合理性，为新兴地主阶级的统治和欲望的满足找到了理论依据。

（3）判断用以满足欲望的行为“求”是否合理，虽然有“道”和“理”作依据，但最后判断是在于人的思维和理性。如果判定某些欲望是合理的，那么欲望虽多也是无伤于社会秩序的，否则，欲望虽少也会引起社会混乱，可见，他高估了人的思维和人的主观理性判断的作用。

基于以上分析，我们认为，在充分肯定荀子对欲望论的贡献的同时，也要看到：其一，荀子的欲望论最终还是为新兴地主阶级的统治服务的，他混淆了地主阶级的欲望满足与封建农民的欲望满足之间的矛盾，掩盖了阶级冲突的动因；其二，荀子的欲望论夸大了意识和人的主观理性判断的作用，夸大了他所谓“道”与“理”的功能。

二、性恶论

荀子的性恶论和欲望论紧密相关，性恶论是以欲望论为基础的。

荀子主张人性恶。他把那些符合社会伦理规范的行为叫作“善”，把不合这些规

---

① 以上俱见《荀子·正名》。

② 《荀子·不苟》：“欲恶取舍之权——见其可欲也，则必前后虑其可恶也者；见其可利也，则必前后虑其可害也者，而兼权之，孰计之，然后定其欲恶取舍，如是则常不失陷矣。凡人之患，偏伤之也，见其可欲也，则不虑其可恶也者，见其可利也，则不顾其可害也者。是以动则必陷，为则必辱，是偏伤之患也。”

范的越轨行为叫作“恶”，认为人性是自然而有的先天性的本能，本来不包括什么尊尊、亲亲、守法、循礼等品质，所以人性本恶。特别是人的生物本性决定了人们的欲望是“不知足”的，而不知足就必然破坏社会秩序，所以人性在社会现实中也往往表现出恶的一面，见利忘义，破坏伦理道德、社会规范的事情时有发生，冲撞着以礼义、忠信等核心的社会秩序。① 如果一味地从人性、顺人性，一切社会规范就会失去其功能和意义，人们必然出现很多破坏社会群体生活的行为②，社会也就不称其为社会了！

和欲望论一样，荀子认为，人性之恶是无法彻底改变的，但是可以用“伪”来抑制人的恶性而使之归于善。这就是“人之性恶，其善者伪也”。性是天生的，天然质朴的；伪是人为的，是一个群体的道德、文化集合。没有天然之人性则“伪”就失去了发挥功能的基础，没有了“伪”则人性也难以在现实社会生活中舒展。③ 用人为之“伪”来诱导、抑制天生的性，从而使天性与文化、道德有机结合的结果就是善行。为塑造适合社会群体生活的人，性和伪就成为不可分割的一个整体了。

荀子认为，人类天然之性恶，禹、桀概莫能外，而禹为圣人，桀为暴君，全是后天的“伪”所造成的。因此，任何人都可以成为圣人君子。④ 禹之所以成为圣人君子，是由于他的行为“仁义法正”，而仁义法正是人人都可以做到的。任何人只要能努力学习，专心致志，按人为的社会规范行事，积善而不息，就能成为圣人君子。⑤ 因而，人之性恶并不可怕，只要能有效地诱导和抑制，人们都可以成为社会规范的模范遵守者。

荀子和孟子的人性论是截然不同的，但他们都是对孔子“性相近，习相远”之人性论的发展。不过，如果说“荀子的性恶论是孟子性善论的反对命题”⑥，也不太符合事实，因为荀子的“性”和孟子的“性”内涵是不尽相同的。荀子的“性”主要是指人的生理本能，即人的自然性，而孟子的“性”主要是指人的社会性。“性”的概念和内涵不同，那么由此而推出的结果是不可简单作比较的。另外，荀子还不能真正了解人的社会性，只把人看作个体的生物的人，而不能看到人性的阶级内容。因此他和孟子一样，都不能明确地区分出人的自然性和社会性，以及人的生理要求与人的道德品质之间的关系。

三、社会群体论

人们为了更好地生存和发展，不能离群索居。正如孙本文所说：“人类必在社会

① 《荀子·性恶》：“今人之性，生而有好利焉，顺是，故争夺生而辞让亡焉；生而有疾恶焉，顺是，故残贼生而忠信亡焉；生而有耳目之欲，有好声色焉，顺是，故淫乱生而礼义文理亡焉。然则从人之性，顺人之情，必出于争夺，合于犯分乱理而归于暴。”

② 参见程伯群：《中国社会思想史》，27页。

③ 《荀子·礼论》：“性者，本始材朴也；伪者，文理隆盛也。无性则伪之无所加，无伪则性不能自美。”

④ 《荀子·性恶》：“涂（途）之人可以为禹。”

⑤ 《荀子·儒效》：“涂之人百姓，积善而全尽，谓之圣人。”

⑥ 侯外庐：《中国思想通史》，第一卷，573页。

中方能生存，又必有赖于社会生活，方能征服自然，使社会日趋发达。”[①] 群体生活是人类生产、生存和发展的需要，与此相应产生了社会群体结构。随着社会的变迁，人们生产、生存需求不断增加，社会群体的内部结构也越来越复杂，从初级社会群体直至有领导、有目的、有纲领的社会组织，从层次到类型都越来越多。可以说，人就是群体动物。

两千年前，荀子就已经发现了人类生活的这一奥秘，提出了“人生不能无群”的命题。他指出，人力不如牛，跑不如马，而牛马却为人所用，原因何在呢？是否因为人只有两只脚而身上无毛呢？显然不是。[②] 荀子认为，人之区别于禽兽的根本原因在于人能够产生功能强大的群体组织，一般动物则达不到这个程度。[③] 人类之所以能如此，是因为有“分”有“辨”，分就是指人们在群体中被赋予不同的社会地位和社会分工；辨就是指君臣、父子、兄弟、男女等不同社会角色之间的区别和分位。这就是荀子所说的“人道莫不有辨。辨莫大于分”[④]。人类社会是靠社会地位和社会分工来满足每个人的生活、生产需要的，如果人们不服从于社会分工和社会角色、地位，各自纵欲而行，自利而为，这个社会群体也就崩溃了，人亦与禽兽无别了。[⑤]

荀子社会群体论的理论基础和性恶论一样，是他的欲望论。因为人生而有欲，欲多物寡，为了物质欲望的满足难免会产生争斗。在社会发展的过程中，人类意识到，个体离开群体的合作必将陷入穷困，群体没有地位、角色的规范则必将陷入纷争，照样不能满足个人的欲望。这就是人类社会“不能无群”的原因。

为使群体得以维持和发展，就需要制定出社会规范，把各种分工关系和各种社会角色的职责与义务都固定下来，这就是所谓“分”了。荀子极为重视“分”的社会功能。他指出，如果没有“分”，无论是在经济生活、政治生活，还是社会生活、家庭生活中都会出现种种失调现象，发生严重的社会问题[⑥]，所以他把“无分”视为社会的“大害”，把“有分”称作社会的根本利益。[⑦]

那么，靠什么来实行“分”呢？荀子以为要靠“义”，义就是社会正当行为规范。在社会群体中，各种社会地位、角色和分工都必须靠社会行为规范来实行，各种关系才能和谐，行为才能一致，社会群体才能力量强大，人们才能利用群体的力量战胜自然灾害和其他动物，取得生存发展的机会[⑧]。反之，将走上灭亡的不归路。因此，人类为了生存和发展而组成的社会群体是须臾不可离礼义的。荀子进一步指出，群体发

---

① 孙本文：《社会学原理》，1页。

② 参见《荀子·非相》。

③ 《荀子·王制》：“人能群，彼不能群也。”

④ 《荀子·非相》。

⑤ 《荀子·富国》：“天下害生纵欲。欲恶同物，欲多而物寡，寡则必争矣。故百技所成，所以养一人也；而能不能兼技，人不能兼官，离居不相待则穷，群而无分则争。穷者患也，争者祸也。救患除祸，则莫若明分使群矣。”

⑥ 《荀子·富国》：“强胁弱也，知惧愚也；民下违上，少陵长，不以德为政：如是，则老弱有失养之忧，而壮者有分争之祸矣。事业，所恶也；功利，所好也；职业无分：如是，则人有树事之患，而有争功之祸矣。男女之合，夫妇之分，婚姻娉内，送逆无礼：如是，则人有失合之忧，而有争色之祸矣。故知者为之分也。”

⑦ 《荀子·富国》。

⑧ 《荀子·王制》：“义以分则和，和则一，一则多力，多力则强，强则胜物。”

展需要领袖。在现实社会中，人君是合和群众①、掌管社会分工的关键人物，应该给予很高的声誉和地位。② 荀子关于“义”与“分”的思考，丰富了孔孟关于“义”与“和”的思想。

四、论人的社会化

人的社会化是一个过程。荀子欲望论中的“节求”，性恶论中的“伪”，群体论中的“分”，都是一个生物学上的人经过社会的陶冶才能学得的行为。而一个多欲、性恶、自私的人，要成为社会群体中的一分子，自觉遵守社会规范，不是一件轻而易举的事。于是荀子竭力劝诱人们去学习符合社会需要的善行，煞费苦心地寻找人的社会化的途径。他找到的使人社会化的主要途径有以下数种：

第一，教育。荀子极为重视教育对人的社会化的功能。有上好的素质，还必须通过社会教育，才能成为对社会群体最有益的人，如果没有良好的教育体制，个人没有机会获得社会规范和老师的教育，那么聪明人也会沦为小偷，胆大者也会成为强盗，智商越高对社会的危害越严重。如果教育体制健全，个人可以获得教育资源和良好的教育环境，聪明的人可以迅速通达道德伦理规范，勇敢者可以迅速获得权威，智商越高对社会的贡献就越大。所以，“有师法者，人之大宝也”③。

第二，社会环境。荀子认为，世上所谓君子，并不是生来就有什么特别之处，而是后天学习的结果。人在学习过程中，除师长教导之外，还有社会环境熏陶起着非常重要的作用。不同的社会环境，可能造就出不同类型的人，“蓬生麻中，不扶而直；白沙在涅，与之俱黑”④。在人的社会化及再社会化过程中，社会环境的作用都是不可忽视的。因而荀子告诫人们说：“故君子居必择乡，游必就士，所以防邪僻而近中正也。”⑤ 所谓中正，也就是合乎社会规范的楷模。现代社会学和社会心理学都极为重视社会环境对人的社会化及人的社会心理的影响，其实两千年前的荀子就已注意到这一点了。

第三，“积靡”。人们要抑制本性，学得社会所需的礼、义等规范，模仿是极重要的方法之一。经常模仿，就会化社会规范为自觉行动，这就是荀子所谓的“积靡”。“靡”是顺从的意思。“积靡”思想表明，荀子认识到模仿是一个长期的过程，个体要成为社会中的一个角色，无论士农工商都要经过一个长时间的、精心的模仿阶段，对前人的经验或模范有足够的亲身体验。⑥

---

① 《荀子·富国》：“君者何也？曰：能群者也。”

② 《荀子·富国》：“而人君者，所以管分之枢要也。故美之者，是美天下之本也；安之者，是安天下之本也；贵之者，是贵天下之本也。”

③ 《荀子·儒效》。

④ 《荀子·劝学》。

⑤ 同上。

⑥ 《荀子·儒效》：“积土而为山，积水而为海，旦暮积谓之岁。至高谓之天，至下谓之地，宇中六指谓之极。涂之人百姓，积善而全尽，谓之圣人。彼求之而后得，为之而后成，积之而后高，尽之而后圣。故圣人也者，人之所积也。人积耨耕而为农夫，积斫削而为工匠，积反货而为商贾，积礼义而为君子。工匠之子莫不继事，而都国之民安习其服。居楚而楚，居越而越，居夏而夏。是非天性也，积靡使然也。”

“积靡”就是“积摩”。《礼记·学记》说：“相观而善谓之摩”，也就是模仿。把模仿到的善行积累起来，就能成为圣人了。而模仿经常是少者模仿长者的行为，社会下层模仿社会上层的行为，被统治者模仿统治者的行为，这就要求社会统治者、社会上层或长者努力“修身”，以作为被统治者、社会下层、少者的模仿典范。①

第四，“注错习俗”。注错是安排处理之意。荀子所谓“注错”，是按一定社会价值观念而有选择地对社会提供各种典范的模仿行为。习俗即社会的风俗习惯。荀子认为，人们的生理机能和欲望都是相同的，是生而有之的，但社会上出现了各种人格类型、各种职业的人，则是“注错习俗”造成的。社会学研究已经表明，不同的社会环境会产生不同的社会习俗，它们对于个体的社会化具有重要影响。在荀子看来，有些地方为个体提供成贤成圣的习俗，有些地方为个体提供了犯罪的样板，有些地方为个体提供成为工商业者的习俗，而更多的地方为个体提供的是成为农夫的习俗。那些顺应社会习俗，选择善行而模仿者，就成为尧舜；选择恶行而模仿者，就成为桀跖；选择工匠作为模仿的典范，就只能成为工匠；选择农夫、商贾作为模仿的典范，只能成为农夫、商贾。所以，风俗习惯不同，人们社会化的结果也不相同②。因为“注错习俗”有“化性”、“移志”、“移质”的功能，人们如果能“谨注错，慎习俗，大积靡，则为君子矣”③。

第五，规定社会角色的行为标准。给各种社会角色制定出行为标准，才便于社会和自己鉴定其学习“善行”所达到的程度。荀子很重视这一环，并设计了不少角色标准。他在《君道篇》中设置了为人君，为人臣，为人父，为人子，为人兄，为人弟，为人夫，为人妻等各种行为标准，又进而把同一角色不同行为作了不同的社会价值评定。如他对“士”这一社会角色按其不同行为界定为通士、公士、直士、悫士、小人。他提醒世人，对于这五种行为模式的分野，一定要十分注意，它是区分士人贤与不肖的标准。④

另外，荀子又把同一种社会行为由不同角色的人实践所造成的不同表现予以论列，以使人们通过行为表现鉴定其社会化所达到的级次。如：人有气力有胆量称为“勇”，它是在任何人身上都可能存在的。荀子认为，不同的社会角色，其勇的内容和形式都是不相同的，他说：“有狗彘之勇”，“有贾盗之勇”，“有小人之勇”，“有士君子之勇”。同样是勇，但表现不同，凡是“争饮食，无廉耻，不知是非，不辟死伤，不畏众强，牟牟然惟利饮食之见，是狗彘之勇也；为事利，争货财，无辞让，果敢而振，猛贪而戾，牟牟然惟利之见，是贾盗之勇也；轻死而暴，是小人之勇也；义之所在，不倾于权，不顾其利，举国而与之不为改视，重死持义而不桡，是士君子之勇也”⑤。

---

① 《荀子·君道》：“君者仪也，民者景也，仪正而景正。君者盘也，民者水也，盘圆而水圆。君射则臣决，楚庄王好细腰，故朝有饿人。”

② 《荀子·荣辱》：“越人安越，楚人安楚，君子安雅，是非知能材性然也，是注错习俗之节异也。”

③ 《荀子·儒效》。

④ 《荀子·不苟》：“上则能尊君，下则能爱民，物至而应，事起而辨”的是“通士”；“不下比以暗上，不上同以疾下，分争于中，不以私害之”的是“公士”；“身之所长，上虽不知，不以悖君；身之所短，上虽不知，不以取赏，长短不饰，以情自竭”的是“直士”；“庸言必信之，庸行必慎之，畏法流俗，而不敢以其所独甚”的是“悫士”；而“言无常信，行无常贞，惟利所在，无所不倾”的是“小人”。

⑤ 《荀子·荣辱》。

荀子所制定的社会角色的行为标准，和孔子、孟子所制定的君君、臣臣、父父、子子的社会规范是同一性质的；荀子创立角色标准目的是促使人们成为社会欢迎的“通士”和“悫士”。

五、论“礼”的社会功能

“礼”是中国儒家思想的基本内容。荀子的礼论，也是很有特色的。荀子认为，礼就是以贵贱、年龄及辈分、贫富等相区分的阶级、阶层制度，以及与此配套的行为规范。①

礼是怎样产生的呢？荀子对此有精辟论述。他追根溯源，仍把立论的基础落在其欲望论和性恶论的基础上，认为礼是社会群体在发展过程中规约人欲的制度化结果。人人都有欲有求，而“求”没有一定限制，就会出现争夺，争夺导致混乱，混乱造成困厄，于是圣明的群体领袖（“先王”）制定出礼义，以此来调节人与人的关系，调解人的欲和求的关系，调解人欲和欲的对象——物的关系②，从而使本来多欲、性恶的人能够“出于辞让，合于文理，而归于治”③。荀子力图从人类社会本身探求礼义产生的原因，这种思想是深刻的。

荀子认为，作为社会规范的“礼”一旦产生，其社会功能不可估量。它是测量社会行为的重要依据，起着校正的作用。有了礼，才能使“君臣不得不尊，父子不得不亲，兄弟不得不顺，夫妇不得不欢，少者以长，老者以养”，成为一个井然有序、和睦安宁的社会。反观当时社会的一切病态，都是因为废弃了礼，而又不贵义所致。“凡奸人之所以起”，就是因为统治集团废弃了礼和义，使人民的行为失范而纷纷越轨。因此，对于个人而言，礼具有重要的作用，它给个人以养生安乐的制度依托④；对于社会而言，礼是一个社会得以维持的命根子⑤。

值得注意的是，荀子的思想中，对“礼”的论述很多也很深刻，对“义”的论述也特别深入，而对于孔子反复强调的“仁”，则较少深入论述。孔子社会思想的核心概念是仁与礼，孟子的核心概念是仁与义，而荀子的核心概念则是礼与义。孔孟均重仁，强调内部控制与外在控制相结合，而荀子则偏重于对人的行为的外部控制。这便是他的学生稍进一步而成为法家的重要原因之一。

六、社会管理和社会理想

荀子认为，现实社会虽然存在很多问题，但并不是不可治理，社会发展的前景是

---

① 《荀子·富国》：“礼者，贵贱有等，长幼有差，贫富轻重皆有称者也。”

② 《荀子·礼论》：“养人之欲，给人之求，使欲必不穷于物，物必不屈于欲。两者相持而长，是礼之所起也。”

③ 《荀子·性恶》。

④ 《荀子·强国》：“人莫贵乎生，莫乐乎安；所以养生安乐者，莫大乎礼义，人知贵生安乐而弃礼义，辟之是犹欲寿而歾颈也，愚莫大焉。”

⑤ 《荀子·天论》：“人之命在天，国之命在礼。”

乐观的。他批判墨子“昭昭然为天下忧不足”，只是墨子的“私忧过计”，犹如杞人无事忧天倾。墨子忧虑将来社会的财用不足，荀子也大不以为然。[①] 我们且不论墨子和荀子谁说得正确，但荀子不如墨子关心人类的经济生活是显然的。他认为经济生活问题不会成为社会的“公患”，那么，管理社会的关键就在于如何协调社会关系，控制人们的行为了。

荀子认为，要管理社会，首先要选那些善于“调一天下，制强暴”的“大儒”作为社会的管理者，不能用“雅儒”、“俗儒”，更不能用“俗人”[②]。管理社会的办法就是要礼法并用，“以善至者，待之以礼；以不善至者，待之以刑”[③]。对符合封建社会规范的善者和逾越社会规范的不善者区别对待，这样才不致鱼目混珠，贤者恶者不混淆，英雄豪杰就会呈现出来，大是大非不错乱，则社会秩序即得到治理。对于有越轨行为的不善者，荀子主张先教而后诛。[④] 另外，有诛就要有赏，赏罚分明，才能引导人们自然趋善而避恶，自觉遵守社会规范。当然，用于区别是非赏罚的标准，只能是礼义而已。

在此基础上，荀子展现了他的理想社会。荀子的理想社会奉行儒家人本主义基础上的人才主义、差序格局和阶级秩序，提倡建设一个“尚贤使能，等贵贱，分亲疏，序长幼”的社会[⑤]。所谓由贤者能者统治社会，也就是由君子、圣人、大儒来统治社会。这个社会里贵与贱有严格的等级制度规定，亲与疏有明显的区分，长与幼遵守“礼”的序次。人与人的等级关系被固定下来之后，还要处理好等级之间的关系，对“贵者”要“敬”；对“老者”要“孝”，对“长者”要“悌”；对“幼者”要“慈”；对“贱者”要“惠”。总之，荀子的理想社会是一个等级秩序井然的社会。在这个社会里，人们都自觉地按仁、义、礼的规范，自觉履行自己承担的社会角色的责任和义务。

同时，理想社会对社会上层和强势群体有着更高的道德要求。地位尊贵者、聪明睿智者应对社会下层或智力平平者保持谦虚和责任意识，为人随和、遇事谦让，在庙堂之上则修习为臣之道，处邻里之间则按长幼之道自持，立师长之侧则谨守弟子的本分，有友人之乐则不忘礼节和辞让，对待不如自己的人能宽容大度，做到发现人，培养人，爱护人。[⑥] 在此基础上，社会上各等级阶层的人，都自觉维护等级秩序，各种社会角色都与其行为相符合，社会群体内部人与人之间呈现出“无不爱”，“无不敬”，“无与人争”[⑦]，“四海之内若一家”[⑧] 的和谐安乐的关系，这也正是荀子一再颂扬的

---

① 详见《荀子》一书之《王制》及《富国》二篇。

② 《荀子・儒效》。

③ 《荀子・王制》。

④ 《荀子・富国》：“不教而诛，则刑繁而邪不胜。教而不诛，则奸民不惩。”

⑤ 《荀子・君子》。

⑥ 《荀子・非三十二子》：“高上尊贵不以骄人，聪明圣智不以穷人，齐给速通不争先人，刚毅勇敢不以伤人。不知则问，不能则学，虽能必让，然后为德。……遇君则修臣下之义，遇乡则修长幼之义，遇长则修弟子之义，遇友则修礼节辞让之义，遇贱而少者则修告导宽容之义。”

⑦ 《荀子・非十二子》。

⑧ 《荀子・王制》。

“王者之法”的主要内容。

另外，在荀子的理想社会中，有着明确的社会分工。他认为在人类群体生活中，有各方面的工作需要做，而这些工作都是不可互相代替的，就好像人的耳、目、鼻、口各种器官不可互相借用代替一样。只有通过社会分工，人民才不敢疏忽怠慢，才能使社会秩序不乱①；有了明确的社会分工，才能使士农工商各业各司其职，各尽所能。这样的社会，才是理想中的“至平”社会。② 此外，至平社会是一个“群道适当”的社会。维护社会群体生活之道得当，就可以保持生态平衡，人们的衣食住行也就不成问题。③ 可见，荀子理想社会中的经济生活方面的理想，与孟子基本相同，只是他未提及井田制而已。

总之，在荀子的理想社会中，人民的基本物质欲望是可以满足的，再加之有在“礼”的规范下的“求”控制人们的多欲，“伪”控制人们的性恶，有贤者管理社会，有社会规范控制越轨行为，人们就能过上饱暖富足、安康利乐的小康生活了。由此，老百姓对统治者非常尊敬信服，“归之如流水，亲之欢如父母，为之出死断亡而愉”④，一个和谐的、太平安乐的、统一的小康社会呈现在人们面前了。

我们可以看出，荀子的理想社会并不是乌托邦式的社会，而是建立在封建经济基础之上的大一统的封建社会，是战国时期新兴地主阶级孜孜以求的社会模式。

第二节
韩非的社会思想

韩非（约公元前280年—前233年），战国时期韩国公子，荀子的学生。他为世人留下了一部巨著《韩非子》，该书博采各家，思想丰沛，立论精辟，针对性强，学界认为是集法家之大成之作。《史记·老子韩非列传》中的韩非列传，是关于韩非的最早最完整的一篇传记。韩非的社会思想代表着战国末期日益壮大起来的新兴统治阶级的利益。

一、性恶论

先秦法家多认为人之性恶。韩非是法家的集大成者，且又是持性恶论的荀子的学生，因此韩非也是一个性恶论者。“通观韩非之书，随处将人作坏物看……虽夫妇父

① 参见《荀子·君道》。

② 参见《荀子·荣辱》。

③ 《荀子·王制》：“养长时则六畜育，杀生时则草木殖，政令时则百姓一，贤良服……春耕、夏耘、秋收、冬藏四者不失时，故五谷不绝而百姓有余食也；洿池、渊沼、川泽，谨其时禁，故鱼鳖优多而百姓有余用也；斩伐养长不失其时，故山林不童而百姓有余材也。”

④ 《荀子·富国》。

子，皆不足信。凡人皆挟自为心，只知有利而已矣。”[①] 韩非继承荀子的欲望论，认为人为了生存必有“欲利之心”，而“欲利之心”是由人的生理机能所决定的，任何人都不会例外。[②] 他所处的时代，他的所知所见均强化了他的这种认识。他看到“贵仁者寡，能义者难也”[③]，民死利，士死名，只要能满足利欲，人们自然会趋而向之，甚至不惜牺牲生命。社会的各阶层、每个人，都在为满足自己的私欲而奔波争夺，虽然不一定是兵戎相见，却天天在钩心斗角。君臣关系充满了算计和矛盾，“上下一日百战。下匿其私用试其上，上操度量以割其下”[④]。君与臣之间每天都在互相算计，人臣的私心在于“污行从欲，安身利家”，如果是“害身而利国”之事，他是不会去做的，只是在强有力的君主的控制下，才会暂时“去私心行公义”。君主则要满足自己的欲望，凡是“害国而利臣”的事，也是不会做的，对于有害于统治的人，他可以不择手段地清除掉。君臣之间的关系，就是双方各出于利欲之心，以互相算计而结合在一起的，即韩非所说的“君臣之交，计也……君臣也者，以计合者也”[⑤]。不仅君臣之间各怀鬼胎、相互算计，而且普天之下所有的人，都是性恶的，都是自利自为的，这是“人性”的本质，人们在社会活动中，凡是与此不相符合的行为，都是伪装出来的。

韩非对性恶的论述并没有超越荀子性恶论的论述范围，而且韩非的人性论也是主要从人的自然性出发的，而他和荀子的不同之处，就在于从同一点出发，引出不同的看待社会、治理社会的方法。

二、论人际关系的本质——自利自为

由于利欲之心是出乎人们的本性，所以韩非认为社会中人与人关系的本质是自利自为。人人都在为自己打算，以“计算之心”，从自己的私利出发对待人和事。社会中没有什么信誉可言，所以人们都不可真诚地相信别人，相信别人的结果只有自己吃亏。韩非举例说，父母对于子女可以说是至爱至亲了，但是父母对生男生女的态度截然相反，生男孩就庆贺，生女孩就杀死，都是出自父母亲生，结果如此不同，就是因为他们在计算养男养女的不同收益。[⑥] 又举例说，当人做婴儿时，父母对他抚养不周，他长大了就要埋怨父母。儿子长大成人，对父母的赡养微薄，父母就恼怒而责怪他。父子是至亲骨肉，而有时怒责，有时埋怨，就是因为在满足自己私利方面有依赖于对方的心理，而又认为对方未能周到地照顾自己。[⑦] 韩非的结论是：父母和子女之

① 熊十力：《韩非子评论》，16～18页，台北，学生书局，1978。

② 《韩非子·解老》：“人无毛羽，不衣则不犯寒；上不属天而下不著地，以肠胃为根本，不食则不能活；是以不免于欲利之心。”

③ 《韩非子·五蠹》。

④ 《韩非子·扬权》。

⑤ 《韩非子·饰邪》。

⑥ 《韩非子·六反》：“父母之于子也，产男则相贺，产女则杀之。此俱出父母之怀衽，然男子受贺，女子杀之者，虑其后便，计之长利也。”

⑦ 参见《韩非子·外储说左上》。

间都是这样互相算计，更不用说没有父子之亲的其他社会关系了！①

从“计算之心”出发，韩非把人类的一切社会关系都理解为交换关系。以君臣之间的关系而论，他说：“君臣之际，非父子之亲也，计数之所出也”，是一种互相算计的交换关系，“臣尽死力以与君市，君重爵禄以与臣市”，是一种以“尽死力”和“重爵禄”相交换的关系。因为“君臣之利异”，所谓对皇帝的“忠心”都是虚伪的，那些奸臣为满足自己的私欲，可以置国家的祸患于不顾，倒是为人臣者的本来面目。②

夫妻关系也是如此。韩非认为，夫妻关系并非骨肉亲情，爱则相亲，爱弛则疏远，都是为了各自的欲和利。他举君王后宫的例子来说明：一度既爱且亲的夫妻，丈夫会因为妻子上了年纪，美色衰退，不能满足自己的好色之欲而疏远她，妻子会因被疏远而唯恐自己所生，且在夫妻相亲相爱时被立为储君的儿子不能继承王位，于是希望她的丈夫早日死去。韩非举例说，卫国有一对夫妇祈祷，妻子说：“求神保佑我得一百束布。”丈夫说：“怎么这么少呢?”妻子说：“收入多了，你就会拿钱去买小妾。”③ 这位妻子的内心不是不愿发大财，她只怕发了大财以后丈夫会买妾，反而不发大财对自己更有利。可见，夫妻之间完全是互相算计、自利自为的关系。

剥削者与被剥削者之间的关系更是自利自为的关系。地主花大价钱准备美食，挑选布匹，用钱来付报酬，并不是因为他爱那些雇工，而是认为只有这样做，耕地的人才会耕得深，锄草的人才会锄得精细。雇工们努力耕地耘田，使尽技巧整理畦埂，并不是因为他们爱那位田地的主人，而是认为只有这样做，饭菜才会丰美，钱币才容易得到，显然双方都是出于自利自为之心而对待对方的。④

总之，在韩非看来，普天之下，都是为自己的利欲而奔波的人，人与人的关系都是以人们的“自利自为”作为基础的。国王喜爱良马，越王勾践疼爱臣下，并不是真心爱马或爱臣下，而是为了自己在战争中取得胜利，或为了自己驱使的便利；医生能为病人吸出伤口的脓血，也是因为财利的诱惑。造车的木匠盼着人们越来越富，棺材店的老板盼望人们死得越来越早，并非是前者仁厚而后者残忍，只因为人不富则不能买车，人不死则不能买棺材。⑤ 这里，韩非把儒家描述人与人关系的“父慈子孝；君惠臣忠；兄友弟恭；夫义妇顺；朋友有信………”，都看作掩盖社会关系的真面目的温情脉脉的面纱，他大声告诫人们：社会上根本没有什么忠、孝、仁、爱、亲、信可言，只有互相算计，自利自为！而且认为只有揭开面纱，让人们都清楚地看到这个活生生的社会现实，才有利于治理这个纷乱的社会。

---

① 《韩非子·六反》：“父母之于子也，犹用计算之心以相待也，而况无父子之泽乎?”

② 参见《韩非子·备内》。

③ 《韩非子·内储说下六微》：“卫人有夫妻祷者而祝曰，‘使我无故得百束布。’其夫曰：‘何少也?’对曰：‘益是，子将以买妾。’”

④ 《韩非子·外储说左上》：“夫买庸而播耕者，主人费家而美食，调钱布而求易者，非爱庸客也，曰：‘如是，耕者且深，耨者熟耘也。’庸客致力而疾耘耕者，尽巧而正畦埒陌者，非爱主人也，曰：‘如是，羹且美，钱布且易云也’。”

⑤ 《韩非子·备内》：“王良爱马，越王勾践爱人，为战与驰。医善吮人之伤，含人之血，非骨肉之亲也，利所加也。故舆人成舆，则欲人之富贵；匠人成棺，则欲人之夭死也。非舆人仁而匠人贼也，人不贵，则舆不售；人不死，则棺不买。情非憎人也，利在人之死也。”

在现代社会学理论中，20 世纪 50 年代兴起的“社会交换理论”，把人与人的关系解释为互相交换的关系，认为人们的社会行为是受着多少能带来奖励回报的、或明或暗的活动的交换所支配的。韩非的自利自为论与社会交换论别无二致。可以说，两千年前的韩非，是中国古代的第一个社会交换论者。韩非的社会交换论，比当代西方社会交换论早提出了两千两百多年。

近二十多年兴盛一时的社会网理论，分析所谓“强关系”、“弱关系”之类，实则是社会交换论的新变种，追寻其思想渊源，仍可以韩非的社会交换论中的自利自为论为滥觞。

韩非的自利自为论直接导源于慎到与荀子。慎到就曾指出，“人莫不自为也”①，以为利用人的自为之心是合乎天道的，不必对人的自为之心加以限制。韩非将这一思想与荀子的性恶论和欲望论结合起来，形成了他的自利自为论，把一切社会关系都理解为从计算之心出发的交换关系。在他看来，从自利自为出发的交换，支配着一切社会关系，这才是社会关系的本质，而一切社会伦理规范不过是虚伪的装饰品。因此要治理社会，唯一可行的方略就是法制，通过社会的强控制，压制人的性恶、多欲及自利自为，才能建立有效的社会群体秩序。

应当承认，韩非的这一思想深刻地揭露了仁爱忠孝等宗法式伦理道德的虚伪性，便于人们认识地主阶级的本来面目，但也应看到，韩非犯了道德规范无用论的错误，他轻视了伦理道德对人们行为的规范和控制功能。同时，韩非的这一理论，也为他所倡导的地主阶级以法治国及新的剥削制度的“合理性”找到了根据。

三、社会变迁与人口论

韩非认识到人类社会是不断进化的，他反对厚古薄今，认为社会变迁的过程是人类物质文明进化的过程。中国社会变迁经历了上古之世、中古之世和近古之世，人口繁衍，生活方式日渐进步，生存发展的能力日益增大。②

同时，社会既已进化就不可能再倒退回去。社会进化到了夏代，如果还有人钻木取火，一定会被鲧和禹所讥笑；社会进化到了商、周时期，如果还有人用大禹治水的样子治水，一定会被商汤、周武所讥笑。同样道理，社会进化至战国时代，如果还有人赞美尧、舜、汤、武之道，也一定会被新时代出现的圣人所讥笑。③ 韩非的三世之分未必科学，但他承认社会进化，认为治理社会的方略必须与时俱进的思想是很有意义的。

韩非进而认为，社会每进化到一个新的阶段，用以治理社会的方法也有相当的改

① 《慎子·因循》。

② 《韩非子·五蠹》：上古之世，人民少而禽兽众，人民不胜禽兽虫蛇。有圣人作，构木为巢以避群害，而民悦之，使王天下，号之曰有巢氏。民食果蓏蚌蛤，腥臊恶臭而伤害腹胃，民多疾病。有圣人作，钻燧取火以化腥臊，而民说之，使王天下，号之曰燧人氏。中古之世，天下大水，而鲧、禹决渎。近古之世，桀、纣暴乱，而汤、武征伐。

③ 参见《韩非子·五蠹》。

变。古代的人在道德上竞争，中世的人在智谋上角逐，现代的人在力量上较量。社会习俗和社会价值取向都发生了变化，因而古代的社会制度、道德法律都不能适用于现代。试看古代时，因为事情少，各种设施都很简单，朴素简陋而不精致，所以使用蚌壳做成的原始农具和手推的简陋车子。古代人可互相亲爱，因为财物多而不把个人利益得失看得很重，且容易行揖让，所以有拱手把天下禅让给别人的。古代的行揖让，推崇慈惠，称道仁厚，以道德规范治理社会，是和原始社会生产力低下相适应的社会治理方法。这里，韩非发现了社会上层建筑的物质基础和社会基础，是具有重要进步意义的。他认为以伦理道德治理社会在社会群体较小的时代是可行的，“人寡”才可以“相亲”。随着社会群体组织的扩大，人与人的关系必然疏远。在这个新的社会结构中，在物质文明发展以后，还使用过去的社会治理法则就不能灵验了①。韩非的社会进化理论是有说服力的，但他同时把仁、厚、慈、惠等伦理道德也视为被社会进化所抛弃的东西，自然又是错误的。

韩非还认为，社会的进化，伦理道德及社会价值取向的变迁，社会问题的产生，都是由人类生活资料的多少与社会人口的多少的比例关系所决定的。他说，古代男人不用耕种，妇女不用纺织，靠草木之实，禽兽之皮，吃穿已足。人民少而大自然赋予的财物多，所以人与人之间没有争夺，不用赏罚治理社会，社会秩序也自然安定。②但后来人口增多了，财物相对减少了，尽管人们努力从事劳动，最基本的生理欲望也还是得不到满足，于是就发生争夺，造成社会生活秩序的混乱。③

韩非以前的思想家，也有一些述及社会人口问题的，但一般都不外两个问题。第一是感到自己的辖区内人口稀少，兵源和劳动力不足，要求增加人口。第二是注意人口与主要劳动手段的比例关系。④ 而韩非却提出了不同的见解，认为现实的问题不是人口稀少，而是人口过多，并从人口与物质财富的关系上探讨人口问题的重要性，分析社会治乱的原因，这是他对中国人口理论的重大发展。但也必须看到，韩非的人口理论依然是肤浅而有局限的。他认为只要人口相对减少，物质生活资料相对丰富就可以使人民不争夺，使社会安定，而没有发现不合理的生产关系对社会治乱的决定作用，是由他的阶级局限性和时代局限性所造成的。

四、社会控制论

人类需要有秩序的社会生活，这就有必要采取一定手段维持社会秩序，并对偏离社会规范的行为加以控制。而采取什么手段才能达到预期目的呢？韩非认为，最奏效

① 《韩非子·八说》：“处多事之时，用寡事之器，非智者之备也；当大争之世，而循揖让之轨，非圣人之治也。故智者不乘推车，圣人不行推政也。”

② 《韩非子·五蠹》：“古者丈夫不耕，草木之实足食也；妇人不织，禽兽之皮足衣也。不事力而养足，人民少而财有余，故民不争。是以厚赏不行，重罚不用，而民自治。”

③ 《韩非子·五蠹》：“今人有五子不为多，子又有五子，大父未死而有二十五孙。是以人民众而货财寡，事力劳而供养薄，故民争，虽倍赏累罚而不免于乱。”

④ 参见胡寄窗：《中国经济思想史》(上)，468页。

的办法就是法和威，而仁、爱只能带来祸乱。他举例，父母对子女越是溺爱，子女越是不听使唤，而官吏、君主对其不爱，要他去战死、尽力，却可有令则行①，这就是“威严之势”的作用。② 他又举例说，对一个屡教不改的不肖后生，“父母之爱，乡人之行，师长之智”，都已不能起作用了，而官吏以法治之，才使他恐惧而改邪归正，遵守社会行为规范，足见“法”的社会控制作用③。至于仁爱，则委实是不足恃的。慈母对于弱子，其爱是无以复加的，但弱子有不合社会规范的行为，就要让他从师受教；有疾病，就要让他去求医生治疗。因为不从师学习就会犯罪，不治病就可能死掉，以母性之爱，都不能保全她的子女不出事，那么，以互相算计结合起来的其他社会关系就更不能靠“爱”来维持了。

因此，韩非认为，要控制社会只有“法”才是最有效的。④ 法的基本手段就是赏和罚，有了赏罚，社会中贤与不肖之人就能黑白分明，社会正常秩序就能得以维护。

韩非不但认为社会控制在于使人们“远仁义，去智能，服之以法”⑤，而且还主张进行思想控制。他要求结束百家争鸣的局面，用地主阶级的法家思想统一全国的思想。他提出了“言行而不轨于法令者必禁”的观点，认为只有使人们的一切思想、言论和行动都以法令为准则，才是控制社会行为的上策。在人们产生越轨行为之前，必然有越轨的言论，而这些言论和行为又是由于其有越轨的思想，因而韩非主张思想控制，以此达到控制社会越轨行为的目的。

五、社会管理思想

韩非认为，社会控制要用法，治理社会的策略也必须以法为核心。在这个前提之下，还要做到以下几点。

第一，要遵循社会进化的规律，从当时客观存在的社会问题出发，寻求相应的解决社会问题的方案。⑥

第二，要以法用人。要用法度来选拔人才，而不是凭自己的好恶为选拔标准。用法度来衡量功劳大小，而不是凭主观揣度，从而做到公平、公正、公开，获得正面的社会治理效果。

第三，要以法制定社会契约。韩非对儒家的仁爱忠孝等非常反感，也不看重伦理道德对社会的规范作用，但主张守信用。只有在名位方面、政事方面、道义方面守信

---

① 《韩非子·六反》：“母之爱子也倍父，父令之行于子者十母；吏之于民无爱，令之行于民也万父。母积爱而令穷，吏用威严而民听从，严爱之策亦可决矣。”

② 参见《韩非子·六反》。

③ 《韩非子·五蠹》：“今有不才之子，父母怒之弗为改，乡人谯之弗为动，师长教之弗为变。……州部之吏操官兵、推公法，而求索奸人，然后恐惧，变其节，易其行矣。”

④ 《韩非子·奸劫弑臣》：“无捶策之威，衔橛之备，虽造父不能以服马；无规矩之法，绳墨之端，虽王尔不能以成方圆；无威严之势，赏罚之法，虽尧舜不能以为治。”

⑤ 《韩非子·说疑》。

⑥ 《韩非子·五蠹》：“不期修古，不法常可，论世之事，因为之备。”

用，社会才能得以治理。① 由于韩非的信用都是以法为依据并依法实行的，所以他的“信用”具有社会契约的性质。

第四，反对以仁义惠爱治理社会。韩非认为，既然人的本性是为了利欲而自利自为，所以一切仁爱都是虚伪的，有严重的负面效果。特别是以虚伪的仁爱治理社会，就会破坏法制，给社会造成更多的问题。例如，施舍贫困，是社会承认的仁义之举；爱怜百姓，不忍诛罚，是社会赞颂的惠民爱民。但结果是带坏了社会风气，一方面培养了一批懒虫和怕死鬼，使百姓在战争面前退却，在农事面前退缩；另一方面模仿施舍的人找到了一条终南捷径，以施舍立善人之名，谋取高官厚禄。最后朝廷之中趋利谋私的奸臣越来越多，社会上的暴民越来越盛，造成不可收拾的局面，国家很快就衰亡了。② 基于这样的认识，韩非反对一切社会救济③，反对一切带有感情色彩或道德伦理色彩的社会治理方法，而以专制主义，刻薄少恩、毫无人情味道的“法”去对待一切社会事物，解决一切社会问题。

第五，要以封建君主作为社会治理的主持者，他认为封建君主要治理社会，必须掌握一套法、术、势相结合的统治术。君主必须成为社会治理的最高领导者，保持其绝对权威，才能使法令行之有效，社会才能得到治理。

六、理想社会模式

韩非作为法家的集大成者，构想了一个理想社会模式。其理想社会的主要特点如下：

第一，这个理想社会是一个专制主义的封建统一社会。即所谓“事在四方，要在中央，圣人执要，四方来效”④ 的社会，各种社会事物分散在社会的各方面，但最高权力集中在中央，圣明的君主掌握住机柄，四方的臣民都来贡献力量。

第二，这个理想社会以“法”作为维系群体生活秩序的唯一纽带。人们的一切社会行为都以法为准绳，有法则行，令行禁止，人人都严格守“法”，而不讲仁义惠爱。

第三，在这个理想社会中，人们都将守法内化为自己的自觉行动，都严格守法而毫无怨言。⑤ 在政治层面，贤人充任大臣，忠于英明君主的“法”，服从君主的指挥，奉公为国，大公无私，以至愿意献出生命。⑥ 人人都是君主手下的小绵羊，根本没有反抗的概念。

第四，既然人的本性是自利自为，理想社会也将是个“计算社会”。人人都在各

---

① 《韩非子·外储说左上》：“信名，信事，信义。信名，则群臣守职，善恶不逾，百事不怠；信事，则不失天时，百姓不逾；信义，则近亲劝勉而远者归之矣。”

② 《韩非子·奸劫弑臣》。

③ 参见《韩非子·显学》。

④ 《韩非子·扬权》。

⑤ 《韩非子·大体》：“至安之世，法如朝露，淳朴不散，心无结怨，口无烦言。”

⑥ 《韩非子·有度》：“贤者之为人臣，北面委质，无有二心。朝廷不敢辞贱，军旅不敢辞难，顺上之为，从主之法，虚心而待令，而无是非。故有口不以私言，有目不以私视，而上尽制之。”

自计算，社会也按照其“计算”给以报酬，但这个报酬须通过“法”来实现。人与人的关系是一种在“法”的天平之上的平等的交换关系，人们在为别人、为社会尽力之中，各自换取了公平合理的报酬。而这样做的结果是个人私欲得到满足，又富国强兵，对社会有利，对君主有利，对每个社会成员有利。

第五，这个理想社会是一个“各处其宜”、“无为”、“无事”的社会。韩非认为，只要严格按“法”办事，就能做到各处其宜，各尽其能，社会就出现“无为”、“无事”的安定局面①。因此，这个“正明法，陈严刑”的社会，可以“救群生之乱，去天下之祸”②，最终达到“使强不凌弱，众不暴寡，耆者得遂，幼孤得长，边境不侵，君臣相亲，父子相保，而无死亡系虏之患”的太平治世。③

可见，韩非所构想的理想社会，是一个以法制为手段，以封建中央集权为核心的社会。这个社会的人与人之间的关系是以地主阶级自私自利的心理为依据的。因此，韩非的理想社会，集中地反映了战国末期地主阶级的利益和愿望。

韩非实现理想社会的手段是法制，理想社会的最高境界则是“无为”、“无事”，天下太平，这其中含有道家思想的因子。司马迁在《史记》中将老子、庄子与韩非、申不害合为同一列传之中，是有道理的。

本章要点

1. 荀子认为，人们的物质欲望是生来就有的，并且人的生理欲望是永不满足的，但是不能完全顺乎人的生理欲望，因此解决问题的方法不在节“欲”，而在于节“求”。他还指出了两种节“求”的方法：(1) 以“理”和“道”节“求”；(2) 以权衡欲与恶、利与害节“求”。

2. 荀子主张人性恶，认为人性是自然而有的先天性的本能，因此无法改变。但是可以用“伪”来抑制人的恶性而使之归于善。因而，人之性恶并不可怕，只要能有效地诱导和抑制，人们都可以成为社会规范的模范遵守者。

3. 荀子认为人生而有欲，欲多物寡，为了物质欲望的满足难免会产生争斗。在社会发展的过程中，人类意识到，个体离开群体的合作必将陷入穷困，群体没有地位、角色的规范则必将陷入纷争，照样不能满足个人的欲望。这就是人类社会“不能无群”的原因。

为使群体得以维持和发展，就需要制定出社会规范，把各种分工关系和各种社会角色的职责与义务都固定下来，这就是所谓“分”了。荀子极为重视“分”的社会功能。此外，荀子以为要靠“义”来实行“分”，义就是社会行为规范。在社会群体中，各种社会地位、角色和分工都必须靠社会行为规范来实行，由此各种关系才能和谐，行为才能一致，社会群体才能力量强大。

4. 荀子指出了社会化的几种途径：(1) 教育；(2) 社会环境；(3) “积靡”；

---

① 《韩非子·扬权》：“物者有所宜，材者有所施，各处其宜，故上下无为。使鸡司夜，令狐执鼠。皆用其能，上乃无事。”

② 《韩非子·奸劫弑臣》。

③ 同上。

(4)“注错习俗”;(5) 规定社会角色的行为标准。

5. 荀子认为，礼就是以贵贱、年龄及辈分、贫富等相区分的阶级、阶层制度，以及与此配套的行为规范，同时认为礼是社会群体在发展过程中规约人欲的制度化结果。荀子认为，作为社会规范的“礼”一旦产生，其社会功能不可估量。它是测量社会行为的重要依据，起着校正的作用。

6. 荀子认为，要管理社会，首先要选那些善于“调一天下，制强暴”的“大儒”作为社会的管理者。管理社会的办法就是要礼法并用，对符合封建社会规范的善者和逾越社会规范的不善者区别对待，对于有越轨行为的不善者，荀子主张先教而后诛。

7. 荀子的理想社会奉行儒家人本主义基础上的人才主义、差序格局和阶级秩序，提倡建设一个“尚贤使能，等贵贱，分亲疏，序长幼”的社会。在荀子的理想社会中，对社会上层和强势群体有着更高的道德要求，同时也有着明确的社会分工。

8. 韩非对性恶的论述并没有超越荀子性恶论的论述范围，而且韩非的人性论也主要是从人的自然性出发的，而他和荀子的不同之处，就在于从同一点出发，引出不同的看待社会、治理社会的方法。

9. 韩非认为社会中人与人关系的本质是自利自为。人人都在为自己打算，以“计算之心”，从自己的私利出发对待人和事。从“计算之心”出发，韩非把人类的一切社会关系都理解为交换关系。

10. 韩非认识到人类社会是不断进化的，他反对厚古薄今，认为社会变迁的过程是人类物质文明进化的过程。同时，社会既已进化就不可能再倒退回去。他进而认为，社会每进化到一个新的阶段，用以治理社会的方法也有相当的改变。韩非还认为，社会的进化、伦理道德及社会价值取向的变迁、社会问题的产生，都是由人类生活资料的多少与社会人口的多少的比例关系所决定的。韩非认为现实的问题是人口过多，并从人口与物质财富的关系上探讨人口问题的重要性，分析社会治乱的原因。

11. 韩非认为，要控制社会只有“法”才是最有效的，并且还主张进行思想控制，认为只有使人们的一切思想、言论和行动都以法令为准则，才是控制社会行为的上策。在人们产生越轨行为之前，必然有越轨的言论，而这些言论和行为又是由于其有越轨的思想。因而韩非主张思想控制，以此达到控制社会越轨行为的目的。

12. 韩非认为，社会控制要用法，治理社会的策略也必须以法为核心。在这个前提之下，还要做到以下几点：(1) 要遵循社会进化的规律，从当时客观存在的社会问题出发，寻求相应的解决社会问题的方案；(2) 要以法用人；(3) 要以法制定社会契约；(4) 反对以仁义惠爱治理社会；(5) 要以封建君主作为社会治理的主持者。他认为封建君主要治理社会，必须掌握一套法、术、势相结合的统治术。

13. 韩非作为法家的集大成者，构想了一个理想社会模式。其理想社会的主要特点是：(1) 是一个专制主义的封建统一社会；(2) 以“法”作为维系群体生活秩序的唯一纽带；(3) 人们都将守法内化为自己的自觉行动，都严格守法而毫无怨言；(4) 既然人的本性是自利自为，理想社会也将是个“计算社会”；(5) 是一个“各处其宜”、“无为”、“无事”的社会。

复习思考题

1. 试比较荀子与孟子的人性论。
2. 试评荀子社会化思想的现代意义。
3. 如何看待荀子的社会理想的时代性?
4. 与前人相比，韩非的社会进化思想有什么进步意义?
5. 如何评价韩非的“自利自为”论?
6. 如何评价韩非的政治至上理念?
7. 韩非的社会控制思想对中国社会的影响如何?
8. 试比较韩非与荀子社会治理思想的异同。
9. 如何评价以韩非为代表的法家社会思想?

推荐阅读书目

1.《荀子》(各版本均可。以今人译注本为好，如杨柳桥《荀子诂译》、廖名春等校点《荀子》及清代王先谦《荀子集解》均较好)。

2.《韩非子》(各版本均可。以今人译注本为好，如张觉《韩非子全译》、邵增桦《韩非子今注今译》及清代王先慎《韩非子集解》均较好)。

3.［美］约翰·诺布洛克:《荀子》，北京，北京外文出版社，1999。

4. 熊良智:《〈荀子〉与现代社会》，成都，四川人民出版社，1995。

5. 李大明:《韩非子与现代生活》，成都，四川人民出版社，1995。

第四篇

秦汉魏晋南北朝时期的社会思想

走向统一，是春秋战国以来社会发展的必然趋势。建立于公元前221年的秦朝，是我国历史上第一个统一的多民族国家，它的历史功绩不可磨灭。从政治上看，随着秦朝的灭亡，周朝确立的贵族统治最终成为历史，社会结构和政体由血缘宗法分封关系向中央集权关系转型。就疆域而言，秦帝国东至黄海之滨，东北至辽西与辽东，北至雁门、代州与云中；西北至九原、陇西与北地；东南至楚越，即今天的浙江与福建；南至今日的两广以南；西南至今天的云南与贵州，西至巴蜀。为了防止诸侯国有重建的可能，它废封建，行郡县，集权于中央政府；没收民间军器，废除各种不利于统一国家的军事要塞；采取向关中一代聚集人口移民，汇集文物财富，大兴土木工程等手段建设咸阳为全国共仰的首都，使之成为国家统一的象征。它大力改善交通，整修、连接原有的道路、桥梁，修筑多条宽阔平直的国道，统一各地文化、风俗、度量衡，做到车同轨，书同文。这种种措施加强了当时社会的国家认同和统一意识。所以，虽然秦朝统治者在一统六国十几年之后就被风起云涌的农民大起义推翻了，但它为承接者留下了一个广大而统一的国家，为中华文明做出了巨大的贡献。

自汉代开始，中国的政治、经济、社会、文化等诸方面呈现出新的气象。经过西汉前期多年的努力，铲除异姓王，瓦解同姓王势力，中央集权统一国家在汉武帝时期作为政治体制最终确立下来，影响中国达两千年之久。汉代也是平民建立国家政权的开始，清代赵翼称之为“天地一大变局”[①]。建立西汉的第一批人几乎全是平民出身，文化程度不高，家庭或为小农、贫农，或为农村的低等职业者，这个阶层在连年战争中受害最多，因此汉初的政治观念和施政多同情农民。这种意识经过黄老思想的影响进一步成为治国方略，自汉初至文景时代政府实施体恤农民的政策，免除或减低农民应交纳的赋税。政治传统深化了社会心理中的“重农”的情结，无论政府与民间无不贱视商人，抑制商业；西汉的贾谊与董仲舒、东汉的荀悦等思想家对地主生活奢侈、土地兼并等社会问题，均给予了极为严厉的抨击。

统一国家的长久发展为思想界提供了广阔深远的舞台，可揽三代之久远，汇万源流水成汪洋大泽，混融共冶出中华文明的巨大规模。发生于齐地的神仙方术、鲁国的儒学、三晋地区的法术之学、楚地的巫史文化等不同地域的文化相互融汇，为思想文化的创造提供了充足的营养。地方历史、神话作为国家整体的历史得到了思想界的认同，文明的各个元素更加紧密地结合在一起，炎黄子孙的观念在民族意识深处扎根，促使了大一统宇宙论、世界观的形成，由此确立了中华民族思维的胸怀与格局，极大地扩展了人们思考和想象的空间。

在此基础上，汉代开辟了思想上“一统”的新局面，儒学从私学摇身变为官学是这个时代思想界最亮丽的风景。汉初以黄老思想为社会主导性价值观，儒学不受重视，儒生也不乐见用。后来，武帝礼遇文人，采纳儒者董仲舒等人的奏议，阐扬文教，崇尚儒术，表彰六经，兴办高级教育，培养文人，设置完备的五经博士，以通经为登进人才的标准，于是经学成为官学，成为富贵荣显的捷径。由于读儒家之书能成为士人，进入政府，升入上流社会，民间读儒家书之风大盛，读书人的士大夫思想由

---

① 赵翼：《二十二史札记》“汉初布衣将相之局”。

此开始。据历史学者的考证，西汉政府在武帝时设《诗》、《书》、《礼》、《易》、《春秋》五经博士，宣帝末年增至十二博士[①]，东汉初年取消古文经博士，复立今文经博士，共十四博士[②]。博士有弟子，武帝时博士弟子50人，以后递增，到成帝时多至3 000人，东汉顺帝时更多达30 000人。成为博士弟子是进入政府成为官员的核心渠道。自西汉开始，一些读书人家连续多代治经学并取得了卓越成就，也有一些目光长远的大地主、大富户在汉武帝严禁高官兼并土地的政策下，转变兴趣，训诲子孙专心于经书，使社会上出现了一批治经学、习礼乐、重文化的家族。士为四民之首，社会呈现出士农工商阶层区分格局。政府官员以儒士为主体的格局，也从汉代开始形成。故有人认为，汉代以后的中国政府，是“士人政府”。

开一代风气，自然影响人心。两汉重视儒学，培养了一大批有学问、有见识的人物。特别是东汉光武帝学贵人品，敬慕严光耿介而不屈于天子，把东汉一代的民心奋然兴起了。人民不再仅仅把贵经学、利仕进作为修学的目的，在人间荣华之外，更贵名节、重义气，造成了敢于为他人所不为的风尚。东汉末年，昏君在上，宦官主政，很多读书人被列名“党锢”而不以为污，甚至有些人还以不被捕缚为遗憾，自罪上表求罪。在这样的氛围下，即便是董卓、曹操这样的枭雄，也惧于大义名分，惮于恣肆，可见经学的道义观念沁入人心是何等之深。经学的效能在此点是很值得称赞的。[③]

然而，两汉的儒学也有它显而易见的问题。首先，和战国时代的儒学不同的是，博士作为经师，只从事经书的传习和注解，而不再自创学说，所以经学的发展便是学术思想停滞不进的征象。其次，儒家与方士有着密切的关系，以谶纬为通经致用之术，使经学日趋荒诞。当时有些学者认为，有经必有纬，于是造作纬书，托名是孔子所作，有《易纬》、《诗纬》、《书纬》、《礼纬》、《乐纬》、《春秋纬》、《孝经纬》七种，内容多托经义，讲符箓瑞应。同时又有谶书，大约即《河图》九篇、《洛书》九篇那一类的东西。“谶者，诡为隐语，预决吉凶；纬者，经之支流，衍及旁义。纬与谶虽有分别，但纬书荒诞部分也和谶书差不多。后经隋炀帝焚禁，现在存留的不是完本。”[④] 谶纬的内容粗俗庞杂，其核心思想是宣扬灾异、符瑞的神秘主义，它采用极其恶劣粗糙的世俗形式神化孔子及儒家经书，宣扬宗教天命、神话、迷信。谶纬之学既使儒学神学化，也使经学的内容更为空疏虚伪，降低了儒家思想对社会的解释力和在人们心目中的权威性，为人们所厌弃。崇尚真情实感，道法自然的玄学思想此时大放异彩。所以，到汉魏之际，社会思想发展的大势就是对两汉儒家经学的批判、背离和超越，造成玄学盛行、道教发展，并在社会思想领域为佛教的流行腾出了空间。

魏晋南北朝时期的思想，最重要的特点是玄学的泛滥及道教、佛教的流行，逐渐

---

① 据王国维《观堂集林》卷四《汉魏博士考》：《易》有施、孟、梁丘；《书》有欧阳、夏侯胜、夏侯建（大小夏侯）；《诗》有齐、鲁、韩；《礼》有后氏；《春秋》有公羊、谷梁。

② 据《后汉书·百官志》及注，东汉博士与西汉相比，《易》增京氏。《书》仍欧阳、大小夏侯，《诗》仍齐、鲁、韩，《礼》有戴德、戴胜（大小戴），《春秋》则废谷梁而并立公羊严、颜二氏，共十四博士。

③ 参见［日］本田成之著，孙俍工译：《中国经学史》，161～164页，上海，上海书店出版社，2001。

④ 曹伯韩：《国学常识》，82页，北京，三联书店，2002。

形成了儒、道、佛三教鼎立的局面。玄学和道教是魏、东晋、南朝的风尚，士族大姓多信奉道教，其人物则好谈清论玄，服食寒食散、丹药等。道教影响了一时的社会思想，还可从其他社会习俗、社会活动中看出，如六朝人重家传，然父子可同名，这是道名或教名，比如父子名字中均含有道字、灵字等；中国书法在此时有重要发展，与写经及符箓有关。① 又因竹能宜情喻志，所以很多人喜爱竹子，因此崇尚清谈的竹林七贤非尽雅怀，而成为玄学社会思想的代表。此时佛教影响主要在北方，直到唐朝佛教才最终全面赶超了道教。

从社会思想的角度着眼，"三教"是从不同的角度，以不同的方式设计着社会治理的方案，以达到建构和谐的社会秩序的目的。它们之间虽然存在一些理论上的分歧，但根本目的是完全一致的，特别应指出的是道教，原始道教被地主阶级改造之后，成为官方道教，和儒学、佛教一样，成了维护官方认可的社会秩序的重要工具。

本篇中将阐述两汉时期黄老之学、儒学及魏晋南北朝时期的玄学、佛教、道教中的有代表性的社会思想。

---

① 对于这方面的研究，参见陈寅恪：《天师道与滨海地域之关系》，见《陈寅恪集·金明馆丛稿初编》，北京，三联书店，2001。

第九章

汉初黄老之学的社会思想

所谓汉初，是指汉高祖、惠帝、吕后以及文、景二帝在位的社会时期，共66年（公元前206年—前141年）。黄老之学是指以结合法家和道家思想为主，兼采儒、墨、阴阳诸家思想而形成的一个思想流派，兴起于战国时期齐国的稷下学宫，在汉初达到鼎盛。该学说的特点是，倡导在肯定既有社会秩序及等级制度的前提下，实行“无为而治”。认为只有社会统治者少作为，少去役使民力，才能缓和社会冲突，稳定社会秩序；相反，统治阶级越“有为”，人民就越“难治”。因此顺应民意，让老百姓休养生息，才适应社会的需要。因为尊传说中的黄帝和老子为创始人，故名“黄老之学”。

汉初统一后选择黄老之学作为官方主导性社会价值观，在法律、行政制度等方面仍袭秦旧，在政治精神和社会原则上则反对秦代对法律的过分依赖，提倡道家之“无为”精神，在百废待兴之中，休养生息，着力恢复经济；同时，放松对思想学术的控制，吸引人才，总结经验教训，寻求长治久安的途径。这里面的原因很复杂，大致是：秦虽以尚法亡国，但其制度甚为完备。汉初儒学衰微，除专治一经的秦朝博士外，没有如孟子、荀子那样名动时君的大儒，同时汉代人也承袭了秦人的轻儒之风，如汉高祖就经常对儒生横加侮辱和轻视。道家在战国末年是显学，但是却没有一套完备的政治制度。至于汉廷君臣，大多出身寒微，本身没有创制制度的能力。因此汉初除承袭秦法外，别无选择。同时，自秦统一直至汉初的这一段时间内，人民因处于暴政及战乱之中，财产、精力等均已消耗殆尽，举国上下莫不希望获得喘息的机会，而黄老之学的社会思想正合乎他们的心意。因此，汉初实行无为政治实有其情势上的必要。[①]

汉高祖九年，赵国田叔因擅长黄老之学得汉高祖赏识，与弟子等出任郡太守、诸侯国相等职，黄老之学首先在地方社会治理中发挥作用。几乎与此同时，大将曹参在任齐国相的时候，拜胶西盖公为师，具体贯彻清静无为、与民休息的行政政策，齐国境内社会、经济、政治形势明显好转。惠帝时，曹参入中央为丞相三年，将黄老之学的政治精神和原则推行全国。曹参死后，百姓感念其德，创作民谣：“萧何为法，顜若画一。曹参代之，守而勿失。载其清净，民以宁一。”[②] 无为政治的内容，不外是

---

① 参见傅乐成：《汉儒与汉法》，41～42页，《汉唐史论集》，台北，经联出版事业公司，1977。

② 《史记·曹相国世家》。

对内轻徭薄赋，简省刑罚，竭力避免烦苛的兴作，一意与民休息；对诸侯国则采取放任政策，不干涉其内政。对外族，如强邻匈奴，则力求亲善，甚至不惜屈己以求保持和平关系；对南方诸越国，也都采取安抚政策。其后，吕后垂帘听政七年，在政治上依然是无为而治。司马迁评价这一段历史说："惠帝垂拱，高后女主称制，政不出房户，天下晏然。刑罚罕用，罪人是希。民务稼穑，衣食滋殖。"① 文帝在位 23 年，生活起居一切用具无所增益，务求节俭；在外交方面对匈奴、南越行怀柔政策，"专务以德化民，是以海内殷富，兴于礼义"②。景帝遵循前人之业，因此汉兴五六十年以来，移风易俗，黎民敦厚。文景之治每每被史家比作周代的成康盛世。

在黄老之学蓬勃发展的过程中，陆贾和贾谊是两位极为耀眼的思想人物。前者开启了西汉统治集团"无为"之思，使黄老之学成为一种官方意识形态。后者则反思黄老之学造成的负面影响，力图革除不思进取、懒汉无为的作风，解决黄老之学盛行带来的种种社会问题，为西汉社会发展带来社会思想方面的转折，向"有为"状态过渡。同时，二人赋予黄老之学新的意义，在倡导君主修身、无为的框架下，凸显儒家民本主义的社会思想性格。所以，陆贾在《新语》中一方面强调"无为"的工具理性原则，另一方面却又强调"以仁义为策"、"德为上"③ 的价值理性精神，强化社会道德意识，主张在新的历史条件下"德因权而立"，"德因势而行"④。贾谊则说得更为明确，"仁义恩厚，人主之芒刃也；权势法制，人主之斤斧也"⑤。从这些论述可以看出，二人在提倡黄老思想方面，均注意兼采儒、法，是以积极的社会治理态度谋求于世的，完全抛弃了老子道家那种逃避现实，因顺自然的消极情绪，这种"无为"有别于老庄时期原始道家纯粹意义上的"无为"。

第一节
陆贾的无为论与社会理想

陆贾（约公元前 240—前 170 年），战国时楚国人，黄老思想在汉初的重要代表人物。他早年跟随汉高祖创立汉朝，在建国之初只是一个"秩比千石"的小官——太中大夫。不过，这个人很有口才和胆量，敢于驳斥刘邦的"武力治天下"的论调，反问刘邦："如秦并天下后，行仁义、法先圣，陛下还能得到天下吗？"为此，他写成《新语》一书，总结秦朝失败的教训，为汉初治国安民、重新建构社会秩序提出了一套方案。该书是汉初黄老思想的代表作，是现存的研究陆贾思想的直接材料。

---

① 《史记·吕太后本纪》，太史公曰。

② 《汉书·文帝纪》，班固赞。

③ 《新语·本行》。

④ 《新语·慎微》。

⑤ 《汉书·贾谊传》。

陆贾站在统治者的立场，认为社会治理的最高原则是无为，执政态度应保持谨慎和敬畏。① 只要尽量减少不必要的作为，谨慎地遵从天道和人道的要求办事，与民休息，而不以烦苛的赋役扰民，就会天下大治。他举帝舜的例子，舜在治理社会的时候，常常弹五弦琴，唱着父母辛勤养育子女的歌谣，好像不关心国事、不忧心百姓的样子，让人民自行其是，然而天下大治。周公制作礼乐，削减军队，搁置刑法，只保留祭祀天地和山川的宗教仪式，却取得了周边国家的信任，化干戈为玉帛，四方太平，万国来朝。这是陆贾从历史经验的角度，总结认为无为而治有内安百姓、外和诸国的功效。

无为而治的核心是统治者要收敛欲望，与百姓上下相安无事。陆贾认为，秦朝所以灭亡，不是因为它不强大，而是因为各级官吏不能很好地约束自己，“有为多欲”，结果“法逾滋，而奸逾炽”，造成“兵马益设，而敌人逾多”。秦朝统治者也不是不想把社会治理好，而是所采取的治理方略有错误，“举措暴众而用刑太极”。汉朝应该在天下初定，社会正常生活秩序刚刚重建的时候，确立以“仁义为本”的思想，行“柔弱”、“迟重”、“温厚”之政，宽刑简政，缓和社会的各种矛盾和冲突，这就是所谓“清静无为”的“黄老之治”。这种思想从客观上说是符合了汉初的社会实际状况的。因此，汉初“黄老之治”的实行卓有成效，所谓“文景之治”就是在这个基础上出现的。

虽然这种“清静无为”的社会治理思想不是超阶级的，而是在一定社会历史条件下采取的顾全地主阶级长远利益的思想，但是它教育了最高统治者，为休养生息政策提供了理论基础，也在客观上满足了人民安居乐业的愿望。陆贾的思想对汉初选择黄老思想作为官方的指导思想有重要影响。《史记》记载：受刘邦之命，“陆生乃粗述存亡之徵，凡著十二篇。每奏一篇，高帝未尝不称善，左右呼万岁。号其书曰《新语》”。由此可说明他的思想观点得到了刘邦及其统治集团的高度认可。

在其“清静无为”思想的指导下，陆贾在《新语·至德》篇里为汉代君臣与人民构想了一个高级、文明的农业理想社会。② 其理想社会模式的大概状况如下：

第一，这个社会是一个恬淡安宁的农业社会。最高统治者及官吏处于无为的状态中，人民得以怡然自得。官府就像没有官吏，亭落就像没有人民；百姓都相安无事，没有争讼，没有愁苦，也不评议是非；驿站没有夜行之卒，乡民没有夜召之征。

第二，这个社会有一个英明的领导人，实行保护农民、毋伤农业的政策，人们的物质生活有保障，老人们能吃到可口的食物，丁男有田可种。以贤能的君子作为政治领袖是战国时代思想家的共识，陆贾是一个跨时代的人物，其学说不免有前一个时代的印记。这种思想后来影响很大，西汉人对贤能人做政府首脑的思想很是崇拜，以至

---

① 《新语·无为》：“道莫大于无为，行莫大于谨敬。”

② 《新语·至德》：“君子之为治也，块然若无事，寂然若无声；官府若无吏，亭落若无民，闾里不讼于巷，老幼不愁于庭；近者无所议，远者无所听。邮无夜行之卒，乡无夜召之征；犬不夜吠，鸡不夜鸣，耆老甘味于堂，丁男耕耘于野；在朝者忠于君，在家者孝于亲。于是赏善罚恶而润色之，兴辟雍庠序而教诲之。然后贤愚异议，廉鄙异科，长幼异节，上下有差，强弱相扶，大小相怀，尊卑相承，雁行相随，不言而信，不怒而威。岂恃坚甲利兵，深刑刻法，朝夕切切而后行哉?”

于后来有新莽易汉的事情发生。

第三，这个社会重视兴办教育，国家设立辟雍庠序等教育设施，通过学校教育启发、诱导人们的角色意识，遵循社会规范，使人们分清贤愚、廉鄙等各色社会行为，也可以使人们遵从长幼、上下等各种社会角色，促进社会关系和谐。人人得以按正常的角色生活，照章办事，在朝廷为臣者能忠于君主，在家为子者能孝敬父母。这个社会以仁义为社会价值准则，赏罚等社会控制手段形同摆设，在社会治理中不起关键作用。这显然与秦代的做法不同。秦代把刑法的施行发挥到极致，泯灭了人性和理智，使人民笼罩在恐惧与残酷的迷雾里，故表面的安治潜伏着颠覆性危机。

第四，这一社会虽有等级，但各等级的人之间，整个社会的人与人之间的关系是和谐而无冲突的，整个社会呈现出强弱相扶持而不是以强凌弱，大小相关爱而不是以大欺小，尊卑相承欢而不是以上欺下的和谐景象。社会的功能是使人处于人群关系之中完成生活，使人在人群关系中获得幸福。

第五，由以上各方面做基础，使这个社会不用坚甲利兵和严刑峻法来控制社会和治理社会，而社会的统治者已能不言而信，不怒而威，其统治地位得到了真正意义上的巩固。

陆贾的理想社会构想在西汉初年是很有代表性的，反映了经历过秦朝暴政，追求安定生活的社会价值取向。从这里我们可以看出，汉初以陆贾思想为代表的黄老无为之治的社会理想，不同于老子的“小国寡民”式的社会理想，而不过是要在有君主，有官吏，有等级制度，有法律制度的前提下，使人民能休养生息，安居乐业，减少对统治阶级的反抗而已。同时，汉初无为之治的社会理想，也不同于庄子“无君”论的社会理想，而是主张拥戴一个无为的，不给人民添过多麻烦而又统治着人民的君主。因此，不能认为汉初的黄老之学是老庄社会思想的继续。从它重视文教与人伦的特征来看，确是与儒学互通款曲，反映出黄老思想道、儒互融的特点。

第二节
贾谊对社会问题的察觉

黄老之学最大的贡献是建设社会，培养国力，使人民各安生业。50余年间，汉帝国自残破困贫而达于繁盛富饶之境。但是它并非全无缺点。道家的社会理论，只适于“小国寡民”，而不适于一个庞大的帝国。无为而治的施行曾使汉帝国的政务陷于半瘫痪状态。诸侯王强横，藐视中央，几乎分裂国家，颠覆中央政府。匈奴则屡次入侵，游骑曾达到长安附近。若干朝臣已对此种社会治理原则不满，如吕后时的樊哙、文帝时的贾谊、景帝时的晁错，或主张讨伐匈奴，或主张制裁诸侯王，其中贾谊的思想最为系统而有代表性。不过，汉朝对匈奴始终不敢进攻，而晁错削诸侯王的权利，更激起“七国之乱”。在这种情势之下，如果吕后及文、景二帝不是英明之主，那么汉帝国的前途简直无法想象。

贾谊（公元前200—前168年），洛阳人，享年只有33岁。他出生晚于陆贾，却比陆贾早两年而亡，所以仍可说他与陆贾是同时代的人。贾谊少年就很有才学，二十几岁就到中央政府作了博士，是当时博士中最年少的。文帝每有诏令议题下达，一般老臣不能作陈述，贾谊就代他们一一作答，被朝臣们称为贤能。贾谊是汉初著名的思想家，曾向皇帝建言，说汉兴二十余年，天下和洽，就应该改正朔，易服色，修制度，定官名，兴礼乐。他根据现实拟定很多新法，希望更换施行中的秦代的法律。可惜贾谊的忧患意识不为朝中重臣赏识，他的理想不能实现。研究贾谊思想的资料，除《汉书》卷四十八“贾谊传”之外，还有《新书》十卷，也是可信资料。

贾谊所处的时代，正是汉朝初年在黄老之学的指导下，采取与民休息的政策，使社会生产上升和社会秩序相对稳定的时期。但贾谊没有盲目地歌功颂德，而是透过表面现象，深刻地察觉到了各种显在、潜在的社会问题。他在给皇帝所上《治安策》中揭露了这些问题，并提出了解决问题的方案，所以程伯群说：“贾谊之《治安策》，解决社会纠纷之方法也。”[①]

贾谊在《治安策》中开宗明义地指出，那些只宣扬社会已经天下太平的人，不是出于愚蠢，就是出于阿谀，是不合事实，不懂治乱之道的人。他认为当时社会问题丛生，只不过还没有达到激化的程度而已。特别是当时中央政权虚弱，诸侯王地广权重，国体出了很大的问题。国法不立，天下形势犹如即将熊熊燃烧的柴堆，火势已经星星点点，虽然暂时没有大的动乱，但不可误以为天下太平。假如继续忽视种种社会问题，必将“一夫作难而七庙堕，身死人手为天下笑”。贾谊所关心的主要社会问题有这样几方面：

第一，藩镇问题。汉高祖在争夺天下时，一方面以为秦灭亡之速在于王室孤单，缺少屏障；另一方面以封侯立王为诱饵，鼓励诸将奋力作战，为他夺取天下。所以，建国之后大封族党和有功的将领、重臣为王，几乎恢复了周代的宗法封建制度。不久又行“狡兔死，走狗烹”的政策，削除异姓王，防止功臣篡夺大位。他在临终前还要求各同姓诸侯王保证，在国家有难时，需协力保卫中央政府。但是，同族同宗并不能带来国家政治上的安全保障，因为诸侯王多僭越，领域广大过于古制，时常有叛逆之谋。贾谊在《治安策》中向文帝指出，当时一些藩镇势力过于强大，对社会是一个潜在的威胁，历史证明“强者先反”，必将造成社会动荡。为此，他提出了很高明的方略，“众建诸侯而少其力。力少则易使以义，国小则无邪心”[②]。就是采取柔缓的方式，在原有诸侯王国里，进一步分封他的子孙为小诸侯，这样削弱诸侯的实力，便于中央政府控制。这个思想在文帝之时没有获用，到后来为汉武帝采用，颁布了“推恩令”，藩镇问题才彻底解决。

第二，社会积蓄问题。贾谊认为社会财富积累是“天下之大命”。在一个以农业生活为主体的社会里，财富的主要表现形式是粮食多。有了足够的粮食才可以“攻则取”，“守则固”，“战则胜”，安抚周边各民族，创造稳定的社会与和平的国际大环境。

---

① 程伯群：《中国社会思想史》，38页。

② 《新书·藩强》。

他从社会安危的高度看待社会积蓄和粮食安全问题，是很有见地的。他说，在至治之世，人民耕种三年就余一年之食，九年就积蓄够三年食用的粮食，三十年就有十年之积蓄，而“国无九年之蓄谓之不足，无六年之蓄谓之急，无三年之蓄曰国非其国也”[①]，但是汉朝已建立30多年了，社会财富的积累仍很可怜，在青黄不接之时，富人不行借贷，贫民就得挨饿；一遇荒年，人民就要卖子求食；天不及时下雨，人民就感到恐慌，一旦下雨，人民就像重新得到生命一样；如果灾荒的区域至方两三千里，就无法进行社会救济；倘若再有边患发生，军粮就缺少来源，如果事情到了危机产生的地步才去考虑解决的办法，恐怕就来不及了。他提醒统治者，必须正视这个潜在的社会问题，加强危机管理意识。

第三，社会风俗问题。汉初实行清静无为政治，其结果有好坏两个方面，好的方面是社会得以休养生息，人口繁衍，经济发展；坏的方面是因为松弛而使社会风俗更加败坏。他认为，汉兴20余年，但秦代的遗风余俗没有改变，人们都置礼义廉耻于不顾，追逐金钱与势力，全不顾及行为规范。社会风气败坏，盗贼流行，夜取昼夺，不以为忌，乃至于有人为了私利而杀害父母兄弟，伦常丧尽。在他看来，当时的风俗是豪强者的掠夺世界，断定造成这种情况的原因就是管仲在几百年前所说的“四维不张”。管子说，礼、义、廉、耻是社会赖以稳定的“四维”，“四维不张，国乃灭亡”。贾谊不是僵化的腐儒，在发以古非今的低级牢骚，他的精明务实曾深得司马迁的称赞。他大声疾呼，希望唤起当时的统治者注意社会风俗造成伦常败坏带来的严重后果——假使一个人可以背弃亲情，怎么敢指望他忠君爱国，遵信守义呢？所以，贾谊认为使社会“移风易俗，使天下回心而向道”是刻不容缓的。[②]

第四，奢侈问题。奢侈是败坏社会风俗、造成社会不安不治的总根源之一，贾谊十分重视分析这个问题。他认为，在社会还无甚积蓄的情况下，本应力行节俭，增加积蓄，以保证社会的长期安定，而实际上奢侈之风仍在蔓延，侈靡相竞，在上者遗弃礼制，罔顾礼义，不思廉耻之风，不只未改，且日甚一日。[③] 尤其有人以特权、兼并、商贾等手段和途径获得大量不义之财，高车驷马，周游郡国，夸耀财富。那些专供帝王制作衣服的丝织品，被这些奢侈者用来装饰房屋的墙壁；后妃才有资格用来点缀衣袖的名贵饰物，被他们用于制作其妻妾的鞋口。由于社会财富并不丰裕，少数人的奢侈，必使多数人受到饥寒的威胁，处于饥寒交迫之中。在这种情况下，还要让他们循规蹈矩而无越轨行为，是不可能的事。行“奸邪”的人多了，正常的社会生活秩序就会被打乱。贾谊由此指出，当时社会安全已经充满了危机，盗贼们正在等待发动叛乱的时机。这样重大的潜在社会问题被贾谊所觉察，就不能不使他为之“长太息”了。[④]

从以上论述可以发现，贾谊对社会问题的洞察力是很敏锐的，其中很多都是在封建经济基础之上必然会出现而又无法克制的问题。贾谊所揭示的社会问题是有一定深

---

① 《新书·忧民》。

② 《汉书》卷四十八“贾谊传”：“天下之势方病大……失今不治，必为锢疾，后虽有扁鹊，不能为已。”

③ 贾谊《治安策》：“今世以侈靡相竞，而上亡制度，弃礼谊，捐廉耻日甚，可谓月异而岁不同矣。”

④ 贾谊《治安策》。

度的。

第三节
贾谊的社会治理思想

既有社会问题存在，就必须及早着手整治。贾谊认为解决上述社会问题，加强社会治理，关键在于防微杜渐，防患于未然。① 如果看到危机而不予以治理，就好像人得了病不去医治一样，等到病情严重，即使有扁鹊这样的好大夫也无能为力了。② 社会治理的原则是因时制宜，不可泥古不化，应参照历史的经验，分析当前的具体情况，采取适合时宜的方针与策略才会奏效。③

关于社会治理的具体方法问题。贾谊举高手解牛的例子说，高手解牛要诀是循着肌肉的纹理走刀，但在腰胯部位则要改刀为斧，才能做到迅捷而又不伤刀具。解决社会问题也要这样，了解社会问题发生发展的规律，掌握问题症结所在，然后提出解决问题的整体措施，在关键点上政策措施要既对路，又得力。在这一点上，他的主张贯穿着拨乱反正的气概，是在扭转“汉承秦制”，恃力治天下的霸气积习。所以，他进而指出，治理社会既需要礼教的仁义恩厚精神，也需要法家的权威法制手段④；而这两者必须使用得当，才能达到预期目的。

社会治理从严刑苛法走向以礼义为主，礼法并重，是社会文明的进步。贾谊把历史经验分析给人们看，指出统治者要使人们遵规守矩，所采用的方法是不尽相同的，有的是用德教相诱导，有的是用法令相捶击，方法不同，结果也不相同。“以礼义治之者积礼义，以刑罚治之者积刑罚。刑罚积而民怨倍，礼义积而民和亲……道之以德教者，德教治而民气乐；欧之以法令者，法令极而民风哀。”⑤ 这是区别之一。商朝保持社会稳定达六七百年之久，秦王治天下十余年而灭亡，差别也在于此，这就是民意的“哀乐之感，祸福之应”啊！区别之二是德教礼治要比法治高明得多。他坚信“礼者禁于将然之前”，是主动的社会治理模式，具有绝恶于未萌，使人在不知不觉中遵守社会规范的强大功能，应该作为基本的社会治理方略；“法者禁于已然之后”，是被动的，还会有后遗症，只能作为礼治的补充手段，不能作为基本的国策。如果说陆贾劝汉高祖行德政还是在建议，那贾谊的长策就是在批判了。礼法并用，以礼治为官方主导性价值观治理社会，把刀笔吏的政治改变到礼治仁政的轨道上来，是他的社会政策宣言。

---

① 《汉书》卷四十八《贾谊传》：“安者非一日而安也，危者非一日而危也，皆以积渐，然不可不察也。”

② 同上。

③ 贾谊《过秦论》：“君子为国，观之上古，验之当世，参以人事，察盛衰之理，审权势之宜，去就有序，变化因时，故旷日长久而社稷安矣。”

④ 《汉书·贾谊传》：“夫仁义恩厚，人主之芒刃也；权势法制，人主之斤斧也。”

⑤ 《汉书》卷四十八《贾谊传》。

经过有效治理之后的社会，即是贾谊的理想社会了。贾谊认为，这将是一个实行君主中央集权统治，贵贱尊卑等级分明[①]，经济上以农业为本的社会。这个社会的各项规范，都能“化成俗定”，人人都能摆正自己的社会角色，正确处理国与家、公与私、利与害的关系，义所在，“利不苟就，害不苟去”，社会各阶级、各等级阶层之间的关系和谐而“俱安”。

贾谊的社会理论已与先秦时期有了明显的区别，也与当时流行的黄老之学偏重道家的做法不相苟合。虽然他所向往的是在君主集权统治和等级制度之下的社会安定和社会关系和谐，说明其社会思想中有着深刻的时代烙印，但他的社会理想也还不过是一种乌托邦式的幻想。正如张东荪所说，思想主动影响实际社会只在于使社会归于稳定之时，让思想掀起社会的变化是没有多大力量的，那需要复杂的社会条件。只有客观条件成熟了，社会才有根本的变化。客观条件如不具备就希图社会变革只是一种幻想。[②] 本章第一节所说的陆贾的《新语》能够得到刘邦统治集团重视，正是因为它顺应了社会要求拨乱反正的大趋势，才使黄老思想在安定社会方面发挥了重要作用。而本章第二、三节所论述的贾谊以社会政治思想的超伦才识被破格起用，他是汉代社会需要“礼教”来治理思想的第一个倡导者，实为后来汉武帝时开始独尊儒术之滥觞。但他要推行的以礼治秩序去改变刀笔吏和军功地主主导的治理系统，时机还不够成熟，只能是不了了之。不过，他说了不少真话，从一个侧面反映了当时社会中带有根本性的问题，使我们今天也能窥见汉代“文景之治”的“太平盛世”背后的真实社会面貌，这不失为贾谊的重大历史贡献。

从国家与社会关系的角度来审视陆贾与贾谊的社会思想，一个很重要的启示是强硬的政府不必然是给社会带来稳定的好政府，地方分权体制也往往给社会秩序带来混乱。陆贾思想的提出有着比较特殊的社会条件，即汉初人心思定，以及人口规模大幅减少。一般而言，组织的规模决定了管理的内容和形式。汉初政府无为和地方分权恰好适应了国家大一统而人口又较少的情况。至贾谊时代，种种情况表明，地方分权体制已经构成了对国家体制的威胁和社会秩序环境的恶化，同时给社会发展带来了严重的威胁。司马迁在《史记》中记载豪强地主和豪侠的种种越轨行为，反映出汉前期地方分权、政府功能弱化均是造成社会犯罪化倾向严重的重要因素，这是后来汉武帝加强中央集权的主要原因之一。同时，政府无作为、完全放任的做法，造成社会风俗日益恶化，奢侈之风横行。所以，从汉武帝时代开始，政府重视儒学，并在用人方面察举孝廉，在一定程度上遏制了社会风习的恶化。

本章要点

1. 陆贾是西汉初年黄老思想的代表。其社会思想的特点是：在肯定封建一统王朝的统治及等级制度的前提下，实行“无为而治”。认为只有社会统治者少作为，才能缓和社会冲突，稳定社会秩序。在这种思想的指导下，陆贾构想了一个清静无为的

---

① 参见《汉书》卷四十八《贾谊传》。

② 参见张东荪：《思想与社会》，100页，沈阳，辽宁教育出版社，1998。

理想社会。

2. 汉初以陆贾为代表的黄老无为之治的社会理想，不同于老子的“小国寡民”式的社会理想，也不同于庄子“无君”论的社会理想，因此，不能认为汉初的黄老之学是老庄社会思想的继续。汉初的黄老思想，是在一场农民革命之后，统治者为缓和阶级冲突，安定社会秩序，恢复和发展生产，巩固自己的统治而产生的。

3. 贾谊在社会秩序相对稳定的时期，透过表面现象，深刻地察觉到了显在的或潜在的社会问题。他所考察的藩镇问题、社会积蓄问题、奢侈问题、社会风俗问题等，都是极为深刻的。他思考问题的冷静态度和方法值得后人借鉴。

4. 贾谊提出社会治理不可泥古不化，而要根据历史的经验和当前的具体情况，采取适合时宜的方针与策略才会奏效的思想。主张以礼法并用、礼治为主的方法进行社会整合。贾谊的社会理论已与先秦时期有了明显的区别。他的社会思想中已深刻地打上了时代的烙印。

复习思考题

1. 如何评价汉代初年的黄老思想？
2. 陆贾的社会理想有什么特点？
3. 贾谊对奢侈问题和社会风俗问题的考察有没有现代意义？
4. 贾谊的社会整合思想的时代特点是什么？

推荐阅读书目

1. （汉）陆贾：《新语》，上海，上海古籍出版社，1990。
2. 吴云、李春台校注：《贾谊集校注》，郑州，中州古籍出版社，1998。

第十章
汉代官方儒学的社会思想

汉武帝时代是中国历史上的一个社会治理方略转型时期，更是儒家学说发展史上的一个关键时期。黄老之学不可长用，汉武帝便采用董仲舒的建议，确立“罢黜百家，独尊儒术”的文化政策。儒学自私学一跃成为官学，儒学典籍成为学者谋取功名利禄的资本，《礼经》、《春秋》等经典中的社会生活规范也成为西汉社会生活的重要组成部分。此后，经过“白虎观”会议的整顿，官方儒学进一步作为社会主导性价值观渗透到社会生活的各个方面。

第一节 《礼记》的社会思想

一、关于《礼记》一书

儒家的经典大致分为三类：一类是“经”，一类是“传”，一类是“记”。“记”是用来对经文进行注解、说明和补充的资料。解释《礼经》的文字便称《礼记》。《礼经》原名叫《仪礼》，又称《士礼》，共17篇，是春秋战国时期关于统治阶级冠、昏(婚)、丧、祭、朝、聘、射、乡等礼仪制度的汇篇。它保存了丰富而又有价值的社会资料。

西汉时，《仪礼》取得“经”的地位，成为儒家《五经》之一。于是，解释《礼经》的“记”逐渐受到时人的器重，出现了不少的传抄本，现在还存有戴德、戴圣叔侄的选辑本。后人称戴德所辑录的本子为《大戴礼记》，原本80篇，今存39篇；称戴圣所辑录的本子为《小戴礼记》，共49篇。《小戴礼记》经东汉著名经学家郑玄注解后，摆脱了它从属于《仪礼》的地位而独立成书，并且跃居“经”的地位。从此人们便看好《小戴礼记》，今日流行的《礼记》实际上是专指戴圣编的《小戴礼记》。

《礼记》的编者弄清楚了，但《礼记》49篇中每篇的撰者却很难明确。《汉书·

艺文志》只好称为“七十子后学所记”。学者们普遍认为《礼记》并非一时一人所作，多半是出自汉代以前或汉代儒者的手笔。戴氏叔侄的贡献在于做了选辑结集的工作。

张舜徽先生认为：《礼记》中有很多篇发挥丧服的文字，为研究宗法制度所不可忽视。此外如《曲礼》、《内则》、《少仪》，可以考知古代生活习惯；《学记》、《经解》，可以推见教育原理；《礼运》、《礼器》、《乐记》，说明了礼乐的效用；《中庸》、《大学》，发挥了政治伦理的思想。至于《冠义》、《昏义》、《乡饮酒义》、《射义》、《燕义》、《聘义》诸篇，更是《仪礼》的说明书，将统治阶级制度的礼仪原意都阐述出来。[①]

《礼记》继承、发挥和阐扬了儒家有关礼治、乐治等方面的社会思想。因此，一些学者，如孙叔平先生在撰写《中国哲学史稿》时，便将《礼记》放在先秦时期加以介绍。但我们认为，还是将其作为汉代时期的作品更为妥切一些。

研究《礼记》，极有助于对儒家社会思想的把握和了解。

二、论礼的起源及其社会功能

(一) 何谓“礼”

礼是儒家学说的核心。《礼记》的作者将汉初及汉代以前的儒家的礼论加以整理，归纳，使之条理化、系统化。何谓礼？我们从《礼记》中可以看出礼有多重内涵。

第一，礼是一种社会制度。

> 大礼，始于冠，本于昏，重于丧祭，尊于朝聘，和于射乡，此礼之大体也。[②]

第二，礼是针对人情而约束、节制人类行为的一系列社会规范。

> 礼者，因人之情而为之节文，以为民坊者也。[③]
>
> 饮食男女，人之大欲存焉；死亡贫苦，人之大恶存焉。故欲恶者，心之大端也。人藏其心，不可测度也。美恶皆在其心，不见其色也，欲一以穷之，舍礼何以哉？[④]

第三，礼用来规定人类社会秩序，是一定社会关系的产物。

> 民之所由生，礼为大。非礼无以节事天地之神也，非礼无以辨君臣、上下、长幼之位也，非礼无以别男女、父子、兄弟之亲，婚姻疏数之交也。[⑤]

第四，礼是衡量一切社会活动的准则。

---

① 参见张舜徽：《中国古代史籍举要》，40页，武汉，湖北人民出版社，1980。
② 《礼记·昏义》。
③ 《礼记·坊记》。
④ 《礼记·礼运》。
⑤ 《礼记·哀公问》。

> 道德仁义，非礼不成；教训正俗，非礼不备；分争辨讼，非礼不决；君臣上下，父子兄弟，非礼不定；宦学事师，非礼不亲；班朝治军，莅官行法，非礼威严不行；祷祠祭祀，供给鬼神，非礼不诚不庄。①

第五，礼是君王用于治理社会的工具。

> 是故礼者，君之大柄也。所以别嫌，明微，傧鬼神，考制度，别仁义。所以治政安君也。②

综上所述，《礼记》中所论说的“礼”，不仅包括了冠、昏（婚）、丧、祭、朝、聘、乡、射等礼节，而且包括了社会制度和规范、规则，大到军国盛典、小到生活中的衣食住行，皆有“礼”可循。概言之，礼是人类社会中的宗法、文化制度和规范的总称。

(二) 论礼产生的基础

分析《礼记》，我们认为礼产生的基础有下列几点：

第一，礼效法于天，是天地、万物自然秩序在人类社会中的体现。《乐记》说：“礼者，天地之序也”，“大礼与天地同节”；《礼运》说：“夫礼，先王以承天之道，以治人之情，故失之者死，得之者生”，“故圣人作则，必以天地为本”。由于人是感“天地之德、阴阳之交、鬼神之会、五行之秀气”③ 而生的，“顺人情”便是顺天道。《礼记》所宣扬的“大礼与天地同节”、“圣人作则，必以天地为本”的思想给后来的董仲舒的“天人感应”、“人付天数”学说提供了理论依据，董仲舒的“圣人法天而立道”、“天不变，道亦不变”的思想可说是《礼记》的“礼之大体，体天地，法四时，则阴阳顺人情”思想的最好注脚。

第二，礼的产生是出于改造人情的需要，也就是“因人之情而为之节文”④。《礼运》将人性具体归纳为“七情”和“十义”，并从化“性”、治“情”、修“义”的角度论证了礼治的意义：“何谓人情：喜、怒、哀、惧、爱、恶、欲七者，弗学而能。何谓人义？父慈、子孝、兄良、弟悌、夫义、妇听、长惠、幼顺、君仁、臣忠十者，谓之人义。讲信修睦，谓之人利；争夺相杀，谓之人患。故圣人之所以治人七情，修十义，讲信修睦，尚辞让，去争夺，舍礼何以治之？”也就是说，“七情”是人类与生俱来，“弗学而能”的自然属性。“十义”是人的社会性。礼是人们实现自然人转变为社会人、舍“情”就“义”、趋“利”远“患”的重要手段。

第三，礼起源于原始的祭祀等风俗习惯及一定的社会生活方式。“礼，始于冠，本于昏，重于丧祭，尊于朝聘，和于乡射”⑤；“夫礼之初，始诸饮食。其燔黍捭豚，

---

① 《礼记·曲礼上》。
② 《礼记·礼运》。
③ 《礼记·礼运》。
④ 《礼记·坊记》。
⑤ 《礼记·昏义》。

汙尊而抔饮，蒉桴而土鼓，犹若可以致其敬于鬼神”[①]，由此，我们知道，早期的礼仪与饮食行为分不开。但生活方式的简陋并不影响对神灵、鬼魂、图腾崇拜和祭祀的诚意。祭祀等活动中的礼仪习俗影响着同一部落氏族的生活，对氏族社会的成员起调适、整合作用。随着社会的进步，生活方式变迁，作为全体氏族成员所遵守的习俗意义上的礼仪的性质和作用于迁移中而逐渐转化，特别是进入“天下为家”的阶级社会，婚、丧、祭祀、生产等风俗习惯中的礼仪条文已流于形式。尽管《礼记》声称“君子行礼，不求变俗”[②]，“修其教，不易其俗；齐其政，不异其宜”[③]，表现出对远古社会风俗习惯的眷恋，但《礼记》作者清醒地认识到他们所处的时代及责任，因而更注重的是附会于礼仪条文上的具有象征性功能的“礼义”，即为巩固社会秩序服务的规范制度。[④] 对于这一点，《礼记·经解》表述得再明白不过：

> 故朝觐之礼，所以明君臣之义也。聘问之礼，所以使诸侯相尊敬也。丧祭之礼，所以明臣子之恩也。乡饮酒之礼，所以明长幼之序也。昏姻之礼，所以明男女之别也。

继承、加工改造原始的风俗习惯，突出“礼”的转化与再生功能等，反映了《礼记》作者礼因时变的社会历史变迁观念。

（三）论礼的社会功能

《礼记》继承发展了儒家的礼治思想。《礼记》中的礼具有多方面的社会功能：

第一，表现在维护国家机器运转方面，礼是治理国家的根本。“礼者何也？即事之治也。君子有其事，必有其治”[⑤]，“礼之于正国也，犹衡之于轻重也，绳墨之于曲直也，规矩之于方圆也。……孔子曰：‘安上治民，莫善于礼。’此之谓也。”[⑥] 礼是统治者实行社会控制的工具。“是故礼者，君之大柄也。所以别嫌，明微，傧鬼神，考制度，别仁义，所以治政安君也。”[⑦] 礼由君王制定，人民无权参与，“非天子不议礼，不制度，不考文”[⑧]。“礼不下庶人，刑不上大夫”[⑨] 暴露了礼的实质和阶级性。

第二，表现在维护社会秩序、明确等级关系方面，“礼达而分定”[⑩]，礼有别异合同之功能。“夫礼者，所以定亲疏、决嫌疑、别异同、明是非也”[⑪]；“非礼无以节事天地之神也，非礼无以辨君臣、上下、长幼之位也，非礼无以别男女、父子、兄弟之

---

① 《礼记·礼运》。
② 《礼记·曲礼下》。
③ 《礼记·王制》。
④ 参见任继愈主编：《中国哲学发展史·秦汉》，173～175页，北京，人民出版社，1985。
⑤ 《礼记·仲尼燕居》。
⑥ 《礼记·经解》。
⑦ 《礼记·礼运》。
⑧ 《礼记·中庸》。
⑨ 《礼记·曲礼上》。
⑩ 《礼记·礼运》。
⑪ 《礼记·曲礼上》。

亲，婚姻疏数之交也”[①]。《礼记》的作者认为礼是指导人们别异与合同的准则。别异与合同并不矛盾。人们只要明确了“定”、“决”、“别”、“明”、“辨”，区分出上下、尊卑、贵贱理念，就会懂得“讲信修睦，尚辞让，去争夺”[②]，“同则相交，异则相敬”[③]，各就其分，各安其位。人际关系的调适、阶级矛盾的缓和也就可以落到实处。

第三，表现在规范人们的言行方面，“有礼则安，无礼则危”。“礼，不妄说人，不辞费。礼，不逾节，不侵侮，不好狎。修身践言，谓之善行。行修言道，礼之质也。”[④] 人们的社会交往要“礼尚往来”，人们的“进退揖让”乃至一切言行皆要符合礼和受礼的约束，且“夫礼，所以制中也”[⑤]。礼，还关系到人们的沉浮荣辱，“不可不学也”。“夫礼者，自卑而尊人。虽负贩者，必有尊也，而况富贵乎？富贵而知好礼，则不骄不淫；贫贱而知好礼，则志不慑。”[⑥]

第四，表现在节制人的自然性而焕发人的社会性方面，礼可节人之情、达人之情、文人之情、防民之心。“礼者，因人之情而为之节文，以为民坊者也。”[⑦] 在《礼记》的作者看来，礼，如同防水的堤坝。防民之心，甚于防水，怎样做到“以礼防民”[⑧] 呢？《礼记》认为要根据人情不同，基于人性的需要，处理好“节”、“文”的关系，该约束则节制，该文饰则满足，以抑制人们性恶的冲动，激扬人性的秀美之处。

第五，表现在区分人与动物方面，“礼义”是根本标志。

> 凡人之所以为人者，礼义也。[⑨]
>
> 无别无义，禽兽之道也。[⑩]
>
> 鹦鹉能言，不离飞鸟；猩猩能言，不离禽兽。今人而无礼，虽能言，不亦禽兽之心乎？[⑪]

孟子认为“人之异于禽兽者几希”，在于人有“仁”、“义”、“礼”、“智”“四心”（“四端”），《礼记》则认为人与禽兽有别，在于人有“人情”，更有“人义”。

第六，表现在对人的教化方面，礼有潜移默化，防微杜渐之功。“故礼之教化也微，其止邪也于未形，使人日徙善远罪而不自知也，是以先王隆之。”[⑫] 可谓是“随风潜入夜，润物细无声”。

---

① 《礼记·哀公问》。
② 《礼记·礼运》。
③ 《礼记·乐记》。
④ 《礼记·曲礼上》。
⑤ 《礼记·仲尼燕居》。
⑥ 《礼记·曲礼上》。
⑦ 《礼记·坊记》。
⑧ 《左传·庄公二十三年》。
⑨ 《礼记·冠义》。
⑩ 《礼记·郊特牲》。
⑪ 《礼记·曲礼上》。
⑫ 《礼记·经解》。

三、论乐的起源及其社会功能

（一）何谓“乐”

《乐记》对“乐”作了如下解释：

凡音之起，由人心生也。人心之动，物使之然也。感于物而动，故形于声。声相应，故生变。变成方，谓之音。比音而乐之，及干戚羽旄谓之乐。乐者，音之所由生也，其本在人心之感于物也。

由此可知，乐是人心触景、触情，与外物交感而成的。乐的产生与形成经历了“感于物”、“形于声”、“声生变”、“变成方”、“比音而乐之”，“及干、戚、羽、旄”的发展过程。在《礼记·乐记》的作者看来，声、音、乐是有区别的。人心感于物——外在客观环境便发乎“声”。“五声”，即宫、商、角、徵、羽。“五声”的清浊变化，变转和合，便形成了“音”。“音”近似于现在的歌曲。以干、戚、羽、旄之类的乐器伴和着歌舞动作才叫作“乐”。

声缘于心，心情的好坏，影响着声音的悲欢。“是故其哀心感者，其声噍以杀；其乐心感者，其声啴以缓；其喜心感者，其声发以散；其怒心感者，其声粗以厉；其敬心感者，其声直以廉；其爱心感者，其声和以柔”①。也就是说，心情悲哀，则声也噍杀；心情乐，则声也舒缓；心情喜，则声也发散；心情怒，则声也粗厉；心情敬，则声心直廉；心情爱，则声也柔和。而心又感于物，心声受客观社会、风俗世情的影响。至于乐，是人们心声的展现和感情的流露，“其本在人心之感于物”是乐的最基本的要素，从某种意义上讲，观听一个地方的音乐，可窥见一个地方的治乱和民风。“是故治世之音安以乐，其政和。乱世之音怨以怒，其政乖。亡国之音哀以思，其民困。声音之道，与政通矣。”

（二）论乐的社会功能

《礼记》一书之所以再三讲乐，首先是因为乐与礼有相似的社会功能。“知乐则几于礼矣”，“是故先王之制礼乐也，非以极口腹耳目之欲也，将以教民平好恶而反人道之正也”。其次，乐与礼是相互配合的，“乐由中出，礼自外作”，“大乐与天地同和，大礼与天地同节”，“乐者，天地之和也。礼者，天地之序也”，“乐至则无怨，礼至则不争。揖让而治天下者，礼乐之谓也”。如果要勉强将礼乐功能区别开来的话，礼的功能着重于“别异”，乐的功能则重在“合同”。“乐者为同，礼者为异。同则相亲，异则相敬。”“礼义立，则贵贱等矣；乐文同，则上下和矣。”②

《礼记》的作者认为，“合同”与“别异”应互辅互成，异中求同，同中存异，不能厚此薄彼或厚彼薄此。“乐胜则流，礼胜则离。”

---

① 《礼记·乐记》。

② 以上引文均见《礼记·乐记》。

值得一提的是，《礼记》在重视礼治、乐治的同时，亦不忘刑政的治理功能，礼、乐、刑、政可相辅相成。《乐记》说：

> 故礼以道其志，乐以和其声，政以一其行，刑以防其奸。礼乐刑政，其极一也。所以同民心而出治道也。
>
> 礼节民心，乐和民声，政以行之，刑以防之。礼乐刑政，四达而不悖，则王道备矣。

只有礼、乐、刑、政四者相辅相成，才能使社会秩序达到高度和谐。所以，乐具有与礼、刑、政同等的社会治理功能。

四、论理想社会模式

《礼记·礼运》所描述的“大同”、“小康”社会成为了人们向往的理想社会模式，尤其是“大同”社会，更为世人津津乐道。

（一）“大同”社会模式

《礼记·礼运》的作者借孔子之口对“大同”社会作了精彩的描述：

> 大道之行也，天下为公。选贤与能，讲信修睦，故人不独亲其亲，不独子其子，使老有所终，壮有所用，幼有所长，矜寡孤独废疾者，皆有所养。男有分，女有归。货，恶其弃于地也，不必藏于己。力，恶其不出于身也，不必为己。是故谋闭而不兴，盗窃乱贼而不作，故外户而不闭。是谓大同。

“大同”社会模式的最大特点便是天下为公，具体表现在：

第一，大同社会财产公有，社会事务由大家处理，人们自愿尽力地进行生产劳动，没有阶级差别。

第二，大同社会有自然和合理的分工。男子有相应的职业，女子有合适的归属，老有所养，少有所托，孤寡残疾之人享受着社会保障。

第三，社会制度上，由于“天下为公”，天下“有道”，无须乎礼法作为纲纪，无须乎谋略、尔虞我诈。

第四，大同社会人与人之间诚信和睦，互相亲爱，推己及人。大家选举贤能之士担任社会职务，人们安居乐业，夜不闭户，各社会（社区）之间和平相处，无战乱发生。

显然，“大同”社会模式，是《礼记·礼运》的作者把儒家的“仁政”、“王道”，墨家的“兼爱”等社会理想与有关原始社会的传闻有机缀合在一起，勾勒出一幅令世人心驰神往的人类生活画面。“天下为公”的大同思想对中国历代社会思想界都产生了深刻的影响，洪秀全采用之而作《原道醒世训》，康有为引申之而著《大同书》，孙中山发挥之而成唤起民众的醒世之言。

（二）“小康”社会模式

诚然“天下为公”的大同社会模式是十分完美和诱人的，但是，这个时代已成过去了。《礼记》的作者虽然感到有几分无奈，但也正视到了这个现实，在“大道既隐”的历史条件下，提出了“小康”社会模式。

关于“小康”社会模式，《礼记·礼运篇》是这样描述的：

> 今大道既隐，天下为家，各亲其亲，各子其子，货力为己，大人世及以为礼。城郭沟池以为固，礼义以为纪；以正君臣，以笃父子，以睦兄弟，以和夫妇，以设制度，以立田里，以贤勇知，以功为己，故谋用是作，而兵由此起。禹、汤、文、武、成王、周公，由此其选也。此六君子者，未有不谨于礼者也，以著其义，以考其信，著有过，刑仁讲让，示民有常。如有不由此者，在势者去，众以为殃。是谓小康。

“小康”社会模式最大的特点便是“天下为家”。

第一，小康社会财产私有，有阶级差别，人们劳动的目的是出于私人占有及享受的需要。

第二，社会制度以“家天下”为服务目标，为了维护等级、尊卑、贵贱关系，为了调整社会秩序，缓和社会矛盾，统治者制定了礼义规范；为了保护国家和统治阶级的利益，还建立了军队，颁布了刑律法纪，修筑了城市沟池。

第三，小康社会里人与人之间关系是自私自利的，“各亲其亲，各子其子，货力为己”。社会提倡信义仁德，而社会现实却是谋诈是用，兵戎相见，争功斗勇。人们只好选举禹、汤、文、武、成王、周公等“英雄”人物来管理统治。礼义、纲纪等社会制度在“天下为家”的社会里显得十分重要。君臣、父子、兄弟、夫妻、邻里等关系靠礼义规范来维护。有势者、占有财产利益者靠纲、纪等制度对其进行保护。相比较“大同”理想社会模式而言，“小康”社会模式更具有可操作性且更富有影响力。

《礼记》的作者认为，春秋战国之世是“天下无道”的社会，实现社会理想的步骤是努力从礼崩乐坏的混乱局面进步到“小康”之世，而后再由小康社会进一步达到“大同”社会。

“大同”、“小康”的理想社会模式，是中国封建社会儒家所憧憬的理想社会，它在中国历代思想界都具有很深刻的影响。尤其是“大同”思想，是中国社会思想史中的一桩佳话，后世的许多进步思想家也常常加以发挥，如宋代的李觏、明代的何心隐，明清之际的方以智，太平天国起义领袖，以及康有为、孙中山，都从各自的阶级立场出发，去重新设计“大同”理想社会的模式。

第二节 董仲舒的社会思想

董仲舒，广川（今河北枣强县）人，其生卒年月《汉书》本传语焉不详，苏兴作《董子年表》，认为他生于汉文帝元年（公元前 179 年），卒于武帝太初元年（公元前

104 年）。

董仲舒的时代，政治上的统一已经得到了一定程度的巩固，因此也相应地需要思想文化上的统一。在公元前 140 年汉武帝继位后，“诏举贤良方正极言敢谏之士，上亲策问以古今治道”，董仲舒在所上《天人三策》中提出了“罢黜百家，独尊儒术”的主张[①]，这一主张和汉武帝一拍即合，得到汉武帝的赞成。从此以后，儒家思想取得了正统地位。董仲舒也因“令后学者有所统一”而“为群儒首”，因研究《公羊春秋》颇有成就，而“为儒者宗”[②]。

在中央集权制国家形成和巩固的同时，统治者要求思想文化界的统一是必然的。秦汉时代，政治统一的大趋势，带动了思想文化的统一。从秦始皇、李斯时期开始，至汉武帝、董仲舒时期，思想文化统一基本完成，成为中国古代思想文化界的一个重要转折点。这种统一不是一家思想的独霸天下，而是多家思想以一家为主轴，混融共和，发展出一种新的思想形态。具体说来，董仲舒之所谓“孔子之术”并不是对孔子学说的翻译，而是对孔子之学根据时代的需要作了很多新诠释，并糅合了其他各家的思想。特别是阴阳家的思想，被董仲舒所吸收，形成了他的一套以“天人合一”为宗旨的社会思想体系。这对此后的中国思想界产生了极为深远的影响。董仲舒的著作，留存至今的主要是《汉书》本传所载的《举贤良对策》和《春秋繁露》一书。在此对策中，他建议汉武帝崇教化、抑豪门、选良吏、尊儒学，以儒家社会思想作为官方主导性价值准则，以取代汉初的黄老思想的主导地位。而他的重要社会思想则集中体现在《春秋繁露》之中。

一、人性论与欲望论

董仲舒既不同意孟子的“性善论”，也不同意荀子的“性恶论”。从阴阳学说出发，他主张人性由天道决定，既然天有阴晴，人性并不是全善全恶的，包含着善与恶两种成分。王充评述董仲舒的这一思想说，董仲舒的人性兼有善恶说，是在遍览孔孟之书的基础上提出的，概括其来由，不过性、情二字。天有一阳一阴；人有一性一情，人类心理的变化就是由性情二因素所驱使，性情又由阴阳所决定，得阳气而获性，表现为善；得阴气而受情，表现出恶。[③]

根据性情、善恶所占比例，董仲舒把人性分为三类：一类是“圣人之性”，这些人恶的情欲很少，不用社会教化而自然能行善；一类是“斗筲之性”，这些人恶的情欲很多，情胜于性，无论怎样教化也不可救药而只能为恶；再一类是“中民之性”，这些人虽有情欲，但可以为善也可以为恶。其所谓“善”，实际上是指合乎社会行为规范的行为；而“恶”是指不合乎这些行为规范的行为。他认为，圣人之性天生就

① 详见《汉书·董仲舒传》。

② 同上。

③ 王充：《论衡·本性篇》：“董仲舒览孙（荀）、孟之书，作情性之说曰：‘天之大经，一阴一阳；人之大经，一情一性。性生于阳，情生于阴。阴气鄙，阳气仁。曰性善者，是见其阳也；谓恶者，是见其阴者也。’”

善，不用教化；斗筲之性天生就恶，不可教化，从严格意义上说，都不能叫作一般人性。看来孟子和荀子都是各持一端的。最需着力开发的是中民之性，只有中民之性，才需要教化也可以教化，而这样的人是占社会绝大多数的。这就是董仲舒的“性三品”说。①

董仲舒说，中民之性是可以通过教化、诱导而成为善的。普通人的人性如同有待孵化的鸡卵、缫丝的蚕茧一样，如前者需要温和的环境给以培养、生发，才能孵化出小鸡，如后者需要热水浸润，方能缫丝；人性的发展与此相似，要经过陶冶、教化的过程才能表现出人性善的方面。所以，按照董仲舒的观点，因为人的本质中不全是善，也有恶，在性与善之间不可以简单地画等号，人性不会自动地表现出善的社会行为，善行是人性经过后天培养获得的果实。所谓“性无教化不成”，人性的发展要依靠后天修养和教化，才能做到以性制情，而教化的方法是依靠“圣人之教”（又称王教），因为圣人之教是人类中的贤明之辈效法天地规律所得的经验。② 这里的社会思想是很接近现代社会学思想的，它明确了人是社会的动物，必须用社会价值观与行为规范（礼乐）以完成人格。但是，董仲舒也有很理想的成分，作为有着独立人格的知识分子，他希望社会领袖在社会行动中担负实行教化的责任，引导社会向善，所以他说：“天生民性，有善质而未能善，于是为之立王以善之，此天意也。”③ 可惜，这种善念常常被地主阶级拿去，用来证明自身压迫、剥削社会下层的合法性，把他们的权力意志说成是“天意”。

善恶之机在于情。情欲就是人欲，所以他说“人欲之谓情”，人能胜欲就能顺利社会化。从现代社会学角度讲，人的欲望即是人的需求，包括生理需求和社会需求以及精神需求。儒家对情的态度，务在得情之中和，讲究理所必然，势所必然，不可滥情、肆欲。因此，董仲舒持节制的态度，认为对人的贪婪，有时候教化的手段不一定管用，必须采取强硬措施，做到有效节制。这就是他说的“情非度制不节”，恰当的社会制度、上下尊卑之序，就是为了防止欲望泛滥的。④ 如果“各从其欲”，那么社会秩序必将大乱，甚至引起文明倒退。但这并不是说欲望对社会生活纯粹表现为破坏的力量，恰恰相反，正是因为人们有欲望才构成社会，过上群体生活。但必须有个“度”来限制欲望，欲望挥发过了度依然是不能成为社会的。因此董仲舒又进而认为，人们的欲望是使社会结构系统运转的契机，所谓“民无所好，君无以权也；民无所恶，君无以畏也。无以权、无以畏，则君无以禁制也”⑤。所以一定要使人民有所好，人们有一定的追求，才能进行劝勉，赏赐也才能生效，而且有所好必有所恶，有所恶才能使人民有所畏惧，法律也才能生效。于是，统治者所设计的一套尊卑、贵贱、荣辱等制度和社会价值观念才能被社会所接受。但同时又必须注意，不能使人们的所好

---

① 《春秋繁露·实性》。

② 《春秋繁露·实性》：“善如米，性如禾。禾虽出米，而禾未可谓米也；性虽出善，而性未可谓善也。米与善，人之继天而成于外也，非在天所为内也。天所为，有所至而止，止之内谓之天，止之外谓之王教。”

③ 《春秋繁露·深察名号》。

④ 《汉书·董仲舒传》：“正法度之宜，别上下之序，以防欲也。”

⑤ 《春秋繁露·保位权》。

太多，所恶太过。“所好多则作福，所恶多则作威”，出现“天下相怨”，“天下相贼”的局面。故他主张，历史经验表明，社会治理得好，必须使人民淳朴，但又保有合理的欲望，在满足他们的需求的时候，给予适当的引导，这个社会就很好了。[①] 按照当时的社会实际状况，只有承认人们的欲望，并能把人们的欲望控制在地主阶级设计的“合理欲望”范围之内，社会秩序才能安定，以地主阶级为核心的社会结构系统才能运转起来。所以，董仲舒的欲望论是有着鲜明的阶级及时代烙印的，必然受到当时社会主流意识的欢迎。

二、论社会规范

董仲舒认为，道德伦理规范是人类所特有的。这关乎人是否能组织胜于鸟兽的合理社会，过安和乐利的社会生活。他相信天人感应之验，认定人受命于天，天命决定了人具有“行仁义而羞可耻”，以区别于鸟兽的生物本能[②]；人类有能力遵循天道设立社会道德伦理规范（礼教），并遵循它们建构起良好的社会生活秩序。如果社会没有了孝悌、礼乐、衣食的规矩等道德伦理规范，“则民如麋鹿”[③]。社会伦理规范是人们用来处理人与人关系的准则，在这方面，董仲舒有两个学说是至关重要的。

第一，把握仁、义，建立合情合义的人际关系。在董仲舒看来，“仁”是一个人在处理人际关系时的个性修养，是同情心、忠恕心、爱心。[④] “义”是一个人所应遵循的社会正当行为规范。在处理人与人关系时，要使关系顺遂满意，“我”应要求自己具“仁爱之心”，并按社会行为规范对待他人，不自私、不护短，不轻视别人，而不是片面地要求他人遵循行为规范。因此，在董仲舒看来，儒家强调“义”的关键在于它是自己应操持的，而不是用来要求别人的。把握不好仁与义的真谛，就会发生社会关系的混乱，以至整个社会正常秩序的混乱。[⑤] 在人我关系的处理上，仁爱之心具有多种表现，所谓“心舒”、“志平”、“气和”、“欲节”、“事易”、“行道”、“能平易合理而无事”，这些都是“仁”。如果人们都能明白仁、义，人人都怀有仁的修养，按义行事，人际关系就能处理得很好，社会正常秩序也因之得到保持。这种处理社会规范的态度，在儒家思想中叫做“尽己”。

第二，“三纲五纪”。董仲舒认为，人与人相处必定要组成社会，社会一旦成立，

---

① 《春秋繁露·保位权》：“圣人之制民，使之有欲，不得过节，使之敦朴，不得无欲。无欲有欲，各得以足，而君道得矣。”

② 《春秋繁露·竹林》：“天之为人性，命使行仁义而羞可耻，非若鸟兽然，苟为生，苟为利而已。”

③ 《春秋繁露·立元神》。

④ 《春秋繁露·必仁且智》：“仁者憯怛爱人，谨翕不争，好恶敦伦。无伤恶之心，无隐忌之志，无嫉妒之气，无感愁之欲，无险陂之事，无辟违之行。”

⑤ 《春秋繁露·仁义法》：“《春秋》之所治，人与我也。所以治人与我者，仁与义也。以人（仁）安人，以义正我。故仁之为言人也，义之为言我也。……仁之于人，义之于我者，不可不察也。众人不察，乃反以仁自裕，而以义设人。诡其处而逆其理，鲜不乱矣。是故人莫欲乱，而大抵常乱。凡以暗于人我之分而不省仁义之所在也。”

接着就会有各种秩序与层次，社会成员要分别被归属在相应的秩序与层次关系之中[①]，即所谓“三纲五纪”。纲是提网的总绳，纪是结网的细绳。这是以农业社会中常见的生活观念比拟社会秩序的概念，亲切而生动。对于“五纪”，董仲舒没有详说，但他的“五纪”不同于后来《白虎通义》提出的“六纪”[②]，只是偶尔代替“五常”（仁义礼智信）的一种说法。

三纲是“君为臣纲，父为子纲，夫为妻纲”，也就是君臣关系、父子关系和夫妻关系。这是三个最重要的社会关系秩序，他认为一个社会中的人可完全被归属在这三种关系的系统中。三纲中的这三类社会关系都分上下，有从属[③]，具有典型的古代社会结构特征。这是对先秦孔孟所讲“五伦”概念（君臣、父子、兄弟、夫妇和朋友）的进一步归纳与提炼。以研究古代法著名的梅因（Sir Henry Maine）主张古代法反映的古代社会是建立在所谓“社会身份”（social status）之上，即指此种上下之分、长幼有序的社会秩序。社会秩序本是建立在“合意”或“共识”基础之上的，决定了古代社会秩序在上下之分方面有着这样的含义，在上者有领导权和领导责任，在下者有服从领导的义务，也有从领导者那里获得协助的权利。但是，董仲舒宣扬“三纲”关系完全是出于天意，是不可改变的。

三纲之中，君臣一纲近来多无人提倡，也为研究者所忽略，但其历史作用不可小觑。观两汉四百年的统一局面，实有赖于君权的扩大，再经儒学思想的加持，养成崇尚气节的风气，在社会中扎下一个牢固的君臣名分观念，使东汉中叶以后百余年间乱而不亡。

近代以来，文化变迁，思想转移，“三纲”思想遭到激烈的批判和冲击。毛泽东指出，封建社会中国的男子，普遍要受三种有系统的权力支配，即政权、族权和神权，而女子则还要加上夫权。“这四种权力——政权、族权、神权、夫权，代表了全部封建宗法的思想和制度，是束缚中国人民特别是农民的四条极大的绳索。”[④] 这是站在革命者的角度就整个古代历史进行的评价，极言纲常说教对中国社会两千年的深刻影响，对中国人民的严重侵腐和毒害。从这个角度来看，董仲舒确是古代社会这“四条极大的绳索”的积极炮制者，称他为汉代以后的“儒者宗”绝不是“过誉之辞”。

三、论社会的贫富悬殊问题

董仲舒是一位行为端正、颇富正义感的学者、思想家。他耳闻目睹当时政治上的

---

① 杨懋春：《中国社会思想史》，277～278页。

② 《白虎通义・三纲六纪》：“敬诸父兄，六纪道行，诸舅有义，族人有序，昆弟有亲，师长有尊，朋友有旧。”意思是说，个人除了与父母、子女的关系，夫妻关系，君臣关系之外，其他的别种社会关系可以归纳为六大类。

③ 《春秋繁露・基义》：“凡物必有合……阴者，阳之合；妻者，夫之合；子者，父之合；臣者，君之合。物莫无合，而合各有阴阳。……君臣、父子、夫妇之义，皆取诸阴阳之道；君为阳，臣为阴；父为阳，子为阴；夫为阳，妻为阴。……仁义制度之数，尽取之天。……王道之三纲，可求于天。”

④ 《毛泽东选集》，2版，第1卷，31页，北京，人民出版社，1991。

酷吏统治、经济上的贫富悬殊、社会上的劣风败俗、伦理上的薄情寡义，看到村野农夫过着猪狗一般的生活，就产生出无限的恻隐与义愤。在他的贤良对策和文章中，他无情地揭露这种种社会的丑恶现象，为多数人的贫穷放声呼吁，强调社会治理者须裁制酷吏的横暴、地主的兼并、商贾的剥削以及豪门的骄奢，要求进行社会改革。

他引用孔子“不患贫而患不均”一语，指出社会财富向少数人集中，必然造成社会两极分化，多数人陷入贫困。[①] 富豪骄奢淫侈，而贫者穷急愁苦，这种极端贫困不得解决，人民无生之乐趣，也就不把死放在心上，以至于违法犯罪、啸聚山林那就更不在话下了。[②] 如果形成这种状况，任何严刑峻法也无济于事，社会局面就不可收拾了。

他在汉武帝的奏折中分析了造成贫富分化的原因：从秦代开始，由于废除了井田制，土地归私人所有，土地买卖毫无控制，结果造成“富者田连阡陌，贫者无立锥之地”。同时，富者把持山川河流的产权，垄断了各种产品，获利自肥。这些人生活奢华，超越身份等级的界限，在城里过着王侯般的生活，钟鸣鼎食，老百姓能不忧困？再加上政府征调无极，月月年年都有徭役，超过历史上记载的三十倍；政府征收的田赋、人头税和盐铁官营获利都超过历史记载的二十倍。那些佃户的境况更惨，50%的产量被地主当作地租掠走了，政府要求于他们的却一点也不少。穷人们苦不堪言，出的是牛马力，吃的是猪狗食。那些追讨税赋的暴吏却一点也不可怜他们，收缴不到钱粮就立即大刑伺候。老百姓哪有丝毫的活路，只好逃到山林中去，好端端的农夫成了盗贼。这种情况太多了，每年有成千上万做了贼的农夫被抓起来，路上的行人几乎有一半是这种发配远方的囚徒。[③]

我们可以把董仲舒对贫富悬殊之原因的分析概括为以下几条：第一，土地买卖使土地兼并日益严重，贫者失去土地；第二，国家和富人垄断了山林川泽之利，切断了人民的另一条谋生之路；第三，国家榨取及地主对农民的剥削都太重；第四，贪官污吏妄加刑戮，使农民破产流亡以至成为“盗贼”。可见，董仲舒的分析是极为详细的。但应指出，他所分析的诸原因都不是问题的本质所在，况且汉代的社会问题不能完全归咎于秦代的恶政，这些弊端几乎全起于汉代，武帝时期情形尤坏。他是怕得罪了他的皇帝，建议不被采纳，还将惹上杀身之祸，才故意“为圣者讳”罢了。

董仲舒的“善治”方案是很清楚的，就是限制地主的土地规模，制止土地兼并，取消盐铁官营，解放奴婢，轻徭薄赋，提倡农业生产。他把解决之道寄希望于制度设计，认为要解决这个严重的社会问题，必须像限制人们的欲望一样，也要制定一个

---

① 《春秋繁露·度制》：“孔子曰：不患贫而患不均，故有所积重，则有所空虚矣。大富则骄，大贫则忧。忧则为盗，骄则为暴，此众人之情也。”

② 《汉书·董仲舒传》对策三：“富者奢侈羡溢，贫者穷急愁苦。穷急愁苦而上下不救，则民不乐生，民不乐生，尚不避死，安能避罪？此刑罚之所以蕃而奸邪不可胜者也。”

③ 《汉书·食货志》：“……至秦……用商鞅之法，改帝王之制，除井田，民得买卖，富者田连阡陌，贫者无立锥之地。又颛川泽之利，管山林之饶。荒淫越制，逾侈以相高。邑有人君之尊，里有公侯之富，小民安得不困？又加月为更卒，已复为正，一岁屯戍，一岁力役，三十倍于古。田租口赋、盐铁之利，二十倍于古。或耕豪民之田，见税什五。故贫民常衣牛马之衣，而食犬彘之食。重以贪暴之吏，刑戮妄加，民愁无聊，亡逃山林，转为盗贼，赭衣半道，断狱岁以千万数，汉兴，循而未改。”

“度”。“使富者足以示贵，而不至于骄；贫者足以养生，而不至于忧。以此为度而调均之……故易治也。”使贫富都不超越他所设计的“度”的范围，问题就算解决了。从他的思想体系来考察，可以肯定，其目的绝不是要改变土地的地主私有制形式，也不是要消灭贫富差别，而是为了地主阶级的长远利益，力图把贫富悬殊现象控制在他设计的“度”所允许的范围之内而已。

为此，他从地主阶级长远利益出发，规劝地主阶级不要贪得无厌。他的道理是，上天是公而无私的，看自然界中，凡是长角的动物就不会再让它长一副锋利的牙齿，反之亦然，这是“天数”。圣贤能参验天理，设立制度，使富贵者不得与民争利，给人民一个生活的出路。①

四、理想社会构想

汉代政治、文化大一统的社会现实，方便了董仲舒在天人合一、古今同贯的广阔背景上，整合有史以来的各种典制、文献和传说，构建他的理想社会模式。他思接千古，把一套以民为本、以民为命、以民为功的思想，贯注到这个理想里，它幸福、稳定、祥和，让人神往。

> 五帝三皇之治天下，不敢有君民之心，什一而税，教以爱，使以忠，敬长老，亲亲而尊尊。不夺民时，使民不过岁三日。民家给人足。无怨望忿怒之患，强弱之难，无谗贼妒嫉之人。民修德而美好，被发御哺而游，不慕富贵，耻恶不犯，父不哭子，兄不哭弟，毒虫不螫，猛兽不搏，鸷虫不触。故天为之下甘露，朱草生，醴泉出，风雨时，嘉禾兴，凤凰麒麟游于郊。囹圄空虚，画衣裳而民不犯；四夷传译而朝，民情至朴而不文。②

这段话的大意是：这是一个“王道”的社会，奉行着五帝三皇开辟的传统，爱民如子。君王不敢有高高在上的念头，向从事生产的农夫们收很少的税，推行儒家伦理教化。农业生产时间得到保障，生产发展。社区里的居民生活富足，关系和谐，没有任何社会冲突。民德淳朴，民风良好，人人都长寿③，并且与自然界的各种动物和睦相处。上天眷顾，风调雨顺，水草丰美，绝迹的珍禽异兽、奇花异草也出现在这人间的天堂。监狱里根本没有犯人，人们所犯错误都是很细微的过失，只要在衣服上画个标志就可以，但即便如此，人们也很少违背社会规范。文明进步至此，连很远地方的国家也慕名派来使节，修好关系。

分析董仲舒的理想社会构想，大致包括这样几方面内容：

---

① 《春秋繁露·度制》：“天不重与。有角者不得有上齿，故已有大者，不得有小者，天数也。夫已有大者又兼小者，天不能足之，况人乎？故明圣者象天所为为制度，使诸有大俸禄亦皆不得兼小利，与民争利业，乃天理也。”

② 《春秋繁露·王道》。

③ 政通人和，人民益寿延年，是汉代人的共同信念和希望。贾谊在《新书·数宁》中说：“……天下顺治，海内之气清和咸理，则万生遂茂。晏子曰：‘唯以政顺乎神，为可以益寿。’发子曰：‘至治之极，父无死子，兄无死弟，途无襁褓之葬，各以其顺终。’”

第一，这个社会有国君。他们不敢有君民之心，是为了长期做人民的君主。

第二，这个社会是统一的。“四夷传译而朝”，看来，这个统一是以君主为核心建立起来的。

第三，这个社会是有等级制度的，所以要亲亲、尊尊。

第四，这个社会轻徭薄赋，实行“什一而税”，一年只征人民三日的役力，又不夺民时，所以人民能“家给人足”，不愁温饱。

第五，这个社会人与人之间关系是非常和谐的。从君主那里就很开明，对人民“教以爱，使以忠，敬长老”，社会上没有怨恨，没有愤怒，强者和弱者能和平共处，也没有以谗言害人和嫉妒别人的人。

第六，这个社会的人民都能“修德而美好”，不羡慕富贵，也无越轨行为，因此监狱里没有犯人。人民也没有父哭子、兄哭弟的悲痛和烦恼。在这个和谐的社会里，连毒蛇猛兽也是温顺的。

第七，这个社会是顺应天意而形成的，于是各种吉兆都出现了，什么下甘露、生朱草、出酸泉、风雨时、嘉禾兴、凤凰麒麟游于郊，等等。

董仲舒所构想的理想社会和他的思想体系是完全相符合的，是以“天人感应”、“天人合一”的社会观和价值观为指导的。同时，董仲舒的理想社会是具有大一统色彩的社会，这是历史趋势和现实社会在其理想中的反映。另外，董仲舒对理想社会的构想比前人有很大的发展。这表现在他的设计所涉及的内容比前人全面，包括了天意、政治、经济、法律、伦理、教育、人与人关系等。以不多的文字，把这个理想化的社会模式描述得如此全面，在中国社会思想史上还是第一次。可以说这是董仲舒对中国理想社会模式设计的一个发展。董仲舒的理想社会是站在地主阶级立场上设计的，反映了处于上升阶段的地主阶级对封建制理想社会的憧憬，但也要看到它具有虚伪性，不过是地主阶级的乌托邦社会而已。

第三节
《白虎通义》的社会思想

自汉武帝时代以来，儒学成为官方主导性社会思想，居于社会治理的核心地位，并不断得到士大夫阶层的完善。但是，士大夫阶层在诠释和研习经学的过程中，所展现出来的抱负和主张，既有对天下秩序的认识，也有超出统治者预期的地方。最为戏剧化的一幕是，儒家思想取代黄老思想，竟然发展到了意识形态革命并引发政治革命，王莽取代刘汉建立了新朝。有鉴于此，光武帝刘秀取得政权后，提倡士人崇尚节义，试图在人格上重塑士人，强化士大夫阶层认同刘姓政权的集体意识和道德。公元79年（东汉建初四年），汉章帝召集诸儒于洛阳北宫的白虎观，讲论“五经”同异，为期数月，史称“白虎观会议”。会议表面上是解决今、古文经学中的主要争端，结果是确立了“三纲六纪”思想在社会政治生活中的核心地位，对社会等级秩序及相关行为规范作出了经典性的解释，学术讨论中渗透着强烈的国家意志。会后由班固撰集而成《白虎通义》。

今本《白虎通义》，又称《白虎通》、《白虎通德论》。“《白虎通》基本上是一部罗列和综合各家观点的经学名词汇编，共收43个专题，几乎囊括了封建社会的意识形态和社会制度的全部内容，具有‘国宪’的特征。这43个专题按照现代社会学理论稍加整理大致可分为七个类别。”① 这些分类包含在伦理、政治、学识三大分类之中，对应着家族、政治和文化三大领域。该书主要使用训诂方法，以今文经学为基础，兼采古文经学、谶纬等学术、社会领域的主流观念，对“名号器物”进行文字上的解读，初步实现了经义的会通与统一，稳固了经学作为统治思想的主导地位。“其中许多重要条目并不是关于制度的法典式的规定，而是汇集不同观点的学术说明和解释”②，有些条目还并列了不同甚至相反的观点，如“王者不臣”条、“王霸”条等，对有关解释都存而不决，以供人们参考。

《白虎通义》继承了汉代经学“经世致用”的传统，对一系列“礼制”条文的解释和规定事实上建构了一个完整的社会理论框架和社会制度体系。其社会学的意义，正如有的研究者所认为的，“白虎观会议表面上看来是为经说的统一而召开的，实际上，礼制人伦的制定才是最主要的目的。因为面对着大一统的帝国，在皇权的专制之下，要建立人与人的合理关系，使每个人能过着有秩序而和谐的生活，只有集结整理儒家礼制的思想，以发挥各自的根据及教化的手段和目标”③。

一、以道德建设为核心的社会治理观

自从孔子提出“为政以德”的社会治理原则之后，对社会进行道德建设是儒家的一贯传统。相对于行政技巧、政策和刑法等，儒家更重视道德教化的作用，认为用道德来引导人民，用礼教来整顿社会，人民才会树立人格的尊严，社会秩序才能真正和谐。汉儒在经历了秦朝“以法为教，以吏为师”的酷法统治之后，对于这一传统更是深信不疑。所以，今文经学大师董仲舒主张“以德为国者，甘于饴蜜，固于胶漆”④，强调它的效果极好。东汉诸儒继承了这一思想原则，主张道德建设是社会发展的根本，所谓“国之所以存者，礼义也。……治国之道当任德也”⑤。当然，汉儒并没有鄙弃法律的功能，这来自于他们对经典精神的深刻把握。孔子说过，没有道德建设，

---

① （1）社会风俗类：八风、乡射、衣裳、嫁娶、绋冕、丧服、崩薨。（2）政治制度类：爵、号、谥；五祀、社稷、礼乐、封公侯；诛伐、封禅、巡狩、考黜、谏诤、致仕。（3）军事类：京师、三军。（4）文化道德类：三正、三教、三纲六纪、情性、寿命、宗族、姓名、圣人、灾变、蓍龟。（5）社会教育：辟雍。（6）天文类：天地、日月、四时。（7）社会经济类：商贾、耕桑。参见吴根友：《中国社会思想史》，139页，武汉，武汉大学出版社，1997。

② 金春峰：《两汉思想史》，489页，北京，中国社会科学出版社，1997。

③ 林雪丽：《〈白虎通〉“三纲说”与儒法之辨》，载《中国哲学史研究》，1984（4）。

④ 《春秋繁露·立元神》。

⑤ 《论衡·非韩》。

法律就不会产生应有的效果，民众必将陷入困惑与恐惧[①]。董仲舒明确提出“刑者德之辅”[②]，也主张今文经学的社会治理模式应以道德管理为主，法律管理为辅。

《白虎通义》认为，天子之德的核心是“民本思想”。天子即位，应引进贤者，解决亟待解决的社会问题，所以列土封疆、张官设府等举措都是为了人民。为了重视民生，在官员中实行考罢法，对政绩三年一考核，三次考核不合格就免职。天子饮食之时有宴饮之乐，是因为“乐食天下之太平，富积之饶也。明天子至尊，非功不食，非德不饱”[③]。天子为了道德教化，还要在全国范围内进行巡游，以使天下老百姓都能够获得同等的受教育机会。为了表示谨敬重民，天子必须亲自巡行，不可委托他人。为了社会发展，天子应建立健全监督制度，及时矫正自己错误或不合时宜的言行。

《白虎通义》认为，道德建设是社会治理的核心。做好道德建设，不但国泰民安，而且自然界的各种祥瑞现象也会“应德而至”。[④]

只要统治者有至高的道德水平，就会实现社会太平，称之为“符瑞”的自然和社会现象也会纷至沓来，这是因为有王者得上天授权来治理万民，化解冲突和矛盾，使气象生平，万物有序，世间充满欢乐的气氛。所以，符瑞云集，是对这个时代王德善治的肯定。具体而言，天空感德呈瑞，北斗星耀眼夺目，日月光明，风调雨顺等；大地承德化祥，庄稼丰茂，良种高产，黑黍调和香料（郁金香草）酿出难得的“秬鬯”美酒[⑤]；祭天表章感天动地，瑞星照临神州，金、木、水、火、土五大行星正常运行；草木有情，枝繁叶茂，朱草丛生，木结连理；鸟兽自由，凤翔凰翱，鸾鸟翩翩，麒麟、白虎、九尾狐、白鹿、白雉、白鸟重现郊野，种群繁衍；山光秀美，祥云出岫，瑞草（灵芝、黑丹、蓮莆）繁生，车辆、器具原料充足，大泽出神鼎；黄龙龟现身，醴泉水喷涌，黄河出龙图，洛河现龟书，长江出大贝，东海出明珠；德被八方，国际交往频繁而和谐，中国文化流行周边，能够带动其他民族的文化发展。种种奇妙的景象表达了汉代社会对于美好社会的向往。

《白虎通义》对天充满敬意和集体性的畏惧，认为天居高临下，有镇定、安抚的功能。[⑥] 与这种人格神的“天”相对应的“天人关系”就只能是人被“天”所主宰，人间一切来自于天；因为人类是由“气”构造的[⑦]，不能靠自身的力量建设美好的社会，所以必须有一个上天派遣来的德可配天的领袖——天子。这就是儒家一贯推崇的

---

① 《论语·子路》：“礼乐不兴，则刑罚不中；刑罚不中，则民无所措手足。”

② 《春秋繁露·天辨在人》。

③ 《白虎通义·礼乐》。

④ 《白虎通义·封禅》：“天下太平，符瑞所以来至者，以为王者承天统理，调和阴阳。阴阳和，万物序，休气充塞，故符瑞并臻，皆应德而至。（王者）德至天，则斗极明，日月光，甘露降。德至地，则嘉禾生，蓂荚起，秬鬯出，太平感。德至文表，则景星见，五纬顺轨。德至草木，则朱草生，木连理。德至鸟兽，则凤凰翔，鸾鸟舞，麒麟臻，白虎到，狐九尾，白雉降，白鹿现，白鸟下。德至山陵，则景云出，芝实茂，陵出黑丹，阜出蓮莆，山出器车，泽出神鼎。德至渊泉，则黄龙见，醴泉涌，河出龙图，洛出龟书，江出大贝，海出明珠。德至八方，则祥凤至，佳气时喜，钟律调，音度施，四夷化，越裳贡。”

⑤ 谷物酿造的酒叫作酒，稻米酿造的酒叫作醴，香料酿造的酒叫作鬯。

⑥ 《白虎通义·天地》：“天者，何也？天之为言镇也。居高理下，为人镇也。”

⑦ 《白虎通义·天地》引《乾凿度》云：“太初者，气之始也。太始者，形之始也。太素者，质之始也。阳唱阴和，男行女随也。”

“内圣外王”思想。这种文化上的天命观可以追溯到西周，并与政治上的王权理念相重叠。“周人的创业史诗，将太王、王季、文王三代开国的事迹，一一当作上帝发令指挥，而人王只是执行上帝交代的任务。”① 这种对天的认识有很重要的社会学意义，即“天”以及“天子”理念的深入发展，增强了两汉社会中人民对于国家的群体认同，从而产生出忠君爱国的思想情操。

《白虎通义》中强调的“天人合一”、“内圣外王”思想，希望天子能秉承天的神性，成为道德与智慧的化身。他用高尚的道德影响人，感化人，用高超的智慧解决各种社会问题，社会、政治、经济生活的方方面面均受到天子人格特质的深刻影响。在道德的标尺下，自然世界与人文世界贯通相连，天下太平不仅包括人世间的繁荣昌盛，也有自然界的和谐感应。总之，社会是从属于神明之天的，而道德则是制约它治乱兴衰的关键，承载与发挥这最高道德的是有道明君，他是社会的希望。鉴于这种认识，所以很多儒家认可的人间价值观念都被赋予了“天”的色彩，“人道”变成了“天道”，拥有了绝对的权威和地位。

总起来说，“究天人之际”思想对于汉儒来讲有着现实的效用。一方面，君权神授，不可剥夺，奠定了王权的合法性地位；另一方面，在政治生活中增加“天威”，能使皇权受到制约，克制绝对权威的恶性膨胀，维护儒学孜孜以求的“天下太平”理念。《白虎通义》认为，要使天下太平，社会秩序和谐，最重要的原则是天子遵循天道。伏羲画卦的传说对于汉儒来说充满了思想启迪的魅力，《白虎通义》引述了这一传说来阐明天子与天道的关系。伏羲统治天下的时候，社会还没有法度，所以他观察天象、地理、鸟兽等自然现象，总结天道，画出八卦的符号体系，用以阐明自然与社会之理。有鉴于此，天子的角色就是尽力协理天人之道，维护天地之间的和谐。他的奋斗目标是“闻声知情，与天地合德，日月合明，四时合序，鬼神合吉凶”②，在职责上通达天人，引导社会，为苍生发出声音。为了履行角色，天子还需要一些辅助性的建筑或设施，如设立“灵台”，“所以考天人之心，察阴阳之会，揆星辰之证验，为万物获福无方之元”③。天子还要立“社”，就是一个露天的大土堆，用来感受风霜雨露等天气的变化，名之曰“以达天地之气”。这应该是古代气象站的雏形。在发生日食时，天子在这里举行击鼓、用牲等仪式，鼓动阳气，击退阴气，帮助天地恢复秩序。王朝在建立之初就应该依据“天道”确定施政方针，规划礼乐制度，并改革前代制度的弊端。

天子在具体施政方面依天而行，还要遵循阴阳和五行运行的规律。西汉名臣晁错曾经建议皇帝要注意对太子进行术数方面的教育，使之成为一个合格的储君。《白虎通义》对阴阳五行重视有加，以此来规范天子的施政行为。如规定天子在冬至时应休兵。从现代视角来看，冬季寒冷，无形中提高了战争成本，而汉代儒家则从宗教角度进行法则的诠释，以达到理性说服所不能达到的效果。“冬至所以休兵不举事，闭关商旅不行何？此日阳气微弱，王者承天理物，故率天下静，不复行役，扶助微气，成

---

① 许倬云：《许倬云自选集》，322页，上海，上海教育出版社，2002。

② 《白虎通义·圣人》。

③ 《白虎通义·辟雍》。

万物也。”[1] 把罢兵休战以休养生息，以及民间商业歇业，看作静养阳气，这是今天不可想象的，然而对于农业社会来说，显然有其重要的意义。

二、“太平制礼”的社会规范变革思想

社会是人类生物性与文化性的共同产物。具体而言，一个人长大成人的过程就是不断地接受文化、礼俗的过程，一个适应社会行为规范的过程。汉代人已经认识到，失去了制度化的礼俗、行为规范的引导，任由个人的欲望无限膨胀，不利于社会的发展。[2] 他们认为制度性的社会规范以礼和乐最为重要，《孝经》概括二者的功能为：“安上治民，莫善于礼”；“移风易俗，莫善于乐”[3]。所以，制礼作乐是两汉时期持久的思潮，其背后是儒家对礼乐盛世的向往和期待。[4] 汉章帝时代，社会升平，通过“制礼作乐”建立新的社会规范的呼声越来越高。班固在《汉书・礼乐志》中指出，从光武帝刘秀以来，“四夷宾服，百姓家给，政教清明”，但遗憾的是“礼乐未具”，“君臣长幼交接之道浸以不章”，政治、社会生活中缺乏具体的行为规范。但是，儒家内部对于礼制改革的时机、发展方向、内容等并没有形成一致的意见。汉章帝召开白虎观会议，无疑是要统一经学中对礼制的认识，为后面的工作打下基础。

《白虎通义》遵循“太平而制礼”的思想。在儒家理想里，制礼作乐应该以施行者（帝王）本身的德行和太平盛世的社会环境为前提，绝不能沦为帝王粉饰太平的手段。[5] 在叔孙通于汉初改制朝仪时，鲁地的儒生就表达过这种观点。[6] 徐复观指出，“礼乐在社会方面的意义，是要建立一个‘群居而不乱’（《荀子・礼论》），‘体情而防乱’（《春秋繁露・天道施》）的社会，既有秩序，又有自由的合理的社会风俗习惯。每一个人，生活在合理的风俗习惯中，可改过迁善于不知不觉之中，以遂其生，养其性，大家相互过着‘人的生活’。孔子主张礼乐征伐自天子出，不仅是要求政治的统一，更是进一步要求对礼乐征伐的审慎。汉儒坚持治定制礼，功成作乐，因为治不定，功未成，所制的礼乐，常是统治者把一时诞妄便利之私的变态心理，通过礼乐的形式，强加于群体生活之上，这对群体生活是最深刻的损害。”[7] 因此，《白虎通义》遵循“太平而制礼”的原则不可谓“不通时务”，反而是有着很现实的考虑。太平时

---

① 《白虎通义・诛伐》。

② 董仲舒说：“若去其度制，使人人从其欲，快其意，以逐无穷，是大乱人伦而靡斯财用也，失文采所遂生之意矣。……今欲以乱为治，以贫为富，非反之制度不可。”（《春秋繁露・度制》）

③ 《白虎通义・礼乐》：“礼乐者，何谓也？礼之为言履也，可履践而行乐者；乐也，君子乐得其道，小人乐得其欲。王者所以盛礼乐何？节文之喜怒。乐以象天，礼以法地。人无不含天地之气，有五常之性者，故乐所以荡涤，反其邪恶也，礼所以防淫佚，节其侈靡也。故《孝经》曰：‘安上治民，莫善于礼’；‘移风易俗，莫善于乐’。”

④ 参见向晋卫：《白虎通义思想的历史研究》，139～146 页，北京，人民出版社，2007。

⑤ 同上书，148～149 页。

⑥ 《史记・刘敬叔孙通列传》：“今天下初定，死者未葬，伤者未起，又欲起礼乐。礼乐所由起，百年积德而后可兴也。吾不忍为公所为。”

⑦ 黄克剑、林少敏编：《徐复观集》，209 页，北京，群言出版社，1993。

期，生活安逸，年青的一代没有经历过种种苦难，缺乏对饥寒生活的体验，在享受生活的同时，也容易放纵自我，因浮躁、孟浪而造成一系列的社会问题。汉儒坚持在这个时期制定新的社会规范，引导社会生活，造就文明一代、谦谦君子，就其目的而言，在于未雨绸缪，及时矫正因天下太平而社会规范不完善所导致的社会问题。一言以蔽之，“太平乃制礼作乐何？夫礼乐，所以防奢淫”①。

《白虎通义》有关礼制的内容涉及社会、礼仪、风习、国家制度和伦理道德等各个方面，基本贯彻周礼“尊尊”、“亲亲”、“贤贤”的原则。汉儒主张，按照贵贱、亲疏、长幼划分人群，根据礼制的类别，在朝廷和社区分别实行不同的原则。政治生活实行“朝廷之礼”，按照政治地位的高低设计礼的内容，“贵不让贱”，尊卑有序。②社会生活实行“乡党之礼”，按照年齿序列设计礼的内容，“长不让幼”，长幼有序。家庭生活实行“宗庙之礼”，按照亲疏关系设计礼的内容，“亲不让疏”，亲疏有序。这种原则又可称作“闺门当和，朝廷当敬”。③

“德”作为重要的社会价值核心，贯彻在宗、族、姓氏等古代社会非常重要的社会制度之中。宗是一个较大的父系社会集团，在一个男性始祖下面，按照嫡长子继承制的原则，分别出大宗和小宗。小宗是指同一个高祖以下五代范围内的子孙。大宗的继承者（宗子）负责始祖的祭祀，各小宗以此类推，各自祭祀自己的祖先。受祖先崇拜和安土重迁思想的影响，宗在地理上构成人群居住的社区。《白虎通义》指出，中国人设立宗，主要目的在敦促父系社会集团内部的和睦，增强群体的团结。这一集团道德原则是“亲亲”之情，表现在两个方面：一是族人有听命于宗子的义务；二是大宗应照顾小宗，互通有无。“族”是另外一种社会制度。《白虎通义》采用今文经学对于“族”的定义，主张“族”包括“父族四，母族三，妻族二”等“九族”，而不是古文经学“上至高祖，下至玄孙”的本宗亲属说，表明族是一个小宗的社会交往范围，一个亲戚集团。④ 当小宗家庭有红白吉凶之事，这个范围内的人应该按照亲疏远近，到小宗家中聚会，表达喜庆或哀痛之情。⑤ 相对于社区主体的宗而言，族的结构恰好反映出一个社区与其他社区之间礼物交换和经济交往的范围。几个相邻的“宗”所构成的“族”的集团，形成了中国古代社会的“乡里乡亲”。

与宗、族等血缘主导型社区不同，姓氏是宗族身份地位的象征，也是识别宗族的社会区分制度。中国人的姓氏既有自然起源⑥，也是社会制度发展的结果。《左传·

---

① 《白虎通义·礼乐》。

② 朝廷之礼就其具体内容而言，提倡“臣之事君，犹子之事父”，强调下级对于上级的义务，不尊重个体的人格与理性，容易抹杀人性，造就依附性人格，这是后世制度设计者应当注意的。

③ 《白虎通义·王者不臣》。

④ 九族之说，在后来则是古文经学的意见占了上风，获得一致认可。明律及清律所定的服制图，都以同宗亲属为范围，于是古文经学的九族说便成为一种社会定制。

⑤ 《白虎通义·宗族》：“宗者，何谓也？宗者，尊也，为先祖主也，宗人之所尊也。《礼》曰：‘宗人将有事，族人皆侍。’古者所以必有宗，何也？所以长和睦也。大宗能率小宗；小宗能率群弟，通其有无，所以纪理族人者也。”“族者何也？族者，凑也，聚也，谓恩爱相流凑也。上凑高祖，下至玄孙，一家有吉，百家聚之，合而为亲，生相亲爱，死相哀痛，有会聚之道，故谓之族。《尚书》曰：‘以亲九族。’族所以（有）九何？九之为言究也。亲疏恩爱究竟，谓之九族也。父族四，母族三，妻族二。”

⑥ 《绎史》引《三坟》曰：“男女媾精，以女生为姓。”

隐公八年》提供了一个证据，“天子建德，因生以赐姓，胙之土而命之氏”。天子分封有德者为诸侯，根据他的出生地（即氏族起源）而赐姓；赏赐土地作为他们的封国并以封地名来取氏。因此有研究者认为，“古姓的作用当是上述统治者特殊身份的表征，而其基础则是在于‘德’。”① 姓氏是因为功德而获得的世代世袭的荣誉。《白虎通义》重申“姓氏”内涵中的道德因素，指出姓氏的功能在于使人“闻其氏即可知其德，所以勉人为善也”②，它所旌表的德行对整个宗族都具有教化的作用及唤醒人格向善的能力。同时，作为一种社会区分制度，姓氏制度规定同姓集团之间绝对不能有婚姻关系，同时同一姓氏的人应当相互同情与帮助。③ 也就是说，姓氏这种区分制度能促使分布于不同地区的宗姓产生文化和情感上的联系，对维护社会生活秩序发挥着重要功能。

三、“三纲六纪”式社会关系模型

所谓“三纲”就是“君为臣纲，父为子纲，夫为妻纲”，前文在介绍董仲舒的社会思想时已有论述。所谓“六纪”，是对诸父、兄弟、族人、诸舅、师长、朋友等六种重要社会关系的总结。最早清晰排列“三纲六纪”主要内容的并不是《白虎通义》，而是《礼纬·含文嘉》。该书除了重复三纲的内容，进一步谈到“敬诸父兄，六纪道行，诸舅有义，族人有序，昆弟有亲，师长有尊，朋友有旧”。这六个方面社会关系的总结是对三纲的重要补充，反映了西汉董仲舒之后儒家社会思想的重要进展。“三纲”只是总结了君臣关系和家庭内部纵轴上的关系模式，把社区与天下进行有效的联结。“六纪”一方面总结了宗族社区内部及其与其他亲缘社区之间的社会关系模式，显示了汉代社会中社会网络日趋扩大，社会互动日趋紧密的趋势；另一方面也提出了尊敬师长的问题，对师徒关系模式进行界定，这是汉代儒家师徒关系极为紧密的写照。《白虎通义》的主要成就，是把上述内容总结为“三纲六纪”，并从理论上进行了全面充分的道德化论证。它指出，三纲六纪的社会功能是规范人际关系，整齐社会秩序，做到尊卑、主次有序。实现这一点的社会心理基础是，人人“怀五常之性，有亲爱之心”。也就是说，儒家的仁、义、礼、智、信等德目都是社会性、公共性的，有利于个体参与公共生活及其秩序建构。

《白虎通义》从天人关系角度指出，三纲中君臣、父子、夫妇六种角色的关系符合阴阳之道。阴阳之道讲究事物的两方面既有尊有卑，又互相支持与配合，恰好是君臣、父子、夫妇关系中双方行为规则的重要原则。三纲六纪也体现了道法自然的精神，三纲取法于天、地、人，六纪取法于六合。君臣关系取法于天，以日行月随，服

① 杜正胜：《编户齐民》，190页，台北，经联出版事业公司，1990。

② 《白虎通义·姓名》：“所以有氏者何？所以贵功德，贱伎力。或氏其官，或氏其事。闻其氏即可知其德，所以勉人为善也。……《刑德放》曰：‘尧知命，表稷、契，赐姓子、姬。皋陶典刑，不表姓，言天任德远刑。’”

③ 《白虎通义·姓名》：“人所以有姓者何？所以崇恩爱、厚亲亲、远禽兽、别婚姻也。故纪世别类，使生相爱，死相哀，同姓不得相娶者，皆为重人伦也。”

务于天为情怀，君尊臣卑，臣下配合君上，共同为天下百姓造福。父子关系取法于地，以五行循环相生为象征，父代养育子代，保持社会延续。夫妇取法于人，以阴阳和合为象征，互相帮助完成家庭生活，这是社会存在的基础。

《白虎通义》从历史进程中论证“三纲六纪”的重要作用。汉儒认为，远古时期人类社会没有“三纲六纪”，人们但知其母，不知其父，赤身裸体，茹毛饮血，没有生活的观念。伏羲观天法地，确立了夫妇之道，这是三纲的开端。后世随着人口增多，社会发展，不断有领袖人物发明各种生产生活的器具与制度，三纲六纪逐步得到完善。①

《白虎通义》认为，三纲并不仅仅局限于界定君臣、父子和夫妇六种角色的关系，其他社会关系都可以用它来进行简单化的分析和解读。六纪中的师徒关系，就可以用君臣的尊卑关系来说明，徒弟尊师敬师，维护师道尊严，目的是成就自身。个人与诸父、兄弟的关系，其实与父子之纲很相似，晚辈应敬从于长辈，弟弟应服从于长兄，这是因为他们之间有着与父子关系一样的亲情与恩情相联系。个人与诸舅、朋友的关系，与夫妻的关系很相似，就是为了获得社会支持力量。

用君臣关系比拟师徒关系，只是显示了汉代社会对于老师一职的重视，而非肯定师徒关系可以等同于君臣关系。《礼记》把事师与事亲、事君置于同等重要的地位②。《史记·礼书》则指出，“故礼，上事天，下事地，尊先祖而隆君师，是礼之三本也”。在古人看来，天地是生命之本，先祖是人类之本，君师是社会安定之本。此三者有所偏废，社会秩序就会遭到破坏。师徒关系是这样重要，后来的《太平经》以师徒取代夫妇，而与君臣、父子并列为三纲。③《白虎通义》论师道时曾明白指出：“师弟子之道有三。《论语》曰：‘朋友自远方来’，朋友之道也。又曰：‘回也，视予犹父也’，父子之道也。以君臣之义教之，君臣之道也。”所以师长一伦，其实包含着父子、朋友、君臣三类关系。

《白虎通义》通过训诂方法，进一步凸显了“三纲”的道德意蕴。君就是群，表明君来自于群，他是群众的领袖，得到群众的一心拥护。臣不是君王的家臣，而是群众的代表，需要励志自坚，辅佐君主治理国家。父就是矩，职责是以社会规范教育子女。子女则应该继承父辈的传统，劝谏父亲的过失。夫就是扶，按照社会角色的要求扶携妻子。妇就是服，依据礼的要求顺从丈夫。二人配合，实现家庭生活的美满。朋就是乡党，友就是有，或出身同族，或志趣相同，忧患相救，财货相通，对于过失能

---

① 具体内容见《白虎通义·三教》。

② 《礼记·檀弓上》曰：“事亲有隐而无犯，左右就养无方，服勤至死，致丧三年。事君有犯而无隐，左右就养有方，服勤至死，方丧三年。事师无犯无隐，左右就养无方，服勤至死，心丧三年。”子女侍奉父母不应该称扬其过失，犯颜而谏。如果在日常生活中，父母子女间事事当面批评，求全责备，怒目相向或反唇相讥，反而伤害了骨肉亲情。对待君王则不同，应及时指正其过失，能够据理力争，不可在公共生活中徇情枉法，或在政治运作中形成儒家最憎恶的阿谀逢迎之歪风邪气。对待老师则两者兼而有之，应尊重老师的想法，不能事事顶撞老师，但老师有了过失也应该据理指出，避免错误影响的扩大。差异在哪里呢？东汉的大儒郑玄总结为：“事亲以恩为制，事君以义为制，事师以恩义之间为制。”在公共领域与事务中，以“义”（正直与恰当）为原则，在私人领域与事务中，注重恩情的培护。

③ 参见王明：《太平经合校》，427页，北京，中华书局，1960。

直言相劝，朋友有善则欣喜不已，有恶则痛心不已。[①]

除了君臣关系之外，《白虎通义》对于夫妇、父子等主导性社会关系作出了详细的规定。汉儒主张，婚姻是人伦之始，夫妇二人是构成家庭的基本要素，“夫妇之道，有义则合”，二者关系是道义相扶持、相协助，而不完全是权利关系和性关系。因此，明君应注意男女婚配问题，使青年人适时得到配偶；更重要的是使夫妻认识到各自的地位和角色、义务与责任。妻子对于家庭来说不可或缺，所以她与丈夫具有同等重要的作用，不可轻视她。[②] 在日常生活中，妻子与丈夫荣辱与共，共同承担责任，所以她有权利和义务匡正丈夫的过失。[③] 这显然是继承了西汉以前社会中尊重女性的传统，但是受阳尊阴卑观念的制约，《白虎通义》在家庭地位方面规定，夫妻关系应遵循天高地卑的原则，妻子必须顺从丈夫，侍奉丈夫，家庭事务的决定权属于丈夫。丈夫作为父系家庭的男主人，可以单方面解除与妻子的婚姻关系，而妻子则没有这一权利，只能“嫁鸡随鸡，嫁狗随狗”，各安天命。即便是丈夫有恶行，只要不是悖逆人伦、杀妻之父母等情况，妻子是不能主动离婚的。丈夫解除与妻子的婚姻关系后，有义务为妻子隐瞒过失，以便于她比较顺利地找到新婆家。西汉以前女性较自主，妻子的家庭地位较高，东汉以降受礼法约束，女性地位每况愈下。[④]《白虎通义》是这一转折的标志，提出了“在家从父母，既嫁从夫，夫殁从子”的“三从”原则。[⑤] 班固的妹妹班昭曾作《女诫》进一步严格女性的礼教，要求妇女“三从”、“四德”。

“不孝有三，无后为大”，子女在家庭生活中有着非常重要的意义，人们重视子女的生命、健康和数量，特别是作为劳动力、延续血统和祭祀祖先的儿子的数量。同时，子女的品德和生活能力也是人们十分关切的问题。《白虎通义》在儒学传统的框架和范围内较为详细地阐述了子女与父母关系中的义务与责任。第一，下一代有对上一代报恩的义务。父母对于子女有养育的责任，子女应该感恩，担负起赡养父母的义务，即孝道。据信父母与子女的这种关系与五行中水木火相生一致。[⑥]儿子还有为父母复仇的义务，其合理性在于“子复仇何法？法土胜水，水胜火也”[⑦]。这固然是受到汉代复仇之风盛行的影响，但《白虎通义》的规定更有着知恩图报的道德考虑。第

① 具体内容见《白虎通义·三纲六纪》。

② 《白虎通义·嫁娶》：“妻者，齐也，与夫齐体。”

③ 《白虎通义·谏诤》：“妻得谏夫者，夫妇一体荣耻共之。”

④ 家庭内部夫妇之间地位平等是两汉时期基本的家庭关系模式，即俗话说的“相敬如宾”。这可能源自“三礼”的影响。《礼记·昏义》说：“昏礼者，将合二姓之好，上以事宗庙，而下以继后世也，故君子重之。”视婚姻关系为两个家族（宗族）关系的发展，为夫妻关系的平等提供了社会基础。《仪礼·丧服》说：“夫妻一体也。”其中包含着夫妻平等的精神。在两汉上层社会，妇女社会地位较高，夫妻之间能比较平等地对话和交流，夫妻感情之好如“张敞画眉”的故事之所见。两汉社会不乏贫贱夫妻，他们患难与共、同舟共济。这是因为小农社会需要夫妻共同劳动，二人之间的相互尊重、共同耕作成为支撑家庭的可靠保证，所以也构成了夫妻之间关系良好的基础。《三国志》之《魏书·常林传》裴松之注引《魏略》提到，常林年轻时家里贫穷，没有兄弟，他当“诸生”的时候还带经耕作，妻子在后边负责送饭，两人即便在田野里也相敬如宾。

⑤ 《白虎通义·嫁娶》。

⑥ 《白虎通义·五行》：“父母生子养长子何法？法水生木长大也。子养父母何法？法夏养长木，此火养母也。”

⑦ 《白虎通义·五行》。

二，坚持亲情至上，父子相隐恶的观念。汉代法律允许“亲亲得相首匿”，家中有人犯了罪，亲属为他隐瞒并不触犯刑律。《白虎通义》进一步用五行理论来证明它的合法性，认为父为子隐是“木之藏火”，子为父隐是效法“水逃金”①。第三，父母不得擅杀子女。这是因为天地之性人为贵，人的生命都是上天所赐，托父母之气而生。天子负责培养、教化他们，父母不能把子女作为自己专属的附庸。第四，子女可以劝谏父母的过失。“所谓劝谏，与教化观不同。教化，代表由上而下的，君与父成为意义的来源、人格的典范、价值的指标。劝谏观则不然，乃是倒过来，臣、子才是知识智慧的提供者，针对父亲或君王的行为与思想，‘是非相间，革更非行’”②。

在儒家秩序情结里，分类的目的是寻求社会秩序的治理。君臣、父子、夫妻等概念的构成，与阴阳、天人、远近、大小、详略、彼此等概念一样，是先行对自然和社会的现象进行二元分类，然后从二元互补的相互对应而非矛盾对立的关系出发将二者结合在一起，进而在同一层次上概括整体的特征，表达秩序构建的目的。天人感应、阴阳和合是所有分类整合的基础。“在中国传统思想中继续保持其重要性的这种‘天人合一’思想，由于顺应于自然界运行——天道，而在要解决社会和人的，特别是要解决政教世界的不稳定时，是以人际关系论为主轴的。”③《白虎通义》之三纲六纪思想正是在这样的思维层面建构起理论体系的，有着丰富的辩证关系。同时，由于白虎观会议是由皇帝亲自裁决经学疑义，必然为强化君权寻找理论依据，所以君权、父权和夫权都得到强化，为后世所诟病，与现代社会所提倡的平等、民主观念相背离。

申而论之，东汉时期，以汉族为主体的中原王朝一直处于与其他民族并存竞争的状态。《白虎通义》系统提出了中原王朝作为一个大型群体发展的总体目标，以及为了实现这个目标其群体成员的地位、角色和成员之间的具体关系，提高了社会组织程度、民族凝聚力和文明程度，为取得经济、社会和文化上的优势奠定了基础。这是一个具有强大自我省思能力和自组织能力的社会所具有的特征，这种反省能力是建立在社会分工产生了具有独立身份和专业素养的“士大夫”阶层基础之上的，即韦伯所言的“理性化的表现”；这种自组织能力反映了积极、进取、开放的民族性格。基于此，《白虎通义》综合回答了农业社会发展所需要解决的天下与社区、社区与社区、人与人之间的关系问题，进一步完善了秦汉以来社会发展的选择方案，力图建设一个儒家精神影响下的美好社会。《白虎通义》提出的“三纲六纪”成为社会教化的重要内容，成为民族精神的结晶、社会团结的基础。三纲六纪模式由《白虎通义》正式提出后，直到近代中国，从未受到任何正统儒家的质疑。在费孝通所说的“乡土中国”中，维持社会秩序的是“礼俗”与“长老统治”，其理论资源均来自“三纲六纪”。所以，有研究者认为，“‘三纲六纪’不仅是《白虎通》的核心思想，而且在中国传统文化中占有重要的地位，它是中国传统文化的核心部分。”④ 也就是说，三纲六纪建立了有别于西方社会的文化典范。然而，“周虽旧邦，其命维新”，社会应被视为一个开放的发

---

① 《白虎通义·五行》。

② 龚鹏程：《游的精神文化史论》，22页，石家庄，河北教育出版社，2001。

③ ［日］户川芳郎著，姜镇庆译：《古代中国的思想》，149页，北京，北京大学出版社，1994。

④ 季乃礼：《三纲六纪与社会整合》，4页，北京，中国人民大学出版社，2004。

展系统。特别是在当今地球村的社会里，中国文化已经参与到国际文化竞争的行列，应该根据当前的具体情况和具体问题，提出社会发展的具体目标、价值、规范和社会关系模型，增进社会团结和文明程度。从这一点来审视《白虎通义》及白虎观会议，便有了新的意义。

本章要点

1.《礼记》继承、发挥和阐扬了儒家有关礼治、乐治等方面的社会思想。从《礼记》中我们可以发现，中国儒家的“礼”是一定社会关系的产物。它是一种社会制度；是针对人情而约束、节制人类行为的一系列社会规范；是衡量一切社会活动的准则；同时也是社会统治者治理社会的工具。

2.《礼记》中认为“礼”是人类对天地自然和社会之运行规范的合理总结。是天地、万物自然秩序在人类社会中的体现。它源于原始风俗习惯及一定的社会生活方式，是最能符合人情这一需要的。

3.《礼记》中对礼的社会功能有充分论述。认为礼具有社会控制功能、具有让人们遵守角色规范、调适人情与人际关系、缓和各阶级阶层之间的矛盾等多种社会功能。总之，《礼记》认为礼对于社会治理是万能的。

4.《礼记》认为“乐”与“礼”有同等重要的社会功能。礼的功能着重于“别异”，而乐的功能则重在“合同”。两者相辅相成，可以收到“同则相亲，异则相敬”的效果。总之，“乐”具有与礼、刑、政同等的社会治理功能。

5.《礼记·礼运》所描述的“大同”、“小康”社会，成为其后两千多年大多数中国人共同向往的理想社会模式。大同、小康的社会理想对中国社会思想的影响至今犹存。

6. 关于人性问题，董仲舒既不同意孟子的“性善论”，也不同意荀子的“性恶论”。认为人性是人的自然资质，并不是全善全恶的。人类“两有贪仁之性”就像天有阴有阳一样。由此他提出了“性三品”之说。这是他对中国人性理论的重要贡献。

7. 董仲舒认为，人们除了有“性”之外，还有“情”。“人欲之谓情。”正是因为人们有欲望，才构成社会，过群体生活，但必须有个“度”来限制欲望，欲望超过了度依然是不能成为社会的。他把人之性与人之情区分开来，把人情与人欲合而为一，并设计出“度”来控制人欲，是对中国欲望论的贡献。

8. 在社会规范方面，董仲舒的仁与义之辨和他提出的“三纲五纪”，成为后来标志中国封建社会特点的“三纲五常”之滥觞。其影响力达两千多年，至今仍有残余。

9. 董仲舒察觉到社会上贫富悬殊问题的严重性，并分析了其形成原因。他对这一社会问题的洞察是深刻的，但由于阶级的局限性，他所提出的解决这一社会问题的方案是无力的。

10. 董仲舒对理想社会的构想比前人有很大的发展。董仲舒的理想社会是站在地主阶级立场上设计的，反映了处于上升阶段的地主阶级对封建制理想社会的憧憬。

11.《白虎通义》认为，天子之德的核心是“民本思想”。道德建设是社会治理的核心。做好道德建设，不但国泰民安，而且自然界的各种祥瑞现象也会“应德而至”。

《白虎通义》对天充满敬意和集体性的畏惧，认为天居高临下有镇定、安抚的功能。而要使天下太平、社会秩序和谐，最重要的原则是天子遵循天道。

12.《白虎通义》遵循“太平而制礼”的思想。《白虎通义》有关礼制的内容涉及社会、礼仪、风习、国家制度和伦理道德等各个方面，基本贯彻周礼“尊尊”、“亲亲”、“贤贤”的原则。“德”作为重要的社会价值核心，贯彻在宗、族、姓氏等古代社会非常重要的社会制度之中。

13.《白虎通义》指出，三纲六纪的社会功能是规范人际关系，整齐社会秩序，做到尊卑、主次有序。它从天人关系角度指出，三纲中君臣、父子、夫妇六种角色的关系符合阴阳之道。它还认为，三纲并不仅仅局限于界定君臣、父子和夫妇六种角色的关系，其他社会关系都可以用它来进行简单化的分析和解读。

复习思考题

1. 从社会学角度考察，中国儒家的“礼”是什么？
2.《礼记》中认为“礼”是如何产生的？
3. 如何评价《礼记》中对礼之社会功能的论述？
4. “乐”的社会功能是什么？它与“礼”的关系是什么？
5. 如何评价“大同”、“小康”社会理想？
6. 董仲舒对中国人性论的新发展是什么？
7. 董仲舒的三纲五纪论的实质是什么？
8. 董仲舒社会理想的时代性与特点是什么？
9. 试从社会学角度分析董仲舒关于“度”的思想。

推荐阅读书目

1.（清）王聘珍：《大戴礼记解诂》，北京，中华书局，1983。
2. 高明注译：《大戴礼记今注今译》，台北，台湾商务印书馆，1977。
3. 邹昌林：《中国古礼研究》，台北，文津出版社有限公司，1992。
4. 沈善洪、王凤贤：《中国伦理学说史》（上），第十三章，杭州，浙江人民出版社，1985。
5. 王处辉：《中国社会思想早熟轨迹》，第六章，北京，人民出版社，1996。
6.（汉）董仲舒撰，（清）凌曙注：《春秋繁露》，北京，中华书局，1975。
7. 华友根：《董仲舒思想研究》，上海，上海社会科学院出版社，1992。
8.（汉）班固撰，（清）陈立、吴则虞点校：《白虎通疏证》（全二册），北京，中华书局，1997。
9. 陈少峰：《中国伦理学史》（上），第十三章，北京，北京大学出版社，1996。

第十一章
东汉时期社会批判思潮中的社会思想

儒家思想在西汉时期走上政治前台，获得了垄断性的历史地位，但也走向了宗教色彩浓厚的感应神学，谶纬成为渗透每个角落的社会思潮。同时，他们为了垄断社会思想的话语权，把经学研究发展成了烦琐的章句考订。这些都引起了独立知识分子的反思与批判。扬雄奋起反抗谶纬弥漫和“为学以逐利”的社会风气，企图恢复儒学的真精神，著《太玄》、《法言》等。桓谭作《新论》“论世间事，辨照然否，虚妄之言，伪饰之辞，莫不证定。”[①] 王充著《论衡》八十五篇，疾阴阳、谶纬之虚妄，论诸子百家之得失，旨在廓清毒氛，还思想以清明世界。另有崔寔著《政论》，王符著《潜夫论》，仲长统著《倡言》，都是针对政治腐败和学术风气的芜秽，对阴阳五行天命观和神学化的儒家社会思想给予了猛烈抨击。本章以王充和王符为重点，分析社会批判思潮中民间立场的儒家人士关于社会思想的思考。

第一节 王充的社会思想

王充（27—91 年），字仲任，会稽上虞（浙江上虞）人。他出身贫贱，据说他的父祖都是游民，甚至当过拦路抢劫的绿林强人。他少年好学，因家贫买不起书，就到书肆去看书。由于勤奋好学，博览群书，成为东汉学识渊博的学者和思想家。他的学术性格与当时拘泥章句的学术主流格格不入，曾自述“才高而不尚苟作，口辩而不好谈对，非其人终日不言”。著作主要有《论衡》、《政务书》、《讥俗节义》等。据《论衡·自纪篇》载，《讥俗节义》一书是鉴于“俗性贪进忽退，收成弃败”而作的，当王充从县功曹提升为都尉府掾劝曹和郡太守五官功曹时，那些趋炎附势的亲朋故旧都来奉迎，奔走门下，但一见他罢职穷居就纷纷离去，冷眼相看。可见这是一部揭露和讽刺当时人与人关系的著作。今天看来，它应是研究中国社会史及社会思想史的重要

---

① 《论衡·超奇篇》。

著作，可惜此书已经失传。王充的著作，现在仅存《论衡》一书。

一、论人性与人的社会化

关于人的本性问题，王充对于孟子的性善论、告子的性无善无恶论、荀子的性恶论，以及扬雄的善恶混之论，都不完全同意。他认为，“人性有善有恶”，而孟子言性善者，是指中人以上之性；荀子言人性恶，是指中人以下之性；扬雄言人性善恶混，告子言人性无善恶之分，是指中人之性。他们各自都只注意到了人类社会的某一群体的人性，而就整个社会而言，人性应当是有善也有恶的，“人性有善有恶，犹人才有高有下也”[①]。这种观点显然是受了董仲舒的影响。

王充认为，“人之性，善可变为恶，恶可变为善”[②]。善和恶是可以互变的，关键在于后天的社会教育和熏陶。教育和熏陶的过程，即是人的社会化过程。他认为人的社会化主要靠三个途径：

第一是自己主动地学习。他说，“智能之士，不学不成，不问不知”[③]。人都是有智能的，主动参与社会化，是成人的重要前提。如果自己没有学习社会规范、适应社会秩序的愿望，只靠别人或社会的强迫，不能收到理想效果。

第二是尊者长者的教告劝勉。人的社会化是在人群中完成的，年长和位尊的人都会提供社会化的剧本，起到鞭策、鼓励的作用。凡君主、父老、师长都有义务对臣民、子孙、学生进行社会价值观与社会规范的教育，并矫正他们的越轨行为。

第三是提供良好的社会环境。在人的社会化过程中，社会环境起着十分重要的作用。这一点曾被荀子所察觉，也为王充所重视。他具有宏观的视野，观察到社会环境作为社会化的强大力量，试图揭示社会环境影响人的奥妙。他发现人的社会化是在参与社会行动的过程中，受到社会环境的影响，逐渐表现出对社会的适应或越轨的。他把这个过程形象地描述为“渐染”，把人参与社会化比拟成蓬草长进了麻地里，白纱线混进了黑布里，天长日久，不扶自直，不染自黑。在周边社会环境的作用下，人会被同化，随着环境变换善恶。[④]

对一个人来说，如果我们把第一点叫作自觉的社会化，第二点叫作被教诱的社会化，那么，第三点可以叫作无意识的社会化。人的社会化是在社会互动中实现的，人处在一定的社会环境之中，这个社会中人们的生活方式、行为方式、价值取向，必然潜移默化地互相影响着。因而，社会环境对人的社会化的作用正如麻中之蓬，缁中之纱一样，是在无意之中受到同化的。王充所提出的人们学得社会规范的途径，是具有重要意义的。

① 以上均见《论衡·本性篇》。

② 《论衡·率性篇》。

③ 《论衡·实知篇》。

④ 《论衡·率性篇》：“蓬生麻间，不扶自直；白纱入缁，不染自黑。彼蓬之性不直，纱之质不黑，麻扶缁染，使之直黑。夫人之性，犹蓬纱也，在所渐染而善恶变矣。”

二、论社会交往与互动

社会是由在一定社会关系中的人构成的。王充认为，这种人与人的关系是一种交换关系。人生的经验给了他刻骨铭心的体验，当他升官当职之时，人们纷纷来结交他；当他退职落魄，那些以前的朋友都离他而去。人情冷暖间，原来人性不能免俗，都是贪图富贵，嫌贫爱富的，人与人的交往中充满了利益的算计。因此，他愤而作《讥俗节义》。①

馈赠也是一种交换关系。他观察穷人与富人接受馈赠的情景，后者坦然接受，而前者惭愧不已，原来是因为富人有财力回报，穷人则无以为报。② 可见，要维持社会交往的连续性，做到礼尚往来，须以平等为基本前提。否则，经济地位低下的人要付出更大的代价，才能维持这种交换关系。

在社会生活过程中，人不可能脱离交换关系而存在，这是因为一个人要实现自己的既定目的，就必须参与社会互动，因此这种交换关系是有成本的。他以人都想做高官为例说，要实现做高官的目的必须受“三累”、“三害”的影响。

三累产生于交友的过程之中。人们在结交朋友时往往不能慎重选择，如果朋友志同道合，感情就亲密；否则就会疏远冷淡，从而产生怨恨之心，于是他们就诋毁破坏你的有目的的行为，这是第一累。人们的才能有高有低，但又同时都想实现同一目标，才能高者得到了，才能低下者因不能得到而产生惭愧怨恨之意，于是去诋毁破坏你有目的的行为，这是第二累。人们要互相交往，但交往中不可能总是关系融洽，关系不融洽就会疏远，就产生怨恨，于是就诋毁和破坏你的有目的的行为，这是第三累。③

当人们摆脱了“三累”的困扰之后，又要接受三害的困扰。这三害是：在争权夺势的过程中，一些人为了往上爬就去诋毁别人，而上级官吏昏庸，相信了谣言，这是第一害。上级和下级的爱好不相同，操行好坏也不相同，操行高尚的官吏名声越来越清白，不断提出高明的建议，那些操行污浊的官吏就愤恨他，暗地里挑他的过错，利用一些小的诽谤，给他罗织罪名，打击报复，这是第二害。上级官吏很宠爱他的僚佐，而这僚佐操行不清白，就一定会提拔他所亲近的人，对与他意见不合者就大肆攻击。清正的官吏与他抗争，就被他憎恨，于是他在上级面前诋毁清官，这是第三害。④

---

① 《论衡·自纪篇》：“俗性贪进忽退，收成弃败。充升擢在位之时，众人蚁附；废退穷居，旧故叛去。志俗人之寡恩，故闲居作《讥俗节义》十二篇。”

② 《论衡·量知篇》：“贫人富人，并为宾客，受赐于主人，富人不惭而贫人常愧者，富人有以效，贫人无以复也。”

③ 《论衡·累害篇》：“凡人操行，不能慎择友；友同心恩笃，异心疏薄；疏薄怨恨，毁伤其行，一累也；人才高下，不能钧同，同时并进，高者得荣，下者惭恚，毁伤其行，二累也；人之交游，不能常欢，欢则相亲，忿则疏远，疏远怨恨，毁伤其行，三累也。”

④ 《论衡·累害篇》：“位少人众，仕者争进，进者争位，见将相毁，增加傅致，将昧不明，然纳其言，一害也；将吏异好，清浊殊操，清吏增郁郁之白，举涓涓之言，浊吏怀恚恨，徐求其过，因纤微之谤，被以罪罚，二害也；将或幸佐吏之身，纳信其言，佐吏非清节，必拔人越次，迕失其意，毁之过度，清正之仕，抗行伸志，遂为所憎，毁伤于将，三害也。”

王充所总结的三累三害的过程，就是社会互动的过程。他是把这三累三害作为社会行为中的一条普遍规律看待的。虽然王充以一个人的仕进为例，但他已揭示出个人的一定社会目标的实现只能在社会的人与人的互动之中完成的规律，而这个互动过程是极为复杂的，在这个复杂多变的互动过程中，很多人的目标是不能实现的。同时，一个人的既定目标能否实现，与个人的操行无关，完全是社会互动中的偶然机遇所致。[①] 他把人的幸与不幸归于偶然的机遇，是不够准确的。

三、论饥寒致乱

王充认为，衣食是人类最基本的生存欲望，这是由人类的生物性决定的。人类的生存，首先要解决饥寒问题。这种欲望表现出来，演化成人类的种种社会行为，构成社会秩序。社会秩序混乱的根本原因，是由于人民的饥寒问题未能得到妥善解决。饥寒交迫，人是很少不铤而走险的，而温饱无忧，人是很少不遵守社会规范的。衣食有余，人们自然相让；衣食不足，人们自然互相争夺。生活富足，人们就会去争取高一层次的欲望满足，于是礼义等规范就会发生作用，而礼丰义重，才是社会安定的基础。[②]

人的行为是善还是恶，不在于人的“质性”，而在于生活是否富裕。人们在青黄不接的时候，顾不上接济亲戚，而在丰收之后却常常召集四邻庆贺。不周济亲戚是恶行，招来邻居享受美餐是善行。所以，善行恶行全是由经济状况来决定的。[③] 以此类推，割财让利是“恩义”之举，但这样做的前提是自己有“财”。“无财何割”呢？像“韩信寄食于南昌亭长，何财之割？颜渊箪食瓢饮，何财之让？管仲分财取多，无廉让之节”，都是因为“贫乏不足，志义废也”[④]。韩信、颜渊、管仲都是贤人名士，衣食不足时尚不能廉让，更何况老百姓了。

王充的饥寒致乱之说，反映了当时社会的真实情况，表现出他对人民饥寒贫困的深切同情。他把人们饥寒及善恶和社会秩序的治或乱明确地联系在一起，并把饥寒看作社会秩序发生混乱的根本原因，这种社会思想在当时是有现实意义的。他也能够认识到，人民的饥寒是由于年景的歉与丰所决定的，而年景的好坏又是由“时数”所决定的，时数是自然规律的表现，不是人类所能控制的。但是，他没有彻底摆脱天人感应学说的影响，相信社会秩序的治或乱，最终必然受到天的“时数”的决定，社会就这样一治一乱、一兴一废、一昌一衰相交替地进行着，在思想上陷入了社会宿命论的泥淖。

---

① 参见《论衡·幸偶篇》。

② 《论衡·治期篇》：“夫世之所以为乱者，不以贼盗众多，兵革并起，民弃礼义，负畔其上乎？若此者，由谷食乏绝，不能忍饥寒。夫饥寒并至而能无为非者寡；然则温饱并至而不能为善者希。传曰：‘仓廪实，民知礼节；衣食足，民知荣辱。’让生于有余；争起于不足。谷足食多，礼义之心生；礼丰义重，平安之基立矣。”

③ 《论衡·治期篇》：“饥岁之春，不食亲戚；穰岁之秋，召及四邻。不食亲戚，恶行也，召及四邻，善义也。”

④ 《论衡·定贤篇》。

四、论社会变迁与社会治理

王充生活的时代，影响较大的社会变迁观念是“今不如昔”，认为过去的人比较质朴，后世之人比较奸猾，为了矫治人间的种种恶习，才会有各种社会治理措施的出现与运用①。这种思想在《礼记》的大同小康理想方面表现得非常明显。陆贾、贾谊、董仲舒等人大致都在持此思想者之列，但他们也同时坚持“往者为来者之师”，主张从过去的经验中汲取有用的成分，来指导当下的社会活动，所以有“厚古薄今”观念的思想家并非“食古不化”，这是诚可注意的。

王充从文化特征上否定古今时代不同的观点，主张古今不异。他认为，有人说上世质朴，下世之人轻浮，说“上世之民饮血茹毛，无五谷之食；后世穿地为井，耕土种谷，饮井食粟，有水火之调。又见上古岩居穴处，衣禽兽之皮；后世易以宫室，有布帛之饰”②，是因为持这种观念的人只看到了物质生活条件及劳动方式的变化。其实，上世和下世是一样的，“上世之人所怀五常也，下世之人亦所怀五常也。俱怀五常之道，共禀一气而生，上世何以质朴，下世何以文薄？”③ 尽管上世和下世在生活方式上多有不同，但是人们的文化理念、文化规范、文化心理是相同的。同时，社会治理方法也是古今相同的，“文质之法，古今所共，一质一文，一衰一盛，古而有之，非独今也”④。社会的法则总是提倡制度的控制与质朴诚信控制互相交替。

在这样一个基本理念的支配下，王充认为社会发展表现出循环往复的一面，是一位社会循环论者。他的历史观认为，夏朝的君主倡导忠厚淳朴，“君子”们变得忠厚淳朴了，可其弊病使“小人”们变得粗野了。纠正粗野最好的办法是敬奉天神和祖先，借助神权来治理社会。于是商朝的君主倡导敬，但其弊病是“小人”们变得迷信鬼神。纠正迷信最好的办法是用典章制度来治理社会，于是周朝的君主倡导典章制度，但其弊病是“小人”们变得浮华轻薄，而纠正文薄的办法又莫过于倡导忠。所以继承周朝而治理社会的君主，应该倡导忠厚淳朴，这是一个“忠——敬——文——

---

① 《论衡·齐世篇》：“语称上世之人质朴易化；下世之人文薄难治。故《易》曰：‘上古之时，结绳以治，后世易之以书契。’先结绳，易化之故；后书契，难治之验也。故夫宓牺之前，人民至质朴，卧者居居，坐者于于，群居聚处，知其母不识其父，至宓牺时，人民颇文，知欲诈愚，勇欲恐怯，强欲凌弱，众欲暴寡，故宓牺作八卦以治之。至周之时，人民文薄，八卦难复因袭，故文王衍为六十四首，极其变，使民不倦，至周之时，人民久薄，故孔子作《春秋》，采毫毛之善，贬纤介之恶。……孔子知世浸弊，文薄难治，故加密致之罔，设纤微之禁，检押守持，备具悉极。”从社会变迁的角度看，被王充视为“妄言”的这段文字所反映的过程，正是人类社会文化逐渐变迁的过程。随着社会的变迁，人们适应环境的能力不断增强，在蒙昧时期，人们寻求目标的能力较低，于是所需要的社会治理手段也较为简单，可以结绳而治。随着人们寻求既定目标能力的增强，过去的社会治理手段已无能为力，而需要更高级复杂的手段来治理社会，这就出现了书契之治、八卦之治、六十四卦之治，至春秋时期，已发展到必须用表彰细微之善，谴责细微之恶的办法来治理社会了。看来这个社会变迁的过程我们是应当肯定的。至于厚古薄今论者把人类蒙昧时期说成质朴，把后世说成文薄，只是主观评价的问题。当然，这种评价是完全错误的，而王充连这个社会变迁过程也列入“妄言”之内了。

② 《论衡·齐世篇》。

③ 同上。

④ 同上。

忠”的循环的社会治理过程。① 一个思想家的观念除了和他所处时代的政治、社会、文化环境有关之外，还与他在思想发展链条上的具体位置有关。王充的社会循环论观念正是古代思想的具体反映。

基于这样的认识，王充认为社会的治乱不是由天主宰的，而是受着“时势”的制约。社会治乱不是某一个人说了算的，当国家要衰亡的时候，即便是圣贤当世也不能救；当社会要走向稳定，即便是恶人当道也枉然，“世之治乱，在时不在政”②。王充把形而上的“天道自然”的基本观点用于解释社会的治乱，是无可非议的，但他过分强调自然的力量，忽视了人对社会的能动作用，他强调社会的治乱不是人能控制的，与人的贤愚、善恶及政教得失无关，而是由“时势”等超现实社会的东西决定着，这就陷入了社会宿命论。由这种思想出发，王充提倡“自然无为”的社会治理。要人们“恬淡无欲，无为无事”，“禀天之气……则自然无为”，并说“黄老之操身中恬澹，其治无为，正身共己，而阴阳自和，无心于为而物自化，无意于生而物自成”。要做到“垂拱无为”，以随天道自然。王充作为汉代具有强烈社会批判精神的思想家，在对待社会现实方面却寄希望于上层社会的思想觉悟，而忽略了制度与文教在社会治理方面的重要作用，陡然失去了批判的力量。

第二节 王符的社会思想

王符，字节信，安定临泾（今甘肃镇原）人，其生平事迹不可详考。据《后汉书》本传等有关材料推断，王符大约生于东汉和安之际，卒于桓灵之际，其活动年代在黄巾大起义之前，正是东汉由衰微到亡国的时代。当时东汉社会的各种矛盾已日趋严重，朝政腐败黑暗，贵族官僚与豪强地主贪婪残暴，加上连年自然灾害，造成了社会动荡、民不聊生的局面。王符由于“耿介不同与俗”，终身不仕，于是隐居著书，评讥时政。他是东汉后期的进步思想家，其所著《潜夫论》一书，大多是讨论治国安民之术的文章。他对当时政治、经济、社会风俗等方面存在的本末倒置、名实相违的严重社会问题，进行了广泛、尖锐的批判，并从中表达和阐述了自己的社会思想。

一、论人的社会化

王符认为，人的本性是相似的，行为的善与恶不是先天的，也不是由社会地位决

---

① 《论衡·齐世篇》：“传曰：‘夏后氏之王教以忠。上教以忠，君子忠，其失也，小人野。救野莫如敬。殷之王教以敬，上教用敬，君子敬，其失也，小人鬼。救鬼莫如文，故周之王教以文。上教以文，君子文，其失也，小人薄。救薄莫如忠。承周而王者，当教以忠。’夏所承唐、虞之教薄，故教以忠；唐、虞以文教，则其所承有鬼失矣。”

② 《论衡·治期篇》。

定的。从西汉开始，国家重视儒学，一些家庭若干代人从事经学研究，造成累世公卿辈出，在社会上形成了门第，这种家庭当时被称为世家。世家被人所倾慕，但也有它的问题。他们重视文化造诣，是其值得推崇的方面，但他们也强调高贵的血统和先天的德性，强调世家出身的人是善良、优秀的，那些没有五经熏陶的下层分子存在着血统上和道德上的缺陷。王符反对门第主义，主张“人之善恶，不必世族”①，行为的善恶不是先天决定的，而是在后天的积习中养成的。平民百姓只要能够积善不怠，必能成为颜回那样贤良的人；如果积恶积怨，也一样会背上桀纣那样的恶名。这个道理举之大臣、国君亦然。② 所以，无论是平民百姓，还是政府官员，其行为的善恶都是在社会中习得的。学善即可为善行；学恶即可为恶行。

从智能上讲，他不否认有“上智与下愚之民”，但这是极少数，还是“中庸之民”——普通人占大多数。普通人在社会上，犹如金属处于火炉之中，接受教化、规范和风俗等影响变换着做人的模样。③ 既然从布衣到国君，都以积习为准则，在社会化过程中表现出相似性，那么人性也是相似的。这是从社会下层立场出发在社会生活实践中得出的观点，在汉代是一辉煌的命题。

总体而言，社会为人类生活提供了德政和恶政两个截然不同的社会环境，人在社会环境之中犹如生物在自然环境之中一样，行为方式及生活方式受到环境的深刻影响。④ 也就是说，人的社会化是否成功，社会环境对人的影响作用至为重要。但是人的社会化也不能盲目接受社会提供的“剧本”，人性的贤与鄙不能完全受社会环境的摆布。⑤ 鉴于此，他主张，社会化过程中，人应主动认知、辨识、体验社会行为规范。人是有这样的能力的，他相信人与自然、社会之间，人居于主动的地位，能掌握自己的命运，对自己的命运负责。自然与社会固然是人的依托，但是人可以像驾车乘舟一样，使其照人的意愿前进。

二、社会平等思想

王充的《论衡》，重点在于对神学思想的批判，而王符则更进一步，重点在于对社会法律道德的批判。在这方面，他最有价值的贡献是他的社会平等思想，而“贤者”与“小人”的概念是他立论的基点。当时社会的主流思想认为，富贵之人必是贤人，而贫贱之人必是小人。王符则主张，高官厚禄、富贵荣华是君子贤人所应当具有的，而在当下社会，却不能以此作为判定是否为贤人的依据；贫贱冻馁是应当属于小人的，而在当下社会，却不能以之作为判定是否为小人的依据。换言之，王符在愤怒

---

① 《潜夫论·论荣》。

② 《潜夫论·慎微》：“有布衣积善不怠，必致颜、闵之贤；积恶不休，必致桀、跖之名。非独布衣也，人臣亦然…… 非独人臣也，国君亦然。”

③ 《潜夫论·德化》：“中民之生世也，犹铄金之在炉也，从笃变化，惟冶所为，方圆薄厚，随熔制尔。”

④ 《潜夫论·德化》：“德政加于民，则多涤畅姣好，坚强考寿；恶政加于民，则多罢癃尪病，夭昏札瘥。”“民蒙善化，则人有士君子之心，被恶政，则人有怀奸乱之虑。”

⑤ 《潜夫论·论荣》：“性之贤鄙，不必世俗。”

地批判当时的社会是个被颠倒了的不平等社会的同时深刻地指出，那种以尊贵者为贤人，以贫贱者为小人的评判人格的方法是错误的。正确的评判应当是：贤人君子应得到尊贵，小人应得到贫贱，但现实社会中有很多贤人君子屈居贫贱，很多小人却得到了尊贵。同时应注意的是，这种对贤人、小人的分类评价，深受东汉社会重视人伦品鉴风尚的影响。汉行察举、征辟制度，方法是品评个人才能，以有效地分配他们所应分得的社会地位，做到名副其实。这种对“名”与“实”的辨识，奠定了士人的名教意识，成为汉魏时期的重要社会思想。

那么如何评判贤者与小人呢？王符认为，要看人的“志行”而不能以他的际遇为根据。从具体的历史来审视，“故君子未必富贵，小人未必贫贱”[1]。他举例说，当年和汉刘邦一起打天下的人，都是些小商小贩，杀狗贩布之人，或者是“骊山之徒，钜野之盗”，这些人后来都成了开国的“名将”。所以社会应当把已经颠倒了的价值评判标准再颠倒过来，做到“苟得其人，不患贫贱；苟得其材，不嫌名迹”[2]。他提倡按人的贤愚取人，反对按是富贵荣华还是贫贱困穷来判定人的贤与不肖，这就是中国封建社会的一种社会平等思想。基于这种思想，他甚至敢于把抚四海、有天下的天子和身处隶圉的奴隶进行比较，并认为从志行的标准看，天子可能不如奴隶高贵。他的“君子未必富贵，小人未必贫贱”的命题，是用社会价值评判来批判现实社会的不合理和不平等，充分地表现了王符对现实封建社会的批判和对于人民的同情。

三、对社会交往准则的批评

在社会交往问题上，王符深刻地觉察到当时社会的人与人关系不过是一种利益关系，社会交往也是以是否对自己有利为准则的。他说这个社会好奇怪啊，人们在高谈阔论的时候，都是仁义道德挂在嘴边，以廉让为高，抨击见利忘义之徒，但真正做起事来，却往往是利益第一，廉让第二，甚至于把廉让抛到九霄云外，一味地为财利而奔波。[3] 从这个角度看，人们的社会交往都是选择对自己最有价值者而与之交往的。因为与富贵之人交往，上可以得到称誉，下可以得到财货。而称誉和货财正是人们所梦寐以求的，所以人们都通过各种渠道，打通关节，与富贵者交往。反观与贫贱之人交往，对自己有什么好处呢？往往要在赈贷、出借的过程中遭受费损，所以人们都不愿和贫贱的人交往。[4] 而且在人际交往中，可以“有利生亲，积亲生爱，积爱生是，积是生贤”，因为有利可图，就会主动亲近，来来往往的时间久了，就会感情亲密，感念他的好，认为他道德高尚，贤能无比。与贫贱者的情况恰恰与此相反，“无利生疏，积疏生憎，积憎生非，积非生恶”，没有利益就会嫌弃他，疏远他，甚至怨恨他，厌恶他。总起来说，人与人之间的亲、爱、是、贤及疏、憎、非、恶，并不是看其志

① 《潜夫论·论荣》。

② 《潜夫论·本政》。

③ 《潜夫论·遏利》：“世人之论也，靡不贵廉让而贱财利焉，及其行也，多释廉甘利。之于人徒知彼之可以利我也，而不知我之得彼，亦将为利人也。”

④ 参见《潜夫论·交际》。

行如何，而是看是否对自己有利。因此，那些刚刚富贵起来的人，会越来越得到人们的称道，而那些一直处在贫贱之中的人，就一天天地门庭冷落下去。[①] 世俗都看不起贫贱的人，他们穿得好了一点，就说是奢侈，穿得破烂了，就说是困厄所致，走得慢了，就说他们是被饿得走不动了，走得快了，就说他们是在逃债，总之，他们的一言一行都遭到贬低，简直使他们无法在社会上立足！

王符对当时这种社会交往准则及人际关系持鄙视态度。他主张按超乎世俗的人的“志行”判定人的贤与不肖，以“富贵未必可重，贫贱未必可轻”的理论对俗人的俗见进行讽刺批判。但他也看到，社会还是由那些“俗人”所支配的。交友的原则反映了人生之信仰，而人生之信仰往往是决定文化变迁的重要因素。以利相交，势利眼流行于世，汉人重名节、尚义气的风气发生了很大的转向，其社会思想也必然随之发生变化。果然，到了汉魏之际，曹操就公开对社会人士宣扬，“有行之士，未必能进取，进取之士，未必能有行”[②]。急功近利之观念既促成曹魏刑名霸术之政，也败坏人心，使人不能远谋深图。这就难怪魏晋南北朝篡乱相寻，僭越相冒，其弊胜不可言。“城头变幻大王旗”，士人竟然与时俯仰，逢迎风气，见怪不怪，成为社会思想发展过程中所必有的一种末流现象。

四、社会治理思想

王符基于他对当时社会问题及社会人与人关系准则的觉察，提出了他的社会治理理论。王符认为，治理社会需要因势利导，首先要抓住人们趋利避害的特点。人为什么会万死不辞，不是追求利益，就是为了避害。在这方面没有贤愚之分，只有利害之别。人不图好名声，往往是贪图物质奖励；像韩信那样，不避胯下之辱，看似作践自己，其实往往是为了避祸求生。不抓住这一点，就是圣王也不能管理他的臣民，就是慈父也不能管教他的儿子。[③] 所以，要治理社会，英明的君主就要掌握臣民们普遍的心理，利用“利”与“害”的杠杆，使他们听从命令。[④] 无论什么人，只有以顺从指挥为交换条件，才能得到他所想要得到的东西，至于他想得到的是名还是赏，那是另一回事，能做到这一点，社会秩序就能处于和谐状态。

其次，是以政治、礼义、法律进行社会治理。他认为，社会所以不致混乱，是因为有官吏的管理；而官吏所以不能为奸，是因为有法；法之所以能得以实行，是因为整个社会有一个统一的统治者，即君主。君主所以位尊，是因为他能制定社会规范，即“义”。君主能按合理的社会规范发布法令，则不论贵贱贤愚都不会违犯它，于是

---

① 《潜夫论·交际》：“富贵虽新，其势日亲，贫贱虽旧，其势日疏。”

② 《三国志·魏志》卷一《武帝纪》建安十九年令。

③ 《潜夫论·劝将》：“凡人所以肯赴死亡而不辞者，非为趋利，则因以避害也。无贤鄙愚智皆然，顾其所利害有异尔。不利显名，则利厚赏也；不避耻辱，则避祸乱也。非此四者，虽圣王不能以要其臣，慈父不能以必其子。”

④ 《潜夫论·劝将》：“崇利显害以与下市，使亲疏、贵贱、贤鄙、愚智皆必顺我令乃得其欲。”

“君位于上，而民氓治于下矣”[①]。由此可见，王符心中的理想社会，依然是一个君主专制的、社会各阶级或阶层关系和谐的社会。

治理社会需因势利导，还需具体方案。王符最理想的社会治理方案就是“以德气化民心”。他设计了三个级次的社会治理方案。最低一个级次是君主端正好恶之心，彰显法律的权威性，赏罚严明，使老百姓遵纪守法，这是一个法治的治理方案，是在社会秩序失调的情况下实行的“中兴”方案。比法制方案高一级次的是礼治方案，其内容是君主率先垂范，提高道德修养，敦促社会爱心，提倡礼义教化，使老百姓没有争权夺利之心，这样的社会用不着法制，社会秩序就已得到协调。最高级次的是德化方案，按这个方案，“和德气以化民心，正表仪以率群下，故能使民比屋可封”[②]。人民都被上圣的德气所感化，人人都是君子贤人，所以是“比屋可封”的。但在现实社会中，往往是德化、礼治、法治共用的，所以王符进而构想了一个德、礼、法相结合的综合性社会治理方案。

王符说，“人君之治，莫大于道，莫盛于德；莫美于教，莫神于化”，社会治理应道、德、教、化并用。因为“民有性、有情、有化、有俗”，性和情是属于心理方面的，是本；化与俗是属于行为方面的，是末，末生于本。人的行为是人的心理活动的外在表现。要治理社会，就要理清本末关系，先本后末，顺应其心理特点，掌握其行为模式，从而达到社会控制和社会治理的目的。此外，还需要发挥礼义的功能，故他又说：“是故上圣不务治民事而务治民心。…… 导之以德，齐之以礼，务厚其情而务明其义（按，‘务明其义’，原文作‘明则务义’，据彭铎校改）。民亲爱则无相害伤之意，动思义则无奸邪之心。”道德的教育主要是社会价值观的教育，而礼义的教育主要是社会行为规范的教育。通过这两种教育，使人民都互亲互爱，感情融洽，因而，互相伤害之心就不会产生了，人们一举一动都想一想是否合于社会行为规范，奸邪行为也就不会出现了。这正是王符的理想，这种理想的实现“非法律之所使也，非威刑之所强也，此乃教化之所致也”[③]。因此，“圣人甚尊德礼而卑刑罚”。但这并不是说“法治”没有作用，法律的作用只是在于对越轨行为的积极防范。因此立法的目的，不是要禁之于后，而是要防微杜渐，达到警示、预防犯罪的目的。德与礼的教化是积极引导的一面，而法律是积极防范的一面。其治理社会的功能在于防奸恶，救祸败，控制越轨行为而使之纳入正道。

在王符看来，只有这种德、礼、法的综合运用，才能取得最理想的社会治理效果。在这个问题上，他跳出了法家、儒家或是道家的学派界限，集各家之所长，从而形成了一个综合性的社会治理方案。这对当时的社会是具有重要实用价值的，对于现代社会治理也同样具有重要借鉴意义，这是王符对中国社会治理理论的一个重大贡献。

---

① 《潜夫论・衰制》。

② 《潜夫论・德化》。

③ 同上。

本章要点

1. 王充对于孟子的性善论、告子的性无善无恶论、荀子的性恶论，以及扬雄的善恶混之论，都不完全同意。他认为，“人性有善有恶”，“人之性，善可变为恶，恶可变为善”，关键在于社会教育和熏陶。他认为人们学得社会规范主要靠三个途径：第一是自己主动地学习，第二是尊者长者的教告劝勉，第三是提供良好的社会环境。

2. 王充认为人与人的关系是一种社会交换关系，一个人要实现既定目标须在社会互动中进行，并提出了“三累三害”之说。

3. 王充认为衣食是人的最基本生存欲望，饥寒交加是社会动乱的根本原因。人民足衣足食是社会安定的基础。这就是他的饥寒致乱论。

4. 王充对于社会变迁的分析陷于社会循环论之中。他虽然认为社会的变迁与治乱不是由天主宰的，但认为其是受“历数”等超现实的社会因素所制约的。在这些因素面前，人们将是无能为力的。这显然不是进步的观点。

5. 王符认为人的社会化关键在于“学”与社会环境。

6. 王符提倡以人的志行区分人的贤愚，反对以尊贵与贫贱划分社会等级，这是中国封建社会的一种社会平等思想。

7. 王符深刻察觉到当时的人与人关系只是一种利益交换关系，并对这种情况提出批评，主张以人的“志行”作为社会交往的基准。在当时的社会条件下，这只能是一种空想。

8. 王符提出治理社会贵在因势利导的思想，并进而提出“以德气化民心”的社会治理方案，认为将德、礼、法综合运用，才能取得最理想的社会治理效果。

复习思考题

1. 王充的人性思想比前人有什么新发展？
2. 王充“三累三害”说的内容是什么？你有何看法？
3. 如何评价王充的饥寒致乱论？
4. 试评王充的社会变迁思想。
5. 王符社会平等论有什么进步意义？
6. 王符的社会交往思想是什么？有什么特点？
7. 试评王符的社会治理思想。
8. 试评王符社会思想的总体特点及其历史地位。

推荐阅读书目

1. （汉）王充：《论衡》，上海，上海古籍出版社，1990。
2. （汉）王符著，（清）汪继培笺：《潜夫论笺》，北京，中华书局，1979。
3. 陈叔良：《王充思想体系》，台北，台湾商务印书馆，1982。
4. 李维武：《王充与中国文化》，贵阳，贵州人民出版社，2000。
5. 王步贵：《王符思想研究》，兰州，甘肃人民出版社，1987。
6. 刘文英：《王符评传》，南京，南京大学出版社，1997。

第十二章

汉魏时期道教的社会思想

道教是在中国古代宗教信仰的基础上，沿袭方仙道、黄老道的某些宗教观念和修持方法而逐渐形成，以道为最高信仰，追求长生不死，修炼成仙的中国本土传统宗教。道教的产生历经先秦到东汉的漫长历史时期，它尊老子为教主，奉老子的著作《道德经》为主要经典，并对其进行宗教性的阐释。它在创始之初主要流传于民间，曾同当时的农民起义相结合。魏晋以后，统治者出于某种需要对其扶植、利用，使流传于民间的道教逐渐上层化并与儒家纲常名教相结合，在有些朝代还卷入了宫廷政治活动。在民间，则继续流传着通俗形式的道教，从中还演化出一些秘密宗教组织。在一些农民和平民的起义斗争中，成为发动和组织民众的旗帜或纽带。[①] 在宗教发展史上，由于社会阶层属性不同，即便是信奉同一宗教的人们，也会发展出不同的教义，展现不同的社会思想。本章分别以《太平经》和葛洪的道教为代表，分析社会下层与社会上层道教的特点，研究二者社会思想的差异。

第一节 道教《太平经》的社会思想

早期道教形成的重要标志之一，是道教经书的出现。《太平经》又名《太平清领书》，是早期道教史上的一部重要经典[②]，相传为东汉顺帝时琅琊人于吉所著。[③] 太平就是大平，按照该书自己的解释，“太”就是大的意思，其大如天；“平”就是平均的意思，其平如地。比如种庄稼，种得好就收得多，种得不好就收得少。收获的多少，与劳动投入的多少成比例。无论对于谁都是如此，这就叫平均[④]。

据考证，《太平经》170 卷，并不是一时一地一人所作，就其内容的庞杂、卷帙

① 参见卿希泰、唐大潮：《道教史》，1 页，北京，中国社会科学出版社，1994。

② 参见卿希泰：《中国道教思想史纲》，第 1 卷，69 页，成都，四川人民出版社，1980。

③ 参见《后汉书·襄楷传》。

④ 参见《太平经》卷四十八《三合相通诀》。

的浩繁来看，也不像是某一个人的著作，可能是当时秘密流传的原始道教中很多人的著作，经过逐步积累最后汇集而成的。《太平经》原书 170 卷，现存唯一的本子是明英宗正统九年（1444 年）所修《道藏》中所收的《太平经》，但已是残本，仅有 57 卷。今人王明先生根据《太平经钞》等加以校补，编成《太平经合校》，才基本上恢复了 170 卷的轮廓。

关于该书的基本内容，《后汉书》说它专以奉天地顺五行为本，“其言以阴阳五行为宗，而多巫觋杂语”。这部书的全部思想内容是很庞杂的，其大部分篇幅是宣扬有神论、宗教唯心论和封建社会统治阶级思想的，但其中一些篇章里也反映了当时的进步思想。这些有进步思想的部分对于汉末张角、张鲁等农民起义领袖的思想起到了深刻的启发作用。在《太平经》的进步思想之中，最重要的部分是对于理想社会模式的构想。《太平经》所构想的理想社会，是一个没有剥削、没有压迫、财产公有、人人劳动、权利均等、互助互爱的社会。据《后汉书·襄楷传》的记载，黄巾军大起义的领袖张角拥有一部《太平经》。据此推知，《太平经》在东汉末年的农民大起义中发挥了重要作用。

一、论人类社会生存的基础

《太平经》认为，人类的生存有“两大急”和“一小急”。所谓两大急就是饮食和男女之性欲，这是人类生存的最基本前提。首先是饮食问题，食品是社会生活秩序的重要基础，满足基本的食物需求，维持生命，是人类的第一急务；其次是生育问题，人类要繁衍生存下去，必须保证男女两性的结合，天下无人，也就没有了夫妇、父子、君臣、师徒等种种社会关系，也就不能称之为社会，所以保证男女婚配是人类的第二急务。所谓“一小急”就是指“衣”。因为大自然有寒有暑，人们如果没有衣服防止寒暑对人肌体的伤害，人类的生存也会受到影响，但这和饮食、男女的重要性相比，显得稍微次要一些，因而又称之为“半急”[①]。视温饱与男女婚配为人类社会的两大基础，这是社会下层很朴素的社会感受，不同于社会上层以伦理纲常作为社会基础的观点。

总之，衣、食、男女是人类社会赖以存在和发展的基础，有了这些，才能有人类社会的一切。故此，《太平经》把衣、食、男女视为人类社会的“三实”。这是对生命的肯定和高度尊重。《太平经》甚至颂扬“贪生”的价值追求，认为人应该向仙人学习，既贪寿又贪生。三急思想在当时贫富尖锐对立、豪强土地兼并、门阀穷奢极欲的社会历史条件下，反映了劳动人民争取基本生存权利的合理要求。虽然其表述的只是一个朴素的问题，而在当时是具有战斗意义的。后来曹操发布命令，以政府的公权力实行授田，压制地主以减私租，同时鼓励桑麻，就是针对民间的衣食问题进行的社会设计与制度探索，开启了隋唐均田制和租庸调制的先河。

---

① 《太平经》卷三十六《守三实法》。

二、社会平等思想

由于门第的形成，上层社会具有严格的等级差别意识，而早期道教则强调个人和社会的平等。《太平经》认为，凡是人类社会中的一员都有平等的生存权利。首先是男女要平等，不能歧视和虐待女性。女性与男性一样同属人类，天地之间万千生物，人命最重。现在歧视女性，以女性为贱，甚至虐杀女婴，反映了“天下无道”的社会现实，虐杀女婴是“绝地统”、“灭人类”的犯罪行为。① 虽然《太平经》中也还有男尊女卑的思想，但我们不可否认，其反对虐杀女婴的思想是在男女平等的道路上迈出了重大的一步。

其次是整个社会成员之间的平等。其立论依据是人各有所长，各有所短，互为补益，社会才会平稳运行，因此各社会成员应当被平等看待。② 上下等级之间的人应该平等相处，上级可以提醒、规劝下级，反之亦然。圣贤与普通百姓之间也应该平等，因为圣人也不是万能的，不可能做到“必知天道”。推而广之，无论贤愚，无论是低级动物还是其他各种物质，都“各有短长，各有所不及，各有所失。故所为所作，各异不同”③。既然如此，应该因物制宜，因人制宜，用其所长，用其所能为，使人人做到各尽所能。因此，《太平经》又主张，无论是神人还是奴婢，都应当在各尽所能的原则下安排他们的角色。“上至神人，下至小微贱，凡此九人：神、真、仙、道、圣、贤、凡民、奴、婢……悉问其能而仕之”④，社会才能太平。从这段文字中，我们又能看到两点意思：第一，《太平经》承认社会是应当有阶层划分的；第二，对社会成员来说，是按照能力来决定阶层和地位，而不是按照阶层决定人的地位。其思想实质是在主张对现实社会中存在的各阶级、阶层的成员，按各自的能力予以重新安排，而且认为只有如此，社会才能得以安定和治理，所谓“各问其所能长，则无所不治矣”。《太平经》对这一点很重视，甚至把它归结为社会解体的动因，认为社会安排不当，不能做到用人所长，则引发严重的社会动荡，“灾变连起，不可禁止”。我们从这种主张各尽所能，按能力重新安排社会角色和社会地位的思想背后，可以看到《太平经》实际是在主张一种社会平等，而这种社会平等还没有冲破封建等级制度。但它能够对下层民众，如奴婢、贫穷者、女性等古代中国社会里的边缘弱势者，清楚地表明同情和支持的社会伦理立场，仍然是一大进步，对社会下层极有感召力。

三、财产公有思想

《太平经》认为，社会财富属于社会各个成员所共有，是用来养育全体社会成员

① 《太平经》卷三十五《分别贫富法》：“今天下失道以来，多贱女子，而反贼杀之。……天地之性，万二千物，人命最重，此贼杀女，深乱王者之治，大咎在此也。”

② 《太平经》卷四十三《大小谏正法》：“天地之性……各有所长短，因以相补，然后天道凡万事各得其所。是故皇天虽神圣，有所短，不若地之所长，故万物受命于天，反养体于地。……大圣所短，不若贤者所长；人之所短，不若万物之所长。”

③ 《太平经》卷九十一《拘校三古文法》。

④ 《太平经》卷九十六《守一入室知神戒》。

的。天地间的财富就好像一个大仓库，凡是有需要的人都可以从这个公仓里各取所需。但是愚人无知，以为应该属于他们自己所有。这好像是仓库中的老鼠，因为位置有利，能保证饮食无虞，于是就认为整个仓库是属于他自己的。[①] 富人霸占着公仓，即便是给予他人方便，也是为了勒索高额利息，这种人实在与偷粮食吃的老鼠没有什么区别。非独豪富，就是皇帝的钱财，也都是从千家万户中征敛而来的，所以它并不是属于皇帝的私有财产，而是应归全社会公有的。任何一个社会成员，只要他感到需要，就都有理由到这里来索取！《太平经》表现出一种原始共产主义的思想，实际上是对私有制的否定，是农民们对封建统治和阶级剥削的批判。

在财富公有、权利平均的原则下，积累财富本身并不表现为伦理上的恶。但是，如果那些人"积财亿万，不肯救穷周急，使人饥寒而死"，就是社会的罪人。他们犯的是反人类罪，罪恶永远不能消除，即使不能现世现报，也会影响到子孙后世，早晚是要受到惩治的[②]；那些积存"珍物金银亿万，反封藏逃匿于幽室"，放高利贷的人，实际是在"与天为怨，与地为咎，与人为仇"，也是对社会的犯罪。犯有这种罪过的人，就是"当死"的。他们必将引起人神共愤，遭受天谴。更令人憎恨的是那些贪得无厌的豪强，那些"不知足者"，用诬告陷害等恶劣手段，夺取弱势者的家产，没有止息的时刻。这种人更是罪大恶极，死有余辜，还将报应在后人身上。可见，《太平经》对于豪强地主的剥削掠夺和财产私有制度是深恶痛绝的。

在这种财产公有的原则指导下，早期道教设计了周穷救急，不让穷乏之人因饥寒而死的制度——义舍。在义舍中，留有米面、肉类等食物，供行人"量腹取足"。在东汉末年，因为自然灾害、豪族兼并、农村破产，社会下层失去乡土，四处逃亡，义舍实际上成为救济流民的有效机构。

四、人人劳动、自食其力的思想

《太平经》认为，社会的各个成员都应参加劳动，靠自己的力量创造自己所需要的财富。[③] 天生了人，幸而使人自己都有筋力，可以自谋其食，但有的人因为不肯劳动而受到饥寒，反而时常自己愁饥苦寒，只能经常依靠富有之家的布施生活，这是对社会的犯罪。因为凡是可以养人的财物，都应当靠自己的力量来积聚，这样人们就可做到财物充足而不致穷乏。而现在有些人反而不去使用自己的筋力，或者向别人强索财物，破坏了人与人的和谐关系，这就等于抢夺别人的劳动果实，就是对社会的犯

① 《太平经》卷六十七《六罪十治诀》："此财物乃天地中和所有。以共养人也。此家但遇得其聚处，比若仓中之鼠，常独足食，此大仓之粟，本非独鼠有也。少（小）内之钱财，本非独以给一人也；其有不足者，悉当从其取也。愚人无知，以为终古独当有之，不知乃万尸（户）之委输，皆当得衣食于是也。"

② 参见《太平经》卷六十七《六罪十治诀》。

③ 《太平经》卷六十七《六罪十治诀》："天生人，幸使其人人自有筋力，可以自衣食者，而不肯力为之，反致饥寒，负其先人之体。而轻休其力不为，力可得衣食，反常自言愁苦饥寒。但常仰多财家，须而后生，罪不除也。或身即坐，或流后生。所以然者，天地乃生凡财物可以养人者，各当随力聚之，取足而不穷。反休力而不作之自轻，或所求索不和，皆为强取人物，与中和为仇，其罪当死明矣。"

罪，犯这种罪的人是显然应当处死。

在战国时期，与孟子同时的农家学派许行，也曾提倡过人人劳动，并幻想应当以统治者是否参加农业劳动作为评判其贤与不贤的重要标准，但还不曾把不劳动和不劳而获看作极大的犯罪。而《太平经》则不仅要求人人从事劳动，并将不是靠自食其力而生存的人视为应当处以极刑的罪犯，这同样表现了农民要求取消剥削压迫的强烈愿望。从根本上讲，这也是一种社会平等思想。

五、论社会的人与人关系

在《太平经》所构想的理想社会中，人与人的关系是互助互爱的。《太平经》认为，"天道助弱"[①]，上天是帮助那些弱势者的，反对智识多的人欺侮智识少的人，主张有智识、有道德应该互相教授；反对有强力的人欺凌弱者，主张自食其力，并抚养弱者；反对后生欺凌老者，主张敬养老人，凡是违背了这些主张的人，都不会得到好的下场[②]。这种尊老、抚弱的社会救助思想，是中国传统社会思想中最为光辉灿烂、最值得继承发扬的优秀思想之一。早期道教认为，只有按照互助互爱的原则处理人与人的关系，使"尊卑大小皆如一"，才能"无争讼"，保证人与人关系的和谐，才是一个"太平"的社会。

《太平经》中又说："平之为言者，乃平平无冤者，故为平也。"[③] 而要达到"平平无冤"，人人都安居乐业、互助互爱、关系和谐的太平社会，就必须以道德来进行社会治理，靠刑罚的强力控制是无济于事的，因为"天性上道德而下刑罚"[④]。只有以道德来治理社会，人民才能顺从，如果政府不能遵循道德，官员没有廉耻，社会公信力就会下降，引起人民的反抗。"上古"时期的君主以道德教化人民，所以人们关系和谐，天下太平。"下古"用"严畏智诈刑罚治民"，社会才出现了动乱。再往后，就是那些愚蠢的家伙当政，"霸道大兴"，靠恐吓、刑罚等手段统治社会，结果只能是"吏民数反"，天下大乱了[⑤]。因而那些下古的治民者，霸道畏民，是对社会的犯罪。他们是扰乱社会的盗贼，是死有余辜的。

总之，《太平经》中所描述的社会是一个人人平等、财产公有，人们都各尽所能、自食其力，人与人关系和谐、互助互爱，人们有崇高的道德，而没有强力控制的理想社会。在此基础上，《太平经》又构想了一个道教的神仙世界。在这个神仙世界，众神相亲相爱，互相帮助，有知识就相互教授，有奇文异策就相互品鉴，有空缺职位就相互保举推荐，发现错误就相互指正，有珍奇美味也相互馈赠。可见，这个道教理想

---

① 《太平经钞》壬部。

② 参见王明：《太平经合校·前言》，16页，北京，中华书局，1960。另《太平经》又说："或多智反欺不足者，或力强反欺弱者，或后生反欺老者，皆为逆。故天不久佑之。何也？然智者当苞养愚者，反欺之，一逆也；力强者当养力弱者，反欺之，二逆也：后生者当养老者，反欺之，三逆也。与天心不同，故后必凶也。"

③ 《太平经》卷九十八《包天裹地守气不绝诀》。

④ 《太平经》卷六十五《兴衰由人诀》。

⑤ 《太平经》卷四十七《服人以道不以威诀》。

的神仙世界和以上所论的其对于现实社会模式的构想是一致的。神仙的社会也不过是现实社会的折射。也有研究者把这种理想视为汉代对先秦古典理想的复古，"'太平'并非革命的平均主义，而是理想的社会等级秩序，其中每个人都有一个适合其出身和职业的位置。唯一新颖之处就是任何个人都要承担道德责任；每个人都能且必须以行动让开明君主实践道教的'无为'而治"①。

《太平经》所构想的理想社会模式，是对已有社会秩序的挑战和替代，但是在当时的社会历史条件下是不可能实现的，不过这种乌托邦思想代表了当时广大农民群众的理想，是鼓舞农民奋起反抗阶级压迫和腐朽统治的思想纲领。所以，《太平经》一出现，就被统治者视为"妖妄不经"的邪书加以反对。也正因为《太平经》的这些积极思想反映了农民群众的愿望，所以，以《太平经》为教义的原始道教在当时下层民众中得以广泛流行，最终成为汉末农民大起义的一种思想动员与组织形式。《太平经》的思想对汉末农民起义的领袖张角、张凌、张鲁都产生了很大影响。他们在创立自己的教派时，都是依据了《太平经》，而且张鲁起义后所实行的许多政治经济措施，都是《太平经》有关思想的体现。因此说，《太平经》对于理想社会的构想，代表了广大农民的利益，而诸如《太平经》之类反映社会下层人民的社会思想的著作，得以流传至今的，实在是寥寥无几。由此也可体现出，今天研究《太平经》的社会思想，其意义十分重大。

第二节
葛洪的道教社会思想

葛洪（284—363年），字稚川，自号抱朴子，晋朝丹阳句容人。关于葛洪生平的记述，主要见于《抱朴子·外篇》的《自叙》，以及《晋书》卷七十二《葛洪传》。他的代表性著作是《抱朴子》一书。

葛洪的道教思想，是道教流派中的金丹派，其目的在于求长生，成神仙。金丹道教是从原始道教中分化出来的。原始道教在汉末被农民起义领袖所利用，对发动群众和组织群众起了很大作用。就在汉末农民起义被镇压的过程中，原始道教内部开始分化，其中的符水派（民间道教）被视为"妖道"、"邪教"，遭到封建统治阶级的镇压和破坏，但它仍在身处社会下层的民众中秘密流传，成为贫民的道教，而为统治阶级服务的金丹派道教则取得了合法地位，被视为道教的"正宗"，成为贵族的道教。葛洪对民间道教十分仇恨，说它是"威倾邦君，势凌有司"，"招集奸党，称合逆乱"的"伪道"、"妖道"，主张对其坚决镇压，"峻其法制，犯无轻重，致之大辟"；并说由他所创立的丹鼎道教是"以延年益寿为务"的正宗道教。其实，他的道教以追求长生不死为目标，把修仙和维护既有社会秩序相结合，把儒家道德与其

① ［法］索安著，吕鹏志、陈平等译：《西方道教研究编年史》，22页，北京，中华书局，2002。

道教理论相结合，是以使道教更好地为封建统治服务为宗旨的。因此人们一般都认为葛洪所创立的道教就是官方道教。他本人也因此成为官方道教的重要代表人物之一。

一、葛洪道教社会思想的特点

葛洪贵族出身，其祖父做过东吴的吏部尚书、大鸿胪、封寿县侯。其父名悌，做过会稽太守，后随吴主孙皓降晋，做过邵陵太守。葛洪生于吴亡之后，13岁丧父，家道中落。故他在《抱朴子·外篇·自叙》中说自己“饥寒困瘁，躬执耕穑，承星覆草，密勿畴袭……日伐薪卖之，以给纸笔，就营田园处，以柴火写书。……常乏纸，每所写，反复有字，人鲜能读也”。《晋书》本传说他“少好学，家贫，躬自伐薪以贸纸笔，夜辄写书诵习，遂以儒学知名”。但“尽信书不如无书”，葛洪虽遭家境衰落，仍不失其贵族的身份。否则，一个奔波于饱暖而不能自暇的贫苦农民，是不可能有余暇、有经济力量去读书的。

葛洪在开始读书的时候，梦想成为一个儒者。这与慧远的身世、经历很相似，他也出身于仕宦家庭，少年时读儒学经典。可见当时儒学尽管受到玄学、佛教、道教等思想的冲击，但仍有比较大的社会影响，读经学儒仍然是一种比较强势的社会思想。葛洪自称16岁始读《孝经》、《论语》、《诗经》、《易经》，但“大义多所不通”；对于“河洛图纬”、“星书”、“算术”等，也都不感兴趣。最后兴趣落在“诸子之书”，而其中最受他推崇的是《老子》，可他实际所好的，乃是所谓“神仙导养之法”。

葛洪早年曾参加镇压石冰领导的农民起义，但功成不赏。东晋开国后，他以旧功被录，封为关内侯，而此时他已沉浸于对神仙生活的向往之中，加之仕途不达，社会又离乱不已，最后以丹鼎生涯而终老于罗浮山①，成为金丹道教的重要创始人。

葛洪的著作很多，保留下来的有《抱朴子》一书，此书分为《内篇》20卷，《外篇》50卷。他自己介绍说：“内篇言神仙、方药、鬼怪、变化、养生、延年、祈禳、却祸之事，属道家”；“外篇言人间得失，世事臧否，属儒家”，从而自己道破了其社会思想的核心是内道教而外儒术的。他所谓的“内道”，并不是真正属于老庄之学的道家，而是属于道教；他所属的道教，也不是汉末农民借以组织民众的符水道教（或叫“贫民道教”、“原始道教”、“符箓道教”），而是金丹道教（或叫“贵族道教”、“神仙道教”、“丹鼎道教”）；他所谓的“外儒”，也不过是金丹道教化了的儒学。因此他在《抱朴子》一书中，竭力攻击民间的原始道教，鼓吹人能长生和成仙，并将其神仙道教的思想理论和儒家的纲常名教结合起来。

葛洪所以成为金丹道教的重要创始人，有其特定的社会历史背景和社会网络支持。从师承关系上看，葛洪的曾祖父葛玄，东吴时曾“学道得仙，号曰葛仙公”。葛

---

① 位于广东省东江北岸，增城、博罗、河源等县市间，主峰飞云顶，在博罗县城西北，道教称“第七洞天”，为岭南四大名山之一。

玄将其炼丹秘书传其弟子郑隐，葛洪则从郑隐学道，“悉得其法”。后来他又拜道教人物南海太守鲍玄为师，受到鲍玄的器重，做了鲍玄的女婿。葛洪的家世及姻亲关系，都为他成为金丹道教的重要创始人铺平了道路。

葛洪的社会思想崇尚“出处两得”，出则为仕宦贵族，入则修神仙。这种人生观对后世影响匪浅。此后那些仕途通达、官运亨通者则出为“儒士”；仕途不通达，自感“怀才不遇”，或成隐士，或成为歌咏山水田园的诗人，或出家为僧为道的人物，大都在不同程度上受到葛洪思想影响，至少也是属于同一思想型的步其后尘者。

二、游仙避世思想

魏晋南北朝时期既有先秦墨家、法家等学说的复兴，也有玄学、佛教等新思想的创造或引进，各家学说都在争夺社会建设与社会治理的优势地位。葛洪认为最灵验的方案是用道教，因为道教包括了儒、墨、法等各家的长处，而避免了各家的不足。① 他把自己所倡导的金丹道教吹嘘成治理社会的灵丹妙药，认为道教不但可以养生，而且具有“内以全身，外以为国”的功能。道教以民为本，提倡修身养性，能够改善政府的工作伦理，提高行政效率，创造和谐的社会关系。② 因此，只要道教兴盛起来，就会出现一个安定和谐的社会；道教衰落，就是一个混乱无章的社会。同时，儒、墨、法各家的社会思想，都是在“道之衰”以后才出现的。由于道家思想的衰落，社会上才出现了“刑严而奸繁”的状况，结果造成君臣易位、父子相杀等各种社会问题，然后社会才提倡忠、孝观念来解决这些问题，所谓“忠义制名于危国，孝子收眷于败家”。也就是说，以儒墨法等学说来治理社会是在社会“道德丧”之后出现的。故此，他得出结论说，道教是“百家之君长，仁义之祖宗”。儒学和道教相比，道是本而儒是末，所谓“道者，儒之本也；儒者，道之末也”③。所以，“圣人”要和“仙人”相比，不免有小巫见大巫之叹了。但并不是说儒学就一无是处，他认为儒学也具有“移风易俗”的社会功能，所以在治理社会时除了重视道教之外，也还是应该重视儒家的方法和手段，因此尚有必要儒道“兼而修之”，以更好地收到“内宝养生之道，外则和光于世，治身而身长修，治国而国太平”的效果。这就形成了葛洪的儒道双修，出处两得的思想模式。

必须再次指出的是，葛洪所谓道本儒末之“道”，既不是老庄道家之学，也不是民间道教，而是专指金丹道教的。他对民间道教极为仇视，诬蔑其为“妖道”、“邪道”，把民间道教的信奉者称为“杂散道士”，视为盗贼。④ 他之所以如此痛恨民间道

① 《抱朴子·内篇·明本》：“儒者博而寡要，劳而少功；墨者俭而难遵，不可偏修；法者严而少恩，伤破仁义，唯道家之教……包儒墨之善，总名法之要，与时迁移，应物变化，指约而易明，事少而功多，务在全大宗之朴，守真正之源者也。”

② 《抱朴子·内篇·明本》：“夫道者，人无为也，善自修以成务；其居也，善取人所不争；其治也，善绝祸于未起；其施也，善济物而不德；其动也，善观民以用心；其静也，善居慎（真）而无闷。”

③ 《抱朴子·内篇·明本》。

④ 参见《抱朴子·内篇·祛惑》。

教，就是因为民间道教常被农民起义所利用，具有葛洪所谓“招集奸党，称合逆乱”的作用，而这正是统治阶级所惧怕的。

葛洪金丹道教的主要目的是长生和成仙。他认为长生和成仙不仅是人们所向往的，而且是可以做到的。但要达到目的，必须按他所设计的方案去做。葛洪的方案主要包括三个方面。

其一为内修。内修主要指的是养神。没有精神的生命如枯槁之木，如行尸走肉。精神之于生命，宛如堤坝之于河水，火苗之于蜡烛，人没了精神就如堤坏水泄，火去烛灭，没有了活力和生气。内修就是确保人的精神在任何时候都能充盈，聚而不散。同时，要保养生命之长久，就不能使自己身劳气竭，否则也会精灵离身，神散而命终。[①] 所以，内修也分两方面，一是精神上的超脱，二是增强身体素质。

精神超脱就是超脱于社会中的是是非非、贵贵贱贱，否定那些统治人们思想的俗世的价值观念。但是这种否定不是对世界的仇视，而是对自我的制约。在破除世俗枷锁的同时，这种脱俗者应该通过气功的方法，锻炼自己的神经中枢，解脱生理性的固有依赖，遏制人类本有的欲望，做到无欲无求，清心静虑。在葛洪的时代，他无法说得这样清楚明白，所以他用了模糊的语言来表达这一思想：“遏欲视之目，遣损明之色，杜思音之耳，远乱听之声。涤除玄览，守雌抱一，专气致柔，镇以恬素”；“遣欢戚之邪情，外得失之荣辱……为乎无为，以全天理尔。”[②] 克服自己的一切私欲，不被欢乐和忧伤缠绕，也不为得失荣辱所动情。一个人内修到这种程度，就能“拘魂制魄，骨填体轻”，因而也就能够“策风云以腾虚，并混舆而永生”了，能腾云驾雾、长生不死的，自然也就是神仙了。葛洪关于个人精神超脱的说教，基本上是承袭了庄子的思想，并没有什么创新。精神超脱的效果也和庄子理想中的“真人”形象别无二致。所以，其内修思想不过是对老庄道家思想的延长。

要想成为神仙，只做到精神的超脱还不够，还必须采取必要的方法增强身体素质。主要方法有三：第一是“行气”，或称“胎息”。葛洪对行气之法有较详细的论述[③]，用现代的术语说，大概就是一种练气功的方法。他鼓吹这种行气方法能收到“内以养身，外以却恶”，“老者更少”的效果。至于他时常把行气吹嘘得奇效无穷，就带有明显的宗教迷信色彩了。第二是“食饮有度，兴居有节”[④]，不得暴饮暴食，日常生活要有规律。葛洪认为这也是使元气得行于体内，“还精补脑”的有效方法之一。第三是学习房中术。葛洪认为，男女交媾是必要的，性欲得不到满足将导致疾病，但是也不能放纵过度，否则也同样有损寿命。要达到婚姻生活的和美，就要学习房中之术。不过这种东西“真人口口相传”而没有成书，如果不得要领自学的话，很容易受到伤害。同时他也指出，那种认为单炼房中术就可成神仙的论调是荒谬的。文

---

① 《抱朴子·内篇·至理》：“夫有因无而生焉，形须神而立焉。……故譬之于堤，堤坏则水不留矣。火之于烛，烛糜则火不居矣。身劳则神散，气竭则命终。……气疲欲胜，则精灵离身矣。夫逝者无反期，既朽无生理，达道之士，良所悲矣。”

② 参见《抱朴子·内篇·至理》。

③ 详见《抱朴子·内篇》之《至理》、《释滞》两篇。

④ 《抱朴子·内篇·微旨》。

化的萌芽，包含着本能的抑制，这是为现代人类学证实的理论。魏晋时期对身体控制的研究是中国社会思想应该注意的一个重要方面。

葛洪认为靠增强身体素质以延长生命的思想是合乎现代科学养身理论和实践的，但他要以此作为成仙的途径，则是宗教迷信的荒诞之谈。总之，葛洪的内修方法，就是要人们把思想的兴奋点转移到保养身体、成仙得道上去，使社会减少冲突，保持社会秩序的安定。

其二为外养。所谓外养，就是要服食仙药。道教在发展过程中，很早就接受了先秦以来的神仙方术思想。葛洪认为，人服用了金丹就可以成为神仙。他信誓旦旦地说：人食五谷才得以活命，况且金丹这种上品的神药呢，它对于人的好处要比五谷好上何止一万倍![①] 在《抱朴子·内篇》的“金丹篇”中，他列举了各种炼丹方法，如“九鼎神丹”、“太清九转丹”、“还丹”、“九光丹”、“乐子长丹”等共达30多种。在“黄白篇”中，他又详细地描述了黄金、白银的炼法，兹不详述。

这些炼丹和炼金银的方法，从古代化学史的角度考察是很有意义的，但当时这些原始化学却被神仙道士用作求长生、成神仙的门径，这是十分荒唐的。如果我们从社会学的角度考察，就必须看到葛洪推崇炼丹之术的社会功能，这些东西对人们有极大的诱惑性。因为长生和金银是人们都想得到的，所以它能引诱人们进入金丹道教的门下，虔诚地学“道”。但真正实践起来则困难重重，因为所列原料都是很难寻得的，做法麻烦又模糊不清，比重不明确，而且还必须在名山之上，经过一番仪式，遵守各种禁忌等。一句话，姑且不考虑这些丹方是否科学可行，即使完全是科学的，人们也根本无法做到——这正是葛洪等人的目的所在——编造出一套具有诱惑性的谎言，叫人们虔诚地相信它，但又永远得不到它，从而使人们都从现实社会的冲突中退出来，以此保证统治阶级的既得利益和社会秩序的和谐。故此，葛洪一再提醒人们说：“升仙之要，在神丹也”，“服神丹，令人寿无穷已，与天地相毕，乘云驾龙，上下太清。”[②] 如果不得神丹，只服草木之药，虽然也可延年迟死，但终不免于死，更不能成仙了。[③] 他极力刺激人们修仙得道的欲望，以诱使更多的人误入他所设下的迷魂阵。

其三为行善。葛洪本人并不是一个要专心修仙得道的虔诚道士，只是要用这些说教来进行社会治理。因此，他又把那种修仙得道、长生不死的宗教迷信与儒家的纲常名教结合起来，把遵守儒家设计的社会规范也作为长生和求仙的必要前提条件之一。他提醒求仙问道之人，要成为神仙，先要履行好自己在家庭、社区之中的基本角色，做到忠孝、和顺、仁信；如果德行不修，只想靠方术成仙，是不可能长生不老的。[④] 具体说来，就是要求信奉金丹道教的人都“积善立功，慈心于物，恕己及人，仁逮昆

---

① 《抱朴子·内篇·金丹》：“夫五谷犹能活人，人得之则生，人绝之则死，又况于上品之神药，其益人岂不万倍于五谷耶?”

② 《抱朴子·内篇·金丹》。

③ 参见《抱朴子·内篇·极言》。

④ 《抱朴子·内篇·对俗》：“欲求仙者，要当以忠孝、和顺、仁信为本。若德行不修，而但务方术，皆不得长生也。”

虫，乐人之吉，愍人之苦，周人之急，救人之穷，手不伤生，口不劝祸，见人之得如己之得，见人之失如己之失，不自贵，不自誉，不嫉妒胜己，不佞谄阴贼”。认为只有这样做，才能称为“有德”，才能“受福于天，所作必成，求仙可冀也”①。葛洪已把儒家的社会伦理规范和金丹道教的长生成仙的说教结合在一起用于治理社会了。

葛洪还设计了行善成仙的具体指标。所谓仙有天仙、有地仙，“人欲地仙，当立三百善；欲天仙，立千二百善”，而且都必须连续地做。比如要成为天仙，尽管已经有了一千一百九十九善，最后忽然做了一恶事，必将前功尽弃，应从头再来。如果积善的事没有做满，即便服仙药，也于事无补。相反，如果不服仙药，但行好事，即使不能长生不老，也可做到无疾而终。相比之下，行善比服用丹药重要得多。更值得注意的是，葛洪所谓好事、善事，就是按儒家所设计的道德规范和行为准则办事。人们在社会中生活，要处理各种复杂的情况，根本不可能连续三百次乃至一千二百次准确无误地按这些规范办事。稍有疏忽，就要前功尽弃。这样一来，成仙的目的永远不会达到，但人们终生都自觉地、谨慎小心地按封建的社会规范办事则是必然的。这正中葛洪之下怀，葛洪所需要的，不是那个虚无缥缈的神仙，正是这个为求仙而行“善”的过程。

人们都终生自觉而谨慎地按封建社会规范办事，就不会有越轨行为发生，社会的结构秩序就不会出现失调和混乱，地主阶级的既得利益就不会丧失。这正是葛洪创立游仙避世理论的现实意义和最终目的之所在，也是金丹道教所以成为被社会统治者所认可的官方道教的最根本原因。

三、社会控制思想

葛洪之社会思想的特点是内道外儒，最终目的是按地主阶级的利益和设想协调社会关系，整合社会秩序。他认为，社会规范当以儒家的设计为依据，故他在《抱朴子·外篇》的《君道》、《臣节》、《良规》等篇中，认定社会的既定君臣父子等社会尊卑关系是合理的。而在社会控制思想方面，葛洪并不完全与儒家相一致，他一方面继承了汉代以来内法外儒，“王霸道杂之”的社会控制思想，而且还糅进了道教的思想。其社会控制理论主要有以下几个方面。

第一，发挥儒家“礼”的社会控制功能。他把“礼”视为社会控制的最好方法，提倡用礼定亲疏，别尊卑，维护社会等级秩序。同时，他也注意到礼仪过繁则有害无益，主张时异时变，那些不合时宜的烦琐礼仪应当删除。因此，他建议选择一些精学洽闻之士，担任“损益”礼仪的使命，删定三礼，把那些对于治理社会、控制社会无关紧要的空使人拜起俯伏的吉凶器用之物，衣冠车服之制，朝飨宾主之仪，祭奠殡葬之变，郊祀禘祫之法，社稷山川之礼等，都予以减省。从这里也可以得出一个旁证：葛洪之“儒”，绝非“醇儒”之儒。

第二，以杀止杀，发挥“法”的社会控制威力。他指出，人们都以“仁”为贵，

① 《抱朴子·内篇·微旨》。

可是没有一例只用“仁”就使社会得以治理的；人们都以“刑”为贱，但精明的政治家懂得废除刑政、法治就不可能达到治理社会的目的。用“法”控制社会在一定意义上比仁、礼、义更为重要。在儒家学说失去了先前的崇高威望，法家思想经曹操的提倡有所恢复的时代，这种思想作为一种时代精神无疑得到了社会的认同。

发挥法治的社会控制作用是时代的召唤。在一个风雨如晦的时代，法治才是控制局面的可靠手段，仁政则有些缓不济急。面对“黎庶巧伪，趋利忘义”，法家学说表现出对秩序和和平的渴望。葛洪建议，依靠刑政力量，“齐之以威，纠之以刑”，“以杀止杀”，恢复社会秩序。为了尽快达到目的，他甚至主张恢复肉刑。他举例说，西周时用肉刑，享国700多年，汉代废了肉刑，享国却不如周代。废肉刑之后，死刑之下只有徒、谪、鞭、杖，而对那些杀之则过重，而处以其他刑罚则过轻的越轨者，则不好处理，如能恢复肉刑，就能解决这个问题，而且这具有重大的社会控制意义。他认为，恢复肉刑，使一些有较严重越轨行为的人不死，但终身残废，可以起到很好的警示作用，使老百姓见了莫不惊心，也足以使没有犯罪的人不寒而栗，遏制越轨犯罪的冲动。这种效果是杀人所达不到的。因此，刑罚的社会控制功能，不仅在于制裁越轨者，更重要的是能杀一儆百，使人们望刑而生畏，从而不敢轻易逾越社会规范。从葛洪的这一思想着眼，他又是法家思想的忠实继承者了。

第三，认为神有无限的社会控制能力。他宣扬天地有司过之神，随时随地监视人的行动，视人所犯罪过的轻重予以处罚，轻则使人倒霉，遭受贫穷、疾病等厄运，重则让人丧命。同时，人们的身体中还有上中下“三尸”，每到庚申之日，三尸就到天上向“司命道人”汇报此人的行为和过失，每个月的最后一天夜里，灶神也到天上去汇报他所监管的人家之罪状。上天根据这些汇报判定给此人减除多长的寿命。犯了大禁的将被减除三百天寿命，犯了小禁的要被减除三天寿命。

那么，上天的神仙“司命道人”以什么作为夺算或夺纪的依据呢？葛洪说，这有几百条之多。他着重予以列举如下：

> 憎善好杀，口是心非，背向异辞，反戾直正，虐害其下，欺罔其上，叛其所事，受恩不感，弄法受赂，纵曲枉直，废公为私，刑加无辜，破人之家，收人之宝，害人之身，取人之位，侵克贤者，诛戮降伏，谤讪仙圣，伤残道士……教人为恶，蔽人之善，危人自安，佻人自功，坏人佳事，夺人所爱，离人骨肉，辱人求胜，取人长钱，还人短陌，决放水火，以术害人，迫胁尫弱，以恶易好，强取强求，掳掠致富，不公不平，淫佚倾邪，凌孤暴寡，拾遗取施，欺绐诳诈，好说人私，持人短长……求欲无已，憎拒忠信，不顺上命，不敬所师，笑人作善，败人苗稼，损人器物，以穷人用，以不清洁饮饲他人，轻秤小斗，狭幅短度，以伪杂真，采取奸利，诱人取物……

葛洪所罗列的这些行为，其中有处理上下等级关系方面的，有处理人与人之间关系方面的，有个人品行方面的，有经济生活方面的，也有对道教态度方面的，可谓士农工商各方面无所不包，有很多属于破坏社会公德的行为。

在列举了这些越轨行为之后，葛洪又接着说，即使只有不轨思想，三尸、灶神也能发现，但因这种思想犯罪没有造成社会后果，所以尚属小罪，减除三天寿命；如果把这些思想付诸行动，损害了他人，造成了恶果，就是大罪，要减除三百天的寿命。司命之神随其越轨行为的程度，“夺其纪算，算尽则死”①。——这就告诫人们，如果要想长生，就不能有不轨思想，更不能有不轨行为。人们都认真自觉地按社会规范想问题、做事情，自然就会收到社会控制的效果。因此，这种教义也自然是为封建统治阶级所欢迎的了。葛洪这种借助神鬼进行社会控制的思想，是和墨家思想十分接近的。所以，我们很难说葛洪的金丹道教没有受到墨家思想的影响。

四、理想中的神仙社会

葛洪曾论证了人修炼成神仙的可能性，并且以指引成仙的门径来诱惑人们，使人们感觉到成神仙是可望的，但并不知道是不可即的。他唯恐人们识破他的天机，所以要搬出“天命”、“星宿”来保驾，说人的贵贱、贫富、寿命长短及是否能成仙，都是先天注定了的，常人无法预先知道。②

葛洪认为，人间世界是受控于星宿世界的，人的命运都是在受孕结胎之日就注定了的，受到上天各值班星宿的控制，适逢圣宿当值，出生后就可以成为圣人；适逢贤宿当值，出生后就可以成为贤人。以此类推，文臣武将、富贵贫贱、寿星仙人都是这样诞生的，因此人间社会的贫富贵贱都是由上天决定的。其实，在我们看来，这也说明了上天的世界也是有贫富贵贱的，神仙并不是任何人都能修成的。

俗世是对上天的复制，上天的星宿世界是有等级的，神仙世界也是有等级的。他说，在神仙世界中有一位“大神仙”，他统率众仙，号称“元君”，能调和阴阳，役使鬼神风雨，驾驭九龙十二白虎。在元君之下，众神仙依次分为天仙、地仙、尸解仙。天仙能飞升上天，在天宫中生活；地仙则游于名山，栖集昆仑；尸解仙只能在死后蜕化成仙，长生人间。关于人变形成仙或蜕化的观点，与农业社会中先民对昆虫的观察有重要的关系。蝴蝶、蚕等经历种种变态后化为飞蛾的过程，使这个丝绸之国的人们深受启发，使成仙上天或死后成仙成为汉以后社会的重要信仰。

神仙世界虽有等级，但它仍是一个在物质生活方面优于人间世界的天堂，成仙的人在这里能过上人间世界上层贵族式的生活。如葛洪所说，“果能登虚蹑景，云舆霓盖，餐朝霞之沆瀣，吸玄黄之醇精，饮则玉醴金浆，食则翠芝朱英，居则瑶堂瑰室，行则逍遥太清。……位可以不求而自致，膳可以咀茹华璃，势可以总摄罗酆，威可以叱咤梁柱”，无论是想升天，还是想居地，都能“各从其所好”③。这个世界的成员，饮食无比高级华贵，所居无比富丽堂皇，所行无比逍遥自得，而且位、膳、势、威又都能随心所欲。这些神仙贵族们在这个神仙社会中能够永远无忧无虑，并各从其所好

---

① 以上均见《抱朴子·内篇·微旨》。

② 《抱朴子·内篇·塞难》：“命之修短，实由所值，受气结胎，各有星宿。……命属生星，则其人必好仙道，好仙道者，求之亦必得也。命属死星，则其人亦不信仙道。不信仙道，则亦不自修其事也。”

③ 《抱朴子·内篇·对俗》。

地生活。

葛洪对神仙社会的美好幻想，只不过是对人间社会封建贵族奢侈生活的写照，但人间社会的这种贵族生活是时常在恐惧之中维持的。因而，他向往着一个能在没有外来威胁的无忧无虑中过奢侈生活的社会。这就是葛洪所构想的神仙世界模式的阶级本质。

五、社会进化论

在葛洪的社会思想中，最值得珍视的是他的社会进化思想。葛洪认为，人类社会是不断发展变迁的，古不如今，今胜于古。他说："古者事事醇素，今者莫不雕饰，时移世改，理自然也。"① 那些俗士们大都说现在的山不如古时高，现在的海不如古时广阔，现在的太阳不如古时热，现在的月亮不如古时明朗，他们甚至会认为现在的才士不如古者了！其实，对于过去的事情，他们也只是听说，根本没有见到。道听途说，不足为信。况且这种"重所闻，轻所见"的思想言论，混淆视听，制造社会舆论的混乱，有识之士应该予以反对。

他认为，古代不如现代文明和进步。古代是一个物质基础十分贫乏的时代，人类没有发明种种建造技术，没有房屋可住，没有舟船车马可用，没有医疗技术，死亡率很高，死后也不知道殡葬。人们推崇远古时社会秩序安定，人与人关系和谐，并不是因为当时的人们都能"知而不为，欲而忍之"，而是由于当时人们都还处于蒙昧状态之中，民智未开，民风淳朴。其实他们的生活是很可怜的，境遇同禽兽差不多，茹毛饮血，以兽皮做衣服，在家庭中没有长幼尊卑，在社区中没有等级秩序，不如魏晋时期人们居住有屋，食有粳粱美酒，衣有黼黻纨绔，设立政府进行很好的管理，使社会秩序井然。幸好后来出现了贤能之辈（上圣），怜惜人类生活的简陋，发明种种生产、生活技术，教导人们建筑房屋，制礼作乐，人类才建立起等级差别和社会规范，过上了很有秩序的生活。葛洪认为，这是社会文明的进化，是无可非议的。现在社会出现的一系列社会问题，并不是社会进化、变迁的罪过，比如现存的赋敛、力役太重，百姓的饥寒问题、越轨问题等，完全是因为社会上层的贪婪无耻、奢侈浪费造成的，不能因此而否定等级制度，否定一切社会规范，也不能因为出现了几个桀纣一样的暴虐君主而主张不要君主。从葛洪的这种思想倾向可以观察到，在中古社会的士大夫阶层，存在着严格的等级秩序情结。正是基于这种思想，葛洪在《抱朴子·外篇》中用了很多笔墨，讲"君道"，讲"臣节"，讲"良规"，讲"贵贤"、"任能"、"选才"，讲"守脊"、"安贫"、"知止"，就在于矫正那些不利于现实社会秩序安定的因素，在相信社会进化的同时，保证贵族和门阀地主的既得利益不受重大损失。

应当肯定，葛洪的社会进化思想本身是可取的。但他最终所要论证的是：时代不同了，当时的社会是最好的，等级制度和社会规范是最文明的。他对现行社会问题缺乏批判精神，并对底层民众的生活缺乏关怀。这显然是由其阶级立场决定的。

---

①《抱朴子·外篇·钧世》。

六、鲍敬言对葛洪思想的反击

鲍敬言的生卒年及生平事迹已不可考，但据葛洪《抱朴子·诘鲍》篇所载可以断定，鲍敬言与葛洪是同时之人。葛洪记曰："鲍生贵上古无君之论，余既驳之矣。后所答余文，多不能尽载，余稍条其论，而牒诘之云。"① 从"后所答余文，多不能尽载"一句，可以说明三个问题：其一，君主的存废问题是社会争论的重要问题，葛洪与鲍敬言进行了多次笔墨论战。其二，既然二人进行论战，足证他们是同时代之人。其三，鲍敬言属于道家思想的继承发展者，与葛洪作为内道外儒官方道教的继承发展者的价值取向存在严重分歧与冲突。

（一）论社会问题的产生根源

从《诘鲍》篇中的引述可知，鲍敬言的思想倾向与葛洪背道而驰。葛洪在他所处的阶级统治风雨飘摇的时代，一方面幻想着一个神仙世界，一方面又极力地维护本阶级在人间社会的利益，维护门阀地主主导下的君主制度。而鲍敬言则是看到现实社会生灵涂炭，社会问题丛生，并把这些问题的产生根源归结到君主身上，因而对君主、权奸进行了激烈的抨击，在一定程度上反映了当时劳动人民的愿望和要求。

社会统治阶级为了维系现存的社会结构体系，总要把君臣等级的不平等归于"天"的意志。鲍敬言指出，这些不过是一派胡言，天地自然界是没有尊卑之分的。他从阴阳学说出发，认为天地之间万物都是阴阳之气模铸的产物，众生平等，根本没有高低贵贱之分。由自然界中万物的天然平等，他进而得出了人类社会的天然平等的结论，得出了君臣不分尊卑的社会平等思想。

鲍敬言又说，人们互相杀伐的社会冲突问题，不是由人们的本来性情决定的。现实社会中尔虞我诈，互相倾轧争夺，人民流离失所，衣食无保证等重大社会问题，其最根本原因是君主的存在。君主的产生既不像儒者所论的那么冠冕堂皇，是什么上天可怜百姓受苦，便立一个君主来领导、指引他们（"天生蒸民而树之君"）；人类社会的变迁，社会组织和等级关系的出现等，也与上天没有关系。君主制度的产生，君臣关系、尊卑关系的出现，不过是对以强凌弱、以智诈愚这种社会丑恶现象的制度化。人压迫人，人奴役人，是由于人类社会产生了强者、智者。他们欺侮别人，于是许多愚者、弱者就变成了被压迫、被奴役的对象。人类有了分工，阶级社会于是形成，社会等级结构体系、君臣之道也就都出现了。所以，鲍敬言认为，君主的产生并不是光彩的，而是社会失调的产物。同时，君主产生之后，给社会带来的是更加严重的社会问题和秩序失调。其理由主要有四：

第一，有了君主，人民的生活更加贫困。有君主就有了官僚体系的出现，他们利用国家机器从民间抽取社会财富以供自己享用，使得平民百姓的生活更加困难。不仅如此，君主社会也出现了庞大的统治阶级，他们衣食住行都很华丽奢侈，这些都是从

---

① 《抱朴子·外篇·诘鲍》。

人民身上榨取的。同时，这些人奢淫无度，奴役女性，也造成了社会上男女比例失调，平民的婚姻更加困难。

第二，有了君主，社会越轨行为越来越多。鲍敬言论证这个问题说：富人贵族在民间敛财，政府管理坐享供奉，国家养军队，都加剧了人民在赋税、徭役等方面的负担，使本来拮据的生活雪上加霜。人民饥寒交迫，无法活命，连最基本的生存条件都无法得到满足，只好违法犯禁，逾越社会规范来谋取自身的生存。在社会问题出现之后，统治阶层仍然不管不问，既不关心民间疾苦，也不停止剥削与压榨，社会秩序也就只能越来越混乱，最终造成剧烈的社会动荡。

第三，有了君主，社会秩序越来越乱，就又出现了社会控制，但社会控制的结果是加剧了社会的混乱。君主为了确保自己的利益，就以厚爵重禄来笼络人才，以高墙深池来防范犯罪，但结果只能是俸禄越厚人民的负担越重，也就越匮乏；城墙越厚，人民的劳役越多，攻城的方法也越巧妙，真是恶性循环，弄巧成拙，越搞越坏了。

为了控制社会，君主还要用礼制和刑罚的手段来控制人民，这和以手掌来阻挡激流，以细土来堵塞滔天巨浪没有什么两样，也同样无济于事。而且，越是使用法禁控制社会，越容易被猾吏奸人所利用，从而使既有社会问题更加复杂化。社会上各种关卡检查是为了防止走私犯罪，但正给了奸猾的官吏违法自肥的机会；度量衡是用来检查黑心商人的，也让他们有了继续欺骗的道具；设置大臣本来是帮助君主来处理危机的，但奸臣却盼望危机给他们提供篡权的机会；军队本来是用来维护治安的，却有人用来发起叛乱。社会问题和罪恶是阶级社会的结构体系的产物，自己制作刑罚制度来裁判自己酿成的问题和罪恶，不仅问题不能解决，罪恶不得制裁，这些刑罚制度反而会成为进一步残害人民的工具。

第四，有了君主，就出现了战争。统治者都拼命准备战争，但如果没有君主，没有人对人的欺压，就不会有战争。战争是十分残酷的，“僵尸则动以万计，流血则漂橹丹野”。而无道之君，无世不有，如逢遇这样的君主“肆意虐乱”，就更会使“忠良见害于内，黎民暴骨于外”了！所以，鲍敬言认为，君主的存在是人类自然社会生活的一大祸害，只要有君主存在，社会中的罪恶和混乱就会越来越严重，社会正常秩序就无法得以恢复，这也就是鲍敬言的无君论。

鲍敬言敢于大胆地指陈社会问题和罪恶，抨击君主制度，是值得称道的，但他的无君论是一种社会空想。无君之论在清谈家阮籍那里就已发其端绪[①]，鲍敬言的无君论，是对庄周，特别是对阮籍、嵇康愤世嫉俗思想的合理发展，因而在其理论体系的完整方面也已达到了前所未有的高度。

（二）理想社会模式

当人们还不可能揭示古代社会制度所造成的重大社会问题和冲突的真正原因是阶级剥削压迫的时候，就往往把暴君和酷吏看作一切社会问题产生的最终原因。当人们

---

① 参见阮籍《大人先生传》：“盖无君而庶物定，无臣而万事理。”

还不可能看到摆脱这一现实社会制度的出路的时候，他们的理想就不能不具有空想的性质。鲍敬言构想的理想社会就是如此。

鲍敬言抨击了现实的社会制度，并主张消灭君主制度，在当时的历史条件下，已经达到了“异端”的程度。他不可能再前进一步，构想出一个新的社会形态，而只能是把理想社会依托于空想出来的渺茫的太古时代。①

分析鲍敬言的理想社会构想，可以发现它具有这样几个特点：

第一，这个社会没有统治者，即所谓“无君无臣”。

第二，这个社会没有封建的徭役和赋税，即所谓“身无在公之役，家无输调之费”，“安得聚敛以夺民之财”。

第三，这个社会是一个社会交往很少的封闭型社会，没有交通工具，川谷不通，士众不聚，因此也就没有兼并和攻伐等激烈的社会冲突。

第四，这个社会的人与人之间，人与自然界之间的关系十分和谐，社会生活十分宁静，凤鸾都在庭宇中栖息，龙和鳞都在园池里游玩，毒蛇饥虎并不伤人，涉泽而鸥鸟不飞，入林而狐兔不惊。“万物玄同，相望于道”而“祸乱不作”。

第五，这个社会的人们都没有社会价值观念，即所谓“不竞不营，无荣无辱”，“纯白在胸，机心不动”，“势利不萌”。

第六，这个社会没有社会控制的工具，没有城池之设，没有军备和战争，也没有刑罚制约人们的行为。

第七，这个社会人人都从事劳动，有地可种，过着逍遥自得，幸福安乐的生活。所谓“穿井而饮，耕田而食，日出而作，日入而息，泛然不系，恢尔自得”，“安土乐业，顺天分地。内足衣食之用，外无势利之争”，“疫疠不流，民获考终”。

应当指出，鲍敬言的理想社会模式与老、庄的理想社会不尽相同，他综合了老子和庄子的理想社会，并补入了一些时代的特色。像“顺天分地”、“耕田而食”等思想，都不见于老庄的理想社会。因此，鲍敬言理想中的“无君无臣”还不能理解为消灭阶级，没有赋税徭役，没有社会控制手段；还不能理解为没有任何社会组织，没有城池军备，没有兼并攻伐；还不能理解为没有社会群体和国家；人人劳动也不能理解为没有劳动的社会分工。他所向往的理想社会不过是代表了中古社会的劳动人民对阶级压迫和剥削的反抗。他并不是一个真正要拉社会退回原始社会去的复古主义者，而是在看到当时社会暴君、猾吏的存在给劳动人民带来更大的苦难，而又找不到解决问题的理想方案的情况下，采取了回避问题的态度，才向往“无君”社会的，只是在“以为古者无君”的意义上认为古代“胜于今世的”。

鲍敬言的理想社会是一种乌托邦社会，它是那个时代劳动人民的一种空想，是劳

---

① 《抱朴子·外篇·诘鲍》：“曩古之世，无君无臣，穿井而饮，耕田而食，日出而作，日入而息，泛然不系，恢尔自得，不竞不营，无荣无辱。山无蹊径，泽无舟梁。川谷不通，则不相并兼；士众不聚，则不相攻伐。是高巢不探，深渊不漉，凤鸾栖息于庭宇，龙麟游于园池，饥虎可履，虫蛇可执，涉泽而鸥鸟不飞，入林而狐兔不惊。势利不萌，祸乱不作，干戈不用，城池不设，万物玄同，相望于道。疫疠不流，民获考终。纯白在胸，机心不动，含餔而熙，鼓腹而游，其言不华，其行不饰。安得聚敛以夺民财？安得严刑以为坑阱？”又说：“夫身无在公之役，家无输调之费，安土乐业，顺天分地。内足衣食之用，外无势利之争。”

动人民对现实苦难社会的抗议。

本章要点

1.《太平经》是中国道教史上的一部重要著作，这部书的全部思想内容很庞杂，其中大部分篇幅宣扬有神论、宗教唯心论和封建社会统治阶级思想，但其中一些篇章也反映了当时的进步思想。

2.《太平经》认为人类的生存有“两大急”和“一小急”。即衣、食、男女是人类社会赖以存在和发展的基础，有了这些，才能有人类社会的一切。这种思想在当时统治阶级穷奢极欲而不问人民死活的社会历史条件下，反映了劳动人民争取基本生存权利的合理要求。

3.《太平经》认为，凡是人类社会中的一员，都有平等的生存权利。首先是男女要平等，其次是整个社会成员之间的平等。《太平经》实际上是在主张一种社会的平等，但这种社会平等还没有冲破封建等级制度。

4.《太平经》认为，社会财富属于社会各个成员所共有。那些“积财亿万，不肯救穷周急，使人饥寒而死”的豪强地主都是社会的罪人。《太平经》对于豪强地主的剥削掠夺和财产私有制度是深恶痛绝的。

5.《太平经》不仅要求人人从事劳动，而且将不是靠自食其力而生存的人视为应当处以极刑的罪犯，这同样表现了农民要求取消剥削压迫的强烈愿望。从根本上讲，这也是一种社会平等思想。

6.《太平经》中所描述的社会是一个人人平等、财产公有，人们都各尽所能、自食其力，人与人关系和谐、互助互爱，人们有崇高的道德，而没有强力控制的理想社会。它是一种乌托邦思想，但是它却代表了当时广大农民群众的理想，是鼓舞农民奋起反抗封建统治阶级的思想纲领。

7. 葛洪的道教思想是道教流派中的金丹派，其目的在于求长生，成神仙。他是金丹道教的重要创始人。他的思想模式具有出则为仕宦贵族、入则为神仙贵族的“出处两得”的特点。葛洪的思想模式对后世影响很大。

8. 葛洪金丹道教的主要目的是长生和成仙。他认为，长生和成仙不仅是人们所向往的，而且是可以做到的。但要达到目的，必须按他所设计的内修、外养、行善的方案去做，他把那种修仙得道，长生不死的宗教迷信与儒家的纲常名教结合起来，把遵守儒家设计的社会规范也作为长生和求仙的必要前提条件之一。葛洪思想的特点是内道外儒，最终目的在于按地主阶级的利益和设想协调社会关系，整合社会秩序。

9. 葛洪对神仙社会的美好幻想，是对人间社会封建贵族的奢侈生活的写照，但人间社会的这种贵族生活是时常在恐惧之中维持的。因而，他向往着一个能在没有外来威胁的无忧无虑中过奢侈生活的社会。这就是葛洪所构想的神仙世界模式的阶级本质。

10. 葛洪的社会思想中最值得珍视的是他的社会进化思想。葛洪认为，人类社会是不断发展、变迁的，古不如今，今胜于古。葛洪的社会进化思想本身是可取的。但他最终所要论证的是：现实社会是最好的，封建等级制度和社会规范是最文明的，对现行社会问题缺乏批判精神，并对底层民众的生活缺乏关怀，这显然是由其阶级立场决定的。

11. 鲍敬言认为，君主是社会失调的产物，社会问题加剧的根本原因是君主的存在，所以人君的存在是人类自然社会生活的一大祸害。只要有人君存在，罪恶和问题就会越来越严重，社会正常秩序就无法得以恢复，这也就是鲍敬言的无君论。鲍敬言敢于大胆地指陈社会问题和罪恶，抨击君主制度，是值得我们称道的，但他的无君论是一种社会空想。

12. 鲍敬言构想了一个“无君无臣”的理想社会。他的理想社会模式与老、庄的理想社会不尽相同，而是综合了老子和庄子的理想社会并补入了一些时代的特色。鲍敬言的理想社会是一种乌托邦社会，一方面它是封建社会劳动人民的一种空想，另一方面又是劳动人民对现实的苦难社会的抗议。

复习思考题

1.《太平经》关于人类生存基础的思想是什么？
2.《太平经》中社会平等思想的社会生活基础是什么？
3.《太平经》中财产公有思想的特点是什么？
4. 试评《太平经》中的社会理想。
5. 葛洪游仙避世思想的实质是什么？
6. 试评葛洪的社会控制思想。
7. 葛洪的神仙社会的阶级性是什么？
8. 葛洪的社会进化思想的基本内容是什么？
9. 鲍敬言提出“无君”论的理由是什么？
10. 鲍敬言的社会理想有什么新贡献？
11. 试比较葛洪、鲍敬言的社会理想。

推荐阅读书目

1. 王明：《太平经合校》，北京，中华书局，1960。
2. 卿希泰：《中国道教思想史纲》，第1卷，成都，四川人民出版社，1980。
3. 黄钊主编：《道家思想史纲》，长沙，湖南师范大学出版社，1991。
4. 刘泽华：《中国政治思想史》（秦汉魏晋南北朝卷），第九章、第十一章，杭州，浙江人民出版社，1996。
5. 沈善洪、王凤贤：《中国伦理学说史》（上），第二十一章、第二十八章，杭州，浙江人民出版社，1985。
6.（汉）葛洪：《抱朴子》，上海，上海古籍出版社，1990。
7. 张承汉：《中国社会思想史》，第四篇第二章第一节，台北，三民书局，1992。
8. 陈定闳：《中国社会思想史》，第十九章，北京，北京大学出版社，1990。
9. 萧公权：《中国政治思想史》（上），第十一章，台北，台湾联经出版事业公司，1982。
10. 杨懋春：《中国社会思想史》，第九章，台北，幼狮文化事业公司，1986。

第十三章

魏晋玄学家的社会思想

魏晋南北朝从曹丕代汉到隋灭陈重新统一全国共369年，是中国古代一个有着重大变化的时期，整个社会的政治、经济、文化都处于激烈的动荡之中，有反复的破坏与重建，也有频繁的融合与创新。在学术思想上，它打破了两汉时期儒术独尊的社会价值观格局。就这个时期的社会思想而言，儒家思想虽仍处于主导地位，但已受到其他学派的严重挑战。道教社会思想已走向成熟，汉代传入的佛教也走上中国化，并日臻成熟，老庄道家思想、黄老思想、法家思想也均有所发展，特别是玄学社会思想，兴于此时期、盛于此时期、衰于此时期，并成为这一时期儒家社会价值观的直接批判者。

第一节 玄学的产生

汉代的今文经学到东汉时期，越来越被复杂的谶纬迷信所充斥。又由于汉代采取通经致仕的制度，使经师章句之学得到空前的发展，这就使得作为思想统治工具的今文经学日益荒诞，日益烦琐，于是也就逐渐失去了其控制人民思想的功能而走向衰落。

另外，东汉时期采用征辟、察举的制度选拔人才，选拔的标准主要是依据乡闾宗党对这个人的评价，即用社会舆论——清议鉴别一个人的臧否。清议的主要着眼点是看这个人对儒家经典的研究深度，以及他的道德行为、生活作风等。也就是说，清议是以儒家所设计的等级、名分和礼教等社会规范，即所谓“名教”的是非标准为依据的。黄巾起义失败后，接着是各牧守之间的混战。当时出任牧守的，大都是一些“名士”，他们都善于品评人物。这时的清谈不过是清议的别称，此后虽有些清谈的内容已从名教中脱离出来，但作为清谈的主流还是为名教服务的。由于清谈者尚有风云之志，欲立功名，图复汉室，言论往往与统治者意愿相左，以至于“魏晋之际，天下多故，名士少有全者”[①]，为曹魏、司马政权所消灭。为了避祸，一些名士不敢直接评

---

① 《晋书·阮籍传》。

论世事，代之而起的就是“言及高远，而未尝评论时事，臧否人物”[1] 的清谈玄学了。

东汉末年的社会动荡，三国两晋南北朝时期的政治分裂，使儒学特别是儒家经学丧失了“独尊”的社会条件，儒学能否适应新的社会现实，如何在新的社会条件下存在与发展，已成为当时儒学以及整个思想界面临的新问题。儒学难以独尊，从而出现了思想活跃，百家会通的局面。在这种社会背景之下，道家思想的地位明显提高，佛教思想也在中国得到了较快的发展。

道家社会思想的复兴，最初是以“援道入儒”、儒道融合的形式出现的。这就是何晏与王弼的“正始玄学”。他们把《周易》、《老子》、《庄子》结合起来，并称为“三玄”，以孔子与老子同为“圣人”，当时号称儒道兼综。在儒学独尊还有一定余威的现实社会环境中，这显然是有利于道家思想传播与发展的。何、王以“无为”为基本观点，实质上就是倡导老庄的道家学说，他们所以要拉上儒家的旗帜，目的仅在于减少前进中的障碍。到稍后的阮籍、嵇康时期，则公开打起老庄的旗帜，向儒家思想宣战了，再到向秀、郭向时期，则更进而以注疏《庄子》为其思想观点的表达方式了。这就是所谓魏晋玄学。

玄学既然作为具有特定内涵的思想体系而与儒学对称，自有其不同于儒学的自身特点，这就是以“道”为思想核心，以“贵无”为主导倾向，将《老子》、《庄子》、《周易》熔于一炉，用以设计人生范式，表达社会思想。

第二节
何晏、王弼的社会思想

玄学思想在曹魏废明帝齐王曹芳统治的年代发展很快，这一时期玄学家的代表人物就是何晏与王弼。

何晏（约 190—249 年），字叔平，南阳宛（今河南南阳）人，是汉外戚大将军何进的孙子。何进谋诛宦官，事泄，何氏全家被杀，何晏可能是何进之子的遗腹子，所以才得以活了下来。后来曹操纳何晏之母尹氏为妾，何晏也随母少长宫中，并娶曹操的女儿为妻，封列侯。正始中，曹爽秉政，何晏深受信任。他恣情酒色，服药食补；侈谈老庄，以才辩清言显名贵戚，“当时权势，天下谈士，多宗尚之”[2]。公元 249 年，司马氏夺魏政，杀曹爽，何晏也同时被夷三族。

王弼（226—249 年），字辅嗣，魏国山阳（今河南焦作）人，有年仅 24 岁。“当何晏风徽鼎盛之时，有不世之天才王弼出，始树立清谈之宗风，开玄学本体论之端

---

① 《世说新语·德行篇》引注《魏氏春秋》。

② 《世说新语·文学篇》引注《文章叙录》。

绪，合儒道第一义而为形之上学”[①]，“由生生化化之宇宙观，而至于处世接物之人生哲学，治国平天下之政治理论，皆为此体用一如之大机大用一以贯之，实中国文化上一种至高无上之境界，广大精微，圆融无间，诚伟观哉”[②]。他是汉末党锢八骏之一王畅的玄孙，清流自由之士王粲的侄子，因此这个早熟的思想家，其学虽谓创新，实承家学，复遭际时会，秉天纵之才，集时代之大成。由于他的思想学说深得何晏赏识，遂被并称为“何王”。

何晏、王弼从哲学高度提出了“贵无”的理论，他们断言所有时间上、空间上有限的现象，以及任何可以名状的东西，一切运动、变化、差别，是由一个无限、不可名状、不动不变和无分别的而被称为“无”的原则所创造、证明和支撑的。抽象地说，就是无生有，无形生有形，“天地万物以无为本”[③]。在这种理论指导下，他们在社会思想方面提出了“无为而治”的社会治理方案。对于现实社会生活，只要“顺自然而行，不造不始”，无所作为，社会就能自然治理，谁欲有所作为，必然会适得其反。这个思想源于老子的“为者败之，执者失之”[④]，王弼注解为“万物以自然为性，故可因而不可为也，可通而不可执也。物有常性，而造为之，故必败之；物有往来，而执之，故必失矣”。本句中的“因”字意为顺应，王弼深于发挥庄子书中“因”字的意义，提倡顺应民心，反对以少数人的旨意决定全体人民的行为。

何晏、王弼认为，要使社会恢复生机，转趋平安，只能是“因物自然，不设不施”[⑤]。这是因为“自然之质，各完其分。短者不为不足，长者不为有余。损益将何加焉？非道之常，故必与时偕行也”[⑥]。长与短都是自然决定的，因此短者并不会感到短，而长者也不会感到长，人为地加以损益，调解长短之差别，是毫无意义的，“损益盈虚”是不合自然的，人类社会生活也是如此。他强调自然、社会都是轻松自适的，并以鸟雀能自然地找到配偶，寒地之人知道以兽皮御寒为例[⑦]，说明“无为而治”。但是，他们没有看到，鸟儿能自然成对，而饥寒交迫的人民虽然渴望衣食，却未必能得到衣食。其所谓“自然而足，益之则忧”，不过是不愁衣食、穷奢极欲的堕落的统治阶级及冬烘夫子的玄谈而已。按照现代社会原理，政府确应使人民能各自为治，各自经营，但是那种忽视制度建设，“不设不施”的观点，显然不符合社会发展的要求，也不可能达到天下大治的目的。

由于忽视制度建设，他们认为，要使社会秩序安定，君主就应拱默无为，而用严刑峻法控制社会是没有好处的。王弼认为君主明察是非，对社会是最大的祸害，君主如果使用智，就会有人和你斗智，如果君主用力，就会有人和你争夺，而君主的智和力都不胜别人一筹，结果只能是自穷自危。君主没有办法使别人不用他们的智和力与

① 贺昌群：《魏晋清谈思想初论》，38 页，沈阳，辽宁教育出版社，1998。

② 同上书，52 页。

③ 《论语集解·述而》“志于道”章注。

④ 《老子》二十九章。

⑤ 王弼《老子》二十七章注。

⑥ 王弼《周易注》，《易损》“损益盈虚，与时偕行”注。

⑦ 王弼《老子》二十章“绝学无忧”注：“夫燕雀有匹，鸠鸽有仇；寒乡之民，必知旃裘，自然已足，益之则忧。故续凫之足，何异截鹤之胫？”

自己角逐，就等于一人与千人万人争斗；如果君主采用严刑峻法等强硬的社会控制手段，那就破坏了万物的自然之性，结果只能是百姓手足无措，整个社会呈现一片混乱状态。[①] 这是一种以虚为主或反实于虚的社会思想，试图以否定是非，否定智能达到消弭社会冲突而维持现状的目的。

在此基础上，王弼又设计了一个理想的圣人治理社会的方案。他说：

> 圣人之于天下，歙歙焉心无所主也；为天下浑心焉，意无所适莫也。无所察焉，百姓何避？无所求焉，百姓何应？无避无应，则莫不用其情矣。人无为舍其所能而为其所不能，舍其所长而为其所短。如此，则言者言其所知，行者行其所能，百姓各皆注其耳目焉，吾皆孩之而已！[②]

这段话的大意是，社会治理者昏昏然无是非之心，无所察、无所求，百姓也就无所避、无所应，而能用其情、任其自然了。君亦愚，民亦愚，社会也就没有纷争可言了。从表面上看，这些说教与老子的无为而治十分相似，但我们必须注意到以下几点：

第一，他们所处的时代，正是需要有所为而后能治的时代，其大讲无为而治，本身就是消极的。这和西汉初年统治者崇尚“黄老之术”主张“无为而治”是不同的。西汉初年，是农民起义失败后建立的统一王朝，统治者主张无为而治，意在与民休息，防止苛政扰民，发展社会生产力，以稳定社会秩序，巩固统治基础；而何、王所处的时代，是农民大起义后分裂割据、门阀士族势力膨胀，统治阶级内部进行着激烈的权利争夺的时代。他们在这个举世汹汹，充满着天灾人祸的大动乱的社会里，提倡无为而治，其社会效果必然是越无为而越混乱。

第二，何晏从政治上属于曹爽一党，正始时曹芳做皇帝，而实际政权操纵在曹爽等人之手。在这种政治背景下，何晏、王弼提出无为而治的社会治理方案，其实际意义就在于使皇帝无所作为，而大臣得以专权。[③] 后来在东晋偏安江南，大臣专政，皇帝如同虚设的时期，何、王所提出的思想又特别被当时贵族所欣赏和提倡，也足以说明其社会治理理论的欺骗性。清初爱国思想家顾炎武痛骂何晏、王弼所提倡的无为学风是“视其主之颠危，若路人然”[④]，不是没有根据的。

第三，何晏、王弼的“无为而治”的另一个目的是在于愚民，并为贵族的放荡生活制造理论依据。他们主张任其自然，长者自长，短者自短，“自然已足，益之则忧”，就意味着贫者自贫，富者自富，使人民处于“皆注其耳目”的愚昧状态而不予过问，自己则纵欲妄为。如何晏本人就很放荡，他在当政时曾强占洛阳官田为私

---

① 王弼《老子》四十九章注：“甚矣，害之大也，莫大于用其明矣！夫在智，则人与之讼，在力，则人与之争。智不出于人而立乎讼地，则穷矣；力不出于人而立乎争地，则危矣。……未有能使人无用其智力乎己者也。如此，则己以一敌人，而人以千万敌己也。若乃多其法网，烦其刑罚，塞其径路，攻其幽宅，则万物失其自然，百姓丧其手足，鸟乱于上，鱼乱于下。”

② 王弼《老子》四十九章注。

③ 参见汤用彤、任继离：《魏晋玄学中的政治思想略论》，19页，上海，上海人民出版社。

④ 顾炎武：《日知录》卷十三“正始”条。

产[①]，平时“好服妇人之服”[②]，又“耽好酒色”，服用带有毒性的刺激性补药五石散[③]。

可见，何晏、王弼的社会治理方案是站在豪强贵族的立场上为其阶级服务的。

第三节 阮籍的社会思想

阮籍（210—263年），字嗣宗，陈留（今属河南）人，曾做过晋朝的从事中郎、步兵校尉等官。《晋书·阮籍传》说他在学术上“博览群书”而又“尤好老庄”，在行为上“傲然任性”，而又“喜怒不形于色”。他不满意司马氏集团的统治，但又态度谨慎，从而在激烈的政治斗争中得以保全自身。他的著作有《阮嗣宗集》[④]。

玄学清谈之风到阮籍、嵇康时发展到鼎盛时期，而阮籍、嵇康堪称这一时期的代表。阮籍、嵇康是当时有名的“竹林七贤”中的主要人物。他们和山涛、向秀、刘伶、王戎、阮咸（阮籍之侄）七人，在河内（即今黄河以北、河南界内地区）“常集于竹林之下，肆意酣畅”，故世谓“竹林七贤”[⑤]，因而就形成了一种任达放诞的风气。以竹林七贤为代表的这种避世放诞的行为蔚然成为一种风气，反映出一种不与当政的司马氏合作的态度。而其中在当时社会中的影响最大的，当属阮籍与将在本章第四节介绍的嵇康。

一、对现实社会生活的批评

阮籍认为，当时的社会生活秩序严重失调，人与人的关系及社会价值取向都存在着严重问题。他曾概括当时的社会状况是，社会风气败坏，口蜜腹剑，人心难测，贪财好货，诈伪邀名，上下欺瞒，恃强凌弱，众情惶惶，各不自安[⑥]。他在《乐论》中又指出，本来乐是有调协社会心理、整合社会关系之功能的，但在现在的“衰末”之世的乐却是“各求其好，恣意所存”了。“闾里之声竞高，永巷之音争先。童儿相聚以咏富贵；刍牧负戴以歌贱贫。君臣之职未废，而一人怀万心也。”社会上已丧失了较为一致的社会价值观念和价值标准，结果是或竞高，或争先，或咏富贵，或歌贱

---

① 参见《三国志·魏志》卷九，“曹爽传”。

② 《晋书》卷二十五，“五行志”。

③ 巢元方：《治病源候论》卷六，见《世说新语·言语》注引《寒石散论》。

④ 上海古籍出版社1978年校点本改名为《阮籍集》。

⑤ 《世说新语·任诞》。

⑥ 阮籍：《大人先生传》：“造音以乱声，作色以诡行，外易其貌，内隐其情，怀欲以求多，诈伪以要名。君立而虐兴，臣设而贼生。坐制礼法，束缚下民，欺愚诳拙，藏智自神；强者睽而凌暴，弱者憔悴而事人；假廉而成贪，内险而外仁；罪至不悔过，幸遇则自矜。驰此以奏除，故循滞而不振。”

贫，旧有的社会结构体系虽然还存在，但已经是“人怀万心”了。

因此，社会中的人际关系也呈现出纷乱的局面。人们都以自我欲望的满足为最终目的，“恶彼而好我，自是而非人”①，甚至为此互相破坏，互相残杀。这是一个悲剧性的社会，人与人之间尔虞我诈，欺愚诳拙，强者睽而凌暴，弱者憔而事人。阮籍批评这种状况是“上下相残”，并指出这种“竭天地万物之至，以奉声色无穷之欲”的行为，“非所以养百姓也”，不是为社会的大多数成员着想的。正因如此，这些人惧怕人民知道他们的底细，试图以社会控制为手段，通过厚赏、重刑以达到欺瞒和控制人民的目的，可这样做的结果只能是“财匮而赏不供，刑尽而罚不行”，造成社会生活秩序更严重的失调，于是“亡国、戮君、溃败之祸”才不断发生②。

有鉴于此，阮籍进而批判儒家思想的名教“礼法”是“天下残贼、乱危、死亡之术”，而有些人却视之为“美行不易之道”，实在是可悲。那些世俗“君子”，表面上仁义道德，实际上是贪婪成性，阴毒苛刻，他们“出媚君上，入欺父兄，娇厉才智”，为了达到个人私欲的满足，无所不用其极，结果是“家以‘慧子’残，国以‘才臣’亡”。他们是破坏社会正常生活秩序的祸首！而且长此以往，必然使社会“循滞而不振”，无法恢复正常秩序。

与此同时，阮籍还对那些皓首穷经，在名教面前不敢越雷池一步的“君子”们进行了尖刻的批判。他说，这些“君子”的行为看似合于礼法，“服有常色，貌有常则，言有常度，行有常式……唯法是修，唯礼是克”，其实不过是苟且偷生之辈。他们好比是裤裆里的虱子，处于裤中，逃于深缝，藏于坏絮，自以为得到吉宅，行不敢离裤缝，动不敢出裤裆，饿了就咬人啮血，自以为饮食无忧，一旦引得裤子的主人无比厌烦，立即火烤炎烧，群虱死于裤中而不能出，落得个身死家灭的可悲下场。③ 从这个尖刻的比喻，足见阮籍对这些儒家冬烘夫子的藐视。

阮籍为什么一方面批评当时的社会正常秩序失调，人与人关系混乱，而又同时批判那些循规蹈矩的儒家“君子”们呢？这是因为在他看来，当时社会统治者所操持的儒家名教等规范本身就是不可取的，他理想中的社会正常秩序也不是当时社会统治者所要求和倡导的社会秩序。这里既包含着清谈派对儒家名教的评判，也包含着中下层地主对门阀士族之压制的不满。

二、社会治理思想及理想社会模式

在社会治理方面，儒家守王道之政，倡仁义，在于使人类社会止于至善，在政治层面最不现实。汉朝皇帝对这个问题看得很清楚，虽在社会价值观方面独尊儒术，但同时也强调社会控制应该采取王霸杂用的策略。汉魏间，有志于天下者皆以王霸之业自命，游说之士皆以此鼓动时君，《易》“刚柔交错而成文”的微言大义经王弼之注也

---

① 阮籍：《大人先生传》。

② 同上。

③ 同上。

浮沉低回于社会，这是阮籍所面对的社会思想。阮籍“本有济世志”，对于王霸之道早有研究。因此，他论及社会治理问题时，采王霸双修的观点，在强调刑罚的同时，依然强调礼乐教化的社会控制功能，主张综合运用刑、教、礼、乐的控制策略，以达到“尊卑有分，上下有等”，“人安其生”，社会秩序协调，社会安泰和平的目的。同时，他提倡权变思想，倡导“礼与变俱，乐与时化”①，根据实际需要变革社会调控机制与政策。他认为过去先王制礼乐，就是为了进行社会治理，使“百姓化其善，异俗服其德”，而五帝三王的礼乐内容都不尽相同，就是因为他们做到了应时而变。当百姓“安服淫乱之声，残害先王之正”，旧有礼乐规范丧失了应有的功能时，“后王”就必须根据现实社会的具体情况而“更作乐”，以“通其变，使民不倦”，重新恢复其功能。如果泥古不化，只知守其陈规，必然造成社会更加混乱，最终也只能自食其果。

面对现实社会存在的社会生活秩序失调，人与人关系紊乱，人们各为其私欲而不择手段的问题，最理想的社会治理方案是什么呢？阮籍认为，这就是自我精神上的超脱而任其自然。老子之学的核心在于一个“无”，超脱就是否定现实物欲的一面，肯定精神自由的一面。所以，阮籍追求竹林中朋友们闲适逍遥，情趣相投，不以物累，没有利害冲突的生活方式；追求以高尚的道德情操整合社群，精神上的超越清除人们的是非善恶观念，使人们消除门户之见、利益之争，达到“齐万物之去留，随六气之虚盈”的自由境界，从而使社会恢复其自然生活秩序和结构体系。

如果人们都能自我超脱，阮籍的理想社会模式也就得以实现了。他的理想社会大致可见于《大人先生传》。②

他的大意是，在这个精神自由、任性自然的社会，万物并作，生命繁荣；人类按照本性生存成长，没有不正常的夭折，也能平静地看待死亡，不必为了活命而孜孜以求；人与人之间各安其事，平等相待，单纯质朴，没有了利害得失之争，也就没有了好人坏人之分，更没有祸福思想；社会秩序井然，没有君臣等社会管理系统，社会就可以自行运作，使人人安适逍遥。生活在这样的社会里，人们要做的就是保身修性，不违自然之道而已。

综合相关资料，阮籍的理想社会可总结如下：

第一，这是一个“达于自然之分，通于治化之体”③，以自然为本，没有君臣等社会等级关系的社会，即所谓“无君而庶物定，无臣而万事理”。他认为这样不但可以使人们保身修性，而且只有这样，才能使社会生活秩序长期稳定。

第二，这个社会的人们在精神上是自我超脱的。他们的社会价值取向都摆脱了现实社会中的恩怨、上下、贵贱、贫富等束缚，所以都不避害、不争利，放之不失，收之不盈，福无所得，祸无所咎，就连自己的生死都不挂在心上，早死者不为夭折，晚

① 阮籍：《乐论》。

② 阮籍：《大人先生传》：“昔者天地开辟，万物并生，大者恬其性，细者静其形。阴藏其气，阳发其精。害无所避，利无所争。放之不失，收之不盈。亡不为夭，存不为寿。福无所得，祸无所咎。各从其命，以度相守，明者不以智胜，暗者不以愚败；弱者不以迫畏，强者不以力尽。盖无君而庶物定，无臣而万事理。保身修性，不违其纪，惟兹若然，故能长久。”

③ 阮籍：《通老论》。

死者不为高寿。但人们的心里还有一个“度”作为标准，这个“度”就是“自然”，即所谓人们都“各从其命，以度相守”。

第三，这个社会是一个平等的、人与人关系和谐的社会。虽然人们之间也有智力和体力的差别，但“明者不以智胜，暗者不以愚败。弱者不以迫畏，强者不以力尽”。只有保持这种平等关系，才有理想的社会生活秩序。要保持这种平等关系，必须有一个前提，那就是要杜绝贵贱、贫富、恩仇、奇声、淫色的刺激，而这个理想社会是具备这个前提条件的。他说：“夫无贵则贱者不怨，无富则贫者不争，各足于身而无所求也。恩泽无所归，则死败无所仇；奇声不作，则耳不易听；淫色不显，则目不改视。耳目不相易改，则无以乱其神矣。此先世之所至止也。”① 社会上没有富贵的刺激，贫贱者就没有争夺和怨恨；不知恩泽属于谁，也就没有仇人。这样，人们的精神也就不会发生惑乱，这样的社会秩序才是最理想的。

第四，这个社会是一个处于恬静状态的自然的社会，而且在这个社会里，人们的能力都能得到自然的发挥。即“万物并生，阴藏其气，阳发其精”。这种自然发展的结果，就是自然和谐的社会。

由此可见，阮籍的理想社会是以庄子的社会设计为蓝本的，《晋书》说阮籍“尤好老庄”是不无根据的。

第四节
嵇康的社会思想

嵇康（223—262 年），字叔夜，樵郡（今皖北）人。《晋书》有“嵇康传”，记载他有奇才，远迈不群，美词气，有风仪，人以为龙章凤姿，天质自然，钟会言于司马昭说：“嵇康，卧龙也，不可起，公无忧天下，顾以康为虑耳。”② 嵇康生活的时代，正是曹魏集团势力衰落，司马氏集团兴起的时代，嵇康“与魏宗室婚，拜中散大夫”③，在司马氏控制政权之后，他拒不为官，“竹林七贤”之一的山涛投靠司马氏，推荐嵇康为官，他因此与山涛绝交，钟会借机诬陷嵇康参与江南毋丘俭的谋反事件，嵇康于是遇害。这一方面固然是因为他和曹魏集团有姻缘关系，另一方面也在客观上反映了当时寒门庶族地主与司马氏为代表的门阀士族地主的矛盾和斗争，因而他为司马氏所不能容，最终被其借故置于死地。

一、欲望论与养生论

嵇康认为，人生在世第一可宝贵的就是人的自然生命，于是作《养生论》讨论这

① 阮籍：《大人先生传》。
② 《晋书》卷四十九本传。
③ 同上。

个问题。他说：人们如果能好自为之，保养自己的身体，“导养得理，以尽性命，上获千余岁，下可数百年”是有可能的，可惜社会上没有谁能精通养生之“理”，所以就都不能得到长寿。其原因何在呢？那是因为人们过分追求耳、目、声、色、食等欲望，迷失了本性，不仅损害身体健康，而且污染精神，遭受喜怒、思虑、哀乐的刺激和困扰，无聊、迷乱、抑郁、狂躁等征候反过来又影响到性命。一个蕞尔易竭的血肉之躯，同时应付各方面的困扰和损害，人的寿命怎么能得以永年呢？

由于欲望不能得到满足，人们就要贵智而尚动，绞尽脑汁，以争取在互动之中如愿以偿。志得意满就能益生而厚身吗？嵇康以为事实恰恰相反。正如《易》所言，“吉凶悔吝生乎动”，对个人而言，有社会行为必有相应的后果。失去理智的控制，受欲望支配，利欲熏心，结果只能给自身招灾惹祸。如果不知悔改，一意孤行，将危及个人甚至家人的生命，哪还有什么“厚生”可言？①

不过，嵇康并不是要人们根本无欲，而是要把欲望控制在有利于养生的范围之内。向子期针对嵇康的《养生论》作《难养生论》，提出饮食男女之欲是自然之理。嵇康答复说，对于食与色的生理要求，是人的自然本性，不能抹杀，关键是一定要“得理”。如何限制人们不合“理”的欲望呢？嵇康提出“收”和“纠”的办法。② 他把人们本能的欲望和冲动称为“性之动”，把有理智的谋取叫做“智之用”。两者的区别不仅在于一个是先天的、生理性的，一个是后天的、社会性的，而且也在于前者是简单而容易满足的，后者则是复杂而无法满足的。因此，对待性之动，可采用“纠之”的方法；而对待智之用，则需要采用“收之”的方法。“纠之”就是要杜绝外界社会的刺激和诱惑；“收之”则是从养生的长远目标出发，进行自我硬性的克制。

真正会养生的人，多奉老子的俭慈之说为圭臬。这样的人往往清虚静泰，少私寡欲，清楚名利之心劳神伤德，所以无意于求取功名利禄，出于精神上的自觉而非自律、强制。由于心无旁骛，没有外物累心，无忧无虑，故能养得一团和气。③ 然后，再加上灵芝与醴泉的补济，朝阳之气与五弦之音的调理，从而达到“无为自得，体妙心玄，忘欢而后乐足，遗生而后身存”，就可以与仙人羡门比寿，与仙人王乔争年了。言外之意，这样的人也就成为仙人了。故此，嵇康甚至进而认为世界上是确有神仙的。

嵇康认为人如果导养得理，就可以生存一千年或几百年，这显然并没有科学根据。他认为世上有神仙更是错误的。但他立论的目的旨在诱导人们从无止境的欲望和无休止的争夺中解脱出来，做一个超乎现实社会价值观念与社会规范而任其自然的人，其“养生论”之真正的社会意义也正表现在这里。

---

① 嵇康：《答难养生论》：“欲动则悔吝生，智行则前识立。前识立则志开而物遂，悔吝生则患积而身危。二者不藏之于内而接于外，祇足以灾身，非所以厚生也。”

② 嵇康：《答难养生论》：“故世之所患，祸之所由，常在于智用，不在于性动。……故智用则收之以恬，欲动则纠之以和。使智止于恬，性足于和。……所谓‘不见可欲，使心不乱’者也。”

③ 嵇康：《养生论》：“善养生者……清虚静泰，少私寡欲。知名位之伤德，故忽而不营，非欲而强禁也；识厚味之害性，故弃而弗顾，非贪而后抑也。外物以累心，不存神气，以醇白独著，旷然无忧患，寂然无思虑，又守之以一，养之以和，和理日济，同乎大顺。”

二、名教致乱论

孔子贵名教（儒家的社会伦理规范和行为规范），老子崇自然，这是儒道二家之所以互异的地方。何晏与王弼首先提出“名教”和“自然”的关系，认为“名教出于自然”，也就是认为道家为本，儒家为末，但以名教为代表的社会规范和社会秩序与自然秩序是相一致的。阮籍虽然没有否定“名教”，但对其虚伪性进行了尖锐的揭露和批判。而嵇康则更进一步，截断众流，风扫落叶，认为名教和自然相矛盾，视名教为造成社会生活秩序混乱的根本原因。

所谓“自然”，就是人类的自然性及建立在这个自然性之上的社会秩序。嵇康认为，在自然性的支配下，人好逸恶劳，趋利避害，喜欢从心所欲，不喜欢别人干扰其行动。[①] 但是，不知从什么时候开始，社会上出现了一套行为、伦理的规范，搞得社会越来越复杂，越来越混乱。人们都热衷于舞弄文墨以传其意，社会被分化成一个个不同的群体、不同的等级阶层，并炮制出“仁、义”以约束人的行为，炮制出“名分”以控制人的精神，还劝学讲文，对人们进行循规守矩的教化。

这样一来，社会的不正常现象更多了。汉代以来名教提高了儒家的地位，钻研六经成为当官的终南捷径，人们对此趋之若鹜，造就了很多皓首穷经的“夫子”，诡志从俗的苟安之士。[②] 可人们学习六经并不是出于人的天性，而是人们在世俗的无餍足的欲望面前感到困乏时，经过反复合计所选择的一种工具性社会行为，但这样做的结果则离人的自然之性越来越远。“困而后学，学以至荣；计而后习，好以习成。”认为学和习是一种社会性行为，而困和计是这种行为的前提，荣和好是这种行为的结果，这样的结果“有似自然”，但绝不是自然，而是同人们的自然属性相对立的。换句话说，人性以从心所欲为自然欢畅，用六经来抑引则违其所愿，所以名教下的六经、礼律和仁义廉让的道德体系都是违反人性、歪曲人格的东西。[③] 它们使得一些人能凭借自己的“尊”和“势”而任意宰割社会，以满足自己的私欲为目的破坏社会正常秩序，造成“赏罚虽存，莫劝莫禁”的局面。所以，“名教”是造成社会失调的祸首！那些名教的奴隶们“立六经以为准，抑仁义以为主，以规矩为轩乘，以讲诲为哺乳……游心极视，不睹其外，终年驰骋，思不出位，聚族献议，唯学为贵，执书摘句，俯仰咨嗟，使服膺其言，以为荣华”，委实是一副可怜相！至于那些视“六经为太阳，不学为长夜”[④] 的说教，更是荒唐之至了！

---

① 嵇康：《难自然好学论》：“夫民之性，好安而恶危，好逸而恶劳。故不挠，则其愿得；不逼，则其志从。”

② 嵇康：《难自然好学论》：“六经纷错，百家繁炽，开荣利之途，故奔骛而不觉。是以贪生之禽，食园池之粱菽，求安之士，乃诡志以从俗。操笔持觚，足容苏息，积学明经，以代稼穑。”

③ 嵇康：《难自然好学论》：“六经以抑引为主，人性以从欲为欢。抑引则违其愿，从欲则得自然。然则自然之得，不由抑引之六经；全性之本，不须犯情之礼律。”“仁义务于理伪，非养真之要术，廉让生于争夺，非自然之所出也。”

④ 嵇康：《难自然好学论》。

嵇康的名教致乱论，明确地告诉人们：儒家倡导的名教纲常等规范绝非人们自然属性的体现，名教和自然是背道而驰的。这种大胆而深刻的揭露，在当时具有强烈的战斗性，难怪司马氏集团成员钟会骂嵇康是“上不臣天子，下不事王侯，轻时傲世，不为物用。无益于今，有败于俗。……其负才，乱群惑众也”[①]，并且找借口把他杀掉，置之死地而后快了。

三、论社会治理及理想社会

嵇康认为，“名教”既然破坏了社会自然的生活秩序，那么，要治理社会，就必须“越名教而任自然”[②]，而如何“越名教”，又如何“任自然”呢？他所谓越名教，就是要把儒家学说体系中的六经、仁义、文籍、章服、礼典都视为腐朽，统统抛弃，重新建立新的社会价值与规范。[③] 在嵇康看来，从汉代以来统治者使用的这些“法宝”，已然不能发挥治理社会的作用，维持它们则使社会更加混乱。他所谓任自然，就是要“越名任心”而使“是非无措”[④]。一句话，还是一个社会价值取向和处世态度问题。但是，这种反对形式的自然主义也有它的问题。“自然主义最排斥形式，魏晋人多任诞不羁，脱略礼法，败名检，伤风教，为当时与后世所诟病，其故皆可于此中求之。”[⑤]

越名教任自然的过程，就是社会治理的过程。嵇康认为，任自然要比越名教更困难些，任自然是要人们从“无措”而达到“超人”，也就是调整人们的行为方式和社会价值取向，使之不关心社会生活中的是是非非。在自然主义思想的主导下，人们的行为没有对功利、道德、是非等后果加以预先考虑的必要。“君子之行贤也，不察于有庆而后行也（按，即不计功利）；任心无穷，不识于善而后正也（按，即不顾及社会规范）；显情无措，不论于是而后为也（按，即不论是非）。是故，傲然忘贤，而贤与庆会；忽然任心，而心与善遇；傥然无措，而事与是俱也。”[⑥] 人的行为应由人的生物机制支配，不必预先设计行为目标和行为规范。悠然自得，而所取得的结果，也自然能与“庆”、“善”、“是”不期而遇，你越是事先谋划，越无法得到这些。在价值取向方面，嵇康反对人们把荣华与酒色作为人生的最高目标，提倡大和、恬淡、虚静的人生态度。不过，做到这一点很不容易，于是嵇康又退一步说，人有物质欲望也是合理的，但必须要知足，贪得无厌对自己、对社会都有害而无利。以“富有”观念为例，正确的观念应当是自给自足，不事聚敛，不追求过多的财富，因此能吃饱穿暖就是富有了，对其余的财富，应当像渴者饮河，喝足为止，并不想把整个洪流都归于己

---

① 引《世说新语》“雅量”注。

② 嵇康：《释私论》。

③ 嵇康：《难自然好学论》：“以明堂为丙舍，以讽诵为鬼语，以六经为芜秽，以仁义为臭腐。睹文籍则目瞧，修揖让则变伛，袭章服则转筋，谭礼典则齿龋。于是兼而弃之，与万物为更始。”

④ 嵇康：《释私论》。

⑤ 贺昌群：《魏晋清谈思想初论》，79页，沈阳，辽宁教育出版社，1998。

⑥ 嵇康，《释私论》。

有一样。① 如果人们都能从观念上“以名位为赘瘤，资财为尘垢”，那么现实社会的富贵观就站不住脚了。人们失去了争夺的目的，社会治理工作就前进了一大步。这依然是个社会价值取向问题，是心里是否知足的问题。内心里知足，就不会有对外界的追求，也就能无适而不足；内心里不知足，就对外界无休止地追求，结果是无往而不乏。因此，他们永远不能得到自己满意的“富贵”。只有思想上知足的人才能真正拥有富贵。② 如果人们都有这样的认识，社会本来的自然生活秩序也就得以恢复了。

嵇康对于现实社会中存在的问题和冲突，采取了通过内心调和而消解的治理方案，这是道家知足守辱的社会思想在魏晋时期的再现，是一种所谓“有主于中，以内乐外”的社会思想。

至于嵇康的“越名教”，也是根本做不到的。因为名教伦常的社会规范，是建立在汉魏社会的经济基础之上的，而不是某个“圣人”凭空想象出来的。只要它的经济基础还在，就有相应社会关系的存在，而用以维护这种社会关系的社会规范，即“名教”也就无法逾越。这一点对嵇康来说是无法认识更是无法理解的。因此，中国社会发展到魏晋时期，嵇康提出“越名教而任自然”作为社会治理的方案，绝不是建立在对现实社会生活的科学分析的基础之上的，是不合时宜的，因而也是无法奏效的。但从另外一方面考察，这又反映了不服于封建“名教”压迫的人们软弱的反抗思想。

根据嵇康的设计，他认为只要能按他的社会治理方案去做，理想中的社会就能得以实现。嵇康也和其他许多思想家一样借着对过去社会的描述表达出自己的社会理想。他说：

> 昔鸿荒之世，大朴未亏，君无文于上，民无竞于下，物全理顺，莫不自得。饱则安寝，饥者求食，怡然鼓腹，不知为至德之世也。③

这是一个人们都无私无欲，但能吃饱穿暖，没有社会规范约束，没有人与人的争夺，以人的自然属性而各得其所的“至德”社会。他认为这样的社会是最理想的，但又是难以实现的。于是他又构想了一个更现实一些的理想社会。这个社会“崇简易之教，御无为之治，君静于上，臣顺于下……群生安逸，自求多福，默然从道，怀抱忠义，而不觉其所以然也”④。这个社会的君主穆然无为，坦然以天下为公，即使高居君位，也能礼贤下士，亲历民间疾苦，从而使君臣同心，百姓安康。这个社会有君、臣、民等社会等级关系和简易的教化，但由于实行无为而治，人民的社会生活都很安逸，人们也自觉地遵守社会的道德规范和行为规范。因为这是人们的自觉行为，所以也就有些“任自然”的味道。由于无为而治，君主以天下为公并且不用威严，各种社

---

① 嵇康：《答难养生论》：“耕而为食，蚕而为衣，衣食周身，则余天下之财。犹渴者饮河，快然以足，不羡洪流，岂待积敛然后乃富哉？”

② 嵇康：《答难养生论》“故世之难得者，非财也，非荣也，患意之不足耳！意足者，虽耦耕甽亩，被褐啜菽，岂不自得？不足者，虽养以天下，委以万物，犹未惬然。则足者不须外，不足者无外之不须也。无不须，故无往而不乏，无所须，故无适而不足。不以荣华肆志，不以隐约趋俗，混乎与万物并行，不可宠辱，此真有富贵也。”

③ 嵇康：《难自然好学论》。

④ 嵇康：《声无哀乐论》。

会关系都很和谐，从而使“君臣相忘于上，蒸民家足于下”。

如果说嵇康所构想的前一种理想社会与儒家的“大同”社会理想属同一层次，那么，他所构想的后一种理想社会即和儒家的“小康”社会理想同属一个层次。从嵇康对这个层次的理想社会模式的构想中，我们可以看出：

第一，玄学家嵇康的社会思想是以道家为主，而又掺杂了儒家思想。可见，魏晋玄学的社会思想依然是糅合了儒家和道家社会思想的产物。

第二，虽然嵇康尖锐地批判儒家的“名教”，但在“名教”和当时的经济基础还基本相适应、“名教”还有其社会控制和整合功能的时代，作为地主阶级一员的嵇康，还不可能从根本上摆脱封建社会秩序和社会规范的束缚。

第三，这个理想社会模式的提出，和魏晋时期的现实社会密切相关。这反映了在社会秩序严重失调的情况下，中下层地主阶级也要求社会安定的心理。因此，这低一层次的社会理想，就显得更具有现实意义了。

本章要点

1. 何晏、王弼是早期玄学家的代表，他们认为，要使人们得到基本生理欲望的满足，只能是“因物自然，不设不施”。要使社会秩序安定，君主就应拱默无为，而用严刑峻法控制社会是没有好处的。何晏、王弼的社会治理方案是站在封建豪强贵族的立场上为豪强贵族服务的。

2. 阮籍和嵇康是竹林玄学的代表性人物。他们在社会统治群体之外，对现实社会提出批评。阮籍认为，当时的社会生活秩序是严重失调的，人与人关系及社会价值取向都存在着严重的问题。因此，社会中的人际关系也呈现出纷乱的局面。阮籍进而批判儒家思想的名教“礼法”，“诚天下残贼，乱危、死亡之术耳”。在他看来，当时社会统治者所操持的儒家名教等规范本身就是不可取的，他理想中的社会正常秩序也不是当时社会统治者所要求和倡导的社会秩序。这里既包含着清谈派对儒家名教的评判，也包含着中下层地主对门阀士族压制的不满。

3. 阮籍虽然对现实社会中所崇尚的儒家名教进行了揭露和评判，但他仍然不能离开封建的社会秩序和伦理道德。因此，他依然强调礼乐的社会控制功能。面对现实社会存在的社会生活秩序失调、人与人关系紊乱、人们各为其私欲而不择手段的问题，阮籍认为最理想的社会治理方案就是自我精神上的超脱而任其自然。阮籍的理想社会是以庄子的社会设计为蓝本的。

4. 嵇康比阮籍更具反儒的激情，提出名教致乱论，认为名教和自然是相矛盾的，名教是造成社会生活秩序混乱的根本原因。嵇康的名教致乱论明确地告诉人们：封建的名教纲常等规范绝非人的自然属性的体现，名教和自然是背道而驰的。这种大胆的、深刻的揭露，在封建时代具有强烈的战斗性。

5. 嵇康认为，要治理社会，就必须“越名教而任自然”，越名教任自然的过程，就是社会治理的过程。这又反映了不服于封建“名教”压迫的人们软弱的反抗思想。嵇康的社会理想是一个人们都无私无欲，但能吃饱穿暖，没有社会规范约束，没有人与人的争夺，以人的自然属性而各得其所的“至德”社会。这样的社会是最理想的，但又是难以实现的。

复习思考题

1. 玄学思想产生的社会基础是什么？
2. 阮籍社会理想的阶级局限性是什么？
3. 嵇康欲望论的特点是什么？
4. 如何评价嵇康的名教致乱论？
5. 试比较嵇康与阮籍的社会理想。

推荐阅读书目

1. 汤用彤、任继愈：《魏晋玄学中的政治思想略论》，上海，上海人民出版社，1956。

2. 许杭生：《魏晋玄学史》，西安，陕西师范大学出版社，1989。

3. 沈善洪、王凤贤：《中国伦理学说史》（上），第二十四章、第二十五章，杭州，浙江人民出版社，1985。

4. 杨懋春：《中国社会思想史》，第九章，台北，幼狮文化事业公司，1986。

5. 陈定闳：《中国社会思想史》，第十六章、第十七章、第十八章，北京，北京大学出版社，1990。

6. 萧公权：《中国政治思想史》（上），第十一章，台北，台湾联经出版事业公司，1982。

7. 刘泽华：《中国政治思想史》（秦汉魏晋南北朝卷），第十章，杭州，浙江人民出版社，1996。

第十四章 魏晋时期佛教的社会思想

第一节 佛教的基本社会思想

佛教起源于公元前6世纪至公元前5世纪的古代印度，相当于中国的春秋时期。创始人悉达多，族姓乔达摩，属刹帝利种姓，出生于现属尼泊尔境内的罗卫。当时释迦部落在那里建立了一个小国家，他的父亲是这个国家的国王，他是这个国家的太子，其生卒年大约为公元前563—前483年，差不多和我国的孔子同时。他创立佛教后，收了很多门徒，门徒们都称他为“佛”或“佛陀”，意即“觉悟者”。后来佛教徒又称他为“释迦牟尼”，意即“释迦族的圣人”。佛是人修成的，佛教也坚持人人皆有佛性，皆可成佛，所以它是无神论的宗教。

悉达多创立佛教，是因为他看到现实社会是一个苦难的社会。他苦思冥想如何解决这个重大社会问题，经过十几年的探索①，他终于觉悟了，认为现实社会所以如此苦难深重，就是因为生命和欲望的存在。因此，要解决社会的苦难，消灭人们的种种痛苦，就要消灭肉体的欲望，使精神进入到完全寂灭的状态中去，而用不着去改造现实社会。由于阶级的局限性，他看不到人类社会苦难的根源是剥削制度，最终所找到的还是一个脱离世俗社会的解决社会问题的方案。

佛教思想起源于对现实社会的一种解释。因此，表面上看来是玄乎又玄的佛教学说却包含着丰富的社会思想。佛教社会思想的基本前提是世界无常，人们在现实社会中生活极为痛苦，即所谓“苦海无边”，只有信仰佛教才能找到摆脱苦难的道路，即所谓“回头是岸”。为此，佛教提出了一套理论，以说明社会苦难的原因，并设计出解除苦难的方案，这就是“四谛”说：(1)“苦谛”是讲现实社会存在的种种痛苦现象；(2)“集谛”是讲造成这些痛苦的各种原因；(3)“灭谛”是讲佛教最为理想的无苦境界；(4)“道谛”是讲为实现佛教的理想境界所应遵循的手段和方法。

---

① 悉达多幼年受教于婆罗门，29岁时弃家去探讨一种宗教神秘学说，35岁开始创立佛教。

苦谛理念，说明人生在世，处处都是痛苦，其中最主要的有八苦，即生、老、病、死、怨憎会（不愿在一起相处的却必须在一起）、爱别离（愿意在一起的却要离别）、求不得、五阴盛之苦（即人生一切身心聚散之苦）。“五阴”即“五蕴”，蕴是“集合”之意。认为世界和人身是由五种生灭变化的元素所组成，即色（物质现象）、受（感受）、想（想念）、行（意志）、识（意识）。佛教认为这八种苦难是社会上的任何人都无法摆脱的。

集谛分析造成个人痛苦的种种原因，由此佛教提出了“十二因缘”说。佛教认为，世界上各种现象的存在都是依赖于某种条件（“缘”）的。离开了条件，也就无所谓存在。人的生命的起源和过程也是依赖于条件的，它可以分为十二个彼此成为条件或因果联系的环节。这些环节是无明、行、识、名色、六入、触、受、爱、取、有、生、老死。《过去现在因果经》中论述它们之间的因果关联说：

> 尔时菩萨至第三夜，观众生性以何因缘而有（老死）。即知（老死）以（生）为本，若离于（生），则无（老死）。又复此（生）不从天生，不从自生，非无缘生，从因缘生，因于欲（有）、色（有）、无色（有）业生。又观三（有）业从何而生，即知三（有）业从四（取）生。又观四（取）从何而生，即知四（取）从爱而生。又复观（爱）从何而生，即便知（爱）从（受）而生。又复观（受）从何而生，即便知（受）从（触）而生。又复观（触）从何而生，即便知（触）从（六入）生。又观（六入）从何而生，即知（六入）从（名色）生。又观（名色）从何而生，即知（名色）从（识）而生。又复观（识）从何而生，即便知（识）从（行）而生。又复观（行）从何而生，即便知（行）从（无明）生。若灭（无明）则（行）灭，行（灭）则（识）灭，（识）灭则（名色）灭，（名色）灭则（六入）灭，（六入）灭则（触）灭，（触）灭则（受）灭，（受）灭则（爱）灭，（爱）灭则（取）灭，（取）灭则（有）灭，（有）灭则（生）灭，（生）灭则（老死忧恕苦）灭。

佛教抓住了人人都不可避免而又最惧怕的“老”和“死”的痛苦问题，以引起人们的高度关注，以分析老死问题的成因来博取人们对佛教的信从。他们从“老死”出发，一环一环地去推究它的原因。从“老死”归因到“生”，由“生”归因到作为生存环境的“有”；“有”在佛教看来是因人们对外界事物的追求和获取而存在的，所以从“有”又归因为“取”；认为之所以“取”，是由贪爱、欲爱所引起，所以将“取”归因为“爱”；认为“爱”因苦和乐的感受而生，所以将“爱”归因为“受”。认为“受”则缘于对外界事物的接触，所以将“受”归因为“触”；认为“触”是眼、耳、鼻、舌、身、意六种感官的作用，所以将“触”归因为“六入”；认为“六入”是构成身体的精神（“名”）和肉体（“色”）而存在，所以将“六入”归因为“名色”；认为“名色”是个人的精神统一体即“识”所引起，所以将“名色”归因为“识”；认为“识”是善和不善的意志和行为所引起的，所以又将“识”归因为“行”。认为“行”是由“无明”所引起。所谓“无明”是指由与生俱来的盲目求生意志所造成的业力。这样，“无明”就被认为是一切痛苦的根本原因，是“愚痴”、“愚惑”、“根本烦恼”的同义语。而既然“无明”是造成一切痛苦的根本原因，那么，只要消除了“无明”，并从原因到结果一环环地推上去，直到“老死”，一切痛苦与烦恼就会全部被消除。

由于“无明”是与生俱来的，因此，要消除“无明”，就必然要消除生命自身，这样，就转入“四谛”中的灭谛。佛教认为，人生理想的归宿，是进入“涅槃”。“涅槃”有多种异名，如“圆寂”、“灭度”、“解脱”、“真如”等。这些异名，有的是翻译不同，有的是反映了各派的不同解释。但有一点是共同的，即进入“涅槃”是对世俗生活的摒弃。换言之，佛教对人生的最高理想，就是对世俗社会和人生的否定。至于道谛，讲的就是进入“涅槃”的途径和方法，兹不赘述。

佛教还认为，人类社会有“因果报应”，人是要“生死轮回”的，认为一切生物都在轮回中生存。轮回有六种道路，即天、人、阿修罗（即不守规范的人或叫魔鬼）、畜生、地狱、饿鬼。一个人的行为如果能符合佛教制定的行为规范（“法”），来世就能得到理想的转生。否则，来世就会变为饿鬼、畜生或堕入地狱。因此人们都应自觉地按佛教设计的价值取向与行为规范办事。

因果报应论是佛教的根本理论和要旨。有研究指出，佛教传入中国时，对中国人产生最大的心理冲击，引起最强烈的心灵震撼的是其因果报应学说。袁宏《后汉纪》卷十记载，“王公大人观死生报应之际，莫不瞿然自失”。这种崭新而又神秘的人生理论，论及人的道德观、生命观、生死观、命运观和来世观，体现了人对现世的关切和终极的关怀，并从理论上把自然律和道德律统一起来，在中国固有的儒、道、法、墨等人生哲学以外别树一帜，为中国人提供了一种观察人生命运、价值、意义的崭新视角，以及如何对待人生的行为、活动的新方式。由于它触及人的灵魂，具有强烈的威慑作用和鲜明的导向作用，在取得社会从上至下的信仰方面，其作用之大，实是此前中国本土形成的任何理论所不能比拟的。因果报应是一个非常复杂的问题，在一定范围和条件下的确存在着善因得善果，恶因得恶果的现象，但是它并不构成人生的普遍规律。东晋以后的何承天、范缜、刘峻、李翱、欧阳修、程颢、程颐、朱熹等人，都先后著文抨击因果报应论。①

佛教的因果报应论和生死轮回之说，把构成人生苦难的个人及社会的复杂原因完全归之于个体自身，归之于前生积业的报应，要人们把幸福寄托于来生，为来世的幸福而信佛修佛。这就在客观上承认了现实生活的合理性、社会的不平等的必然性，从而发挥了稳定现实社会秩序的特殊功能，受到统治阶级的重视。从阶级的观点来看，历朝历代统治者热衷于佛教，确有利用佛教作为思想武器欺骗和恫吓劳动人民，使人民都恪守社会规范，以求达到维护统治阶级统治地位的目的。

从社会历史条件分析，佛教兴盛于社会动乱之际，宣扬人生的最终目的是从现实社会中“超度”出来，追求一种绝对安静的神秘的精神状态，达到所谓“涅槃寂静”的境界；宣扬避世出家，逃避现实社会生活，把现实社会中的一切都视为虚幻，恰恰

① 参见方立天：《中国佛教的因果报应论》，见杨曾文、方广锠编：《佛教与历史文化》，57～87页，北京，宗教文化出版社，2001。

说明佛教又是一种让人们忍受现实社会的痛苦，寄希望于来世，从而解决现实社会冲突的一种社会思想。

第二节
佛教思想在中国的传播

佛教开始在尼泊尔、印度、巴基斯坦一带传播，后来南传到斯里兰卡、印度支那半岛，北传到中国，并经中国传到朝鲜、日本。近代以来，佛教也在欧美各地流传。

佛教传入中国的时间，大概最早在公元前1世纪，即西汉时期。佛教经丝绸之路而来，到东汉时期逐渐在中原地区传播，到三国时期在人民群众中间传播开来。此后佛教开始流行，当时已翻译了少量的佛经，并建立了一些寺庙。但总的来说，佛教的影响还不大，也尚未出现佛教与中国传统文化相结合的趋势。

佛教在三国时期得以在中国传播开来不是偶然的。东汉末年黄巾大起义失败后，出现了连年的混战，人民流离失所，生活十分痛苦，对生活前景无望。这就难免产生一种消极情绪，而这种情绪给佛教的传播提供了条件。受苦受难的劳动人民并不真正想要成“佛”进入“涅槃 ”境界，只是祈求佛陀把他们拯救出人间苦海，或希望来世不再受苦，于是，他们便信仰起佛教来了。

魏晋南北朝时期，我国社会经历了三百多年的动乱。频繁的战争，腐败的政治，不仅使人民备受蹂躏，而且也使统治者们陷于朝不保夕的境地之中。于是，对人生失望的情绪漫及整个社会，寻求灵魂的安慰、精神的寄托的渴望也随之而生。但儒学、玄学均无法满足这一要求，唯有佛教适应了这 需要。于是，在这 时期，佛教得到了迅速的发展。同时，统治阶级为了治理社会，也急需一种对人民更有刺激性和麻醉性的思想来欺骗和麻醉人民，由于佛教所宣传的对现实世界中的一切苦难必须逆来顺受的思想具有麻痹人民反抗斗志的作用，统治阶级对佛教的传播显示出了极大的热情，佛教因此便很快地在中国传播开来。

魏晋时期，清谈玄学之风盛行，佛教要在中国进一步传播，就需解决佛教社会思想和玄学派社会思想的矛盾。于是，佛教徒就钻研起老、庄之学。他们开始用“无”、“真人”等玄学派的概念解释佛教思想，然后用佛理攻难老庄，折服玄学，在谈空论无之中，为佛教赢得了社会影响。这个辩难的过程正是佛教和玄学结合的过程，从而将佛教的社会思想与我国本土文化传统和习俗心理相结合，提出了有别于印度佛教的中国佛学理论，使佛教走上了中国化的道路。

玄学之风最盛行的时期是西晋时期，到东晋南朝时期，玄学思想虽然还在江南流行，但其思想水平没有什么发展，佛教思想则取玄学而代之，占据了主要地位。这个时期出现了几个有名的佛门大师，即道安、僧肇、慧远和竺道生等著名僧人，其佛教成绩的取得与地方大族或王权的支持有很大的关系。这里只简要阐述道安与慧远的社会思想。

第三节
道安的社会思想

道安（312—385年），俗姓卫，晋朝常山扶柳（今河北北衡水县西南）人。他出身于儒家知识分子家庭，12岁出家，为西域僧人佛图澄的弟子。道安为佛教思想传播做了很多工作，如他组织僧徒四处传教，又制定了僧徒戒规，主持佛经的整理和翻译工作等。佛教到道安时期，已出现很多宗派，形成所谓“六家七宗”[①]，道安是其中的本无宗的代表人物。梁启超认为：“中国佛教史，当以道安前为一时期，道安以后为一时期。”[②] 从道安开始，佛教在中国的发展，不再只是单纯地“输入”，而是为了中国佛教的建构而努力。道安是中国佛教新纪元的开始。

道安认为，人世间一切苦皆由人的贪欲所导致，心贪身外之物（即他所谓“末有”），却自以为快乐。贪欲使世人生愤恨之心，生痴迷之情，使人心理变态而不自觉。从佛眼看去，贪似牢笼，恨是囹圄，痴乃围城，人入其中，不得自由，不知其苦，反而甘之如饴，如坐春风，如痴如醉，如居华殿。[③] 人们把“监牢”视为最理想的归宿，浑然不觉，嬉乐自娱，不觉是在受苦，由此而引起了一系列问题，造成社会的各种冲突和秩序失调。佛教认为，财物珍宝生不带来，死不带去，物无常主，人生在世应施恩行惠，救穷济难。这种戒贪思想和对待财富的观念与玄学、道教的轻视外物思想相通，并一起构成了此后数百年中国化佛教社会思想的核心内容之一。

道安认为，人与人之间的怨恨也会造成人们社会生活日益痛苦。怨恨的情绪往往积累于家庭、亲朋好友之间。陷于怨恨情绪的人，往往为了芝麻、芥末一点的小事，就结怨成仇，吵吵闹闹，破坏了亲友之间本来的和谐关系，最后恩断义绝，亲友变仇敌。更有甚者，含恨彻髓，狂暴不已，如结血海深仇，为此杀人灭族、家破身亡。另外，那些“愚痴”之人“诽古圣，谤真谛，慢二亲，轻师傅”[④]，也是造成社会各种关系失调的重要原因。

怎样“超度”这些执迷不悟，被贪、嗔、痴所禁锢而不能自拔的世人呢？道安认为，这只有遵守佛教所制定的行为规范，增强佛教的修养，方可洞明因果，断烦恼，了生死，达到无思无虑，彻底觉悟（菩提）。方法是持佛教戒律，遵守佛家制定的价值取向与行为规范，修身清静，断灭贪、嗔、痴三恶于未生之前；禅定摄心，护念真

---

① 唐释元康《肇论疏》卷上。

② 转引自梁晓虹：《华化佛教》，55页，北京，北京语言学院出版社，1996。

③ 《大十二门经序》：“贪囹恚圄，痴城至固。世人游此，犹春登台。甘处欣欣，如居华殿。嬉乐自娱，莫知为苦。”

④ 以上均见《大十二门经序》。

理，定止各种纷乱的杂念；吸取佛的经验、智慧，断惑证真，纠正原来错误的价值观念①。这样的人就能得到“超度”，而且还具有了帮助别人实现“超度”的资格。

从道安的社会思想中可以看到，佛教社会思想与玄学派的社会思想有某些共同之处，他们的思想脉络是基本一致的。只是佛教社会思想比玄学家的“虚一而静”、“越名教而任自然”超脱得更彻底些，其最理想的归宿离现实社会更远些。同时，玄学派社会思想基本上停滞在对人生哲理的探究上，而佛教的神魂不灭、因果报应、生死轮回等和人们现实生活关系更密切的说教，在玄学思想中是找不到的，这也正是佛教比玄学的“高明”之处，佛教比玄学更具有用精神麻醉的手段整合社会秩序的功能。

第四节 慧远的社会思想

慧远（334—416年），俗姓贾，东晋雁门楼烦（今山西崞县东）人。少为儒生，“博综六经”，且“尤善老庄”。年轻时出家为僧，以道安为师，曾长期追随道安在襄阳讲经传教。到庐山后，他与地方大族刘遗民等人，组织佛教史上最早的结社——莲社（净土宗），在弥勒像前发愿往生一个幸福无忧的世界。《高僧传》卷六及《出三藏记集》卷十五有传。

慧远不仅精通佛教，而且兼通经学和玄学。东晋、南朝的世家大族最讲究丧服，慧远就讲“丧服经”，而且在他的作品中对玄学“三玄”的学说也大加发挥。可以说，他是一身而兼儒、释、玄三家的。他的佛教社会思想也已是与中国传统社会思想相结合的产物了。

从西汉以来，儒家所设计的一套社会规范被地主阶级崇奉为“名教”，而佛教徒背亲出家，不向王者跪拜，看来是不合“名教”的越轨行为。慧远站在僧侣领袖的地位上，认为佛教徒的这些行为归根结底是和儒家、玄学相一致的。

佛教徒称自己是“内学”，把儒学、玄学称为“外道”。他则主张，“内外之道，可合而明”②。无论是作为内学的佛教，还是作为外道的儒与玄，三家的立场基本上是一致的，是完全可以配合，可以互相合作的，只是各自所操持的行为不同而已。信奉“外道”的人“在家奉法则是顺化之民，情未变俗，迹同方内，故有天属之爱，奉主之礼”③，他们遵循社会规范是完全应该的。出家之人虽不遵循这些世俗社会的规范而另按佛教的教规办事，其目的是超度自己和超度别人，最终同样有利于社会。当然，慧远的这些论述很大程度上是为了抬高佛教的社会地位，但同时也表明佛教的社

① 《比丘大戒序》：“世尊立教法有三焉：一者戒律也；二者禅定也；三者智慧也。斯三者，至道之由户，泥洹之关要也。戒者，断三恶之于将也；禅者，绝分散之利器也；慧者，齐药病之妙医也。具此三者，于取道乎何有也。”

② 《弘明集》卷五，《沙门不敬王者论》。

③ 同上。

会功能与儒家、玄学在本质上确有某些共同之处。

慧远的社会思想最重要的是他对佛教因果报应、生死轮回学说的发挥。他相信，愚昧无知和贪婪是一切社会问题及人生痛苦的根源，是对当事者自身佛性和社会的造孽。人们造孽的结果，最终还要由人们自己来吞食，这是无法逃脱的。这就是佛法常讲的业报，或者说报应。“它是一种宇宙内普适的道德的原则，也有机械的和不变的意义，但这是个人的思和行的结果，也取决于每个人自己的思和行。”①

慧远强调因果报应是必然的赏罚，把因果报应说成人生的规律。如同有形就有影，有声就有响一样，有人心的善恶为因，必有所受的福祸为果。心有了善恶的活动，由于心的感召，必有福祸的报应。善有善报，恶有恶报，毫发不爽。一个人积恶不止，不知悔改，就要下地狱去遭罪了。他认为，“无明”、“贪爱”同为人生苦难和受报应的根源，这就要求人们对自己的言行更加检点自重，从而消除人们不满现实生活和反抗压迫的意志，缓解社会冲突的发生。因此，这种因果报应论作为一种因果理论，也可称为道德因果论，其中心内容是论述作为社会成员的个体之思想行为和生命再塑造（社会化）之间的关系问题，强调道德在社会互动和社会化中的作用，恶因结恶果，善因生善果，道德是自我塑造未来生命的决定因素。

在现实社会生活中，人们预期目的的实现都是在社会互动之中进行的。在这个人们互相交往、互相影响的过程中，一些超越社会行为规范，不择手段地谋取自己既定目标的人得到社会的惩罚是常有的事，人们也认为这是罪有应得。但是，也有以越轨行为达到了目的，却没有受到相应的社会制裁者；同时，处事谨慎小心，严格遵守社会规范，结果不但没有达到预期目的，反而横祸加身者也大有人在，这又如何作解呢？对此，慧远也同样从因果报应论中找到了答案。慧远认为，因果报应，善有善报，恶有恶报，这是天经地义的，只不过报应的时间有早有迟。他说，报应有三种。第一种是“现报”，这种报应是“善恶始于此身，即此身受”的。自己做了善事或恶事由自己得到相应的报应。第二种是“生报”，这种报应是由“来生便受”的。自己做了善事或恶事，自身没得到相应的报应，但当你转生下世后，就会受到报应。第三种是“后报”，这种报应“或经二生、三生、百生、千生然后乃受”②。人们做了善事却受到恶报，那可能是你前生造下的孽；做了恶事反得到善报，那可能是因为前生有余德；今生做了坏事而得不到恶报，来世也必定会报应的。这种报应或迟至来世，或迟至百世、千世之后，但可以肯定：一定会有相应的报应让你去承当的。

慧远这一“三世报应”之说，和儒家从天命论角度论述的“作善事天降福，作恶事天降灾”③，《周易》所谓的“积善之家必有余庆，积不善之家必有余殃”的思想脉络是一致的，和墨子讲天与鬼神有社会控制功能的思想也是相通的。他所更高一筹的是：他把现实社会中人们行为善与恶所应得到的赏罚的周期拉长了。儒家讲报应基本上是以人的一生为周期，或是以家为单位，相信善与恶会在其子孙后代身上有所报

① ［荷］许理和著，李四龙、裴勇等译：《佛教征服中国》，72页，南京，江苏人民出版社，2003。

② 均见《三世报》。

③ 《尚书·周书·无逸》。

应。而慧远则将报应的周期延长至来世或百世、千世，且仅限于行为者个人，并不会反映在后代子孙身上，因此就更有欺骗性和恫吓力。同时，慧远的三世报应之说和儒家、墨家相比，离现实社会更远了。如果说儒学还是要通过用设计和运用具体的社会行为规范来治理社会的话，那么慧远对佛教“因果报应”学说的发挥所起的社会治理功能，则是要完全依靠恫吓和欺骗来体现了。

本章要点

1. 佛教的基本社会思想有“四谛”说、“八苦”说，“轮回”说和“因果报应”说等。佛教认为人们生活的最后目的是从现实社会中“超度”出来，追求一种绝对安静的神秘的精神状态，达到所谓“涅槃寂静”的境界。宣扬出家，逃避现实社会生活，把现实社会中的一切都视为虚幻的，而把他们所设计的虚无缥缈的“彼岸”视为人生最后的归宿。因此，佛教是一种让人们忍受现实社会的痛苦，寄希望于来世，从而解决现实社会冲突的一种社会思想的反映。

2. 从道安的社会思想中可见，这个时期佛教社会思想与玄学社会思想有某些共同之处，只是佛教从现实社会中超脱得更彻底些，其最理想的归宿距现实社会更远些。因此更具有用麻醉民众的手段整合社会生活秩序的功能。

3. 慧远的社会思想进一步体现了儒、玄、佛结合的趋向。他的“三世报应”中的“现报”、“生报”、“后报”之说，将人们社会行为善恶的报应时空扩大至“前生”乃至数生之前与“来生”乃至二生、三生、百生、千生之后，这对于民众更具有精神慰藉和欺骗作用。同时也发挥着儒家社会思想所不具备的社会治理作用。

复习思考题

1. 佛教的基本社会思想是什么？
2. 佛教的“因果报应”论所反映的社会思想是什么？
3. 佛教得以在中国传播的现实社会原因是什么？
4. 佛教与儒家社会思想的最大区别在哪里？

推荐阅读书目

1. 汤用彤：《汉魏两晋南北朝佛教史》（上下），北京，中华书局，1983。
2. 侯外庐：《中国思想通史》，第三卷，第十章，北京，人民出版社，1957。
3. 石俊：《中国佛教思想资料选辑》，北京，中华书局，1981。
4. 王月清：《中国佛教伦理研究》，南京，南京大学出版社，1999。
5. 王青：《魏晋南北朝时期的佛教信仰与神话》，北京，中国社会科学出版社，2001。
6. 汤一介：《佛教与中国文化》，北京，宗教文化出版社，1999。
7. 许杭生：《三国两晋玄佛道简论》，济南，齐鲁书社，1991。

第五篇

隋唐宋元时期的社会思想

古代中国发展到隋唐时代进入了鼎盛阶段。隋朝于公元581年建立至公元589年灭陈，结束了东晋以来近三百年的分裂割据局面，使中国重新归于统一，但隋朝国祚仅有三十几年就被农民起义所推翻。隋末农民大起义的成果，最后被关中大地主大官僚李渊、李世民父子所篡夺，于公元618年建立唐朝。唐朝初年，采取了一系列恢复社会正常生活秩序、恢复和发展生产的“安人宁国”的社会治理方案，从而使国家逐步强大起来，出现了所谓“贞观之治”。

在唐朝前半期的一百多年里，社会呈现出经济繁荣、社会秩序相对安定的景象。当时的唐朝，不仅是我国历史上的强盛时代，也是闻名于世界的大帝国。唐代社会发展到唐玄宗开元时期已达到顶点。在所谓“开元之治”的同时，各种社会冲突也日渐激化。在中国历史上，公元2年（西汉元始二年）全国的人口达到了6 000多万，此后由于战乱、分裂等原因，人口几起几落，到公元755年唐朝人口达到了7 000多万。这是中国人口发展的又一个高峰。同年开始的“安史之乱”，成为唐朝由强盛转为衰落的转折点。此后出现了藩镇割据、朋党倾轧、宦官专权的政治局面，加之土地兼并、横征暴敛的日益加剧，造成了社会秩序正常运行机制的严重失调，而从中受害最深的无疑是劳动人民。在这种情况下爆发了大规模的农民起义。农民起义的沉重打击，加速了唐朝统治集团的瓦解。此后的中国社会又进入了一个战乱纷争的时期，这就是中国历史上所谓的“五代十国”时期。

公元960年，身为后周殿前都点检的赵匡胤发动兵变，建立了宋朝。经过20年的统一战争，于公元979年最后消灭北汉政权，结束了实际上从唐“安史之乱”以来200多年的分裂状况。由于宋代一开始就采取了加强集权的一系列措施及开国之初20年的统一战争，加之真宗时对契丹（辽）、仁宗时对西夏的忍让，每年以大量币帛贡献出去，从而使北宋社会形成积贫积弱的局面。虽前后有范仲淹、王安石的改革与变法，都未能真正解决问题。

但是，北宋在经济方面是一个革命的时代。传统农业取得了突飞猛进的发展，中部和南部的水稻种植面积不断扩大，南方出现精耕细作的集约化经营，粮食产量相应增加。农业发展具有划时代的意义。首先，人口增长迅速，12世纪初（北宋末年）在北宋、辽、西夏、大理范围内，总人口达到1.4亿。其次，农业发展为工商业提供了广阔的空间。西方汉学家费正清和赖肖尔的《中国：传统与变革》、斯塔夫里阿诺斯的《全球通史》均认为在北宋发生了一场商业革命，并产生出至19世纪在许多方面仍保持不变的经济和社会模式，对整个欧亚大陆具有重大意义。

公元1126—1279年经历了150多年的南宋与金朝、南宋与蒙元的南北对峙。南北方经济、社会、文化等方面各有发展。元朝时期，虽然蒙古族统治阶级较为注意学习汉文化，但民族歧视始终是很严重的。蒙古贵族的野蛮统治阻碍了全国社会、文化、经济的发展，引起广大人民的强烈不满。元朝末年，政治尤其腐败，人民痛苦已达极点，1351年爆发了大规模的农民起义。1368年，由朱元璋领导的一支起义军攻破元大都，推翻了元朝，建立了明朝。

魏晋南北朝时期，佛教在门阀士族的大力支持下得到迅速发展和传播；道教也步入成熟期，并在中国的南方和北方传播开来；儒学却相对有些零落。社会发展到隋唐时期，由于政治上的统一，必然要求思想上的统一。封建统治者要同时利用儒、佛、道“三教”，使“三教归一”，发挥各自的社会功能，为整合社会秩序、维护封建统一服务，这是必然的趋势。

隋唐时期，儒、佛、道三教展开了争夺地位的激烈纷争。儒家讲入世，直接设计社会中的各种关系模式；佛、道两家讲出世，倡导人们从纷杂的世俗社会中自我超脱，道教讲“清静无为”，成仙得道，佛教讲“苦空寂灭”，自度成佛。其实，儒、佛、道三教的目的是相同的。它们各自设计了一套社会治理的方案，并都自信只有自己的设计才最高明、最具治理社会以维护封建统治的功能。因此，在我们看来，讲入世、人伦的也好，讲出世、超脱的也好；在讲出世的两家中，是讲清静也好、讲空灭也好，都不过是为达同一目的而设计的不同社会治理方案而已。隋唐时期的“三教”纷争，就当时三教中的人而言是为了争夺最具优势的地位，而从社会思想的角度考察，则是在新的社会背景下，要求思想界统一的一个重要过程。

隋唐时期，在儒、佛、道三教的地位争夺中，佛教与道教的争夺相当激烈，而儒学的地位则相对稳定。在这一时期里，科举制度的创行使儒家独占了仕途。唐朝初年又以政治的权力统一了对儒家经典的解释，其标志是《五经正义》的颁布，从而结束了汉朝以来儒家内部的派系之争。到唐代中期儒学在排斥佛道二教的糟粕，吸收佛道二教精华的条件下，不断地充实自己，完善自己，完成了从解释章句的“汉学”到阐明义理的“宋学”的过渡。在隋唐时期，虽然汉代“独尊儒术”的方针已不再适用，但上述措施对于巩固儒学的地位是起了重要作用的。

前一编已说过，中国传统儒学在汉代经过了一次大的改造，出现了经学化的儒学，汉末至魏晋，经学衰微，魏晋时玄学流行，代表性的玄学家都注重研究儒家名教与道家自然的关系，拉开了儒学与谶纬神学的距离，避免了儒学在迷信化道路上的蜕变，这可说是玄学对儒学发展趋向的 种有益的抑制，但同时强化了儒学宿命论的消极因素，使浮华之风泛滥，儒学陷入困境。东晋南北朝时期，玄学犹存，而佛教、道教发展迅速，并达到足以与儒学相抗衡的程度，进而形成儒、道、佛三教并存与纷争的社会思想格局，同时在纷争中不可避免地在不同程度上相互融合，三教之间的这种既纷争又有融合的格局一直延续到隋唐时期，到唐代中后期，韩愈、李翱等人公开打出排佛崇儒的旗帜，但对佛、道的吸收融合之处仍清晰可见。

总之，从两汉到魏晋南北朝时期，是儒学社会思想由兴盛而转入低潮的时期，从隋唐至两宋，是儒学社会思想由三教纷争、融合而复兴的时期。隋唐时期，纷争多于融合，两宋时期则是融合多于纷争。其结果就是出现了一种名曰儒学而实际上糅合了儒、释、道三教的道学社会思想，或叫新儒学社会思想。

传统的儒学社会思想的特点是强调“致用”，主张以人为主体的内向思维，讲求修身、齐家、治国、平天下之道，强调个人与社会的统一，提倡人的道德与人格的自我完善，追求在现实社会中建立大一统的内圣外王、和谐稳定的礼乐刑政之国。这就决定了儒学具有缺乏理论性、思辨性和必须借助官方力量维持其地位的弱点。在隋唐时期，儒学正统地位动摇，在受到佛、道二教的严重挑战的情况下，其弱点更为暴露无遗。因此儒学思想家中产生出一批决心挽救儒学，使其重新获取生命力的学者，韩愈和李翱堪称这群学者中的杰出代表。宋代新儒学便从他们那里开始萌芽。①

韩愈力图恢复儒家在思想领域的正统地位，认为儒学的危机在于失去了道统，要打破三教鼎立的格局，恢复儒学的独尊地位，必须接续与发扬儒家的道统。他还特别称颂《礼记》中的《大学》一文，以之作为对抗佛、道二教的思想武器，到了宋代理学家那里，《大学》遂被列为“四书”之一，成为新儒家的重要经典；韩愈的儒家道统说，也被二程继承和发挥。这足以证明韩愈社会思想对宋代理学家的重大影响。韩愈的学生李翱在复兴儒学和事业上推波助澜，吸收佛教的心性理论而著《复性说》，对《礼记》中的《中庸》一文“尽性命之道”之说大加发挥，并认为《中庸》在儒学思想体系中具有极高的历史地位，宋代理学家步其后尘，遂将《中庸》定为“四书”之一，使之成为新儒家的另一部经典。这进一步证明了唐代儒学与宋代新儒学一脉相承的关系。

佛与道的融合开端于魏晋时期，到唐代，这种融合趋势进一步升级，达到你中有我，我中有你的程度，及至宋代，周敦颐、邵雍引道教社会思想入儒学，进一步完成了这种融合。到南宋时已有“儒门释户道相通，三教从来一祖风”的说法。宋代新儒学正是这种三教融合的产物，它虽然冠以“儒学”之名，实则是吸收了佛、道二教理论中对儒学有益的部分，完成了儒学理论化、思辨化的过程。因而它已经不是原来意义的儒学，而是一种“旧瓶装新酒”式的新儒学，也即所谓“理学”或“道学”。新儒学的地位在宋代尚有争议，同时以永康、永嘉两学派为代表的功利主义社会思想在这个时期得到较大的发展。但经过元而到明清时期，程朱新儒学则成为正统的官方社会思想达600多年。本篇将论述隋唐至宋元时期社会思想发展变迁中有代表性的各家社会思想。

---

① 就儒林人士与社会思想发展的关系来看，唐宋以后多是狂儒推动社会思想的进步。唐代韩愈有自命自圣的气概，创立道统，接续孔孟。北宋的张载开显狂放的器识，“为天地立心，为生民立命，为往圣继绝学，为万世开太平”。南宋的陈亮以“推倒一世之智勇，开拓万古之心胸”，在清谈性命的道学氛围里，卓然不群，大力宣扬功利主义思想。王守仁悟道之后，最大的心愿是作“狂者”，阐发“致良知”，而他的学生王艮等人真的就去实践这一主张，放弃名利、仕途，走上了乡村建设的道路。

第十五章

隋唐佛教的本土化社会思想

佛教从汉代传入中国，经魏晋南北朝时期的发展，逐渐在中国扎下根来，成为中国文化传统的一个有机组成部分，到隋唐，佛教进入鼎盛时期。这个时期，虽然由于寺院经济的发展给世俗地主和贵族的利益带来影响，但佛教为治理社会、维护封建社会秩序所发挥的作用，及由此给世俗地主带来的利益，要比前者大得多，正如时人所说："俗既病矣，人既愁矣，不有释氏使其安分，勇者将奋而思斗，知者将静而思谋，则阡陌之人皆纷纷而群起矣！"① 由此可见佛教的社会功能之大及统治者所以要利用佛教之目的。

熟悉唐代历史的人都认为唐朝的文治武功、文学艺术都达到世界第一流的水平，唯独唐代的思想界之成就似乎与其强大的政治经济地位很不相称，不免令人感到困惑。② 人们产生这种疑问，原因在于未把视野延伸到唐代佛教的发展上来，只是在儒家的小圈子里寻找，在韩愈、柳宗元、刘禹锡等人身上打转。当时主要的思想家和杰出的哲学家都不在儒家而在佛门。③ 唐代佛教在哲理方面取得了高度成就，发展出天台宗、华严宗，直至禅宗，达到佛学最高的智慧。这些宗派的大师如智顗、湛然、玄奘、慧能等都够得上是真正的大哲学家，与西方的大哲学家相较绝无逊色。佛教的教义发展到这里已经是最高峰了。唐朝佛学发展基本解答了唐代人所遇到的宇宙、人生、社会等各方面的问题，这是儒家思想所不能望其项背的。代表儒家思想的《五经正义》没有形成完整的理论体系，不能反映唐王朝的宏大开阔风貌，也不能解答唐代人可能提出的重大问题。

隋唐时期，佛教最重要的发展成就是心性论的展开。在隋唐时期，佛教内部形成了很多宗派，如天台宗、三论宗、法相宗、华严宗、律宗、禅宗、净土宗、密宗等，其中影响较大的宗派是天台宗、华严宗、法相宗和禅宗。各宗派用各自的观点、方法

---

① 李节：《潭州疏言禅师太原求藏经诗序》，《全唐文》卷七八八。

② 钱穆先生在《晚学盲言》的"政治与社会"一节中曾经这样评论："故唐代在中国学术史上，实仅可称一文学时代，前不如南北朝，后更不如宋。……则唐代可称述者，除富强外，人物则可谓渺乎在后矣。……而言学术思想，则在中国历史上又每以汉宋对比。宋代实为中国历史上之文艺复兴时代，而唐代实乃其衰落时代。"

③ 参见任继愈：《从佛教到儒教》，见杨曾文、方广锠主编：《佛教与历史文化》。

分别建立了心性论体系。北宋以后，心性修养、明心见性等心性论成果为儒家吸纳，并与治国平天下的政治目标相结合，开启了儒家思想的新时代。① 这里仅论述天台宗与禅宗的社会思想，以见隋唐佛教社会思想之一斑。

第一节 天台宗的社会思想

天台宗渊源于南北朝时期，而创于隋，盛于唐，中唐以后趋于衰落。天台宗是由于这一宗派的智者大师住在天台山国清寺而得名的，其主要代表人物是智顗（531—597年）和湛然（711—782年）。天台宗主要是依据《法华经》，其教旨主要是“三谛圆融”和“一念三千”②，认为世界万物和“尘世”中的一切事物，都是人心一念的产物。世界上的万事万物本来都是“空”的，就连人们的“心”也同样是“空”，所谓“三界无别法，惟是一心作。今求心不可得，即一切空”③。现实社会中的一切冲突、纷争和问题，都是由于世俗中人的“无明”，是由于愚人的妄想所造成的。智顗认为，“行心从受生，受心从想生，想心从识生，识从过去行生，过去行从无明生，无明从妄想生，妄想还从妄想生”④。由于世俗社会中的人们都被“无明”所困惑，他们就产生出许多妄想，妄想又发生连锁反应，产生出新的更多的妄想。这些妄想的恶性循环，就使人们越来越愚昧、贪得而不能自拔，并由此产生出越来越强烈的“想心”、“受心”和“行心”，有行心就有行为。人们都把这些由妄想发源的贪得之心化为行动，社会的问题和冲突就势在必有了。

在佛教天台宗看来，解决社会秩序失调的最好办法，莫过于一个“空”字。智顗认为，世间人们所谓的“有”都不过是“假有”，只有把现实社会中的一切事物都看作虚幻不实的（“空谛”），都看作一种假象，是看上去似乎“有”的一种假借的概念（“假谛”），才能符合于佛教的最高真理——中道（“中谛”）。“空谛”是世界万物的实质，是从“道”的角度着眼的，所以又可以叫作“真谛”；“假谛”是从世俗的角度着眼的，是权宜之计，所以又可以叫“俗谛”⑤。而真谛

---

① 在思想互动、三教合一的历史中，佛教心性论的兴起，特别是禅宗“不立文字，教外别传”的门风，向人们指明找到现实社会的真理不在经典之中，文化并非人探求真正的道德准则的中介，“尽信书不如无书”，开启了新的怀疑主义，使士人治学门径与理路发生很大变化，成为宋以后儒家社会思想发展的重要变量。程朱理学提倡治学的目的是求道于天理，达到个人道德的完善，而不特别重视科举和参政，陆王心学则直指良心，以泰州学派为代表的阳明后学重视开发平民百姓的社会道德，开展乡村建设。美国学者包弼德在《斯文：中国唐宋时期的学术演变》（刘宁译，江苏人民出版社，2001）最后一章对程颐道学的分析中，认为程颐在学术上最主要的贡献在于他阐释了为什么个人能够直接通过己心认识到真正的道德准则。不过，由于包氏本人是研究二程的专家，所以视野只及二程，未详述佛教对后来儒学的影响，也没有涉及后世儒学的发展脉络。

② 汤用彤：《隋唐佛教史稿》，135页，北京，中华书局，1982。

③ 《摩诃止观》卷五下。

④ 《摩诃止观》卷八下。

⑤ 《摩诃止观》卷三下。

和俗谛是相矛盾的，即社会中的一切事物都是"空"的，但又各有假象存在，又不能说成是空的。所以一切事物都是非空非有、亦空亦有的，故智顗说："初观用空，后观用假，是为双存方便。入中道时，能双照二谛。"[①] 中谛是空与假的统一，是"真如"（佛性），因此，空、假、中三谛是互相融通的，它们都系于信仰者的一心，就是所谓的"三谛圆融"了。

那么，何为"一念三千"呢？一念就是人的某一种念头，而三千则源于佛教作为轮回报应学说依据的"十法界"。十法界即是世界的"六道"（地狱、饿鬼、畜生、阿修罗、世人、天人）加上"声闻"、"缘觉"、"菩萨"和"佛"。这十法界又都是相通的，所以可以细分为百法界，而百法界又各有"十如是"，即"相"（表相）、"性"（性质）、"体"（质体）、"力"（力量）、"业"（作业）、"因"（根据）、"缘"（条件）、"果"（结果）、"应对"（报应）、"本末究竟"（总体），于是又可以分为千法界了。这千法界中之每一界又各有三种世间，即众生世间（有生命的世界）、国土世间（众生所依的生存基地）、五蕴世间（构成各界的物质和精神因素），于是又可细分为"三千法界"了。

一个人究竟将得到何种报应，入何种法界呢？天台宗认为，这完全取决于自己的"一念"。"欲界"的报应不超出"六道"（又称"六凡"）的范围，而人的行为只有善、恶两种，故此，又把善行和恶行各分为三品，得报应也各有三品，以和"六凡"相对应。

行天道而得天报是"欲界"社会中最高级的，而地狱最可怕，地狱里又有若干差别，"剥、割、截、烧、煮、剉、切，尚复若干，不可称计"[②]。这就告诫人们，你如果身处欲界之中，要想避免死后或来世堕入地狱之苦，就应努力做到发上品善心，行天道而得天报；如果要想"超凡入圣"，成为菩萨乃至佛，就要摆脱欲界的困扰，出家为僧。一个人究竟得何报，取决于其所行，其行的内容是什么，又取决于其"一念"，这大概就是"一念三千"学说的真正意义了。

后来，湛然进一步提出"无情有性"的理论，主张那种超现实的"真如"（佛性）是绝对存在的。不仅一切人、一切动物有佛性，连草木砖石（无情者）也有佛性，都有成佛的可能。

然而，任何玄妙的说教都是无法脱离现实社会的，正如恩格斯所指出的："每一时代的社会经济结构形成现实基础，每一个历史时期的由法的设施和政治设施以及宗教的、哲学的和其他的观念形式所构成的全部上层建筑，归根到底都应由这个基础来说明。"[③] 天台宗的"一念三千"、"三谛圆融"的说教，把人生苦难错误地归因于个人的道德和行为，其实是要人们放弃现实社会中的一切冲突和是非，去追求虚幻的精神解脱。归根到底是为了协调社会关系、整合社会秩序的一种宗教化了的社会思想。这种社会思想，特别是"一念三千"和轮回报应思想，看来比儒家思想更具有震慑力。佛教所以受到封建统治阶级的扶植，原因就在于此。

---

① 《摩诃止观》卷三上。

② 《摩诃止观》卷一上。

③ 《马克思恩格斯选集》，2版，第3卷，365页，北京，人民出版社，1995。

第二节 禅宗的社会思想

禅宗是中国佛教的一个重要宗派。它开始于南北朝时期来华的南印度僧人达摩，传到唐朝和尚慧能，才真正发展成为一个宗派。唐中叶以后，禅宗成为中国佛教中最有势力的宗派，安史之乱后，唐末、五代是它的极盛时期，宋元以后仍然继续流传，并曾对宋代理学产生深刻的影响。

“禅”是天竺语“禅那”（Dbyana）的意译，意思是“静虑”或“禅定”，也就是安静地沉思。这本来是古代印度的包括佛教在内的许多宗教所采用的修养方法。作为佛教中的一个重要宗派的“禅宗”，则纯属中国佛教的产物，是中国化的佛教。

相传达摩来到北魏以前，旧的禅定方法是要求静坐，调整呼吸，思想集中，并且有很多烦琐的规定，又划分若干阶段，很难掌握。达摩则提出新的禅定方法，这种新方法取消了旧坐禅方法的规定，而主张在禅定的形式下进行思想意识的修炼，教人们从自己的思想意识中脱离现实社会生活（舍伪），去追求一种超现实社会生活的真如境界（归真）。而要达到这种思想境界，就须否认自我存在的真实性（无自），而且还须否认整个社会生活和一切物质存在的真实性（无他）。把人类社会生活、人们的伦理规范都看作“苦”的、“空”的，人们也就不会在利害得失面前争夺不休了。

达摩认为，社会的一切问题和冲突都是由于人们受到外界的利害得失等刺激的诱惑而产生，而要摆脱这种诱惑，接受佛教“真如”的原则，就要按他所设计的方案修行：

第一是要修“报怨行”。通过这种修养，做到“逢苦不忧”。

第二是要修“随缘行”。通过这种修养，做到放弃任何社会价值观念，不知什么是是非善恶，也不知什么是痛苦和快乐，把自己所遭逢的一切都看作命运的安排。

第三是要修“无所求行”。通过这种修养，使人们放弃改善自己生存条件的任何需求。

第四是修“称法行”。通过这种修养，使人们都自觉地按照佛教所设计的行为规范（法）去行事。①

达摩提出的这种简单的修行方法是以前所没有过的。他所以要这样做，是由于他意识到，要使佛教社会思想在中国北方扎下根来，就必须与当时北方的重实行而轻义理的学术风尚相适应。达摩提出的修炼方法，是当时中国北方的具体社会环境的产物，是在佛教社会思想中国化的道路上迈出的巨大的一步。

据记载，达摩传法于慧可，又三传至弘忍（601—674 年），这是禅宗的形成阶段。至五祖弘忍之后，分成北宗神秀、南宗慧能，时称“南能北秀”。中唐以后，经

---

① 均参见任继愈主编：《中国哲学史》，第三册，80～81 页，北京，人民出版社，1979。

慧能弟子神会等人提倡，南宗成为禅宗的正统，受到唐王室重视，对社会产生了较大影响。此后禅宗蔚为显学，禅宗的正式成立应从慧能算起。

慧能俗姓卢，生于公元638年（唐太宗贞观十二年），卒于公元713年（唐玄宗开元元年），慧能不识字，他平时讲经，经门人记录，称为《坛经》，这是研究慧能思想的第一手资料。

慧能认为，社会中任何人都有佛性，一个人只要有主观的信仰，相信自己本来就有佛性，接受佛教的社会价值观，就可以顿悟成佛。佛本来就在自己的心、性之中，求佛根本不用迢迢万里到西天去求。他说："菩提只向心觅，何劳向外求玄？听说依此修行，天堂只在目前。"① 自己心中的真如佛性所以不能显现就是由于那些逾越社会规范的行为和妄想的存在。因此，他劝人们奉行恩、义、让、忍，认为"恩则亲养父母，义则上下相怜，让则尊卑和睦，忍则众意无喧"，又劝人们除"十恶"，除"八邪"，行"十善"，若有邪心、烦恼、毒害、虚妄、贪贿之心就是"恶"。相反，慈悲、喜舍名、平直等就是"善"。② 如果已经有了恶，就要真诚地"忏悔"。慧能说："忏者，忏其前愆。"从前所有恶业、愚迷、骄诳、嫉妒等罪，悉皆尽忏，永不复起，是名为忏。悔者，悔其后过。从今以后，所有丑业、愚迷、骄诳、嫉妒等罪，今已觉悟，"悉皆永断，更不复作，是名为悔"③。觉悟到自己以前有越轨行为是错误的，以后永不再犯。虽然你以前罪恶累累，但只要你已觉悟，改恶从善，真正忏悔，那么你就可以"顿悟成佛"了！

可见，慧能的"佛"，并不是西天如来佛，而是一个无烦恼、无牵挂、无是非爱憎的自在佛。只要能从现实社会的利害得失、是非爱惜的旋涡中自我"超度"出来，做到所谓"邪来正度、迷来悟度、愚来智度、恶来善度"，不胡思乱想，以免因"思量恶事"而"化为地狱"，去努力"思量善事，化为天堂"④。也就成为自在佛了。他描述佛的思想境界说："若真修道人，不见世间过；若见他人非，自非却是左；他非我不非，我非自有过；但自却非心，打除烦恼破，憎爱不关心，长伸两脚卧。"⑤ 无是非之心，无爱憎之心，自由自在，长伸两脚而卧，那就是慧能理想中的"佛"了，这一简单速成的道路，对于广大劳动人民来说有很大的欺骗性。对统治阶级来说，也正好投合了他们贪婪、残忍的阶级性格——哪怕是罪大恶极，只要"放下屠刀"，就能"立地成佛"，因此受到统治阶级的欢迎和大力支持。

禅宗的佛性本来就虚无缥缈，其顿悟成佛则更是空话和幻想。马克思指出："我们不把世俗问题化为**神学**问题。我们要把神学问题化为世俗问题。"⑥ 佛教禅宗所以能在中国流行和发展，是有其社会原因的，即它是中国化了的佛教。禅宗并不是生搬印度佛教的教条，而是适应中国国情和学风创造出来的。禅宗在宗教仪式上简单易

---

① 《坛经·决疑品》。
② 同上。
③ 《坛经·忏悔品》。
④ 同上。
⑤ 《坛经·般若品》。
⑥ 《马克思恩格斯全集》，中文1版，第1卷，425页，北京，人民出版社，1956。

行，不立文字，不主张诵经拜佛，因此，即使不识字、没有读佛经能力的社会下层劳苦大众，也能进入禅宗学佛修佛。当劳动人民在现实的苦难社会之中无法解脱的时候，便可以顺利地从禅宗之中找到精神上的佛国；从唐朝“安史之乱”后至五代时期，是中国社会秩序的又一个大动乱时期，在现实社会生活中找不到出路的地主阶级，也想从禅宗的说教中找到出路，而禅宗的教义对社会中的任何一个阶级或阶层都是适用的，这是禅宗得以发展的主要社会原因。禅宗认为不必与现实社会进行任何斗争，只要改变一下对于现实社会的态度，就可以自我解脱了。它和其他佛教宗派一样，教人们忍受苦难，甚至把现实的苦难当作快乐去迎接，从而培养人们逆来顺受的奴化性格。它倡导的思想解脱，只不过是用新的形式更牢固地束缚人们的思想，使人们毫无怨言地以至快乐地在苦难社会中生活，这既是禅宗的社会功能，也是任何官方宗教的社会功能，这又是佛教禅宗得以发展的重要原因之一。

由此看来，宗教神学的思想，说到底是一种社会思想。

本章要点

1. 天台宗主要是依据《法华经》，其教旨主要是“三谛圆融”、“一念三千”。其特点是要人们放弃现实社会中的一切冲突和是非，去追求虚幻的精神的解脱。归根到底是为了协调社会关系，整合社会秩序的一种宗教化了的社会思想。这种社会思想，特别是“一念三千”和“轮回报应”思想，看来比儒家思想更具有震慑力。佛教所以受到封建统治阶级的扶植，原因就在于此。

2. 禅宗是中国佛教的一个重要宗派，是中国化的佛教。唐中叶以后禅宗成为中国佛教中最有势力的宗派，唐末、五代时期是它的极盛时期，宋元以后仍然继续流传并曾对宋代理学产生深刻的影响。禅宗认为不必与现实社会进行任何斗争，只要改变一下对于现实社会的态度，就可以自我解脱了。它和其他宗派一样，教人们忍受苦难，甚至把现实的苦难当作快乐去迎接他，这种宗教神学的思想对调适现实社会中的各种矛盾或冲突是有效的，所以说到底是一种社会思想。

复习思考题

1. 试从社会心理学角度分析“一念三千”论。
2. 禅宗思想在中国流行的社会基础是什么？
3. 试比较佛教社会思想与儒家社会思想的特点。
4. 试比较佛教与道教社会思想之间的异同。

推荐阅读书目

1. （唐）慧能撰，郭朋校著：《坛经校释》，北京，中华书局，1983。
2. 范文澜：《唐代佛教》，北京，人民出版社，1979。
3. 汤用彤：《隋唐佛教史稿》，北京，中华书局，1982。
4. 郭朋：《隋唐佛教》，济南，齐鲁书社，1980。
5. 冯友兰：《中国哲学史》，第八章、第九章，上海，华东师范大学出版社，2000。

第十六章 隋唐道教社会思想

第一节 隋唐道教简况

道教在南北朝时期经葛洪，南朝陆修静、陶弘景，北朝寇谦之的改造[①]，成为统治阶级的御用宗教（即所谓官方道教），并得到较大的发展。东晋及南朝，社会上层人物信奉道教者甚多，在北朝，北周武帝兴道灭佛，建立道场，比于寺院，发展更大。隋朝时期，隋文帝杨坚幼年由尼姑养育，所以规定三教的序位是佛教为先，道教次之，儒学为末。其尊道教胜过尊儒学。据说其年号“开皇”就是取自道教经典。炀帝大业年间道士以方术求进者仍为数不少。唐代更因为政治的原因而推崇道教。在李渊打天下的过程中，佛、道两教都出来献殷勤，以图本教得到发展。道教以李渊和道教鼻祖李耳同姓，便编造了一个故事取悦李渊，说是在羊角山遇到一位骑白马的老人，自称是李皇帝的祖宗李耳，并说唐代将享国一千年。李渊很高兴，于是承认自己是李耳的后裔，尊李耳为“圣祖”，并下令在羊角山立老君庙，道教因此受到尊重。李渊排定儒、佛、道三教的地位为道、儒、佛。李世民即位后，仍是“兴道抑佛”。高宗时期又给老子上尊号“太上玄元皇帝”，只是武则天时期才规定佛教在道教之上。到唐玄宗时期，道教徒地位更加显赫，并仿佛教“四大菩萨”之制，在“太上玄元皇帝”之下设四大真人，封庄子为“南华真人”，文子为“通玄真人”，列子为“冲虚真人”，庚桑子为“洞灵真人”。连其爱妃杨贵妃也曾被度为女道士。武宗时期，更有“会昌灭佛”的事件。唐代崇道家道教，以崇奉老子为核心。老子即被奉为皇家的“圣祖”，《老子》一书也被尊为《道德真经》，成为道教的首要经典，并被列为王公大臣和贡举之士人的必读书。唐玄宗曾亲自注疏《道德真经》，颁布全国，要求举国上下认真学习，使道家思想得以广泛传播，并使官僚、儒生、道士兴起研究老庄思想的风潮。在与佛教理论结合的基础上，形成“重玄”之学。中唐以后，重玄学衰，但重气派、金丹术仍很盛行，致使好几位皇帝之死都与服用金丹有关，这促使晚唐五代由外丹向内丹转变。总之，终唐一代，从政治地位上而言，基本上是道教

---

① 见《魏书》卷一一四，《释老志》。

在佛教之上，而从其宗教理论及其社会思想的发展速度而言，则道教又远远落后于佛教。

李唐所以尊道教，承认是老子的后裔，一方面是为了借助神权说明李氏建唐朝是“顺天命”的，另一方面则是要利用道教作为麻痹人民意志、维护既定的社会结构体系和社会生活秩序的工具。唐代的道教是为李唐统治阶级服务的，而考察其思想内容，则是融合了道教的不同流派，并进一步吸收了儒学和佛教的思想，呈现出三教混合的趋势。

第二节 无能子的欲望论

无能子生活在衰败、动荡的唐朝末年，生卒年不可考。《道藏·太玄部》收入《无能子》一书，不注作者真实姓名。这可能与无能子的信仰有关系，因为故意不留真实姓名，而以无能子自称，可以显示道家中人“大隐无名”的意趣。《无能子》一书共有上、中、下三卷。书中从道家立场考察了一些重要社会问题，是反映晚唐道教社会思想的一部重要著作。

无能子认为，“天下人所共趋之而不知止者，富贵与美名尔”[①]，人们为了追求富贵和美名，都在不知厌倦地奔波，而富贵的实质就是物质利益，因为“物足则富贵，富贵则帝王公侯”。所以，“所谓富贵者，足于物耳”[②]，人们都“以足物者为富贵，无物者为贫贱”，于是就都“乐富贵，耻贫贱”，而那些在奔波中达不到因足物而富贵之目的者，就会因欲望不得满足而“无所不至”，采用不轨行为以图如愿。这是一个十分简单的道理，但“自古及今”人们都“醒而不悟”，可见物质利益对人们的诱惑力之大。

所谓“美名”是什么呢？无能子说：“夫所谓美名者，岂不以居家孝、事上忠、朋友信、临财廉、充乎才、足乎艺之类耶？此皆所谓‘圣人’者尚之，以拘愚人也。”[③]美名就是人们给那些模范地遵守儒家纲常伦理的人加上的好名声，其实就其实质而言，这些社会规范都是所谓的圣人们有意崇尚而用来限制和愚弄人们行为的枷锁。

道教继承道家的“贵生爱身”思想，认为名利这种东西很不必要，不仅因为它是身外之物，也因为有时候名利会累及生命。所以，人们不重视生命而崇尚享富贵、得美名，在无能子看来是最可奇怪的。他谆谆教导世人，接受这些东西的实体是“人之形质”，“皮之不存，毛将焉附”，假如没有了“形质”——人的身体，一切的美名、富贵都将失去意义。人们的血肉之躯不过是个盛放着血和肮脏东西的皮囊，存在的时

---

① 《无能子·质妄》，《道藏》本，后同。

② 同上。

③ 同上。

间又很短暂，给它附加种种美名与富贵的东西毫无必要。放眼望去，人们为这个“朝合而暮坏”的血肉之躯而竭力奔波，以求富贵、美名，以至于为此而坏了良心，无恶不作，是丧失了人的“自然正性”的表现。这些都是那些所谓圣人们的罪过。贵生爱身、淡泊名利，正是无能子去做隐士的内在动力。

在《无能子·答通问》中，他明确地表达了这种淡泊名利的思想。该文中记载，无能子家贫，他的名字叫通的侄子跟着他过日子，穿不暖吃不饱。有一天，侄子对他说：我们忍饥受寒很长时间了。我常常做梦，梦见自己高官得做，骏马得骑，锦衣玉食，好不风光啊。梦中升官发财是多么快乐，醒来却为衣食不足而忧伤，不胜悲凉，要是能把梦境与现实颠倒过来该多好啊！无能子反问道：白天忧伤，夜里欢乐，不是很平均吗，为什么非要颠倒一下呢？他侄子答道：因为夜里欢乐是在梦境里。无能子又问：你在梦境里“居屋室，乘车马，披衣服，进饮食，悦妻子，憎仇雠，忧乐喜怒，与夫寤而所欲所有为者，有所异耶？”他侄子答道：“无所异。”于是无能子发出一段“高论”。他说：

> 无所异，则安知寐而为之者梦耶？寤而为之者梦耶？且人生百岁，其间昼夕相半，半忧半乐，又何怨乎？……百年犹一夕也，汝能冥乎虚而专乎常，则不知所以饥寒富贵矣。动乎情而属乎形，则昼夕寤寐俱梦矣！①

无能子认为，既然做梦和醒来所欲望的东西一致，怎么断定白天所想得到的和梦境里已经得到的哪个是假、哪个是真呢？人能在夜里欢乐，白天忧伤，已经得到了“半忧半乐”，就不该有怨言了。从生命历程来看，“百年犹一夕”，真是人生如梦，转眼百年。在这个如梦的社会生活中，饥寒与富贵没有什么不同，又为何去“乐富贵，耻贫贱”呢？人们的欲望或需求又有什么意义呢？如果人们都信奉了无能子的这些说教，无论处在何种困厄之中，都能随遇而安，是绝不会对社会、对别人有怨恨之心、之言、之行的。如果这样，社会中也就不会有任何冲突或问题发生了。无能子的出发点未必是为封建统治阶级作为治理社会的工具，但这一思想至少在客观上是利于封建统治阶级维护既定社会结构体系的。

第三节
无能子论社会规范

无能子认为社会文化和社会规范是造成社会自然秩序紊乱，人民遭受“困贫夭折之苦”、“覆家亡国之祸”② 的最根本原因，这一点与庄子的社会思想完全一致。

在道教里面有孔子就教于老子的传说，无能子对这一段故事重新进行了诠释：孔子修订礼乐制度，删定《诗》、《书》，编修《春秋》，以恢复正常的人伦秩序，杜乱臣

① 《无能子·答通问》。
② 《无能子·圣过》。

贼子谋逆之心。这些事情做好之后，他去告诉老子，向老子请教。老子对此发表自己的观点说："自昔圣人创物立事，诱动人情，人情失于自然而夭其性命者，纷然矣。今汝又文而缛之，以繁人情。人情繁则怠，怠则诈，诈则益乱。所谓伐天真而矜己者也，天祸必及。"[①] 大意是说，过去圣人创设的种种礼俗，都着眼于激发人的欲望。欲望使人偏离自然本性的轨道，不仅年寿不永，而且导致社会纷乱。现在你孔子又以繁文缛节来约束人，规矩太多了就使人怠惰，使人奸诈，这反而更容易引起混乱。这实质上是灭绝天真灵性的做法，必将遭到上天的惩罚。

其实，这段寓言故事中老子的观点就是无能子本人的观点。无能子认为，如果利用制定严密完整的社会规范的方法协调人与人的关系，防止越轨行为，结果必然适得其反。因为社会规范越是繁密，人们就越是不自由，反而会产生轻慢的心理，以图"抄近路，搭便车"，这就会使人们产生欺诈之心，互相欺诈的结果是社会秩序更加混乱。

无能子认为，各种社会冲突和社会问题都是由社会文化和社会规范造成的，而推进社会文化发展及不断修订社会规范的是那些所谓圣人。因此，"圣人"是造成社会自然生活秩序日益失调的罪魁祸首。

他认为，社会产生之初是美好的。天地生于阴阳之气中，而在天地之间又生成了裸虫、鳞虫、羽虫、毛虫、甲虫等五类动物，人就是其中的"裸虫"。在太古之时，裸虫（人）与其他四种虫类"杂处"，且与其他四种虫类是完全平等的。裸虫们"雌雄牝牡，自然相合，无男女夫妇之别，父子兄弟之序；夏巢冬穴，无宫室之制，茹毛饮血，无百谷之食；生自驰，死自仆，无夺害之心，无瘗藏之事"[②]。在这个社会里，根本不存在什么社会伦理规范，而且除了筑巢凿穴之外没有任何社会文化可言。人们生死都随其自然，人与人之间毫无相夺相害之心，更没有社会的管理者。这是一个"任其自然，遂其天真，无所司牧，濛濛淳淳"[③] 的安宁而又自然和谐的社会。

然而，到后来在裸虫中出现了"繁其智虑"者，他们给裸虫起名曰"人"，并"以法限鳞、毛、羽、（甲）诸虫"。同时，在人类内部又"相教播种以食百谷"，于是就发明了耒耜等农具；"构木合土以建宫室"，于是又发明了斧斤等工具；"设婚嫁以析雌雄牝牡"，于是就相应地产生了"夫妇之别"、"父子兄弟之序"；并又采用棺椁衣衾埋葬死者，相应地产生了"丧葬之仪"，人们制造了各种器械以捕猎鳞、毛、羽、甲诸虫，于是又相应地产生了"刀俎之味"。——这些社会文化和社会规范的形成，结果使本来朴素而又自然和谐的社会遭到了破坏，所谓"濛淳以之散，情意以之作，然犹自强自弱，无所制焉"[④]。

为了解决社会生活秩序失调问题，那些所谓的贤能之辈设计出一套理想的社会治理方案，就是在众人中推举一名出来做领导，号称"君王"，其他的人都被称为

---

① 《无能子·老君说》。

② 《无能子·圣过》。

③ 同上。

④ 同上。

“臣”，并且规定君可以凌驾于臣之上，命令臣，役使臣，臣下不得反抗君的命令。这一社会治理方案的实施，就又使社会中产生了“君臣之分，尊卑之节”及“尊者隆，众者同”的结构体系。这之后，又设置爵禄来升降官员，使社会出现了“贵贱之等”、“贫富之差”。随着社会向贵贱、贫富的分化，又出现了“贱慕贵，贫慕富”，争名夺利等社会问题。人们为了得到富贵，丧失纯真的本性，越来越迷失于欲望的深渊，陷入“争则夺，夺则乱”的恶性循环，结果使社会生活秩序更加失调和纷乱了。

为了解决这些新的社会问题，贤能之辈又设计出新的社会治理方案，其内容为“立仁义忠信之教，礼乐之章”，用“苛刻”一词来定义君虐待臣的做法，用“叛逆”一词来讨伐臣侵犯君的做法，用“不慈”来定名父不爱子，用“不孝”来批评子女不尊敬父母的做法，用“不友”、“不悌”来指称兄弟关系不和睦，用“不贞”、“不和”来说明夫妇关系出现的问题。这个方案比以前更加细腻了，它规定了各个社会角色应操持的行为规范，并按这一规范体系确定了社会价值观——遵守自己所处的社会角色规范者，人们就认为是好的善的，并由此而得荣誉；逾越这些角色规范者就被认为是坏的恶的，并因此而受辱。

无能子认为，这个方案在实施的初期很有成效，它使人们“乐是耻非之心生焉，而争心抑焉”。可是，降及后代，它就又失去了社会治理的功能——由于人们的各种嗜欲越来越炽烈，顾不上什么以既定的“是”为乐，以既定的“非”为耻了。于是人们又都“背仁义忠信，逾礼乐”，社会秩序再也不能用制定更繁缛的规范加以治理了。可是人们生存还必须有正常的社会秩序与运行机制，那些所谓的圣人们面对社会现实显得无可奈何，也只有采用强硬手段进行社会控制了。故无能子说：“谓之圣人者悔之，不得已乃设刑法与兵以制之。小则刑之，大则兵之。”而强硬的惩罚措施给人们罗织各种罪名，给人们戴上了沉重的枷锁，也使得各种社会矛盾更为激化，社会变成血与火的社会，“覆家亡国之祸绵绵不绝，生民困贫夭折之苦漫漫不止”。如果社会照这种趋势发展下去，真使人类瞻念前程，不寒而栗了！而说到底，造成社会重重困厄的，就是那些“繁其智虑”的“圣人”们！所以，无能子作结论说：

> 自然而虫之，不自然而人之，强立宫室饮食以诱其欲，强分贵贱尊卑以激其争，强为仁义礼乐以倾其真，强行刑法征伐以残其生，俾逐其末而忘其本，纷其情而伐其命，迷迷相死，古今不复，谓之“圣人”者之过也！①

这段话的大意是，自然状态下的人，其实与动物界其他生命没有什么两样，但是在自命为人之后，人兽分途，受到物质生活、名利地位等种种诱惑，遭受仁义礼乐等说教的束缚，遭受刑法、征伐之苦，从此不得自由，这种生活境况的根由是社会发展背离了人的自然本性，儒家宣扬的“圣人”在这个过程中有着不可推卸的责任。

从上述理论可见，无能子的社会思想是与庄子的社会思想相通的。庄子倡导“绝圣弃智”，要“掊击圣人”，使社会恢复自然常态，无能子则忠实地继承了这一思想。所不同的是庄子社会思想产生于封建制刚刚形成的战国前期，而无能子是生活于中国

---

① 《无能子·圣过》。

封建社会的中期，所以无能子的这一思想就更具有战斗性。他的这些思想实际上是对封建社会君主专制、名教纲常的否定，是具有重大社会意义的。当然，我们也不能否认，无能子的出发点是消极的，他否定社会文明的发展更是错误的。

无能子的万物同根、众生平等的思想，体现了道教对佛学思想成果的吸纳。无能子试图把众生平等思想整合进中国人的社会演化观念之中，重新设计人与人的社会关系、人与自然的关系。儒家则一直坚持“天地之性人为贵”的价值观，对佛教的“众生平等”及道家的万物同根、“物无贵贱”的思想持否定态度，直至宋代张载提出“民胞物与”思想才有所转变。今天看来，众生平等思想不失为一种先进的环保理念，值得进一步肯定。

第四节 谭峭论社会问题与社会冲突

五代时期是一个社会动荡不安的时期，由于战乱及朝代的不断更替，封建政权对社会的控制力量相对减弱，对思想界的控制也相对松弛，因此出现了一些敢于指陈社会问题，批判封建统治阶级的具有人民性倾向的思想家，谭峭即是其中之一。

谭峭，字景升，五代时泉州人，生卒年不可考。其父谭洙曾为唐朝的国子司业。谭峭曾拜嵩山道士为师，学得金丹道教的养气炼丹之术，道教人物中称之为“紫霄真人”。他所著的《化书》一时享有盛誉。《化书》是一部重要的道教著作，其思想内容以道家思想为本，并附和了儒家思想，同时也可从中考见道教与佛教的结合趋势。传说他曾携此书去见南唐大臣宋齐丘，请宋齐丘作序，结果宋齐丘为了窃取该书而杀死了他，所以《化书》又名《齐丘子》或《宋齐丘化书》。[①]

一、论社会问题

晚唐五代社会是一个社会问题丛生，社会冲突迭起的社会。谭峭把产生社会问题的根源归结到统治阶级贪心不足以及由此而造成的人民衣食不足问题。

趋利避害本来是人所当有的生理反应，但是普遍的社会心理却是趋利而不知避害，而且问题严重到“天下贤愚”都这样不知醒悟的地步。人们只知趋利不已，不知道获得利益以利己的过程也是害己的过程。这种贪心不足问题不仅存在于社会上层，在下层社会中间也同样存在，但社会上层必须对这种造成严重弊害的社会风气负责任。他指出：“……王好奢则臣不足，臣好奢则士不足，士好奢则民不足，民好奢则天下不足。”[②] 因此，“天下不足”的根本原因还是“王好奢”所致，天下不足又必然

---

① 参见黄震：《黄氏日抄》。

② 《化书·食象》，《道藏》本，后同。

造成人与人之间的争夺，破坏社会生活秩序的正常运行状态。

由此而造成的社会问题，主要表现为欺罔、鞭挞、盗窃、杀害以至刑戮。谭峭揭示这些重要问题说："王取其丝，吏取其纶；王取其纶，吏取其绰。取之不已，至于欺罔；欺罔不已，至于鞭挞；鞭挞不已，至于盗窃；盗窃不已，至于杀害；杀害不已，至于刑戮。"[①] 可见在他看来，上述所有社会问题都发源于政府和官吏的横征暴敛，特别是严重的层层盘剥。在剥夺的过程中以国家机器为手段进行鞭挞、杀害、刑戮，说明了社会问题的根源在于体制化剥夺和层层剥夺。这是谭峭社会问题意识的重要特征。从这个角度审视社会问题，会发现社会中严重存在的诈骗、盗窃、杀人越货等越轨行为都是官僚系统的体制化层层剥夺造成的，都不是出自人民的本来愿望，"欺罔非民爱，而裒敛者教之；杀害非民愿，而鞭挞者训之"[②]。种种越轨行为，是人们为了生存，在万不得已的情况下，采取的比坐以待毙稍好一些的行动。

谭峭认为，要想解决这些重大社会问题，必须从减少各阶层对劳动人民的掠夺着手做起。否则，空洞地讲"仁"讲"礼"，是丝毫没有社会治理功能的。他认为，最重要的是解决人民的温饱问题，所谓"民事之急无甚于食"。劳动人民在社会财富分配和社会交换过程中处于不利地位，受到官僚系统的剥夺，工商业者的盘剥，道教佛教的搜刮，又受到战争、作物丰歉的影响，生活极为艰难，许多人已经到了无以维持最基本的生存条件的程度。谭峭对劳动人民表示了极大的同情，并对制造这种社会悲剧的"王者"、"大人"们表示了极大的痛恨。他愤愤地说："王者之刑理不平，斯不平之甚也！大人之道救不义，斯不义之甚也！而行切切之仁，用戚戚之礼，其何以谢之哉?"[③] 那些以整治天下不平事为目的的"王者之刑"，那些以控制不轨行为为宗旨的"大人之道"，为什么竟对现实社会严重存在的最大的不平、不义熟视无睹呢?! 不去解决这样重大的现实社会问题，而奢谈什么"仁"、"礼"，又有什么用处呢? 他尖锐地批判那些"大人"、"王者"讲道德是虚伪的，讲仁义是不切社会实际的，讲刑罚礼乐是起不到整合社会秩序、控制越轨行为的作用的，即所谓"道德有所不实，仁义有所不至，刑礼有所不足"[④]，因而，社会问题将日趋严重，甚至表现为直接对抗的形式了。

二、论社会冲突

在社会生活中，当人与人或集团与集团之间在价值观上有争议，以及权力、地位、资源分配不均的时候，就会发生冲突。在冲突中，一方总是企图伤害或消除另一方，从而使冲突消解。否则，这种冲突仍将继续乃至于加剧。在阶级社会里，社会的冲突往往起源于统治阶级对被统治阶级的欺压。谭峭虽然不懂得阶级理论，但他考虑

① 《化书·丝纶》。
② 同上。
③ 《化书·七夺》。
④ 《化书·大化》。

社会冲突时已认识到，社会冲突是由“大人”不顾“小人”们的基本生存权益所诱发的。当时的老百姓把饥饿比作痛苦的大疮和熊熊烈火，为了活命，他们已经被逼到无所不食，无所不为的地步了。谭峭看着社会冲突越来越激烈，大声呼吁统治者重视这个问题。他描述人民遭受宰割的惨状，“夫剜其肌，啖其肉，不得不哭；扼其喉，夺其哺，不得不怒。民之瘠也，由剜其肌，民之馁也，由夺其哺”[①]。解决剥削问题，为人民处理好温饱问题，已经成为关系国家兴亡的关键。[②] 其问题的严重性还在于，由于人民的行为已无法再顾及社会规范，不同社会集团或阶级无法取得共同的利与害，结果“上以食而辱下，下以食而欺上；上不得不恶下，下不得不疑上”，社会集团与阶级之间的关系日趋紧张起来。这说明在社会的权力、地位和资源分配严重不平等的情况下，社会的价值观念也发生了离异，这与社会冲突形成了一个恶性循环。

面对严重的社会冲突，既得利益的社会阶级或集团企图采取压制的办法，这是极为愚蠢的。无论是“天子作弓矢以威天下”，“君子作礼乐以防小人”，还是“有国者好聚敛，蓄粟帛、具甲兵以御贼盗”，都是企图在不损失自己利益的前提下达到消解冲突的目的，然而却忘记了对方也在积极采取相应对策为自己争取利益。因此，冲突的实际结果往往是“天下盗弓矢以侮天子”，“小人盗礼乐以僭君子”，“贼盗擅甲兵、踞粟帛以夺其国”[③]。那些天子、君子、有国者最终是“得仇雠”，“得斗争”[④]。谭峭认为，这绝不能责怪人民。他诚恳地告诫王者大人们说：“慎勿怨盗贼，盗贼惟我召；慎勿怨叛乱，叛乱禀我教。”[⑤] 因为这都是由“王者”、“大人”们的“燕享”、“奢荡”、“聚敛”所造成的。

社会冲突及王者大人的败亡，是他们自己的一系列行为所造成的必然结果。谭峭描述这个恶性变化的全过程说，王者大人为了维护自己的利益而开始讲“揖让”，结果揖让化“升降”，升降化“尊卑”，尊卑化“分别”，分别化“冠冕”，冠冕化“车辂”，车辂化“宫室”，宫室化“掖卫”，掖卫化“燕享”，燕享化“奢荡”，奢荡化“聚敛”的一系列恶性变化之后，才又由“聚敛化欺罔，欺罔化刑戮，刑戮化悖乱，悖乱化甲兵，甲兵化争夺，争夺化败亡”的[⑥]，如果败亡之前的各层变化因素不变，败亡的结果是不可能改变的，所谓“其来也势不可遏。其去也力不可拔”[⑦]。如果长此以往，按这样的恶性变化过程进行下去，必然是“王者”、“大人”的败亡和社会生活秩序的恶性运行。可见，谭峭论社会冲突问题时，尽管从哲学上看其万事皆化的理论是不正确的，但其所揭示的社会问题是深刻而尖锐的，具有战斗性的。

---

① 《化书·雀鼠》。

② 《化书·兴亡》：“疮者人之痛，火者人之急。而民喻饥谓之疮，比饿谓之火，盖情有所切也。夫鲍鱼与腐尸无异，鱁鮧与足垢无殊……苟其饥也，无所不食，苟其迫也，无所不为，斯所以为兴亡之机。”

③ 《化书·弓矢》。

④ 《化书·大和》。

⑤ 同上。

⑥ 均见《化书·大化》。

⑦ 同上。

第五节
谭峭的理想社会构想

谭峭以其对社会问题和社会冲突的考察为基础，进而构想了一个理想社会。其理想社会分为两个层次，一是面对现实而发的低层次的“太平”社会，一是最为理想的高层次的“大和”社会。

一、“太平”社会理想

谭峭认为，现实社会中的诸多问题和激烈冲突不能再发展下去了。应及时协调社会秩序建成一个“太平”社会。他说：

> 夫礼失于奢，乐失于淫。奢淫若水，去不复返，议欲救之，莫过乎俭。俭者，均食之道也。食均则仁义生，仁义生则礼乐序，礼乐序则民不怨，民不怨则神不怒，太平之业也。①

大体意思是，社会秩序是在上层社会的奢侈腐化中被逐步地腐蚀掉的。要使天下太平，恢复秩序，就要在社会上层提倡节俭之道。社会上层节俭了，老百姓才有指望保留较多的粮食。每家每户都能吃饱饭了，才会恢复仁义礼让的道德，进而产生稳定的社会秩序和得到遵守的社会制度。这样天下就确实太平了。

我们已经知道，谭峭对社会问题及社会冲突的考察是有一定深度的，他“议欲救之”，便设计出了这个由节俭而均食，由均食而使人民知仁义，尊礼乐，又由知仁义、尊礼乐而民不怨，神不怒的“太平”社会，其愿望是良好的。然而，我们也能看到，他这个和谐太平的社会与《太平经》中的理想社会有很大区别。他是试图以调和的方式，通过“王者”、“大人”们的“俭”来解决社会问题，消解社会冲突，实现“太平”的理想社会的。

二、“大和”社会理想

作为一个道教人物，谭峭是不甘心把上述太平社会作为最为理想的社会模式的，而只是以之作为最理想社会的基础。

谭峭最理想的社会是一个“大和”社会。他以比拟的手法阐发了自己的理想。他说：

> 蝼蚁之有君也，一拳之宫，与众处之；一块之台，与众临之；一粒之食，与

① 《化书·太平》。

众蓄之；一虫之肉，与众咂之；一罪之疑，与众戮之。故得心相通而后神相通，神相通而后气相通，气相通而后形相通。故我病则众病，我痛则众痛，怨何由起？叛何由始？斯太古之化也。①

蚂蚁也有君主，只要有一个拳头那么大的房屋它也要与蚁众一起居住，有一个小土块那样的地方也要与蚁众一起登高望远，有一粒粮食也要储藏起来与蚁众共同享用，有一只小虫那样的一块肉也与蚁众一起吃，发现一点小小的过失也要向大家公开，请大家来检讨自己。所以才能做到上下一心，声气相通，形成很强的凝聚力。君主有了烦恼之事，大家均为之烦恼。群体整合达到这样的程度，怎么还会有怨恨呢？怎么还会有叛乱发生呢？这是自然之道在发挥作用啊。在这里，谭峭对君民关系作了新的论述：君主应与臣民同甘苦，共患难，与他们分享房屋、粮食，以至于安全和尊严，形成强大的凝聚力，最后达到臣民尊重君主、理解君主的境界。这就是所谓的"大和"了。

此外，他在《大和》篇中又说：

不有和睦，焉得仇雠？不有赏劝，焉得斗争？是以大人无亲无疏，无爱无恶，是谓"大和"。

可见，谭峭理想中的"大和"社会有以下几个特点：

第一，这个社会没有剥削压迫，社会的管理者与其他社会成员共同劳动，共同享受，共同管理社会，利害关系也完全一致。

第二，社会中的所有成员具有相同的社会价值观念，社会管理者与所有社会成员的心、气、神都是相通的，而且形也相通，没有尊卑贵贱的差别。

第三，这个社会中人们都没有怨恨心理，因而也就没有任何社会冲突的发生条件。

第四，这个社会没有社会规范，也不用进行社会控制与治理，人与人的关系自然而然地处于一种没有亲疏、爱恶之分的"大和"状态。

显然，谭峭的"大和"社会理想不过是一种小农平均主义空想，其精神本于老子，其构想则代表了现实社会中的小农心理。在封建社会里，这种社会理想是永远不可能实现的。但谭峭认识不到这一点，仍津津于如何整治现实社会，设计着经"太平"社会而达到"大和"社会的方案。

本章要点

1. 无能子认为现实社会中人们追求富贵与美名的欲望，是丧失了人们的"自然正性"的表现，是那些所谓圣人们的罪过所致。如果人们都信奉了无能子的这些说教，无论处在何种困厄之中，都能随遇而安，是绝不会对社会、对别人有怨恨之心、之言、之行的。社会中也就不会有任何冲突或问题发生了。

2. 无能子认为社会文化和社会规范是造成社会自然秩序紊乱，"生民困贫夭折之

---

① 《化书·蝼蚁》。

苦”、“覆家灭国之祸”的最根本原因，这一点与庄子的社会思想完全一致。无能子的社会思想是与庄子的社会思想相通的。所不同的是庄子社会思想产生于封建制刚刚形成的战国前期，而无能子是生活于中国封建社会中期，所以无能子的这一思想就更具有战斗性。他的这些思想实际上是对封建社会君主专制、名教纲常的否定，具有重大社会意义。

3. 谭峭的社会思想具有民间性。他对当时的统治阶级贪心不足及由此而造成的人民衣食不足的社会问题进行了较为深刻的考察。认为要想解决这些重大社会问题，必须从减少各阶层对劳动人民的掠夺着手做起。并认为社会冲突是由“大人”不顾“小人”们的基本生存权益所诱发的。论社会冲突问题时提出的万事皆化的理论是不正确的，但其所揭示的社会问题是深刻而尖锐的，具有战斗性的。

4. 谭峭设计出两个层次的理想社会。第一是“太平”社会理想。第二是“大和”社会理想。谭峭的“大和”社会理想不过是一种小农平均主义空想，其精神本于老子，其构想则代表了现实社会中的小农心理。在封建社会里，这种社会理想是永远不可能实现的。

5. 谭峭的处世态度完全是庄子“齐物论”的翻版，是相对主义的。他主张泯没一切差别，把一切客观存在的差别性归结于主观的幻觉，从中取得心理的超脱，而不主张面对现实，在积极的社会互动中向自己的既定目标进取。

复习思考题

1. 无能子欲望论的特点是什么？
2. 无能子的社会规范论的思想渊源是什么？
3. 谭峭的“太平”社会理想是什么？
4. 谭峭的“大和”社会理想是什么？
5. 谭峭的社会治理思想有何特点？

推荐阅读书目

1. 王明校注：《无能子校注》，北京，中华书局，1981。

2.（唐）谭峭：《化书》，见（唐）赵蕤撰：《长短经：外七种》，上海，上海古籍出版社，1992。

3. 卿希泰：《中国道教思想史纲》，成都，四川人民出版社，1980。

4. 黄钊主编：《道家思想史纲》，长沙，湖南师范大学出版社，1991。

5. 陈定闳：《中国社会思想史》，第二十三章，北京，北京大学出版社，1990。

第十七章
唐代儒学的社会思想

隋唐时期是佛教发展最辉煌的黄金时期，几乎其他任何学说与佛教的成就相比较都黯然失色。同时，唐太宗整理儒家典籍，制定官方教科书，结果自《五经正义》出，而后经义无异说，在一定程度上封闭和束缚了儒学的灵性，扼杀了儒学进步发展的生机，使儒学重蹈汉代经学的老路，沦为一种僵化烦琐的理论体系和思维方式。中唐时期，韩愈、李翱、柳宗元站在正统儒学的立场上，力图重建儒学思想体系，把人们的思想从佛教、道教和官方儒学中解放出来，构成了儒学向理学过渡的重要环节。在此过程中，通过“求圣人之志”，“明先王之道”，儒家社会思想获得新的解释和发展。

第一节 韩愈的社会思想

韩愈（768—824 年），字退之，河阳（今河南孟县）人。他出身于小官吏家庭，由于当时复古主义思潮和家庭教养的影响，青年时代的韩愈就以儒学复古自命。由于为人“操行坚正，鲠言无所忌”，他在仕途上屡受挫折。自 25 岁中进士，31 岁开始做官，其大半生是在一条坎坷不平的仕进之路上度过的。贞元十九年（803 年），韩愈任监察御史时，关中大旱，他上疏请宽税钱，为人所谗，被贬为阳山令。宪宗十二年（817 年），因在平淮西藩镇，镇压吴元济的战役中有功，任刑部侍郎，两年后（819 年）又因谏迎佛骨之事触怒宪宗，被贬为潮州刺史。穆宗即位（ 821 年）后被召回京师，先后任国子祭酒、兵部侍郎、吏部侍郎等职。

韩愈是唐代著名的文学家和古文运动的领导者，也是一位杰出的社会思想家，他的思想对宋明理学产生了重大影响。当代史学家钱穆称他为“唐宋文化第一伟人”。他的思想资料保存在《韩昌黎文集》之中。

一、论人的性情

在人的本性问题上，韩愈继承和发展了董仲舒的性三品之说，按照儒家伦理与价值观设计了道德指数和情感指数，并对孟子、荀子、扬雄的人性论进行了修正。

首先，他区分了“性”与“情”，认为性是先天的，与生俱来的，而情则是人们受到外界刺激才产生的。这是对董仲舒性情之辨的肯定，同时韩愈设计出道德指数，把性情学说推进了一步。他说，性可分为上、中、下三品，这三品之性是由仁、礼、信、义、智五个道德和行为规范及其相互搭配所构成的不同道德与行为质量所决定的。上品之性是生来就“善”的，其仁、礼、信、义、智五项道德指数的搭配是“主于一而行于四”，即个人在一德（仁）的指导下，发扬礼、信、义、智四大德行，为上品之性。中品之性是“可导而上下”的，教化在个性发展中起着关键作用，其道德规范的指数是“一不少有焉，则少反焉，其于四也混”，即对于“仁”，或者有所不足，或者还有违反“仁”的成分，其他四德有善的也有恶的，就是中品之性了。下品之性是“恶”的，其指数是“反于一而悖于四”，违反“仁”而同时又不符合其他四种道德规范。

韩愈道德指数的主要指标仍然是儒家伦理中的“善”与“恶”范畴。在儒家的心目中，“善”即是符合儒家道德与行为规范的道德和行为；“恶”则是指不合这些规范的道德和行为。所以，在韩愈的指数设计中，上品之性是同时具有“五德”的，下品之性则是根本不具备五德的，而中品之性对于五德是有美有丑、有善有恶的。故此，上品之性不用教化，下品之性不可教化，只有中品之性是孺子可教，“可导而上下”的。可见，韩愈区分人性“善”、“恶”的标准是儒家的社会规范和社会价值观。

韩愈认为，人的“性”有三品，“情”也有三品。情的质量由喜、怒、哀、惧、爱、恶、欲七个方面所决定。为此，韩愈又设计了判定情之质量的情感指数。与上品之性相对应，有上品之情，其指数是“上焉者之于七也，动而处其中”，对外界社会刺激的反应都符合儒家的社会规范，发乎情止乎礼，凡事中庸而不走极端；与中品之性相对应，有中品之情，其指数是“中焉者之于七也，有所甚，有所亡，然而求合其中者也”，对外界社会刺激的反应，按儒家的社会规范衡量，这七个方面有的过分了，有的尚不及，但自己尚有按儒家制定的社会规范矫正自己之“情”的愿望和行动；与下品之性相对应，有下品之情，其指数是“下焉者之与七也，亡与甚，直情而行者也”，对于外界社会刺激的反应都不符合社会规范的要求，受情绪的支配，一意孤行，且自己没有矫正的愿望。韩愈认为，中品之性情经过社会教化，可以接近或成为上品之性情，教化的作用较为显著，上品和下品的性情也不是“终不可移”的，但改变的幅度不大，用以诱导或控制的手段也不能相同，即所谓“上之性，就学而愈明；下之性，畏威而寡罪，是故上者可教而下者可制也”。对上品之性情，用教化使之易明，而对下品之性情只能用威严刑罚，使之减少越轨行为，以保证社会生活的正常秩序。①

人性问题是比较抽象的，韩愈把它分为三等并设计出具体的指标，以判定人性的质量，就显得具体多了。“情”本来就较“性”更具体些，把情的质量体现于喜、怒、哀、惧、爱、恶、欲七个方面的状况，就更显得具体了，再把性三品与情三品一一对应，就形成了一个关于性情之论的理论体系。

韩愈的性情之论是为反对佛教和道教而发的。佛教主张众生平等，宣扬人人皆有佛性，韩愈则主张性情各有三品，教化与控制手段在个体的社会化过程中很重要。佛教主张出世，宣传灭情以见性，把各种社会规范和社会关系都视为累赘，而韩愈则主张因情而见性，认为人们的社会行为只有以儒家的社会规范作为标准，人们的“情”才能“动而处其中”，才能近善而远恶，这就同佛教出世的见性成佛划清了界限。同时，韩愈的性情三品之说也与道家讲道德而反对仁义的思想划清了界限。

韩愈的性情之论比以前任何人的论述都更加细致，这是他对人性论的一大贡献。但和孟、荀、董、扬等讲人性一样，其目的在于治理社会，维护儒家社会规范及建立在这种规范之上的社会生活秩序。

二、论社会问题

韩愈最关心的社会问题是佛教与道教盛行所造成的社会问题以及现实社会中的人际关系问题。

第一，佛教道教盛行问题。

佛教在中国化的过程中，曾经为了发展而争取王室的支持。同时，改变了印度沙门托钵化缘维生的习惯，按照中国的风俗习惯，自行举炊，因而需要自筹资粮，或进而集财、蓄财，乃至置产。唐朝统治者为了维护统治，控制社会，从开国之初就保护和支持佛教。由于佛教的盛行，佛教的寺院经济也同时得到发展，形成了“十分天下之财而佛有七八”② 的局面。不仅政府的财政收入受到很大影响，给世俗地主造成经济压力，也给劳动人民造成更大的负担，使一些老百姓被穷贫所迫，弃礼法于不顾，转而为“盗贼”。针对这种情况，韩愈指出，古代社会的人民分为士农工商四大社会群体，而今又增加了佛道两大社会群体，生产者不见多，而消费者增加了很多，农民日益贫困，结果造成了劳动人民不守规范及社会生活秩序的混乱，这一社会问题的产生是由僧人、道士的大量存在造成的。③

而更使韩愈关注的，是佛教思想对于中国传统民族文化，尤其是对儒家思想文化和社会价值观的冲击和破坏，以及由此造成的人们行为方式的变化。佛教势力盛大，

---

① 以上均见《韩昌黎文集·原性》。

② 《旧唐书》卷一〇一。

③ 《韩昌黎文集·原道》：“古之为民者四，今之为民者六……农之家一，而食粟之家六；工之家一，而用器之家六；贾之家一，而资焉之家六。奈之何民不穷且盗也！”

拥有田宅，有众多信徒，占有各方面的优势。寺院中有大量的藏书，有佛教典籍，也有世俗典籍，是文化中心。寺院把多余的屋舍租赁给应考士子住宿，并提供藏书准备科举考试，它又是一个联系知识分子的场所。同时，佛教经书发行量很大，“民间佛经多于六经数十百倍”①，“街东街西讲佛经，撞钟吹螺闹宫廷。广张罪福资诱胁，听众狎恰排浮萍”（韩愈诗《华山女》），在民间有广泛的意识形态影响力。这些都对儒学发展构成威胁，所以韩愈反对佛老，但重点是反佛。

他认为，孔孟之道是中国的正统思想文化，在这种思想的指导下，君臣、父子、师友、宾主、兄弟、夫妇都必须按孔孟所倡导的规范去履行各自的责任和义务。② 佛教是外来的“夷人之教”，“不知君臣之义，父子之情”，以宗教思想破坏中国固有社会秩序，特别是君臣关系以及其他社会伦常关系，打破了原有的社会组织之道，是很危险的事情。

公元819年正月，唐宪宗迎法门寺的佛骨舍利进宫。宪宗敕令先在宫中供奉舍利三天，然后将其送往京城各寺院让僧俗礼敬。此一举动对民间有极大的示范意义，象征着佛教地位的进一步提升，又一次煽起全国性崇佛的宗教狂热。当时，朝野震动，王公士庶，奔走相告，有焚顶、烧指、燃臂以示虔诚的，有倾家荡产以作施舍的，上下仿效，唯恐落后。面对这种日益高涨的崇佛狂潮，韩愈大胆地犯颜而上《论佛骨表》，在其中以南朝梁武帝为例指出，奉事佛教，希求福田，其结果往往适得其反。同时，这种举国若狂的现象“伤风败俗”，是外来宗教对中国传统儒家文化和中国传统行为方式的破坏，不是小事。

韩愈把这个问题看作至关重要的社会问题，但又意识到彻底解决这一问题的难度。他把解决问题的关键放在唐宪宗身上，向皇帝指出：如果皇帝迎佛骨、信佛教是为了“祈福祥”，“为京都士庶设诡异之观，戏玩之具”未尝不可，但如果真心事佛，则后患无穷！建议皇帝要敬鬼神而远之，将佛骨交付有关部门，投于水火，以“断天下之疑，绝后代之惑”。他甚至表示：如果佛真有灵验，能作祸祟的话，那么，所有的灾难请都落到我韩愈身上吧，我永不怨悔！以此来表示捍卫孔孟道统的决心。韩愈因此事触怒了皇帝，被贬官罢职，都“终无悔意”，由此可知其反佛态度之坚决。他在贬赴潮州途中作诗云：“一封朝奏九重天，夕贬潮阳路八千。欲为圣朝除弊事，敢将衰朽惜残年！云横秦岭家何在？雪拥蓝关马不前。知汝远来应有意，好收吾骨瘴江边。”

韩愈也抨击道教，但言辞不像对佛教那样激烈，其原因是多方面的。首先，道教始祖与唐朝统治者同姓。唐初即尊老子为皇家的“圣祖”，官方排定三教序次，将道教排在首位，故道教成为皇家祖先创立的宗教，韩愈不敢轻易抨击它。其次，道教是中国的传统文化之一，并非夷狄之教。此外，道教在当时对儒学的冲击不如佛教大，等等。他反对道教的原因，一方面是为儒家争道统，另一方面是由于道教给社会生活造成的影响。

东晋以后，金丹道教成为官方道教，主要在统治阶级内部流行。金丹道教的最大

① 《隋书》卷三十五《经籍志》。
② 参见《韩昌黎文集·原道》。

特点是服用丹药，以求长生不死，成仙得道。实际上凡是服用丹药的人，轻者摧残身体，重者丧生。唐代道教的炼养术有较快的发展。李唐皇家崇道教，其诸帝也大都相信服食金丹可以延年益寿，所以支持道士炼丹，使炼丹术得到发展。唐太宗、宪宗、穆宗、敬宗、武宗、宣宗之死，都与服用金丹有关。皇帝贵族尚且如此，当时社会上这种事情则更多，韩愈自己的亲戚朋友中就有六七人因服食丹药致残或丧命的。他指出，事实已证明丹药“杀人不可计”，而且还在继续杀人，这个问题如果扩散开去，将给人们的社会生活造成很大危害。他感叹那些不信儒学而信奉金丹道教的人，真是可悲可哀；痛惜这些信奉金丹道教之人，不信奉人生寻常之道，而信仰神怪离奇之说，正常的生活和生命遭受重大的损失，临死才知道后悔，一切悔之晚矣；更批评其他人不能以前车为鉴，仍然盲目信仰，执迷不悟，反以为那些被毒死的人们是因为没有得到真传，自己仍然抱着侥幸的心理继续服食金丹，开始发病时还抱有幻想，死到临头又后悔莫及。

第二，人际关系问题。

韩愈十分注重现实社会生活中的人与人关系问题，有时还做些调查实验。故此，他所洞察到的人际关系问题是入木三分的。

首先，韩愈指出，在现实社会的人与人关系中，充满了虚伪、欺骗和卑鄙。在一篇墓志铭中，他指出了当时社会在人际关系方面的事实：在平居享乐之时，人们可以一起饮酒作乐，情投意合，温文尔雅，笑容可掬，若有手足之情，恨不能把肺腑拿出来交付对方，甚至指天发誓永不背叛，好像这一切都是真的。但一遇到利益问题，哪怕是毛发般微不足道，就原形毕露，朋友之间立即翻脸不认人。对方遇到危难，不但不竭力相救，反而落井下石，这种情况比比皆是。这实在是禽兽所不为的事情，小人们却自以为得计[①]。真是人情比纸薄啊！这应该是墓中死者遭到厄运的现实原因，但它绝不是个别的现象。韩愈敢于将这种现实问题披露于世，说明他具有清醒的头脑和超人的胆识。

其次，韩愈进而调查分析了现实社会中普遍存在的待人待己的态度问题。他指出，现在的“君子”，大都是对别人的行为吹毛求疵，只看短处；对待自己则不求进取，满足于现状。本来自己没有什么长处，偏要自吹自擂地说，我是有这个能力的，我很擅长这个啊。“外以欺于人，内以欺于心”，没有一丝一毫反省的意思。对待别人的态度则恰恰相反，认为他人虽然能干某件事，但其实不足称道，专挑别人的不是，“举其一不计其十，究其旧不图其新，恐恐然惟惧其人之有闻也”。这种自视甚高，又责人甚严的处世态度，不仅对别人极不尊重，也对自己极不尊重，而且还势必造成社会上人际关系的疏薄与不和谐。

韩愈认为，造成这一社会问题的根源是懒惰和妒忌。他说：“为是者有本有原：怠与忌之谓也。怠者不能修，而忌者畏人修。”[②] 懒惰使人不去努力学习善行，而妒

① 《韩昌黎文集·柳子厚墓志铭》：“今夫平居里巷相慕悦，酒食游戏相征逐，诩诩强笑语以相取下，握手出肺肝相示，指天日涕泣，誓生死不相背负，真若可信；一旦临小利害，仅如毛发比，反眼若不相识。落陷阱，不一引手救，反挤之，又下石焉者，皆是也。此宜禽兽夷狄所不忍为，而其人自视以为得计。”

② 《韩昌黎文集·原毁》。

忌别人，害怕别人学得善行。自己满足于无能无善，却又害怕别人超过自己，这种社会心理对己对人对社会的危害是不可低估的。

最后，韩愈还揭示说，现在人们对别人的评价，都是以评价者的切身利害为尺度的。他曾做过这方面的调查实验[①]。在实验中，他把一个他认为并非“良士”的人有意地作两种评价，说给别人听，以收集被试对不同评价的意见反馈，然后以反馈内容分类，并考察这些人与被评价者的关系。观察的结果是，在反馈中颠倒是非的有三种人：一种是其同伙，因为他们是和这个人利害相关的；一种是畏惧者，因为他们惧怕这个人的报复；还有一种是对这个人不了解，又无利害关系的人，因为这个人是善是恶与己无关，故随声附和，当老好人。除以上三种人之外的其他人才是敢于反映实际情况的，但其中大多数只是“怒于色”或“悦于色”的胆小鬼，不敢明确表态，所剩敢于明确表态的人寥寥无几。韩愈对这一状况十分痛心。他认为，这种情况必然造成是非不分、价值标准错误混乱的社会问题，“事修而谤兴，德高而毁来”，在这样的社会群体中生活，要想有所作为，委实是太难了！士人身处这样的社会环境，要想靠直言正行获得名誉，修行道德，也实在是太难了。要想治理社会，使社会秩序得以协调运行，就必须彻底改变这种社会怪现象。所以他寄希望于那些有良知的高级官员，重视他的分析结果，有朝一日能解决这一问题。[②]

我们从韩愈对人际关系问题的考察及所持态度中不难看出，韩愈是一个踌躇满志、自信能力挽狂澜以整治社会的人，但现实社会没有提供给他充分施展才能以酬其志的机会。然而，即使韩愈的抱负得以实现，也不过仍是一个以儒家社会思想为指导的传统的中国式封建社会，对此，我们还将在下文中证实。

三、论社会治理

韩愈认为，治理社会的关键所在是社会规范问题，即所谓“纪纲”问题。他以医生看病作比喻，良医察病的依据是看脉理有无问题，而不是看人长得胖与瘦；观察社会秩序的好坏，则必须以社会规范的理与乱为依据，而不能看表面上的社会安危，因为很多问题都是潜在的。善于治理天下的人能够透过表象看本质，深入分析关乎天下安危的“纪纲”在哪里出了问题。[③] 也就是说，就一个人而言，脉理没有病，虽然瘦也是健康人；如果脉理有病，虽然胖也难免死。社会也是如此，只要纪纲存，虽然暂时混乱也不成问题；纪纲亡，虽然一时安定也将很快倾覆。他举例说，夏商周之衰世，战伐日行，仍能传数世而天下不倾，就是因为“纪纲”还发挥着正常的功能，因

① 《韩昌黎文集·原毁》：“吾常试之矣，尝试语于众曰：‘某良士，某良士。’其应者，必其人之与也；不然，则其所疏远不与同其利者也；不然，则其畏也。不若是，强者必怒于言，懦者必怒于色矣。又尝语于众曰：‘某非良士，某非良士。’其不应者，必其人之与也；不然，则其所疏远不与同其利者也；不然，则其畏也。不若是，强者必说于言，懦者必说于色矣。”

② 《韩昌黎文集·原毁》：“将有作于上者，得吾说而存之，其国家可几而理欤！”

③ 见《全唐文》卷五五八，《杂说》四首之二：“善医者，不视人之瘠肥，察其脉之病否而已矣；善计天下者，不视天下之安危，察其纪纲之理乱而已矣。天下者，人也；安危者，肥瘠也；纪纲者，脉也。”

此他的结论是四肢无病象，不代表身体健康，人健康与否要看脉象是否正常；周边没有战事，不代表国家安全，国家安全与否要看“纪纲”是否得到遵行[①]。其所谓“纪纲”，就是以孔孟为代表的儒家社会价值系统。

基于这种思想，韩愈不遗余力地为立纲陈纪而呐喊，崇尚儒家思想而排斥释、道。在他看来，佛教和道教都不是理想的社会治理工具，只有“儒教”才能担当治理社会的重任。

为了和佛教、道教教义相对抗，韩愈特别提出了儒家道统说，重树儒教的权威性。他说，儒教之“道”是古圣贤一脉相传的，孟子之后虽然也曾有过间断，但到了他本人又继承了下来。[②] 同时，他明确指出，他所崇奉的“道”与“德”跟佛、道所谓的道和德的含义是不同的，他的道德的重要标志是仁与义。他说：博爱就是仁，行所当行就是义，遵循这种社会价值观而生活就是有道有德，道与德都是指称这种社会仁义行为的名号。[③] 他把道德赋予了儒家社会规范的性质，以表明他所谓的“道”不但控制人们的思想，而且要用于治理现实的社会秩序，是对从思想到行为、从存于内的“仁”到见于行的“义”的整个过程成系统的控制。故他又援引《大学》中的理论以充实自己的学说，“传曰：‘古之欲明明德于天下者，先治其国；欲治其国者，先齐其家，欲齐其家者，先修其身；欲修其身者，先正其心；欲正其心者，先诚其意。’然则古之所谓正心而诚意者，将以有为也。”

然而佛教、道教的社会治理方案，只是欲“治心”，只照顾到本人的生活，而置社会群体生活及天下、国家于度外，无法顾及社会整体利益，与中国传统的儒家社会规范水火不相容。韩愈认为，如果奉行佛教和道教所设计的方案，社会角色行为将被迫大转变，一切按常规行得通的事情将不再行得通，势必给社会造成更大的混乱。他忧心忡忡于佛教对中国传统文化的冲击，唯恐中国传统的社会规范因佛教的输入而“夷狄”化。

由此可见，在韩愈对佛教的必弃君臣，去父子，禁相生养之道，以求所谓“清静”、“寂灭”的批判背后，潜藏着的则是保守中国传统的儒家社会治理模式与引进外来设计方案治理中国社会秩序的两种社会思想的斗争。在其批判道家的“圣人不死，大盗不止，剖斗折衡，而民不争”的社会治理方案是“坐井而观天”者之管见的背后，也反映了儒家与道家为争夺正统地位及争夺各自的社会治理方案之实施权的角逐，其根本目的则在于维护统治阶级的物质利益和与之相适应的稳定的社会秩序。

唐朝是一个比较开放的社会，引进其他文明的生活方式，正是其文明开放的重要表现。但是如何处理文化引进与文化认同之间的复杂关系，至今仍然是摆在国人面前的重要课题。

---

① 参见《全唐文》卷五五八《杂说》四首之二：“四支虽无故，不足恃也，脉而已矣。四海虽无事，不足矜也，纪纲而已矣。”

② 详见《韩昌黎文集·原道》及《与孟尚书书》。

③ 《韩昌黎文集·原道》：“博爱之谓仁，行而宜之之谓义，由是而之焉之谓道。足乎己，无待于外之谓德。仁与义为定名，道与德为虚位。…… 凡吾所谓道德云者，合仁与义言之也。”

四、论理想社会模式

在陈述了自己的社会治理方案的基础上，韩愈又进而描述了自己理想中的社会模式：

> 博爱之谓仁，行而宜之之谓义，由是而之焉之谓道，足乎己而无待于外之谓德。其文，《诗》、《书》、《易》、《春秋》；其法，礼、乐、刑、政；其民，士、农、工、贾；其位，君臣、父子、师友、宾主、昆弟、夫妇；其服，麻、丝；其居，宫、室；其食，粟米、果蔬、鱼肉；其为道易明，而其为教易行也。是故以之为己则顺而祥，以之为人则爱而公，以之为心则和而平，以之为天下国家，无所处而不当。是故生则得其情，死则尽其常，郊焉而天神假，庙焉而人鬼享。[①]

这段话的大意是，人们都奉行儒家思想，行仁由义，读的是儒家经典，遵的是儒家礼乐刑政的社会规范，民分士农工商，角色分君臣、父子、师友、宾主、兄弟、夫妇，穿丝麻制成的衣服，住传统的宫室、房屋，吃粟、米、果、蔬、鱼、肉。以儒家思想要求自己则人生平顺而有福，以儒家思想与人相处则能体谅人而态度公正，以儒家思想修身则平和，以儒家思想治理天下国家则无所不当。所以，人的信仰也是在儒家思想指导下进行的，郊祭以得天神护佑，立庙使死后受人纪念。

从韩愈的这段描述中，我们可以看到其理想社会具有以下要点：

第一，人们所操持的伦理规范是儒家设计和一贯推重的仁义道德。

第二，教化人们的教材是儒家的经典著作。

第三，进行社会控制的工具是儒家的礼、乐、刑、政。

第四，社会由士、农、工、商四大阶层构成，没有佛教徒和道士存在。

第五，社会的人与人关系分为君臣、父子、师友、宾主、兄弟、夫妇等，不接受佛、道的社会价值观和出世思想。

第六，人们衣、食、住的情况是：穿丝和麻制成的衣服，吃粟米、果蔬、鱼肉，住宫室。不接受佛教与道教的生活方式。

第七，人们都有仁义道德的修养，都自觉恪守儒家制定的各种社会规范，人人都心平气和，并能顺而祥，使自己的欲望和理想得到满足。在处理人与人关系时则能“爱而公”，所以整个社会生活秩序“无所处而不当”，呈现和谐安定的景象。

第八，由于社会和谐安定，人们都能生得其情，死尽其常，所以天神、祖先也都感到十分舒畅，乐于接受人们的祭祀。不接受佛教的生死轮回，也不接受道教的升天成仙。

此外，在这个理想社会中，承担各种社会角色的人都能努力履行自己的责任和义务。君在实行“出令”的职责；臣在实行“行君之令而致之民”的职责；人民则在实

---

① 《韩昌黎文集·原道》。

行“出粟米麻丝、作器皿、通货财，以事其上”的职责。[①] 如果君不出令，臣不行令，则是没有尽到自己的责任，如果人民不努力劳作以事其上，也是没有尽到职责。人民失职就会受到严厉的惩罚，以致杀头。应当指出，韩愈对不同社会角色的权利和义务的划分以及对失职者的处罚办法都是极不公平的。君拥有权利，臣有权利又有义务，而人民的角色只有义务没有权利。

从韩愈对理想社会模式的构想中，我们至少可以看到以下几个问题：

第一，韩愈的理想社会是对儒家传统理想社会的又一次白描，他是代表儒家设计这个理想乐园的。

第二，韩愈的理想社会模式不过是对儒家一向憧憬的“大同”、“小康”理想社会的仿制。所不同的是他根据时代的要求，吸收了自汉代以后儒家的有关论述，在社会教化、社会控制、社会阶层等方面都规定了具体内容，其中最突出的是在社会控制工具中明确列入刑、政，并在整个理想社会的设计中明显渗入了法家和墨家的思想。[②] 这些都是他继承儒家遗产并答复时代要求的结果。

第三，韩愈设计理想社会，也是为了进一步批判佛教和道教的社会思想，维护儒学的正统地位。因为这样的社会模式是独具儒家特色，而与佛教、道教的理想社会根本不可通融的。他把自己的理想社会描绘得越美妙，在与佛、道争夺地位的角逐中就越有利。

第四，韩愈的理想社会仍不失为一种空想。在阶级冲突十分激烈的封建社会里，不会有任何一种仁义道德和社会规范是超阶级利益的，对地主阶级本身“顺而祥”的东西，势必会损害或剥夺农民阶级的利益，一部分人的心平气和及欲望满足，必然是建立在另一部分人的生不能得其情，死不能尽其常的愤怒和反抗之上的。因此，人与人关系的“爱而公”，纵然有，也多是虚伪的，其所设想的“无所处而不当”的整个社会安定和谐的生活秩序是无法成为现实的。

韩愈的理想社会构想，也反映了在外来佛教社会思想的输入、扩展及道教盛行的社会背景下，那些要继续维系儒家正统地位的士人的社会幻想。

第二节 柳宗元的社会思想

柳宗元（773—819 年），字子厚，唐朝河东（今山西运城）人，出身于一个官僚地主家庭。少年时代“精敏绝伦”，作得一手好文章。21 岁时，与刘禹锡同登进士第，26 岁开始做官，唐德宗贞元十九年（803 年），他与韩愈、刘禹锡同时为监察御史，两年后与刘禹锡同时参加了以王叔文、韦执谊为首的政治改革运动——“二王八

① 均见《韩昌黎文集·原道》。

② 详见《读墨子》，《全唐文》卷五五九。

司马”改革。后改革失败被贬为永州司马。11年后（元和十年，公元815年）循例诏回京师，因朝廷有人忌恨他遂又出为柳州刺史。他在柳州时，努力治理社会，深受当地人民的爱戴。819年死于柳州刺史任上，年仅47岁。柳宗元是唐代著名思想家、政治家和文学家，他的著述收录在《柳河东集》一书中。

一、论社会变迁

柳宗元认为，人类社会是不断进化、不断变迁的，社会进化、变迁的依据是“生人之意”，而绝不能用“天人感应”来解释。[①] 所谓“生人之意”，是指孔子之道不崇拜怪异的东西，也不以天为神圣，思考的是“人”和“事”，核心是完善人的生活[②]，社会变迁就是由人们建设更加美好的社会生活的行动促成的，与“神”和“天”无关。据此，柳宗元详细地阐述了人类之进化，社会之变迁以及优胜劣汰的原理。他认为，在人类社会形成之初，人员众多，小群体林立。为了与大自然斗争以图生存，人们才发明了筑巢挖穴、穿衣服，又由于人们都有饥渴欲饮食、两性欲交媾的生理需求，人们才发明了猎禽兽、摘种果谷而食及男女配偶成婚而居。可见，人们的衣食住行、男女偶合等社会文化，都是由人们的“生人之意”决定的。因为这些社会文化“利于人、备于事”，才被人们发明和接受。然而，仅有这些社会文化而无一定的社会组织，还不足以成为社会。因为没有一定的社会组织系统，就必然形成各小群体之间、各个社会成员之间“力大者搏，齿利者啮，爪刚者决，群众者轧，兵良者杀”，各用自己的一技之长与其他小群体或社会成员交而争，睽而斗，以谋取自己及小群体的利益。这又必然形成“披披藉藉，草野涂血”，两败俱伤的局面，而这种局面对人们的共同生活和生存是极为不利的。于是有强力者出而治之，确定出人与人的关系和社会组织体系，大家才得以相安无事，共同生存。一个社会生活秩序的完整体系由此而确立了。[③]

然而，社会又是不断发展前进的，要保持社会生活秩序的长期稳定，就必须建立良好的社会继替准则，并逐步完善和发展已有的社会文化。柳宗元认为社会是有道德维度的，社会继替是由社会道德决定的。他说：

> 德绍者嗣，道怠者夺。于是有圣人焉，曰黄帝，游其兵车，交贯乎其内，一统类，齐制量。然犹大公之道不克建，于是有圣人焉，曰尧，置州牧四岳持而纲之，立有德、有功、有能者参而维之，运臂率指，屈伸把握，莫不统率。尧年老，举圣人而禅焉，大公乃克建。[④]

这段话的大意是，道德高尚的人有后，道德低下的人绝嗣。于是有圣人黄帝出

---

① 《柳河东集·贞符》。

② 《柳河东集·时令论》：“然而圣人之道，不穷异以为神，不引天以为高，利于人、备于事，如斯而已矣。”

③ 《柳河东集·贞符》：“惟人之初，总总而生，林林而群，雪霜风雨雷雹暴其外，于是乃知架巢空穴，挽草木，取皮革；饥渴牝牡之欲驱其内，于是乃知噬禽兽，咀果谷，合偶而居。交焉而争，睽焉而斗，力大者搏，齿利者啮，爪刚者决，群众者轧，兵良者杀，披披藉藉，草野涂血，然后强有力者出而治之，往往为曹于险阻，用号令起，而君臣什伍之法立。”

④ 《柳河东集·贞符》。

现，实行军事统治，为各种事物分门别类，统一度量衡。但是天下大公的制度还没有建立起来，又有尧这样的圣人出现，用道德、功劳、能力三项指标考察贤能，设立了官僚制度，做到了中央控制地方，事事有人治理，有人监控，有人统率。尧年老后，以道德来选举继承者，禅让天下，天下大公之制度终于确立下来。

社会继替及更完善的社会规范、社会控制，就这样在一代一代有德有功有能者的努力下逐渐完善起来了，社会从而更加文明，更有秩序，更为协调。由此，他的人类进化、社会变迁的结论是：

第一，人类社会的变迁、进化，是一个由乱（无秩序）到治（有秩序），由愚昧到文明的过程，即所谓“厥初罔匪极乱，而后稍可为也”①。柳宗元认为人类社会文化的变迁过程是一个发展进化的过程，纵使在发展变迁过程中，在某一阶段出现了失调、失控的情况，但在这种情况之后，则是社会的进一步文明化，这无疑是对韩非、陆贾的社会变迁理论的进一步发展。

第二，人类社会的变迁，是由人们自身的社会需求即“生人之意”所决定的，只是人们为了取得自身的更理想的生存条件，在不断地同自然界斗争，不断地调整人与人、人与团体、团体与团体的各种社会关系的过程中，才不断发展了人类文化，不断地制定社会规范和健全社会的结构秩序体系的，其中毫无所谓“赏功罚祸”的天、神的意志存在。这一思想与孔子的“不语怪力乱神”思想，与荀子的欲望论、社会群体论等都有着较为明显的承继关系，且比荀子的论述更加明确。

第三，柳宗元认为，在社会变迁过程中，“德绍者嗣，道怠者夺”，社会文明化的过程就是一个“德化”的过程。应当指出，柳宗元的所谓“德”是一种社会伦理规范的总原则，既不同于道家所言的道或德，也不同于儒家的天生性善的先验主义的道或德，当然更不同于天人感应的道或德，而是一种由“利于人、备于事”而产生，并因其“利于人、备于事”而得以发扬光大的道与德。

总之，柳宗元的社会变迁思想是深刻的，是对中国的社会变迁和进化理论的发展，而且对其所处的现实社会也具有重要意义，特别是相对于佛教的轮回说而言，它代表了进步的思想。

二、论社会组织

柳宗元关于社会组织的理论，是建立在其社会变迁论的基础之上的。他认为，人类社会组织是什么样子，最根本的也是由“生人之意”所决定的，并不能以人们的主观意志为转移。在他看来，人类是和自然界中的其他动植物同时形成的，人们就生活在一个草木丛杂、禽飞兽走的自然环境之中。人类没有羽毛，而且搏噬能力不足以保卫和奉养自己，因此就必须借助其他物质力量满足自己的生存需求，由此就必然出现人与人的争夺，于是人们就去找双方都信赖的人进行裁决。那些有智慧、能明察是非的人必然受到大家的尊重。对屡教不改，怙恶不悛的人，就需要对他们的行为进行强

① 《柳河东集·贞符》。

制性控制，于是人们以那些“智而明者”为核心，形成一个群体组织，社会中因此产生了君长和相应的刑政制度。①

然而，一个社会群体和另一个群体之间也还会有更大规模的冲突，于是，众群之长就又听命于德更大的人，因此就形成了一个更大的社会群体，以此类推，直至“天下会于一”，整个社会由一个天子统辖。因此柳宗元认为，整个社会组织都是为适应人们社会生活的需要，由小到大，由下而上地形成的。“是故有里胥而后有县大夫，有县大夫而后有诸侯，有诸侯而后有方伯、连帅，有方伯、连帅而后有天子。”②

从天子直至里胥，因为他们有德有功，在他们死后，人们就请他们的后代继承父兄的职位，于是人类社会进入了文明时代。柳宗元认为这不是由某些圣人之意造成的，而是“势”的威力，所谓“封建者非圣人意也，势也”③。关于“势”人们有不尽相同的理解。我们认为，这个“势”应理解为社会运行不以个人为转移的自然趋势。毋庸置疑，单纯以自然趋势来解释社会组织的形成及人类文明的发展，是不能发现社会发展的规律的，这是时代的局限性所致。我们更应注意到的是，柳宗元用“势”来解释人类社会的进化及社会组织体系的形成，就否定了神造社会和圣人造社会的谬说。柳宗元以人类的社会生活需求来论证社会的发展，是具有重要理论意义的，而我们更应注意到的是，他从“生人之意”出发解释社会的进化及社会组织体系的形成，已经把观察社会、研究社会的着眼点落在了具体的社会生活之中。在这里，所谓“圣人”与“生人之意”相比就显得十分的无能为力了。因此，柳宗元的社会思想是对现实社会的一种抗议，是具有人民性的。

本章要点

1. 在人的本性问题上，韩愈继承和发展了董仲舒的性三品之说，并对孟子、荀子、扬雄的人性论进行了修正。他说，性可分为上中下三品，这三品之性是由仁、礼、信、义、智五个道德、行为规范及其相互搭配所构成的不同道德、行为质量所决定的。这是对董仲舒性三品之说的深化。韩愈认为，人的“性”有三品，“情”也有三品。把性三品与情三品一一对应，就形成了一个关于性情之论的思想体系。韩愈的性情之论比以前任何人的论述都更加细致，这是他对人性论的一大贡献。

2. 韩愈为了给儒家社会思想争地位，考察了佛教、道教盛行问题。韩愈关注的是佛教思想对于中国传统民族文化尤其是对儒家思想文化和社会价值观的冲击和破坏，以及由此造成的人们行为方式的变化。所以韩愈反对佛老，但重点是反佛。韩愈还考察了社会生活中的人与人关系问题，有时还做些调查实验。他对当时社会流行的虚伪、欺骗和卑鄙的人际关系的批评是入木三分的。

3. 韩愈认为，治理社会的关键所在，是社会规范问题，即所谓“纪纲”问题。基

---

① 《柳河东集·封建论》：“其生人之初乎。……与万物皆生，草木榛榛，鹿豕狉狉，人不能搏噬，而且无毛羽，莫克自奉自卫。荀卿有言：‘必将假物以为用者也’。夫假物者必争，争而不已，必就其能断曲直者而听命焉。其智而明者，所伏必众，告之以直而不改，必痛之而后畏，由是君长刑政生焉。”

② 《柳河东集·封建论》。

③ 同上。

于这种思想，韩愈不遗余力地为立纲陈纪而呐喊，“扶树教道”而排斥释、道。在他看来，佛教和道教都不是理想的社会治理的工具，只有儒教才能担当治理社会的重任。

4. 韩愈构想了自己的理想社会模式。韩愈的理想社会是对封建社会地主阶级的理想乐园的又一次白描，他是代表儒家设计这个理想乐园的；韩愈的理想社会模式不过是对儒家一向憧憬的“大同”、“小康”理想社会的仿制；韩愈设计理想社会，也是为了进一步批判佛教、道教的社会思想，维护儒学的正统地位。韩愈的理想社会仍不失为一种空想。

5. 柳宗元认为人类社会的变迁、进化，是一个由乱（无秩序）到治（有秩序），由愚昧到文明的过程。人类社会的变迁，是由人们自身的社会需求即“生人之意”所决定的。社会变迁和社会文明化的过程就是一个“德化”的过程。这是对中国的社会变迁和进化理论的发展，而且对现实社会也具有重要意义。他认为人类社会组织模式在根本上也是由“生人之意”决定的。他从“生人之意”出发解释社会的进化及社会组织体系的形成，已经把观察社会、研究社会的着眼点落在了具体的社会生活之中。因此，柳宗元的社会思想是对现实社会的一种抗议，是具有人民性的。

复习思考题

1. 韩愈对人的性情理论有什么新发展？
2. 如何评价韩愈对人际关系的论述？
3. 韩愈排斥佛老的理由和目的是什么？
4. 韩愈社会理想的基本特点是什么？
5. 柳宗元的社会变迁论是什么？
6. 柳宗元的社会组织论是什么？
7. 柳宗元的处世态度之时代特点是什么？
8. 试比较韩愈与柳宗元的社会思想之异同。

推荐阅读书目

1.（唐）韩愈：《韩昌黎全集》，北京，北京燕山出版社，1996。

2. 张承汉：《中国社会思想史》，第五篇第二章第一节、第二节，台北，三民书局，1992

3. 陈定闳：《中国社会思想史》，第二十一章，第二十二章，北京，北京大学出版社，1990。

4. 王处辉：《中国社会思想早熟轨迹》，第六章，北京，人民出版社，1996。

5. 杨懋春：《中国社会思想史》，第十章，台北，幼狮文化事业公司，1986。

6. 沈善洪、王凤贤：《中国伦理学说史》（上），第三十一章，杭州，浙江人民出版社，1985。

7. 刘泽华：《中国政治思想史》（隋唐宋元明清卷），第三章第四节，杭州，浙江人民出版社，1996。

8.（唐）柳宗元：《柳河东全集》，北京，中国书店，1991。

第十八章 宋代功利主义儒家的社会思想

功利主义思想和理学新儒家的思想是两宋时期政治和社会思想的两大主轴。功利主义者提倡“经世”，关注现实社会问题和社会事务，强调达到的效果（功），增大政府提供给社会的利益好处（利）。萧公权认为，功利主义者代表了传统儒家入世思想和政治现实主义取向的复兴，他们对外族入侵的反应及在新环境下对变革的适应，使他们成为宋代具有创造力的思想家。本章选取李觏、王安石、陈亮、叶适等，分别作为北宋与南宋、官方与士人的代表，分析他们在社会思想方面各具特色的社会思想。

第一节 李觏的社会思想

李觏（1009—1059年），字泰伯，北宋建昌军南城（今江西省南城县）人，出身于小地主家庭，少年时家境已衰败。曾两次应试不中，晚年由范仲淹等推荐为太学助教，后为直讲，故被称为“李直讲”。李觏一生以教授为业，曾在南城立学，“为之师，四方来学尝数百人”，又创立盱江书院。

李觏少年能文，青年时代更加勤奋好学，关心现实社会问题。他是一位现实主义的社会思想家。在他的著作和教学中，处处以“康国济民为意”，他的著作广泛地反映了当时现实社会的面貌，被人誉为“皆从大处起议论”的“医国之书”。李觏的社会思想很丰富，反映其社会思想的主要著作有《潜书》、《礼论》、《平土书》、《周礼致太平论》、《庆历民言》等，大都被收入《直讲李先生文集》，1981年中华书局出版时改名为《李觏集》。

一、论人性与人的欲望

在关于人性问题的论述中，李觏并没有超出董仲舒、韩愈的思想格调，他对中国人性理论的发展，在于他对前人的几种人性论加以综合，形成了他性三品、人五类的学说。

孟子的性善论、荀子的性恶论、扬雄的性善恶混合论与董仲舒及韩愈的性三品对于两宋儒家界均有影响。李觏认为，只有韩愈的性三品之说才是最为正确的，最能反映现实社会中的人性。[①] 他对中国人性论的发展，正是以韩愈的相关理论为基础的。韩愈论人性有三品，其中大多数人属于"中人之性"，可以通过教育使之社会化。李觏则在此基础上，又把人分为五类：除了韩愈所说的上智之人和下愚之人外，中人又可以分为贤人、迷惑、固陋三类。[②] 五类人是以"学"为标准来划分的：

（1）上智——"不学而能"的"圣人"；

（2）贤人——中人之上，"学而得其本"的人；

（3）迷惑——中人之中，"学而失其本"的人；

（4）固陋——中人之下，"兀然而不学"的人；

（5）下愚——"虽学而不能"的蠢人。

他据此重新评定具体的人性，即把中人中的优秀者"贤人"与上智的"圣人"同等对待；把中人中的恶劣者"固陋"之人与"下愚"的"蠢人"同等对待；只有中人中的"迷惑"之人，才是实际上的中品之性。

以"学"界定人品，具体的指标是什么呢？李觏依然继承了韩愈的观点，认为指标的具体内容即是仁义礼智信。所不同的只是韩愈是以"仁"作为指标的核心，而李觏则是以"礼"为核心的。所以，先天具备仁义礼智信五个方面素质，而能在社会行为方面彬彬有礼，体现出仁义智信之美的，就是上智的圣人；中品之人通过后天的社会化（学礼），获得良好的仁义智信素养，就成为与圣人比肩的贤人。贤人与圣人最终表现于社会的行为是别无二致的，所以李觏说："圣与贤，其终一也。"[③] 一斑窥豹，虽然李觏未对贤人以下的三类人的界定指标作具体论述，但可以推知，他的界定指标不外乎人们在社会行为中对"礼"的掌握程度及对仁义智信的修养程度。总的说来，李觏相信，"性非教化不成"[④]，个体成为合格的社会成员必须经过后天的教育。中品与下品的根本区别在于中品之人是可以教化的，而下品之人只是具备人形而已，在行为上则无异于禽兽。

此外，李觏还探讨了另一个问题：从形体的角度看，同属于"人"的社会群体中，为什么会形成三品五类呢？他认为是"天命"所使然。生命之生，源自上天，天有好生之德，希望人民能珍惜这个生命来行善积德；天使人有人性，就是要让人懂得什么是善，传递善，发扬善。看到他的善恶就能知道人性，有什么样的善恶就有什么样的人性，有什么样的人性就有什么样的命。[⑤] 他把人的三品五类的决定因素最终归

---

① 《礼论》第六："古之言性者四：孟子谓之皆善，荀卿谓之皆恶，扬雄谓之善恶混，韩退之谓性之品三：上焉者善也，中焉者善恶混也，下焉者恶而已矣。今观退之之辩，诚为得也。"参见《李觏集》卷二十七，296页，北京，中华书局，1981。本节以下凡引自此书者只注篇名。

② 《礼论》第四："性之品有三：上智，不学而自能者也，圣人也。下愚，虽学而不能者也，具人之体而已矣。中人者又可以为三焉：学而得其本者，为贤人，与上智同；学而失其本者，为迷惑，守于中人而已矣；兀然而不学者，为固陋，与下愚同。是则性之品三，而人之类五也。"

③ 《礼论》第四。

④ 《删定易图序论·论六》。

⑤ 同上。

结为超社会、超自然的“天命”，则是从董仲舒的人性论继承下来的，这显然是错误的。

纵观李觏的人性论可见，他的思想基本没有超出董仲舒、韩愈的思想范畴，但是在对于人性的进一步解释方面，李觏却有了自己的新意，这就是他的功利主义欲望论。

李觏以“性情”来指称人有欲望的本性及表现这种欲望的“情”。他认为，人类的任何一个成员，无论是圣人还是愚人，都是有欲望的，欲望的目标就是个人利益的满足。所以，人们都应面对社会实际，不应避而不谈人的欲望问题及利益问题。

他大胆提出了“人非利不生”、“欲者人之情”的命题①，表现超越董仲舒与韩愈的一面。当时儒家人士在这个问题上，多采取“贵义贱利”的观点，以“道德教化”为使命，对人的欲望和利益问题采取批评、回避的姿态。李觏批评他们迂腐，指出治国没有不重视财经问题的，而且这个问题早在《尚书》和孔子的时代就被注意到了。② 既然儒家鼻祖及经典都把食、货看得如此重要，那些提倡“正其宜不谋其利，明其道不计其功”的儒者，显然是不得儒家之真谛的。

同时，他又从现实社会生活的角度论证了财、利的社会功能。人类生活所需要的城郭房屋，没有财力建造不起；衣食车马等用品，没有财力置办不起；分官设职，完善官僚办事职能，没有财力供养不起；军队战备，没有财力供给不起；祭天敬祖，没有财力供奉不起；兄弟之间，不通财力就不亲近；婚姻之事，无财礼下聘就成不了亲；地方对中央不能进献，国与国之间没有礼物的交换，就会关系紧张。社会弱势群体遇到天灾人祸，没有财力就不能获得生死保障。③ 总之，任何一种社会行为都离不开财物，没有物质基础，社会就失去正常运行和协调发展的起码条件和机制。李觏的结论是，社会制度有此而举，社会治理有此而成，仁爱有此而立，威严有此而行，舍弃财力而能天下大治的，闻所未闻。④ 如果认为人们的利欲“不可言”，那是要故意破坏人性。社会上所以讨厌那些迂腐的儒者，其原因就在这里。⑤

必须指出，李觏批判“贵义贱利”的社会思想，并不是要否定“义”的社会功能，而是要把义和利有机地结合起来，以维系社会的正常生活秩序。腐儒们谈“贵义贱利”的理论依据是孟子说的“何必曰利”。他批评这些人不了解孟子说这番话的语境就盲目崇信。孟子对魏惠王说“为什么要谈利”，是在批评魏惠王斤斤计较于眼前利益，而忘记了行仁义于国人，得到民众拥戴就是大利。⑥ 从汤武到孔子都不是“无欲”的，问题的关键在于是否能做到从“礼”的角度看待利与欲的问题。从礼的角度

---

① 《原文》：“利可言乎？曰人非利不生，曷为不可言？欲可言乎？曰欲者人之情，曷为不可言？”

② 《富国策》第一：“儒者之论，鲜不贵义而贱利，其言非道德教化则不出诸口矣，然《洪范》八政，一曰食，二曰货；孔子曰：‘足食足兵，民信之矣’。是则治国之实，必本于财用。”

③ 《富国策》第一：“盖城郭宫室，非财不完；羞服车马，非财不具；百官群吏，非财不养；军旅征戍，非财不给；郊社宗庙，非财不事；兄弟婚媾，非财不亲；诸侯四夷，朝觐聘问，非财不接；矜寡孤独，凶荒札瘥，非财不恤。”

④ 《富国策》第一：“礼以是举，政以是成，爱以是立，威以是行。舍是而克为治者，未之有也。”

⑤ 《原文》。

⑥ 《原文》：“孟子谓：‘何必曰利’，激也，焉有仁义而不利者乎？”

来看待利与欲，就是圣贤，否则就是贪恋与奢侈，是对社会的犯罪。

人的欲望是无止境的，但人生在世，小到顺应社会，大到保证社会秩序的协调，都必须节制欲望。要人们自觉地做到这一点很不容易，这就需要社会能够提供制度设计和安排[①]。只有以“法度”教化民众，使人们知尊卑之节，才能使人们知足，在满足生理欲望的同时有所节制。从社会原理层面讲，是按社会规范确定自己的行为方式，是以“道”胜“欲”。他说“古之君子以天下为务”，一切都从全社会的共同利益出发，而“后之君子以一身为务”，一切都从个人利益出发。全社会是“至公”，而自身是“至私”。人们应当“循公而灭私”，这是五尺竖子都明白的道理，然而很少有人做到，就是因为这个“道”没有深入人心，“道不胜欲”。人们大都看不到违反了“道”而满足个人欲望的害处，一味地不知满足，求索不已，最终适得其反。只有圣人才明白这其中的祸害，从而主动节制欲望，做到少私寡欲。他要人们学习圣人的榜样，约束自己。

由此可见，李觏的功利主义欲望论虽然只是对传统的贵义贱利思想的批评和修正，但这种批评和修正本身即是具有进步意义的。他倡导人们从传统的空洞的儒家说教中走出来，面对现实社会生活，正视人们的情欲，然后要求人们从社会“至公”的利益出发。去节制自己的私欲，以期在社会秩序协调的同时使人们的欲望得到满足。

李觏的这种关于人的欲望的功利主义态度，在先秦社会思想中并不少见，但秦汉以后，由于以董仲舒为代表的儒家社会思想的得势，贵义贱利就成了正统的支配性的观点，成了一种统治人们思想的意识形态。到唐代后期，才有白居易重新强调“利”的社会功能，揭示了“夫人之蚩蚩，趋利者甚矣。苟利之所在，虽水火蹈焉，虽白刃冒焉”[②] 的社会现实，并将传统的为“义”而“不谋利”、“不计功”的教条作了新的修正，提出“圣人非不好利也，利在于利万人；非不好富也，富在于富天下”[③] 的观点。到北宋前期的李觏提出“人无利不生”，“欲者人之情”的命题，把物质利益视作治理社会的前提，这说明随着社会的变迁，过去那种“正其宜不谋其利，明其道不计其功”的传统欲望思想已逐渐失去了其规范人们行为的功能，人们已不能不面对现实社会生活而对传统观点提出异议和批判了。虽然在李觏的欲望论中还强调用“礼”、“道”节制欲望以协调社会关系，管理社会秩序，但这毕竟是在正视了人们的欲望的前提下提出的，因而有进步意义。两宋时期，主张功利主义欲望论者始终占据当时社会、政治的主流地位，成为两宋社会思想的显著特点之一。

二、论礼的社会功能

李觏把“礼”视为一切社会道德规范和行为规范以及人们的物质生活、精神生活的核心和最高准则。在他所作的《礼论》七篇中，提出了他的一套成系统的有关

① 《安民策》第四：“苟不节以制度，则匹夫拟万乘之富，或未足以厌其心也”。
② 《白香山集》卷四，“策林”第十九。
③ 同上书，“策林”第二十二。

“礼”的见解。

第一，关于“礼”的范畴。

上古“礼”的范畴很难从现代社会学中找到一个与之相对应的术语。李觏研究礼，能做到追根溯源，他看到圣人在谈论礼的时候，并没有一个统一的标准。广义上“礼”无所不包，狭义上则仅仅指小事一桩。前者如《周礼》，后者如游戏、驾车的规矩等①。这既是李觏对“礼”之概念的研究，同时也是他的观点。他在《礼论》中所讨论的“礼”，就是从这个定义出发的。因此我们可以把李觏的“礼”理解为包括道德规范、行为规范在内的一切社会规范的总和。

第二，关于“礼”的起源及功能。

李觏认为，凡是饮食衣服、宫室器皿，都是以解决人们的饥、渴、寒、暑等问题为目的的。这些物质生活就是“礼之大本”，社会的制度源泉。正是出于人类的生理需要，人类才不断地发展各种生活技术，创造物质文明，改善生存条件，在此过程中创制、积累了各种规范和文化，最终使人类社会脱离了野蛮的原始生活进入文明时代。② 这些人们依据文明社会的物质生活及世事人情而制定的社会规范，就是所谓“礼”了。所以李觏说：“饮食、衣服、宫室、器皿、夫妇、父子、长幼、君臣、上下、师友、宾客、死丧祭祀，礼之本也”③。这样，李觏对“礼”的解释，就从传统的教条式说教中跳出来，把“礼”还原到人类社会物质文明及现实生活的需要之中，是具有重大进步意义的。

基于上述观点，李觏充分肯定了礼的社会治理功能。他说：“夫礼，人道之准，世教之主也。……治天下、国家、修身、正心，无他，一于礼而已矣”!④ 李觏进而又对于礼的各项具体的社会治理功能作了分析。首先，从一般社会关系而言，没有规范的婚配制度，两性关系就不正常；没有良好的父子关系，人不履行基本的家庭角色，就无法立足于社会；没有有序的长幼区分，弱势者就会遭受强势者的欺凌，所以就需要婚姻制度来约束夫妇关系，需要奉亲制度来融洽父子关系，需要伯仲叔季的规矩来区分长幼秩序，以矫正以上三种基本社会关系的失调问题。其次，以社会阶层关系而言，由于“君臣不辨则事无统，上下无列则群党争”，所以就需要设计朝觐议事制度，分官设职，使公、卿、大夫、士、庶人等社会各阶层井然有序，各司其职。再次，就每个人的社会生活而言，由于人必须经过学习才能得到文化启蒙，因而需要设立学校和教学制度，确立师生间友爱砥砺的关系；由于社会必须维持礼尚往来才不至

---

① 《礼论后语》：“圣人之于礼，其言盖参差。言其大则无事不包，言其小则庶事之一耳。故周官三百六十职，题曰‘周礼’以该之，言其大也；其次则曰‘礼典’，与治教刑政事配焉；其小则曰‘五礼’，与射御书数并焉。”

② 《礼论》第一：“人之始生，饥渴存乎内，寒暑交乎外，饥渴寒暑，生民之大患也。食草木之实，鸟兽之肉，茹其毛而饮其血，不足以养口腹也；被发衣皮，不足以称肌体也。圣王有作，于是因土地之宜，以殖百谷，因水火之利，以为炮燔烹炙。始其犬豕牛羊及酱酒醴酏，以为饮食；艺麻为布，缫丝为帛，以为衣服。夏居橧巢，则有颠坠之忧；冬入营窟，则有阴寒重腿之疾，于是为之栋宇，取材于山，取土于地，以为宫室。手足不能以独成事也，饮食不可以措诸地也，于是范金斫木，或为陶瓦，脂胶丹漆，以为器皿。”

③ 《礼论》第一。

④ 同上。

于断裂或接替，所以需要制定人际交往与社会交换的规则。总之，需要有一个治理过程，才能使社会形成一个等级有序、亲疏有度、和谐的社会生活秩序。正是在这些治理过程中，才形成了“礼”，而在“礼”形成之后，又能更自觉地有目的地规范社会行为，维持社会的正常生活秩序，这就是“礼”的社会功能。可见“礼”是来源于社会治理的需要，又用之于社会治理的。

第三，论作为道德规范的“礼”。

李觏认为，作为道德规范的“礼”只是个“虚称”①，本身并无内容，而只是对仁、义、智、信的总概括；而仁、义、智、信是“实用”，是“礼之四名”②。他认为，作为社会规范的礼同人一样有着不同的性格，或“温厚而广爱”，或“断决而从宜”，或“疏达而能谋”，或“固守而不变”，这些是“礼之大旨也，同出于礼而不可缺者也”③。正因为这些都是同出于礼而不可或缺的，才又“别而异之”，他按照人格特征依次分别名之为仁、义、智、信。换言之即是：作为社会规范的总和的礼，表现在道德伦理规范方面，包括仁、义、智、信四项具体内容。仁义智信只有以礼来制约，才是合乎规范的伦理道德。否则，就是不轨的伦理道德。他举例指陈各种不合乎“礼”的仁义智信即是不轨的伦理道德说：

假如统治者对农民“夺其常产，废其农时，重其赋税，以至饥寒憔悴”，但又经常地赏赐粮食布帛以示抚恤；或是法律繁密，官吏严酷，杀戮无数，但又时常签发赦免令以示恩典；或是发动战争，流血满野，牺牲百姓，但又时常收敛骸骨以示惠及死者，诸如此类的“仁”，都属“非礼之仁”。

假如有人背叛君亲，疏远兄弟，讲哥们义气，同生共死，自认为这是有难同当；或者“君有过失而不能谏正，而暴扬于外；身有隐恶，不能自改，而专攻人之短”，自认为这是为人正直；或是不能教育老百姓，而只是以严刑峻法打压百姓，自以为这是“奉法”，诸如此类的“义”，都属“非礼之义”。

假如有人聪明有智谋而不能为百姓谋福利，修教化，举善政，平暴乱，使国家长治久安，而专门干些奸诈的事情，自私自利，或图征一时之利，诸如此类的“智”都是“非礼之智”。

假如有人讲信义却不能统一号令，或守职业诚信，或者死守“一诺千金”的信条，不知变通，如历史上的尾生在桥下傻等情人，结果淹死河中，诸如此类的“信”，都是“非礼之信”。④

可见，如果不是以礼作为标准的道德规范，就会破坏社会秩序的常态和协调，只有合“礼”的道德规范才具有社会治理与调适的功能。所以李觏强调指出，“今有欲为仁义智信而不知求之于礼，是将失其本者”，礼是社会道德规范中的仁、义、智、信的出发点和依据。

第四，论作为行为规范的“礼”。

---

① 《礼论》第五。

② 《礼论》第一。

③ 同上。

④ 以上均见《礼论》第四。

李觏把作为社会行为规范的“礼”又称作“法制”。其内容包括“礼乐刑政”，而其中的礼居于核心地位，乐、刑、政皆统一于礼，而且是同出于礼而辅助礼的。他论述了作为社会行为规范的礼的形成过程说：通过礼的社会治理过程，人们在社会生活中“饮食既得，衣服既备，宫室既成，器皿既利，夫妇既正，父子既亲，长幼既分，君臣既辨，上下既列，师友既立，宾客既交，死丧既厚，祭祀既修”，从而使社会秩序达到了“大和”的和谐程度。但是，人和悦的情绪必须要有所发泄，需要一种既节制又宣泄的疏导制度，这种社会设计就是所谓的“乐”；又由于人舒服惯了就会懈怠，引起新的社会问题，所以需要约束懒散习惯的制度，这就形成了所谓的“政”；在约束懒散习惯时，有不从者，于是就以处罚的手段来恐吓他，这种制度设计就是“刑”。[①]

所以，李觏认为，社会规范是适应社会秩序的再整合的需要而设计出来的，在社会行为规范之内，核心是“礼”，而乐、政、刑不过是“礼之三支”而已。

第五，论礼与其“三支”、“四名”的关系。

关于礼的功能与礼的“三支”（乐、政、刑）、“四名”（仁、义、智、信）之关系，李觏举例论证说：“三支”就好像人的手足一样，是“同生于人而辅于人者也”。如果没有手足，头部和胸腹部都不能动弹，只有“手足具而人身举”。同样的道理，“三支”对于礼的关系是：“三支立而礼本行”[②]，故他认为“三支”是“礼之用”。

李觏又说：如果“三支”像人的手足，那么“四名”就像人的“筋骸之类”，是“同生于人而异其称者”，是纵向地贯串于头、胸腹、手足之内的，所以，“四名”是“礼之道”。有“三支”、“四名”的“礼”，就像有手足有筋骸的人一样，才堪称是一个健全的有机整体。也正如一个健全的人才能从事劳动一样，“礼”只有具备“三支”、“四名”，才能真正发挥其社会治理功能。这与社会学初创时期斯宾塞的“社会有机论”有某些相通之处，也与现代社会学理论中的结构功能论存在一种默契。

李觏还进而阐述了礼与其“三支”、“四名”的辩证关系，认为从总体上说，先是有了物质文明、社会文化的需要，而后才产生了社会规范。具体地说就是：社会是先有了道德伦理规范，而后才有行为规范的。作为道德伦理规范的“礼”对社会进行了初次整合，使社会秩序达到协调一致；后来又出现了失控，才产生了作为行为规范的“礼”，去进行再次整合。故他说：“有仁义智信，然后有法制，法制者，礼乐刑政也。”[③] 作为道德伦理规范的“礼”是“无其物”的，而作为行为规范的“礼”是“有其物”的。它们之间的关系是：“有法制然后有其物，无其物则不得以见法制，无法制则不得以见仁义智信，备其物，正其法，而后仁义智信炳然而章矣。”作为道德伦理规范的礼产生于“法制”之前，但又必须通过“法制”表现出来。如果这种有机关系遭到破坏，就不能发挥其规范社会、治理社会的功能。

---

① 均见《礼论》第一。

② 同上。

③ 《礼论》第五。

另外，基于他对礼的一套见解，李觏还批判了“礼不下庶人”的传统观点。他把这种观点的出现归结为“述《曲礼》者之妄”，并认为“礼”作为社会规范，是对社会中的任何成员都起作用的。① 这就打破了保持了上千年的社会上层对“礼”的垄断特权，显然是具有重大进步意义的。

三、论社会控制

社会上虽然已有一整套规范体系以协调社会生活秩序，但越轨行为总不可避免，因而就存在进行社会控制的必要性。故此李觏阐述了有关这方面的思想。

其一，关于社会控制的目的与意义。

社会控制是以抑制社会冲突，维护人类生存与发展秩序为主要目的的。李觏从社会生物学的角度研究这一问题，认为生物在自然分类的基础上构成种群，形成相互冲突的关系，冲突必然危及种群的发展。人类也是这样，社会冲突表现为势强、人数众多的社会群体威胁、欺凌势弱、人数较少的群体，冲突中充满了杀戮或伤害。② 如果没有王者的出现而及时达成社会控制，人类就要在循环的攻伐中走向灭亡。通过社会控制手段，处死杀人者，处罚伤人者，禁止随意杀戮、伤害别人的行动，保护了“弱寡愚怯之民”的生命安全，于是人们的社会生活才能在一定规范之内得到协调。这正是进行社会控制的意义所在。李觏又进一步解释说：刑罚作为一种社会制度长期存在，就是很英明的社会领袖和政治领袖也不能废除，就在于着眼于它的社会控制功能，目的在于预防、杜绝人与人之间的互相残害。所以，刑罚作为社会控制方法，本质上不是嗜好杀人，而是维护人类整体的利益；不是让老百姓害怕，树立君王的权势，而是要维护社会安定，使人民平安幸福。③ 进行社会控制不是为了危害人们的社会生活，而是为了维护社会的正常生活秩序，这就是社会控制的目的所在。

其二，论先教化而后控制。

李觏认为，移风易俗，保证社会良性运行之道是以教化的手段，树立社会正义，即所谓“立人以善，成善以教”④。基于人性的关系，首先应进行制度化的教育，使人们遵循仁义礼智信，行人间正道。其次应完善刑罚，强化社会控制，使人们自觉扬善抑恶。⑤ 只有这样，才能“家可使得孝子，国可使得忠臣”。否则，人们没有一个正确的社会价值观念，不懂得什么是美善，什么是丑恶，不知应学习什么，也不知什

---

① 《礼论》第六。

② 《安民策》第八：“夫物生有类，类则有群，群则相争，争则相害。是以强者胁弱，众者暴寡，智者诈愚，勇者苦怯。或则以杀，或则以伤。”

③ 《刑禁》第一：“刑罚之行尚矣，积圣累贤未有能去者也。非好杀人，欲民之不相杀也；非使畏己，欲民之自相畏也。”《安民策》第八：“非嗜杀人，乃以生人也；非欲作威，乃以作福也。”

④ 《教道》第一。

⑤ 《教道》第一：“教以开其前，如得大路，终日行而弗迷失。刑以策其后，使不敢反顾……”

么行为是正确的，社会控制也就失去意义。所以他指出，在没有教育制度的社会里，不以孝的思想来教育孩子如何做子女，以友爱的思想来教育人如何做朋友，以忠诚的思想来教育人做臣下，以信义的思想来教育人参与社会交往。也不教育人们应该崇尚廉洁，反对贪腐；崇尚推让，反对争夺；崇尚正常的男女关系，反对淫乱；崇尚上下有节，反对以上凌下。这是社会设计的不完善所造成的制度陷阱，严重威胁人们的日常生活和社会的正常运转。即使诛杀不断，也不能使死者悔悟而生者觉醒。[①] 一言以蔽之，社会教化包括教育和刑罚两个方面，应在对人们进行教育，使之经过社会化的过程之后，再对其进行控制，这样才具有维系社会生活协调的意义。

同时，李觏还认为，人们的越轨行为不是一朝一夕养成的，必须注意防患于未然。恣纵放任而无所畏忌，日积月累，小恶就会变成大恶，结果不是身死刑场，就是被处以肉刑，断手断足，后悔也来不及了。[②] 只有当其恶念萌发之时就使之感到有所畏惧，才不致有严重的越轨行为发生。因此，"驭民必早为之"，将不轨行为遏止于思想萌动之际，才是上策。

其三，论实行社会控制的要领。

社会控制的手段，除道德规范与社会舆论之外，主要表现为赏与罚。李觏认为实行社会控制必须掌握三个要领才能达到预期效果。

首先，要一视同仁。法律具有普遍的约束力，上至天子下至庶民概莫能外，必须做到"虽有爵，其犯法当刑，与庶民无异"。否则，如果有权有势者都可以为自己或亲属开脱罪责，惩处的对象就只剩下老百姓了。社会管理者自私的结果是"赏庆则贵者先得，刑罚则贱者独当"[③]，这不仅会使法律失效，也势必造成"上不愧于下，下不平乎上"的怨恨与冲突，与社会控制的原有目的背道而驰。

其次，刑罚要获得社会的认同。李觏说，"凡有血气之类，莫不爱其生"，更何况作为"万物之灵"的人类了。因此，刑罚必须谨慎，应慎重量刑，在这个过程中应进行反复讨论，考虑到"聪有所不闻，明有所不见，下情有所不达，议法有所不平"，还应多方面询问，听取意见，"必群臣、群吏、万民之意同，然后刑杀"[④]。只有当人们一致认同其行为是越轨的，然后惩治之，才能真正起到社会控制的作用。

最后，对越轨者不可轻易赦免。李觏认为，人虽有不忍人之心，但对越轨者不可轻言赦免。如果因为君王的不忍之心而放弃惩罚，杀人者不死，伤人者不刑，就是放纵犯罪，"帅贼而攻人"。犯罪分子得不到惩处，受害者无以申冤，只能使社会越来越

---

① 《安民策》第一："民有以生之而无以教之，未知为人子而责之以孝；未知为人弟而责之以友；未知为人臣而责之以忠；未知为人朋友交游而责之以信；未知廉之为贵而罪以贪；未知让之为美而罪以争；未知男女之别而罪以淫；未知上下之节而罪以骄，是纳民于阱也。虽日诛之，死者弗之悔而生者弗之悟也。"

② 《刑禁》第五："人之大恶岂一朝一夕，必有渐也。放僻邪侈之情动，而无所畏忌，则涓涓以成江河，毫末以寻斧柯。或伏尸市朝，或流血刀锯，虽其悔之，犹噬脐也。"

③ 《刑禁》第四。

④ 《刑禁》第二。

乱。因此，如果有所赦免，必须反复审议，确是情有可原者再予赦免，但不可理解为这是君王的恩典。凡是“情不可赦”者，就绝不赦免，这也同样不可理解为君王的意志。只有这样，才能使民心服，政令行，才能真正发挥社会控制工具维系社会正常秩序的功能。

四、论社会治理

在社会运行机制失调或失控时，需要进行社会整合或治理，为了巩固社会的生活秩序及使社会生活秩序更加协调，也需要进行社会整合或治理。李觏认为社会治理的指导思想主要有以下几方面：

其一，民本思想。

李觏认为，治理社会的目的在于安民养民，维护众民的生活。其《安民策》开宗明义，从当时社会普遍接受的天命思想出发，认为上天确立君主的领袖地位是为了亿万人民服务的，而不是相反。民意左右天命，欲治理社会，就必须尊重民意。[①] 社会治理者要做社会的领袖，而不做权力的奴仆，所以应当做到大公无私，重视人民的公意和公利[②]，这样才能得到人民的信任。这是“民有”的思想传统，确立天下民有的思想，才能树立正确的执政理念。在社会治理过程中，应当以争取群众的尊重、拥护为重要目标，而不是以行使权力为目的。总之，以民为本，做到“君明臣忠，百姓亲睦……以致和气也”[③]，才能起到社会治理的效果。

其二，治理社会当以衣食为前提。

李觏指出：“人所以为人，足食也；国所以为国，足用也”[④]。正如管子所说：“仓廪实而知礼节，衣食足而知荣辱。”如果“民不富，仓廪不实，衣食不足，而欲教以礼节，使之趋荣而避辱”，是无法办到的事情。[⑤] 人们的衣食足，是社会治理的基本前提条件。他认为，凡是有志于治理社会的人，都应当做到“平徭役，不专取”，“量入以为出，节用而爱人”[⑥]，首先满足人民的衣食需求。

其三，要掌握和利用民众的社会心理。

李觏认为，掌握人们的社会心理对社会治理大有益处。他分析人们的社会心理说，“治世之民思乱，乱世之民思治”。为什么呢？他作了进一步分析，认为治世之民生活安逸，刑罚已经松弛，稍微严格就会警醒；税负很轻，稍微加重就会怨恨不已；没有经过恶斗、阴谋之事，却容易狂妄自大，自以为勇猛、机智；只知道战争的好

---

① 《安民策》第一：“天生斯民矣，能为民立君，而不能为君养民；立君者天也，养民者君也，非天命之私一人，为亿万人也。民之所归，天之所右也；民之所去，天之所左也。天命不易哉！”

② 《安民策》第五：“不以身为身，以天下之身为身也；不以心为心，以天下之心为心也。”

③ 《安民策》第五。

④ 《国用》第一。

⑤ 《国用》第十六。

⑥ 《国用》第一。

处，而没有看到战争的坏处；一有不如意的地方就愤愤不平，不知隐忍。① 可见，身处社会稳定时期的民心是“思乱”的。相反，生活于社会混乱之中的人民，城市人不能经商，庄稼人不能种地，强势者死于战争，弱势者死于饥饿，父母、妻子、儿女得不到保全，所见的是战争之恶而没有获得战争的好处。所以，才民心思治，期望社会秩序的协调与安定。他认为，在人心思治之时，中等才干的领袖就可得到民众的欢迎；而在人心思乱之时，不是极其高明的领袖就不能领导社会。因此，“智者虑乱于治”，那些认为“治不复乱”的人，只能表明其愚蠢至极。

李觏还指出，考察人们的社会心理可以发现，人们总是在和别人的比较中才感到不满足的。掌握了这种心理，“因人之情而制之”②，有助于安定民心，维系社会关系的和谐。他根据这种见解，又提出了解决贫富悬殊问题的非常别致的方案，其内容主要有：第一，社会统治集团内部要按官爵等级去享受，做到“上下有等，奢侈有制，在势则尊，无列则贱”③。第二，要在“使贵者得其逞”的同时，也使“贱者得以觎”④。在使尊贵者的欲望得到满足的同时，还必须让贫贱者从心中感觉到有希望，这样才不致产生对立情绪。第三，以外表的平等使贫者得到心理安慰。他认为，应当依“富不得独文，贫不得独质”⑤，“民虽有富者，衣服不得独异也”⑥。如果使富者和贫者都穿同样的衣服，“则贫者安也”⑦。一方面使贫者从表面的平等中得到心理的慰藉，另一方面又使富者克制对耳目之欲未知餍足的贪婪心理，物质享受不越规范而“上下有体”，是避免社会秩序严重失控的重要前提之一。

其四，法令是社会治理的命脉。

李觏认为，治理社会是靠法令进行的，“封疆有固，山川有险，人犹越之”，可是一名小吏，手持律法，发号施令，就是大富大奸也不敢违抗，足见法令的功能。但是执行情况也考验一个政府的效能。在利用法令时，不可朝令夕改，否则，不但无助于社会的治理，还必将产生更多的社会混乱和社会问题。因为朝令夕改就会使“善人”担心做了好事也不一定得到赏识，会使“恶人”对作恶也不一定挨罚心存侥幸，造成赏罚手段失灵，产生恶劣的负面效应。⑧

综上所述可见，李觏的社会控制及社会治理思想是具有一定民主性和战斗性的。他考察社会现象和问题的态度是严谨的，对社会的分析是较为深刻的。当然其中也不无肤浅之处，如他把贫富悬殊的弊害几乎完全归结于贫者不安，并试图采用表面上的平等使贫者得到心理安慰以使社会安定的思想，就是非常肤浅的，甚至是荒谬的。

---

① 《庆历民言·备乱》：“生无事之时，身安而意侈。刑弛矣，急之则惊；敛轻矣，加之则怨。力未尝斗，自谓勇；心未尝谋，自谓智。知兵之利而未见兵之害，小不得意则欲翼而飞矣。”

② 《教道》第七。

③ 《安民策》第四。

④ 《教道》第七。

⑤ 《安民策》第四。

⑥ 《教道》第七。

⑦ 《安民策》第四。

⑧ 《安民策》第六。

第二节 王安石的社会思想

一、王安石所处的社会及其变法活动

王安石（1021—1086年），字介甫，北宋抚州临川（今江西临川）人，出身于小官僚地主家庭，他天资聪明，读书过目不忘。22岁（1043年）登进士第，在此后的18年中，做了多年地方行政、司法官。所在之处，颇有政绩。其间虽也三次为京官，但只任中下级官员，且总共不足五年。1058年入京为度支判官后，曾向宋仁宗上长达万言的《上仁宗皇帝言事书》，总结了他多年来做地方官的经验，提出了改革的主张，但未被仁宗重用。1067年，神宗即位后，锐意改革，1069年（熙宁二年）任命王安石为参知政事，翌年又任命其为同中书门下平章事，从此，王安石开始实施他的改革主张，至熙宁七年七月解职，以观文殿学士知江宁府，熙宁八年二月，复召为同中书门下平章事，次年十月又罢职，回到江宁。他共执政九年，罢相后又居江宁九年，于元祐元年病故。王安石是北宋时期著名的政治家、思想家和文学家，其著作保留下来的大都收入《王临川全集》中。

王安石所处的时代，在各种社会问题中，最为集中和突出的是社会的积贫、积弱及土地兼并日趋严重。这些重大社会问题又导致了社会的阶级关系、阶层关系及民族关系的恶化。[①] 面对这些严峻的社会问题，王安石代表中小地主阶级的利益进行了一系列社会改革和经济改革，史称“王安石变法”。其变法内容大体可分为三类：属财政经济方面的，主要有“均输法”、“青苗法”、“农田水利法”、“募役法”、“市易法”、“方田均税法”等；属军事政治方面的有“将兵法”、“保甲法”、“保马法”等；属文化教育方面的，最主要的是《三经新义》的编纂与颁行。王安石的变法活动是具有进步社会意义的，其社会思想是贯穿于整个变法活动之中的，是其变法的指导思想。

二、论人的性情

关于人的性情问题，王安石颇有独到见解，并分别对孟子的性善说、荀子的性恶说、扬雄的性善恶混说和韩愈的性三品说进行了批评。[②]

何为“性”？何为“情”？王安石认为，所谓性，就是人们生来就有的喜怒哀乐好

① 参见漆侠：《王安石变法》，石家庄，河北人民出版社，2001；邓广铭：《北宋政治改革家王安石》，北京，人民出版社，1997。

② 《王临川全集》卷六十八《原性》。本节凡引自此书者只注篇名。

恶欲这七种心理能力（或本能），因此人性本身没有善恶之分。当这七种心理能力或本能受到外物的刺激时，便表现出来，见诸人的行为，这就是“情”①。所以，性和情本来是一种东西，只是在存乎内而不可见的状态下称为“性”，在与社会环境的互动过程中，发于外而可见，就称为“情”的。所以，性与情是体与用的关系，二者具有内在的统一性，均是人之属性的表现②。他指出，社会上有论者曰“性善情恶”，是由于他们“徒识性情之名，而不知性情之实”的缘故。

王安石认为，在社会中生活的任何人都是有性有情的。既然人的本性都是相同的，是无善恶之分的，那么人们在社会中表现出来的善行或恶行又是怎么回事呢？王安石说，这是由于人们的喜怒哀乐好恶欲的本能在受到外物刺激后，发动的质量所造成的。在情感发动的过程中，把喜怒哀恶导向善的一方，就是仁义；导向恶的一方，就是不仁不义。所谓善恶，不过是对“情”的质量的评定③。一个人的情感发动受到理的支配或者符合理的标准，就是体现圣贤的德行，否则就是小人的情欲④。王安石在判定人情善恶时又提出一个“理”来，这个理自然是儒家思想当时认同的“理”了。

那么，是否应要求人们都消灭情感呢？王安石认为，不能采取这种回避问题的态度。情感是善恶的风向标，人有情才能使社会判断其善恶⑤。如果人们都在社会的各种刺激面前毫无反应，就丧失了判定人的善恶的依据。如果以为人们无情则是善，那么木石无情，当属最善者了！⑥ 所以，任何割裂性与情的观点都是违背客观事实的，都是有害于社会的。那种认为君子有性无情，小人有情无性的观点是荒谬的。人们应当面对事实，大胆地承认性与情相辅相成的关系，二者与人的善恶之间不存在一一对应的映射关系。问题的关键在于如何使人的本能转化为情感或情绪时符合“理”。

王安石同意孔子的“性相近也，习相远也”的观点，认为人们所以为善或为恶，都在于“习”，是后天社会化的结果。但他又对孔子的“中人以上可以语上，中人以下不可以语上”，“唯上智与下愚不移”作了新的解释。上智也即“君子”，下愚也即“小人”。王安石界定了君子、中人、小人的区别：君子即便不得志，仍然守德行，有君子之志；小人正好相反，即使生活顺心如意，不过是小人得志；中人则善变，潦倒时为小人，安顺时为君子⑦。既然社会行为表现人性，所以评判一个人是君子还是小人，要根据其“行习”而定。那些始终一心向善、学善行善的，就是上智之人，人中君子；那些自始至终为非作歹的，就是下愚之人，人中小人；中人则既受善的熏陶，

---

① 《性情》：“喜怒哀乐好恶欲，未发于外而存于心，性也。喜怒哀乐好恶欲，发于外而见于行，情也。”

② 《性情》：“性者，情之本，情者，性之用”，“性、情，一也”。

③ 《原性》：“喜怒爱恶欲而善，然后从而命之曰仁也、义也；喜怒爱恶欲而不善，然后从而命之曰不仁也、不义也。……然则善恶者，情之成名而已矣”。

④ 《性情》：“动而当于理，则圣也，贤也；不当于理则小人也。”

⑤ 《原性》：“有情，然后善恶形焉。”

⑥ 参见《性情》。

⑦ 《上仁宗皇帝言事书》：“夫出中人之上者，虽穷而不失为君子；出中人之下者，虽泰而不失为小人；唯中人不然，穷则为小人，泰则为君子。”

也受恶的困扰，行为表现也是有时候善，有时候恶[①]。同时，对于人的智、愚、中的评定，不应当是对一时一事而言，而应是最后的总体评定。比如：一个人始终如一地不为不善之事，可以定之为上智；如果他开始的行为是善的，后来却走向邪恶，这不过是个中人。如果他始终为不善，可以定之为“下愚”；如果他开始为不善，后来却弃恶从善，也是一个中人。因此，只有那些始终不移，一直行善的，才是上智；而那些也始终不移，一直为恶的，就是小人。由于人的一生是在善恶之间度过的，所以在判断一个人的善恶时，应该在他生命结束的时候才最为准确，才能盖棺定论[②]。应当指出，王安石对孔子“习相远”和“上智与下愚不移”的解释实际上并不是孔子的原意，而是王安石对孔子学说的修正，属于他自己的学说。但这一修正是可贵的。

王安石的性情论，对传统的君子无情、小人无性，以性善为社会统治阶级所独占，以情欲多为社会下层劳动人民所特具的性情论提出挑战，认为“君子之所以为君子，莫非情也；小人之所以为小人，莫非情也”[③]，不能以社会地位、社会角色的高低贵贱作为区分人性善恶的依据，这是一种要求社会身份平等的进步学说。王安石提出要以人们在社会生活中的具体行为方式为标准去判定人的善恶的理论，是中国社会思想史上值得注意的宝贵遗产。

三、论社会风气问题及其解决方案

王安石作为一位有志的社会改革家，清醒地察觉到恶劣的社会风气对社会生活秩序的破坏作用。他认为，风俗构成人的生活环境，或美或恶，影响人心邪正，这是国家的根本问题，关系着治乱兴衰。风俗变易，迁染民志，积时既久，就会改变人民素质。民德淳厚就天下治，民德浇薄就天下乱，因此一个人要对社会有所贡献，应着力于正风俗，这是符合圣人之道的。[④] 所以，他多次指陈社会风气方面的问题，并提出解决这些问题的方案。其中主要有：

第一，奢侈问题。

王安石认为，奢侈将给社会生活带来诸多祸患。他看到，当时的北宋社会本是一个“升平之运”最盛的社会，应家给人足，安居乐业，但实际上人民的温饱问题仍然没有解决，很多人为了生存而弃农经商。究竟是什么原因呢？这都是由于“风俗有所未尽淳”造成的，换言之，是社会盛行的奢侈之风的必然恶果之一。他指出，“天地之生财有时，人之为力有限”，但现在社会上奢风盛行，日夜之费无穷，以有时之财、有限之力，供养无穷的花费，无所制约，结果必然是加重社会贫困，造成社会生活秩

---

① 《性说》：“习于善而已矣，所谓上智者；习于恶而已矣，所谓下愚者；一习于善，一习于恶，所谓中人者。”

② 《性说》：“惟其不移，然后谓之上智；惟其不移，然后谓之下愚；皆于其卒也命之，夫非生而不可移也。”

③ 《性情》。

④ 《风俗》：“圣人上承天之意，下为民之主，其要在安利之。而安利之要，不在于它，在乎正风俗而已。故风俗之变，迁染民志，关之盛衰，不可不慎也。”

序的严重失调。

不仅如此，奢侈既已成为一种社会习俗，就具有社会行为规范的一般功能，任何社会成员都将受到这种习俗的影响，并自觉或不自觉地遵从它。王安石指出，在现实社会的奢侈习俗之下，手工业生产那些华而不实的奢侈品，商人经营的也是那些奇巧少见的奢侈品，日甚一日，以致社会上形成了喜新厌旧的坏风气，器物还没有用坏，就因人们讨厌而被毁弃了。为了追求奢靡的生活方式，不但富者竞以自胜，贫者也耻其不若，贫穷的人们在想：富者是人，自己也是人，富人的奉养能如此华丽，我为什么不能呢？于是人们都竞相模仿，“务尽鲜明”，甚至有为“逞一时之嗜欲，破终身之资产而不自知”① 者。

王安石对这种竞相奢侈的社会风习忧心忡忡，认为长此以往，恶性发展，必将造成严重的社会失控。因为淳朴民风的消散，就意味着贪婪、饕餮民风的形成；后者成为现实，社会财富将很快被消费掉。奢侈风气的影响极为广泛。奢侈成风，使人们贪婪成性，巧取豪夺成为时尚，遵纪守法为人耻笑；生产者难以保全德行，士人难以保全清誉；贫富差距急剧拉大，贫富悬殊，贫困者死于沟壑，社会生活秩序将严重失控。② 在这种情况下，人民对未来生活不抱希望，不乐生而愿死，任何社会控制工具都会失去其功能，社会必然陷于恶性运行之中。③

应采取什么调适方案以解决奢侈问题呢？王安石认为应从以下三方面入手：

其一，正京师之风俗，以为天下之表率。他说，圣人行风化都是“自近及远，由内及外”的，而京师是风俗变迁的枢纽，是各方面模仿的对象。京师发一端，做一事，以及衣冠车马之奇、器物服玩之具，对地方上影响巨大而迅速，故此正风俗必当从京师做起，才能事半功倍，速见成效。

其二，重本抑末，民归田亩。采用加重税收、租金的方法，抬高工商业者的从业成本，提高进入工商业的门槛，使人们转归农业。王安石认为，如果人们复归于田亩，从事农业劳动，就可重新培养出淳朴的习俗，而且土地投入增加，人民有饭吃了，风俗归于淳朴而衣食又有保证，自然是一个安定和谐的社会了。

其三，对仍然从事工商末业者，实行商品检查，发现有造作奇技淫巧者，则予以严厉惩罚。同时政府要对各种产品、物器等制定、颁布相关生产标准，规范工匠的生产制作，杜绝奢侈品的生产渠道。

可见，王安石对社会奢侈风气问题之严重性的认识是深刻的。然而，贪婪、奢侈是地主阶级的本性，是地主阶级本身无法克制的问题。王安石所设计的调适方案，虽是绞尽脑汁所得，但仍未免失于肤浅。但也不可否认，他提出端正社会风气当从首善之区——京师做起，及利用制度的力量，调整农与工商之从业人员的比例关系，从而改变人们的生产与生活方式，使社会风俗归于淳朴的方法，都是具有新

---

① 《风俗》。

② 《风俗》：“淳朴之风散，则贪饕之行成；贪饕之行成，则上下之力匮。如此则人无完行，士无廉声，尚陵逼者为时宜，守检押者为鄙野。节义之民少，兼并之家多，富者财产满布州域，贫者困穷不免于沟壑。”

③ 《风俗》：“夫人之为性，心充体逸则乐生，心郁体劳则思死。若是之俗，何法令之能避哉？故刑罚所以不措者此也。”

意的。但从社会发展的角度考察，迫使工商业者归于农业，不是能促进社会经济进步的方案。

第二，士无廉耻问题。

社会学认为，为了使社会成员有效地达到自己的既定目标，就需要有一定的社会组织，其中政治组织至关重要。在古代社会，士大夫阶层是使社会政治组织机制运行的操纵者，如果他们不能形成共同的社会价值观和行为目标，不遵从角色规范，不但不能有利于社会，反而还会给社会生活秩序造成致命性危害。王安石所处的时代，就严重地存在着这一社会问题。

在当时，官员贪污受贿已经不是新闻，廉耻观也不再是官德的一部分。官僚阶层已无所不为，既定的角色规范已丧失殆尽，他们不把维护社会的利益作为行为目标，而是玩忽职守，以违法受赂，侵牟百姓为务。官员行政伦理沦丧的一个重要的原因，是政府之中没有正气，官员们宁愿偷惰取容，也不愿意勤奋自强①。王安石认为这是必须尽快解决的重大社会问题。为此，王安石也设计了三种解决方案：

其一，增加官员的俸禄。宋代的禄制“大抵皆薄”，官员不足以依靠俸禄维持一般的生活水准。让官员们拿微薄的薪水，维持清廉的声誉，确实有强人所难之处。王安石认为，官僚队伍中，绝大多数人都是穷则为小人，泰则为君子的“中人”性情。② 基本生活难以保障而能廉洁自律，是具有中品性情的人无法做到的。因此，制定俸禄指标当以中人为基准，做到尊重他的合理欲求，因势利导，使中人能够遵从角色规范。这是他以人性论为基础提出的合理方案。从这一点出发，他主张增加俸禄，并认为这不但“不足以伤经费”，而且对端正社会风气，恢复社会政治组织的正常功能是十分有利的。

其二，制定规范或制度约束官吏的行为。王安石指出，现在社会上奢侈之风盛行，“天下以奢为荣，以俭为耻”，流俗所及，人人都受到影响和困扰，一个人如果不能在婚丧等大事上摆足排场，就会得罪族人、姻亲，被人瞧不起。而在社会管理体系中，对“婚丧奉养服食器用之物，皆无制度以节之”，这就使得官吏们不得不用贪污等手段去满足社会期望。这是造成士人廉耻观沦丧的又一重要原因。为此，他主张对官吏的行为方式和生活用品都制定相关标准，以控制社会上奢侈之风对官吏阶层的影响，恢复其角色规范观念和正常的社会价值观念。

其三，明法度。王安石指出，现实社会财力日益困穷，风俗日以衰坏，致使社会动乱的迹象越来越多，其重要原因之一就是官员“不知法度”③。他要求，对官吏要先进行教化，然后对不服教化者予以处罚；先制定规范、制度约制其行为，然后对不守规范、制度者予以惩治；先委之以职事，然后对不能完成任务者予以惩罚，从而使

① 《上仁宗皇帝言事书》：“故今官大者，往往交赂遗、营赀产，以负贪污之毁。官小者，贩鬻、乞丐，无所不为。夫士已尝毁廉耻，以负累于世矣，则其偷惰取容之意起，而矜奋自强之心息，则职业安得而不弛？治道何从而兴乎？又况委法受赂，侵牟百姓者，往往而是也。”

② 《上仁宗皇帝言事书》：“计天下之士，出中人之上下者，千百而无十一。穷则为小人，泰则为君子者，则天下皆是也。”

③ 《上仁宗皇帝言事书》。

官吏不得不努力完成职责，发挥社会政治组织的正常社会功能①。

第三，财政困乏问题。

财政困乏不仅是个经济问题，更重要的是个社会问题。如果财政困乏，即使没有大规模的战争，人民仍然不能安居乐业，全身心地投入农业生产，致使国库、百姓都以困穷为患，由此造成了各种社会关系的失调，给社会生活秩序带来很多恶劣影响。王安石指出，以前的“治世”理财都是鼓励民力投入生产，积累财富维持国家安全、政府运转等事项，所以没有因为财政匮乏而造成社会问题的。现在出现严重的财政困乏问题，完全是人为所致，是政府不懂理财之道，主管机构不能量财计用，应当以古代治世理财之法调适现实社会的财政问题。他所设计的一系列财政经济方面的改革方案，都是在这一思想指导下进行的。

纵观王安石的社会思想，可以发现其具有以下几个明显特点：

第一，从阶级属性而言，它是属于地主阶级的社会思想，但又不是大官僚地主阶层保守派的思想，而是代表了中下层地主阶级利益的社会改革派的社会思想。

第二，从思想学派而言，是一种受法家思想影响的儒家社会思想。王安石虽然具有儒家的风范，但就其性格、主张及其所设计的各种方案去分析，却又有法家的倾向，但他不是一个“杂有儒家传统色彩的法家”②，而是一个受法家思想影响的儒家。

第三，从其治学态度而言，具有一种强烈的务实精神。他对各类社会问题的考察都具有一定深度，所提出的解决问题的方案也大都较有实用价值。他不是一位经院式的学究，而是一位较为了解当时社会实际情况的伟大的社会改革家。王安石的一系列社会思想成为其推行变法运动的指导思想。

第四，王安石的社会思想虽然是面对现实社会的，客观上也或多或少具有一些人民性，但他毕竟是地主阶级的社会思想家，所代表的依然是社会中少数人的社会思想，这不但局限了他考察社会的眼界，也决定了他所设计的各项调适社会秩序的方案的可行性依然是有限度的。

第三节
陈亮的社会思想

陈亮（1143—1194年），字同甫，学者称为龙川先生，南宋浙江永康人，是南宋时期的著名思想家，永康学派的代表人物。著作有《龙川文集》，今有中华书局出版之《陈亮集》。

---

① 《上仁宗皇帝言事书》：“方今……亦未尝教之以道艺，而有不帅教之刑以待之乎？亦尝约之以制度，而有不循礼之刑以待之乎？亦尝任之以职事，而有不任事之刑以待之乎？夫不先教之以道艺，诚不可以诛其不帅教；不先约之以制度，诚不可以诛其不循礼；不先任之以职事，诚不可以诛其不任事。此三者，先王之法所先急也，今皆不可得诛。”

② 谢信尧：《宋元民权思想研究》，34页，台北，三民主义研究所博士硕士论文奖助出版委员会，1979。

一、陈亮社会思想的性格

陈亮出身于没落地主家庭，家族在当地以耕读传家，乐善好施，卓有声望。如他在《府君墓志铭》中所说，其家族“虽不能驰骤取功名富贵，以自见于斯世，而衣食丰足，推其余以及邻里，使一乡无憾于陈氏”。陈亮天资聪明，“生而目光有芒，为人才气超迈……论议风生，下笔数千言立就”①。十八九岁时，即曾考古人用兵之得失，写成一部《酌古论》，深受郡守周葵赏识。后通过周葵而“得交一时豪俊”，结识了不少学界人物。

但是，他在学术上没有一定的师承。少年时，他和陈圣嘉、应仲实、徐子才三人比较心意相投，成年后和他论学最多的是张栻、吕祖廉和朱熹三人，但在“相与上下其论”之间，不但没有师承关系，而且常因观点之不同而展开学术论争。尤其是他与朱熹之论争为最甚，论及的思想理论问题也最为深刻。陈亮的思想理论不附和于道学而自成一家之言，被朱熹等视为异类。故朱熹曾说，陆九渊之“心学”是禅学式的儒学，而陈亮、叶适之学则“专是功利”，并认为犹如禅学的陆学，“后来学者摸索，一旦无可摸索”，会转身离开，而陈亮等人的功利之学，“学者习之便可见效，此意甚可忧”②。足见朱熹对陈亮的功利思想十分担忧，视之为“存天理，灭人欲”思想理论的最大威胁。于是朱熹在与陈亮的信件中，劝陈亮放弃义利双行、王霸并用的功利主义思想，和他一道从事于劝人惩忿窒欲、迁善改过的道学思想，做一个醇儒。陈亮不但不为所动，反而反唇相讥，继续批评朱熹等人的观点，成为不合流俗、独树一帜的思想家。后来黄宗羲等人在《宋元学案》中评论这些人物时，对陈亮评价甚高，称许他身处清谈性命不言功利的学术氛围中，能卓然不群，独立超群。③ 他以“推倒一世之智勇，开拓万古之心胸”④ 的气概，以“王霸义利”问题为核心进行了长期论战。陈亮这种敢于独树一帜，不苟同于他人的精神，自然遭到俗儒的嫉恨，加之门户之见，对他“谤议沸腾，讽刺百出”⑤，甚至有人读到陈亮这一派的著作时，常常“怒发冲冠，以为异说，每见亮来，则以为怪人，辄舍去不与共座”⑥，而陈亮则坦然自若。陈亮的这种“任侠”精神，也表现在其日常生活中。南宋社会，立社仓，赈济救灾，做志愿者（义役），是儒林通行的社会工作，陈亮的家族也积极参与。陈亮自道，这些活动他很容易做到，但并不是热心主持者、积极参与者，通常担任监督评价的角

---

① 《宋史》卷四三六《陈亮传》。

② 《朱子语类》卷一二三。

③ 《宋元学案》卷五十六：“当乾道淳熙间，朱（熹）、张（栻）、吕（祖廉）、陆（九渊）皆谈性命而辟功利。学者各守其师说，截然不可犯。陈同甫崛起其旁，独以为不然。”

④ 《宋史·陈亮传》；又见《陈亮集·又甲辰秋书》。

⑤ 《陈亮集·甲辰答朱元晦书》。本节以下引文凡出自《陈亮集》（北京，中华书局，1974）者只注篇名。

⑥ 《丙午复朱元晦秘书书》。

色，见有不切实际的事情，就大声质疑，为此也曾受到一些人的憎恨和诽谤①。

在任何社会，像陈亮这种性格之人，也势必前程维艰。他 35 岁时（1178 年）上书，批评大臣苟安一隅、学者空谈性命的风气，孝宗皇帝欲起用他，但大臣们“恶其直言不讳”，百般阻挠。在欲授予官位时，陈亮看到形势于己不利，就离京还乡了。还乡之后，因有人向刑部告发他“言涉犯上”而入狱，险丧性命；后又因仇家控告他唆使童仆杀人，又入狱，在朋友的营救下出狱。两次大难之后，陈亮过着闭门读书的生活，但仍常怀“不平之气”。在与朱熹的信中，陈亮自述，出狱后，“闭门不与人交往”，有一次因妻弟的缘故出门，一出数日，结果遭到仇家聚众数十人追杀，他告到州县衙门，却无人理睬。但他并不因此而颓唐，仍在家乡“聚二三十小秀才，以教书为行户，一面治小圃，多植竹木，起数处小亭子”，一边教书，一边收拾庭园。为“不枉此一生一死”，1193 年，陈亮 50 岁时，又参加进士考试，结果名列第三，又被“御笔擢第一”，并授予官职，但他于次年病故，未曾就职。

在陈亮的生涯中，多有灾难，其本人也有怀才不遇之感。这和他敢于直言不讳、不合流俗的思想性格有直接关系。他的这种思想特色，体现在他的社会思想之中，就形成了勇于面对现实社会，出于他对现实社会生活的真实感受而揭示社会问题，提倡务实，承认欲望，讲求功利的特点。但以空谈性命为时尚的年代里，陈亮的社会思想也无疑具有几分“异端”的意味。

二、社会功利论

陈亮针对当时流行的朱熹等人的“存天理，灭人欲”的道学思想，提出了社会功利主义思想。朱熹主张正心诚意，强调动机之合于“天理”，而不顾及实际效果的性命之学。陈亮痛批朱熹者流自以为正心诚意，其实置民族危机于不顾，脱离现实，空谈性命，忘记了靖康之耻，旧国未复，如得了风痹之症，手足麻痹不知痛痒，等金兵一来，是怎么丢了性命都不知道。②

陈亮认为，学问的根本是培养人在社会各项工作中都能讲求实效（功效、功利），在具体事业中发挥作用，社会才能安定和进步。道学的发展恰恰与此相反，它为那些陋儒提供脱离现实、空谈性命的道具。“自道德性命之说一兴，而寻常烂熟无所能解之人，自托于其间，以端悫静深为体，以徐行缓语为用，务为不可穷测，以盖其所无。”结果造成“为士者耻言文章行义，而曰‘尽心知性’；居官者耻言政事书判，而曰‘学道爱人’。相蒙相欺，以尽废天下之实，则亦终于百事不理而已”③。这些人不重视具体工作和社会实际情况，不求实效，不办实事，只能以

---

① 《陈亮集》卷二十《又甲辰秋书》：“亮之居乡，不但外事不干与，虽世俗以为甚美，诸儒之所通行，如社仓、义役及赈济等类，亮力所易及者，皆未尝有分毫干涉，只是口唠噪，见人说得不切事情，便喊一响，一似曾干与耳。”

② 《陈亮集》卷一《上孝宗皇帝第一书》：“始悟今世之儒士自以为得正心诚意之学者，皆风痹不知痛痒之人也。举一世安于君父之仇，而方低头拱手以谈性命，不知何者谓之性命乎？”

③ 《陈亮集》卷十八《送吴允成运干序》。

“尽心知性”、“学道爱人”等词句自欺欺人。为了捍卫“各务其实”的功利主义思想，陈亮在他的著作中曾反复论证，在与朱熹的论战中更为充分地阐发了这一思想。其观点主要如下：

第一，陈亮认为，即使是孔子也同样是讲求功利的。他在给朱熹的一封信中论证说，孔子曾称赞管仲：桓公九次会盟诸侯，都不是用武力完成的，这是管仲之力，何其仁哉！孔子又说：匡扶天下，使周代政治秩序不至于分崩离析，是管仲之力。没有管仲，或许我早已沦为夷狄了。而后来的陋儒则“以为孔氏之门五尺童子皆羞称五伯”，但观孔子之语脉，绝不像后来陋儒所说的那样，连程颐也还承认孔子赞叹管仲事业“有仁之功用”。故陈亮质问，如果说“仁人”必须“明其道不计其功”，那么孔子还算不算“仁人”呢？[①] 陈亮又质问，大禹如果不讲功利，为什么要治水、火、金、木、土、谷六大事，保社会平安，为社会聚敛财货？圣人都不讲功利，为什么文王作《易》以“乾卦”居首，赋予乾卦“元、亨、利、贞”四大特征？[②] 他认为从大禹到周文王、再到孔子，所有圣贤之人都同样是重功利的。

第二，陈亮认为，朱熹等人推崇的“道”，实际上是离不开人事和功利的。对于“道”是什么，陈亮虽没有作明确的解释，但他对所谓“道”与社会的关系却讲得很清楚。一方面，他承认道是普遍存在的[③]；另一方面他又强调人具有独立意志，但人类活动也不能脱离自然、社会两界而自行其道。[④] 所谓道“不为尧存，不为桀亡”，并不是说可以“舍人而为道”，而是说“道”之存亡不以人的意志为转移。退一步说，如果可以舍弃人事而言“道”的话，那么，佛教的教义就是正确的了，那么儒与佛又有什么区别呢？朱熹等人自称为儒家的传人，却认为道是不赖于人事功利而存在的，岂不是皈依佛门之举？岂不是自欺欺人之举？所以，他告诫朱熹，种种使世人好高骛远，不切实用的东西均于事无补，“欺人者人常欺之”，这种愚弄社会的行为不会得到社会的祝福，小心折寿啊！

第三，陈亮认为，从社会历史的发展历程看，也足以证明讲求功利的意义和必要性。他在与朱熹的争论中，充分阐述了这一思想。在朱熹看来，“三代专以天理行，汉唐专以人欲行”[⑤]，社会在退化，天理、天道都不知道哪里去了。如果说汉唐时期也有些“功业成就”的话，也不过是“偶有（与天理）暗合处……其实则是利欲场中走”[⑥]。也就是说，朱熹认为三代为王道，汉唐为霸道，把汉唐以来的社会历史进程看得一无是处。陈亮对此大不以为然，认为朱熹对历史的总结有误，不能揭示汉唐以

---

① 《陈亮集》卷二十《又乙巳春书之二》：“仁人明其道，不计其功，（孔）夫子亦计人之功乎？”

② 《宋元学案》卷五十六《龙川学案》：“禹无功，何以成六府？乾无利，何以具四德？”“六府”一词出自《尚书·大禹谟》之“地平天成，六府三事允治，万世永赖”。

③ 《陈亮集》卷九《勉强行道大有功》：“天下岂有道外之事哉！……夫道非出于形气之表，而常行于事物之间者也。”

④ 《陈亮集》卷二十《又乙巳春书之一》：“人之所以与天地并立而为三者，非天地常独运而人为有息也。人不立则天地不能以独运，舍天地则无以为道矣。”

⑤ 转引自《又乙巳春书之一》。

⑥ 转引自《陈亮集》卷二十《又乙巳秋书》“致朱熹”。

来社会繁荣的历史真相，也抹杀了道的普遍存在这一特性。[①] 照朱熹之说，宋代以前的 1 500 年的历史岂不是早该断绝了吗？人类岂不是早该灭绝了吗？如此，道又怎么能常存而不息呢？所以陈亮认为，无论是王是霸，是义是利，都应以其对社会有无效用为评判标准。[②]

陈亮大胆地亮明自己的观点，并宣布自己是说了心里话的，不像某些儒士那样表里不一。他认为只要确有成就，就是好的。为达此目的可以“义利双行，王霸并用”，不必拘泥于于事无补的、固执的或带有偏见的对行为过程的评判。从这一点上，陈亮的同时代人把他的思想概括为“功到成处，便是有德，事到济处，便是有理”[③]，虽然其意在批评陈亮，但这种概括也不无道理。

陈亮的功利主义思想，是与他的社会责任感密不可分的。他强调行事要以“适用”为主，主张广泛地研究国计民生、捍敌御侮等各方面的现实重大问题。他和朱熹的争论，意在申明其功利主义思想的社会效用，批判当时信奉道学的儒生麻木不仁，处于严重的民族危机中却只知空谈，而不知事功；只知当守节义的大道理，而不知时事、形势。他认为如果长此以往，必将造成“尽费天下之实，百事不理”的恶果[④]。他曾经问朱熹，如果什么事情都“担当”不起来，开展不下去，仁义又有什么用处呢？[⑤] 由此不难看出陈亮功利主义思想的意义和目的之所在了。

陈亮的功利主义思想包含着对社会生活的深刻见解，对朱熹等人“存天理，灭人欲”的说教进行批判，让人们了解那些说教的世俗意义，是一种社会启蒙。马克思、恩格斯说：“功利论至少有一个优点，即表明了社会的一切现存关系和经济基础之间的联系。”[⑥] 虽然马克思、恩格斯所指的是西欧资本主义制度下发展起来的进步的功利主义思想，但对我们评价陈亮的功利主义思想仍有参考价值。因为在世界上，没有什么超功利主义可言。在任何社会形态，“义”与“利”都是密不可分的，“义”总是“利”的直接或曲折的反映。陈亮的表里如一，“一根筋”，敢于揭去“道”、“义”等“高雅”的面纱，注重实效，讲求功利的精神是可贵的。

三、功利主义欲望论

陈亮基于其功利论，针对朱熹的“存天理灭人欲”之说，提出了他自己的欲望

① 《陈亮集》卷二十《又甲辰秋书》：“自孟荀论义利王霸，汉唐诸儒未能深明其说，本朝伊洛诸公辨析天理人欲，而王霸义利之说于是大明。然谓三代以道治天下，汉唐以智力把持天下，其说固已不能使人心服，而近世诸儒遂谓三代专以天理行，汉唐专以人欲行，其间有与天理暗合者，是以亦能长久，信斯言也，千五百年之间，天地亦是架漏过时，而人心亦是牵补度日，万物何以阜蕃，而道何以常存乎！故亮以为汉唐之君本领非不洪大开廓，故能以其国与天地并立，而人物赖以生息。”

② 《陈亮集》卷二十《又甲辰秋书》：“谓之杂霸者，其道固本于王也。诸儒自处者曰义曰王，汉唐做得成者曰利曰霸。一头自如此说，一头自如彼做。说得虽甚好，做得亦不恶。如此却是义利双行，王霸并用。如亮之说，却是直上直下，只有一个头颅做得成耳。”

③ 陈君举：《答陈同甫书》，见《止离文集》卷三十六，《陈亮集》附。

④ 《陈亮集》卷一《上孝宗皇帝第一书》。

⑤ 《陈亮集》卷十一《又甲辰秋书》。

⑥ 《马克思恩格斯全集》，中文 1 版，第 3 卷，484 页，北京，人民出版社，1960。

思想。

其一，陈亮认为，“道”存在于“欲”之中。朱熹认为人欲与“道”二者对立，陈亮则认为“道”并不是什么玄妙的东西，只不过是对人们的喜怒哀乐爱恶这六欲之发能恰到好处、完全合乎社会准则和社会规范的一种概括而已。① 喜怒哀乐爱恶“六者得其正则为道，失其正而为欲”。而所谓“行道”，也只在于审查人们的六欲之发，是否合乎社会准则和社会规范。陈亮还举例说：战国时的齐宣王，好色、好货、好勇，都是有害于道的，所以孟子努力地进言，以求扩充他的仁义，矫正他的缺点，为什么呢？陈亮说，勇是人们都喜好的，不必论，仅以“好色”和“好货”而论：好色是人心所同，如果能让人民做到婚配及时而幸福，没有了怨女旷夫，欣赏美色并不会伤害天道；好货求富，也是人心所同，如果能做到人人温饱，没有了饥寒交迫，求富之心也不会伤害天道。② 如果人本身就没有“好色”、“好货”之心的话，就是孟子也不能顺势而诱导齐宣王。所以不能将“道心”与“人心”判若两途，截然对立起来。

其二，陈亮认为，“天理”与“人欲”是并行不悖的。这一观点和上述第一个观点同出于一种思路。他尖锐地批判了道学家“天理”与“人欲”互不相容及“三代以前都无利欲”的思想，认为义理就在从古至今的政治斗争和社会生活之中，人的物质欲望是人的“天性”，根本就没有什么脱离人的实际物质利益的超功利的所谓“义理”，义理就在欲利之中。三代“圣人”同样是追求富贵的。在他给朱熹的信中说“亮以为才有人心，便有许多不净洁”，而《诗》、《书》中记载的三代圣人如此净洁，是后来人编造的，经孔子宣传而成为既有的事实。其实三代圣人既然是人，有“人心”，心地就不可能完美无瑕。所以，汉唐君主建功立业，也和三代圣人一样，都是义理的体现。而朱熹所谓“三代专以天理行，汉唐专以人欲行”，纯属没有事实根据的虚构。故此陈亮说：“王霸可以杂用，则天理人欲可以并行矣”③。他认为，所谓“天理”就是人们的欲望得到恰如其分的满足，那种将“天理”和“人欲”对立起来，而且要求存天理，灭人欲的说教，不过是自欺欺人之举。

其三，陈亮认为，追求利欲的满足是人们的天性。人都是有生物本能的，出于这些本能的，就是人类的“同欲”④。从这里可以看出，陈亮的所谓“人性”不是指朱熹等人说的仁义礼智等道德伦理观念，而是指人们的生理欲望或生活情欲，并认为这些欲望和情欲，存在于人们的日常生活之中，是“人之所同”的，也是人所不能没有的。推而广之，人的衣、食、住及自卫的欲望是与生俱来的，而且是人人

---

① 《陈亮集》卷九《勉强行道大有功》：“夫道岂有他物哉，喜怒哀乐爱恶得其正而已。”

② 《陈亮集》卷九《勉强行道大有功》：“好色，人心之所同，达之于民无怨旷，则强勉行道以达其同心，而好色必不至于溺，而非道之害也。好货，人心之所同，而达之于民无冻馁，则强勉行道以达其同心，而好货必不至于陷，而非道之害也。”

③ 《陈亮集》卷二十《又丙午秋书》。

④ 《陈亮集》卷四《问答下》：“耳之于声也，目之于色也，鼻之于臭也，口之于味也，四肢之于安逸也，性也。……出于性，则人之所同欲也。”

相同的。如果否认人们的这些物质欲望，就如同自己把自己推入沟壑，放弃生存的权利。①

其四，陈亮认为，“天下不得自徇其欲”，如果人们“惟美好之是趋，惟争夺之是务”，必然造成社会混乱。所以，只有有效地控制人们的欲望，才能使社会生活秩序得以和谐。首先，他认为人的物质欲望满足程度都受“命”节制②，所以控制人的欲望最重要的手段是“命”。显然，这种思想是受了孟子的欲望论的影响。孟子曾说，声、色、臭、味、安逸等物质欲望虽是人的本性的组成部分，但“有命焉，君子不谓性也”③，似乎陈亮也和孟子一样，陷于宿命论之中，把人们的欲望之满足程度和可能性，均交由“命”去安排。其实，陈亮所说的命主要是指人们在社会生活中的遭遇机会或社会地位等，他说：“富贵尊荣，则耳目口鼻之与肢体皆得其欲；危亡困辱则反是。”④ 既然如此，就形成了控制人们欲望的另一个手段，即君主用赏罚荣辱控制人的欲望，并达到治理社会秩序的目的。故陈亮认为，既然人的物质欲望的满足程度受人生之遭遇机会及社会地位的制约，那么人们为了更大程度地满足自己的欲望，必然唯君命是听，而君主就利用人们的欲与恶为手段，协调社会关系，治理社会秩序。⑤

正是因为承认了人们物质欲望之存在的自然性，并承认了遭遇、机会及社会地位对人们欲望满足的制约性，才导出君主制度的合法性和社会规范及以王权实行赏罚的合理性。很显然，陈亮的欲望论是深受荀子、司马迁等人的欲望论之影响的。陈亮也和荀子一样，从欲望论出发，最终论证了君主存在和政权的合理性及必要性。对于君主制度或赞许或反对，是古代社会思想所绕不开的情结。这也正是陈亮功利主义思想之启蒙意义与西欧17世纪功利主义思想的启蒙意义的重大区别所在。但与荀子、司马迁等人的欲望论相比，陈亮的欲望论在诸多方面更为深入了。比如，陈亮不但论述了君主利用富贵尊荣和赏罚等控制人们欲望的必要性和合理性，而且又指出君主在制定赏罚善恶的准则时，必须基于社会的“公欲”和“公恶”，而不能以君主的“私喜怒”为准则。君主要想有效地治理社会和整合社会，在实行赏罚之时，就必须尊重社

---

① 《陈亮集》卷四《问答下》：“天下岂有身外之事，而性外之物哉！百骸九窍具而为人，然而不可以赤立也，必有衣焉以衣之，则衣非外物也；必有食焉以食之，则食非外物也；衣食足矣，然而不可以露处也，必有室庐以居之，则室庐非外物也；必有门户藩篱以卫之，则门户藩篱非外物也；至是宜可已矣，然而非高明爽垲之地则不可以久也，非弓矢刀刃之防则不可以安也。若是者皆非外物也。有一不具，则人道为有阙，是举吾身而弃之也。”

② 《陈亮集》卷四《问答下》：“性也，有命焉。出于性，则人之所同欲也，委于命，则必有制之者而不可违也。”

③ 《孟子·告子上》。

④ 《陈亮集》卷四《问答下》。

⑤ 《陈亮集》卷四《问答下》：“叙五典，秩五礼，以与天下共之。其能行之者，则富贵尊荣之所集也……君制其权，谓之赏罚，人受其报，谓之劝惩。使为善者得其所同欲，岂以利而诱之哉！为恶者受其所同恶，岂以威而惧之哉！得其性而有以自勉，失其性而有以自戒。此典礼刑赏所以同出于天，而车服刀锯非人君之所自为也。”

会所共同认可的好与恶。[①] 如果仅凭一人之好恶实行赏罚，就是“亡国之赏罚”。不尊重人们的共同欲望，只靠区区名位是不足以治理社会的，即使能靠赏罚迫使人们服从，也不过是“霸者之术”。而那些不言赏罚而论“君道”的人，不过是些迂腐的儒生罢了。陈亮的这种思想揭示了君主制度有效存在的社会条件，是对君主专制独断专行的批判，这是中国社会思想发展史上的一大贡献。

第四节 叶适的社会思想

叶适（1150—1223年），字正则，南宋温州永嘉人，自小家境比较贫困，但“犹得保为士人之家”[②]，28岁（淳熙五年，公元1178年）擢进士第二，历任平江节度推官、武昌军节度判官、太常博士、江淮制置使等职。

叶适生在南宋偏安的时代，与永康的陈亮同是力主抗战的。在学术思想上，他是浙东永嘉学派的集大成者。这个学派之起源，可上溯到北宋时期出现的“永嘉九先生”[③]。他们受二程思想影响很深，但同时均重视经世实用之学。后至薛季宣（1134—1173年）、陈傅良（1134—1203年）时，则越发强调学问必须“经世”和“施之实用”，被朱熹一派视为“功利之学”[④]。叶适集永嘉学派之大成，与朱、陆两派鼎足而立，而与陈亮为代表的永康学派互为同调。他主张功利与经世实用之学，与朱熹之道学思想进行论战，因而他们的思想也曾遭到朱熹的否定。朱熹曾评价叶适所代表的永嘉学派说：“陆氏之学虽是偏，尚是要去做个人。若永嘉、永康之说，大不成学问！不知何故如此?”[⑤] 这既反映出叶适、陈亮思想与朱熹思想斗争的不可调和性，又反映出在朱熹等道学先生的心目中叶适、陈亮社会思想的“异端”性。

在叶适、陈亮所处的时代，“正统”儒家的社会思想已成为不可怀疑的信条，而以朱熹为首的道学家正积极地将其“发扬光大”，使之进一步神圣化为绝对不容违犯的社会最高准则。因此，叶适、陈亮的功利主义社会思想就更显示出其勇气和进步性。叶适的著作有《习学记言序目》、《水心文集》、《水心别集》。后两部著作由中华书局合编为《叶适集》校点出版。

---

① 《陈亮集》卷四《问答下》：“天下以其欲恶听之人君，人君乃以其喜怒之私而制天下，则是以刑赏为吾所自有，纵横颠倒而天下皆莫吾违。善恶易位，而人失其性，犹欲执区区之名位以自尊，而不知天下非名位之所可制也。……故私喜怒者、亡国之赏罚也；公欲恶者，王者之赏罚也。外赏罚以求君道者，迂儒之论也；执赏罚以驱天下者，霸者之术也。”

② 《水心文集》卷二十五。

③ 指周行己、许景衡、刘安节、刘安上、戴述、赵霄、张辉、沈躬行、蒋元中九人。

④ 《宋元学案》卷五十二。

⑤ 《朱子语类》卷一二二。

一、功利论

叶适和陈亮同属于主张功利主义的社会思想家，但阐发思想的方式不尽相同。陈亮花很多笔墨阐述其“义利双行”思想；而叶适则更多地表现在其解决现实社会问题的思想之中。他从理论上对功利主义的阐述主要有以下几点：

第一，对“正其谊不谋其利，明其道不计其功”加以批判。

“正其谊不谋其利，明其道不计其功”是汉代董仲舒的名言，影响极为深远。朱熹曾把此语作为《白鹿洞书院学规》[①]，并直斥叶适之学“大不成学问”。叶适针对朱熹的这一思想，从理论上加以驳斥。在叶适看来，“正谊不谋其利，明道不计其功”，是古代仁人行事时，为他人谋利，或让利于他人，而自己不居功，不谋私的真实写照，道义因此而发扬光大。而朱熹等人以此为信条，却做不得什么实事，把道义蜕变成为无用的虚语，于是他们就诬蔑攻击那些能以利与人而不居功自傲的人[②]。真是可笑至极！

第二，主张社会性功利，而非个人私功私利。

这种思想从上述引文中已见一斑，在《寄王正言书》中则有更充分的表达：成功人生，路有千条，或究心于高尚的道德，或汲汲于科举功名，或掌握一门谋生的技艺，或追求玄妙幽远的事物……但有一个总的标准，就是以社稷民生为主，不太关心个人利害得失。苟有利于社会的，合于群众需要的事情，就会果断地去做。这就是君子之道，依据道义而不是遵照命令说话，按理做事而不为取悦于人，凡事能慷慨力争，坚守不变，均以社稷为重。[③]

讲求功利，当以有利于大众、社会为准则，并当以社稷安危为归宿，这种思想当然是有重要进步意义的。即使这种以功利安社稷的思想是伴随着他要做“安社稷臣”的人生诉求出现的，反映了维护君主制度的思想局限性，也不能以瑕掩瑜。他强调从“安社稷”的目标出发讲求功利，反对追求各人私利，与主张做“安社稷臣”，维护君主制度，反对不顾君主安危谋求个人私利，在思想上是统一的。所以，他批评那些奸巧的官僚，做表面文章，搞形象工程，徐图谋利于己，事败则归过于君，自以为自己的所作所为无关君主的安危，这种栋梁股肱之臣，怎么能安社稷，利民生呢?[④]“社稷”的实体是民众，而“社稷”的代表是君主。讲求功利既要利民，又要安君主。这

---

① 参见《朱文公文集》卷七十四。

② 《习学记言》卷二十三：“仁人正谊不谋利，明道不计功，此语初看极好，细看全疏阔。古人以利与人，而不自居其功，故道义光明。后世儒者行仲舒之论，既无功利，则道义者乃无用之虚语耳。然举者不能胜，行者不能至，而反以为诟于天下矣！”

③ 《水心文集》卷二十七：“心之所存，高出于道德，卑溺于功名，旁达于技艺，而微极于幽远……然大要皆以社稷生民为主，而一身之利害不参焉。……今夫利有便于民而决为之，计有所不合于众而勇行之……是以昔之君子，言不苟徇，必依于道，事不苟悦，必顾于理，其所以慨然而力争，坚守而不变者，凡皆以为社稷也。”

④ 《水心文集》卷二十七：“视今之士，崇饰诈巧，造作成败，缓则专利于己，而急则归过于君，自以为身之用舍无与于君之安危。……而所谓安社稷者，尚安能之！……社稷危矣，而君谁与安！”

就是叶适功利论的思想实质。

第三，圣贤都是善理财而重功利的。

叶适主张，脱离了事功而空谈道义，是毫无意义的。[①] 为了进一步论证功利的重要性，批驳空谈道义与性理的道学家的说教，叶适从考察儒家所推崇的圣贤重视现实社会生活和理财入手，得出了古代圣贤均重视功利的结论[②]，认为一个不会理财，不重国计民生的人不会成为圣贤，而成为圣贤的人，定是能把天下财富与大众共同分享，而使人民均得衣食之具的人。那种以“我不为利”而自高自誉，却置国计民生于不顾的人，是迂腐可笑的。不言而喻，那些“闭眉闭眼，蒙睡精神”，而“于古今事物之变，不知为何等”，却又大谈“正谊不谋其利、明道不计其功”的道学说教，在叶适看来是十分滑稽而又令其深恶痛绝的。

二、论社会问题及其解决方案

叶适基于其功利主义思想，注重对南宋重大社会问题的考察，并从务实的角度提出了解决方案。他所考察的重大社会问题主要有：

第一，社会上层无远大抱负问题。

南宋时期面对北方金兵的压力，社会有舆论认为，国力不足以抗金，不妨放弃收复河山打算，以长江为天险，偏安一隅。叶适对此十分忧愤，他指出社会上层安于现状，不求进取，不以国事为重，而只关心自己名和利，是最大的社会问题。[③]国破家亡，高官重臣本应该积极谋划，安定社会，凝聚民意，消除战争恐惧症，击退侵略者，只可惜这些人现在心不在此，当今之世恐怕故土难复了。更有甚者，现在一方有警，天下震动，百姓惶恐不已，战事稍有平息，谋议之臣就互相道贺庆功，以为从此天下太平，以至于畏战无勇、恬不知耻已成了一股官风，结果形成“以江淮之弱而兼西北之强，鼓思退之卒而战自奋之兵”的态势，使天下“智士”为之寒心。

对于这种社会心理环境和社会问题，叶适的解决方案是：皇帝及重臣应坚定信心，特立独行，以取得挽狂澜于既倒的效果。[④] 叶适的心情完全可以理解，但现实是面对一个无雄心壮志，丧失信心，安于一隅，追求个人名利的官僚集团，即使确有少

---

① 《水心别集》卷五《进卷总义》：“上古圣人之治天下，至矣。其道在于器数；其通变在于事物……则无验于事者，其言不合；无考于器者，其道不化，论高而实违，是又不可也。”

② 《水心别集》卷二《财计上》：“夫聚天下之人，则不可以无衣食之具。衣食之具，或此有而彼亡，或彼多而此寡……是故以天下之财与天下共理之者，大禹、周公是也。古之人未有不善理财而为圣君贤臣者也。……后世之论，则以为小人善理财，而圣贤不为利也，圣贤诚不为利也，上下不给而圣贤不知所以通之，徒曰‘我不为利也’，此其所以使小人为之而无疑欤！”

③ 《水心文集》卷二十七《上西府书》：“夫事有逆顺，命有祸福，为善未验，或蒙其尤，此时之常也。而天下之人，消沮悼慄，遂以为不复有所就……而群臣不能将顺圣意，左右推挽，庶几有成，而皆以为当一切无事而已，君子则拂之以求名，小人则悦之以求利，积此之患，其本不立，其末皆废矣。”

④ 《水心文集》卷二十七《上西府书》：“治乱无常势，成败无定谋，独往独来，乃凝于神；事成功立，莫识其门。弱可强也，怯可勇也……用今之民，求今之治，则亦变今之势矣。”

数有志之士能脱俗而出，独往独来，不受这种社会环境影响，也是难以“变今之势”的。

第二，社会积贫与财困问题。

南宋社会积贫积弱，但当时能正视这一问题的人并不多，叶适不但看到社会积贫与财困问题，而且提出了一些解决方案。他指出，当今政府通过各种名目敛取的财物在历史上是空前庞大的，但由于“天下有百万之兵，不耕不战，而仰食于官；北有强大之虏，以未复之仇，而岁取吾重赂；官吏之数日益而不损，而贵臣之员多不省事而坐食厚禄”①，支用无度，入不敷出，政府面临严重的财政问题，很多急需的正常政府活动也难以为继。从百姓的赋税负担考察，其实早已超过其负担能力，特别是很多不合理的杂税，更是病民害国。如进一步考察实际的纳税对象，则会发现，由于贵族地主不纳赋税，而破产农民又无力纳税，结果使全部负担都落到那些普通地主和自耕农民身上，从而加速了中间阶层的贫困与破产。②

为了改变社会积贫、国家财困、富者兼并、自耕农破产的重大社会问题，叶适提出的方案为：其一是朝廷要裁节浪费，实行改革，减少二分之一以上的开支，以定国家用度。其二是罢去“经总制钱”之半及“和买”、“折帛”等杂税杂费，原来被国家征用的“雇役钱”归还地方州县，作为雇役之用。其三是国家因减除杂税杂费所造成的入不敷出，应以皇家的私库来补给。由此可知，叶适在社会积贫、国家财困问题上的主张，显然是以限制皇帝和上层贵族地主的奢费，保护普通地主以及个体农民和工商业者的利益为目的的。从社会学的角度考察，这不失为维护社会正常运行秩序，减少社会冲突，防止更多的社会阶级或阶层向下流动的有效方法。然而，在当时的社会状况下，这种方案又显然是难以奏效的。

第三，农民贫困破产问题。

当时农民生活凄惨，许多人都破产，或沦为贫雇农，或转行经商，或做了盗贼。③ 叶适指出，由于农民的大量破产，社会中层缩小，60%的人被排除在社会中层之外，能正常纳税的不足三分之一，有地的不种田，能种田的没有地，成为很普遍的现象。按此发展趋向，加之贵族地主尽集于江南，物价飞涨问题日益严重，米粟布帛的价格高出于过去的三倍，鸡、猪肉、蔬菜、樵薪的价格高出于过去的五倍，田园住宅的价格高出于过去的十倍乃至数十倍，而农民破产也愈演愈烈，南宋社会每况愈下，更为贫弱。且莫说重整旗鼓，收复失地，即便维持现状，也属困难。

叶适对此忧心忡忡，并殚精竭虑地寻求解决方案。其所提出的方案主要有二：其一，使民垦田以增税强兵。农业社会的发展繁荣，最重要的结构性要件是土地和农业生产的劳动力投入。土地开辟，人口繁盛，则税足兵强，国家可以从民间抽取足够的

---

① 《水心别集》卷二。

② 《水心别集》卷十一：“今之所谓富人者，皆其智足以兼并，与县官抗衡及衣冠势之家在耳，若夫齐民中产，衣食仅足，昔可以耕织自营者，今皆转徙为盗贼冻馁矣。若经总制钱不除，州县破坏，生民之困未有已也。”

③ 《水心别集》卷二《民事中》：“穷苦憔悴，无地以自业，其驽钝不才者，且为浮客、为佣力；其怀利强力者，则为商贾、为窃盗，苟得旦暮之食而不能为家。丰年乐岁，市无贵粜，而民常患夫斗升之求无所从给。”

劳动力、财税资源进行国防、河道等方面的建设。[①] 鼓励农民开垦土地，不但可以增加政府税收，还可以使农民安居一地，解决流徙问题，从而在平时可得以解决征役问题，在战时则可以解决兵源问题。[②] 其二，使民各就实业，并以劳获食。叶适说，当今社会，由于农民大量破产，使社会急速向两极分化，财富分配“偏聚而不均”，穷人依附地主（“势属而不亲”），社会团结由以亲属关系为轴心，转变为以雇佣关系或势力为轴心。人口向世俗地主和佛道等寺庙地主集中，或向盗贼集团集中。一方面造成了地主阶级与国家争夺劳动力和税源的问题，政府“无垦田之利，无增税之入，役不众，兵不强。反有贫弱之实见于外，民虽多而不知所以用之”[③]，而农民在地主的剥削下，生活质量低下。另一方面，盗窃者越来越多，治安问题严重。照此趋势发展，国家可支配的劳动人口越来越少了。叶适提出发挥政府优势，分配土地，积极创造各种就业机会，如修路、筑渠、运输等，安置人民的职业，给民众以谋生的机会，使之自食其力。[④] 如果所有劳动力都能胜任其事，国家全部予以安置亦无不可。民众有职业安身，自食其力，力不胜任者，穷困而不会有怨言；能力强贡献大者衣食充足，心安理得，不必因没有接济贫弱而自惭。可见他已具有了由社会为每个人提供自食其力的生存机会，而后适者生存、优胜劣汰的思想。

从叶适提出的上述两项方案中，可以看出其思想的特点。首先，他是从国家、社会的总体目标出发的，并且是以维护既有社会体制为基础的。其次，他关心社会中下层的痛苦，反对过分“偏聚而不均”的社会分配不公与兼并。再次，叶适要求尽可能地扩大人民的就业机会，以制约剥削的生产关系。最后，他坚持以“功”以“事”而受“食”的思想，充分反映了永嘉学派重视“功利”的特色。

三、论人与社会的关系

叶适认为，人有与生物不同的本性。尽管人性与生物性都是与生俱来的，但人有意识，而生物只有本能，两者有着很大的差别。如果说生物是上天“降命”所致，人类就是由于上天“降衷”所致。[⑤] 衷，就是心的意思，降衷就是降心，赋予思维能力。

关于人性之善恶问题，叶适认为人有“常心”，而且人之常心是善的。人有常心

① 《水心别集》卷二《民事中》：“为国之要，在于得民，民多则田垦而税增，役众而兵强。田垦税增，役众兵强，则所为而必从，所欲而必遂。”

② 《水心别集》卷二《民事中》：“以臣计之，有民必使之辟地，辟地则增税，故其居则可以为役，出则可以为兵。”

③ 《水心别集》卷二《民事中》。

④ 《水心别集》卷三《官法下》：“夫天下所以听命于上而上所以能制其命者，以利之所在，非我则无以得焉耳。是故其途可通而不可塞，塞则沮天下之望；可广而不可狭，狭则来天下之争。望失争生而上之权益微。……是故使之以事而效其食，或汲或负，或筑或锄，则其力之弗任者，虽饥且死，不敢食矣。噫！使彼而皆任欤！吾虽尽食之何伤？不然，则彼不以无功为羞，而吾以吝食为愧矣。”

⑤ 《习学记言·礼记》：“按《书》称‘惟皇上帝，降衷于下民’，即‘天命之谓性’也。然可以言降衷，而不可以言天命，盖万物与人生于天地之间，同谓之命，若降衷，则人固独得之矣。”

与“天有常道”、“地有常事”一样，天地也有“失常”之时，所以人也有失其“常心”而互相争斗的时候。但总体看来，天地虽有失常之时，总起来说还是“有常”的。人性虽有失常变恶之时，但总起来说也还是有“常心”的。他所说的“常心”就是指人们的爱心，即是孟子的“性善”说。叶适认为，人性所以失其常心而互相侵夺，是由于生活不幸，不能维持其生存条件所致，这件事的责任在官员和政府，不在民众自身①。这是民本思想在南宋发展的新形式。

叶适进而论证了人与社会的关系。他提出这样的问题：同样是人，为什么这些人听那些人的使役和统治？为什么智者勇者不去自谋自卫，而共慕天下之赏，共畏天下之刑呢?② 在回答这个问题时，叶适使用了“势”的概念。他认为将个体结合而成社会的是“势”③，并认为皇帝若能“知其势而以一身为之，此治天下之大原也”。我们暂不去分析其所谓“势”为何义，也不深究他这种概念是否恰当，但无论如何我们也能从这里看到叶适的关于社会团结的思想。在这种思想中，人必须成为社会的一员，而不是社会群体之外的单独意义上的个人。人不能离开社会而索居，而是具有人类之共性的，人总是与其他人发生着这样那样的关系。在这些关系中，“势”是社会互动、组成群体的杠杆。

由于人具有社会性，所以每个人都不能“私其身”、“私其家”、“私其学”，而应以与群体与社会保持共性为己任。在叶适看来，人们自成其身的过程，是求得合乎众人之身的过程；自治其家的过程，是求得合乎天下之家的过程；而自善其学的过程，是求得合乎万世共有之学的过程。④ 其实，这就是人们作为社会成员要社会化和要继承人类历史文化遗产之精华的思想。而这一思想与前述叶适强调社会的功利思想是相吻合的。叶适的这一思想也是他所以要将人性称为“降衷”，而把其他生物之性称为“降命”的缘故，而且这一思想成为其社会治理思想的理论基础之一。

本章要点

1. 在关于人性问题的论述中，李觏并没有超出董仲舒、韩愈的思想格调，他的发展就在于对前人的几种人性论加以综合，并形成了他的性三品、人五类的学说。在对人性的进一步解释方面，李觏确有自己的新意，这就是他的功利主义欲望论。其欲望论的主要观点包括：第一，人皆有欲。第二，财利是人们社会生活之必需。第三，欲利必须合于“礼”，要以道胜欲。第四，非礼之欲等于祸。他的欲望论具有功利主义特色。

---

① 《习学记言·孟子》：“牧民者之罪，民非有罪也。”

② 《水心别集》卷一《治势上》：“且均是人也，而何以相使？均是好恶利欲也，而何以相治？智者岂不能自谋？勇者岂不能自卫？一人刑而天下何必畏？一人赏而天下何必慕？”

③ 《水心别集》卷一《治势上》：“天下之人所以奔走后先，维附联络而不敢自弃者，诚以势之所在也。故夫势者，天下之至神也，合则治，离则乱；张则盛，弛则衰；续则存，绝则亡。”

④ 《水心文集》卷二十九《题薛常州论语小学后》：“一人之身，众人之身也；一身之家，天下之家也；一士之学，万世共由之学也。不以其身丽众人之身，必自成其身，其身成而能合乎众人之身矣，若夫私其身者非也。不以其家累天下之家，必自治其家，其家治而能合乎天下之家矣，若夫私其家者非也。不以其学诿万世共由之学，必自善其学，其学善而能合乎万世共由之学矣，若夫私其学者非也。”

2. 李觏对“礼”的起源与社会功能的分析十分详尽。主要观点为：生理需求为“礼之大本”；物质文明是“礼之本”；礼具有社会整合功能。从道德规范的角度考察，则“礼”是对仁义智信（“四名”）的总称；从行为规范的角度考察，则乐、刑、政（“三支”）是“礼”的辅助物。总之，在他的思想体系中，“礼”是核心。

3. 李觏认为社会控制的目的与意义不是为了危害人们的社会生活，而是使人们的社会生活得以在一定规范之内达到协调，所以必须要先教化而后控制；实行社会控制要做到一视同仁，刑罚要取得社会的认同，对越轨者不可轻易赦免。只有这样才能真正发挥社会控制工具维系社会正常秩序的功能。

4. 李觏指出，社会治理要坚持以民为本原则，要以满足人民的衣食需求为前提，还要把握民众的“治世思乱，乱世思治”的心理特点，并认为法令是社会治理的命脉。

5. 李觏设计了自己的理想社会。认为实行井田制是最理想的土地制度。其理想社会是一个以“礼”作为总体社会规范的社会。李觏的理想社会是一种封建社会中反映中小地主阶级利益的小康社会。

6. 王安石是一位社会改革实践家。他的改革是以解决时弊为目标的。其治学态度具有一种强烈的务实精神。他的社会思想贯穿于整个变法活动之中，是其变法的指导思想。

7. 王安石的性情论，对传统的君子无情、小人无性，以性善为社会统治阶级所独占、以情欲多为社会下层劳动人民所特具的性情论提出挑战，认为不能以社会地位、社会角色的高低贵贱作为区分人性善恶的依据，这是一种要求社会身份平等的进步学说。王安石提出要以人们在社会生活中的具体行为方式为标准去判定人的善恶的理论，是中国社会思想史上值得注意的宝贵遗产。

8. 他对各类社会问题的考察都具有一定深度，所提出的解决问题的方案也大都较有实用价值。他考察分析社会问题的方法对当代社会也具有一定借鉴意义。他不是一位经院式的学究，而是一位较为了解当时社会实际情况的伟大的社会改革家。

9. 陈亮是永康学派的代表，对程朱理学而言，他的社会思想有几分“异端”的意味。他针对朱熹等人的“存天理，灭人欲”的道学思想，提出了功利主义欲望论。认为社会历史发展变迁的历程足以证明讲求功利的意义和必要性。陈亮的功利主义思想与他的社会责任感密不可分。

10. 陈亮基于其功利论，与朱熹天理与人欲的关系等问题展开论战。陈亮认为，“道”存在于“欲”之中，追求利欲的满足是人们的天性。“天理”与“人欲”是并行不悖的，义理就在欲利之中。这是陈亮对中国欲望思想发展史的一大贡献。

11. 叶适是永嘉学派的代表，他和陈亮同属主张功利主义的社会思想家。叶适的功利思想主要表现在其解决现实社会问题的分析论述中。他对儒家传统的“正其谊不谋其利，明其道不计其功”观点展开批判。但他所主张的是社会性功利，而非个人私功私利。这一思想是有重要进步意义的。

12. 叶适分析了当时社会严重存在的社会上层无远大抱负问题、财困问题、农民贫困破产问题。他所提出的方案首先从国家、社会的总体目标出发，并且以维护封建皇权为基础。他关心社会中下层的痛苦，反对社会分配不公与兼并，还要求尽可能地扩大人民的就业机会，坚持以“功”以“事”而受“食”的思想。充分反映了永嘉学派重视“功利”的特色。

13. 叶适认为人有与动物不同的本性，人能“率性”，有自觉意识，而动物只有自然本能，但人性与生物性都是与生俱来的。为将两者区分开来，他提出了“降衷”与“降命”的区别。

14. 叶适论证了人与社会的关系，认为人们自成其身的过程，是求得合乎众人之身的过程；自治其家的过程，是求得合乎天下之家的过程；而自善其学的过程，是求得合乎万世共有之学的过程。其实这就是人们作为社会成员要社会化和要继承人类文化遗产之精华的思想。而这一思想与前述叶适强调社会的功利思想是相吻合的。

复习思考题

1. 李觏的欲望论有何特点？
2. 如何从社会学角度分析李觏对“礼”之社会功能的论述？
3. 试评李觏的社会控制思想。
4. 李觏的社会治理思想有什么特点？
5. 李觏理想中的社会秩序是什么？
6. 王安石的性情论在中国社会思想发展史上的贡献是什么？
7. 评王安石提出的解决奢侈问题的方案。
8. 王安石对士无廉耻问题的分析对当代社会有无借鉴意义？
9. 试分析王安石社会思想的总体特点。
10. 试评陈亮社会思想的“异端”性格。
11. 陈亮功利论的基本内容是什么？
12. 试分析陈亮在中国功利主义思想发展史上的地位。
13. 陈亮与朱熹之欲望论的区别是什么？
14. 试分析叶适与陈亮之功利思想的异同。
15. 叶适考察社会问题的出发点与特点是什么？
16. 叶适对人与社会之关系的思想的基本内容是什么？

推荐阅读书目

1. （北宋）李觏：《李觏集》，北京，中华书局，1981。

2. 张承汉：《中国社会思想史》，第六篇第二章第一节、第二节，台北，三民书局，1992。

3. 陈定闳：《中国社会思想史》，第二十四章、第二十九章，北京，北京大学出版社，1990。

4. 王处辉：《中国社会思想史》（下），第十章第一节、第二节，天津，南开大学出版社，2000。

5. 王处辉：《中国社会思想早熟轨迹》，第五章，北京，人民出版社，1996。

6. 胡寄窗：《中国经济思想史》（下），第一部分第一章、第二章、第五章，上海，上海人民出版社，1981。

7. 萧公权：《中国政治思想史》（上），第十四章，台北，台湾联经出版事业公司，1982。

8. 刘泽华：《中国政治思想史》（隋唐宋元明清卷），第五章第三节、第五节，第七章第一节、第二节，杭州，浙江人民出版社，1996。

9. 邓广铭：《王安石》，北京，人民出版社，1997。

10. 漆侠：《王安石变法》，石家庄，河北人民出版社，2001。

11. 陈亮：《陈亮集》，北京，中华书局，1970。

12. 陈少峰：《中国伦理学史》，第二十七章，北京，北京大学出版社，1996。

13. （南宋）叶适：《叶适集》，北京，中华书局，1963。

14. 周梦江：《叶适与永嘉学派》，杭州，浙江古籍出版社，1992。

第十九章

宋代三教合流的理学新儒家社会思想

由宋至清，是中国传统思想文化成熟、定型的时期，其标志是宋明理学的出现。理学，又称为道学，是儒学哲学化的新形态，是儒学的进一步发展。宋明理学是儒释道合流的产物。它以儒家思想为主，也吸收了佛学和道教思想，内容指向内心世界和个人道德。理学家认为，包括社会精英在内，每个人都急需进行严格的道德修养。所以称为理学，是因为两宋诸子所创建的思想体系以“理”为宇宙最高本体，以“理”为哲学思辨的最高范畴。理学产生于北宋，创始人是周敦颐、张载、程颐、程颢，传统上把朱熹作为理学的集大成者。陆九渊和王阳明的心学也在理学的范畴之内。

理学家执成圣的理想，追求成圣之道，特别重视恢复古道，所以有“道学”之名。在社会思想上，理学家推崇复古理念，包括井田制。他们认为，古时的家庭都耕种同等大小的土地。一些人像张载一样想实行“井田”，恢复“封建”。不过，他们在赞美古代的制度同时，也承认制度必须随时代的变化而变化。他们自己并非照搬古制，而是强调道或仁政之理。也就是说，他们向往的古代更多的与礼、道德原则相关。同时，他们相信伦理道德和政治中的“理”是永恒的，不随历史的变迁而变化。

第一节 张载的社会思想

张载（1020—1077 年），字子厚，陕西凤翔眉县横渠镇人。他少时喜谈兵，在范仲淹的指点下转向学术一途，曾博览群书，阅读了不少佛教与道教的书籍，并研究过天文、医学等自然科学，后又反求诸“六经”，并逐渐从佛教与道教的影响下相对地解放出来，形成自己的思想体系。张载 37 岁（1057 年）中进士第，后历任县令、州判官、崇文院校书、同知太常礼院等职。①

---

① 参见吕大临：《横渠先生行状》，见《张载集·附录》，北京，中华书局，1978。

北宋中期，思想界有三个主要学派，即王安石的“新学”、张载的“关学”和二程的“洛学”。由此便可知张载之思想学说的地位和知名度了。张载是我国宋代重要的社会思想家，也是有代表性的理学家，张载和他的弟子多系陕西关中人，故其学派被称为“关学”。关学被认为是宋代道学的四大学派之一。又由于张载在横渠镇讲学，所以后学者称他为“横渠先生”，《宋史》卷四七七有传。他的著作主要有《正蒙》、《易说》、《经学理窟》、《语录》等，均行世已久，版本极多。1978 年经中华书局整理辑成的《张载集》为最新、最好的版本。

一、论人性

对人性问题的解释是人们选择制定社会管理方案的重要前提之一。现代行为科学注重人性，其目的是进行企业人事管理或社会管理。同样，中国古代思想家注重人性问题研究，其目的也是调适社会生活秩序。张载对人性问题十分重视，并提出了自己的人性理论。

张载人性论的基础是气化思想。中国古代早有一派思想，认为世界万物都是由“气”构成的。张载继承这一派思想，认为人是得清气所成，其他物质为得浊气所成，人和万物同出一源。在此基础上，他提出人性的两重性观点，认为人受气于天地，先天具备“天地之性”，而且人的天地之性是至善的；同时，人们又具备“气质之性”，它有善的一面，也有恶的一面。个体在社会化过程中，追求做一个合乎社会规范要求的“君子”，应当善于自我反省，清除自己的“气质之性”，保存“天地之性”①。

（一）关于“气质之性”

张载指出，所谓气质之性有以下几个特点：

其一，它是人们与生俱来的自然性。人的生物本能和生理要求源自气质之性，因此人的口腹之欲、性欲都受气质之性的支配。②

其二，气质之性是人和物都各自具备的属性。张载指出，天下凡称为性的东西，都是指物所固有的东西。凡是生命，莫不有性，但是头脑受通、蔽、开、塞不同的影响，人与其他生命之间有了物种上的区别；同时，在人与人之间，头脑所受蒙蔽有厚薄，就有了智与愚的差别。③ 人性有刚柔、缓急，有才有不才，都是气质之性。④ 这些差别是由气质之性的“气之偏”造成的，而只有天地之性才是中和不偏的。

其三，气质之性可以通过学习社会规范而改变。人的社会化的过程就是“变化气

---

① 参见《正蒙·诚明》。

② 《正蒙·乾称》：“湛一，气之本；攻取，气之欲。口腹于饮食，鼻舌于臭味，皆攻取之性也”，“饮食男女，皆性也，是乌可灭?”

③ 《性理拾遗》：“天下凡谓之性者，如言金性刚，火性热，牛之性，马之性也，莫非固有。凡物莫不有是性，由通蔽开塞，所以有人物之别，由蔽有厚薄，故有智愚之别。”

④ 《经学理窟·学大原上》：“气质犹人言性气，气有刚柔、缓速、清浊之气也。质，才也。气质是一物，若草木之生亦可言气质。”

质”，方法是居仁由义，做到心和而体正，同时严格要求自己，限期改正缺点，使行为皆符合社会规范的要求。这样，气质自然全好，由气质之性归入天地之性。

（二）关于“天地之性”

张载指出，天地之性是一般人们所不具备的圣人之性，其特点如下：

其一，天地之性是永恒的，它不受人的生死的影响。

其二，天地之性是至善的。具有这种人性的人，非常理性，不受嗜欲的控制，也不以小害大，能做到“纤恶必除”。对于善的行为则坚持不懈，始终如一，使行善成为他一贯的习性。

其三，天地之性是“浩然道德之气”、“天理”的体现。在这里，张载把当时社会统治阶级认可的社会规范作为了天地之性的实质内容。

（三）关于气质之性与天地之性的关系

张载认为，气质之性与天地之性既有区别，又相统一，人人都有双重人性。①

由于张载研究人性问题的目的在于解释社会生活，调适社会秩序，所以其落脚点放在如何使人们的气质之性变化为天地之性上。他说：“如气质恶者，学即能移”，要改变恶劣的气质之性，关键在于学习社会规范，克制自己的旧有行为，消除、制约习俗造成的不良影响。克己是儒家在社会化方面的论述。张载认为，克己的重点在于以社会规范为标准严格要求自己，深刻反省自己，使行为符合“礼”的要求。只有这样才能达到社会化的目的，即“反本”成圣，知礼成性。因此，人们要成就自己的高尚的天地之性，就必须努力学习以义、礼为标准的社会规范，那些“多为气所使而不得为贤者”，都是由于不知学习社会规范所致。

张载的双重人性论，在区别“气质之性”与“天地之性”的同时，提出气质之性可以通过学习社会规范而变化为天地之性，给人们指出了超凡入圣的道路，这与以前的人性论相比，对于统治阶级治理社会更具有实用价值和理论价值。朱熹就曾在注解《正蒙·诚明》篇时赞扬张载的人性之论，“极有功于圣门，有补于后学”②，并认为是对过去关于性善、性恶的争论的终结。张载人性论的目的也在于使人们对生活欲望实行自我控制，而按地主阶级所设计的社会规范行事，从而有利于稳定地主阶级的正常的社会生活秩序，所以其人性论受到历朝统治阶级的特别重视。

二、论社会规范与社会控制

历代社会思想家论述社会规范者不乏其人，而把正常社会生活秩序解释为“天秩”，把社会规范解释为“天理”者，张载或为第一人。

---

① 《正蒙·诚明》：“天性在人，正犹水性之在冰，凝释虽异，为物一也。”

② 《张子全书》卷二。

(一) 论“天序”、“天秩”与“天礼”、“天理”

张载认为，自然界中一切的生物都是在气的聚散中形成的，“根于天”者为动物，“根于地”者为植物[①]，因而就形成了天然的秩序。生物间天然的秩序关系包括时间序列、空间次序等因素，前者称“天序”，后者称“天秩”，使生物可以按照出生先后、大小、高低等排列。生物界的天然秩序是社会秩序和社会规范的基础。[②] 人们在社会中生活只有“知序”、“知秩”才能“经正”、“礼正”。也就是说，人们必须了解社会生活正常秩序是一种天然的秩序，遵守社会规范就是使社会符合这种天然的秩序。引申开去，地主阶级为治理社会所设计的社会规范也是不可改变的。这就是张载所说的，“礼亦有不须变者，如天序天秩，如何可变！礼不必皆出于人，而不知礼本于天之自然”[③]。在张载看来，古代社会人与人之间的尊卑、大小等关系，是一种“天序天秩”，是自然形成而不可人为改变的。“礼”是本于天之自然的，绝非出于人为，人们是为了顺从这种天然的社会秩序才按符合这种社会秩序的“天地之礼”而行事的。

张载认为，普遍永恒的社会行为规范（“天礼”）是普遍永恒的道德原则（“天理”）的体现。他曾解释“天理”说：“所谓天理也者，能悦诸心，能通天下之志之理也。”[④] 如果谁能掌握了天理，“能使天下悦且通，则天下必归焉”[⑤]。那么，如何掌握天理呢？张载认为，掌握天理就是掌握民众的社会价值取向。他接受古代民本思想，认为上天无心，以民心为心，众人之心就代表天理，构成了谁也无法抗拒的力量，所谓“天”、“帝”，就是民心所向[⑥]。所谓“众所向者必是理”，一言以蔽之，天理就是人们共同的社会价值取向，而这个理又等于“天道”，即所谓“理则天道存焉”[⑦]。

张载强调指出，天理、天道是一种“不可得而见”的东西，但它依据民众的社会价值取向而形成，同时又是可以通过民众对它的态度加以验证的，所以他说，“欲知天者，占之于人可也”，“人所悦则天必悦之，所恶则天必恶之，只为人必至公也，至众也”[⑧]。即使对“至愚无知”的下层民众的态度也不可忽视，因为老百姓只是在对待涉及自身利害的问题上表现得昏而不明、愚昧无知，而对那些和自身没有直接利害关系的事情，其态度是既公且明的，并不妨碍通过他们的态度验证“理”、“道”的质量。经过验证确是社会共识的“理”才是“天理”，符合“天理”的社会规范才是“天礼”，而且这些“天理”、“天礼”是与“天序”、“天秩”完全符合的。

---

① 参见《正蒙·动物》。

② 《正蒙·动物》：“生有先后，所以为天序；大小、高下相并而相形焉，是谓天秩。天之生物也有序，物之既形有秩。知序然后经正，知秩然后礼正。”

③ 《经学理窟·礼乐》。

④ 《正蒙·诚明》。

⑤ 同上。

⑥ 《经学理窟·诗书》：“天无心，心都在人心。一人私见固不足尽，至于众人之心同一则却是天理，总之却是天，故曰天曰帝者，皆民之情然也。”

⑦ 同上。

⑧ 同上。

对于张载的这种理论，我们的看法是：

第一，他的这一理论体系基于其“万物一气”的世界观，把自然界的生之先后，形之高下、大小的天然秩序用于对社会生活秩序机制的解释，机械而不科学。因为他没有充分地体会到人的社会性及社会关系比自然界中的相互关系复杂得多的事实。他抽掉人的阶级及阶层差异而谈社会的天然秩序是错误的。

第二，张载把上层社会维系人与人之间尊卑贵贱等社会关系的社会规范说成是“自然而有”的“天地之礼”，人们只能“顺之而已”，不得怀疑，更不可否定，这显然是上层社会的偏见，应该批判。

第三，张载的这一思想体系也反映了他作为社会思想家的气魄。其“天理”依据于民心、民情加以验证的思想及重视那些一贯被视为“至愚无知”的下层人民的态度的思想，都是十分可贵的。他虽不免对下层人民抱有偏见，但他看到了他们“公明”的一面。他的“众所向者必是理”的思想，已经突破了上层社会之思想局限性，具备了一定的人民性。所有这些，都堪称中国社会思想宝库中的珍贵遗产，今天看来依然具有重要的借鉴意义。

（二）论具体的社会规范

张载论述了“天理”、“天礼”与“天秩”、“天序”的关系，同时也论述了“天理”、“天礼”的具体内容，即具体的社会规范问题。其主要包括以下几点：

第一，论仁、义、礼、智、信“五常”之关系。

张载认为，仁、义、礼、智、信即是天理的主要内容。五常出自人之常情，五常之间是一种不可分割、缺一不可的互相依存的关系，而其核心是“仁”。但是，仁也需要其他四常的支持，“仁不得义则不行，不得礼则不立，不得智则不知，不得信则不守”①。在社会思想中，人们对于仁义往往不加区分地连用。张载指出，仁与义二者的内涵与外延都是不同的，义本是仁爱之心的外显，是行动，但如果流于义气，不辨黑白，就会让冲动伤害了仁爱；仁爱本是人性的主要表现形式，但是过于仁爱，不讲条件和理由，就会让热情破坏了义的行动。② 礼是“圣人之成法”③，是按照人们共同的社会价值取向用契约的或法规制度的形式规定下来，要人们实行的社会规范。智和信则是实现仁、义、礼的保证。他认为，人们立身行事，合乎时宜，行为能恰到好处，见到成效，就是“礼”了。不合时宜的行为就是违反社会规范的“非礼之礼”④。凡是本诸人们天地之性的礼，就是不假于人“自然而有”的“天地之礼”，人们无条件地遵守执行是天经地义的事情。以今天的眼光来看，这种礼也不过是以儒家标准制定的社会行为规范而已。

第二，论“礼”与“诚”。

在社会规范与社会态度之间也存在着互动的关系。张载把“礼”的地位看得很

---

① 《经学理窟·义理》。

② 《正蒙·至当》：“义，仁之动也，流于义者于仁或伤；仁，体之常也，过于仁者于义或害。”

③ 《经学理窟·礼乐》。

④ 《经学理窟·礼乐》。

高，认为它是天地之德，颜渊勉勉于非礼勿言、勿动，就是要成就天地之性。人的社会化应以礼的要求为标准，做到守礼严谨，持礼有恒。所以，这种社会化的过程也强调心灵的作用，在心灵的指导下完成生命与礼的结合过程。也就是说，人们要成就于礼，还须有“诚”作前提。张载认为，“诚谓诚有是心”①，行事有诚意，才能长长久久，有始有终。因此，它是人们实行礼所要求的行为规范的保证。诚和礼是不可割裂的，二者不可或缺。比如有尊敬的行为，必须具有尊敬的诚心；有养爱的行为，必须具有抚养爱护的诚心，如果“此心苟息，则礼不备，文不当”。因此他说：“成就其身者须在礼，而成就礼则须至诚也”②。礼和诚必须兼而修之，才能成就其身，其行为“见之事业”，才能使其诚意得以体现。

（三）论社会控制

张载在设计了一套完整的社会规范的同时，还唯恐有人产生越轨行为，所以又提出了有关社会控制的理论。他认为，在社会规范之外，还需利用鬼神及肉刑控制人们的行为。

在神鬼的问题上，张载认为神鬼是存在的，它们具有不死的本领，能监督人们的思想和行为，有了鬼神的监督，能使人们虽身处幽独，也不敢轻易从事越轨行为③。也就是说，鬼神具备社会控制的功能。如果在社会秩序混乱之时，鬼神还具有执法人和公证者的功能。比如人们在结盟时对天对神发誓，就是借助神力控制人们的行为，又如偏远落后地区的人多信巫觋，那些特别荒僻的地方多为强有力者所控制，人们有冤屈无处去申诉，就必然“诅咒于神”。所以他认为对于神鬼的社会控制与调适功能是不可低估的。

此外，张载还主张恢复肉刑。这一方面是鉴于当时的死刑被用得太多太滥，给人民造成了极大的痛苦；另一方面是他看到了肉刑更具有使人们“观之而不敢犯”的震慑功能。从其能使人们不敢越轨的角度看，肉刑也是当属“仁术”的。肉刑是上古社会的产物，随着社会文化的进步，到隋文帝时期被最后废除，但由于张载对肉刑的社会意义的新解释，依然受到一些人的赞同，如朱熹就继承了这一思想。④

三、论处世态度与社会交往准则

张载关于处世态度与社会交往准则的思想是对其社会规范理论的具体化。

（一）关于处世态度

张载认为，人们处世当以仁人君子为楷模。首先，君子处世要寡欲，因为欲望问

---

① 《经学理窟·气质》。

② 同上。

③ 《正蒙·神化》：“天曰神，地曰示，人曰鬼。……鬼神常不死，故诚不可掩，人有是心在隐微，必乘间而见。故君子虽处幽独，防亦不懈。”

④ 参见张立文：《朱熹思想研究》，168～169页，北京，中国社会科学出版社，1981。

题对人们的行为方式及处世态度有重大影响。他举例说，人们边种田边读书，本来是“人情之难”，但是古代人既耕且学，从容不迫，后来的人们过耕读生活往往窘促不已，为什么呢？这是因为古人安分，后人多欲所致。古人物质生活的欲求很低，“一箪食、一豆羹”足矣，并能以此为本分，因此可以安心读书，后人不能做到这一点，欲望太多，要安下心来就难了。

其次，他认为君子处世应当“无所争”。他们在社会中生活，不去和别人争夺，不是说社会上没有争夺现象，而是因为他们懂得与他人相处的忍让之道。如同两个人处于一个很小的空间，君子的做法是对方伸展腰肢，我就缩起身体，对方缩起腰肢，我就舒展一下身体。这怎么会有争斗呢？在社会交往中能做到交错屈伸，推让得当，对社会对个人都是大好事。

最后，他认为君子处世，有“责己、责人、爱人之三术”。责己之术就是换位思考，“以责人之心责己”，严于律己；责人之术是摒除私心，以大家的观点来评价人；爱人之术是“以爱己之心爱人”①。做到这三点，才能“尽道”、“尽仁”，受到大家的欢迎。人人如此，社会生活秩序才是和谐的。现在人们多自以为是，以自己为中心看待问题，说到底就是自私的表现。如果人们不改变这种处世态度，就无法保持社会生活秩序的正常运行而归于“乱”。

（二）关于社会交往准则

张载认为，人们进行社会交往的基本准则是“礼”，即社会规范。首先，他认为人们需加强个人修养，按社会规范的要求，使“心正”而“公平”。只有这样，才能使是非分明，“当为不当为之事自知”②。在具备了这种“公平”心之后，还应当做到静下心来按礼的标准反省自己的所作所为。

其次，在社会交往过程中，要做到对人恭敬。他说，只有对人“敬而无失”，才能“不为非礼之恭”③。他强调人们在社会交往过程中严格按社会规范行事：宁可失约，也不拘泥于那些不仁不义的誓言；宁可身受困辱，也不对人低三下四；宁可孤立无助，也不放弃对贫困者的爱护④。在任何情况下都必须做到体谅、尊重他人，即使有人故意伤害自己，也应做到“无怨”，万不可因此而加以报复。因为报复只能带来他人的进一步报复。其结果必然是互相排挤，互相侮辱，偏离社会规范，破坏社会秩序。可见，张载不但要求人们遵守社会规范，而且还要求人们甘心做这些社会规范的忠实奴仆。

再次，与人交游当以相辅成仁为宗旨。张载从儒家的师友观出发，强调交友的目的是互相砥砺，进修德行，使其成为仁人，绝不是吃喝玩乐。朋友之间应当互相尊敬，互相欣赏，从而能“得效最速”，共同进步。他批评现实生活中很多人不懂得交

① 《正蒙·中正》。

② 《经学理窟·学大原上》。

③ 《正蒙·有德》。

④ 《正蒙·有德》：“宁言之不顾，不规规于非义之信；宁身被困辱，不徇人以非礼之恭；宁孤立无助，不失亲于可贱之人。”

友之道，专拣意气相投之人，刚刚还拍肩膀称朋友，“一言不合，怒气相加”①，违背了结交朋友的宗旨或目的。张载还认为，在与人结交中要善于学习别人的长处，增长自己的见识和学问。即使在那些下层阶级身上，也能学到很多东西，如“欲问耕则君子不如农夫；问织则君子不如妇人；问夷狄不如问夷人；问财利不如问商贾”②。学习不必看人的身份高低，关键在于能不能举一反三。只要善于吸收别人的长处，就于己大有裨益。

此外，张载还告诫说，与人交游不要互相戏谑，因为戏谑的态度待人不诚敬，对交友没有好处，如果戏谑不已，不只是于事有害，也伤害到个人的品质。同时，朋友之间的社交活动，唯有交流思想、品评议论是对人有帮助的，至于“棋酒书画”则要注意，一般多没有什么好处。总之，在张载看来，在交游行为中，要始终以相互赞助，共同成为“仁人”等促使朋友亲和，最终对促进社会稳定有直接效益作为准则，除此而外，连相互开开玩笑的行为，都是不应该的。

四、论社会治理

张载与王安石生活在同一时代，他们所遇到的社会问题自然是相同的。张载也与王安石一样，是主张改革以治理社会的，而且其社会治理思想又都以《周礼》作为理论依据。然而，张载并不同意王安石的社会改革方式。王安石主张“顿革”，注重自上而下地大张旗鼓地实行改革，其改革是要触及大官僚地主阶层的既得利益的；而张载则主张“渐化”，注重个人的实验，是一种理想主义式的改革，不触及大官僚地主阶层的实际利益。但他们的目的又是一致的，即都是调适社会生活秩序，稳定地主阶级的统治。张载的社会治理思想主要有以下几个方面：

第一，张载认为，治理社会的宗旨在于“利民”、“足民”。他反对利国就是利民的观点，认为“利于民则可谓利，利于身、利于国皆非利也”③。现实的社会失调问题，就是由于不能足民，没有解决人民的温饱问题。他引用孔子“子之不欲，虽赏之不窃”的观点，指出饥饿支配了人的欲望，人就会去偷盗。解决了温饱问题，人们就不会再去偷盗。④ 张载这番论证，其目的不是要民“无欲”或“寡欲”，而是要告诫社会的统治者“为政者在乎足民”⑤。温饱问题解决了，社会自然就安定了。张载的这一思想是十分可贵的。同时，我们也不能理解为他根本不主张“寡欲”，他在论述社会规范和社会交往时，就曾批判“后人多欲”，并明确提出要“寡欲”⑥ 及不要被人欲无餍足而外物有限所困厄等，已见前述。所以，张载是一方面告诫社会统治者应“使民无所不足”，满足人们的心理需求；另一方面又要人民“寡欲”，主动降低欲望

① 《正蒙·有德》。
② 《经学理窟·气质》。
③ 《张子语录·语录中》。
④ 《正蒙·有司》。
⑤ 同上。
⑥ 《经学理窟·学大原上》。

标准，从而使社会统治者与人民在欲望问题上找到一个既合“礼”，又合“理”的衔接点，使由此而引起的社会问题、社会冲突得以调适。

第二，张载认为，欲治理社会，当恢复井田制。北宋废除了唐朝的均田制，对土地兼并也没有采取限制性政策，在这种情况下，土地问题成为社会思想家们关注的一个焦点。张载就提出，固定土地经界，不得随意兼并，理应成为新土地政策的一个基本原则①，“治天下之术，必自此始”。就具体的土地制度而言，他认为鉴于人多地少的现实，应着眼于平均分配，实行土地公有制，具体说就是井田制。② 只有实行井田制，均分土地，授予人民，才是“养民之本”，才能使“公自公，民自民”，不互相夺利，收到百姓富足、国库充裕的社会效益。

那么井田模式的土地公有制是否可行呢？张载认为，井田制是“至易行”的。只要“朝廷出一令”就可以做得到。为此，他还设计了具体的实施方案③，并曾与学者讨论三代之法，设想共同集资买一块田，进行“井田”实验，在满足国家赋役要求的基础上，平均分配土地给各家耕种，并以此结成社区单位，“广储蓄，兴学校，成礼俗，救灾恤患，敦本抑末”④，进行乡村建设实验，希望通过实验，证明政策的可行性。其实，这不过是一种乌托邦式的社会幻想，即使他真的付诸实践，也只能像后来的何心隐一样以失败告终。

张载认为通过恢复井田制，既可以解决养兵与积弱的问题，并可以解决由于贫富悬殊、土地兼并及由此引起的一系列社会问题。其动机是真诚的，可嘉的，但其托古改制的方法实际上是于事无补的。好在张载是在那里空想，如真的予以其实施的机会，其结果不会比王莽改制更好些。

第三，张载认为，欲治理社会，还必须恢复分封制和宗法制。他提倡恢复分封制，主要着眼点是减轻中央政府办事负担，加重地方政府的责任，提高政府的行政效率。⑤ 在我们看来，这种说法不符合超大型国家的管理模式，是不切实际的。

与分封制相适应的社会组织形式是宗法制。张载认为，如果没有以血缘关系为基础的宗法制，将会导致“骨肉无统，虽至亲，恩亦薄”⑥，人际关系的疏薄是不利于社会协调的，而实行宗法制则可收到“管摄天下人心，收宗族，厚风俗，使人不忘本”的社会效益。有了宗法制，可使“公卿各保其家”，他们既保其家，又能产生政治上的凝聚力，保持政治稳定。张载的推理似乎是无懈可击，但从根本上是错误的。汉代实行分封的教训，足以证明在封建社会实行分封和宗法制，只能给社会带来更严重的失调和冲突。因此，其主张恢复井田制、分封制、宗法制的一系列方案都是不可取的。

---

① 吕大临：《横渠先生行状》：“论治人先务，未始不以经界为急。”

② 《经学理窟·周礼》：“治天下不由井地，终无由得平。”

③ 详见《经学理窟·周礼》。

④ 吕大临：《横渠先生行状》。

⑤ 《经学理窟·周礼》：“天下之事，分得简则治之精，不简则不精。故圣人必以天下分之于人，则事无不治者。”

⑥ 《经学理窟·宗法》。

但是，在张载看来，如果按他所设计的以上方案去治理社会，同时用其人性论去进行教化，按他所提倡的社会规范行事，人们都以他所设计的模式去处世，就会实现其理想社会。

五、理想社会构想

张载对理想社会的构想，集中地反映在《正蒙·乾称》篇，即被后来理学家誉为“西铭”的那段论述之中。他说：

> 乾称父，坤称母；予兹藐焉，乃混然中处。故天地之塞，吾其体；天地之帅，吾其性。民，吾同胞；物，吾与也。大君者，吾父母宗子；其臣者，宗子之家相也。尊高年，所以长其长；慈孤弱，所以幼其幼。圣其合德，贤其秀也。凡天下疲癃残疾、惸独鳏寡，皆吾兄弟之颠连而无告者也。

天地堪称人的父母，它构造了人的躯体并统率着人的本性。所有的人都是我们的同胞兄弟，所有的物都是我们的同伴。君主是父母的长子，而大臣是帮这位长子管理家事的人。尊敬老人就是尊敬自己的兄长，怜爱孤弱就是怜爱自己的幼弟。社会上所有疲病者、有残疾者、没有兄弟又丧失父母者及鳏夫寡妇，都是我们的困顿不堪而又无可告诉的兄弟。考察张载的上述思想及有关论述，可见，张载的理想社会有以下特点：

第一，儒家社会思想的传统是不大注意社会的经济生活，而善于从社会关系方面着眼设计理想社会，张载继承了这一传统。

第二，他认为人类的躯体及人性都是天地的产物，人们生存于社会之中，本来都是平等的兄弟关系。

第三，他认为社会是扩大了的家庭，国政比于家政。君臣之间、臣民之间的关系都如同家庭中的兄弟关系，只是根据其“生有先后”所形成的“天序”及天生的“大小、高下”所形成的“天秩”而有不同的角色区分。长子做君主，其他兄弟有的做大臣，有的做庶民，其实他们都是天地的儿子，互相之间是同胞兄弟的关系。

第四，既然“民吾同胞”，家庭伦理关系就完全适用于社会了。因而社会上就形成了情同骨肉、亲如一家的完美而和谐的人际关系。只有这样的社会关系模式，才是合乎“天礼”、“天理”、“天序”、“天秩”之要求的。

张载的这种社会思想，一方面接近于墨子“兼爱”的社会理想，同时又接近于耶稣的社会理想。他的使社会关系建立在普通的人类之爱的基础之上的思想是光辉灿烂的，然而在阶级社会里，这永远是一种美好的幻想。我们还应看到，张载对理想的社会关系模式的设计，用兄弟关系、家庭关系概括一切社会关系，客观上具有模糊阶级之间的对抗意识，调适人与人的相互关系的功能，正是由于这一原因，他的这种社会理想受到二程、朱熹的特别赞誉。[1] 张载的学说与周敦颐、二程、朱熹并称，张载的

---

① 参见《河南程氏遗书》卷二上；朱熹：《西铭注》。

牌位被搬进孔庙，绝不是偶然的。

第二节
程颢、程颐的社会思想

程颢（1032—1085 年），字伯淳，后人称为“明道先生”。程颐（1033—1107 年），字正叔，后人称为“伊川先生”。二程是亲兄弟，祖籍安徽徽县，后迁中山博野。其高祖程羽是宋太祖赵匡胤的将领，宋太宗赵匡义为晋王时的心腹幕僚，又是宋真宗的老师，被赐第京师而迁居开封。此后又世代为官，至他们的父亲程垧，又迁居洛阳，故二程可谓洛阳人，其思想学说也被称之为“洛学”。

程颢、程颐是宋代道学的真正创始人。他们兄弟俩同受业于周敦颐，周敦颐的思想受道教理论影响较深，二程的思想也同样受到道教思想的影响。同时，他们又都受过相当长时期的佛教思想影响。他们熔儒、佛、道于一炉，创立了贴着儒家标签的新的思想学说——宋代道学。当时，张载的“关学”和二程的“洛学”都很盛行。张载死后，洛学得到相当发展，关学则相对式微，他的学生有不少改事二程，故“洛学”处于独盛地位。冯友兰先生认为，周敦颐、邵雍、张载“虽俱为道学家中之有力分子，然宋明道学之确定成立，则当断自程氏兄弟”。我们同意这种观点。可是，为什么在所谓“北宋五子”之中，唯二程的“洛学”独盛呢？其原因是多方面的，但其中最根本的一点就是它适应了宋以后社会官僚地主阶级进行社会治理的需要。道学作为一种新儒学成为宋以后社会之正统思想，统治中国思想理论界数百年之久，就足以说明这个问题。

二程的生平详见《宋史》卷三二一及《宋元学案》中的《明道学案》和《伊川学案》。二程的著作较多，有《遗书》、《外书》、《文集》、《易传》、《经说》、《粹言》等。宋代以来单行与合刻的版本很多。明清时，人们把二程六书合编为《二程全书》。1981 年中华书局予以点校出版，改名为《二程集》，这是迄今最好的版本。二程的思想基本上是一致的，而且《遗书》二十五卷中，有十卷的内容已无法考证是出自程颢还是程颐，只注明为“二先生语”，故我们把二程的社会思想合并论述。

一、论天理、性情及欲望

（一）论“天理”的社会意义

二程思想的核心范畴是“天理”，或称“理”、“道”。“理”或“道”产生了“气”，才演化出世界的万物。理、道、天等概念，以前多被中国哲学史的著作所关注，并给予较详的论述。其实，在探讨这些概念时，首先要认清楚一个事实，即古人思维具有整体性特征，他们思想中既有哲学的成分，也有社会学的成分，还有政治学的成分，等等。从社会学的角度分析，二程是把“理”作为社会规范的最高准则和原理问题。这就是他们所说的，“理则天下只有一个理，故推至四海而准，须是质诸天地，考诸三王不易之理，故敬则只是敬此者也，仁是仁此者也，信是信此者也”[①]。“质诸天地”，推至四海，考诸三王，理论的空间涵盖自然与社会两界，但重点在四海和三王，即着眼于全人类和上古以来的社会历史。这既反映了二程思维的整体性特征，又说明他的理论中心在于社会分析。整句话的意思大致是，天理是放之四海而皆准的，无论是世界万物还是人类的社会生活，都是同样受“理”的支配的。因此，人伦关系受天理的支配，父子亲，君臣义，夫妇顺，长幼序，朋友信，儒家的人伦思想是天理的表现形式；人的视听言动等社会行为均受“礼”的规范，礼也是天理的表现形式，都是以“理”、“道”为依据的。离开了“道”就会破坏既定的社会伦理规范和行为规范，使社会秩序遭到破坏。

二程把父子君臣等各种道德规范和伦常关系视为“天下之定理”[②]，并认为人类社会区别于禽兽之处就在于人能“存一个天理”。程颐说：“人只有个天理，却不能存得，更做甚人也？”[③] 所以，人们的行为必须服从天理，否则，听命于个人意志，就会变成狂悖小人。可见，在二程的“洛学”之中，“天理”本身已被赋予了社会规范的意义。这也正是二程“自家体贴出来”的“天理”二字的真正目的。

二程认为，要保持社会生活秩序的协调，关键就在于使人们循理明道，而且必须达到“乐循理”的程度。程颐说：“乐循理之谓君子。若勉强，只是知循理，非是乐也。才到乐时，便是循理为乐，不循理为不乐。”[④] 对于作为社会的最高准则的“理”，只有由衷地高高兴兴地遵循它的人，才是君子。如果能做到对于理“不勉而中，不思而得”，就是“又上一等”的圣人之事了。[⑤]

为什么必须首先做到在心理上、思想上“乐循理”呢？二程指出，这是因为明理是力行的基础，这就好像一个人准备去京师，必须先知道出哪个门，走哪条路，然后才能去一样。自古以来，有美才、能力行的人为数不少，但能明白“行难，知亦难”究心于道理的人太少了。同时，二程认为，知理比力行更困难。知的功夫是“穷理”、“格物致知”，这种儒家色彩的理论包含了中国式的社会化思想。他们认为，人要成为一个社会所认可的分子，最重要的是要知道什么是本末始终。在社会互动中，在事事物物上认识天理，提高自己的修养，这是基础；继而以良好的道德素养去与天下人相处，积极参与、治理家庭、社区、社会事务，这是目标。[⑥] 所以，格物致知是一种个人心理修养的功夫。儒家推崇个人修养对于社会的重要作用，二程遵循这一社会思

---

① 《遗书》卷二上，见《二程集》，北京，中华书局，1981。本节以下凡引自此书者不注书名。

② 《遗书》卷五。

③ 《遗书》卷十八。

④ 同上。

⑤ 同上。

⑥ 《遗书》卷二十五：“人之学莫大于知本末始终。致知在格物，则所谓本也，始也；治天下国家，则所谓末也，终也。”

想，主张“治天下国家必本诸身，其身不正而能治天下国家者无之”。但是，由于人是天理的产物，所以格物致知所发现的天理，并不是社会规范的内化，而是人性美的体现。[①] 这是二程思想与现代社会化理论不同的地方。

二程讲了许多穷理的途径，但所讲的大都是如何进行个人的心理修养及社会价值观念方面的问题。他们不是引导人们通过对现实社会问题的了解和研究掌握社会治理的规律，并用于治理社会，而是要引导人们调整心理结构和社会价值取向，回到内心的精神修养中去。所以，其“格物致知”、“明理”的学说是和佛教禅宗十分相似的。二程对格物致知的解释，是明显地受到佛教思想影响的产物。

（二）论性情

在人性问题上，二程肯定孟子的性善论，而且在此基础上深化了性善论。他们认为，人性和天理是一回事，人性是天理的体现。[②] 天理体现在天，叫作“命”；体现在社会关系与社会规范上，叫作“义”；而体现在人的品质上，就叫作“性”。[③] 所以，天理是至善至美的，人性也是至善至美的。但是，人性又不能一概而论，因为“生之谓性”与“天命之谓性”是不相同的。前者应解释为“禀受”，人们常说的天性柔缓，天性刚急，即是这个意思。后者则应解释为“性之理”。性之理是“无不善”的，禀受之性有善有恶。因此，从广义上理解“性”，包括“气禀”之性，“善固性也，然恶亦不可不谓之性也”[④]。现实社会中人性有善也有恶，是由几种原因所致：

第一，是由“气禀”所致。二程认为，人们的禀受之“性”，是一种材质之性，“才则有善有不善，性则无不善”[⑤]。而构造人的材料又是由气禀决定的，气的清浊造就了人的善恶。得清气而构造的就是贤人，得浊气而构造的就是愚人。有人自幼而善，有人自幼而恶，都是因为禀受不同的气造成的。所以二程说，“性无不善。而有不善者，才也”[⑥]。所以有不善之人，不在人性有问题，而是材质出了问题。也不是人性之中原有善恶对立的两物，因为真正意义的人性是指不包括气禀之性在内的与天理画等号的尽善尽美的“天命之性”。

第二，是由行为不适中所致。程颐指出，人有不合乎社会规范的言行，不是其本性就恶劣，而是他们在遵循天理时不能做到适中的程度。以天理为准则，其言行无论是过之，或是不及之，都表现为恶。[⑦]

第三，是由于情有不善所致。程颐认为：“心本善，发于思虑，则有善有不善。若既发，则可谓之情，不可谓之心。”[⑧] 思虑既发就是“情”，而情是有善有不善的，

---

① 《遗书》卷二十五：“致知在格物，非由外烁我也，我固有也。因物有迁，迷而不知，则天理灭矣。故圣人欲格之。”

② 《遗书》卷二十二上：“性即理也；所谓理，性是也。天下之理，原其所自，未有不善。”

③ 《遗书》卷十八。

④ 《遗书》卷一。

⑤ 《遗书》卷十九。

⑥ 《遗书》卷十八。

⑦ 《遗书》卷二上：“天下善恶皆天理，谓之恶者非本恶，但或过或不及始如此，如杨墨之类。”

⑧ 《遗书》卷十八。

决定情之善恶的，乃是欲望问题。

二程认为，人的恶行是可以改变的。这是因为人由气的材质构成，只要遵循天性，不断提高自我修养，即便是大奸大猾，也可弃恶从善。孔子所谓的“惟上智与下愚不移”，是因为自己“自暴自弃不肯学”，如果肯学而不自暴自弃，哪里有不可移的道理。也就是说，只要能努力“格物致知”，“乐循理”，就能归于善。这是对孔子之语的新解，是受到佛教的佛性学说影响的结果。

（三）论欲望

在欲望问题上，二程的第一个命题是“天理”与“人欲”相对立。一方面，天理与人欲呈二元对立的关系①，天理与人欲如水火不能相容，而天理是至高无上的，人欲则是危害自己和社会的，另一方面，人欲往往干扰了天理，使人性变恶②，在欲望的唆使下，产生了损人利己的行为。③

不过，二程也并非认为人不该有丝毫的利欲之心。如他们所说：“耳闻目见，饮食男女之欲，喜怒哀乐之变，皆其性之自然。”④ 这些生理欲望及情感是人人都有的，但在满足这些欲望，表现这些情感的过程中，必须以天理为准绳而做到行为得当，不能让私欲乱了公德。⑤ 他们承认人有情，及情有善有不善，但又强调必须使情合于天理而归于善，否则，就是一个被社会唾弃的恶人。

二程的第二个命题是“存天理，灭人欲”，人欲的极端就是自私，让自私控制心灵，人就置天理、天道于脑后，做出种种不仁不义之事。⑥ “天理之不存，则与禽兽何异矣。”⑦ 如果从社会的高度着眼，嗜欲而灭理的人破坏了整个社会生活秩序的协调运行⑧。二程把私欲对社会的危害看得至关重大，他们说：“甚矣！欲之害人也。人为不善，欲诱之也。诱之而不知，则至于灭天理而不知反。”⑨ 人如果受蔽于人欲，就失去了天理。因而他们提出了“存天理，灭人欲”的说教，主张灭私欲则天理明。

如何灭私欲呢？二程提出的修持方法就是“思”。思就是反省、反思，只有不断地加强反思的自觉性，才能遏制欲望的泛滥，保证行为符合社会规范。⑩ 不难看出，二程的这种靠“思”来“窒欲”的修持方法是“格物致知”思想在其欲望论中的体现，也是和佛教的“坐禅”的修持方法极为相近的，所不同的是，佛教是逃避现实社会的，而二程的“洛学”是建立在现实社会生活之中的。

---

① 《遗书》卷十五：“不是天理，便是私欲。……无人欲即皆天理。”

② 《遗书》卷二上：“人于天理昏者，是只为嗜欲所乱者也。”

③ 《粹言》卷二：“欲利己者必损人，欲利财者必敛怨”。

④ 《粹言》卷一。

⑤ 《粹言》卷一：“饥而食，渴而饮，冬而裘，夏而葛，苟有一毫私意于其间，即废天职。”

⑥ 《粹言》卷二：“以私己为心者，枉道拂理，谄曲邪佞，无所不至，不仁孰甚焉。”

⑦ 《粹言》卷二。

⑧ 《遗书》卷二十五：“好胜者灭理，嗜欲者乱常。”

⑨ 《遗书》卷二十五。

⑩ 《遗书》卷二十五：“目则欲色，耳则欲声，鼻则欲香，口则欲味，体则欲安，此皆有以使之也。然则何以窒其欲？思而已矣。学莫贵于思，唯思为能窒欲。曾子之三省，窒欲之道也。”

二程的第三个命题是合义之公利需存，而私欲私利必去。“灭私欲”不是要人们灭掉所有欲望，而是指私利私欲。私利，不单单对财利而言，更多的情况下指的是自利之心。在做一件事情的时候，稍一动心思考虑到方便自己，就是动了自私自利之心。这是不符合社会规范和社会公德的，社会公德要求以义为利，做事情要以公利为目标。[①] 人有利欲之心是正常的，然而凡是不合社会规范的那些利欲，就是“私利”、“私欲”，是非灭不可的。程颐曾举例说明这一点，比如坐椅子，安稳便是有利，但如果过分追求舒适、温暖，并且为了自己的便利而刻意忽视了他人的利益，就是自私自利了。[②] 同样一个“利”，是可以分为公利和私利的，公利就是义，私利就是私欲。只要跨过“义”的范围一步，便是私利私欲。人们在那里计较自家的利与害，竭力趋利避害，都是因为利欲之心作祟。相反，那些已经致知的圣人则只考虑行为是否合乎“义”的要求。虽然利在面前，如果按“义”的要求不当进取，或者害在面前，按“义”的要求不当回避，也绝不能以越轨的行为去趋利避害，而是相信“命该如此”，应该有主动担当的精神。二程认为，敢于担当，才能使精神与社会规范合二为一，养成了“浩然之气”，也才能肩负起弘扬天道的使命。因此，我们不能将二程的欲望论简单地理解为“一种禁欲主义的说教”[③]。他们所要灭的人欲是不合当时社会规范的那一部分欲望，但其对人们的欲望和行为的禁锢性依然是极其露骨的。

为了维护“天理”，二程把一切与“天理”不相符合的欲望、思想和言行都视为罪恶，要求人们甘心地忍受一切贫穷和屈辱，以顺从既定的社会规范和社会秩序。为此，他们还提出了“饿死是小，失节是大”的说教。有人问程颐：有孤独的寡妇，家境贫穷，无依无靠，可以改嫁吗？他回答说：这只是那个妇人怕寒饿而死所找的生活借口，“然饿死事极小，失节事极大”[④]。怕寒饿而死是私欲作怪，而所谓“节”就是“天理”。与“失节”相比，寒饿至死不过是“极小”之事！这就更加充分地反映出二程的天理论、性情论、欲望论缺乏对底层民众疾苦的同情与关怀和为地主阶级服务的实质。宋明以后，其“饿死事极小，失节事极大”的卫道说教，成为长期束缚中国女性的沉重枷锁。

二、论社会规范

在社会规范方面，二程保持着儒家的传统，依然以仁、义、礼、乐、忠恕等作为规范人们思想和行为的工具。

（一）论“仁”

在二程眼里“仁”依然是社会规范的核心，认为仁爱是天下的正理，失去了仁爱

---

① 《粹言》卷一：“不独财利之利，凡有利心，便不可。如作一事，须寻自家稳便处，皆利心也。圣人以义为利，义安处便为利。”又说：“利非不善也，其害义则不善也，其合义则非不善也。”

② 《遗书》卷十八：“且譬如椅子，人坐此便安，是利也。如求安不已，又要褥子，以求温暖，无所不为，然后夺之于君，夺之于父，此是趋利之弊也。利只是一个利，只为人用得别。”

③ 张立文：《宋明理学研究》，363 页，北京，中国人民大学出版社，1985。

④ 《遗书》卷二十二。

的精神，则社会失序，不再和谐。二程没有说清楚仁到底是什么，只能模糊地举例说，如果以身体来作比喻，仁就是头，义礼智信就是四肢[①]；也就是说，仁是核心，义、礼、智、信是仁的体现，是与仁相配合的德目。孝与仁是什么关系？在这一点上程颢与程颐是有分歧的。程颢说："孝弟本其所有生，乃为仁之本。"[②] 而程颐则认为，仁是性，孝弟是用，孝悌行为是仁爱之心的表现。[③] 孔子说"仁者爱人"，二程认为，爱人只是仁的一种表现，"仁者必爱，指爱为仁则不可"[④]。他们又向孔子学舌说，"视听言动一于礼，谓之仁"[⑤]，这依然没有什么创见。

二程认为，"仁"基本上就是"公心"，或说"公平之心"[⑥]。如他们在解释孔子的"仁者，己欲立而立人，己欲达而达人"时，就认为孔子用这句话来教育人要公平对待他人。只要心存公道，就能做到平等对待自己和他人，人就会平和仁爱。否则，只顾及自己的利益，就是自私自利。[⑦] 而所谓"公"或"公平"，自然只能是指地主阶级的在"天理"指导下的社会价值评定。他们把"仁"解释为"公心"，易于为社会中占绝大多数的缺乏读书机会的下层民众所理解，但"公平固在，用意更有浅深，只要自家各自体认得"[⑧]。如何才能体认公平呢？问题又回到了格物致知，回到了对天理的认识，这就把儒学与下层民众的距离拉远了。到心学出现之后，这个问题才得到了解决。请参看陆王心学部分。

（二）论"义"

二程指出，儒家视"仁"为社会规范内质，体现于人们的行为规范就是"义"[⑨]。孔子讲"仁"，很少兼而讲"义"，只在《周易》中说"立人之道曰仁与义"，而孟子则仁、义连用，这是因为儒家认识到应以仁爱之心作为社会行为的基础，以义作为体现仁爱之心的行为规范。作为社会规范，义强调行为的正当性，即符合情境，要适时、适地、适人，言语适当。[⑩] 作为行为标准，义强调循理而行，辨明正确的行为和错误的行为，提高行为的自觉性。[⑪]

因此，二程提倡人们"集义"——辨明义与仁、礼、信、诚、敬的关系，正确掌握社会行为规范。要掌握"义"的精髓，必须自觉地去琢磨、研究。[⑫] 其理由有四：

---

① 《遗书》卷十五："自古元不曾有人解'仁'字之义，须于道中与他分别出五常……且譬诸一身，仁，头也；其他四端，手足也。"

② 《外书》卷六。

③ 《遗书》卷十八："孝弟是仁之一事，谓之行仁之本则可，谓之是仁之本则不可。"

④ 《粹言》卷一。

⑤ 同上。

⑥ 《遗书》卷十五："立人达人，为仁之方。……其理固不出乎公平。"

⑦ 《遗书》卷十五："仁之道，要之只消道一'公'字。……只为公，则物我兼照，故仁。"

⑧ 《遗书》卷十五。

⑨ 《遗书》卷四："仁者体也，义者用也。"

⑩ 《粹言》卷一："义者宜也。"

⑪ 《遗书》卷十八："义便知有是有非。顺理而行，是为义也。"

⑫ 《遗书》卷十六："义之精者，须是自求得之，如此则善求义也。"

其一，从仁与义的关系讲，已见前述。其二，从义与礼的关系讲，义是礼的依据。[①]义强调合于人情，礼则是把这种合情合理的东西规定下来。用契约、制度、风俗规定下来的行为规范（礼），是建立在合乎人情而自然形成的行为规范之上的。其三，从义与信的关系看，人们说“信近于义”，是因为守信者诚实，但从根本上讲，“信本不及义”[②]，守信不一定就能合情合理。其四，从义与敬、诚的关系看，敬是一种内心的修养。敬与诚是相辅相成的，诚心正意然后才能态度恭敬，敬也能促成诚[③]，诚的目的是居敬。以敬和义相比，敬只是律己、持己，义则强化正确行为的自觉性。如果只守一个敬而不知辨明“义”，那么所守之“敬”是毫无意义的，就好像欲为孝而只守一个“孝”字，不知为孝之道一样，是无法尽孝道的。

（三）论“忠恕”

忠恕作为对个人社会态度的要求，在宋代社会思想中得到格外的重视。二程认为，一个人能做到忠恕，就体现了仁爱，行为方面差不多就合于道的要求了。[④]忠就是忠于人、事，恕则是推己及人，以体谅自己之心去体谅别人。他们特别强调恕道，认为这里面包含着“与人为善”和“己所不欲，勿施于人”的儒家风范。但为人处世，只讲“恕”是不够的，还必须以“忠”与之相配，才具有实际的规范社会行为的意义。[⑤]忠恕应该一以贯之，忠更强调内在的态度，是天理，是法则，恕则强调外在的行为，是人道，是忠的体现，二者互为一体，是做人的大本、达道。[⑥]我们认为，如果只讲一个“恕”字，似乎还有普遍的“人类之爱”的意味，然而，如果以忠于君主为根本、为“天理”，以为“忠者天下大公之道，恕所以行之也”[⑦]，就具有了明显的维护既定的阶级社会生活秩序常态运行的意义了。

（四）论礼乐

程颐给礼乐下了明确的定义，他说：“礼只是一个序，乐只是一个和。”[⑧]“礼”不过是一种用来规定社会各阶级和阶层之间的相互关系，以保持均衡的社会生活秩序的社会规范——“序”；而“乐”是指社会各成员都遵守这种社会规范，从而达到了社会均衡状况——“和”。只要人们恪守这种社会规范而使社会和谐、均衡，就是“盛德”。只有顺从社会规范，社会才能相应为之带来酬赏。

二程还认为，具有什么样的社会规范（礼），就具有什么样的生活方式。中国人通用其他国家的社会规范，就变成了其他国家的人。如果丧失了礼，人们的生活方式

---

① 《遗书》卷十七：“大凡礼，必须有义。礼之所尊，尊其义也。”

② 《遗书》卷八。

③ 《遗书》卷六：“诚然后能敬，未及诚时，却须敬而后能诚。”

④ 《遗书》卷七：“忠恕违道不远”，“可谓仁之方。”

⑤ 《遗书》卷十八：“恕字甚大，然恕不可独用，须得忠以为体。不忠，何以能恕？”

⑥ 《遗书》卷十一：“忠恕，一以贯之。忠者天理，恕者人道，忠者无妄，恕者所以行乎忠也。忠者体，恕者用，大本达道也。”

⑦ 《外书》卷二。

⑧ 《遗书》卷十八。

将与禽兽无异。[①] 这里二程犯了一个本质上的错误。事实上，是有什么样的社会生活方式决定了有什么样的社会规范，这个社会规范又反过来产生维持这种社会生活方式的功能，而不是相反。二程所以不能认识这一点，是把礼作为一个既定的标准来认识的。

基于对“礼”和“乐”的解释，他们进而认为，礼乐的根本是上下尊卑秩序，而非礼仪、乐器配置等形式，所以只要家庭、组织、国家等社会形式还存在，社会秩序就会存在。礼乐亡尽，人为禽兽时，才是社会之灭亡。从社会组织的角度来看，他的意思是说，凡是有人群的地方，就有礼乐存在。即使是盗贼、叛乱集团，其内部也必须有一定的程序和规范，有头领，有跟随，才能完成不法行为。[②] 所以，他们的结论是：“礼乐无处无之，学者要须识得。”[③] 所不同的只是礼乐的实质内容有所不同而已，盗贼所持的“礼乐”显然不是二程理想中的合乎天理、出乎人性的“礼乐”。社会规范如此重要，所以一个社会要平顺、安宁，必须能够有效提供制度保证。此外，个人也须“克己复礼”。

二程对孔子的“克己复礼”是作了改造的。克己就是去“私心”、去“人欲”的过程，而礼即“天理”，或者“循礼之礼”，而不是孔子当年所要复的周礼了。克己和复礼两者缺一不可，不能克制自我就会自私自利，不能受礼的节制就会使仁爱没有了秩序的差异。[④] 其实，“克己复礼”就是去人欲，存天理。这显然是其存天理、灭人欲思想的延伸。此外，二程还提出，在制定“礼”时，要做到合于人情，即所谓“圣人缘人情以制礼”[⑤]。而在行礼时，要做到“不泥古”，视当时风气不同，有所变通。

综观二程对礼乐的论述，不难看出，其思想实质是要人们去私欲而存天理，维护既有秩序的稳定与协调。而与前人相比，其礼乐论仍有一定贡献：其一，他们对礼乐的内涵作了明确的解释，这是前所未有的；其二，他们对孔子“克己复礼”学说的改造，实际上是适应宋以后社会治理的要求而产生的，从一定意义上说，是对“克己复礼”学说的深化；其三，他们的制礼缘人情，行礼不泥古的思想，具有一定的合理性和科学性。

三、论处世态度与社会交往准则

（一）论处世态度

二程认为，人们处世应当以“理”为准则，不可随波逐流。为人处世应处处事事

---

① 《外书》卷二：“礼一失则为夷狄，再失则为禽兽。”

② 《遗书》卷十八：“人往往见礼坏乐崩，便谓礼乐亡，然不知礼乐未尝亡也。如国家一日存时，尚有一日之礼乐，盖由有上下尊卑之分也。除是礼乐亡尽，然后国家始亡。虽盗贼至所为不道者，然亦有礼乐，盖必有总属，必相听顺，乃能为盗，不然则叛乱无统，不能一日相聚而为盗也。”

③ 《遗书》卷十八。

④ 程颐说：“不能克己，则为杨氏为我；不能复礼，则为墨氏兼爱。”（见《外书》卷十一）朱熹在《论语集注》卷六中曾引述了程颐的一段话，说：“非礼处便是私意……须是克尽己私，则归于礼，方始是仁。”程颢也说：“克己则私心去，自然能复礼。”（《遗书》卷二）

⑤ 《遗书》卷六。

符合“天理”，而不可违背社会规范随俗习污地去迎合低级趣味。遵循理、讲究理则生活幸福美满，舒适安泰。①

同时，人们处世要有涵养，有广泛的人类之爱。人的心胸应该像天地那样广阔。天地能容万事万物，能养育万物生长不息，而不弃一物。做人也应该如此，“一切涵容覆载”，对于善者与不善者都行包容之道。儒家推崇的圣人之道正在于此，不问善恶，只要是老者，就尽心尽力地安养他，朋友就以诚信相待，少者就全心全意地关怀，这就是遵循“天道”了。② 为了遵循“天道”，人们在社会中生活不要怕多事，因为“世事虽多，尽是人事”③，处理好各种人事，是一个人作为人所当仁不让的职责。但爱人也好，多事也好，都不能没有原则，这个原则就是“乐取于人以为善”，“与人为善乃公也”④。这里所谓“公”，就是要做到“我不欲人之加诸我也，吾亦欲无加诸人”⑤。二程认为，多事就可能多烦恼，但人们处世既然自己做到了“公”，做到了“居处恭，执事敬，与人忠”⑥，即使自己得不到相应的酬赏，也不要怨尤。“不怨天，不尤人，在理当如此”⑦，这是衡量一个人有德无德的标准，如果怨愤不已，就是遇事想不开，道德修养不到家。

总之，二程是要求人们处世从修持自己开始，使自己首先拥有合“天理”的社会价值取向，从而在接触或处理各项社会事物时有个准则，始终如一地按这个准则处世、行事。即使受到冤屈，也不愤恨、不争辩，以保持整个社会秩序的良性运行机制。

（二）论社会交往

二程的社会交往思想是与其处世态度相通的。他们所提出的社交准则大致有以下几点：

第　，以“义”为社会交往的基本原则。这是君子的处世之道，唯义所在，当行则行，当止则止，不勉强，不固执。⑧ 在《遗书》卷十中有这样一段记载：张载说，社会交往中，除了与学者讲论学术，教些学生之外，多无意义。程颐却不这样看，认为不能一概而论，应当按社会行为规范去进行社会交往，“义”当来往就来往，“义”不当来往就不来往。

二程说，人们都愿保持和谐的人际关系，但必须注意要使这种和谐建立在“义”的基础上。世人以为随俗就是和谐，其实不然，君子之道是和于义。只有以“义”为基础的和谐才是可贵的，而以“随俗”所形成的人与人关系的和谐是暂时的，甚至是

---

① 《粹言》卷二：“君子循理，故常泰；小人役于物，故多忧戚。”

② “圣人之志，止欲老者安之，朋友信之，少者怀之。”（《遗书》卷二）“老者安之，朋友信之，少者怀之，乃天道也。”（《外书》卷三）

③ 《遗书》卷十五。

④ 《外书》卷二。

⑤ 《遗书》卷十八。

⑥ 《遗书》卷二。

⑦ 《外书》卷二。

⑧ 《粹言》卷二：“君子有为于天下，惟义而已。不可则止，不苟为，亦无必为。”

错误的。

第二，以诚、敬、恭为社会交往的出发点。诚心是社会交往中必须操持的。如果人们能接物以诚，就是“诚人”了。不诚则无善行，不能成为君子。做事情不诚不仅会败事，而且违背自己的原则就是自欺其心，对他人不诚就是失信丧德。①

有了诚，然后能敬，能恭，就能保持人际关系的和谐。为人之道是提高修养，做到敬服有礼，在社会互动中尊敬人，使人心安；在社会治理中持守以民为重的恭敬原则，使社会安宁。恭敬之道是社会的大原则，如果社会中的每个人都能做到恭敬有礼，那么社会秩序就会安定，人们就能各得其所，安然自得，一团和气，各种代表吉祥的动物将重新出现在人间。② 可见，社会交往做得好，同样是能达到管理社会的效果的。

第三，在与人交往中，不可对人多疑。兵书上讲，疑人不用，用人不疑。社会交往也是如此，应待人不疑。狐疑是一种有害的心理状态，假使别人有心伤害我，怀疑并不能消除他的害人之心，不如证据确凿，早日防范；假如别人无心伤害我，你无端怀疑他，则既损伤自己的德行，又与人结怨，得不偿失。③ 因此，怀疑别人有百害而无一利，没有多疑之人可以成为君子的。

自北宋开始，经二程等人的提倡，《中庸》从《礼记》中提取出来，成为“四书”之一。中庸原则也成为重要的社会交往法则。二程认为，无论是处世还是社交，都必须遵守这个共同的原则。何为“中庸”呢？中庸就是为人处世不偏不倚，不违反常理常规。④ 二程要求人们按照社会规范，不该做的事不做，凡该做的事，有“一事不为”就不能满足，无论是自己的社会价值取向还是处事接物，都恰到好处，不走极端。一句话，就是要人们按照他们所制定的“天理”而处世。从调适社会秩序的角度去考察，二程的这种思想有其合理的一面，任何社会都必须有相应的生活秩序，并要求人们有相应的处世态度及行为方式，凡是与当时的社会生活秩序相矛盾的处世态度及行为方式，都属社会控制的对象。因此，二程的这一思想从一定意义上说是有社会通则性的。问题的关键在于由社会的哪个阶级使用它。

二程的社会思想体系适应了中国封建社会后期地主阶级治理社会的要求。后来二程的“洛学”与朱熹的“闽学”相结合，成为中国封建社会的统治思想。元代，程朱道学成为官方思想，到明代，程朱道学思想的统治地位更加稳固。正是因为二程的“天理”的内涵充分地体现了地主阶级的社会规范和社会价值取向，二程创立的道学在宋以后几百年中占据着官方思想的重要地位，在维护当时既定社会秩序的同时，也给下层民众造成了严重的苦难，窒息着中国社会变迁的进程，扼杀了无数新思想的萌芽。

---

① 《遗书》卷二十五：“不诚无以为善，不诚无以为君子。……为事不以诚，则事败；自谋不以诚，则是欺其心，而自弃其忠；与人不以诚，则是丧其德而增人之怨。”

② 《遗书》卷六：“圣人修己以敬，以安百姓，笃恭而天下平。惟上下一于恭敬，则天地自位，万物自育，气无不和，四灵何有不至？”

③ 《遗书》卷二十五：“待人有道，不疑而已。使夫人有心害我邪？虽疑不足以化其心；使夫人无心害我邪？疑则己德内损，人怨外生。”

④ “中则不偏，常则不易，惟中不足以尽之，故曰中庸。”（《遗书》卷十一）“中者只是不偏，偏则不是中；庸则只是常。犹言中者是大中也，庸者是定理也。定理者，天下不易之理也，是经也。”（《遗书》卷十五）

第三节 朱熹的社会思想

一、朱熹其人及三教合流

朱熹（1130—1200年），字元晦，后改为仲晦，号晦庵，南宋徽州婺源（今江西婺源）人，《宋史》卷四二九有传。他是一位博学的思想家，他的学派后人称之为“闽学”。

朱熹出身于“婺源著姓”，其父朱松曾做过校书郎、著作郎、度支员外郎、史馆校勘等官，他19岁中进士第，曾历任泉州同安主簿、知南康军、知漳州、知潭州、焕章阁待制、侍讲等官。在学术思想方面，他31岁时正式拜李侗为师。李侗的老师是罗从彦，罗从彦的老师是杨时，而杨时是二程的及门弟子。他通过李侗，全部继承了二程思想，并将其进一步系统化，成为二程“洛学”的集大成者。另一方面，朱熹又是佛教（特别是禅宗、华严宗）和道教精神的继承者。在宋代，一部分道学家排佛，一部分则醉心学佛，以和僧侣们谈学讲道为时髦，朱熹属于后者，他在崇安居住期间，就和崇安当地禅宗僧侣道谦、圆悟等来往密切①，故他是受佛学影响较深的。道家思想方面，他主要是从周敦颐、邵雍等人的学说中吸收来的。所以，朱熹的思想体系是儒、道、释融合的产物，而这种“三教合一”又是当时中国社会思想发展的必然结果。“三教合一”是包括朱熹在内，宋以后社会思想发展的具体语境结构。

隋唐时期，中国佛教和道教都已发展成熟，并都得到发展，尤其是佛教发展更快。而三教斗争也尤为激烈。中唐以后，韩愈提出道统说，力图以崇尚儒学而代替佛学与道教。韩愈的弟子李翱在崇儒的同时又吸收了佛学的某些思想，宋朝建立后，这种合流的趋势继续发展，赵匡胤当皇帝不久，就下令增修祠宇，塑绘“先圣、先贤、先儒”等像，亲自作《孔子赞》、《颜子赞》，并命大臣作其他各“赞”。在崇儒的同时，宋朝也崇佛、崇道，提倡三教兼容与合流。儒学方面，印行了《九经疏义》；佛学方面，雕印《大藏经》；道教方面修纂了《道藏》。宋真宗赵恒作《崇儒术论》，又作《崇释论》，说佛儒“迹异而道同”，“三教之设，其旨一也”。这自然也鼓舞了儒家思想家去援佛入儒，或援道入儒。到宋仁宗时，周敦颐所作《通书》和《太极图说》，就是以儒学为主体，吸收佛、道思想的产物，后来其学生二程更在三教合流方面前进了一大步，至南宋朱熹时以儒家为核心的三教合一工作最终完成。

当然，这种“三教合一”也是有其社会基础的。随着宋代高度集中的中央集权的君主专制制度的建立，统治者需要一种与现实社会相适应的思想理论，但是传统的儒

---

① 参见《崇安县志》卷十。

教思想除重视现实的政治和伦理问题之外，其思辨的浓度和高度都赶不上道家和佛学，不能回答中国社会现实生活中提出的重大理论性问题。宋代道学家们从佛学、道家思想中吸取养料，弥补了儒家思想的欠缺，构造出一个更为精致的理学思想体系，适应了时代的要求。

朱熹作为理学的集大成者，其在世时，由于政治上的党争，其“道学”曾被斥为“伪学”，一度门前冷落，其门生过门不入者有之，改投他师者有之，至使朱熹死后下葬，门生故旧到场者也寥寥无几。然而，由于其思想理论本身的成熟，在其政敌韩侂胄死后，“伪学”禁令就松弛下来，1209 年南宋政府为他平反，赐谥号为“文”，肯定其“集诸儒之粹”、“有功于斯文”，是“孟子以来不多有”的人物。后来又赠大中大夫，并特赠宝谟阁直学士，理宗宝庆三年赠太师，追封信国公，又改徽国公，1241 年朱熹与周、张、二程一起“从祀孔子庙庭”。此后，朱熹的道学一直被视为儒家“正统”，支配中国思想界达 600 年之久。他的《四书集注》成为明清两代政府指定的必读教科书，他对四书的注解成为科举考试的标准答案。那些“时君世主”们，从元初到清康熙，从曾国藩到蒋介石，都“来此取法”，以其作为治理社会的思想工具。因此，可以说，朱熹是宋以后中国社会中影响最深远的社会思想家之一。

朱熹的著作很多，主要有《四书集注》、《近思录》、《通鉴纲目》、《诗集传》、《楚辞集注》、《周易本义》、《太极图说解》及由他的门人辑录的《朱子语类》。此外还有其子朱在所编的《朱文公文集》及清代人李光地等所编的《朱子大全》等。

二、论“理一分殊”与社会规范

（一）“理一分殊”论

关于“理”的意义，朱熹继承了二程的思想，认为“理”是世界本原，是“天地万物之根”①。“理”生“气”，“气”生“物”，“物”又生“理”，这是朱熹学说的总体逻辑结构。他把“理”的学说应用于社会生活，解释现实社会时，对“理”进行社会性的解释，提出了一系列社会思想理论。

什么是“理”？对此，朱熹作了很多说明，但总的说来，理是先于事物，先于现实社会而存在的不可变易的规律。具体说来，包括这样几个方面：第一，理是先天、自然的，非人为的道理，“这个道理，是天生自然，不待安排，盖道理流行，无亏无欠，是天生自然如此”②。第二，理是万物自然运行的不可改变的规律，所谓“天下万物当然之则便是理”③，“天下事事物物皆知有个定理”④。第三，理先于事物而存

---

① 《朱子语类》卷九十四。
② 《朱子语类》卷四十。
③ 《朱子语类》卷一一七。
④ 《朱子语类》卷十四。

在，“理在事先”，“未有这事，先有这理。如未有君臣已先有君臣之理，未有父子已先有父子之理”[①]。这种思想是荒谬的，但这却正是朱熹理学的关键性命题。

在此基础上，朱熹提出了“理一分殊”的命题。该命题承认二程的思想，世界的万物都有一个本原。他曾举例说：世界中的物可分为三类，一类是“有血气知觉者”即相当于我们所说的包括人在内的各种动物；一类是“无血气知觉而但有生气者”，即相当于我们所说的草木之类的植物；还有一类是“生气已绝而但有形质臭味者”，即相当于瓦砾竹椅等没有生机的物体。他认为，这些东西类别不同，但反映的“理”是一致的。“理”就像一棵大树的根，世界上的各种事物就好像是这棵大树的枝、干、花、叶，虽然形态各异，但却都是从“理”这个根上派生出来的。[②] 这些差别都是天理流行的结果，故他说：“虽其形象变化，有万不同，然其为理一而已矣。”[③]

朱熹的“理一分殊”理论，表现于社会，这个“理”就是三纲五常的绝对法则，“分殊”则是各种社会现象。[④]“理”在社会中体现为三纲五常，这是朱熹社会思想的关键论题之一，在他的思想体系中占据重要的位置。因此，理体现为仁义礼智信，又规范着君臣、父子等社会关系，规范着人们的一言一行。[⑤] 这个天下之理把社会行为分为“是与非两端”，符合“是”的则为“善”，徇其“非”的则为“恶”。所谓“是”与“善”，就是社会规范及其奉行这些社会规范的行为。如对父母行孝，对君主尽忠，就是“是”和“善”，就是“天理”；否则就是违背天理。凡事都要按照天理进行理性选择，分辨出是非，这样才能产生正确的社会行为。[⑥]

朱熹认为在人们的社会生活中，“理”是无所不在的。各种社会关系及行为规范，虽然其内容与表现形式不尽相同，但都贯穿着同一个“大理”。[⑦] 只有这些规范、原则都得以实现，社会各成员的利益才能充分体现，各种社会关系才能达到和谐状态。具体言之，这个理想的和谐状态，就是在天理的规范下，各种社会角色履行正确的社会规范，如政府中君得以为君，臣得以为臣，君尊臣恭，相得益彰；家庭中父得以为父，子得以为子，父慈子孝；夫妻间各有分工，分主内外，等等。[⑧]

---

① 《朱子语类》卷九十五。

② 参见《朱子语类》卷七十五，“太极如一木生上，分而为枝干，又分而生花生叶，生生不穷”等语。

③ 《朱文正公文集》卷七十《读苏氏纪年》。

④ “宇宙之间，一理而已，天得之而为天，地得之而为地，而凡生于天地之间者，又各得之以为性，其张之为三纲，其纪之为五常，盖皆此理之流行，无所适而不在。”（《读大纪》，《朱文公文集》卷七）

⑤ 《朱子语类》卷十二：“举天下之事，莫不有理，臣之事君便有忠之理，子之事父便有孝之理……貌之动，便有恭之理；言之发，便有忠之理。”

⑥ 《朱子语类》卷十三：“事亲须是孝，不然则非事亲之道；事君须是忠，不然则非事君之道。凡事皆用审个是非，择其是而行之。圣人教人，谆谆不已，只是发明此理。”

⑦ 《朱子大全》卷十四《行宫便殿奏札》：“夫天下之事，莫不有理。为君臣者有君臣之理；为父子者有父子之理；为夫妇、为兄弟、为朋友，以至于出入、起居、应事、接物之际，亦莫不各有理焉。”

⑧ 《朱子语类》卷六十八：“物物有个分别，如君君、臣臣、父父、子子。至君得其所以为君，臣得其所以为臣，父得其所以为父，子得其所以为子，各得其利，便是和。若臣处君位，安得和乎？”“男正位乎外，女正位乎内，直是有内外之辨。君尊于上，臣恭于下，尊卑大小，截然不犯，似若不和之甚，然使之各得其宜，则其和也。”

基于上述思想，朱熹强调“定分”，即等级差别、社会规范，都是固定的不可改变的。由于这些东西出于天然，不是人力安排的，所以又称为“天分”。定分和天分都表示，人们扮演好社会角色，奉行现实社会所规定的社会规范，是天经地义的事。所以，“至吾儒须辨其定分。君臣、父子皆定分也”①。遵守这些定分，就能使社会关系和谐，就是“公”，就是“天理”。② 社会中的尊卑贵贱，“皆是当如此”的，违反了这些既定的规范，就必然造成社会的混乱。他举例说，君臣之间，君尊臣卑，地位分别严格，看似不和睦，不和谐，但是这里面有君臣的社会共识，因此符合天理。此外，天子、诸侯、大夫等所用的礼仪不同，也是因为共识认为理当如此，否则僭越了规则，就是失礼，便不和谐。③

既然一切天定，规则不可逾越和违反，那么留给人们的义务只有“惟分是安”，安分守己。朱熹举例说：按人们的本能都是喜欢美食而不喜欢吃野菜的，但是如果“定分”确定你不能享有美食，那就必须甘心于吃野菜，而不得有丝毫不满之情。只有这样才是合“理”的，也只有合“理”的行为，才能使社会和谐。而且他认为只有这样才能使各社会成员都得其利，得其宜。

可见，朱熹的“理一分殊”思想体现于社会生活之中，旨在说明现实的社会规范都是天理的体现，它是先于社会、先于现实的社会生活与行为规范的。人们遵行这些社会规范或“天分”，都是天理人伦之极。人们不折不扣地遵守它，才能使大家都受益，呈现和谐安定的社会生活状态。朱熹已经看到现实社会中尊卑大小之类的不平等问题，但他不是像北宋农民起义那样，要求“等贵贱，均贫富”，而是认为这种现象背后都有着合理的原因，是“理一分殊”的必然结果。理即是先于社会生活的，这种关系自然也是不可改变的，而且认为只有这样才能“各得其宜”，“各得其利”，才能达到社会关系真正的和谐与安定，这显然是为封建社会的既得利益阶级、集团制造理论依据，是保守的社会理论。

(二) 论社会规范

朱熹的“理一分殊”论，具体应用于社会伦理规范方面，就是“三纲五常”的学说。

三纲五常之说，起于董仲舒，但完成于朱熹。西汉时期，董仲舒相信天人感应，提出了“三纲五纪”之说，并做出天命论的解释，认为三纲的法源在上天，五纪也和阴阳五行相符合。朱熹发展天理说，也就把“三纲五常”与“天理”联结在一起，认为三纲、五常是天理之展开，是“天理”体现于社会规范的当然的产物，是永恒不变

① 《朱子语类》卷六十三。

② 《朱子语类》卷九十五：“天分即天理也。父安其父之分，子安其子之分，君安其君之分，臣安其臣之分，则安得私！”

③ 《朱子语类》卷二十二：“君臣之间，君尊臣卑，其分甚严，若以势观之，自是不和，然其实却是甘心为之，皆合于礼，而理自和矣，且天子舞八佾，诸侯六，大夫四，皆是当如此。……若诸侯僭天子，大夫僭诸侯，此便是失礼，失礼便不和。”

的协调社会关系的妙药。[①] 在这里，朱熹的“理一分殊”论便变异为社会生活秩序的伦理规范与行为规范了。

关于三纲，朱熹明确指出，“三纲者，君为臣纲，父为子纲，夫为妻纲”[②]，所谓“纲”，朱熹释为“网上大绳”[③]。三纲之中，朱熹认为“父为子纲”是基础，而与之相应的行为规范就是孝敬，“孝”就是子要对父母的意志绝对顺从，父母有过错，也只得“下气、怡色、柔声以谏”[④]，不能触怒父母。假如你的劝说触怒了父母，则须更加孝敬，等父母心情舒畅了，再加以劝谏，做到不辞辛苦，劳而不怨。如果父母仍不听劝谏，甚至怒而棍棒相加，子女也不能有丝毫怨恨，反倒是更加恭敬、孝敬。这才是做子女的本分。如果父母不听劝谏反而要杀子女，作为子女的也应毫无怨言。按照“父子相隐，直在其中”原则，子女隐瞒父母的罪责或过失，是符合天理人情的。在父母面前，子女唯一必须明确的是孝敬，社会规范中的是非、善恶的标准都可不予以考虑。

对父母行孝的延伸物是弟对兄之“悌”。并行孝与悌，是作为人子、人弟的行为规范，知孝而不知悌，不能称为仁者。所以，孝悌是中国人最重要的事情，在家庭中培养孝悌简单易行，能够养成一个人的仁爱之心。[⑤] 子、弟行孝悌是天的使命，如果人们忘却了孝悌，就是被私欲诱惑所致。[⑥] 由此可见，朱熹是把孝与悌作为维系“父为子纲”的行为规范来对待的。

三纲之中，朱熹认为“君为臣纲”当是其首，而与之相适应的行为规范就是“忠”。在古代社会，王权是父权的延伸与膨胀，一个人的孝悌之心与忠心能够做到情感上的通假，行为模式上的移用。[⑦] 按照朱熹的界定，所谓“忠”就是对君主尽心竭力，全心全意，没有隐瞒。在为君主谋事时，应该直截了当地说这事情可行与否，如果不行，应直接说这件事绝不可以，不能说这件事恐怕不可做，或者做也不妨。如果是后者的态度，“便是不尽忠”了。他认为，如果君待臣以礼，臣待君以忠，各自做好自己角色规定的内容，天下就会大治。

忠孝都是下对上的社会规范理念，“恕”是维持社会平衡，体现上对下的社会规范理念。由于等级秩序限定、规范着每个人社会活动，自然成为个人心理特征的一部分，所以恕道也就成为中国人的心理特征之一。这种心理反应为社会态度，不仅表现在上对下的方向，也体现在个体对待他人方面，即主对客的方面。每个人都以自己为主位，视互动中的他人为客位，主客之分就把平等关系模拟成了上下的关系。在这种

---

① “三纲五常，礼之大体，三代相继，皆因之而不能变。”（《论语章句》，“为政”第二）“盖三纲五常，天理民彝之大节，而治道之本根也。”（《朱文公文集》卷十四《戊申延和奏札》）

② 《论语集注》卷一、“为政”第二。

③ 《通书·乐上解》，见《周子全书》卷九。

④ 《朱子语类》卷二十七。

⑤ 《朱子语类》卷二十：“亲亲是第一事，故孝弟也者，其为仁之本欤!”

⑥ 《朱子四书或问·论语或问》卷一：“孝弟者，天之所以命我而不能不然之事也。但人为物诱而忘其所受乎天者，故于其不能不然者或忽焉。”

⑦ 《朱子语类》卷二十：“事亲孝，故忠可移于君；事兄弟，故顺可移于长。”

模拟的关系中，可以“推己及人”，“己所不欲，勿施于人”，可以“以己之心度人之心”[①]，这就是恕道。恕，一言以蔽之，就是理解、体谅他人，为他人着想。恕在社会互动中具有重要的地位，是预知他人行为，维持互动延续的重要社会态度。朱熹以吃饭举例，因为自己需要，便想到别人也是需要的，就让别人也吃，不费思量，就是恕。

在等级社会中，忠和恕是个体社会态度的两面，“尽己为忠，推己为恕”[②]。人们总是先在下对上的关系中体验、实践忠，然后才在上对下、主对客的关系中培养、展现恕，所以忠是养成恕的前提条件[③]，二者合一体现了仁的精神。可以说，先有服从，才有了理解，进而表现出仁爱。在朱熹看来，如果人们能操持忠与恕的行为规范，就堪称为仁人了。因此可以推知，“仁人”越多，“君为臣纲”的说教也就越得实行，社会秩序也就越加稳固。

对于“夫为妻纲”，朱熹也非常重视。这是因为有夫妇才有父子，然后才有君臣、朋友等其他社会关系，夫妻构成的家庭关系是人伦关系得以产生的基础。[④] 与此相适应的行为规范是“节”。朱熹非常赞同程颐的“饿死事极小，失节事极大”的说教，并极力付诸推行。他几次要地方上把当地孝子、顺孙、义夫、节妇的事迹予以申报，给予奖赏，并贬斥夫丧改嫁的做法。

古代社会歧视女性，这是中国古代社会思想的一大弊端，今日不能不注意。孔子有“唯女子与小人为难养”之说，《礼记》则明确地要女子做男人的附庸，要她们“在家从父，适人从夫，夫死从子”[⑤]，董仲舒规定丈夫的地位高于妻子，“夫为阳，妻为阴”[⑥]。但在宋代以前，夫死而其妻改嫁，并不受到社会歧视，范仲淹之母就曾改嫁，并不为人所诟病。而至二程、朱熹则认为女子理应从一而终，守节是“天地人心不易之理”[⑦]。这种节烈观念及行为规范确定之后，作为束缚中国妇女的一条绳索，在中国延续了700年之久，给中国妇女造成沉痛的灾难。

“三纲”及与之相适应的“孝悌”、“忠恕”、“节烈”等道德与行为规范，成为宋代以后社会最基本的社会规范，而这样的概括是朱熹在总结以前历代社会思想家的有关思想的基础上得出的。因此，它的确定标志着中国古代社会道德行为规范的定型化；它对于维系宋以后社会秩序的稳定是发挥了重要功能的。也正是因为这个原因，从社会发展的角度看，它是极为保守的。

朱熹不但宣扬“三纲”，还倡导“五常”，以之作为调适社会人与人、人与社会、社会与社会之间关系的准则。他认为，仁、义、礼、智、信五常的核心是仁。所谓

---

① 《中庸章句》第十三。

② 《朱子遗书·杂学辩》。

③ 《朱子语类》卷六十三：“忠恕两个离不得，方忠时未见得恕，及至恕时，忠行乎其间。施诸己而不愿，亦勿施诸人，非忠者不能也，故曰：无忠，做恕不出来。”

④ 《朱文公文集》卷一〇〇《劝女道还俗榜》：“人伦之大，夫妇居一，三纲之首，理不可废。”

⑤ 《礼记·本命》。

⑥ 《春秋繁露》卷十二《基义》。

⑦ 《朱文公文集》卷九十九《知南康榜文》。

“仁”，就是内在的爱心，“仁者，爱也”①，这个仁，是爱的意思，“仁是爱之理，爱是仁之用。未发时只唤作仁，仁却无形影，既发后唤作爱，爱却有形影”②。仁是一种道德情操，是内在的，它表现于社会，就是爱的行为，仁爱之心是天理的体现。③但是，儒家的仁爱并非无差别的兼爱，而是强调爱的差异性、差等性，首先表现为扮演好家庭中的基本角色，尽到孝悌，然后才是对上尽忠，对他人尽责等。④ 这里面贯彻的是儒家“亲亲”与“尊尊”的原则。

从爱有差等出发，朱熹认为，仁的意思里涵盖了义、礼、智、信。⑤ 他对义、礼、智、信也都作了界定，认为义是“事之宜”，即适宜社会生活的正当行为；礼是“天理之节文，人事之仪则”⑥，即礼是天理的体现，并且是被人们规定下来的行为规范；智“犹识”⑦，即对各项事物的识别，认识善恶是非的能力；信是“约信”，是“以实”⑧，即是诚实、信守社会契约。

仁、义、礼、智、信表现于行为又是什么呢？朱熹指出，仁是爱之理，其心理表现为恻隐；礼是敬之理，其心理表现为恭敬；义是适宜与否之理，其心理表现为羞恶；智是明辨之理，其心理表现为是非；信是实有之理，而心理表现为忠信。在朱熹看来，如果人们都能真正掌握了天理，恪守三纲，并拥有“五常”，人们在社会生活中，都能做到心恻隐、行恭敬、能羞恶、别是非、守忠信，就能“居处恭、执事敬、与人忠”，就能“事亲孝、事兄弟（悌）、及物恕”，就能“温然爱人利物”⑨。很显然，人们恪守这些儒家道德及行为规范的结果，就是社会的安定与和谐。这也正是朱熹“三纲五常”之说的最终目标之所在。

三、论人的性情

人性是在社会生活中形成的，故此现代社会学与行为科学都相当注意对这个问题的研究。中国古代的社会思想家们之所以都着力对这个问题加以研究，就是为了调适社会生活秩序。中国的人性论研究经过了近两千年的历程，至朱熹而几成定论。

朱熹崇信张载、二程的人性论，认为“天命之性”与“气质之性”之说最为严

---

① 《朱子语类》卷二十。

② 《朱子语类》卷二十。

③ 《朱子大全》卷六十七《仁说》：“天地以生物为心者也，而人、物之生又各得夫天地之心以为心者也。故语心之德，虽其总摄贯通无所不备，然一言以蔽之，则曰仁而已矣。……论人心之妙者，则曰仁人心也。”

④ 《朱子语类》卷二十：“道理都自仁里发出，首先是发出为爱，爱莫切于爱亲，其次便到弟（悌）其兄，又其次便到事君以及于他，皆从这里出。如水相似，爱是个源头，渐渐流出。”

⑤ 《朱子大全》卷六十七《论语或问说》：“仁也者，五常之首也，而包四者。”

⑥ 《论语集注》卷一，“学而”第一。

⑦ 《大学章句》经一章。

⑧ 《论语集注》卷一，“学而”第一。

⑨ 《朱子大全》卷六十七《仁说》。

密，说服力最强。[①] 他的基本观点如下：

(一) 关于天命之性

其一，天命之性是至善的。是“理”在人身上的体现，是人化了的“理”。天理先在，人性得之于天理，所以人性底子里是善的，堪称万物之灵。[②] 他认为，人自孩提时，就知爱其父母，等稍长之后就又知道尊敬兄长，这和饥则求食，渴则求饮一样，是天赋之知。人类所以不同于其他动物，就在于人有“仁义礼智等良知良能”。饥食渴饮之类，都与其他动物没有差别，所不同的就在于，人知道“五伦”、“五常”等天地之性，懂得“父子有亲，君臣有义，夫妇有别，长幼有序，朋友有信”。

其二，天理赋予的人性是普遍的，平等的，无差别的。所谓“性是天赋予人，只一同”[③]，“圣人亦人耳，是性之善无不同也”[④]，这是因为天理只有一个，体现同一天理的人性不可能是有差别的。即所谓“这理是天下的公共之理，人人都一般，不可道我是一般道理，人人又是一般道理”。朱熹所以作这种结论，是为了激励人们都去体认自己的天性，能够自励上进，做个圣贤人格。[⑤]

其三，天性之发就是合“理”之“情”。[⑥] 人是受“天地之中”而产生的，在其未受外界刺激之时，是“纯粹至善，万理具焉”的，这就是所谓“性”。人在接触社会之后，情感被逐渐培养出来，就表现出善恶的差别。人的天性含“仁义礼智”，发而为“恻隐、善恶、辞让、是非”之情，这四端是天命发于情的必然结果。他举例说，人们看到小孩掉进井里，受到这一情景的刺激，仁爱之理自然启动，恻隐之心顿生；人们从庙门、政府门前经过，触景生情，礼敬之理自然启动，恭敬之心油然而生。以此类推，这些人情的出现，就是由于本来人性中已经有了“各各分明，故外边所遇，随感而应”。他再用归纳的方法反推回去，主张从恻隐之心、羞恶之心、恭敬之心、是非之心，就能推知人性中必有仁、义、礼、智。人情不仅表现为“四端”，还发展为“七情”，所谓“喜怒哀乐，即情之发用处”[⑦]，同时七情也受到四端的支配，受到天理的制约。

由此可知，朱熹认为“性”是静的，而“情”是因物而感动的，情不能离开性而存在。如果人性没有内在法则的节制，物欲横流，自私自利而肆无忌惮，“则人欲炽盛而天理灭息”，必将给社会造成不良的后果。因此，朱熹认为只有和天理相一致的

---

① 《朱子语类》卷四：“孟子说性善，他只见得大本处，未说得气质之性细碎处。程子谓：‘论性不论气不备，论气不论性不明，二之则不是’。孟子只论性，不论气，便不全备……荀、杨、韩诸人虽是论性，其实只说得气。荀子只见得不好人底性便说做恶；杨子见半善半恶底人，便说善恶混，韩子见天下有许多般人，所以定为三品之说。就三子中，韩子说又较近。他以仁义礼智为性，以喜怒哀乐为情，只是中间过接处少个‘气’字。”

② 《孟子集注》卷十一《告子章句》上：“性者，人之所得于天之理也……此人之性所以无不善，而为万物之灵也。”

③ 《朱子语类》卷五十九。

④ 《孟子集注》卷十一《告子章句》上。

⑤ 《朱子语类》卷八：“圣贤禀性与常人同，既与常人一同，又安得不以圣贤为己任!”

⑥ 《朱子语类》卷五：“在天为命，禀于人为性，既发为情。”

⑦ 《朱子语类》卷九十五。

情才是社会所需要的。这样的人情其本来就是善心，是人之天性的表现形式。

（二）关于气禀之性

既然人的天性是善的，又如何解释现实社会中的所谓“恶”的行为呢？对此，朱熹继承了张载、二程的思想，认为这是气禀之性所致。[①] 人们天生就有仁义礼智之性，但由于气质之禀不同，从而使人们良好的天性不得表现。[②]

人的气禀不同是先天造成的。为了说明这一点，朱熹充分发挥了想象。他以磨盘作比喻来说明这个问题。磨盘为农业社会中粉碎谷物的工具之一，圆形，分上下两圆片，上动下静，谷物从上片中央的磨眼进入，随着上片的转动，磨碎了的谷物从两磨片之间均匀分布的缝隙中流出。上天造物与转动着的磨盘相似，人类万物也如面粉般有粗有细，各有不同。[③]

受到先天气禀不同的影响，人的生命形式丰富多样，贵贱死生、寿夭之命各有不同。获得精英之气的，就是圣贤人物，是得天理之全、之正的人；获得清明之气的，风貌英爽；获得敦厚之气的，便为人温和；获得清高之气的，便地位高贵；获得丰厚之气的，便家境富有；获得长久之气的，便长寿；获得衰颓薄浊之气的，就是愚蠢、不肖之人，或贫困，或下贱，或早夭。上天以气化人，只要生出一个人来，就有各种物件随他而来，装扮他的地位、人格等。[④] 所以，人的贫富、贵贱、寿夭等都是“有定数”的，而且是由出生时所禀气数给定下来的。现实社会中的一切无法以天理作解的不平等问题，都被他虚构的定命或气数一下子“解决”了。这种理论为人们提供了解释社会各类现象的方法，在宋代以后的中国社会中得到较为广泛的接受。

那么，人们不同的气禀又是由什么因素决定的呢？朱熹认为有两个主要因素，第一是天地之气，他说：“如天气清明舒豁，便是好底气，禀得这般气，岂不好？到阴沉黯淡时，便是不好底气，禀得这般气，如何会好？”[⑤] 如果碰上“好气”，是你的幸运，如碰上不好的气，就只好认命了。第二是父母之气。人所接受的是天地之气，但又是父母所生，天地之气是从父母身上传递过来的，父母之气决定子女之气。但实际上，也有很多父母贤而子女不肖，父母不肖而子女贤的例子，比如被奉为古代大圣人尧的儿子丹朱不肖；舜的父瞽叟就不肖，儿子商均也很坏。关于这一点，朱熹只好以“气偶然如此”所致做搪塞，说不出道理来了，甚至有时他直接说不知道。人们的富贵与贫贱是社会机会不同，或由人们在社会生产关系中的地位所决定的，人的社会价值观念及行为方式是在社会生活中形成的，朱熹用天地之气、父母之气解释现实社会

---

① 《朱子语类》卷四：“人之性皆善，然而有生下来善底，有生下来便恶底，此是气禀不同。”

② 《朱子大全》卷六十七《明道论性说》：“性命，形而上者也；气则形而下者也。形而上者一理浑然，无有不善；形而下者则纷纭杂糅，善恶有所分矣。”

③ 《朱子语类》卷一：“造化之运如磨，上面常转而不止，万物之生似磨中撒出，有粗有细，自是不齐。”

④ 《朱子语类》卷四：“都是天所命，禀得精英之气，便为圣为贤，便是得理之全，得理之正；禀得清明者，便英爽；禀得敦厚者，便温和；禀得清高者，便贵；禀得丰厚者，便富；禀得长久者，便寿；禀得衰颓薄浊者，便为愚不肖，为贫，为贱，为夭。天有那气，生一个人出来，便有许多物随他来。”

⑤ 《朱子语类》卷五十九。

中的种种差别，显然是错误的。

如何改变气禀呢？朱熹认为，只有等待救世主的出现。上天让聪明睿智、能尽其性的圣贤人物降临人世间，让他们作为整个社会的“君师”，教化、治理社会，使人复原天性，历史传说中的伏羲、神农、黄帝、尧舜就是这样的人。朱熹从改变气禀之性，使人们恢复善良的本性出发，推论出帝王是受天命而教导人们复其天性的人，这是在为现存的等级制度制造理论依据。

(三) 关于“人心”与“道心”

在朱熹的人性论中，还有关于人心、道心的理论，《古文尚书·大禹谟》篇说：“人心惟危，道心惟微，惟精惟一，允执厥中。”意思是说，人心是危殆不安的，道心是隐微难见的，必须精细地体察它们并专一地保持道心的行为，才能恰到好处，既无不足，也不过分。二程认为，这十六字是舜传给禹的，因此被称为“十六字真传”，实际上这是道学家的伪托，但朱熹对此深信无疑，誉之为“尧舜相传之道”。他认为，“心”与“性”、“理”是基本一致的，“理即是心，心即是理”，“心与理为一”[①]。心受天理的支配，其功能是以性为基础，产生人类的情感。[②] 同时，与性分“天地之性”、“气禀之性”一样，也可把心分为“道心”与“人心”。掌握天理，把持不放，义理明白，就是道心。放弃天理，任物欲支配人性，就是人心。

朱熹认为，所谓道心，是出于天理，得“性命之正”，禀受仁义礼智，因此道心是善的，是圣人所具有的，道心表现于人们的行为就是社会所要求的行为，如儒家念念不忘的恻隐、羞恶、是非、辞逊，君尊臣卑，父慈子孝等。

所谓人心，是出于人们的生理欲望，如饥饱寒暖之类，这就把人心和“人欲”画了等号。所以他说：“人心者，人欲也。”既然人心就是人欲，那么它就是圣人与凡人共有的，所以它并不是一概不好的，然而圣人对人心的态度是“不以人心为主，而以道心为主”[③]，是不被人心胜了道心的，圣人们所有的人心，只是和天理和道心相符合的那一部分。

综上所述，朱熹对人心与道心关系的观点是：（1）人心和道心是相去不远的，“自人心而收回便是道心，自道心而放出便是人心”[④]，人心与道心的变化是在转瞬间完成的。这与佛家所言“一念三千”，“放下屠刀，立地成佛”等理论都极为相似，不能说没有受到佛教的影响。（2）做人必须像圣人那样，摆正两者的关系，以“道心”主宰“人心”，以道心作为人心的准则，从而节制人心之中不合道心的那一部分。朱熹说：“道心则是义理之心，可以为人心之主宰，而人心据以为准者也。”“人心，只见那边利害情欲之私；道心，只见这边道理之公。有道心则人心为所节制。”[⑤] 当人

① 《朱子语类》卷十二。

② 《朱子大全》卷六十七《元亨利贞说》：“仁义礼智，性也；恻隐、羞恶，辞让，是非，情也；以仁爱，以义恶，以礼让，以智知者，心也。性者心之理也，情者心之用也，心者性情之主也。”

③ 《朱子语类》卷七十八。

④ 《朱子大全》卷三十九《答许顺之》。

⑤ 以上引文分别见《朱子语类》卷六十二、卷七十八。

们都以道心为主，而使人心听命于道心时，就是人们的天性得以体现之时，这样的社会也就成为天理流行的社会了。

四、论欲望

在欲望问题上，朱熹全面继承并发展了二程的理论。

（一）朱熹对人欲的界定

他认为人欲是人心的病态，是人们被物欲所蒙蔽的结果。人欲就是儒家常讲的“目之欲色，耳之欲声，口之欲味，鼻之欲臭，四肢之欲安逸”①，这些本来是人的正常生理机能，但是“只为嗜欲所迷，利害所逐，一齐昏了”②，就成了败坏社会的人欲。如果人们“不为物欲所昏”，则浑然与天理一体。

由于人欲是人们被物质的愿望和需求所蒙蔽、所迷惑而产生的邪恶念头，所以它是恶的。比如人的“残忍”、杀人放火等，都是人欲所造成的至恶行为，这即是违反恻隐、羞恶之心的行为。这些恶行，又都是人们在利益面前不能坚持天理而至于昏惑所致。

但朱熹并不认为一切欲望都是上述“人欲”的内容，这也是他对二程欲望论的修正或补充。他认为，人们为了基本生存而产生的欲望是正常的，如饥而欲食，渴而欲饮，都是合理的，正常的。但如果在此基础上，再有什么过分的奢望，就是私欲了，如嗜好美酒，贪财好色，追求安逸享受等。

人欲是如何产生的呢？他认为，　是由于“气禀”质量不高所致，二是由于对耳目鼻口之欲不加节制所致，三是由于人对“礼”的态度不正确所致。③

（二）论人欲对社会生活的危害

朱熹认为，人欲必然破坏社会生活，小而言之足以伤恩害义，大而言之则足以颠覆社会。④ 伤恩害义，如人欲对父子关系的破坏。一个人之所以有身体，是受父母的养育之恩，天性使然，“虎毒不食子”，虽是性格冷酷的人，见到自己的儿子也格外怜爱，而儿子虽在襁褓之中，见其父母也知道高兴。朱熹认为，这都不是有意识的，而是由于天性规定了代际的亲情。然而，如果这个人被物欲所困惑，就会忘记父慈子孝的伦常。更有甚者，如果再受到奸佞小人的教唆、挑拨，父子行为失常，关系失和，猜疑不已，终将导致“父子之情坏而祸乱作”的恶果。可见，父子关系的严重失调，其祸根就是人欲。朱熹为调适父子关系设计了一个方案：在闲暇之时，或半夜，或读书的时候，或静坐的时候，放下物欲利害，敞开心扉，默观本心。只要恢复了“本

---

① 《朱子大全》卷十五《经筵讲义·大学》。

② 《朱子语类》卷八。

③ 参见《朱子语类》卷四十一。

④ 《朱子大全》卷十二《甲寅拟上封事》：“人心本明，天理素具，但为物欲所昏，利害所蔽，故小则伤恩害义而不可开，大则灭天乱伦而不可救。”

心”，父子关系就会恢复和谐了。[①] 在朱熹看来，和与乱就在人的一念之间，这里又可验证其所谓“十六字真传”的正确性了。这是朱熹思想受佛教教义影响的表现。

（三）论人欲与天理的区别

朱熹认为，天理与人欲常表现在同一件事或同一种行为上，因此两者之间的区别极其细微，也没有非常明确的界限。[②] 他举了不少例子说明理与欲的区分。如夏穿单，冬穿棉，渴饮饥食，是理所当然，但追求衣着华美，饮食精美，便是欲。一件事情，被社会确认为正确的，就是合天理，被社会确认为错误的就是人欲。拿最常见的视听言动等行为来说，非礼勿视听言动，就是天理，非礼而视听言动，便是人欲。小到或坐或立，如果人们坐得端端正正，立得恭恭敬敬，这就是“天理”；如果坐得随随便便，立得歪歪斜斜，那就是“人欲”了。朱熹将这种情况称之为“同事异行”。又比如，同样是享受歌舞娱乐，舞八佾于庭，对周天子来说，就是天理，对诸侯来说，就是人欲。朱熹将这种情况称之为“同行异情”。总之，理与欲的区别都是相对而言的，并无一定的客观标准，其严格的区分，只在人们的“一念之间”。[③]

（四）论义与利的关系

义与利的关系问题是和天理、人欲问题直接相关的。朱熹认为，“义”的意思是“天理之所宜”[④]，是“心之制，事之宜”[⑤]，它是人心中固有的东西，呈现在君子的言行中；而利是“人情之所欲”，是“人欲之私”，是只属于小人的。

在朱熹看来，现实社会中唯利是图的“小人”实在太多了。公元 1191 年，陆九渊到南康，请朱熹为其兄陆九龄作墓志铭，朱熹请他到白鹿洞书院讲学，他以孔子“君子喻于义、小人喻于利”为讲题，并结合现实社会问题而发论，痛批读书人置兴国安邦于脑后，只为升官发财。据说听众中有感动而落泪者，朱熹对陆九渊这种对现实社会的评判非常满意，认为这是“切中学者深微隐痼之病”的，并特意请他笔录下来。[⑥]

朱熹认为，社会中那些只计较利害，被利欲所俘虏的“小人”，都是不通事理的，他们如此做法，实际所得到的只能是害，因为“利是那义里生出来底，凡事处制的合宜，利便随之而来”[⑦]。在现实生活中，义和利的关系是复杂的，既有义生利，也有利生义，要看具体的社会环境。朱熹只强调一点，强调社会规范对于人生幸福的重要

---

① 《朱子大全》卷十二《甲寅拟上封事》：“试于暇时或中夜或于观书之际，或于静坐之顷，捐去物欲之私，尽祛利害之蔽，默观此心之本，然则父子间固未尝不慈且孝也。”

② 《朱子语类》卷十三：“天理人欲，几微之间”。“天理人欲，无硬定底界，至是两者分上功夫，这边功夫多，那边不到，反过来，若这边功夫少，那边必侵过来。”

③ 《朱子大全》卷十四《戊申延和奏札五》：“是以虽以一念之顷，而公私、邪正、是非、得失之几，未尝不朋分角立而交战于其中。”

④ 《论语集注》卷二《里仁》第四。

⑤ 《孟子集注》卷一《梁惠王章句上》。

⑥ 《朱文公文集》卷八十一《跋金谿陆主簿书堂讲义后》。

⑦ 《朱子语类》卷六十八。

性，没有论及这些规范所以建立的社会互动和物质前提等。因为他认为社会规范都体现既定的天理，是不可以更改的。在此基础上，他进而认为，利是隐藏在义之中的，只要循天理，不用求利必然得利；如果放纵人欲，非但求利不得，而且还会害了自己，成了人欲的牺牲品。因此，他鼓励人们都做唯义是从的“君子”。只要处事得当，义在其中，好运不求自来。但是生活的现实恰好相反，世间多“小人”，他们斤斤计较于利，一丝一毫也不放过，结果为利欲之心所害。①

因此，义利问题也是一个对社会运行机制有重大影响的问题，所谓“其心有义利之殊，而其效有兴亡之异”。所以，朱熹倡导做人务必要把天理人欲、义利公私辨别得明白。在这一点上，他对同时代陈亮、叶适等人的功利主义思想尤为愤恨，批评他们的思想倾向违背了“正其义不谋其利，明其道不计其功”的《春秋》大法，其学说流布，造成了很坏的社会影响。朱熹对社会上流行功利主义思想忧心忡忡，认为这种思想主张王霸并用，义利双行，误导社会，极为可怕。若这种思想得以流行，将会造成日后社会生活运行机制的失控。所以他在讲学之中，屡屡攻击陈亮的学说，说他“心地不清和”，“议论却乖”，又说陈亮读历史所领会的全是些“劫盗底道理”，骂陈亮掉到“利欲胶漆盆中”去了。② 由此可见朱熹对义利关系问题的态度和敏感程度。

（五）论“存天理，灭人欲”

既然人欲与利都是违反天理的，而天理又是神圣不可移易的，那么要调适社会生活的运行机制，维护正常的社会秩序，就只有“存天理，灭人欲”了。

朱熹认为，由于有了人欲，利令智昏，才使人所固有的天理受到蒙蔽，不能发挥作用，从而造成社会行为的不轨。③ 所以，人欲与天理是不共戴天的。“天理存，则人欲亡；人欲胜，则天理灭”，两者之间没有丝毫调和的余地。人们只要能克得一分人欲，就能复得一分天理，天理方面用的功夫少了，便在人性中添了一分人欲。他举例说：让人们都存天理灭人欲，就像要唤醒睡着的人一样，“人若醒时，耳目聪明，应事接物，自然无差错处，若被私欲引去，便一似睡着相似”④，因此必须唤醒他。这里，朱熹把一切罪恶的起源都归咎于人们的肉体或物欲，而要求训练精神，以摆脱物质欲望的束缚。朱熹认为，当人欲净尽之日，也是天理流行之时，而到这种境界之后，天所赋予人们的至善本性就得到发扬光大，人也就能超凡而入圣了。所以，他认为如何使人们存天理，灭人欲，是历代圣贤的各种说教的最终目的。⑤

那么，如何灭人欲呢？朱熹提出几种方案：

其一，求仁而灭欲。仁是天理的体现，为人不仁就是灭天理而遂人欲，而求仁的过程就是明理的一种途径。求仁之要，就是要“去其所以害仁者”。比如，非礼而视

---

① 《朱子语类》卷二十七：“小人只理会下一截利，更不理会上一截义……只管计较利，虽丝毫底利也自理会得。”

② 以上均见《朱子语类》卷一二三。

③ 《朱子大全》卷六十七《观过说》：“人之所以有过，皆是随其所偏……一有所过，无非人欲之私。”

④ 《朱子语类》卷一一四。

⑤ 《朱子语类》卷十二：“圣贤千言万语，只是教人明天理，灭人欲。”

听言动，都是以人欲害仁，既然如此，就应该“拔其本，塞其源，克之克之而又克之，以至于一旦豁然欲尽而理纯”[①]，达到仁至欲灭的纯粹理性境界。

其二，复礼以灭欲。礼是被社会用各种契约形式规定下来的社会规范。在朱熹看来，礼也是仁的一种外在表现形式。从天理的角度审视，礼与仁又都是天理的表现形式。[②] 所以，“克己复礼”就成为存天理，灭人欲的途径了。

且看朱熹对“克己复礼”的解释：克就是胜的意思，己就是个人的私欲，复就是返回，礼就是天理的条理化。[③] 人在克己复礼的过程中，已经占有个人习性的嗜欲不愿退却，而与礼仪交战，最后礼仪战胜了嗜欲，使人的社会行为完全符合礼的标准。[④] 做到了复归于礼，就是返回到了天理。所以，“己”与“礼”的关系，同于天理与人欲的关系，两者是同样不可调和的[⑤]，“克去己私，便是天理”了。

克己复礼的过程和存理灭欲一样，类似于剥百合。剥百合必须一层层地剥去瓣儿，才能见到核心。克己复礼也是要慢慢去除一重又一重的人欲，使礼仪亲近人性，使个人蒙受天理。去得一分人欲，就见得一分天理，所去人欲越多，所见天理也就越多。[⑥] 由此可知，朱熹的“克己复礼”，既是“存天理灭人欲”的别称，又是存天理灭人欲的一种途径。

其三，持敬以去欲。“敬”是春秋时期开始提倡的一种道德规范，《左传》中即说：“孝敬忠信为吉德。”[⑦] 后来孔子有“执事敬”[⑧] 的说法，即要人们办事严肃认真，又有“修己以敬”[⑨] 的倡导，即要人们修养自己，保持严肃恭敬的态度。到了宋朝，二程又特别把“敬”字抬出来，作为一种修养的功夫。朱熹承二程之后，把“敬”看得更重，他把敬视为“圣门第一义”、“圣门纲领”、“入德之门”、“立脚之处”、“穷理之本”、“万事之本根”等。敬在心态上表现出敬畏，谨小慎微，小心谨慎等。一个人在做任何事情时，都能收拾精神，专心致志，就是做到了持“敬”。总起来说，敬就是小心谨慎，战战兢兢地按天理所规范的道德和行为准则去看待问题，去选择行为。

在做人做事的时候，“持敬”而态度恭敬，尊重他人，遵守社会规范，就会取得人欲自消、邪妄自破的效果[⑩]，所以“持敬”是去欲的又一种好方法。按照朱熹的解

---

① 《朱文正公文集》卷七十七《克斋记》。

② 《论语或问》卷十二《朱子四书或问》：“礼即天之理也，非礼则己之私也”，“礼者，理也，亦言礼之属乎天理，以对己之属乎人欲。”

③ 《论语集注》卷六《颜渊》第十二：“克，胜也；己，谓身之私欲也；复，反也；礼者，天理之节文也。”

④ 《论语或问》卷十二《朱子四书或问》：“克，胜也；己，身也，身有嗜欲，当以礼仪齐之，嗜欲与礼仪战，使礼仪胜其嗜欲，身得复归于礼。”

⑤ 《论语或问》卷十二《朱子四书或问》：“己者，人欲之私也，礼者，天理之公也，一心之中，二者不容并立，而其相去之间……出乎此，则入乎彼；出于彼，则入于此矣。”

⑥ 《朱子语类》卷四十一。

⑦ 《左传·文公十八年》。

⑧ 《论语·子路》。

⑨ 《论语·宪问》。

⑩ 《朱文公文集》卷四十一：“圣门之学，别无要妙，彻头彻尾，只是个敬字而已。……若能持敬以究理，则天理自明，人欲自消，而彼之邪妄将不攻而自破矣。”

释，持敬简单易行，就是时刻保持仪容整齐，严肃认真，行为谨慎，表里如一。[①] 在心理状态上，“持敬”就如程颐的门人谢良佐所说，是“常惺惺法”，即时常处于自我警觉之中的方法；又像尹淳所说，是使人“收敛其心，不容一物”。他认为，人们如果都能按“敬”的要求做到“庄整齐肃”，其心专一于循规蹈矩而无邪念，长此以往，就能使“天理明”了。[②] 所以，他认为“持敬”是去人欲的又一种尚好的途径。

其四，加强内心修养以去欲。朱熹认为，人本来是具有仁义之心的，但他受到物欲的损害，就像根本没有仁义之心一样，到其夜间休息，不与外物接触之时，清气稍稍出现，仁义良心就会显露一些。至于那些连夜间休息之时气也不清的人，便与禽兽相去不远了。因此，人们应当在白天做事情其气不清时，自己下功夫去吐浊纳新，以求清心寡欲，克己复礼，常存仁义之心，不要等到夜间不与外物接触时再用功。如果坚持这样做，日常行为就不会有问题了。这里朱熹所说的是一种类似于气功方法的自我修养之道，在思路上和“心学”家所谓“破心中贼”是一致的。关于朱熹的个人修养理论，将在下文评论。

朱熹的“存天理，灭人欲”思想明显地受到道家和佛教思想影响。道家是主张寡欲的，这在本书有关章节已有详论。佛教是主张禁欲的。东汉时译出的《四十二章经》就曾提出“断欲”问题，三国时译出的《六度集经》则把色、声、香、味等称为“妖”，把人们的欲望称为“贼”。后来被中国化了的佛教（如禅宗）也无不主张禁欲。因而，在二程及朱熹的“存天理，灭人欲”的命题及其设计的灭人欲的途径中，就不是单纯地概括孔子的“克己复礼”思想，而是还吸收了道家的思想与佛教的有关欲望的理论。朱熹本人也时常论及自己的欲望论与释道的异同。他说：“佛老不可谓之有私欲，只是他元（原）无这礼，克己私了，却空荡荡地，他是见得这理元（原）不是当。克己了，无归着处。”又说：“佛氏之学，超出世故，无足以累其心，不可谓之有私意；然只见他空底，不见实理，所以都无规矩准绳”，“释氏之学，只是克己，更无复礼工夫”[③]。可见，程朱理学的欲望论与佛、道两家的相同点是克己，是去欲，所不同之处只在于理学家的欲望论是灭欲而“明理”、“复礼”，是有“规矩准绳”的，佛、道却没有这层意思，而在这一点上理学家继承和发扬了儒家社会思想的核心价值观，所以说理学虽是三教合流的产物，但其自称为儒家也是很自然的。

五、论个人修养

朱熹关于个人修养的思想，是对其社会规范思想、人性论、欲望论的延伸。

（一）论个人修养的重要性

《礼记》之《中庸》篇中有关于“中和”的理论，认为人的正常情感是这样一种

---

① 《朱文公文集》卷四十五《答杨子直》：“持敬之说，不必多言，但熟味整齐严肃，严威俨格，动容貌，整思虑，正衣冠，尊瞻视，此等数语，而实加功焉……身心严然，表里如一矣。”

② 《朱文公文集》卷十五《经筵讲义》。

③ 以上均见《朱子语类》卷四十一。

状态：喜怒哀乐等情感没有萌动的时候，内蕴胸中，不偏不倚，无过不及，这是中；当发动起来，表现于一言一行、一举一动时，克制而有规矩，符合礼的要求，这是和。人能调理喜怒哀乐等情感达到中和的状态，将进而稳定社会秩序，给他人带来幸福，促进社会发展。[①] 情感未萌动，不偏不倚，无过不及状态称为“未发之中”，体察“未发之中”的过程，就是个人修养的内容。宋代的许多道学家都很注意这个问题。杨时把它传授给李侗，李侗又把它传授给朱熹。到朱熹那里，这种体察的理论已变得成熟了，目标也随之调向“去人欲”。朱熹为此提出一套烦琐的内心修养方法，所谓“持守”、“存养”、“克治”之类均是，要人们做到“纤微处尤要密察”[②]，当内心萌发一种念头时，就要去考察是属天理还是属人欲。即使是喝一杯茶，也要先分清是天理还是人欲，自己内心经常保持警醒状态。这个过程要求人们暂时从喧嚣的社会中超脱出来，紧紧关闭心扉之门，在自己身上仔细地努力地体认，一有私欲，立即加以克制。[③] 久而久之，情感保持在“中和”的境界，人就成为完全合乎社会要求的人了。如果人们不注重个人修养，被物欲所诱惑，达不到“中和”，虽不能破坏天理流行，但在这样的人身上，已看不到天理的影子。[④] 所以，明智的君子才深知必须不断加强自我修养，做到“中和在我，天人无间”，使社会秩序协调，社会运行改善。

（二）论个人修养的方法

如何进行自我修养呢？朱熹提出如下方案：

其一，于日常生活中体察自己的道德，自觉做到“至道至德”。何为道德？朱熹认为，道德就是个人所掌握的社会共识。[⑤] 具体地说，这种社会共识包括父慈子孝、君仁臣忠等古今共有的公共道理。[⑥] 很明白，“道”就是社会价值和社会规范，“德”就是自己掌握和奉行符合“道”的社会价值和社会规范。他强调日常生活中体认道德，就是倡导人们努力自觉地遵守符合“道”的社会价值和社会规范，并认为人们如能在日常生活的“事亲事长，饮食起居”之中身体力行，就不会受气禀、物欲的蒙蔽了。

其二，以“诚意”防止自欺欺人的心理与行为。朱熹认为，人们要解决口是心非、表里不一等“自欺”的问题，使之表里如一，最好的方案是有“诚意”。人们如果能做到诚其意，就能禁止自欺现象，从而做到内心好善，表里都表现为善，在行为上没有一丝一毫违反内心的意愿；内心厌恶丑恶，也表里如一，在行为上没有一丝一毫的违反。无论行为表现是好善还是恶恶，内心都没有丝毫抵触或矛盾的情绪，就能

---

① 《礼记·中庸》：“喜怒哀乐之未发谓之中，发而皆中节谓之和。致中和，天地位焉，万物育焉。”

② 《朱子语类》卷十三。

③ 《朱子语类》卷四十一：“大率克己功夫，是自著力做底事，与他人殊不相干，紧紧闭门，自然身上子（仔）细体认，觉得才有私意便克去。”

④ 《朱子大全》卷六十七《中庸首章说》：“人为物诱而不能自定，则大本有所不立，发而或不中节，则达道有所不行。大本不立，达道不行，则虽天理流行未尝间断，而其在我者或几乎息矣。”

⑤ 《朱子语类》卷六：“道者，人之所共由，德者，己之所独得。”

⑥ 《朱子语类》卷十三：“道者，古今共由之理，如父之慈，子之孝，君仁臣忠，是一个公共底道理。德便是得此道于身，则为君必仁，为臣必忠之类，皆是自有得于己。”

使人们从灵魂深处甘心情愿地、不折不扣地奉行天理和社会规范。

其三，以“敬义夹持”而达到“中和”。关于敬和义，已见前述。朱熹认为，敬和义相结合而成一整体就是中和的状态。这是因为，有敬的修养在内，制约情绪，做到情感未萌之时不偏不倚，中道公正，这就是有了良好的前提；及其表现于社会性行为之时，又有“义”作为准则，使喜怒哀乐及其他行为均符合社会价值与社会规范的要求，就是达到了和谐。只要内有“敬”的修养，外有“义”的规范，天理就和每个人的价值观和行为融为一体，这样的社会就是他理想中的“中和”社会了。①

其四，格物致知。格物致知是理学家设计的让人们体认天理的功夫，也是个人修养的方法，其目的在去欲。二程即竭力提倡“格物致知”，朱熹则更为注重它。他论及“格物致知”之处甚多，并形成了一套完整的理论体系。

格物本是探究自然现象和社会现象发生、发展的道理，朱熹的语言即“穷尽事物之理”，但格物的目的，“只是就事物上求个当然之则”②，即体认出自己对待各种社会事物必须持什么社会价值观及行为规范，并且“真见得决定是如此”的。格物在这里就转化成一种修养的功夫了。那么，这些当然之则是什么呢？朱熹举例说，“若臣之忠，臣自是当忠；子之孝，子自是当孝”③，经格物的修养，使自己“真见得子决定是合当孝，臣决定是合当忠，决定如此做始得”④。既然是一种修养的功夫，就有了度的限定。朱熹认为，如果只是“穷得两分，便未是格物，须是穷尽到得十分，方是格物”⑤，一定要把自己与某个现象间的所有关系搞明白，明确自己的价值观与行为规范，才算是格物成功。

格物能达到这种程度，也就可谓之“致知”了。朱熹解释“致知”就是极力提高自己的认知能力。⑥ 认知能力是人们本来就拥有的，但往往做不到“无所不知”，而致知的目的就是要发现个人适应社会生活的真知灼见。因此，致知的目标不尽是自然现象或社会现象得以发生的道理，更重要的是发现社会行为的价值合理性。它是以发现社会行为的终极社会价值为取向的。⑦ 同格物一样，社会认知能力的提高也应做到彻底、全面，无所不知。人们如能获得格物致知的修养，就成贤成圣了，个体社会化就成功了。

就“致知”与“格物”的关系而言，“致知”就必须“格物”，即所谓“致知在格物”。朱熹认为，二者作为一个行为连续系统的两个阶段，只是相对而言的，穷尽的

① 《朱子大全》卷六十七《中庸首章说》：“敬义夹持，涵养省察，无时不用其戒慎恐惧，是以当其未发而品节已具，随所发用而本体卓然，以至寂然感通，无少间断，则中和在我，天人无间而天地之所以位，万物之所以育，其不外是矣。”

② 《朱子语类》卷一〇〇。

③ 《朱子语类》卷一二〇。

④ 《朱子语类》卷十五。

⑤ 同上。

⑥ 《大学章句》经一章：“致，推极也；知，犹识也，推极吾之知识，欲其所知无不尽也。”

⑦ 《大学或问》卷二：“致知之要，当知善之所在，如父止于慈，子止于孝之类。”

道理越多，获得的知识就越多。[①] 很明显，格物致知就是人们努力体认事物“当然之则”（即天理）的过程，如果格物是“取”，那么致知就是“得”。人们通过格物，得到了这个“当然之则”，所以格物与致知是一个问题的两个方面。

朱熹认为，人们具有格物致知的修养，知道“善之所在”，“止于至善”，对治理社会是有重要功能的。具备了这种修养的人，由格物而“致知”，由致知而“知止”，由“知止”而有“定理”，能够把握社会规范和行为标准，价值观明确，心有定见，遇事冷静，处变不惊，从容不迫，在处事接物之中随事观理，鉴来知往，谋划缜密，知当为或当止而无过或不及。[②] 在朱熹看来这是一个良性的循环机制，它对社会秩序良性运行是甚为重要的，而这个循环机制的关键即在于格物。这是儒家式的个体主义的社会管理模式，它的关键在于整个社会形成践行格物致知的氛围。

格物致知的功夫，在道学中有“渐修”和“顿悟”两种观点。所谓“渐修”，就是认为需经长期的个人修为才能成功；所谓“顿悟”，就是认为在刹那间突然领悟而成贤成圣。而这两种观点都源自佛学。理学家中不乏顿悟的例子，程颐向往“言下即悟”的境界，杨简自称他听了陆九渊的几句话后忽然“省悟”了。[③] 朱熹则多次抨击顿悟之说，主张人们的道德修养作为一种行为习惯，只能靠持之以恒，日积月累，逐步地完成。在他看来，人们在生活当中本来没有自觉、理性的习惯，都是照章办事，不求甚解，只有学了儒家的格物致知之后，才明白时时处处都有个道理，人也应该主动地去弄个明白，如果一与事物接触就能够万法皆通，顿悟成圣，未免也太容易了，这不现实。[④] 此外，无论是自然界或是社会，任何现象都受到定律的支配。顿悟对于一事一物或许可能，而对于纷纭复杂的自然现象和社会现象，做到无事不晓，无事不通，那是不可能的。因此，追求知识的道路是漫长的，“一书不读，则阙了一书道理；一事不穷，则阙了一事道理；一物不格，则阙了一物道理”，必须“逐一件与他理会过”[⑤]。

需要认识的道理比比皆是，人们必须分出先后缓急。相对于自然现象而言，社会现象更为重要。[⑥] 格物至先、至急的是“穷天理、明人伦、讲圣言、通世故”。在这些没有搞清楚之前，去研究自然现象，或者物质生产等技术，根本算不上什么学问。

---

① 《朱子语类》卷十八：“格物致知，彼我相对而言耳，格物所以致知，于这一物上穷得一分之理，即我之知亦得一分，于物之理穷二分，即我之亦知得二分，于物之理穷得愈多，则我之知愈广。……盖致知便在格物中，非格之外别有致处也。”

② 《朱子大全》卷十五《经筵讲义·大学》：“格物知至而于天下之事皆有以知其至善之所在，是则吾所不当止之地也，能知所止，则方寸之间，事事物物皆有定理矣；理既定则无以动其心而能静矣；心既静则无所择于地而能安矣；能安则日用之间从容闲暇，事至物来，有以揆之而能虑矣；能虑则随事观理，极深研几，天不各得其所止之地而后止也。”

③ 《象山集》卷三十二《谥议》。

④ 《朱文正公文集》卷四十四《答江德功》：“人莫不与物接，但或徒接而不求其理，或粗求而不究其极，是以虽与物接，而不能知其理之所以然与其所当然也。今曰一与物接而理无不穷，则亦太轻易矣。”

⑤ 《朱子语类》卷十五。

⑥ 《朱文正公文集》卷三十九《答陈齐仲》：“然其格之也，亦须有缓急先后之序，岂遽以为存心于一草木器用之间而忽然悬悟也哉！且如今为此学而不穷天理，明人伦，讲圣言，能世故，乃兀然于一草木，一器用之间，此是何学问！如此而望有所得，是炊沙而欲其成饭也。”

这种观点类似于现代科学伦理，要求自然科学家应具备人文社会科学常识，明白科学的社会价值。但是，过分强调伦理道德的重要性，就会误导人们忽视自然科学、技术。从根本上讲，朱熹的格物是要人们重视社会生活秩序方面的问题，优化社会管理，使之保持正常的运行机制，而对今天所谓自然科学的研究，采取的是藐视态度。回顾历史，中国传统文化中一贯轻视自然科学的劣根性，在朱熹那里体现得尤为明显，并且具有代表性。明清时期儒学以程朱为正宗，轻视自然科学的观念在士人中更为牢固。所以明清以后中国科技发展逐步落后，程朱理学应承担重要责任。

同时，朱熹认为，即使是对这些先急者，也要渐修，由近及远，由粗至精。要一步一个脚印，踏踏实实，由浅入深地领会事物的当然之则，逐渐扩大战果。[①] "今只是要理会道理，若理会得一分，便有一分受用；理会得二分，便有二分受用；理会得一寸便是一寸，一尺便是一尺，渐渐理会去便多"[②]，积累得多了，领悟得深了，就体会到事物之理了。最重要的是"千头万绪都理会"，融会贯通，达到"知理本一贯"[③] 的境界。这个时候，其格物致知的修养功夫就可谓炉火纯青了。

（三）论个人修养与社会治理的关系

社会生活秩序的协调是朱熹社会思想的最终目的，但他从儒家的思想模式出发，认为社会治理的前提是人人都有良好的修养。[④] 宋以后的儒家极为重视《礼记·大学》篇的精神，并就此单独成书，主张个人应积极参与社会事务，发挥建设作用，先修身，然后齐家治国平天下。道学家认为，这就是儒家式的"外王"，其基础则是内圣，即加强个人的道德修养。朱熹接受这一思想，提出了"修身为本"的观点[⑤]，主张任何一个社会成员自觉承担社会责任与义务，提高自身的道德素养，是家齐国治天下平的根本[⑥]。

当然，"修身"也是有层次的。由于行为的主宰是人的思想意识，所以修身要先正心，树立正确的价值观。正心的前提是端正态度，即"欲正心者必先有以诚其意"，正心又是以诚意为前提的。而诚意就必须明白"天理"的重要性，不能受私欲的干扰，勉强为之，所以"欲诚意者必先有以致其知"，而"致知之道在乎即事观理以格夫物"[⑦]。可见，治理社会的根本在于个人修养，个人修养的根本还是格物致知。人们能做到格物致知，就一定能拥有良好的修养，人人都有良好的修养，社会秩序就必

---

① 《朱子语类》卷十八："今日既格得一物，明日又格得一物，工夫更不住地做，如左脚进得一步，右脚又进得一步，左脚又进，持续不已。"

② 《朱子语类》卷九。

③ 《朱子语类》卷十七。

④ 《朱子大全》卷十五《经筵讲义·大学》："以身对天下国家而言，则身为本而天下国家为末。"

⑤ 《朱子大全》卷十三《癸未垂拱奏札》："《大学》之道，自天子以至于庶人，一是皆以修身为本，而家之所以齐，国之所以治，天下之所以平，莫不由是出焉。"

⑥ 《朱子大全》卷十五《经筵讲义·大学》："天下之本在国，故欲平天下者必先有以治其国；国之本在家，故欲治国者必先有以齐其家；家之本在身，故欲齐其家者必先有以修其身。"

⑦ 《朱子大全》卷十五《经筵讲义·大学》。

然和谐而完美。[①]

至此，朱熹的社会思想完成了一个由天理而社会规范，到由格物致知而修身，再到由修身而治理社会，再到由天理而社会规范的一个循环往复的逻辑过程，这个循环的实质则可以表达为：先承认现实社会的价值观与规范是合理的，因而要求人们必须修养自己以合乎这些社会价值观与规范，在人们的思想和行为完全同化于社会价值观与规范之时，和谐完美的社会生活秩序就出现了。这一切都是"天理"的体现，而天理则是社会统治阶级所推崇的社会主导性价值系统。因此，其无疑具有保守主义性质。

六、论人际关系与处世态度

在处世态度方面，朱熹特别强调"中庸"的原则。他曾针对《庄子》的《养生主》篇作《养生主说》一文，对庄周的"为善无近名，为恶无近刑，缘督以为经"的处世态度提出批评。朱熹认为，庄周的这一思想，宣扬做人应该既不行大善也不为大恶，循规蹈矩，求个平平安安，这是非常错误的。孔孟之道教人做一个负责任的社会成员，并不是要人们追求好名声，但也没有教人们刻意地逃避社会荣誉。如果学善是为了求名，自然是不足称道的，但如果因为担心受名声之累而不敢承担责任，不愿为善尽力，就是心怀私意而归属于恶了。此外，庄子教人"为恶无近刑，则尤悖理"，君子之道坦荡荡，对于丑恶现象，应该疾恶如仇，怎么能因为有所畏惧而不为呢？那种选择计较个人利害得失，畏首畏尾，以置身于为善不近名、为恶不近刑两者之间作为处世的态度，实际上是置天理于不顾，蔑视社会规范。[②]

那么，朱熹眼中正确的处世态度是什么呢？朱熹说，这就是"诚而中"，或叫"中庸"。有人曾建议朱熹，过去有人以诚为为人处世的前提，恐怕不很容易做到，不如以不偏不倚的态度取代诚，这样做可能容易一些。朱熹不同意这种观点，他回答说：以诚心而做到不偏不倚，这是君子的中庸之道，如果没有了诚，片面地强调不偏不倚，这是小人的骑墙态度。[③] 人们能否以中庸为处世准则，是社会盛衰的一个重要因素。

中庸的本意即是"喜怒哀乐之未发谓之中，发而皆中节谓之和"，二程解释为"不偏之谓中，不易之谓庸"，认为这是天下之"正道"与"定理"，朱熹则进而解释说，"中庸者，不偏不倚，无过不及，而平常之理，乃天命所当然，精微之极致也"[④]。"中"之意有二，一是"不偏不倚"，这是"未发之中"；一是"无过不及"，

---

① 《朱子大全》卷十三《癸未垂拱奏札》："使是理了然心目之间而无毫发之差，则应乎事者自无毫发之谬，是以意诚心正而身修，至于家之齐，国之治，天下之平，亦举而措之耳。"

② 内容参见《朱子大全》卷六十七《养生论说》。

③ 《朱子大全》卷六十七《养生主说》："诚而中者，君子之中庸也，不诚而中，则小人之无忌惮耳，今世俗苟偷恣睢之论，盖多类此，不可不深察也。"

④ 《中庸章句》第二章注。

这是“随时之中”；所谓“庸”，就是“平常”[①]，是“日用常行者”。换言之，中庸便是在行事之前即以官方主导性社会价值观与社会规范为准则而保持平正；在行事之时，则以官方主导性社会价值观与社会规范为准则做到没有过分与不及。朱熹把这些作为平时生活中经常奉行的原则。故他指出，“中”和“庸”是不可分割的，“中必有庸，庸必有中，能究此而后可以发诸运用”[②]，做到中庸，也就能“和”，使社会生活秩序常处于和谐的状态之中。

中庸的处世态度之关键在于“中”字，那么，怎样才叫作“中”呢？朱熹举例说：比如有人有功当赏，或者应当赏万金，或者应当赏千金，百金，十金，这就要把握标准，应赏万金者就赏万金，应赏千金者就赏千金，应赏百金或十金者就赏百金或者十金，这就是“中”。因此，“中”就是按社会的官方主导性社会价值观与规范或契约的要求，应当如何做就如何做，而绝不是“平均折中”。这种中庸原则用于社会生活之中，就是“各正名分”了。他说：“君臣、父子、夫妇、兄弟之义，自各不同，似不和，然而各正名分，各得其理，便是顺利，便是和处”，“君得其所以为君，臣得其所以为臣，父得其所以为父，子得其所以为子，各得其利，便是和，如臣处君位，君处臣位，安得和乎？”[③] 这里所谓“和”就是和谐，就是奉行“中庸”之道的美好结果，而这个结果显然是社会的支配阶级所企图实现的社会状态。由此便可看出朱熹把《礼记》中的《中庸》篇提取出来，与《论语》、《孟子》、《大学》而合称“四书”的真正用意了。

本章要点

1. 关于人性问题，张载认为人生来就具有两重人性，人的“天地之性”是至善的。同时人们又具备“气质之性”，它有善的一面，也有恶的一面。他提出了转化人的气质之性的一系列方法。提出气质之性可以通过学习封建社会规范而变化为天地之性，给人们指出了脱俗而入圣的道路，这与以前的人性论相比，对于统治阶级治理社会更具有实用价值和理论价值，这是对中国人性理论的重要发展。

2. 张载以自然界的秩序类比人类社会的秩序，从而得出天秩、天序的学说。并认为，普遍永恒的社会行为规范“天礼”是普遍永恒的道德原则“天理”的体现。他把封建地主阶级维系人与人之间尊卑贵贱等社会关系的社会规范说成是“自然而有”的“天地之礼”，人们只能“顺之而已”，这是地主阶级的偏见。但他的“众所向者必是理”的思想，已经突破了地主阶级思想的局限性。这是中国社会思想宝库中的珍贵遗产。

3. 张载认为人们处世当以仁人君子为楷模。应当寡欲而“无所争”：应有正确的责己、责人、爱人之术。在进行社会交往时应以“礼”即社会规范作为准则，要做到对人“恭”、“敬”，以相辅成仁为宗旨。

---

① 《中庸章句·题解》。

② 《朱子语类》卷六十二。

③ 《朱子语类》卷六十八。

4. 张载提出治理社会当以“利民”、“足民”为宗旨，还认为欲治理社会，必须恢复井田制、分封制和宗法制。其治理社会的宗旨是正确的，但他提出的一系列方案都是不可取的。

5. 张载提出的以“民胞物与”为特点的理想社会构想，一方面接近于墨子的“兼爱”社会理想，另一方面又接近于耶稣的社会理想。他的使社会关系建立在普通的人类之爱的基础之上的思想是光辉灿烂的，然而在阶级社会里，这永远是一种美好的幻想。

6. 二程是宋明理学的重要代表，“天理”或“理”是他们社会思想的核心。二程提出“人伦者，天理也”。通过“礼即是理”的论断，可知二程的天理就是社会统治者认可的社会规范体系。他们高扬天理，是在强调社会价值观的统一性，以维护社会生活秩序。

7. 在人性问题上，他们重新肯定了孟子的性善论，认为人性和天理是一回事，人性是天理的体现，社会上出现的恶人、恶行，不是他们的人性问题，或是由于人的“气禀”，或是由于行为不适中，或是由于情有不善所致。由此二程提出了“天理”与“人欲”对立及“生性”与“气禀”对立的观点，并进而倡导“存天理，灭人欲”。

8. 二程保持儒家的传统，依然以仁、义、礼、乐、忠恕等作为规范人们思想和行为的工具。二程还结合时代特点，对这些传统儒家的基本概念作了新阐释。这些新阐释可视为对中国传统儒家社会思想的新发展，二程也因此奠定了其在所谓“新儒家”中的地位。

9. 二程论处世态度，特别强调人们处世当以“理”为准则，论社会交往，特别强调以“义”为准则，以诚、敬、恭为社会交往的出发点的社会交往基本原则。

10. 朱熹是宋代理学之集大成者。其社会思想的核心就是“理”。认为理是先于事物，先于社会的不可变易的规律，并提出了“理一分殊”的命题。认为世界的万物都有一个本然的定理，表现于社会，则是封建纲常的绝对法则。这在他的思想体系中占据了重要的位置。这显然是为社会的既得利益阶级制造理论依据，是保守的社会理论。

11. 朱熹的“理一分殊”论，具体应用于社会伦理规范就是其“三纲五常”的学说。三纲五常之说起于董仲舒，但完成于朱熹。他以之作为调适社会人与人、人与社会、社会与社会之间关系的准则。人们恪守这些封建道德及行为规范的结果，就是社会的安定与和谐。这正是朱熹“三纲五常”之说的宗旨所在。

12. 朱熹继承发展了张载二程的人性假说，其最基本的特点是把人性分为“天命之性”和“气禀之性”，认为天命之性是至善的。人们的天性之发，就是合“理”之“情”，并由此导出其“人心”、“道心”之论。要求人人做到“人心听命于道心”，从而使中国社会成为天理流行的社会。

13. 在欲望问题上，朱熹全面继承并发展了二程的理论。认为人欲是人心的病态，所以人欲是恶的，主张“存天理，灭人欲”，并进而提出了“灭人欲”的几种方案。

14. 朱熹强调个人修养的重要性，认为个人修身是治国平天下之本。这是对其社会规范思想、人性论、欲望论的延伸。他还总结了多种个人修养的方法，如在日常生活中体察自己的道德，以“诚其意”而防止自欺欺人的心理与行为，“敬义夹持”，“格物致知”等。理学家的个人修养理论，在朱熹这里已发展成熟。

15. 在处世态度方面，朱熹特别强调“中庸”原则。认为人们能否以中庸为处世准则，是社会盛衰的一个重要因素。朱熹认为中庸便是在行事之前即以官方主导性社会价值观与社会规范为准则而保持平正；在行事之时，则以官方主导性社会价值观与社会规范为准则做到没有过分与不及，同时他把这些作为平时生活中经常奉行的原则。做到中庸就能“和”，使社会生活秩序常处于和谐的状态之中。

复习思考题

1. 张载的二重人性论在中国人性论发展史上的地位是什么？
2. 张载的“天秩”、“天序”思想的实质是什么？
3. 如何评价张载的“天礼”、“天理”思想？
4. 如何评价张载的处世思想？
5. 如何评价张载的理想社会？
6. 二程对“天理”之社会意义的论述是什么？
7. 二程与张载的人性假说有什么异同？
8. 试评二程“存天理，灭人欲”理论。
9. 二程对儒家社会规范思想有什么新发展？
10. 二程社会交往论与天理论的关系是什么？
11. 朱熹“理一分殊”论的社会学意义是什么？
12. 朱熹三纲五常论与董仲舒三纲六纪论之区别是什么？
13. 朱熹人性论之特点是什么？
14. 朱熹是如何界定“人欲”的？
15. 如何评价朱熹对天理与人欲之关系的理论？
16. 如何评价朱熹的义利论？
17. 朱熹注重人的修养的实质性目的是什么？

推荐阅读书目

1. （北宋）张载：《张载集》，北京，中华书局，1978。

2. 陈定闳：《中国社会思想史》，第二十五章、第二十七章、第二十八章，北京，北京大学出版社，1990。

3. 冯友兰：《中国哲学史》（下），第十二章第一节，上海，华东师范大学出版社，2000。

4. 胡寄窗：《中国经济思想史》（下），第一部分第四章，上海，上海人民出版社，1981。

5. 刘泽华：《中国政治思想史》（隋唐宋元明清卷），第六章，杭州，浙江人民出版社，1996。

6.（北宋）程颢、程颐：《二程集》，北京，中华书局，1981。

7. 侯外庐等：《宋明理学史》（上），第一编第四章，第二编第十二章、第十三章，北京，人民出版社，1987。

8. 张立文：《宋明理学研究》，第四章、第五章，北京，中国人民大学出版社，1985。

9. 刘蔚华等：《中国儒家学术思想史》，第二十九章、第三十章、第三十二章，济南，山东教育出版社，1996。

10. 赵吉惠等：《中国儒学史》，第二章第五节，第三章第三节，郑州，中州古籍出版社，1991。

11. 王处辉：《中国社会思想早熟轨迹》，第五章、第六章、第八章，北京，人民出版社，1996。

12.（南宋）朱熹：《朱子语类》，北京，中华书局，1986。

第六篇

明清时期的社会思想

元朝末年爆发了大规模的农民起义，朱元璋是其中最为杰出的农民起义领袖，经多年战争，朱元璋于1368年在南京称帝，国号为明，标志着中国又进入了一个新的封建王朝，同年攻克元大都（今北京），元亡。此后，他又消灭了西北、西南等地的割据势力，完成了统一中国的大业。

明代初期，注意“安养生息”，使经济得到一定程度的发展，至明代中叶，东南沿海商品经济发达地区出现了资本主义萌芽。与此同时，明代还采取了加强中央集权的一系列措施，使中国封建专制政治达到新的高度。明中期以后，由于宦官专权、特务政治及对人民盘剥的加剧，曾爆发数次农民起义。至明末崇祯年间（1628—1644年），爆发了以李自成、张献忠为代表的大规模农民起义。1644年3月，李自成攻破北京，明亡，但起义军在北京站脚未稳，即被清兵打败。

清军入关后，镇压了农民起义军力量，消灭了南明政权，并多次用兵，征服一些少数民族，统一了中国，使中国更具统一的多民族国家的特点。清代政治是以满洲贵族为核心的满汉地主阶级的联合统治，其社会经济在康熙乾隆时期曾得到较大发展，但由于清代采取闭关政策，使产生于明代的资本主义萌芽受到抑制，没能得到较大发展。

清朝乾隆时期（1736—1796年）以后的世界已发生很大变革，欧洲经过文艺复兴已进入产业革命时期，社会的发展超越了中国所处的历史发展阶段而进入资本主义社会阶段。但清朝统治者仍闭关锁国，狂妄自大，以“天朝大国”自居，对西方各国的经济与社会的发展置若罔闻。而西方国家却基于资本原始积累的需要，多次试图敲开中国的大门。随着清代统治阶级的日趋腐朽，西方资本主义国家终于以鸦片、商品，尤其是靠船坚炮利，打开了一向闭关自守的“天朝”的大门，以1840年的“鸦片战争”为标志，中国进入了半殖民地半封建的社会，这是中国近代史的开端。

明清时代是君主专制制度得到进一步加强的时代，反映在思想领域，也同样体现了这个特点。明代自初期开始，即推崇程朱理学思想，以八股文取士，并以朱熹所注“四书”和宋元人所注“五经”为教科书，读书人熟读“四书”、“五经”，精于八股文即可考取举人、进士，得到光宗耀祖、升官发财的机会。明代出现了王守仁的心学，强调“破心中贼”，其宗旨虽与程朱别无二致，但仍在很长时期内得不到统治者的认可，直到嘉靖至万历年间（1522—1619年），才得到最高统治者的肯定和推崇，到清代则又以程朱理学为正统。

清代在思想界实行利诱和高压禁锢政策，大兴文字狱，使人们的思想言论不敢越雷池一步，不敢论历史，更不敢论现实。于是乾隆、嘉庆时期形成了考据学派，很多学者埋头于考据训诂之中，而不抬眼看现实、看社会。

尽管如此，明清时期也出现了一些颇有“异端”精神的思想家，如何心隐、李贽、黄宗羲、王夫之、顾炎武、颜元等人。他们的思想，均有向正统的程朱理学思想问难的性质，但始终未能达到与程朱理学思想分庭抗礼的程度。他们的社会思想，反映了中国社会思想仍在发展进步的趋势，但从总体来说，程朱理学家的思想统治明清思想界500年的格局并未能因此而改变。

第二十章

明代心学及其平民化儒学的社会思想

中国社会思想与文化发展的历史表明，当某种社会思想或学术作为官方主导性价值或学术被确立为正统的时候，它就开始走向僵化了。两汉时期的今文经学如此，明清时期的程朱理学亦如此。正统把任何与它相左的思想观点均视为异端邪说，学术争鸣的自由风气受到了严格限制。如果有人想冲破这种限制，就会付出很高的代价。明代的陈献章崇尚性情的自然流露，率先冲破程朱理学的章句教条和科举考试的功名藩篱，为明代理学的进一步发展提供了一线生机。紧随其后，王守仁以“知行合一”和“致良知”等独创性思想学说，实现了对程朱理学的心学解构。王守仁去世后，阳明后学出现地域分化。王畿出“师门宗旨”“竟入于禅”①；王艮独创泰州学派，将“圣人之道”消解到“百姓日用”中去。“阳明先生之学，有泰州（王艮）、龙溪（王畿）而风行天下，亦因泰州、龙溪而渐失其传。”② 心学的地域分化，进一步加速了整个理学思潮的解构进程。当泰州学派的李贽从良知本体中发现私欲的自然性和功利的合理性时，心学也遭遇解构命运，达到了自身的逻辑终结。

第一节 王守仁的社会思想

王守仁（1472—1528年），字伯安，号阳明子，学者称“阳明先生”，明代浙江余姚人。《明史》卷一九五有传。他出身于官宦世家，聪明好学，少年得志。11岁能赋诗，21岁时随父在京师遍读朱熹的著作，28岁考中进士，历任刑部主事、庐陵知县、太仆少卿、左佥都御史、南京兵部尚书等职。35岁时因得罪宦官刘谨，被廷杖四十后贬至贵州龙场驿为驿丞。后来，掌握兵权，曾镇压过江西、福建、广东、湖南一带的农民大起义（1516—1518年），平定过宁王朱宸濠的叛乱（1519年），但因为

① 《明儒学案》卷十一《浙中王门学案》。

② 《明儒学案》卷三十二《泰州学派》。

统治集团的内部矛盾未得重用，而上书辞官，回乡讲学，晚年（1528年，嘉靖七年）又被朝廷起用，在镇压了广西的少数民族起义后不久，即因病死于归途中。

王守仁成道于贵州，阳明心学的起点是龙场悟道。他在龙场期间，因穷荒无书可读而专心静思默想。一日午夜，突然手舞足蹈，“大悟格物致知之旨”，此后，便在贵阳书院大讲“致良知”及“知行合一”之学，建立了自己的“心学”体系。此外，他在镇压农民起义的过程中，体验总结出“破山中贼易，破心中贼难”的理论。其所谓“山中贼”自然是指起义的农民，而“心中贼”则是指那些不利于社会上层根本利益的思想，不合于社会规范的念头等。可以说，王守仁的全部思想都是以破“心中贼”为宗旨的，是为维护统治阶级利益服务的。

然而，从明初开始，朱熹的思想学说已占据主导地位。所以，王守仁的学说被御史程启允等视为“伪学”。直至王守仁死后，仍有大臣参他“事不师古，言不称师，欲立异以为高”，与朱熹之学说不合，因而建议朝廷“禁邪说以正人心”，明世宗纳其议，下诏停王守仁世袭爵位，禁其所讲之学。直至隆庆初年，此禁令才解除，王守仁受到赏识，“廷臣多颂其功，诏赠建新侯，谥文成”，至万历十二年，又得到“从祀文庙”的死后殊荣。从整个明代学术史来看，王守仁鼓舞了儒林知识分子尊重下层社会、积极参与社会活动的风潮，不仅自己重视社会治理层面的实践，其后学中很多人重视经世致用，泰州学派则引领乡村建设，在当时社会影响巨大。

王守仁的著作被其门人辑成《王文成公全书》三十八卷。近年上海古籍出版社校定出版了《王阳明全集》。

一、论理想社会模式

王守仁是超越朱熹的人物，他的胸襟格局、思想学说超越前人，因而提出了新的理想社会模式。这种社会设计之美好，可以说达到了中国古代士林社会理想的最高境界。王守仁之理想社会构想具有以下特点：

第一，这一理想社会模式可概括为“以天地万物为一体”。

王守仁认为，最理想的社会关系是“以天地万物为一体”，人与人的关系再没有远近之分，没有了民族、种族、国界、文化等外在的差异，没有了爱恨情仇等种种心态，都是兄弟姐妹，满怀赤子般纯洁天真的感情，拥抱整个人类。凡是人类，社会都有义务保证他的生活，给他以良好的教育，培养他的“万物一体意识”。[①] 儒学就是这样一种专门统一民众思想，提倡“以天地万物为一体”的学问[②]。

第二，社会成员人人各尽其心，促进社会幸福。

理想社会的每一个成员均富有社会责任感，勇于承担社会义务。除了自己尽心尽力担当好家庭角色、社会角色外，当看到不和谐的社会现象出现时，如有人未享饱暖

① “夫圣人之心，以天地万物为一体。其视天下之人无内外远近，凡有血气，皆其昆弟赤子之亲，莫不欲安全而教养之，以遂其万物一体之念。”（《王文成公全书》卷二《传习录》中《答顾东桥书》）

② 《王文成公全书》卷七《重修山阴县学记》：“圣人之学无人己，无内外，一天地万物以为心。”

安乐，或家庭不和睦、君臣失义、朋友失信等，能主动做好安抚、劝解等工作，甘当义工和社会安全阀①。

按王守仁的思想，只要人人尽心，就能达到整个社会秩序的美满和谐。父子亲，君臣义，夫妇别，长幼序，朋友信，“下至闾井田野，农工商贾之贱，莫不皆有是学，而惟以成其德行为务”②。社会成员人人尽心竭力地遵行社会道德与行为规范，则社会中的各种人际关系也就都按既定的规范运行。更为重要的是，王守仁的这个理想社会的饱暖逸乐，不是一人一家的，而是所有社会成员共有的。这一社会思想值得特别重视。

第三，在这个理想社会中，由于人们都以天地万物为一体，人与人之间达到了共同的文明与饱暖逸乐，所以人们都同心一德，亲如一家。

王守仁假托唐虞三代之世，系统地阐述了这一社会理想：

> 举德而任，则使之终身居其职而不易；用之者惟知同心一德，以共安天下之民，视才之称否，而不以崇卑为轻重，劳逸为美恶。效用者亦惟知同心一德，以共安天下之民，苟当其能，则终身处烦剧而不以为劳，安于卑琐不以为贱。当是之时，天下之人熙熙皞皞，皆相视如一家之亲。其才质之下者，则安其农工商贾之分，各勤其业，以相生相养，而无有乎希高慕外之心。其才能之异，若皋、夔、稷、契者，则出而各效其能，若一家之务。或营其衣食，或通其有无，或俑其器用，集谋并力，以求遂其仰事俯育之愿……而无有乎人己之分。物我之间，譬之一人之身，目视、耳听、足行，以济一身之用。目不耻其无聪，而耳之所涉，目必营焉；足不耻其无执，而手之所探，足必前焉，盖其元气充周，血脉條畅，是以痒疴呼吸，感触神应，有不言而喻之妙③。

我们可以把王守仁在这段论述中所描绘的理想社会模式的特点归纳如下：

其一，这个社会的各个成员都以济天下之民，安天下之民为己任。

其二，这个社会按人的德行与才能确定工作岗位，只要有德有能，就让他终身居其合适的职位而不更换。有德有能的人，虽终身处于“烦剧”的工作岗位也不叫苦叫累；只要工作与能力相符，人们虽处于“卑琐”的工作岗位也不觉得低贱。

其三，这个社会有德行有才能的人都能发挥其应有的作用。像稷、契等大德大能者，都出而各效其能而成其德，从而可以“益精其能”。

其四，这个社会中所有才质不高的人，也都能分别安于农、工、商贾等各种本职工作，并都努力工作，相生相养，并没有羡慕他人，希高慕外而不安本分的想法。

其五，这个社会和谐安宁，亲如一家，没有人与己、物与我之分，各尽所能，相

---

① 《王文成公全书》卷七《重修山阴县学记》：“圣人之求尽其心也，以天地万物为一体也。吾之父子亲矣，而天下有未亲者焉，吾心未尽也；吾之君臣义矣，而天下有未义者焉，吾心未尽也；吾之夫妇别矣，长幼序矣，朋友信矣，而天下有未别、未序、未信者焉，吾心未尽矣；吾之一家饱暖逸乐矣，而天下有未饱暖逸乐者焉，其能以亲乎、义乎？别、序、信乎？吾心未尽也。……心尽而家以齐，国以治，天下以平。故圣人之学不出乎尽心。”

② 《王文成公全书》卷二《传习录》中《答顾东桥书》。

③ 同上。

互配合，人人心情愉快，毫无怨言。

其六，这个社会注重普罗大众的民生问题，也特别注重社会各阶级阶层在德与能面前人人平等，强调全体社会成员在同一的社会价值准则之下，唯德是举、唯才是用，上下一体，共同服务于全体社会成员的命运共同体意识。

由此可见，王守仁所构想的理想社会，不亚于早期儒家对"大同"社会的构想。更确切地说，他的理想社会比大同社会构想更具体、更关注民生，也更有系统。他把"万物一体"理论推及社会，就是社会的"同心一德"，就是社会成员亲如一家，各守规范，分工合作，各效其能。这个理想社会显然是美好的。这反映出在中国社会思想的发展史上，"大同"社会思想至明代仍在发展，并为人们所憧憬。

然而，王守仁的上述理想社会，只是托古而对未来社会的美好幻想，现实与理想不仅相距甚远，而且背道而驰。其原因何在呢？王守仁认为主要是由于儒学的真精神没有得到发挥造成的。自三代以后，王道息而霸术猖獗起来，孔孟之后"圣学"晦而邪说横行天下，人们都变得假仁假义，而以满足私欲为目的，而且大家互相仿效，为追逐名利不择手段，为一时之得欺天罔人，相互倾诈攻伐，斗争劫夺，从而使得人与禽兽无所区别。[①]

对于这种情况，后世的儒者也为之"慨然悲伤"，并绞尽脑汁力图重建社会的道德精神，但是，由于圣学既远，而霸术又已积淀深入，使得有贤知之士受到污染，他们的学术创作徒增霸术邪说的势力，难入"圣学之门墙"。所谓训诂之学、记诵之学、辞章之学以至佛老之说，都不能克服名利欲望，人们欲壑益深，为满足自己的私欲而相倾相轧，而且不仅为民者如此，为官者也是如此[②]！王守仁认为，照这种趋势发展，理想社会将永远无法实现。并认为在当今之世，唯一能力挽狂澜，扭转社会发展趋势，使之走向理想社会模式的，就是人们的"良知"了。尽管现实社会已是功利之毒入人心髓，私欲横流，争夺日益严重，但值得庆幸的是在人们的内心里仍然存有万古不变的"良知"，所以，只要使人们都能"致良知"，理想的社会就能变为现实[③]。并且认为这是圣贤治理社会至简、至易、至灵验的方法。

在王守仁向往的理想社会，人民对社会管理者能够信其言而悦其行，和睦相处，自在适意，所以能如此，就是由于君主与民众的良知相同。现实生活中，人们所以各用其私智以相倾轧，外假仁义之名，而内以行其自私自利之实，社会冲突激烈，以至于骨肉之亲不能和睦，父子兄弟形同仇敌，都是由于"良知之学不明"所造成的。

社会发展需要学术精神的开拓与奠基，学者需要有勇于担当社会使命的勇气。王守仁对于良知之学颇为自得，认为这是他依靠灵感体悟出的奥秘，是治理社会的唯一

① "霸者之徒，窃取先王之近似者，假之于外，以内济其私己之欲，天下靡然而宗之，圣人之道，遂以芜塞，相仿相效，日求所以富强之说，倾诈之谋，攻伐之计，一切欺天罔人，苟一时之得，以猎取声利之术……斗争劫夺，不胜其祸，斯人沦于禽兽夷狄而霸术亦有所不能行矣。"（《王文成公全书》卷二《传习录》中《答顾东桥书》）

② 《王文成公全书》卷二《传习录》中《答顾东桥书》。

③ "所幸天理之在人心终有所不可泯，而良知之明，万古一日，则其闻吾拔本塞源之论，必有恻然而悲，戚然而痛，愤然而起，沛然若决江河而有所不可御者矣。"（《王文成公全书》卷二《传习录》中《答顾东桥书》）

方略[①]。可以说，王守仁的全部学说是以实现其社会理想为目的的。而其思想学说的核心是“致良知之学”，并认为要彻底改变现实恶劣的社会环境，根除所有被他视为丑恶的行为，实现理想社会，离开“致良知”之外，别无他途。他号召人们能够理解、倡导这一学说，使天下之人都掌握自致良知的方法，加强社会共识，提高道德修养，消除自私自利之心，使社会达到和谐、大同的完美境界[②]。

总之，王守仁托古而构想了一个美好的理想社会，并认为理想社会的成员都是充分体现了他们的“良知”的。现实社会的所有恶劣行为和混乱秩序的根源，就是人们被私利物欲所惑，而使良知隐而不彰。要解决现实社会的各种病态，就必须按他的设计，倡导“良知之学”，他认为人们恢复良知之日，就是理想社会到来之时。那么，什么是他所谓的“良知”？又如何恢复良知呢？下文将予以论述。

二、论“致良知”与思想控制

王守仁对“良知”有诸多解释，核心内容大致有以下几方面：

其一，良知是一种能力，就是知是、知非之心[③]。在他晚年总结学术思想的“四句教”中，也说“知善知恶是良知”，而且它是一种先天的能力，是“不虑而知，不学而能”的。这实际上是对孟子性善论的诠释或引申。

其二，良知的内容是“天理”和道。他说，“吾心之良知，即所谓天理也”[④]，又说“夫良知即是道”[⑤]，这里他又把“良知”与程朱的“天理”画上了等号。

其三，良知是社会规范的内化，是一套社会价值系统。他说：“集义只是致良知，心得其宜为义，致良知则心得其宜矣”[⑥]。集义，反复地辨别各种社会行为是否当行，把社会规范和行为标准内化于心，知道怎么做才是正确的，这就是致良知。

其四，良知是不分圣愚，人人共有的。即他所谓“良知之在人心，无间于圣愚，天下古今之所同也”，“良知之在人心，不但圣贤，虽常人亦无不如此”。社会中的任何成员都有良知，所不同的是“常人多为物欲牵蔽，不能循得良知”[⑦] 而已。

其五，致良知的途径在于“格物”。他所谓的“格物”，并不是探求事物的客观规律，而是把良知贯彻到社会活动中去，使自己的言行和所参与的社会活动都符合良知

① “仆诚赖天之灵，偶有见于良知之学，以为必有此而后天下可得而治。”（《王文成公全书》卷二《传习录》中《答聂文蔚》）

② “今诚得豪杰同志之士，扶持匡翼，共明良知之学于天下，使天下之人皆知自致其良知，以相安相养，去其自私自利之蔽，一洗谗妒胜忿之习，以济于大同……岂不快哉！”（《王文成公全书》卷二《传习录》中《答聂文蔚》）

③ 《王文成公全书》卷五《与陆原静》：“是非之心，知也，是非之心人皆有之，即所谓良知也。”

④ 《王文成公全书》卷二《传习录》中《答顾东桥书》。

⑤ 《王文成公全书》卷二《传习录》中《答陆原静书》。

⑥ 《王文成公全书》卷五《答董沄萝书》。

⑦ 《王文成公全书》卷二《传习录》中《答陆原静书》。

的要求，是要人们克服理念中的不符合“天理”的恶，而保存合于“天理”的善。①

可见，王守仁的致知格物，就是使人们的社会价值观与“天理”一致。在处理任何事物时，又都以这种“善”的理念与天理为标准，从而使人们的思想理念与“天理”、与人们的行为完全相符合，使社会统治阶级既定的社会规范（即天理）与人们的思想为一体，与人们的行为为一体，进而使整个社会的是与非，好与恶，人与己，国与家成为一体，从而也就实现了天地万物一体的大同社会理想。王守仁所设计的实现理想社会的途径，是与其理想社会同样美妙的。

既然良知是个思想理念问题，那么，致良知自然就是控制人们的思想与理念的问题了。进行思想控制的观点早在韩非子那里即已提出，后来统治者也在不断地操作实施。但真正地把它理论化，则是由王守仁完成的。思想理念被王守仁表述为“心”。他强调思想理念是人们行为的控制中枢，并认为控制住人们的思想理念，一切不合“天理”的行为就会荡然消逝。② 加之他在多次镇压农民起义的过程中总结出来的经验，使他更加感到对人民进行思想控制的重要性。镇压农民起义容易，而要消除人民心中的不满与反抗情绪则是很困难的。但是只有消除人民心中的不满与反抗情绪，才能真正收到廓清平定社会的功效，这才是长治久安的伟绩所在。③

基于对社会和谐本源的上述认识，王守仁特别注重思想控制的社会功能。对于思想理念的重要地位，他的论述主要有以下几方面：

其一，心在理先，心外无理，心即天理。王守仁认为，有思想理念才有社会规范，有孝敬父母的思想，才有孝敬父母的规范，有忠于君主的思想，才有忠于君主的规范④。思想在社会规范之先，社会规范是由人们的思想理念而形成。人们的孝亲、忠君等至善之心，就是天理。良知的体现，就是天理的体现。也就是说，凡是不被私欲所蔽的思想理念与社会的规范是完全一致的。

其二，仁、义、礼、智等道德与行为规范，只是人们思想理念的表象。他说：仁义礼智只是心性的几种“表德”，孟子所谓恻隐之心、羞恶之心、辞让之心、是非之心，也都是人们心性的“表德”。他把良知、人心与人性几乎视为同一概念的不同表述方式，并认为对于人而言，叫作“性”，对于身体而言叫作“心”。他认为心性只有一个，可以以不变应万变，各种社会的道德与行为规范，只是心性与思想的各种具体表象而已。

---

① 《王文成公全书》卷二《传习录》中《答顾东桥书》：“致知格物者，致吾心之良知于事事物物也，吾心之良知，即所谓天理也。致吾心良知之天理于事事物物，则事事物物皆得其理矣。致吾心之良知者，致知也；事事物物皆得其理者，格物也。是合心与理而为一者也。”

② 《王文成公全书》卷四《与薛尚谦》：“大抵心病愈则身病亦自易去，纵血气衰弱，未便即除，亦自不能为心患也。”

③ 《王文成公全书》卷四《与杨仕德薛尚诚》：“破山中贼易，破心中贼难，区区翦除鼠窃，何足为异？若诸贤扫荡心腹之寇，以收廓清平定之功，此诚大丈夫不世之伟绩。”

④ “物理不外于吾心，外吾心而求物理，无物理矣。……故有孝亲之心，即有孝之理，无孝亲之心，即无孝之理矣。有忠君之心，即有忠之理，无忠君之心，即无忠之理矣。理岂外于吾心邪？”（《王文成公全书》卷二《传习录》中《答顾东桥书》）

其三，人们的思想是行为的指导，有什么样的思想就有什么样的行为方式①。

由此可见，王守仁认为人们的思想理念和心理是行为的中枢和指导，要想控制人们的行为，首先要控制人们的思想。所以，他进而提出“心外无学”的观点，而且每到一处，都大力办学讲学，宣传他的思想与学说，要人们“致良知”，做到从思想、理念、心理到行为方式都与统治阶级所制定的社会规范（即天理）相统一。其目的就是控制人们的思想，从思想理念与心理的层次入手，解决社会矛盾，维护当时的社会秩序。

三、论欲望与个人修养

在欲望问题上，王守仁与朱熹的观点是一致的，其核心在于“存天理，灭人欲”，并把所有违反现行社会规范的言行都界定为“人欲”，而且认为人欲是造成社会混乱的罪魁祸首，是必须要清除的东西。王守仁关于清除“人欲”的思想主要有以下几个特点：

第一，王守仁与朱熹消除“人欲”的方法有所不同。朱熹强调循理以灭人欲，而王守仁则重视靠“良知”和“心”去灭人欲②。

第二，王守仁对人欲也进行了界定。他承认人们存在与良知符合的欲望是正常的，在此基础上认为人们有“七情”是自然的，七情顺其自然则是良知的表现，如过于执着地追求就是“人欲”了③。同时，他又指出，人欲不仅限于行为，人们的所有不合社会规范的思想，也属“人欲”的一个部分④。把人欲的内容扩大到思想理念领域，是王守仁欲望论的特点之一。

第三，强调用“正其谊不谋其利，明其道不计其功”，改变价值取向的方法灭人欲。王守仁认为，只有注重正谊、明道，才能克除功利之欲，但现实社会中所讲的“道德”，实际上是指功名，所讲的“功名”，实际上是指富贵。现实社会中，人们都有谋计之心，并无真正的道德，在这种情况下，要正谊明道，就必须改变人们的好恶取向⑤。用“真吾之好”改变“私吾之好”，用“良知之好”改变“名利之好”。他认为，人们因纵其名利物欲之好而互相争夺欺诈，实则是因私好而遭到全社会的厌恶，只有纵良知之好，使父慈子孝，言中信，行笃敬，才是“真我”的喜好，而且也是全

---

① 《王文成公全书》卷七《观德亭记》：“燥于其心者，其动妄；荡于其心者，其视浮；歉于其心者，其气馁；忽于其心者，其貌惰；傲于其心者，其色矜。……心端则体正；心静则容肃；心平则气静；心专则视审；心通故时而理；心纯故让而恪；心宏故胜而不张，负而不弛。”

② 《王文成公全书》卷七《示弟立志说》。

③ 《王文成公全书》卷三《传习录》下：“喜怒哀惧爱恶欲，谓之七情，七者俱是人心合有的，但要认得良知明白。……七情顺其自然之流行，皆是良知之用，不可分别善恶，但不可有所著，七情有著，则谓之欲，俱为良知之蔽。”

④ 《王文成公全书》卷五《答伦彦式》：“欲也者，非必声色货利外诱也，有心之私皆欲也。”

⑤ 《王文成公全书》卷四《与黄诚甫》：“志于道德者，功名不足以累其心；志于功名者，富贵不足以累其心，但近世所谓‘道德’，功名而已；所谓‘功名’，富贵而已。仁人者，正其谊不谋其利，明其道不计其功。一有谋计之心，则虽正谊明道，亦功利耳。”

社会共同的喜好①。所以，纵其私好，不但全社会讨厌他，而且会焦心积虑，忧苦终身，成为名利物欲的奴隶，只有纵“真吾之好”，才能受到全社会的爱戴，而将可使“家国天下，无所处而不当。富贵、贫贱，患难、夷狄，无入而不自得”②。相比之下，当然是纵真吾之好、良知之好，才是最为明智的。如果人们真能按王守仁所说的去做，自然能够“尽夫天理之极而无一毫人欲之私”③ 了，这正是王守仁的目的所在。

第四，灭人欲应从人欲未萌之先和方萌之际下功夫。王守仁说，人们常说“养生以清心寡欲为要”，其实，“养生”二字就是自私自利，就是人欲。真正的“作圣之功”，是要人心没有一点私欲，纯是一片天理，要做到这一点，不把私欲防于未萌之先，而克于方萌之际是万万不能的。而要想真正的防于未萌之先，克于方萌之际，其一是必须按《中庸》、《大学》中所讲，要“戒慎恐惧”，“致知格物”，时刻警惕，事事处处防微杜渐；其二是要以灭私欲、追求天理为最高志向，一旦有了这个志向，对于任何有助于“去人欲而存天理”的方法，都会如饥似渴。此志常在心头，一有私欲马上就会察觉④。只要立下这个志向，就不会有怠心、忽心、懆心、妒心、忿心、贪心、傲心、吝心等违反良知与天理的思想萌生了。

第五，他认为人们满足欲望的行为是受其满足欲望的思想支配的。他举例说，“人必有欲食之心，然后知食”；“必有欲行之心，然后知路”⑤。如果一个人根本没有做盗贼的行为，那就是因为他本来就不存在去盗劫的思想和念头。如果人们本来就不存在“货色名利”等种种思想和念头的话，人欲就可以被消灭了。换言之，灭人欲当从消灭好色、好利、好名等“闲思杂虑”开始。其实，这也是王守仁灭人欲于未萌之先思想的进一步深化。

从上述王守仁的欲望论中可以看出，第一，王守仁是主张“存天理灭人欲”的；第二，王守仁提出的灭人欲的一系列方法，都具有从思想理念与心理控制入手的特点。这与前述王守仁的“破心中贼”，进行思想控制的思想完全一致。

出于同样的思路，为了达到灭人欲而存天理的目标，王守仁所提出的个人修养的方法，也主要是强调思想的修养。

首先，王守仁指出了个人修养的必要性。他认为，要解决社会性的问题，首先要加强自身修养，克去自己的私欲，做到万物一体，实现理想社会，才不枉人生一世⑥。他把个人修养视为解决社会问题，进而达到理想社会的基本途径。

其次，王守仁认为个人修养的关键在于一心专注于存天理。如果“好色则一心在好色上，好货利则一心在好货利上”，就是“逐物”，而与天理的追求背道而驰了。自

① 《王文成公全书》卷七《从吾道人记》。

② 同上。

③ 《王文成公全书》卷一《传习录》上。

④ 《王文成公全书》卷七《示弟立志说》：“此志常立……一有私欲，即便知觉，自然容住不得矣，故一毫私欲之萌，只责此志不立。”

⑤ 《王文成公全书》卷二《传习录》中《答顾东桥书》。

⑥ 《王文成公全书》卷六《与黄宗贤》。

己立下宏志，一心一意地要存天理，久而久之，天理良知自然就能在心中凝聚。只有在自己心中结下“天理”这个“圣胎”，使自己身心与社会规范融为一体，才能明德、亲民、止于至善，才能使自己成为与天地万物一体的、符合社会要求的人。

最后，王守仁认为个人修养的过程就是不断克制自己私欲的过程。他有一位朋友自叹在私意萌发时，虽然心里知道，却不能把它消解掉，他对那位朋友说，当你萌发私意时能心里明白有私意萌发，这是你的命根子，如果你能立即消磨它、克制它，就是你的“立命功夫”了。所以，修身就是克己的功夫，“若不用克己功夫，终日只是说话而已，天理终不自见，私欲亦终不自见”。就像人走路一样，走出一段就认得一段，走至歧路之处，有疑便问，问清路之后接着往前走，才能最终到达目的地。那些明知天理而不肯存，明知人欲而不肯去的人，“只管闲讲，何益之有?”

王守仁对个人修养的论述，基本不出于朱熹的论述范围，而且不如朱熹论修身之系统全面，但仍有其特点，即王守仁把个人修养作为自我思想控制的一个重要手段，并以将自己的身心与社会规范融为一体为最终要求，以实现其社会理想为最终目标。

四、社会组织与社区管理思想

王守仁从政多年，并亲手镇压过数次农民起义，深知社会基层组织管理与社区管理的重要性。1516—1518年，在他巡抚南赣汀漳等地，镇压那里的农民起义军的两年里，为了扩大对地方的控制能力，他一到江西就着手组织地方武装力量，办起“团练”。他认为利用地方力量，组织成“民兵”，就可击败农民起义军，并可防止农民起义的再次发生。王守仁组织地方力量，建立地方武装的目的在于镇压或防止农民起义，这显然是反动的。从另一方面考察，其利用社区基层组织力量以维护该社区秩序的思想，是具有借鉴意义的。

第一，王守仁的社会组织与社区管理思想体现在其颇具特色的“十家牌法”的实行之中。他研究了历史上流传下来的家庭联保制度，对保甲法加以严密化、系统化，而形成所谓“十家牌法”。其主要内容是以十家为一个组织单位，制一“十家牌式”，注明十家居民的姓名、籍贯、人口、职业、房屋等项。由十家轮流收掌，各家门上也挂一小牌，注明该家居民的上述情况，十家轮流于每天傍晚到各家查审。对于今夜有谁不在家，去哪里干什么事情，哪天回来，哪一家今夜来了客人，客人叫什么名字，从哪里来，来干什么等等问题，都要详细查问，务必清楚明确。然后通报各家各户，如果有人行踪可疑，要立即报告官府。如有隐瞒，则事发之后，十家连坐①。开始，为了让民众适应新规定，十家之中不立头领，后来王守仁考虑到乡村遇有盗贼之警，不能没有人主持事务，便增设保长以督领各家，但只在防御盗贼时有此权力，

---

① 《王文成公全书》卷十六《十家牌法告谕各府父老子弟》：“某家今夜少某人，往某处干某事，某日当回；某家今夜多某人，是某姓名，从某处来干某事，务要审问的确，仍通报各家知会，若事有可疑，即行报官，如或隐蔽，事发，十家同罪。”

不许保长干预词讼；并命令各乡村、坊巷搭起鼓楼，置鼓其上，以便“遇警即登楼击鼓，一巷击鼓，各巷应之；一村击鼓，各村应之”。编入十家牌的居民，听到鼓声，即应“各执器械，齐出应援，俱听保长调度”①。十家牌增立保长，增设鼓楼，直接目的在于防御盗贼的侵扰，实际上使社区基层组织更具有了适用性。但王守仁设立“十家牌法”的意义远远不止于防御盗贼，而是以全面加强社区管理为其目的。他为了提高下级地方官吏对十家牌法的重视，曾系统地介绍了十家牌法的社区管理功能。

首先，具有便于地方政府全面了解当地情况的功能。按“十家牌法”要求，各乡村坊巷都以十家为单位，分别造册，注明人口、职业、技艺、残疾人、户籍田粮等项，呈送县政府以备查考。政府遇到粮税、徭役等事情，可以按名找人，一县之事了如指掌。

其次，具有维护本社区治安和防御盗贼的功能，按王守仁的要求，各甲各户都要申报有盗窃等不良行为的人，官府记其姓名，但并不追论以前的恶行，而是令其从此弃恶从善。如果有真能改过自新的，从黑名单上除名。如果境内发生盗窃事件，就责令这些有不良记录的人互相检举。王守仁认为，以上这些措施，可以收到使“奸伪无所容而盗贼亦可息”② 的双重效果。

再次，具有调适社会秩序及教化的功能。王守仁说，有了“十家牌法”以后，邻里之间的纠纷可以由同甲的人出面及时劝解，如果劝解不成功，或者有恃强凌弱、诬陷他人的情况，同甲有义务报官，请地方政府出面解决。因此，它可对社区生活秩序起到调适作用，将很多纠纷之事解决在民间，这有助于减轻地方政府的工作负担。同时还要求各家“互相劝谕，务令讲信修睦，息讼罢争，日渐开导”。王守仁认为，通过各甲之内的相互调适与相互教化，老百姓都明白争斗是不好的，打官司这种事情就比较少了。

最后，以“十家牌法”之社区组织为基础而稍加改造，就会具有均赋役、御外侮、淳风俗、兴礼乐等社区管理功能，最终收到对这一社区“不劳而治”的社会效应③。

第二，为强化社区管理，王守仁还采取了制定“乡约”的方式，并由他亲手起草制定了《南赣乡约》，以村规民约的形式，把人民组织起来。关于制定乡约的目的，王守仁说，民俗之善恶都是由“积习”造成的。过去农民造反，抛弃宗族、邻里，危害乡里，四处作乱，不单是当事人的罪责，也是由于政府治理、教化无方所致。与此同时，当地父老子弟也不能辞其责。制定乡约之后，同约的人应该互相监督、互相鼓励，孝敬父母，尊敬兄长，教育子女，和睦邻里，死丧相助，患难相恤，劝善戒恶，

---

① 《王文成公全书》卷十七《申谕十家牌法》。

② 同上。

③ 《王文成公全书》卷十七《申谕十家牌法》：“凡十家牌式，其法甚约，其治甚广。有司果能着实举行，不但盗贼可息，词讼可简，因是而修之，补其偏而救其弊，则赋役可均；因是而修之，连其伍而制其什，则外侮可御；因是而修之，警其薄而劝其厚，则风俗可淳；因是而修之，导以德而训以学，则礼乐可兴。……但循此而润色修举之，则一邑之治真可以不劳而致。”

息讼罢争，讲信修睦，做一个良民，形成仁厚的社会风俗①。可见，王守仁制定乡约，是为了培养阶级社会的顺民，但他利用乡约进行社区管理的思想和方法，是具有创造性的，至今仍有参考价值。

王守仁制定的《南赣乡约》，主要内容有十五条，可以归纳为以下几个方面：

其一，组织机构。设约长、约副、约正、约史、知约、约赞等职，各有分工，均选德高望重的人担任。每月十五日召开一次全约会议，主要任务是纠恶扬善。同约各人每月出银三分，作为会议聚餐费用。聚餐不得奢侈，以免饥渴为准。王守仁还具体拟定了会议议程、形式等。乡约组织是社会基层组织，约长等负责人均无俸禄，但在履行乡约过程中，地方政府做他们的后盾。

其二，强调互相帮助，调解民间纠纷。该乡约规定，同约成员凡有危疑难处之事，皆须由约长及同约成员共同帮助解决，处理妥当，不得坐视推托，陷人于恶，否则，要处罚约长、约正等人。此外，一旦出现斗殴不平之事，都要由约长出面，“公论是非”，不听约长裁决而私自报复，致人死伤，酿成大祸的，约长应率诸同约成员报告官府处置。

其三，维护社区治安。乡约规定，同约里若有人与盗贼串通，传递情报，贩卖赃物的，约长应和同约成员在确实劝诫不听的情况下，具实向官府报告。

其四，进行社会监督。对于外来人口，要予以监督，使他们与当地人一样纳粮当差；对于本地大户、外地客商，要监督其不得放高利贷及强占强买土地；对于无力偿租的贫民，要劝令租主宽舍，恃强不听劝告者，率同约人向官府告发。同时，对于地方官吏、军人等下乡勒索钱财等，也要予以监督，一旦发现他们有不法行为就呈官追究；对于新“招抚”的所谓“新民”，要监督其将所占田地产业退还原主，并不得再怀前仇，骚扰地方。还要监督他们“勤耕勤织，平买平卖，思同良民”。不服从约长劝诫的，要“呈官惩治”②。

其五，移风易俗。王守仁规定，男女长成各宜及时嫁娶。过去往往有因女家嫌男家聘礼太少，或男家嫌女家嫁妆太少而推迟婚期的现象，定乡约之后，约长要向所有成员宣传，婚嫁不能嫌贫爱富，应量力而行，力行节约，不得“大会宾客，酒食连朝”，奢靡相尚，浪费人力物力。此外，还要求简办丧事，办丧事要根据自家财力而定，以尽诚孝为目的，不可铺张。并指出“或大做佛事，或盛设宴乐，倾家费财，俱于死者无益”，以后再有类似行为，将以“不孝”对待③，以求达到“共兴恭俭之风，以成淳厚之俗”④ 的目标。

总之，乡约组织是一种按政府要求，民间自办的社区基层组织形式。目的在于整饬社区生活秩序，加强以自我约制为主的社区管理。

---

① 《王文成公全书》卷十七《南赣乡约》：“故今特为乡约，以协和尔民，自今凡尔同约之民，皆宜孝尔父母，敬尔兄长，教训尔子孙，和顺尔乡里，死丧相助，患难相恤，善相劝勉，恶相告诫，息讼罢争，讲信修睦，务为良善之民，共成仁厚之俗。”

② 以上引文均见《王文成公全书》卷十七《南赣乡约》。

③ 同上。

④ 《王文成公全书》卷十六《仰南安赣州印行告谕牌》。

王守仁认为，如按他所设计的十家牌法与乡约制度进行社区管理，就可实现理想的社区生活秩序，就能使老百姓“各安生理，勤于农业，守护门户，爱身惜命，保全室家，孝顺父母，抚养子孙”，而没有“以众暴寡，以强凌弱”的现象，从而使该社区的居民永为善良之民；同时还可使老百姓都具有合乎儒家要求的人格，即“父慈子孝，兄爱弟敬，夫和妇随，长惠幼顺”，人人都能“小心以奉官法，勤谨以办国课，恭俭以守家业，谦和以处乡里”。而且可使人们心理平恕而不轻易忿争，遇事含忍而不动辄大兴词讼，见善互相劝勉，有恶互相惩戒，从而“兴礼让之风”，“成敦厚之俗”。

王守仁的社会基层组织与社区管理思想，是建立在为封建地主阶级统治服务的基础上的。他认为，如果这些制度得以具体实施，对于社区管理定会大有效果。而且他断定，凡是“有高才远识”的当政者，都会按这种做法去做，以使其所管辖的社区“不劳而治”。只可惜当时的地方政府大都没有这种远见卓识，但它作为一种思想、一种社区管理制度安排的尝试，给后代留下了可贵的关于社区管理的文化遗产。

第二节
王艮的社会思想

“做个狂者”，这是王守仁觉悟“良知”之学后在人格方面的追求，他的学生们也认为这是“圣贤的血脉”。所以有研究者说：“‘狂’正是王学的本色。不过阳明究竟还不甚‘狂’，后来左派就专从这一路发展了。”① 这个左派里面，在社会思想方面最有特色的是王艮开创的泰州学派。

王艮（1483—1541 年），泰州府安丰场人，本名王银，王守仁为他取字汝止，号心斋，出身于煮盐的灶户，曾做过私盐贩子，在自学儒学之后，进而跟随王守仁学习，晚年创立泰州学派，一生经历可谓曲折复杂。他自视甚高，要做帝王师、万世师。别人对他的评价褒贬不一，王阳明赞他是真正的“狂者”，泰州后学尊其为“东海圣人”，反对者斥之为“怪魁”。黄宗羲认为，他在阳明心学发展中作用巨大，而又影响极坏，称“阳明先生之学，有泰州（王艮）、龙溪（王畿）而风行天下，亦因泰州、龙溪而渐失其传”②。嵇文甫评他“是阳明门下最奇怪的一个人物”③。由王艮开创的泰州学派，成员大多出身低微，以其平民学派的特点，在晚明独树一帜，极其活跃，产生了诸多平民思想家，何心隐便是其中著名的一位。

目前，国内外学术界对王艮及泰州学派均给予较高的评价。有观点主张，泰州学

① 嵇文甫：《晚明思想史论》，51 页，北京，东方出版社，1996。

② 《明儒学案》卷三十二《泰州学案》。

③ 嵇文甫：《左派王学》，36 页，上海，开明书店，1934。

派是晚明思想解放的代表，他们在心学发展史上具有极高的地位[①]。后来的研究者进而发展这种思想，指出泰州学派是一个不同于阳明学派的独立学派，其思想特质表现为“尊身”、“安身”等主张，肯定“私欲”的合理性，反映了庶民阶层的利益和要求，推动了晚明社会的思想解放[②]。泰州学派处理个体与社会的关系时，明显不同于程朱理学的“存天理，灭人欲”，要求重视个体的生命、利益与地位，有观点把泰州学派的思想视为明代思想史上提倡“个人主义”的典型[③]；个人主义的社会关系模式代表着西方社会思想意义上的“近代”社会，所以也有观点主张，在王守仁—王艮—李贽的思想发展脉络中，包含着“近代思维”的萌芽[④]。民国乡建运动中梁漱溟一派就曾深受王艮及泰州学派思想精神的影响[⑤]。

一、平民化的儒学路向

侯外庐等认为，泰州学派“在理论上继承了古代儒家的传统和王守仁的‘良知’说，而在实际内容上又对正宗儒学进行了不同程度的改造，多少反映了平民的要求和特点”[⑥]。这是一个符合儒学历史发展走向的判断。泰州学派对阳明心学和传统礼教的偏离正是儒学平民化的表现，大致表现在以下几个方面：

第一，在思想趋向上由神圣向世俗转化。泰州学派对阳明心学的部分语言、概念和范畴进行了转换。王阳明的思想体系把“良知”作为核心概念，认为它是人人固有的道德价值体系，是“是非之心”，是天理，不分圣贤，人人共有，而致良知只是要在人格上发现这种心理结构。从儒学发展内核来看，王阳明的“心即理”，是在反对朱子之“理”的概念上，重新塑造了一个神圣之物。一般认为，王艮作为王阳明的学生，也讲良知，他是“现成良知”的代表人物，主张在日常生活中当下体验和把握良知。其实，王艮的良知最终走向了个体化和世俗化。他主张“尊心”必先“尊身”，生活必须以自身为基础，必须根据它自己的条件而得到理解，重视个体的欲求、利益、价值和地位，给神圣世界以物质的、世俗的基础[⑦]，因此他的学说在当时又有“淮南格物”之称。王艮在晚年授学时，还提出了“乐”的概念，重视个体心理的满足。这种世俗与神圣的差异，在儒学的传统命题——“人欲”问题上表现得尤为明显。王阳明认同“存天理，灭人欲”的思想，并把所有违反现行社会规范的言行都界

---

① 参见嵇文甫：《晚明思想史论》，北京，东方出版社，1996。

② 参见侯外庐主编：《中国思想通史》，第四卷下，第二十二章，北京，人民出版社，1960。

③ 参见［美］狄百瑞：《晚明思想中的个人主义和人道主义》，见《中国哲学》第七辑，北京，三联书店，1982。中国传统的个人主义有两种类型，一种是远离社会的“私领域”的个人主义，如隐士或出家者；一种是强调在公共领域中发挥个人的本性与作用，注重与他人、家庭、社区及国家的关系。王艮的泰州学派属于后者，注重个体的利益和地位，强调以个人的宏毅进取改造社区与社会。

④ 参见［日］岛田虔次著，甘万萍译：《中国近代思维的挫折》，南京，江苏人民出版社，2005。

⑤ 参见宣朝庆：《平民儒学与乡村建设》，载《孔子研究》，2007（3）。

⑥ 侯外庐等主编：《宋明理学史》（下），431页，北京，人民出版社，1997。

⑦ 《明儒王心斋先生遗集》卷一《语录》：“即事是学，即事是道。人有困于贫而冻馁其身者，则亦失其本，而非学也。”

定为“人欲”，认为人欲是造成社会混乱的罪魁祸首，是必须清除的东西。泰州学派则强调正视人的合理需求，认为承认人欲并不会使天下大乱，人欲对社会良性运行具有重要意义。

第二，在价值诉求上由“圣人之道”向“百姓日用”转化。阳明心学以“为往圣继绝学”为己任，宣扬的还是“圣人之道”；王艮和泰州学派则提出，在百姓日常生产生活中也有道的存在，主张发扬、创新“百姓日用之道”。关于这一点，可以从他们对“忠孝”问题的处理上清楚地看到。忠孝观念是儒家正统思想的核心，王阳明本人就很有些愚忠的特点，提倡面折廷争，做政治上的“狂者”，结果是遭廷杖，被发配贵州当驿丞。泰州学派则对“忠”不太感兴趣，在他们的著作中也很少涉及“忠”。他们重视的是孝道，并对其推崇备至，但是他们主张孝道必须出自个人的理性认知，甚至把孝道视为对父兄慈爱的回报。因此，这里所讲的孝并非制度化儒家宣扬的愚孝和对父权滥用的容忍，而是泰州学派取自民间的理性态度。这种观念上的损益还发生在对“朋友”关系的重新界定上。在传统社会中，朋友之谊最初是从兄弟开始的。兄弟之间除了骨肉之情外，还有类似于朋友的情谊，所以“友爱”基本上指向兄弟之情，“四海之内皆兄弟”就很好地说明了这一点。泰州学派把友爱推而广之，放大到陌生人或者没有血缘关系的人之间，提倡在人与人的社会交往中建立起横向的、平等的朋友关系。1552年，王艮次子王襞在组织家族型社区组织“宗会”的过程中指出，人与金钱是舟与水的关系，即便是一个小小家族的发展也离不开经济基础[①]。这些思想发展均是适应明代中晚期经济社会发展而出现的新思想。

第三，在实施路径上由“得君经世”向“民间经世”转向。总的来说，在创造性转化的立足点上，泰州学派把握了两条标准：一是体现和表达社会下层民众的精神需求；二是适应下层社会在社会关系再生产方面的需要。在此原则的指导下，泰州学派的经世朝“经（世）济（民）”方向发展。自朱熹以下，传统儒家的经世思想就是《大学》中的“齐家治国平天下”，要求人们进入政治体制内部辅佐有道明君治理百姓。阳明心学基本上是继承了这种经世理念。按照儒家思想传统，一个人如果不能进入政治体制内部实现政治抱负，他就应独善其身，强化道德修养，以“增益其所不能”；同时等待时机，以待明君的出现。即所谓“达则兼济天下，穷则独善其身”。王艮认为时不我待，有知识有能力者应该主动深入民间，“为天下万事师”，做平民大众的社会生活导师，引导社会下层民众建设一个新的社会。在这一思想的感召下，王襞、韩贞、何心隐等泰州后学放弃科举之路，甘心沉潜在自己的家乡开展乡村建设活动，组织平民公社和平民讲会。

二、王艮的淮南格物思想

“格物”作为《大学》中的一个重要概念，本指儒者“修己”功夫的一个初始阶段。宋明以来，儒家学者们的解释很不一致。程、朱均是以穷知事物的客观规律（即

① 《新镌东崖王先生遗集》卷上《次日再复畤翁书》：“人其舟也，财犹夫水也。舟而无水则困矣，可乎？”

天理）为格物，王守仁抛弃了程朱的"格物论"，认为评判事物合理性的标准是人的良知，所以他说的"格物"就是正心中之念。这是他自己的发明创造。王艮的一生是做"天下万事师"，给老百姓当老师，治学的目的是开启民智，教育社会下层民众利用政治的、经济的、组织的手段维护自身权益。所以他在思想上很自由，既不受传统思想的束缚，也不受阳明心学的制约，主张"六经皆我注脚"，一切理论都为我的目标服务。因此，他没有拘泥于老师的格物论，而是通过考察"格"的字源，再次解释了"格物"的含义。"格"的本义是"方框"，工匠画方框的时候需要不断调整"矩"，才能通过"格物"而获得理想的图案。王艮将"格物"解释成将所有事物都纳入人的框架，认为只有在个体行为（矩）不断调整，保持正确的情况下，与社会互动，社会才能良性发展。这对"格物"进行了新的阐释，被时人称为"淮南格物"。王艮认为，格物在《大学》中的原意就是研究物有本末，而用于社会分析则是研究个人与社会组织的互动关系，保障社会下层民众的人权与尊严。他的格物思想主要包括三个方面：

其一，相对社会而言，个人具有优先性。明代中叶以前，作为官学的程朱理学过分强调了社会组织占据优势地位，而压抑了个人。早在成为王守仁弟子之前，王艮已经宣称过，每个人，即便是最普通的人，如果被给予机会，也可以成就圣人之为。后来他进一步发展这种思想，认为在个人与社会的关系上，"身与天下、国、家，一物也。惟一物而有本末之谓"①，个人与社会组织是社会的两个组成部分、社会互动的两极，但是二者有一个何者为先、何者为后的次序问题。"身是天下国家之本"②，"治天下有本，身之谓也"③，个人相对于国家、社会、社群、社区而言具有顺序上的优先性、根本性。王艮用"尊身"来指称"强调个人优先性"这一思想创见，要求尊重社会成员的人身权利，承认他们的自由与尊严，主张既不能为存天理而灭人欲，也不能只尊君、尊父、尊夫，而不尊臣、尊子、尊妇，人与人之间应该是相互尊重，彼此爱护的。王艮用打比喻的方式，指出尊重个体权利对社会发展具有重要作用——"吾身是个矩，天下、国、家是个方"④，欲成就方形之方，必须发挥矩的作用，矩不正，则方不方，因而每一个个体都是社会发展的基础。所以，王艮提倡个人的精神自由，"以天地万物依于身，不以身依于天地万物"，个人可以独立地思想，不受前人或权威者的束缚，不受古老的、僵化的、压制人的社会传统所拘束。进而言之，人与人之间是相互独立的，而非相互依附的，所以他说"我不欲人之加诸我也"，"吾亦欲无加诸人"⑤，社会（他人）不能简单地同化、压制个体权利，把集体的意志强加给个体，个体也不能凌驾于社会（他人）之上。这些思想都很有些庄子的味道，也使人想起魏晋玄学的适性逍遥，还有一些佛家的影子。或者还可以说，它与西方启蒙运动中出现的新思想具有价值趋同性。当然王艮思想的属性问题也是一个大问题，我们暂且放在后面讨论。这里需要交代的是，以这些思想倾向来"修己"，显然可以拥有更为丰富

---

① 《明儒王心斋先生遗集》卷一《答问补遗》。

② 《明儒王心斋先生遗集》卷一《语录》。

③ 《明儒王心斋先生遗集》卷一《复初说》。

④ 《明儒王心斋先生遗集》卷一《答问补遗》。

⑤ 《明儒王心斋先生遗集》卷一《语录》。

的精神资源，从事各种创造性的工作，也可以应付人生旅途上种种内在的危机。这就是王艮的思想在当时受到欢迎的原因。

其二，提倡社会责任，凸显文化传统。单向地强调个人权利与自由是危险的，这是东西方思想史上的共识。且不说近代史上西方个人主义的肆意发展最终导致激烈的阶级冲突和世界大战的发生，使欧洲大部分地区陷于破碎贫穷之中；中国早在春秋战国时期就反对杨朱的极端个人主义，认为杨朱“从心而动”、“从性而游”，“拔一毛而利天下不为”的人生态度，只强调个人的优先性，而不顾社会大众的福利，势必也会出现很多社会问题。王艮的格物思想，在强调个人权利的同时，又提倡社会责任，以平衡社会与个人的关系，制约个人主义的无限膨胀，这就是他所说的“修身”。王艮主张，“修身”不是脱离日常生活去静坐，去反观自身，冥思苦想，妄想自己具有“圣人般的人格”，而是要到家庭、国家、天下中，去发现、反思个人的位置，懂得作为人的社会责任，提高为社会服务、为普通民众服务的自觉性。一个人主动地担负社会责任是一种道义。他说：“至尊者此道，至尊者此身。尊身不尊道，不谓之尊身，尊道不尊身，不谓之尊道。须尊身尊道才是‘至善’。”① 意思是说，只有个人主动担负起社会的责任，个人权利与义务相均衡，一个社会才是美好的、善的、可持续的。他称这种修身的功夫为“反己”之学，即为了将来能够更好地治理家国社会，或者说服务社会大众，必须提高自己的道德修养。在强调个人权利和自由的同时，仍然强调社会责任，强调大我，此乃是中国的传统观念：小我必须在有大我的前提下才有意义。这也是王艮的个人主义不同于庄子、魏晋玄学和佛家的地方。他提倡尊重个人权利，强调个人自由，但个人的权利和自由须符合社会道义；而庄子是世界的旁观者，不实际参与，认为社会是妨害个人自由的，要做逍遥游；魏晋时代的嵇康、阮籍为了个人的自由连现行社会规范及社会秩序都不要。王艮的这种思想倾向反映了中国知识分子对待个人自由的一个基本态度，不能因为强调个人自主，就可以目空一切，妄自尊大，丧失了社会道义与社会责任。

其三，改造现有社会，以保障个人权利。王艮指出，纵观人类社会的历史，曾经存在三种社会组织之道：第一种是“天下有道，以道殉身”：社会组织得好，百姓得以富庶温饱，和谐一致，这种组织之道是为平民百姓服务的，这样的“道”深刻地体现了“百姓日用之道”，能够维护民众的个人权利，激励民众千方百计地把自己的潜能发挥出来；第二种是“天下无道，以身殉道”：社会动荡，天下大乱，生活在其中的人互相争斗、尔虞我诈，民众成了组织之道的牺牲品，人民的生命财产安全得不到保护；第三种是“以道殉人”：社会制度只为少数人的利益服务，成了垂死的统治阶级的殉葬品。对于后二者，王艮表示强烈反对。他认为，当时的社会制度安排是控制甚至于剥夺民众个人生活权利的空间，而不是扩张民众的生活权利的空间，个人的财富被掠夺，进而导致整个社会经济的发展受到阻碍，民众的基本生活需求得不到满足，这种社会制度安排必须进行改革。为此，他作《王道论》，称呼理想的社会为“王道”社会。在这种社会中，解决问题不再使用武力，土地得以重新分配，消灭了

① 《明儒王心斋先生遗集》卷一《答问补遗》。

“不孝不弟，不睦不姻，不任不恤，造言乱民”等社会问题，人的精神与物质需要得到基本满足，人与人的关系、个人与社会的关系达到理想的状态——“父子有亲，君臣有义，夫妇有别，长幼有序，朋友有信”。王艮观察社会的方式和及其提出的社会改革方向对今天的人们仍然有借鉴意义。

王艮的社会改革计划并没有寄希望于官方，而是走上了民间经世的道路，沉潜于民间社会，由乡村教育而至乡村建设，组织宗族自治团体，开展各种乡约活动。重视乡约、族制等民间组织，以“移风易俗”为己任，是明儒不同于宋儒的地方——宋儒主张“得君行道”，士大夫与君主共治天下。但是王艮的泰州学派又与其他人有所不同，有着鲜明的个性。他们在民间讲学时往往“讥切时政”，这种具有政治社会批判意味的群众集会自然要引起当政者的疑忌，所以泰州后学的颜钧、何心隐、李贽等人都有牢狱之灾。

第三节 何心隐的社会思想

何心隐（1517—1579 年），本名梁汝元，字柱乾，号夫山，明代江西吉安府永丰县人。他早年就考中秀才，30 岁时（1546 年）赴郡试，中第一名。在学习了王守仁的弟子、泰州学派的创始人王艮的学说以后，便抛弃了科举的道路，师从颜钧。颜钧是吉安府永新县人，王艮的弟子。他将王艮的“大成学”衍为自己的“大中学”，即《大学》、《中庸》之学。其著作有《颜钧集》。何心隐深受颜钧“欲有为于世，以寄民胞物与之志”[①] 的影响，反对理学家的说教及坐而论道，对《大学》、《中庸》中的思想赋予了实践性意义，并以此为理论基础，在他的家乡创办了“聚和堂”，进行乡村建设的实验。黄宗羲曾评价颜钧、何心隐的思想说，泰州学派发展到颜钧、何心隐一派，“逐复非名教之所能羁络”，“诸公掀翻天地，前不见古人，后不见有来者”[②]。

何心隐的一生是富有斗争性的，他敢于直言，不怕触动地方官的权威。他参与了反对奸相严嵩的斗争，并反对宰相张居正禁书院、禁讲学的政策，晚年受诬陷而死于狱中。何心隐其人性情刚直，不趋炎附势，故多遭当权者白眼，以至于丧生。但其思想之核心，仍是以儒家为宗的。他最为推重的仍是其老师颜钧的“大中学”，即《大学》、《中庸》的理论。因此，如果把何心隐称为“我国 16 世纪的异端思想家”[③] 则有欠妥切。何心隐的著作，原名《爨桐集》，后中华书局出版时更名为《何心隐集》。

---

① 《明儒学案》卷三十《泰州学案序》。
② 《明儒学案》卷三十二《泰州学案》。
③ 容肇祖：《何心隐集·序》，北京，中华书局，1960。

一、社会规范思想

何心隐的社会规范思想出于他对人的属性的认识。他认为，作为人，一方面是自然的人，一方面则是社会的人。作为自然的人，就是人生之初即有人类的体貌特征，有语言。但更为重要的是人的社会属性，人类具有“远于禽兽”的特征，这个特征就是人类具有道德理念，有一系列社会规范[①]。行仁行义，体现人之情、人之才、人之良心，是人类所以“远于禽兽”的基准。这是从道德理论和社会规范角度考察人的特性。

从行为方式的角度考察，人类也有不同于禽兽的特性。人之相貌、语言，从自然属性考察，源于人生之初；但作为社会属性的人，与人相处时体貌能恭敬、严肃，言语能顺从、平和，这是人类从根本上不同于禽兽之处[②]。不仅如此，人们在群体中生活，形成特定的社会关系，如父子、君臣、师生、朋友之类，这也是人所以区别于禽兽的标准之一[③]。

既然人类区别于禽兽的关键在于人的社会性，而人的社会性又集中地体现于社会的道德伦理规范与行为规范，那么作为一个真正的人，就必须发扬和遵守社会伦理道德和社会规范。在何心隐看来，社会规范的核心就是仁与义，有仁有义才是人，不仁不义就不是人，不是人即与禽兽无异。何心隐的所谓“仁义”，不是停留在诠释孔孟及理学家之伦理概念的层次，而是具有将其付诸实践以兼济天下人的意义，主张让仁爱充满人类的话语，用礼义拓展人生之路。因为在他看来，人人都努力体现人类的社会性，人人都坚持仁爱与礼义，是实现他的社会理想的最重要、最基本的条件。

何心隐提倡的仁爱是大爱，热爱所有的人，但首先是热爱家庭，孝敬父母；爱也不只是爱那些可爱之人，而是要爱全人类，这才是大爱。这样的爱充满人间，不仅幸福小家，也温暖大家。礼义的核心是尊重所有的人，但首先是尊重贤能之人。尊贤不是像君主那样礼贤下士，不只是尊重那些可敬之人，而是尊重全人类。保持敬重的心态是人生正路，倡导互尊互敬之风，是文明社会的重要特征[④]。

把仁义从仁而亲亲，义而尊贤，扩展到不论性别、阶级、种族、国家的互相尊重、互相热爱，何心隐所提倡的仁义与理学家所倡导的仁义是有明显区别的。他把作为儒家传统道德和行为规范之核心的仁与义，作了广义而具体的诠释，并把它放到更为广泛的、更接近人民大众利益的范围中去考察，并构想了将其实施之后可以出现的

---

① 《何心隐集》卷二《原人》：“仁义之人，人不易而人也。人则仁义，仁义则人，不人不仁，不人不义，不仁不人，不义不人，人亦禽兽也！”

② 《何心隐集》卷一《原学原讲》：“貌必有恭，必有肃，自不类于有形之类。……言必有从，必有义，自不类于有声之类。”

③ 《何心隐集》卷三《辩无父无君非弑父弑君》。

④ 《何心隐集》卷二《仁义》：“仁无有不亲也，惟亲亲之为大，非徒父子之亲亲已也，亦惟亲其所可亲，以致凡有血气之莫不亲，则亲又莫大于斯。亲斯足以广其居，以覆天下之居，斯足以象仁也。义无有不尊也，惟尊贤之为大，非徒君臣之尊贤已也，亦惟尊其所可尊，以至凡有血气之莫不尊，则尊又莫大于斯。尊斯足以正其路，以达天下之路，斯足以象义也。”

理想结果。

由此可以推断，人们都去充分体现自己的社会性，从而努力操持仁与义作为社会规范，并真正把握仁与义的内涵，做到亲其可亲，尊其可尊，以至于凡有血气者莫不亲，莫不尊，所取得的社会效应必然能达到打破人与己的界限，实现人己一体，彼我无间，社会中具有普遍的亲与普遍的尊而无差等的境地。这即是何心隐社会思想的精髓所在。换言之，何心隐的社会规范思想，是为其社会理想服务的。因此他不像理学家论社会规范那样，把最大的精力放在说教与修身的层次，而是实实在在的操作与实施。所以，何心隐说："仁义岂虚名哉？广居正路，岂虚拟哉？"仁义不能作为空洞的教条，而是有实际意义的，这个实际意义就是它作为人们社会生活的"正路"。因此，"广居"与"正路"都不是虚拟的，而是需实际做到的社会行为要求，从而让社会中的所有成员都处在最合理、最理想的社会关系之中，使社会生活变得和谐而美好。

正是出于这个目的，何心隐为了使人们更自觉地遵守社会规范，反复强调"无规矩，不成方圆"的道理。尊重社会规范，做到中规中矩，才能安身立命，促进家庭、社区、社会的幸福。他揣测历史，认为孔子十五而志于学，三十而立，四十而不惑，五十而知天命，六十而耳顺，就是志此矩、立此矩、不惑此矩、知此矩、顺此矩，从而"至于七十而始从心所欲不逾矩矣"[①]。由此可见，何心隐强调社会规范的重要性，是有较强的功利性和可操作性的，这又体现了何心隐社会规范思想与理学家的区别。

二、欲望论

何心隐反对道学家们把人欲看成罪恶的观点，肯定人们的"声色、臭味、安逸"等物质欲望应适当地予以满足[②]。他明确肯定人的物质欲望出于天性，亦即人欲就是天性[③]。这个命题与程朱道学倡导的"存天理，灭人欲"，把人欲都视为罪恶的说法完全相反，是对成为官方思想的道学思想的批判，因此具有进步意义。

在人欲出于天性的命题之下，人们的物质欲望成为人性本然的需求，因此他认为应该适当地满足人们的本性需求。这种思想，被何心隐概括为"育欲"。所谓"育欲"是与道学家所谓"灭欲"、"无欲"相对立的。其实质内容在于反对统治者在物质享受上的垄断，承认劳动人民同样有满足种种作为人的正常欲望和需求的权利。

在另一方面，何心隐"育欲"的内涵，还要求社会上层"与百姓同欲"，发展和培养社会认可的"欲"。[④] 人们都欲货、欲色，但应像周人的先祖公太王那样，去培养和发展那种与百姓同样的对货与色的欲望，而不能因满足自己的货、色之欲而置百姓的货、色之欲于不顾，这样人民才会拥戴你，社会或社区才能做到真正的和谐、和

① 《何心隐集》卷二《矩》。

② 《何心隐集》卷一《原学原讲》："声、色、臭、味、安逸之乘于耳、目、鼻、口、四肢……尽乎其性于命之至焉者也。"

③ 《何心隐集》卷二《寡欲》："性而味，性而色，性而声，性而安逸，性也。"

④ 《何心隐集》卷三《聚和老老文》："昔公刘虽欲货，然欲与百姓同欲……以育欲也。太王虽欲色，亦欲与百姓同欲，以基王业，以育欲也。育欲在是，又奚欲哉？"

睦。因此，何心隐的“育欲”，其实含有克制自身的私欲，而培养发展公欲的含义。这就是何心隐一方面提倡“育欲”，一方面又强调“寡欲”、“节欲”的内在原因。只有克制私欲，做到欲有所节，才能展现作为人的良知，体察社会共识，才能发展出社会认可的欲望①。

总之，何心隐的“育欲”与“寡欲”是一个问题的两个方面。即一方面要培养发展可与社会中各个成员共同享受的公欲，另一方面又克制只顾个人享受的私欲。育欲就是要使人们都能“尽天之性”，满足自然本有的人欲，按照人们自然本有之性“而味”、“而色”、“而声”、“而安逸”；“寡欲”就是按照社会的要求（何心隐称之为“命”）而对私欲“有所节”。“尽天之性”就是承认每个社会成员都有发展自己欲望的自然权利；“有所节”就是在节制自己私欲的条件下，尊重别人发展其欲望的自然权利。两者结合起来，就是何心隐欲望论的完整意义。

何心隐为了论证其欲望论的正确性，对周敦颐等人的“无欲”论进行了批判，认为理学家们的“无欲”论是违背儒家鼻祖孔孟思想的。他指出，孔子孟子都是承认人之欲望的，只是欲望的内容是有选择的②，不能像理学家们说的那样“欲惟寡则存心”。他进而援引孔孟对欲望的论述批判理学家：孟子所谓“鱼，我所欲也，熊掌，亦我所欲也，二者不可得兼，舍鱼而取熊掌者也。生，亦我所欲也，义，亦我所欲也，二者不可得兼，舍生而取义者也”，想吃到鱼和熊掌，就是人欲，而舍鱼取熊掌就是欲望的节制。爱护生命，保持道义，也是人欲，而舍生取义也是欲望的节制。欲望怎么可能像道学家们所说的那样寡之又寡，以至于无呢？难道仁爱就不是欲了吗？孔圣人说的“从心所欲”不也是欲吗，“欲不逾矩”不就是要对欲有所节制吗？③

总之，他认为孔子和孟子都提倡寡欲，并认为这是和他的“育欲”和“寡欲”的思想完全一致的。理学家们歪曲了孔孟的原意，推而极之，倡导“无欲而存心”是既违背孔孟欲望思想，又违背客观事实的。

何心隐对孔孟欲望思想的诠释，虽未必与孔孟原意相符，但他的逻辑推理又让人无可挑剔。所以，他的辩才受到黄宗羲的推重，说他的学说“不堕影响，有是理则实有是事”，并特举出何心隐的《辩无欲》中上述论说为例，说他的辩才已近乎张仪、苏秦之学④。其实，这是何心隐为了论证自己的欲望论的正确性的需要而与理学家展开的论战。

何心隐的欲望论，反映了下层社会民众保卫自己生活权利的意志，也反映了他们争取平等的要求，因此具有战斗意义。当时有学者指责何心隐的思想是“坐在利欲胶

---

① 《何心隐集》卷二《寡欲》：“寡欲，以尽性也。尽天之性以天乎人之性，而味乃嗜乎天下之味以味，而色、而声、而安逸，乃又偏于欲之多者之旷于恋色恋声而苟安苟逸已乎？……凡欲所欲而若有所节，节而和也，自不戾乎欲于欲之多也，非寡欲乎？”

② 《何心隐集》卷二《辩无欲》：“孔子言无欲而好仁……好非欲乎？”“孟子言无欲，其所不欲……无欲非欲乎？”

③ 《何心隐集》卷二《辩无欲》：“欲鱼欲熊掌，欲也，舍鱼而取熊掌，欲之寡也。欲生欲义，欲也，舍生而取义，欲之寡也。能寡之又寡，以至于无，以存心乎？欲仁非欲乎？得仁而不贪，非寡欲乎？从心所欲，非欲乎？欲不逾矩，非寡欲乎？能寡之又寡，以至于无，以存心乎？”

④ 《明儒学案》卷三十《泰州学案序》。

漆盆中，所以能鼓动得人"[1]，可算是准确地表达了何心隐乃至泰州学派的思想的一个特点。何心隐等坚持人的物质欲望应适当地予以满足，正是反映了众多饥寒交迫的人民的要求，所以能博得人民群众的响应。

何心隐对欲望论的最大贡献，在于他将以往把欲望论仅限于个人的自然需求的概念加以充分地扩大，成为"欲与百姓同欲"之"欲"，以及欲过群体的平等生活之"欲"。他说"欲货色，欲也；欲聚和，欲也……族既聚和，欲亦育育"[2]。所谓"聚和"，意谓合族而聚过集体生活。就是说人们不仅有物质欲望，同时也具有过集体生活的欲望。这种欲望已超出了前人对欲望的理解与研究范围，涉及人们的社会需求，并把这种"欲聚和"之欲作为其欲望论中"育欲"的重要组成部分来加以强调和重视，实是难能可贵的。由此可见，何心隐的欲望论与其社会规范思想一样，都是与其理想社会模式相一致的，是为其理想社会模式的实验服务的。

三、论社会交往与社会组织

何心隐关于社会组织的思想，也与其社会规范思想及欲望思想一样独具特色。他虽推崇《大学》、《中庸》的理论，但在社会组织方面，抛开儒家及理学家们亲亲尊尊的格局，而把朋友关系及师徒关系作为社会组织关系中最重要的纽带。

在何心隐看来，平时被人们推重的兄弟关系、夫妇关系、父子关系、君臣关系往往是不正常的。因为兄弟之交，往往导致相互党同伐异；夫妇之交，往往要求相互匹配；父子之交，往往失于昵爱；君臣之交，多是君主欺侮臣下，而臣下需攀附于君主。所以，这些交往关系都是被扭曲了的，除君臣一项外，其余都只是"八口之天地"，"百姓之天地"，没有跳出一般的狭小的樊篱。只有朋友之交，才是"交之尽"，才合乎天地之交，平等泰和，才是社会关系和社会交往的极致。[3]

何心隐认为，朋友之交是社会关系的极致，同时又认为，师是"道之至"，"学之至"，何心隐特别重视师生关系[4]。

朋友关系与师生关系被何心隐视为超乎兄弟、夫妇、父子、君臣关系之上的更为重要、更为允当的社会关系。其实何心隐是要破除传统的身家意识，建立一种超乎身家之上的师友关系，既平等相待，又互相熏陶，并以这种社会关系为核心，建构起一种理想的社会组织。这种社会组织即是何心隐所谓"会"。

---

① 顾宪成语，转引自《明儒学案》卷三十二《泰州学案》。

② 《何心隐集》卷三《聚和老老文》。

③ 《何心隐集》卷二《论友》："天地交曰泰，交尽于友也。友秉交也，道而学尽于友之交也。昆弟非不交也，交而比也，未可以拟天地之交也。能不骄而泰乎？夫妇也，父子也，君臣也，非不交也，或交而匹，或交而昵，或交而陵、而援。八口之天地也，百姓之天地也，非不交也，小乎其交者也。能不骄而泰乎？"

④ 《何心隐集》卷二《师说》："师非道也，道非师不帱。师非学也，学非师不约。不帱不约则不交。……师也，至善也。非道而尽道，道之至也；非学而尽学，学之至也。可以相交而友，不落于友也。可以相友而师，不落于师也。此天地之所以为大也，惟大为泰也，师其至乎！"

“会”作为一种社会组织，有以下几个特点①：第一，“会”在形态上与家相近，是会员的一个安身之所。第二，家有一家之主，会也有一会之主，但这个位置不是永久的，不专于一家一姓，而是“相与以主会”，就是大家共同主持“会”务，由“会”员轮流担当主会者。第三，会对于个人与家庭的发展都具有重要的意义，就如同过去强调的天下、国（地方）对于个人和家庭的意义一样。第四，“会”分布于生活的各个领域，因为个人从事士农工商等各种职业，所以这些职业领域里都存在着“会”。第五，“会”也分很多层级，有地方性的，也有跨区域的，甚至全国性的大“会”。同时，“会”也不单纯属于某个职业领域，也有跨职业领域的大“会”。第六，“会”是一个君子组织，人与人的关系平等仁爱，相互关心。

何心隐对于“会”这种社会组织的描述虽然还不够明确，但可以看出，这种社会组织是一种超乎一般士农工商之职业阶层区分、超乎一般之身家之上的社会组织，其组织范围十分广泛，也有一定的组织机构，如“主会”之类。这种社会组织的主持人，与他所说的“君其心于道”的“君”或许是一回事，至少其目的是相通的。

何心隐在《论中》一文中，提出了社会组织必须有其中枢机构的思想。他说，一个社会如无所统属，无所组织，“人亦禽兽也”，并认为人的聚集必有其组织和组织的法则，而这个主持组织系统的就是“君”，君就像人的心脏一样起到核心的作用。但是，何心隐所谓“君”的内涵不同于传统儒家及道学家们的解释，而认为君的责任是维系社会组织正常运行，使人们都能均平地过群体生活②。“君”是顺乎天道自然的，故其“君心”与“道心”完全一致。这个作为组织中枢的“君”只给社会群体带来和谐与幸福，而不给社会群体造成破坏与痛苦③。

在何心隐所构想的社会组织之中，“均”和“群”是最基本的追求，这个社会组织的主持者“君”以使社会组织成员都能“均”能“群”为唯一目的。而且从其行文中可知，何心隐的“君”是统摄于一般所谓君臣、父子、夫妇、兄弟之上的社会组织的主持者，由此也可以推断出，“会”这种社会组织其最大范围是全国型或者说跨国型的组织。

把何心隐关于“会”的论述与其君即均、即群的思想，以及《论友》、《师说》联系起来考察，则可以了解其社会组织理论的总体构架。即：

第一，组成一种超乎身家乃至君臣、父子、夫妇、兄弟关系之上的社会组织，这

① 《何心隐集》卷二《语会》：“夫会，则取象于家，以藏乎其身，而相与以主会者，则取象于身，以显乎其家者也。不然，身其身者，视会无补于身也。家其家者，视会无补于家也。何也？视会无所显无所藏也。乃若天下国之身之家之，可以显可以藏乎其身其家者也。会岂小补于身于家已乎？不然，身其身者，身于士农工商其身已也。家其家者，家于士农工商其家已也。小补于身于家已也，可象天下国之身之家之所显所藏者乎？必身以主会而家以会，乃君子其身其家也，乃君子以显以藏乎士农工商其身其家于会也。乃仲尼其君子而身而家于国于天下，以显以藏以会也，会将成象而成形矣。”

② 《何心隐集》卷二《论中》：“天位乎上，地位乎下，人位乎中。人必君，则人也。君必位，则君也。臣民亦君也。君者，均也，君者，群也。臣民莫非君之群也，必君而后可以群而均也。”

③ 《何心隐集》卷二《论中》：“君其心于君臣，可以群君臣，而君臣可均也。不然则君不君，臣不臣，不群不均矣。君其心于父子，可以群父子，而父子可均也。不然则父不父，子不子，不群不均矣。至于可以群夫妇而夫妇均，可以群昆弟而昆弟均，可以群朋友而朋友均者，莫非君其心于道也，中也。”

个组织叫作“会”。

第二，这个社会组织中有领导者，但不属一家一姓，领导者的职责是使这个组织中的所有成员能群、能均。

第三，这个社会组织的成员之间横向的联系应是一种朋友式的关系，纵向的联系为师生式的关系。传统儒家所谓君臣、父子、夫妇、兄弟等伦理关系退居次要地位，并服从这个社会组织的师生、朋友两种社会关系。

第四，有了这种社会组织之后，原有的整个社会关系与组织系统便发生了质的变化。何心隐在《邓自斋说》中描述由这种社会组织而构成的新型的身、家之性质说：“仲尼不溷身家于莫不有之身家，而身家于生民以来未有之身之家，与老者相与以安、朋友相与以信、少者相与以怀，相与事事于《中庸》其身，于《大学》其家者也。”可见，在何心隐看来，经过这种新型社会组织改造之后的身家，已成为“生民以来未有之身家”，而与人人“莫不有之身家”显然是有别的。由此可见，何心隐的社会交往与社会组织思想，实际上是他的理想社会构想中的一个有机组成部分。

四、理想社会构想与实验

何心隐不但是一位充满了美好幻想的思想家，而且是一位社会实验家。在其理想社会构想的基础上，他在自己的家乡创办了“聚和堂”，进行了他的理想社会的实验。关于何心隐创办并主持的“聚和堂”这个理想社会的模式，我们可根据他所作《聚和率教谕族俚语》、《聚和率养谕族俚语》和《聚和老老文》等直接材料以及邹元标《梁夫山传》、黄宗羲《明儒学案·泰州学案序》和地方志本传等记载看到其大概情形。现归纳如下：

第一，所谓“聚和堂”，就是“合族始聚以和”，“有教有养”。它是一个以宗族为单位，既管教化，又管经济，并统一向官府交纳赋税的自发的社会基础组织形式。也就是说聚和堂承认现行的君主统治，并认为自己的田产形躯，都是在有君主统治的前提下而得以存在的。即所谓“我有田产，不有君以统于上，则众寡相争，田产不得以相守也。……我有形躯，不有君以统于上，则强弱相欺，形躯不得以相保矣”[①]。因为认为自己的田产身躯是“君所赐”，所以“聚和堂”遵守政府各项法令，不与政府作对。

第二，“聚和堂”有严密的组织，设“率教”、“率养”各一人，全面负责文化教育与经济管理工作。“率教”、“率养”之下分别设“辅教”、“辅养”各三人，办理具体事务。此外，为了满足聚和堂全体成员的吃穿用所需费用，以及“计亩收租，以赡公家粮税”，还设置了“总管粮”12人，“分摧粮”24人，“征粮”72人。72人负责“各征粮于各候”，24人负责“分摧粮于八节”，12人负责“总管粮于四季”。各有分工，层层负责，由下及上“各候完讫，类付于八节之所摧者。八节完讫，类付于四季

① 《何心隐集》卷三《聚和率养谕族俚语》。

之所管者。四季完讫，类付于维养者，交收转付辅养，以俟率养之所率矣”[①]。如未能按期完成本职工作，也须层层上报，“以达率养”。

第三，在这个以宗族为基础建立起来的聚和堂组织内实行义务教育。全体学生不分远近、长幼、贫富，不分本姓外姓，都住在一起，伙食统一，过着待遇完全平等的集体生活，极大降低了各家各户的教育成本，基本消除了他们的教育负担。而且学生的生活起居都有规章制度，无论是父母病诞，还是伯叔吉凶、外戚庆吊，都须按规定请假，而且规定：“子弟方婚聘者、婚娶者、婚毕者，既聚于祠，不许擅归，审其临期，有常条。子弟旧业农者、工商者、僧道者，既聚于祠，不许擅往，审其缓急，处有常条。”至于各种公私宴请更是“不许擅赴”，视情况按照校规准假。学祠之中，还按学习时间和成绩实行奖励制度，半年一小考，三年大考，十年举行毕业考试[②]。为了提高教育效果，不乱“师长之教”，还采取了使学生与家人相对隔离的措施。既不准家人私自到学校通报家内情况，送果品玩具，也不准家人以衣服、美味等娇惯孩子。在这个学祠之内，要求学生在学习与生活上均等，对上下左右都要除其“私念”，做到“相亲相爱”、“礼以相让，文以相勖”，气氛融洽。

第四，“聚和堂”的作用不仅是对同族儿童实行公共教育，还兼管聚和堂公田的地租、财政收支、国家赋税等事宜。这部分业务主要由何心隐“捐千金，创义田，储公廪”构成，支出部分除了学祠开支，主要是应付堂内的“冠婚丧祭鳏寡孤独之用”。也就是说，“聚和堂”内部对鳏寡孤独实行集体救济。这与前述何心隐在社会组织论中的构想，“老者相与以安”、“朋友相与以信”、“少者相与以怀”的理想境界是一致的。或者说“聚和堂”是这种构想的实验场所。在省志本传、县志本传中，都说经过何心隐的努力，“数年间，一方几于三代遗风”。此外，族人的冠、婚、丧、祭、赋役等事项，也都由聚和堂组织统一办理，并且“一切通其有无”，以实现他的聚和“合族”，过集体生活的构想。据黄宗羲记载，何心隐的这种做法是行之有效的。他说何心隐“谓《大学》先齐家，乃构萃和堂以合族，身理一族之政，冠婚、丧祭、赋役、一切通其有无，行之有成”[③]。所以行之有成，不但是由于他亲身管理一族之政，而且与他率先捐钱捐地，把私人财产归入集体财产的精神和行为有密切关系。

第五，“聚和堂”组织中所设各级负责人，按何心隐的构想，都应是“乐于尽分”者，都不会因认为自己辛苦，上级闲逸，而惰于其本职工作。征粮、摧粮、管粮者工作辛苦，其上级的“维养者同辅养以从率养四时相聚，不敢少逸于四时”，也同样在辛勤地从事其本职工作。各级负责人，包括率养在内，“苟不尽分”就当“自惭而退”，下级负责人工作努力，“乐于尽分”，将赋予更大的责任和职务，而且各级负责人都有教育下一级负责人的责任，“教之不改，然后呈于官司”[④]。可见，

---

① 《何心隐集》卷三《聚和率养谕族俚语》。

② 《何心隐集》卷三《聚和率教谕族俚语》：“半年以后，试子弟有生意者，必有权宜之处；三年小成，又有通变之处；十年大成，则子弟不论贫富，其冠婚衣食，皆在祠内酌处。”

③ 《明儒学案》卷三十《泰州学案序》。

④ 《何心隐集》卷三《聚和率养谕族俚语》。

聚和堂组织具有教化的责任，并要求大家自觉地各尽其职责，并无处罚的规定与司法性机构，对教之不改者，则呈于官府予以制裁。这一点与王阳明社区管理思想中之《南赣乡约》中的思路是完全一致的。何心隐的思想学说深受王阳明之影响，在此可见一斑。

总之，何心隐的“聚和堂”这个社会组织体，是其所构想的理想社会模式的实验，是他以自己的社会规范思想、欲望思想、社会交往与社会组织思想作为理论基础，在力所能及的家族的范围内进行的小规模的实验。这个“家族公社”式的实验是大胆的，是有重要历史意义的。“聚和堂”虽然范围狭小，并带有浓厚的宗法色彩，但最终目的并不限于此，而是何心隐本着传统儒家的先修身、齐家，最后治国平天下的公式所做出的第一步努力。他试图从教育入手，进行集体教化，使其成员从小就“总聚祠，总宿祠，总送馔”，以“除子弟之私念”，到长大以后，“冠婚衣食酌取于祠”，老人可以得到休息和赡养，从而做到“老安”、“少怀”，从而达到“族既聚和，欲亦育育”的目的。在此基础之上，何心隐所希望的，应是建构以“会”为组织形式，以能使人们得以“均”和“群”的“君”作为协调中枢，以师与友为纵向和横向社会关系纽带的理想社会模式。在这个理想社会模式中，何心隐没有公开主张财产公有，但从他“以天下为家，而不有其家，以群贤为命，而不以田宅为命”① 的追求看来，以及他把自家的田产捐献给聚和堂的行为来考察，他以整个社会为统一体，而不追求个人财富乃至鄙弃财产私有的态度甚为鲜明。

何心隐的宗族公社式的理想社会构想与实验，出现在16世纪的中国，与此同时，欧洲也出现了被恩格斯肯定为“理想社会制度的空想的描写”②，即莫尔的《乌托邦》与康帕内拉的《太阳城》。由于何心隐与莫尔、康帕内拉所处的民族、国度和社会背景不同，他们构想的理想社会内容有诸多区别，又由于他们所处的历史发展阶段和面临的社会矛盾有诸多相似之处，他们所构想的理想社会又有诸多相同之处。如何心隐的宗族公社带有浓厚的宗法色彩，并没有涉及土地所有制问题，不像莫尔那样明确提出财产公有与参加生产劳动问题。这说明在同一个时期里，中国的商品经济还不如欧洲发达。但他们都幻想着一个与现实社会截然不同的美好的社会。当然，何心隐也有比莫尔及康帕内拉更进一步的地方，即莫尔及康帕内拉只停留在纸上谈兵的阶段，而何心隐则把自己的理想社会的构想付诸实践，进行了初步实验。西方空想社会主义实验，最早要算英国人罗伯特·欧文于1824年在美国印第安纳州创办的“新和谐公社”，这比何心隐“聚和堂”宗族公社的实验至少晚了250年。因此，我们虽不能把何心隐和被公认为“空想社会主义奠基人”或“空想社会主义的创始人之一”的莫尔相提并论，但说他是中国古代社会思想家中进行理想乡村建设实验的先驱之一，当是不过分的。

---

① 《焚书》卷三《何心隐论》。

② 《马克思恩格斯选集》，2版，第3卷，357页，北京，人民出版社，1995。

第四节
李贽的社会思想

李贽（1527—1602年），号卓吾，又号宏甫，别号温陵居士，明代泉州晋江人，其传附于《明史》卷二二一《耿定向传》之后。

李贽的祖先从事航海，曾为泉州巨商，并通晓外国语言。其祖父和父亲均信奉伊斯兰教，而李贽本人则“自幼倔强难化，不信道、不信仙释。故见道人则恶，见僧人则恶，见道学先生则尤恶”①，但到中年以后，始信佛教，晚年尤甚，并剃发自称和尚。

李贽26岁（1552年）中举，历任南京国子监博士、南京刑部员外郎、云南姚安知府等职。40岁前后的数年间，曾读王守仁的著作，后又拜泰州学派的创始者王艮之子王襞为师。他与何心隐均属王艮的再传弟子一辈。1577年任姚安知府后，又交结了一些和尚，不顾其他人的看法，与和尚们“参论虚玄”，后来竟然自己剃了和尚头，穿着官服坐堂，被上级勒令去职②，从此结束了宦海生涯。在湖北黄安，其讲学对象包括女性，讲学内容“专崇释氏，卑侮孔孟”，都违背了当时的社会习俗。万历三十年（1602年）李贽北游通州，被人诬以“敢倡乱道，惑世诬民”而被捕下狱。虽然他没有被判处死刑，但在狱中执意自杀身亡，留下了一个历史之谜。其主要著作有《焚书》、《续焚书》、《藏书》、《续藏书》及《初潭集》等。

一、对现实社会的批判

李贽自称为“异端”，以区别于那些被他称为没有见识的“鄙儒”、没有真才实学的“俗儒”和未死而臭的“迂儒”。仅从这一点，就反映出李贽对于当时被奉为“正统”的程朱理学家思想与学术的极大不满，表现出他反对封建正统思想的强烈态度。

因此，李贽的社会批判，主要是对孔孟儒家思想及宋、明理学思想的抨击。

其一，对孔子的批判。孔子是儒家的鼻祖，受人敬礼膜拜的“圣人”，而李贽却勇敢地对孔子进行了讽刺和抨击。他说：

> 余自幼读圣教不知圣教，尊孔子不知孔子何自可尊，所谓矮子观场，随人说研，和声而已。是余五十以前，真一犬也，因前犬吠形，亦随而吠之，若问以吠声之故，正好哑然自笑也已。……呜呼！余今日知吾夫子矣，不吠声矣；向作矮子，到老遂为长人矣。③

---

① 《王阳明先生年谱后语》。
② 《明史》卷二二一。
③ 《续焚书》卷二《圣教小引》。

表面上看，似乎李贽在自嘲自讽地谈其治学之体会，实际上则是以一个跳出官方儒学之藩篱者的身份，讥讽那些读儒家之书而不知儒学之真谛，尊孔子而不知孔子为何可尊的俗儒、迂儒、鄙儒们，只不过是观场的矮子或吠影吠声的狗。

造成这一问题的原因何在呢？李贽认为，并非孔子即是圣，老佛即是异端，而是由于先儒亿万次地论证、前辈师傅们沿袭成说，学生们朦胧受教的结果，久而久之众口一词，就成了千古不变的真理。其实那些传授儒学的前辈师傅们也并不懂得什么叫大圣，什么叫异端。

在李贽看来，没有什么圣教与异端之分，只是“闻道”的方法与程度有所差异而已①。就孔子而言，他不过是一个普普通通的人，也没有多少学问教授学生，即便是孔子自己也没有让大家向他学习，如颜渊向他问仁，他也只说“为仁由己”，“君子求诸己”。后世迂儒要求人们都学习孔子，真是莫明其妙之举。更有甚者，是孔子死后千百年来，“以孔子之是非为是非”竟然成为社会标准，结果造成混淆是非的恶果。他认为，每一时代都各自有其是非标准，不能以孔子的标准为准。若是必以孔子之是非标准为准，那么孔子出生以前的千百年间，岂不是人不能成为人，社会不能成为社会了吗？由此可见，李贽的社会思想具有较强的时代精神。他对孔子的批判，也旨在确立新的时代精神。

其二，对儒学的批判。李贽批评孔子的奸诈虚伪，指出孔子知道人们都喜欢好名声，就立名教以诱导后人②。退一步说，儒家的真精神是强调人生态度“志在闻道”，“视富贵若浮云，弃天下如敝屣”。在孔子的诸多弟子中，唯有颜渊真正学到了这一精髓，其他人则“虽有弟子之名，亦无有弟子之实矣”③，这种思想之真谛在颜回去世后就失传了④。但是，“自孔子后，学孔子者便以师道自任，未曾一日为人弟子，便去终身为人之师，以为此乃孔子家法，不如是不成孔子也”⑤。战国时代，儒学为诸子之学，除一小部分人出身于士大夫阶层追求富贵之外，多数人尚以“闻道”作为目的。其后则每况愈下，汉代儒家以灾异谶纬“附会”五经，而到宋代儒家更是“穿凿”三教了，更有甚者是到了明代，更以宋儒的穿凿作为正宗的儒家精神，奉之为儒家思想的标准解释了⑥。所以李贽才有“人益鄙而风益下”之叹，并进而怒骂：难怪流弊至今，表面上尊道学，背地里求富贵，真是一群披着儒服的走狗！⑦ 不仅儒者其人如此，儒家之书也是如此。

儒家奉“六经”、《论语》、《孟子》为经典，李贽把它们从神坛上拉了下来，指出它们中的很多内容来自后代史官的极力褒崇之词，或大臣们的极力赞美之语，还有很

---

① 《续焚书》卷二《三教归儒说》：“儒、道、释之学，一也，以其初皆期于闻道也。”

② 《焚书》卷一《答耿司寇》。

③ 《焚书》卷一《答刘宪长》。

④ 《续焚书》卷二《三教归儒说》。

⑤ 《焚书》卷一《答刘宪长》。

⑥ 《续焚书》卷二《三教归儒说》：“以诸子虽学，夫尝以闻道为心也。则亦不免士大夫之家为富贵所移尔矣，况继此而为汉儒之附会，宋儒之穿凿乎？又况继此而以宋儒为标的，穿凿为指归乎？人益鄙而风益下矣！”

⑦ 《续焚书》卷二《三教归儒说》：“无怪乎流弊至于今日，阳为道学，阴为富贵，被服儒雅，行若狗彘然也！”

多内容是那些糊涂迂腐的弟子、门徒们的对孔子言行的追忆，所以很多话有头无尾，前言不搭后语。后代儒者更为迂阔懵懂，不察真伪便一股脑地将其奉为经典及圣人之言，这岂不可悲可笑①？退一步说，这些著作纵然出自圣人，也不过是针对当时的社会问题而发的，就好像医生因患者的病症而开处方和用药一样，岂能以之作为放之四海而皆准的“万世之至论”呢？

李贽认为，不仅儒家经典有致命缺陷，儒家规定的社会规范也同样是违背社会事实的。他反对儒家推崇的“礼”，认为这种“礼”是外加的、人为的，实际上是“非礼”。真正的礼是来自于人的内心并取得大众共识的行为规范。礼的依据应当是顺乎人们之自然行为，是人们于不学不虑，不思不勉，不识不知之中就自然能达到和做到的东西②。而儒家之“礼”，以及“非礼勿视，非礼勿听，非礼勿言，非礼勿动”的训诫，其实是从根本上违反了礼的本质与精神的。由此可见，李贽对儒者其人、儒家其书以及儒家的思想学说都进行了批判。

其三，对宋明道学的批判。到明代李贽在世的时期，程朱理学已经流行了300多年。程朱理学作为官方思想，成为上至朝廷，下至童生学习和依靠的思想理论根据，科举考试以程朱之思想作为最标准的答案。在这种学术风气的教导下，养成了一大批坐而论道，空谈“天理”的虚伪学者③。

李贽对此等道学先生们极为鄙视，认为他们是误国误民的罪魁。可惜国家专用这种人，所以到关键时刻无可用之人，而对那些有才有胆有识之士，不但不任用，还要千方百计地打压他们，禁锢他们的活动，结果逼得这些人走上了反抗的道路④。当一个社会专用无用之人，而对有才有胆有识者加以禁锢，使之抱不平之恨，倍感无所措手足，不得不背叛政府而为盗贼的时候，社会的大混乱也就为期不远了。对于这种社会事实，李贽究其根源，得出了道学误国的结论。所以他对道学家的虚伪进行了无情的揭露，以期唤起人们对道学的再认识与反思。

李贽认为，那些大讲道学之人，都是以猎取富贵为目的的伪君子。他说，世上不靠讲道学而致荣华富贵的人为数不少，那么，为何有些人要以讲道学作为富贵之资呢？其实原因很简单，即他们是一群无才无学的废物，若不以讲道学为名博取富贵，将终身贫贱⑤。既然道学家们讲道学只是作为其猎取富贵的手段，就决定了道学并非

---

① 《焚书》卷三《童心说》：“夫‘六经’、《语》、《孟》，非其史官过为褒崇之词，则其臣子极为赞美之语。又不然则其迂阔门徒，懵懂弟子，记忆师说，有头无尾，得后遗前，随其所见，笔之于书，后学不察，便谓出自圣人之口也。决定目之为经矣，孰知其大半非圣人之言乎？”

② 《焚书》卷三《四勿说》：“人所同者谓礼，我所独者谓己。……盖由中而出者谓之礼，由外而入者谓之非礼；从天而降者谓之礼，从人得者谓之非礼；由不学不虑，不思不勉，不识不知而至者谓之礼，由耳目闻见，心思测度，前言往行仿佛比拟而至者谓之非礼。”

③ 《焚书》卷四《因记往事》：“平居无事，只解打躬作揖，终日匡坐，同于泥塑，以为杂念不起，便是真实大圣大贤人矣。其稍学奸诈者，又搀入良知讲席，以阴博高官。一旦有警，则面面相觑，绝无人色，甚至相互推诿，以为能明哲。”

④ 《焚书》卷四《因记往事》：“唯举世颠倒，故使豪杰报不平之恨，英雄怀罔措之戚，直驱之使为盗也。”

⑤ 《续焚书》卷二《三教归儒说》：“唯无才无学，若不以讲圣人道学之名要之，则终身贫且贱焉，耻矣，此所以必讲道学以为取富贵之资也。然则，今之无才无学，无为无识，而欲致大富贵者，断断乎不可以不讲道学矣。”

什么值得推重的东西，同时也就决定了道学家们“平生聚友讲学之举，迁善去恶之训，亦太欺人矣”①。

在李贽看来，那些口是心非，自欺欺人的道学先生们，其实远不如心口一致的普通人高尚可爱。街头叫买的小贩，做生意就谈生意经，种田的农夫，种田就谈种田的把式，这样的话才真有味道，才是真正让人百听不厌的“有德之言”②。道学家则不然，他们表面上装出毫不利己，一心为别人着想的样子，批评别人是“自私自利之徒”，实际上他们所讲者并非其所行，所行者又并非其所讲，他们买地、架屋、科举、做官、看风水，等等，无不是为了发财发家，这才是真正的贪图富贵名利之徒③。他告诫那些道学家们，既然人间的种种发财谋生的产业都是你们孜孜以求的，何不向那些市井小贩、耕田的农夫们学习，说些贴近社会现实生活的真话呢？

我们从李贽对孔子、对儒家、对道学家们的批判中，可以看到李贽的“异端”精神，可以看到程朱理学统治中国近三百年之后有识之士的反思，可以看到程朱理学控制中国思想学术给社会带来的弊害，也可以看到资本主义市场经济在中国萌芽之后，早期市民阶层的初步觉醒。

二、理想社会构想

李贽对理想社会的构想，一反传统儒家的思想路向，体现出其“异端”精神。他的社会理想的出发点，是“百姓日用之迩言”。他认为这是最要紧，也是最难的事。

李贽所谓“迩言”，意为浅近之言，亦即关于人们现实社会生活之言，都是自然而然，富有人情味的④。这种倾向是明代社会思想偏于切实、单纯的反映，他们对于宇宙之大、民物之繁似乎不大理会⑤。所以，李贽的社会理想明显区别于“大同”、“小康”或“小国寡民”等思想格局，而充满现实主义特色。综合考察，李贽的理想社会构想具有以下特点：

第一，理想社会以“兵”与“食”为基础。⑥

人类没有足以抵御禽兽的爪牙，也没有足以挡避风寒的羽毛，因此，人类为了生存就需要种田以谋食，备兵器以自卫，这是从人类蒙昧时代至今人社会生活所共同的

---

① 《焚书》卷一《复周柳塘》。

② 《焚书》卷一《答耿司寇》：“市井小夫，身履是事，口便说是事，作生意者但说生意，力田作者但说力田，凿凿有味，真有德之言，令人听之忘厌倦矣。”

③ 《焚书》卷一《答耿司寇》：“自朝至暮，自有知识以至今日，均之耕田而求食，买地而求种，架屋而求安，读书而求科第，居官而求尊显，博求风水以求福荫子孙。种种日用，皆为自己身家计虑，无一厘为人谋者，及乎开口谈学，便说尔为自己，我为他人；尔为自私，我欲利他；我怜东家之饥矣，又思西家之寒难可忍也……”

④ 《焚书》卷一《答邓明府》：“凡今之人，自生至老，自一家以至万家，自一国以至天下，凡迩言中事，孰待教而后行乎？趋利避害，人人同心，是为天成，是谓公巧，迩言之所以为妙也。”

⑤ 钱穆：《王守仁》，20页，上海，商务印书馆，1933。

⑥ 《焚书》卷三《兵食论》：“民之初生，若禽兽然，穴居而野处，拾草木之实以为食。且又无爪牙以供搏噬，无羽毛以资翰蔽，其不为禽兽啖食者鲜矣。……盖有此生，则必有以养此生者，食也。有此身，则必有以卫此身者，兵也。……民之得安其居者，不以是欤！”

必需，同时也是任何理想社会的必需。

第二，理想社会应是“万物并育而不相害”的社会，保障社会各成员共同发展，过上美好的生活①。现实社会之所以充满了斗争和矛盾，就是因为它没有提供保障社会成员共享福利的条件，因此人们出于趋利避害的本能，为维护自身之生存权利，自然要去抗争。那些因得不到社会生存保障而受到伤害，失去发展机会的人，自然要去扼制对方，于是就造成社会秩序的混乱。

李贽所谓“万物并育”的前提，是社会制度有条件让人们按照各自的需求、欲望和能力去行事，而这样做的结果是使人们获得自由的发展②。只有这样，才能使人们成就自己，各得其所；只有这样，才堪称“至齐”、“至礼”；只有这样，才能人心归化，社会和谐——这就是李贽“万物并育”之社会理想的本质。

第三，李贽认为，理想社会应是顺乎人性的社会。他把社会分为“君子之治”与“至人之治”，前者即是传统儒家的社会理想，后者则是李贽的社会理想。在他看来，所谓“君子之治”是按照社会统治者自己的意志去治理社会，在人们不听从他们的爱与恶时，就用种种教化和刑法的手段加以控制，随着社会规范与社会控制日趋繁重，人民生活也日益受到破坏。在这样的社会里，由于一些人遵行了社会规范，而另一些人则不愿遵行之，就又出现了君子与小人的分别。这种差别性待遇造成社会歧视，又引起了新的社会矛盾。所以，“君子之治”的社会理想是行不通的。

另一种社会理想是李贽的“至人之治”。至人之治，是顺乎社情民意，使人们从君子之治造成的繁文缛节之中解放出来。因为其治理社会的方式能做到从于俗，顺于性，不拂其能，不用新奇的政策和法令规范去惊动人民，不用严密的社会控制手段去限制人民，从而使社会治理与人们的天然本性相一致③。这是李贽理想社会构想的一大特色。

第四，理想社会应是一个在人的个性与能力得到充分发挥基础上优胜劣汰的社会。李贽抛开儒家的性善之说，不言道学家的二重人性之说，也不拘泥于历代社会思想家对人性的种种观点，从早期市民阶层视角重新考察人性，认为人们的性情是千差万别的，就像天下的道路纵横交错，不止一条一样④。人性各不相同才是事实，才合乎规律⑤。

在此前提下，社会治理者应做的，不是使人性一致化，而是尊重人的个性，即他强调的“尊德性”，“任物情”。所谓“尊德性”，就是说人们都有个性和物质欲望，而且其个性与物质欲望应受到尊重。所谓“任物情”，就是说人们的要求欲望是各不相

---

① 《李氏文集》卷十八《明灯道古录》卷上：“若肯听其并育，则大成大，小成小，天下之更有一物之不得所者哉！是之谓‘至齐’，是之谓‘至礼’。夫天下之民，各遂其生，各获其所愿有，有不格心归化者，未之有也。”

② 《李氏文集》卷十八《明灯道古录》卷上：“千万其人者，各得其千万人之心，千万其心者，各遂其千万人之欲。”

③ 《焚书》卷三《论政篇》：“因其政不易其俗，顺其性不拂其能，闻见熟矣，不欲求知新于耳目，恐其未寤而惊也。动止安矣，不欲重之以桎梏，恐其絷而颠且仆也。”

④ 《焚书》卷三《论政篇》：“夫道者，路也，不止一途，性者心所生也，亦非止一种已也。”

⑤ 《明灯道古录》卷上：“夫天下之大也，万民至众也，物之不齐，物之情也。”

同的，不能强迫人们有同样的要求和欲望，而应让人们任意地追求各自的要求和欲望的满足。这即是李贽对传统思想的批判，也是他的一种社会理想。

基于这种思考，李贽向往一个建立在优胜劣汰基础之上的、使人的性情和欲望得到充分自由发挥与体现的太平社会。首先，他认为优胜劣汰是自然的社会现象①。尊德性、任物情，必然导致社会地位与财富的重新划分和结果的不平等，这是"天道"，符合优胜劣汰的要求，是任何人不能违背的。通行社会规范中，那些禁止强者多得的做法，违反天道、人性②。现实社会的"条教禁约"越来越多，是统治者以个人的好恶治理社会的结果，根本不能起到安定社会的作用。理想社会治理方式是"以人治人"，尊德性，任物情③，顺从人的个性和欲望。

由此可见，李贽的理想社会是一个尊重人们的个性，使人们各按其性情自由、自治而无"条教禁约"的社会。并且他认为只有这样，社会秩序才能得以自然和谐，正常运行。李贽由"天下无一人不生知"的平等观而导出他的尊德性，任物情的人的个性自由说，进而又构想出废除各种社会规范，使人们各依天性自由自治的理想社会模式。这显然是对封建社会的否定，是对当时占正统地位的儒家思想和道学说教的否定，是具有"异端"性和战斗性的。这反映了早期市民阶层要求打破旧社会的模式，使个性和个人能力得以充分发挥的要求。但受当时社会条件的局限，使这种理想社会构想只是不成熟的乌托邦式的空想。

三、论社会平等与社会交往

李贽基于对儒家传统和道学家的批判，以及理想社会的构想，在面对现实社会的人际关系和社会交往问题时，也提出了颇具"异端"精神的观点。

（一）论社会平等

在社会的人与人关系上，明代社会遵行儒家制定的"三纲"、"五常"等规范和"君子"、"小人"等界说，人与人之间形成此疆彼界、高低贵贱之分。李贽对此十分不满，并提出了自己的社会平等思想。

第一，夫妇平等。李贽提出了"正夫妇"的观点，认为夫妻关系是社会中最基本的人际关系："夫妇，人之始也。有夫妇然后有父子，有父子然后有兄弟，有兄弟然后有上下"，所以"夫妇正，然后万事无不出于正矣"④。夫妇关系就如同天与地之间的关系，天地是万物资始的基础，夫妇则是各种社会关系形成的基础。天与地缺一不

---

① 《明灯道古录》卷下："夫栽培倾复，天必因材，而况人乎？强弱众寡，其材定矣。强者弱之归，不归必并之；众者寡之附，不附必吞之，此天道也。虽圣人其能违天乎哉！"

② 《明灯道古录》卷下："以强凌、众暴为法所禁，而欲治之，是逆天道之常，反因材之笃，所谓拂人之性，灾必及其身，尚可以治人邪？"

③ 《明灯道古录》卷下："君子以人治人，更不敢以己治人者，以人本自治，人能自治，不待禁而止之也，若欲有以止之而不能听其自治，是伐之也。"

④ 《初潭集》卷一《夫妇篇总论》。

可，夫与妇也缺一不可。李贽虽然没有解释如何正夫妇，但显然具有反对“夫为妇纲”，要求夫妇平等的意义。关于这一点，我们还可从其以下论述中得到印证。

第二，男女平等。他说，世人大都认为女性见识短，不能学文化，但实际上人的见识长短与性别无关。现实社会中女人见识短的现象是由于妇女活动范围狭窄，“所见不出闺阁之间”，观察社会的视野与社会经验都受到限制，才使得女人“只见得百年之内，或近而子孙，又近而一身而已”。说男人有远见，是由于男人社会活动多，社会经验丰富，所以才使得其见识比女人多。那种人为的对女人加以限制的结果，就使得女人“只听得街谈巷议，市井小儿之语”[①]，与男人迥别了。但从根本上说，男女之间并无天生的见识长与见识短的区别[②]。更何况中国历史上“才知过人，见识绝甚”的女性也曾出现过许多呢！片面地认定女性见识短，实在是冤枉她们了。可见，李贽在大声疾呼，为中国封建社会的女性鸣不平。

第三，男女婚姻自由平等。李贽主张男女婚姻要打破门第界限。他非常赞同“天其福人，不在贵族，芝草无根，醴泉无源”的观点，提倡在求妇之时，可“远求小姓”，不限门第之高低，自由选择婚配[③]。认为只有这样，才符合《易经》中所谓“同声相应，同气相求，同类相召，云从龙，风从虎，归凤求凰”的原则。他也赞成寡妇改嫁，并对司马相如与卓文君的结合大为称赏，称赞这是“忍小耻而就大计”的理智行为，并评论说，如果他们拘于礼教，必然会“徒失佳偶，空负良缘”[④]。

第四，圣与众，贤与不肖平等。他强调从道德上、人格上，天下人都是平等的。每个人在天性自然方面都同样具有德性，尊重人们的德性，使之率性而为，也就是为众人之所能为。在德性方面，尧舜与百姓相同，圣人与凡人一样，圣人之所为，没有什么特别值得高看一眼之处，圣贤只不过是做到了“率性而为”罢了[⑤]。

李贽还曾在其著作中多处强调和论证圣与众平等的思想。如他在《复京中友朋》中说：“天下之人，本与仁者一般，圣人不曾高，众人不曾低，自不容有恶耳。”在《明灯道古录》中说：“自我言之，圣人所能者，夫妇之不肖可以与能，勿下视世间之夫妇为也……夫妇所不能者，则虽圣人亦必不能，勿高视一切圣人为也。”可见李贽所强调的是在道德律上圣人与众人平等而无品级差别，圣人之所能，愚夫愚妇也能，对平民百姓不能“下视”，对圣人不能“高视”。虽然圣人的事业是揖让征诛，百姓的事业只是吃饭穿衣，但从道德价值上考察，并无高低贵贱之分[⑥]。

从表面上看，李贽的社会平等思想带有某种相对主义的色彩，但实质上，他所强调的人们德性的天然平等，是和等级制度下的不平等相对立的，他的圣人与众人平等的思想，实质上是对儒家的“劳心”与“劳力”、“治人”与“治于人”的等级观念的

---

① 《焚书》卷二《答以女人学道为见短书》。

② 《焚书》卷二《答以女人学道为见短书》：“谓人有男女则可，谓见有男女岂可乎？谓见有长短则可，谓男子之见尽长，女人之见尽短，又岂可乎？”

③ 参见《初潭集》卷一《夫妇合婚》。

④ 《藏书》卷三十七《儒臣传·司马相如》。

⑤ 《明灯道古录》卷上：“人之德性，本是至尊无对，所谓独也，所谓中也，所谓大本也。……人但率性而为，勿以过高视圣人之为可也。尧舜与途人一，圣人与凡人一。”

⑥ 参见《明灯道古录》卷下。

批判，因此具有强烈的战斗性。

（二）论社会交往

在社会交往思想方面，李贽最大的特点是常把社会中的人与人的交往关系放在商业交易关系中去考察。

第一，他把社会交往关系解释为一种交换关系。他说“天下尽市道之交也”，即使是孔子与其弟子的关系也是市道之交的体现。因为，“七十子所欲之物，唯孔子有之，他人无有也；孔子所可欲之物，唯七十子欲之，他人不欲也”。他进而认为，孔子与其弟子的交往关系，与市井百姓之交易关系没有本质区别，所以两者之间没有高雅与鄙俗之别①。

战国时期的韩非，就曾将社会交往关系理解为交换关系，李贽重视诸子百家的思想，其“天下尽市道之交”的思想，可以说是对韩非之社会交往思想的继承和发展，但两者所反映的时代背景与阶级内容都是颇有区别的。其一，韩非是为新兴的地主阶级服务，而李贽则是在新兴市民阶层逐渐形成的历史条件下，以之进行反对君主专制统治的斗争。其二，李贽利用“天下尽市道之交”的理论考察的具体人际关系不如韩非那么广泛，但他所打击的对象比韩非更为明确。其三，韩非思想产生于战国时期，在这个时期，西周以来官方主导性社会思想已衰微，新的官方主导性社会思想莫衷一是，百家争鸣，其目的在于树立一种新的主导性社会思想。而李贽思想产生于儒学和道学早已成为官方主导性社会思想的明代后期，目的在于先打破一种思想，而后树立一种思想。相比之下，李贽更具有坚强的反抗精神。

第二，他认为天下已无真正意义上的朋友关系。因为真正的朋友关系，是建立在“义”的基础之上的，由于现实社会中人们只注重个人利益，所以彼此之间都是利害关系，而称不上真正的朋友关系②。

在这里，李贽把“义”和“利”视为水火不相容的两极，这显然是受到儒家思想的影响，而未能合理地继承陈亮的“义利双行”思想。在这种理论前提下，他确定朋友之交应当以“义”为基础。但由于他看到现实社会中人与人的交往都是在追求个人的物质利益，从而得出“天下无朋久矣”的结论。

尤重朋友关系，自称“专以良友为生”的李贽，与他的同门师兄弟何心隐一样，把朋友关系看得如此圣洁，看得与个人利益关系不相通融，虽有偏颇之失，但他却因此而对现实社会之交往关系的洞察深刻了许多。他在得出“朋友道绝久矣”的结论之后，又进而提出，“千古有君臣，无朋友”的论断。李贽解释说，君主是至高无上的，犯者必死，但仍不断有人敢于“死谏”，为什么呢？就是因为死谏之臣如果被杀，也

---

① 《续焚书》卷二《论交难》：“以身为市者，自当有为市之货，固不得以圣人而为市井病。身为圣人者，自当有圣人之货，亦不得以圣人而兼市井。”

② 《焚书》卷五《朋友篇》：“夫天下无朋久矣。何也？举世皆嗜利，无嗜义者。嗜义则视死犹生，而况幼孤之托，身家之寄，其又何辞也？嗜利则虽生犹死，则凡攘臂而夺之食，下石以灭其口，皆其能事矣。今天下之所称友朋者，皆其生而犹死者也。此无他，嗜利者也，非嗜友朋也。今天下曷尝有嗜友朋之义哉？既未尝有嗜义之友朋，则谓之曰无朋可也。”

能博得死谏之名，更何况死谏者未必会被杀，若不被杀就会得到"巨福"。总之，死谏之"忠臣"是由于"避害之心不足以胜其名利之心"所致。但从外在表现形式上就形成了"千古有君臣"的现象了。这种人际关系格局与朋友关系有着天壤之别①。

对君主的犯颜敢谏之行，死则可得名，不死则既可得名又可得利。所以历代都有不少这样的"忠臣"或"直臣"。但从根本上说，他们的死谏行为是出于对个人利益的考虑，是从个人得失出发的。朋友则不然，关系融洽，无分毫利益，关系不融洽，则会相争相仇。所以从表现形式上就形成"千古无朋友"的现象了。当然，李贽所说的朋友，即是前面所说的建立在以义为准则的真正的纯真友谊基础之上的朋友。前已论及，尽管李贽在确定义与利的关系问题上颇受儒家思想影响，但他对当时社会中人际关系与社会交往状况的揭露和批判是入木三分的。

第三，他认为真正的朋友之交不会轻易离弃，而现实社会中普遍的市井利益之交，利尽则相离弃②。

总之，在社会交往及朋友关系方面，李贽向往和推重以"义"、以纯真的友谊为基础建立起来的交往关系与朋友关系，鄙视现实社会中将利益关系扩大到朋友关系之中的行为，并为难以得到真正的以义相交的志同道合的朋友而叹息。

四、论欲望

在论社会交往时，李贽感叹"天下尽市道之交"，造成真正的朋友关系难以寻觅。而在论欲望时，他则认为百姓当下日用所需即是道。人们追求物质欲望的满足是合乎人伦物理的。这看似相互矛盾，其内在理路实则是统一的。他对真正的朋友关系的渴望，是一种理想，而他对社会交换关系及私利私欲的肯定，则是面对现实的，是以抨击程朱道学，为平民百姓鸣不平为目标的。

李贽的欲望论，基于他所谓的"百姓日用之迩言"。其欲望的内容，则一反宋明道学家的思想理论，充分表现出其"异端"精神。

第一，认为穿衣吃饭是人们的最基本的欲望，是人伦物理③。他继承泰州学派所谓"百姓当下日用所需即是道"的主张，进一步认为穿衣、吃饭作为人类最基本的生产生活活动包含了世间人伦物理的基本内容。在他看来，人们的社会活动基本贯穿着衣、食的要求，合乎人之伦、物之理的欲望。

第二，认为追求个人欲望的满足，是人们所共好、共心、共知、共言之事④。李

---

① 《焚书》卷一《答耿司寇》："若夫朋友则不然，幸而入，则分毫无我益；不幸而不相入，则小者必争，大者为仇……故余谓千古无朋友，谓无利也。是以犯颜敢谏之士，恒见于君臣之际，而决不闻之朋友之间。"

② 《续焚书》卷二《论交难》："盖交难则离亦难，交易则离亦易。何也？以天下尽市道之交也。夫既为市矣，而曷可以交目之，曷可以易离病之，则其交也。不过交易之交耳，交通之交耳。是故以利交易者，利尽则疏。以势交通者，势去则反，朝摩肩而暮掉臂，固矣。"

③ 《焚书》卷一《答邓石阳》："穿衣吃饭，即是人伦物理。除却穿衣吃饭，无伦物矣。世间种种，皆衣与饭类耳。故举衣与饭，而世间种种自然在其中。"

④ 《焚书》卷一《答邓明府》："如好货，如好色，如勤学，如进取，如多积金宝，如多买田宅为子孙谋，博求风水为儿孙福荫，凡世间一切治生、产业等事，则其所共好而共习，共知而共言者，是真迩言也。"

贽公然宣称世间一切治生、产业等事就是百姓日常生活的核心，尽管具体表现形式各有不同，但在追求欲望的满足这一点上是共同的，而这却是那些所谓道学“君子”们不愿听的，因为他们认为鄙野俚俗的“迩言”，是和他们的神秘的“道”相矛盾的。其实，只有这种“迩言”才是社会事实。

第三，李贽进而指出，欲望出自人们的本性，是任何力量都阻挡不住的。天下百姓千千万万，要想以道学家制定的规范限制其行为，使之全然一致，是无论如何也办不到的，因为富贵利达可使人们产生愉快之感，所以酷热严寒都无法阻止人们为满足欲望而奔波的行为，这是势之必然[①]。真正的圣贤之人，会顺应人们的自然欲望，使之“各从所好，各骋所长”。只有这样，社会生活秩序才能得到正常运行。

第四，认为私心私欲是人们努力从事工作的动力。所谓人心就是私心，无私也就无心可言，人们努力从事各自的工作，是因为他们追求工作后的收获，这是自然之理，必至之符[②]。那些宣扬人性无私的理论，都是空话、假话，乍听起来是很美好的，但对社会发展没有实用的价值，扰乱视听，不足采信[③]。

第五，李贽为论证私心私欲出自天然，追求私欲满足是自然之理的论断，进而指出，即使像孔子之类的大圣人，也毫不例外地怀有势利之心[④]。

世上所谓大英雄和大圣人，其禀赋自然也与老百姓别无二致，他以孔子为例说，孔子是被推崇为大圣人的，但是一旦失去了司寇的职位，在鲁国一天也待不下去。他甚至不无讽刺意味地说，孔子提倡“视富贵如浮云”，但对私欲之得一点也不放过。他虽然提倡不贪不当之利，但也曾说过“富与贵是人之所欲”的话。再看孔子的行为，他相鲁仅仅三个月，便素衣麑裘、黄衣狐裘、缁衣羔裘等，不一而足，尽至富贵之享受。可见说圣人不慕富贵也是假的，因为圣人也是人，没有什么超凡绝俗之处，一样要穿衣吃饭，一样有势利之心，不能不食人间烟火[⑤]。

此外，李贽还举了许多事例论证这一观点。如伯夷饿死于首阳山中，太公依附周文王、韩信寄食漂母、陈平之门多长者之车等，全都是为了势利。李贽的这种思想，显然是与传统儒家及宋明道学家的欲望论相对立的。程朱宣扬存天理是为了禁人欲，王守仁倡导破心中贼，最终也是为了禁人欲。李贽则指出圣人也有势利之心，人有私欲是“自然之理”，“道”不在禁欲，而在于满足人们的欲望和追求欲望满足的快乐，

---

① 《焚书》卷一《答耿中丞》：“夫天下之民物众矣，若必欲其皆如吾之条理，则天地亦且不能。是故寒能折胶，而不能折朝市之人；热能伏金，而不能伏竞奔之子。何也？富贵利达所以厚吾天生之五官，其势然也。是故圣人顺之，顺之则安之矣。”

② 《藏书》卷二十四《德业儒臣后论》：“夫私者，人之心也。人必有私，而后其心乃见；若无私，则无心矣。如服田者私有秋之获，而后治田必力；居家者私积仓之获，而后治家必力；为学者私进取之获，而后举业之治也必力。故官人而不私以禄，则虽召之必不来矣，苟无高爵，则虽劝之必不至矣。……此自然之理，必至之符，非可以架空而臆说也。”

③ 《藏书》卷二十四《德业儒臣后论》：“为无私之说者，皆画饼之谈，观场之见，隔壁听之，似乎美妙，但无益于事，只乱聪耳，不足采也。”

④ 《明灯道古录》卷上：“财之与势，固英雄之所必资，而大圣人之所必用也。何可言无也？吾故曰，虽大圣人不能无势利之心，则知势利之心，亦吾人禀赋之自然矣。”

⑤ 《明灯道古录》卷上：“圣人亦人耳，既不能高飞远举，弃人间世，则自不能不衣不食，绝粒衣而自逃荒野也，故虽圣人不能无势利之心。”

认为人的一切德与行、心与性，都与个人的物质欲望和利益满足相联系。这种思想的力度，明显地超出正统的儒家思想的范围，并与之形成尖锐的冲突。这种思想冲突的根源，产生于各自所代表的阶级利益或阶层利益的冲突。

第六，李贽虽然强调人们的私欲出于天生禀赋，合于自然之理，强调满足人们的欲望是社会安定的前提，但也指出“多欲”的危害性和“知足”的必要性。对此他从以下几方面进行了说明。

其一，认为如果追求欲望的满足而无节制，必然反受其害。他借曾参之言说，飞鸟以山为低，而筑巢于山顶；鱼鳖以渊为浅，而穿穴深渊之中，但受了饵料的诱惑，就会被人捉住。故此他告诫说，做人应该做君子，抵制利益的诱惑，才不至于受辱于人①。

其二，认为追求欲望满足之时，不可求名、利兼得②。谋求名利兼得，是欲望过多的表现，其结果只能是心神俱疲，一无所得。故此他告诫人们，在名与利之间，单择其一就行了。李贽这种不得谋求名与利兼得的思想，自然具有限制欲望的效应。

其三，他进而提出知足知止的欲望思想。人生在世，知足最难，“常知足则常足”，就是富有；“能脱俗则不俗”，就是高贵。没有见识，不晓是非，不分贤否，才是真正的贫；没有骨力，只能倚势而立，待人而行，做人家的附庸，如同仆妾，才是真正的贱③。这里，李贽是在用精神和心理的满足取代物质的满足，使他不知不觉地又跳入了儒家与道学家的窠臼，从而反映出他所代表的初期市民阶层的不成熟性。

从中国历代社会思想家之欲望理论的发展历程考察，无论是认为私欲合理者，还是认为私欲不合理者，都有一个共同点，就是最终都归结为节欲、禁欲。生活在明代后期的李贽，其总体思想充满战斗性和批判性，并自称“异端”，而且在其欲望论中也充分表现了这种异端思想特色，但归根结底，仍然是肯定了节欲与知足常乐的必要性。这足以说明中国的传统社会思想与文化积淀之厚、影响之深，而且也充分体现了李贽欲望思想的时代特色与思想的继承性。

本章要点

1. 王守仁构想了一个以“以天地万物为一体”为特点的理想社会。在这个理想社会中，人与人之间达到了共同的文明与饱暖逸乐，所以人们都同心一德，亲如一家。没有人己、物我之分，各尽所能，相互配合，人人心情愉快，毫无怨言。王守仁所构想的理想社会，不亚于早期儒家对“大同”社会的构想，甚至比大同社会构想更具体、更关注民生，也更有系统。王守仁不失为一个空想家，但他的一生，恰恰是为实现其空想的理想社会模式而奋斗的。这反映出在中国社会思想的发展史上，“大同”社会思想至明代仍在发展，并被人们所憧憬。

2. 王守仁“心学”的核心概念是“致良知”，其“良知”就是“天理”，就是道。

---

① 《初潭集》卷五《教子》：“君子苟能无以利害身，则辱安从至乎！”

② 《续焚书》卷一《复李士龙》：“名利无兼得之理。……欲名而又徇利，与好利而兼徇名，均为不智。”

③ 《焚书》卷六《五七言长篇·富莫富于常知足》：“富莫富于常知足，贵莫贵于能脱俗；贫莫贫于无见识，贱莫贱于无骨力。”

致良知的途径在于“格物”。归根结底，王守仁的这一思想仍是他的“天地万物为一体”思想的应用。既然良知是个思想意念问题，王守仁特别注重思想控制的社会功能，他认为人们的思想、心理是行为的中枢和指导。要想控制人们的行为，首先要控制人们的思想，其目的就是从思想与心理的层次入手，解决社会矛盾，维护当时的社会秩序。

3. 在欲望问题上，王守仁与朱熹的观点是一致的，其核心在于“存天理，灭人欲”，并把所有违反现行社会规范的言行都界定为“人欲”，并认为人欲是造成社会混乱的罪魁祸首，是必须要清除的东西。只是王守仁提出的清除人欲的方法与朱熹有所不同。朱熹强调循理以灭人欲，而王守仁则重视靠“良知”和“心”去灭人欲。强调灭人欲应从人欲未萌之先和方萌之际下功夫。将灭人欲与个人身心修养融为一体。

4. 王守仁的社会组织与社区管理思想中颇具特色的是“十家牌法”的实行。为强化社区管理，王守仁还采取了制定“乡约”的方式，其乡约组织是一种遵从政府要求、民间自办的社区基层组织形式。目的在于整饬社区生活秩序，加强以自我约制为主的社会管理。

5. 王艮认为，格物在《大学》中的原意就是研究物有本末，而用于社会分析则是研究个人与社会组织的互动关系，保障社会下层民众的人权与尊严。个人与社会组织是社会的两个组成部分、社会互动的两极，个人相对于国家、社会、社群、社区而言具有顺序上的优先性、根本性。

6. 王艮的格物思想，在强调个人权利的同时，又提倡社会责任，以平衡社会与个人的关系，制约个人主义的无限膨胀，这就是他所说的“修身”。王艮主张，“修身”不是脱离日常生活去静坐，去反观自身，冥思苦想，妄想自己具有“圣人般的人格”，而是要到家庭、国家、天下中，去发现、反思个人的位置，懂得作为人的社会责任，提高为社会服务、为普通民众服务的自觉性。

7. 王艮认为，当时的社会制度安排是控制甚至于剥夺民众个人生活权利的空间，而不是扩张民众的生活权利的空间，个人的财富被掠夺，进而导致整个社会经济的发展受到阻碍，这种社会制度安排必须进行改革。

8. 王艮称呼理想的社会为“王道”社会。在这种社会中，解决问题不再使用武力，土地得以重新分配，消灭了“不孝不弟，不睦不姻，不任不恤，造言乱民”等社会问题，人的精神与物质需要得到基本满足，人与人的关系、个人与社会的关系达到理想的状态。

9. 何心隐的社会规范思想出自他对人的属性的认识。他认为，人有与禽兽相似的一面，也具有“远于禽兽”的特征，这个特征就是人类有道德观念，有一系列社会规范。所以作为一个真正的人，就必须发扬和遵守社会规范。为了使人们更自觉地遵守社会规范，他反复强调“无规矩，不成方圆”的道理。何心隐强调规范的重要性，是有较强功利性和可操作性的，这又体现了何心隐社会规范思想与理学家的区别。

10. 何心隐反对道学家们把人欲看成罪恶的观点，肯定人们的“声色、臭味、安逸”等物质欲望应适当地予以满足。在当时，这是对成为官方思想的道学思想的批判，具有进步意义。何心隐对欲望论的最大贡献，在于他将以往把欲望论仅限于个人的自然需求的概念加以充分地扩大，成为“欲与百姓同欲”之“欲”，以及过群体的平等生活之“欲”。何心隐的欲望论与其社会规范思想一样，都是与其理想社会模式相一致的，是为理想社会模式的实验服务的。

11. 何心隐关于社会组织的思想独具特色，他虽推崇《大学》、《中庸》的理论，但在社会组织方面，抛开儒家及理学家们亲亲尊尊的格局，而把朋友关系及师徒关系作为社会组织关系中最重要的纽带。他认为平时被人们推重的兄弟关系、夫妇关系、父子关系、君臣关系往往是不正常的。只有朋友之交，才合乎天地之交，才是社会关系的极致，是“交之尽”。同时又认为“师”是“道之至”，“学之至”。因而他也特别重视师生关系。其实何心隐是要破除传统的身家意识，建立一种超乎身家之上的师友关系，并以这种社会关系为核心，建构起一种理想的社会组织。这种社会组织，即是何心隐所谓“会”。

12. 何心隐对于“会”这种社会组织的描述还不够明确，但可以看出，这种社会组织是一种超乎一般士农工商之阶层区分，超乎一般之身家之上的社会组织，其组织范围十分广泛，也有一定的组织机构。

13. 何心隐不但是位充满了美好幻想的思想家，而且是一位社会实验家。在其理想社会构想的基础上，他在其家乡创办了“聚和堂”，进行了他的理想社会的实验。何心隐的聚和堂社会组织体，是他以自己的社会规范思想、欲望思想、社会交往与社会组织思想作为理论基础，在力所能及的家族的范围内进行的小规模的实验。这个“家族公社”式的实验是大胆的，是有重要历史意义的。

14. 李贽对孔子儒家思想及宋明理学思想的抨击，将儒家奉为经典的“六经”、《论语》、《孟子》从神圣的地位上拉了下来，并对道学家极为鄙视，认为他们是误国误民的罪魁。由此可以看到李贽的“异端”精神，可以看到程朱理学控制中国思想学术带来的弊害，也可以看到资本主义在中国萌芽之后，早期市民阶层的初步觉醒。

15. 李贽社会思想的出发点，是“百姓日用之迩言”。所以，他的社会理想明显区别于“大同”、“小康”或“小国寡民”等思想格局，而充满现实主义特色。李贽的理想社会，是一个尊重人们的个性，使人们各按其性情，实行自由自治而无“条教禁约”的社会。李贽的理想社会构想具有“异端”性和战斗性，体现了早期市民阶层要求打破旧社会的模式，使个性和个人能力得以充分发挥的愿望。但这种理想社会的构想是不成熟的乌托邦式的空想。

16. 李贽基于对儒家传统及道学家的批判和理想社会的构想，在面对现实社会的人际关系社会交往问题时，也提出了颇具“异端”色彩的观点。李贽的社会平等思想，带有某种相对主义的色彩，但实质上，他所强调的人们德性的天然平等，是和封建等级制度下的不平等相对立的，他的圣与众的平等思想，实质上是对封建社会儒家的治人与治于人的等级观念的批判，具有强烈的战斗性。在社会交往思想方面，李贽最大的特点是常把社会中的人与人的交往关系，放在商业交易关系中去考察。李贽向往和推崇以“义”、以纯真的友谊为基础建立起来的交往关系与朋友关系。

17. 李贽的欲望论一反宋明道学家的思想理论，充分表现出其“异端”精神。他认为穿衣吃饭是人们最基本的欲望，是人伦物理，私欲出自天然，追求私欲满足是自然之理，是任何力量都阻挡不住的。而且私心私欲是人们努力工作的动力。他强调满足人们的欲望是社会安定的前提，但也指出“多欲”的危害性和知足的必要性。

复习思考题

1. 王守仁社会理想的时代性是什么？
2. 王守仁与朱熹之社会思想的异同是什么？
3. 王守仁与朱熹之欲望论的异同是什么？
4. 如何评价王守仁的社会管理思想与实践？
5. 王艮是如何认识个人与社会组织的互动关系的？
6. 王艮是如何论述制约思想中个人主义的无限膨胀的？
7. 王艮提倡的“王道”社会对今天有什么借鉴意义？
8. 何心隐是如何认识人的社会性及社会规范之意义的？
9. 何心隐欲望思想的特点是什么？
10. 如何评价何心隐的社会组织理论？
11. 如何评价何心隐的理想社会构想与实践？
12. 如何评价李贽对儒学的批判？
13. 李贽社会理想的基本特点是什么？
14. 李贽的社会平等思想的内容与特点是什么？
15. 如何评价李贽的社会交往理论？
16. 试评李贽对“私”的论述。

推荐阅读书目

1. （明）王守仁：《王阳明全集》，上海，上海古籍出版社，1992。

2. （明）王守仁：《传习录》，南京，江苏古籍出版社，2001。

3. ［日］冈田武彦著，吴光等译：《王阳明与明末儒学》，上海，上海古籍出版社，2000。

4. 陈定闳：《中国社会思想史》，第三十一章、第三十二章，北京，北京大学出版社，1990。

5. 冯友兰：《中国哲学史》（下），第十四章，上海，华东师范大学出版社，2000。

6. 陈少峰：《中国伦理学史》，第三十章、第三十三章，北京，北京大学出版社，1996。

7. 刘泽华：《中国政治思想史》（隋唐宋元明清卷），第十一章，杭州，浙江人民出版社，1996。

8. 萧公权：《中国政治思想史》（下），第十七章第一节、第二节，台北，台湾联经出版事业公司，1982。

9. 嵇文甫：《晚明思想史论》，北京，东方出版社，1996。

10. 侯外庐主编：《中国思想通史》，第四卷下，第二十二章、第二十三章，北京，人民出版社，1960。

11. 侯外庐等主编：《宋明理学史》（下），北京，人民出版社，1997。

12.《明儒王心斋先生遗集》卷一。

13.（明）何心隐：《何心隐集》，北京，中华书局，1960。

14.（明）李贽：《李贽文集》（七卷），北京，社会科学文献出版社，2000。

15. 张承汉：《中国社会思想史》，第七篇第二章第四节，台北，三民书局，1992。

16. 胡寄窗：《中国经济思想史》（下），第十章，上海，上海人民出版社，1981。

第二十一章

清初启蒙思想家的社会思想

中国社会思想演进到清代，进入总结与开新的历史时期。随着晚明以来新的经济因素的出现与生长，中国社会开始经历深刻的变化。反映在社会思想领域，就是新的社会风气、新的价值观念、新的文化思想以及诸多不同以往的忧患意识和批判意识随之涌现出来。明朝灭亡、满人入主中原，当时很多汉族知识分子企图反清复明，均无功而返。于是便开始反思明朝灭亡的因由，其中最重要的，即是对程朱道学社会思想的反思及批判，其学术思想的价值取向也从空谈性理转向经世致用。清初的社会思想表现出以经世致用为宗旨，富于批判的思潮，气象博大的内容，以及对新的社会规范的探求等特征。本章介绍的黄宗羲、顾炎武、王夫之三人在明清交替之时都处于青壮年，其学术思想的成熟是在清朝初年，他们和唐甄等人一起构成了清初启蒙思想家群体。

第一节 黄宗羲的社会思想

黄宗羲（1610—1695年），字太冲，号南雷，学者称黎洲先生，明末清初浙江余姚人，《清史稿·儒林传》有其传。他出身于东林党人之后，受学于心学大师刘宗周，不仅通经、史，在天文、历法、数学、音律各方面也都有广博的知识。清朝立国后，他在抗清斗争失败后，坚持不与清政府合作，隐居著书，完成了中国最早的有系统的学术思想史专著《明儒学案》，《宋元学案》一书未完成而去世，后由其子黄百家和学生全祖望完成。他的社会思想较集中地体现在《明夷待访录》一书中。

一、理想社会构想

在中国理想社会构想的发展史上有一显著特点，即假托对上古、三代的描述，阐发自己的理想社会。黄宗羲也不例外，他借回顾“三代”社会之名，构想了他理想社会的方方面面。实际上，即使他本人也很清楚，上古三代时期的社会与他借三代之名而构想的理想社会全然是两回事。

黄宗羲构想的理想社会，主要包括以下几方面内容：

第一，在理想社会中，君主是一心为民兴利而不享其利的。他假设历史来论证君主制度产生的情况：当天下有公利没有人来领导，有公害而没有人清除的时候，有人站出来，不谋私利，不避危险，不辞辛劳，为天下人谋利益[①]，这个人就是君主。由此可见，黄宗羲理想社会的君主即社会的治理者，是全心全意地为整个社会和全体民众着想的，并认为只有“以天下为主，君为客”，而君主所为又都是为天下人的，才符合“设君之道”。

第二，在他的理想社会中，官员的工作是为天下、为万民的，而不是为君主、为一姓的。社会所以要在君主之下设置若干官员，是因为社会规模（天下）太大，必须分官设职才能有效治理。为官之道，应以天下万民的利益为标准。人们出任官职不是为了君主一人和一家一姓的利益，而是为了社会和全体民众的利益。对于有害全体民众利益的事情，即使君主强迫他们去做，他们也坚决不去做，即使有被杀头的危险，也仍然不答应[②]。

第三，在他的理想社会中，社会的法令规范是为了社会兴利除害、使万民受益而设定的，而不是为君主的利益设定的。他理想中的三代社会，制定法令与社会规范，是从民众的根本利益出发，以解决民众的衣、食、教、婚姻及生活安定问题为目的，不是为君主一人或一家一姓的好恶与利害而制定的[③]。这种法规实行的效果是“山泽之利不必其尽取，刑赏之权不疑其旁落，贵不在朝廷，贱不在草莽也”[④]，上下平等，社会和谐，人民衣食丰足，安居乐业，君主的需求和人民的欲望同时得到了满足。在这种情况下，社会矛盾最少，法律基本悬置而不用，是真正的“无法之法”，也只有这样才是最为理想的法规。

第四，在他的理想社会中，学校不仅是养士的机关，而且是议朝政的机关。

受东林党以学校议事的影响，以及东汉时期太学清议的启发，黄宗羲扩大学校的职能，认为学校不仅具有培养人才的功能，更重要的是具有评议政治得失的功能，而且这种对时政的评议不以君主的是非与好恶为准则，即学校可以对君主的行为进行批判和舆论监督[⑤]。同时，他所设计的理想社会之中，在中央政府，君主以及公卿都要在太学祭酒面前就弟子之列，“政有得失，祭酒直言不讳”。在地方政府，郡县官员都要在地方学官面前就弟子之列，学官对于地方政事得失给予评价，通告社会。黄宗羲

---

① 《明夷待访录·原君》：“有人者出，不以一己之利为利，而使天下受其利；不以一己之害为害，而使天下释其害，此其人之勤劳必千万于天下之人……而又不享其利。”（本节以下凡引自《明夷待访录》者只注篇名）

② 《原臣》。

③ 《原法》：“三代以上有法，三代以下无法。何以言之？二帝、三王知天下之不可无养也，为之授田以耕之；知天下之不可无衣也，为之授地以桑麻之；知天下之不可无教也，为之学校以兴之；为之婚姻之礼以防其淫；为之卒乘之赋以防其乱；此三代以上之法也，固未尝为一己而立也。”

④ 《原法》。

⑤ 《学校》：“学校，所以养士也，然古之圣王，其意不仅此也，必使天下之具皆出于学校，而后设学校之意始备。……天子之所是未必是，天子之所非未必非，天子亦遂不敢自为非是而公其非是于学校。是故养士为学校之一事，而学校不仅为养士而设也。”

理想社会中的学校颇有一些近代议会的味道，成为中国近代民主主义思想的萌芽。他这种民主启蒙思想在明末清初形成，是以中国资本主义萌芽和程朱理学思想的禁锢为社会背景的。同时代的顾炎武也说，这种清议是文明社会必备的制度①。这足以说明，要求思想自由和政治民主是当时的社会性思潮，黄宗羲假托对三代学校的描述所表达的对理想中具有民主议会功能的学校之向往，就是这种思潮的体现。

第五，在他的理想社会中，实行井田制与土地平均分配制度。黄宗羲对土地制度的理想是恢复井田制，其基本内容是均分土地；君主把土地分配和使用视为头等大事②。他认为只有均分土地，实行井田制，人民才能安居乐业，繁衍生息③。在这种社会理想的指导下，他还依据明代卫所屯田法而勾勒出一个“井田”的图案。

综观黄宗羲的理想社会构想，可以发现几个特点：其一，他继承了中国历代以托古的形式反映自己的社会思想及社会理想的传统；其二，具有明显的近代民主主义思想的特色；其三，充满了乌托邦式的空想；其四，具有否定和批判现实社会的思想启蒙意义，因而具有时代的超前性。黄宗羲的社会理想在当时的社会背景之下是根本不能实现的，但他以此为标准所进行的对现实社会的批判则是入木三分的，反映了清代初期启蒙思想家们对当时社会的反思与批判精神，也为以后中国社会思想的发展奠定了基础。

二、论人性与欲望

对于人性问题，以二程和朱熹为代表的理学家们，都是在二重人性论的基础上，提倡变化气质和设计体认“天理之性”的方案。而黄宗羲则企图建立“心与性一”的一元人性论。他认为，人们只有“气质之性”，没有“义理之性”，只有“人心”，没有“道心”。所谓道心和义理都是人们的气质之性和人心的派生物④。人性存在于作为思维器官的“心”中，所以说性乃心之性，要研究人性，就应从研究人的理性——“明觉自然自有条理之心”⑤入手。因此，黄宗羲否认理学家津津乐道的先天存在的“理”和先天存在的“性”⑥。

黄宗羲否认了“气外之理”和“心外之性”，因此否定了宋明理学家和心学家的人性论，但他的人性思想仍有很大局限性。人性是社会生活的产物，是社会存在的反映，人在一定的社会环境与社会地位中生活，久而久之，才形成了与自身利益及其所处阶级、阶层利益相符合的恻隐之心、恭敬之心、辞让之心和是非之心。黄宗羲认识

---

① 《日知录》卷十三《清议》。

② 《田制一》：“当是时，其国之君，于其封疆之内田土之肥瘠，民口之众寡，时势之迁改，视之为门以内之事也。”

③ 《田制二》：“夫先王之制井田，所以遂民之生，使其繁庶也。”

④ 《万公择墓志铭》：“人生堕地，分父母以为气质，从气质而有义理。”

⑤ 《明儒学案·诸儒学案·罗钦顺》。

⑥ 《明儒学案·诸儒学案·罗钦顺》：“人受天之气以生，只有一心而已。而一动一静，喜怒哀乐，循环无已，当恻隐处自恻隐，当羞恶处自羞恶，当恭敬处自恭敬，当是非处自是非，千头万绪，感应纷纭，历然不能昧者，是即所谓性也，初非别有一物，立于心之先，附于心之中也。”

不到这一点，只企图用气一元论来说明人性，认为人性是在与生俱来的人心中自有的，这样他就陷入了另一种理论错误之中。

在人性的善与恶问题上，黄宗羲是一位性善论者。他认为，与其他动物不同，人之性善是“不忍”，又以仁为核心，表现出仁义礼智等特征[①]。仁义礼智之性是自然存乎人心而不需后天完善的，如果人性之善靠后天的教化、生活的经验，出于“人为”，则与荀况的人性论无异了[②]。可以说，他几乎照搬了孔孟的人性思想，是在孟子性善论基础上的发展。

显然，黄宗羲的人性论没有充分体现出他的社会批判精神，而有与理学家们殊途同归之嫌。但是，在人的欲望问题上，他又表现出与理学家的明显差别。其欲望论主要有以下特点：

首先，黄宗羲把“人心”和“人欲”作了区分，前者是全人类所共有的特征，后者是个人之私欲[③]。人心之不忍、性善，是从抽象的层面总体而论的，人欲则是从具体的层面、个体的角度而论的，而个体的“人欲”也就是“人情”。

其次，黄宗羲承认人之情欲是好逸恶劳的，是自私自利的。他从“有生之初，人各自私，人各自利”的观点出发，认为即使在理想的“天下为主，君为客”的时代，做君主的虽能不谋私利，而使天下受其利；不避灾祸，而使天下释其害，其勤劳程度胜过民众千万倍，但实际上，这种事根本不是人情之所愿，所以上古的那些圣贤们也都不愿做君主[④]。在黄宗羲看来，自私自利、好逸恶劳是“人情”的共同特点，连圣贤也不例外，只是古代圣贤们作为君主，还能为天下人兴利除害，比民众多付出千万倍勤劳而不享其利。后来的君主则与之相反，他们只顾自己的私利，却不顾民众的私欲和利益，才使得民众视君主如寇仇。

总之，黄宗羲认为，使民众都可得其自私自利是天经地义的“大公”。这一思想，与新兴市民阶层的要求相吻合，因为使人各得自私自利是市民社会的基本特征和新兴市民阶层的基本要求。但是，“性之为善”论与人情的“自私自利”论是什么关系，又如何统一，黄宗羲没有论述。他从现实出发提出的观点与从抽象的理论层次提出的观点不协调，相互矛盾，从中我们或可以看到早期市民阶层社会思想的不成熟性和不彻底性。

三、论社会问题

黄宗羲努力考察现实社会中存在的诸多重大社会问题，并提出了一些颇有见地的解决方案。

---

① 《南雷文案》卷六《刘伯绳先生墓志铭》：“人得天地之气以为人，则曰仁。自其裁制而言之则曰义，自其节文而言之则曰礼，自其明断而言之则曰智，而总一仁之周流，亦非截然分而为四也。”

② 参见《与陈乾初论学书》。

③ 《与陈乾初论学书》：“气质之心，是浑然流行之体，公共之物也；人欲是落在方所，一人之私也。”

④ 《原君》：“故古之人君，去之而不欲入者，许由、务光是也；入而又去之者，尧舜是也；初不欲入而不得去者，禹是也。岂古之人有所异哉？好逸恶劳，亦犹夫人之情也。”

其一，社会习俗问题。

黄宗羲认为，要想使民众过上富裕的生活，除社会统治者要轻其赋敛之外，还要去恶俗，除蛊惑，革奢侈。

所谓“恶俗”，首先是现实社会的婚丧之俗。明末清初，原有的吉凶之礼不见了，婚丧嫁娶铺张浪费，仪式繁多，花费也大，富有之家以之装点自己的门面，穷贫之家也竭力操办，这就是恶俗①。其次是尊佛敬巫，坐地就使民众所从事的工作和资产各浪费挥霍一半，两者相加，则资产浪费殆尽，这成为一大社会问题②。最后是“奢侈”，主要表现为倡优、酒肆和锦缎生产，造成很大的浪费③。这些问题的存在使得社会生产流通消费都不符合民众的实用，因此必须着力解决④。

黄宗羲从治本、治末两个方面入手，设计解决这一社会问题的方案。所谓“治之以本”，就是用让民众按古朴简单的婚丧仪式，解决婚丧铺张问题；通过兴学校，明教化，达到驱除巫与佛的目的。所谓“治之以末”，就是要做到禁止倡优活动，禁止酒肆经营，禁止生产、穿用锦缎，以解决人力财力的浪费与奢侈问题。他认为，只有这样才是真正的“崇本抑末”之举，但世间俗儒不懂这个道理，妄自以为工商为末，从而抑制所有工商业发展，岂不知手工业和商业都是人民赖以为生的重要行业⑤，不知“工商皆本”，以抑制工商业发展而又忽视解决上述社会问题的做法是错误的。黄宗羲重视社会风俗问题的精神及提出的解决方案是可贵的，而他提出的“工商皆本”的观点，彻底地否定了以工商为末的传统观点，是新兴市民意识的反映，因此是更值得珍视的。

其二，官吏危害民众问题。

黄宗羲清楚地看到官吏侵害民众利益、危害社会的状况，他说，“吏胥之害天下，不可枚举”，而其中最主要的有四个方面：一是吏胥都是些遑遑求利之徒，凡有利之处，无所不至，曲解法律，出台各种条例性文件为自己谋利，结果是“天下有吏之法，无朝廷之法”，使法律成为官僚集团的谋利工具。二是天下之吏被无赖所充斥，而副职官员又大都从吏胥中提拔。同时，在承平之世，士人众多，但出仕之途却很狭窄，致使不少有才之士老死丘壑，才干不得发挥。三是各衙门的副职之铨选权操之于吏部，可吏部连吏胥的人名都点不清，更不知其人之良莠，所任命的副职官员中自然多有不肖之徒。四是京师政府机要岗位的吏胥都是肥缺，因此或是父传于子，或是兄传于弟，造成的结果是“今天下无封建之国，有封建之吏”的局面。吏胥们久居官府，盘根错节，形成根深蒂固的利益集团，并恃官府之力鱼肉百姓，不顾百姓之死活，因此造成重大社会问题。对此，黄宗羲设计的解决方案极为简易：吏胥的岗位都

---

① 《财计三》：“婚之筐篚也，装资也，宴会也；丧之含殓也，设祭也，佛事也，宴会也，刍灵也；富者以之相高，贫者以之相勉矣。”

② 参见《财计三》。

③ 《财计三》：“倡优之费，一夕而中人之产；酒肆之费，一顿而终年之食；机坊之费，一衣而十夫之暖。”

④ 《财计三》：“今夫通都之市肆，十室而九，有为佛而货者，有为巫而货者，有为倡优而货者，有为奇技淫巧而货者，皆不切于民用，一概痛绝之，亦庶乎救弊之一端也。”

⑤ 《财计三》：“夫工固圣王之所欲来，商又使其愿出于途者，盖皆本也。”

改由经科考选拔的士人充任。这种解决方案合情合理，但未免过于简单化、理想化了。

其三，人才教育选拔及任用问题。

黄宗羲指出，现实社会的学校教育有悖养士和议政、参政的理想目标，而是在实行御用式的教育。学校教育以天子的好恶为标准，使学校成为科举嚣争、富贵熏心"唯朝廷之势利是趋"者们集聚的地方，而那些有真才实能的人却往往出自草野之间，与学校无关，所以学校连"养士"的基本目的都化为泡影了。鉴于这种情况，有识之士把一些学校转型为书院，但朝廷又想方设法抑制它，把书院的兴与毁与朝廷的权力之争夺联系在一起，结果发展到朝廷与书院对立，而现实中的学校不但不能养士，反而成为士人受害之所。对于这种情况，黄宗羲十分气愤地说：上天生民，把教养的责任托付给人民的领袖——君主，但是学校废弛，人民不得教育，君主却以利益相诱，以为己所用，这哪里有"仁"的影子！号称君父，欺世盗名罢了！[①] 因此，黄宗羲主张让学校恢复养士和评议朝政的功能，并设计出太学及郡县学的办学方法和职责、义务以及学校收集资料书籍的具体方法等[②]。

黄宗羲认为，在现实社会中，不但学校教育问题严重，人才选择中也问题丛生。他说，"取士之弊，至今日制科而极矣"，制科就是在正式科举取士之外，通过地方贡举或皇帝另在殿廷诏试选取人才的制度。黄宗羲认为制科中问题最多：如"拔贡"取士虽是经过考试，但初试很不严格；"保举"的特点是以名取人，但人们不知所谓"名"的凭据何在，更有贿赂请托等不正当动作杂于其间；此外，乡试、会试时还在正式录取之外设"副榜"取士，所取的都是些不合格的落榜生。至于宗室贵族授官，甚至根本不用考试的形式。上述这些选拔人才的方法增加了财政负担，降低了官员素质，于社会治理无益。对于这个问题，黄宗羲提出，应恢复过去笔试对答儒家经义的考试方法，但解答经义不能墨守某一人之说，而应把前人诸说都罗列出来，然后发表自己的看法，无论是对前人诸说了解不详者，还是所发表的见解愚蔽者，都判为不合格。他认为只有这样才是克服所选拔的人才日趋浮薄的最佳方法。

人才既已选出，用人就成为关键。明代用人的弊端在于，一方面大多数有才能的读书人入仕无门，另一方面是用人太宽容，那些无能之辈一旦通过制科入仕就终身为官。黄宗羲批评这种做法说："严于取，则豪杰之老死丘壑者多矣；宽于用，此在位者多不得其人也。"[③] 他所提出的解决这一社会问题的方案是采用"取士宽，用士严"的方法，以公正合理的方式拓宽人才选拔渠道，广取人才，但在用人时则择优而用，对那些难以胜任工作的人予以淘汰罢免，从而使"在位者得其人"，提高社会治理质量。

其四，土地集中与赋税过重问题。

明代中期以后，土地集中现象日趋严重，农民的大量土地被统治阶级掠去，成为

---

① 《学校》："嗟乎！天之生斯民也，以教养托之于君。……学校之法废，民蚩蚩而失教，犹势利以诱之，是亦不仁之甚！而以其空名跻之曰'君父，君父'，则吾谁欺！"

② 详见《学校》。

③ 《取士下》。

官田、皇田或贵族豪绅的庄田[1]，农民失去土地，却还要承受沉重的赋税负担。黄宗羲认为，导致这种严重社会问题的原因，是统治阶级墨守成规，不知改革所致。以江南地区为例，天下财赋大部分处于江南，而江南地区在五代时期、元末的张士诚时期，均达到了赋税的高峰。一石粮食七成以上要作为赋税交纳给官府。这种惯例在明代因袭未改[2]。

黄宗羲指出，现实社会的赋税制度有三大弊害，一是“积累莫返之害”，人民承担的赋税越来越高。随着明代中期的“一条鞭法”的实行，把过去的两税和丁口税、力差、银差等各种杂差及存留、均徭、土贡等各种加银之例都纳入夏秋两税之中，后来又把辽饷、新饷、练饷三饷为一，并入两税，严重增加了人民的负担。他告诫当政者不要再继续坚持两税法，它是亡乱天下的祸根。二是“有所税非所出之害”，以货币纳税增加人民负担。从明代开始实行“漕粮之外，尽数折银”的赋税制度，遇上歉收，老百姓的产品不足赋税，年景好了，所出产的物品多了，却要折成银两交纳赋税，物多价贱，仍然不足以供赋税之数，这就等于让老百姓岁岁是凶年。这种做法是与百姓为敌，必然没有好结果。三是“有田土无等第之害”，赋税负担不均。由于当时不按土地的质量征税，即便不毛之地也有租税，产量低的土地承担赋税过重。在官府的催要下，农民又不敢休耕养地力，造成地力日竭[3]。有人对黄宗羲论赋税制度三大弊害的第一害即“积累莫返之害”加以总结说，历史上的赋税改革不止一次，但每次赋税改革后，农民负担下降一段时间后又涨到比改革前更高的水平，并将这种情况称为“黄宗羲定律”。其实黄宗羲的原意是论述每次赋税改革都加重人民的负担，所以，其所谓“黄宗羲定律”之说，未免牵强附会。

黄宗羲认为，造成这些弊害的核心问题是由于土地分配不均，因此他主张没收官田屯田，将其分给农民，并构想通过实行理想的井田制（前已述及）更好地解决这一社会问题。但在他的解决方案中，没有主张把富人的土地分给农民，甚至还认为夺富人之田是“不义之行”，加重私田赋税是“不仁”之举。可见黄宗羲是在不影响富人利益的前提下对农民寄予同情的，因此仍未摆脱其阶级的局限性。

四、社会控制与社会治理思想

黄宗羲认为，现实社会中社会控制在沿着错误的方向发展。统治集团实行社会控制的思路是想尽收天下之利，归于政府，所以他们采取了各种互相钳制的防范措施，用一个人，却怀疑他谋私，就再用一个人来监视；办一件事情，就设置一个机构来监视它的活动，这使得社会都知道统治者是在为自身利益而控制人们的行为，并都去尽

---

① 《田制二》。

② 《田制一》：“今天下之财赋出于江南；江南之赋至钱氏而重，宋未尝改；至张士诚而又重，有明亦未尝改。故一亩之赋，自三斗起科至于七斗，七斗之外，尚有官耗私增，计其一岁之获，不过一石，尽输于官，然且不足。”

③ 参见《田制三》。

量地逃避其控制，其结果必然是法律越来越多，社会也越来越乱①。一群统治者为利欲之私而创立法律，另一群统治者则为利欲之私而破坏它的有效性，形成“非法之法”。这样的社会控制手段，无疑都是“足以害天下”的②。他指出，有些俗儒认为社会的治乱与“法”无关，只要统治者能恻隐爱人、恢复井田、封建、学校等旧制，就能取得社会秩序稳定的效果，即所谓“有治人无治法”，这种观点是错误的。黄宗羲与此相反，所持观点是“有治法而后有治人”。但需说明，黄宗羲所谓“法”泛指社会控制的所有方法、措施及规范制度。这从他提倡“无法之法”中可以看出。换言之，其所谓“治法”与现代“法治”之“法”，内涵不尽相同。强调社会控制的措施与规范制度的重要性，怀疑、否认人治的可靠性，无疑是中国社会控制思想的一大进步。

有了行之有效的“治法”之后，有没有“治人”就成为社会治理的关键因素，而治人的核心，就是君主与官僚阶层。黄宗羲认为，现实社会中君主与官僚们都称不上是“治人”。这首先表现为君主不明自己的“职分”。要使社会得以治理，君主与民众的关系应是“天下为主君为客”，但现实社会中的君主则以为“君为主，天下为客”。君主为了自家的利益和享乐，不顾百姓的疾苦，只顾自己的私利，而不让百姓满足各自的私利③。这使得百姓对君主充满了仇恨，视之如寇仇，名之为独夫。因此，现实社会中的君主制违背了“设君之道”，成为破坏社会正常秩序与百姓生活的最大祸害。有了以天下为私家产业的君主，社会就不得安宁，因此还不如根本没有君主反而可使百姓各得其利。实际上这样的君主也绝没有好下场，因为君主把天下作为自家产业，就会处处提防，怕别人把它夺走，但君主一人之智怎可敌天下人的欲望，结果是往往做不了几代皇帝就被推翻了。

在君主以天下为自家产业的情况下，官僚们都成为君主的奴仆，毫不关心民众疾苦④。这种出仕为官不为天下办事，甘当皇帝的走狗，漠视百姓疾苦的官僚，即使鞠躬尽瘁，死而后已，也没有什么可以称道的。这样的君与臣，这样的君臣关系是无法治理社会的。要想治理社会，就必须明确君与臣的社会角色，即君主当为人民的公仆，臣僚当为君主的助手，辅佐君主为人民服务。只有君主与臣僚们同心协力，为天下万民的幸福安乐而治理社会⑤，才能有所成就，才能实现理想的社会生活秩序，从

① 参见《原法》。

② 《原法》：“自非法之法桎梏天下人之手足，即有能治之人，终不胜其牵挽嫌疑之顾盼；有所设施，亦就其分之所得，安于苟简，而不能有度外之功名。使先王之法而在，莫不有法外之意存乎其间：其人是也，则可以无不行之意，其人非也，亦不至深刻罗网，反害天下。”

③ 《原君》：“后之为人君者不然，以为天下利害之权皆出于我，我以天下之利尽归于己，以天下之害尽归于人，亦无不可；使天下之人不敢自私，不敢自利，以我之大私为天下之大公。始而惭焉，久而安焉，视天下为莫大之产业，传之子孙，受享无穷。……是以其未得之也，荼毒天下之肝脑，离散天下之子女，以博我一人之产业……其既得之也，敲剥天下之骨髓，离散天下之子女，以奉我一人之淫乐，视为当然。”

④ 《原臣》：“世之为臣者……以谓臣为君而设者也；君分吾以天下而后治之，君授吾以人民而后牧之，视天下人民为人君橐中之私物。今以四方之劳扰，民生之憔悴，足以危吾君也，不得不讲治之牧之之术；苟无系于社稷之存亡，则四方之劳扰，民生之憔悴，虽有诚臣，亦以为纤介之疾也。”

⑤ 《原臣》：“夫治天下犹曳大木然，前者唱邪，后者唱许。君与臣，共曳木之人也，若手不执绋，足不履地，曳木者唯娱笑于曳木者之前，从曳木者以为良，而曳木之职荒矣。”

而最终实现黄宗羲的理想社会构想。

总之，黄宗羲的社会思想具有浓重的时代气息，反映了他所处时代的进步的新兴市民阶层的社会理念。但其所代表的阶层的不成熟性，决定了其社会思想的不成熟性。如他对所向往的理想社会有详细的阐述，但对采取什么手段和方法去实现它则未曾涉及，因而使其所构想的理想社会模式具有很强的幻想性。他肯定人们自私自利的合理性和普遍性，但又捍卫孟子的人性本善之说，甚至在天理与人欲的关系问题上，得出与理学家基本相同的结论，这体现出其思想理论自身就存在着矛盾性。他对现实社会中存在的问题有较为深刻的认识，但他提出的解决社会问题的方案却软弱无力，毫不触动富人的利益，这些都充分证明黄宗羲的社会思想存在着阶级局限性。但是，他毕竟是代表着一个新兴的阶层，这就使他看待现实社会问题具有较新的视角，其社会批判也很有力度，他提示的社会问题的深刻性是前人难以比拟的。他对君主、官僚及君臣关系的批判力度也达到了前所未有的水平。他所构想的理想社会模式中已有了民主启蒙的内容，堪称时代的先驱。此外，他对农民的同情，对社会下层民众争取自身利益的权利的肯定，对官僚地主阶层腐朽性的揭露和分析，也是应予充分肯定的。黄宗羲的《明夷待访录》比法国启蒙思想家卢梭的《民约论》[1] 还要早大半个世纪，在一定程度上堪称中国的《民约论》。黄宗羲的《明夷待访录》则因触犯了官僚地主阶级的根本利益，在其去世数十年之后的清乾隆年间仍被列为禁书。这也从另一个侧面充分反映出黄宗羲社会思想的时代进步性。

第二节
顾炎武的社会思想

顾炎武（1613—1682年），原名绛，字宁人，明亡后志存恢复，改名炎武，以明抗清之志。因是明末清初江苏昆山亭林镇人，故又号亭林，传见《清史稿·儒林传》。顾炎武治学强调“经世致用”，反对空谈天道性命，其诸多思想言论都是针对现实社会而发，确有务实而经世致用的特点。其主要著作有《日知录》、《天下郡国利病书》和《顾亭林诗文集》、《音学五书》等。

一、欲望论

在人的欲望问题上，顾炎武与黄宗羲一样，强调了人的自私自为以满足自身欲望的合理性。他认为，自从“天下为家”以来，人们的自私就已成为自然而合理的人之常情了。那些让人“以公灭私”、“有公而无私”的说教者，都是一些伪君子。他们自己富贵有余，生活无忧，却让别人“以公灭私”，“有公而无私”，这纯属骗人的“美

① 卢梭的《民约论》又译作《社会契约论》，约发表于1762年。

言”，不符合社会法则[①]。

顾炎武肯定了人们自私自为的合理性，并认为明智的社会统治者会顺应人们的自私自为，因而用之，使人人得以自私自为，促成天下大治[②]，以个人的自私自为促成“天下之公”[③]。如果不顾及人民的“一己之私”，也就没有“天下之公”可言，社会秩序就难以稳定与和谐。

顾炎武的欲望论与黄宗羲的“向使无君，人各得自私也，人各得自利也”的逻辑推理是一致的，而且与先秦时期杨朱所谓“人人不损一毛，人人不利天下，则天下治矣”的欲望思想有某些相似之处，所不同的是杨朱只是从分配上消极地不妨碍他人着眼，而顾炎武的“用天下之私而天下治”的论点则与发展生产、促进社会各方面的综合性进步联系在一起，因为他所谓“天下治”的具体内涵是“土地开，田野治，树木蕃，沟洫修，城郭固，仓廪实，学校兴，盗贼屏，戎器完，而其大者人民乐业而已”[④]。

从肯定人们自私自为的合理性出发，顾炎武进而认为财产私有制明确物产的归属权，是杜绝纷争和促进生产的决定因素。他举例说：若在交通要道上发现了金矿，人们都会去争抢，如果在自家房屋里发现了金矿，外人就不能前去争抢了，这就是公有与私有的区别[⑤]。他的“金子论”与战国时慎到的“兔子论”近似[⑥]，所不同的是慎到完全从分配角度着眼，为私有制辩护，而顾炎武则侧重说明私有制对生产有利。同时，顾炎武的说法又与战国时荀子称“有分”为社会之“本利”[⑦]的思想接近，但荀子所侧重的是行为规范、社会分工与角色分位对社会统治秩序的作用，顾炎武则是强调财产私有满足人们自私自为的欲望才能避免纷争，才能使社会得到综合发展，使人民安居乐业。战国末期的韩非也曾大力提倡“自利自为”，并把它应用于社会关系的各个方面，但韩非侧重于分析社会人际关系的本质，而顾炎武则是侧重于财产私有制的社会效益。尤其值得注意的是韩非等思想家多言“自利”、“自为”，而顾炎武则提倡“自私”、“自为”，一字之差，而在体现财产权利这一问题上，“私”字的意义更加深刻、贴切，更能表现市民社会的特质。而慎到、荀子及韩非所处的时代，还不具备市民阶层的现实社会基础。所不同的是，顾炎武一方面肯定了人们“自私”的合理性，一方面对官僚阶层不择手段追逐个人利益的行为嗤之以鼻。他指出，司马迁曾说，吏胥们舞文弄法，刻章伪书，不避刀锯之诛，其实是为了得到别人的贿赂；仲长

---

① 《日知录·言私其豵》：“世之君子，必曰有公而无私，此后代之美言，非先王之至训矣。”

② 《日知录·郡县论五》：“天下之人，各怀其家，各私其子，是常情也。为天子，为百姓之心，必不如其自为，此在三代以上已然矣。圣人者因而用之，用天下之私，以成一人之公，而天下治。”

③ 《日知录·言私其豵》：“自天下为家，各亲其亲，各子其子，而人之有私，固情之所不能免矣。故先王弗为之禁，非惟弗禁，且从而恤之，建国亲侯，胙土命氏，画井分田，合天下之私以成天下之公，此所以为王政也。”

④ 《亭林文集》卷一《郡县论三》。

⑤ 《亭林文集》卷一《郡县论六》：“譬之有窖金焉，发于五达之衢，则市人聚而争之；发于堂室之内，则唯主人有之，门外者不得而争也。”

⑥ 《慎子·逸文》：“一兔走街，百人追之，贪人俱存，人莫之非者，以兔为未定分也。积兔满市，过而不顾，非不欲顾也，分定之后，虽鄙不争。”

⑦ 《荀子·富国》。

敖《核性赋》也说，动物之中人性最恶劣，最虚伪，最好斗①。

那么，当今社会的情况又如何呢？顾炎武指出：那些为官为吏者，自读书之时，就以满足自己的最大利益为动力和目的，一旦做了官，就开始付诸实施，所以君与臣、上级与下级的关系，都是以相互满足私利之欲为纽带的，而且愈演愈烈②。顾炎武深有感触地说："读孔孟之书，而进管商之术，此四十年前士大夫所不肯为，而今则滔滔皆是也。"为了满足自己的利欲，官僚们置社会伦理规范于不顾，无休止地争夺有油水可捞的肥缺，结果是上行下效，使整个社会形成礼义沦丧、盗窃竞作的恶劣风气③。甚至连那些表面"求名"之士，也同样是为了个人利欲的满足，因为名之所在则利归之，所以也就求之唯恐不及了。如果不是为了"求利"，实在看不出他们"求名"还有什么其他目的④。既然社会上层均是"竞荣者必有争利之心"，天下治乱就可想而知了。正是基于这种观点，他质问当政者，高高在上，可以只求私利而不顾老百姓的死活吗？他总结历史经验，指出古代圣明之君常论及"财"而不言"兴利"，就是因为兴利"必至于害民"，而后世的明君也以惩治贪腐，扭转贪婪的官风为第一要务。⑤

既然利欲之心是造成贪邪之"污俗"的重要根源，就应想办法解决这一问题，为此，顾炎武提出以"名"克制利欲的方案，他认为人们都是爱名的，可以用增加社会名誉的办法，克服官员们贪图经济利益的私心，促成官僚体系的廉洁⑥。这样，即使有个别矫伪之徒，也比那些"肆然而为利者"要好得多。当然，顾炎武这里所谓"名"不是前已述及的作为求利之手段的"当世之名"，而是那种"没世之名"，亦即名教、名节、功名之类。他认为如果这样，即使"不能使天下之人以义为利，而犹使之以名为利"，相信可以拯救世风。但要想做到"以名为治"，就必须从劝学、奖廉两个途径开始。

第一，劝学以克利欲。所谓劝学，就是使学而优则仕，对有真才实学的人，给予名誉、地位，并任凭其去留。通过优待贤能，使人们都去努力提高真才实学，而不去竞争诸如科举应试之类的"当世之名"。

第二，奖廉以克利欲。顾炎武把奖励廉洁作为"荡涤污俗"的重要方法，他认为，如果对那些"洁己爱民"、清正廉洁的官员给以重奖，赐以五顷十顷之地作为子孙的产业，而免除其租赋和丁徭，让他们比那些追求科名、爵禄的人得到更多的实际

---

① "裸虫三百，人最为劣。爪牙皮毛不足自卫，唯赖诈伪，迭相嚼啮。等而下之，至于台隶僮竖，唯盗唯窃。"

② 《日知录·名教》："乃以今观之，则无官不赂遗，而人人皆吏士之为矣；无守不盗窃，而人人皆僮竖之为矣。自其束发读书之时，所以劝之者，不过所谓千钟粟、黄金屋，而一旦服官，即求其所大欲。君臣上下，怀利以相接，遂成风俗，不可复制。"

③ 《日知录·言利之臣》："上行之则下效之，于是钱谷之任，榷课之司，昔人所避而不居，今且攘臂而争之，礼义沦亡，盗窃竞作，苟为后义而先利，不夺不餍。"

④ 《日知录·君子疾没世而名不称焉》。

⑤ 《日知录·言利之臣》："后之兴王，所宜重为惩创，以变天下之贪邪者，莫先乎此。"

⑥ 《日知录·名教》："故名胜于利，则小人之道消；利胜于名，则贪暴之风扇……徇己之心切，则至公之理乖；贪仕之性彰，则廉洁之风薄。"

利益，就可收到使官员廉洁自律的效果。

从顾炎武设计的解决那种不顾忌社会规范，不择手段地追逐个人利欲问题的方案中，可以看出，其基本思想是与他的肯定自私自为的天然合理性及“合天下之私以成天下之公”的思想是完全一致的。他强调了使人的行为以求实学和廉洁清正为目的，同时国家社会则因其确有真才实学和行为高尚而给予他比一般人更大的利益。顾炎武的欲望论既承认了人自私自利的天然合理性，又反对不顾社会和他人的利益而肆无忌惮地追逐私利的行为，他从满足个人的私利与维护社会利益两个方面出发，提出了一套使两者有机结合“合天下之私以成天下之公”的理论，从而反对了道学家提倡的“以公灭私”、“有公无私”的虚伪说教。顾炎武的欲望论在一定程度上反映了新兴市民阶层的社会理念，具有时代的进步性和启蒙意义。

二、论社会规范

顾炎武治学，主张“经世致用”，崇尚务实的精神，对宋明理学家空谈性理的学风进行了尖锐批评。他考证指出，理学之名始于宋人，在宋代儒学精神发生范式转移，宋以前是经学式的儒学，宋明理学是禅学式的儒学①；宋明以来的学者们远离天命、灾异谶纬，转向内在而谈心言性，但又“茫乎不得其解”。这些连孔子也很少论及的主题，如今成为宋明理学的主要议题，学者聚集宾客、门徒，举行大规模的会讲，专门探讨人性，弃置种种实学于不顾，好像他们的学问比孔子还要高明似的，实则是“不知本”的表现②。

孔孟经常论及的并非心、性、命、天之类，而是“出处、去就、辞受、取与”等具体的伦理规范与行为规范问题。人们都赞成为学要循“圣人之道”，但实际上所谓“圣人之道”的精神就是八个字，即“博学于文，行己有耻”。从日常生活中的行为方式到修齐治平的道理，以及历史上的典章制度、经籍文物、社会规范等，凡是与国计民生及社会秩序有关的东西，都属于所谓“文”的范畴。凡属一个人的社会角色及其出入、往来、辞受、取与等种种社会活动及其规范，都属于“有耻”的范畴。所谓有耻，也就是一个人的立身行事，要讲是非、善恶、廉耻，要有一个尺度，这个尺度就是关心国家人民和社会的共同利益，而不沉湎于个人私利得失之中③。这也就是他提出“天下兴亡，匹夫有责”之号召的理论基础。

顾炎武认为，社会秩序的混乱源于社会价值观与社会规范的混乱。他借用荀子的话说，人群社会有三种“不祥”之事，就是“幼而不肯事长，贱而不肯事贵，不肖而不肯事贤”。其实这三种不祥之事，概括起来就是社会价值观与社会规范失调。他又

---

①《亭林文集》卷三《与施愚山书》：“礼者，本于人心之节文，以为自治治人之具……周公之所以为治，孔子之所以为教，舍礼其何以焉。”

②《亭林文集》卷三《与友人论学书》。

③《亭林文集》卷三《与友人论学书》：“不耻恶衣恶食，而耻匹夫匹妇之不被其泽。”

借古喻今，通过商代社会价值观与社会规范混乱以至于灭国的故事，说明社会价值观与社会规范的失调造成的严重后果。[①] 这里他理想的社会价值观与社会规范仍不外乎传统儒家所制定的社会价值观与社会规范，所不同的是，顾炎武不像理学家那样奢谈心性仁义，而是侧重于具体的社会伦理规范，如孝悌、廉耻等都成为他所强调和关注的社会价值观与社会规范理论的核心。

第一，关于礼的社会规范功能。他把礼作为孔子思想的核心和治理社会的根本[②]，并认为“仁”是孔子之所罕言的，这是顾炎武与理学家的区别所在，也反映了他的经世致用、不尚空谈的精神。但可能是他认为“礼”与孝悌、廉耻相比，仍然不够具体和不够贴近社会现实生活，所以他没有对“礼”进行具体论述。

第二，关于廉耻的社会规范功能。顾炎武提倡“行己有耻”，自然是把廉耻作为社会价值与伦理规范之核心的。他认为，如果说礼义是“治人之大法”，那么廉耻就是“立人之大节”。人无廉耻就会无所不做，无所不为。一个普通人没有廉耻，会造成其个人的祸败乱亡，而大臣们若无廉耻，还会造成社会的混乱和国家的灭亡[③]。在礼、义、廉、耻四者之中，他特别强调“耻”。因为人行为不清廉，以至于违法犯罪，根源在于无耻。无耻之中，最严重的是士大夫等官僚阶层无耻，这是“国耻”。自三代以后，世衰道微，士人弃礼义、捐廉耻，相沿成习，社会中无耻的情况相当严重。如何扭转士风，使人们有廉耻呢？顾炎武认为，必须以“有教化”，即政府加强官员工作伦理为其前提，官员们能做到有所羞愧，有所不为，清正廉洁，会带动整个社会风俗的转变，使人人懂得自尊自重[④]。顾炎武的社会设计强调教化的社会意义，视廉耻为社会教化的核心，更强调了人有廉耻的社会意义，值得重视。

第三，关于孝悌的社会规范功能。顾炎武把孝悌作为人们行为规范及人际关系的核心，认为一个人的社会化，关键在于掌握以孝悌为本的人伦关系；整个社会风气转好的关键，在于重视人伦，这样才有善治，才能国泰民安[⑤]。

顾炎武还在《日知录》中说“尧舜之道，孝悌而已矣”，又说“孝悌为仁之本”，可见他对孝悌的重视程度。可以说，他是把孝悌作为实现和谐的人际关系与社会秩序的核心与关键了。因为他认为，人们有了孝悌，就能具备高尚的品德，重视亲族关系，与他人和睦相处；作为社会领袖，还可以把这种敦厚之情、协和之爱移用到整个

---

① 《日知录·不吊不祥》：“武王胜殷，得二俘而问焉，曰：‘若国有妖乎？’一俘对曰：‘吾国有妖，昼见星而天雨血。’一俘对曰：‘此则妖也，非其大者也。吾国之妖，子不听父，弟不听兄，君令不行，此妖之大者也。’武王避席再拜之。自余所逮见五六十年，国俗民情，举如此矣。”

② 《亭林文集》卷三《仪礼郑注句读序》。

③ 《日知录·廉耻》：“盖不廉则无所不取，不耻则无所不为，人而如此，则祸败乱亡，亦无所不至。况为大臣，而无所不取，无所不为，则天下其有不乱，国家其有不亡者乎！”

④ 《日知录·廉耻》：“教化者，朝廷之先务；廉耻者，士人之美节；风俗者，天下之大事。朝廷有教化，则士人有廉耻，士人有廉耻，则天下有风俗。”

⑤ 《亭林文集》卷五《华阴王氏宗祠记》：“夫子所以教人者，无非以立天下之人伦。而孝弟（悌），人伦之本也；慎终追远，孝弟（悌）之实也。……是故有人伦，然后有风俗；有风俗然后有政事；有政事然后有国家。”

群体成员，甚至其他族群的身上，最终收到协和万邦，使天下黎民变得和善起来的社会效果[①]。

以调整家庭内部代际关系的孝悌作为人伦关系的核心，这是因为古代社会是以初级关系为主要关系的社会。然而，在次级关系极为繁盛的现代社会，初级关系仍然不可或缺，家庭仍然是个体社会化最基础、成本最低的社会安排，因此强调以孝悌为本的人伦关系仍然具有重要现实意义。

第四，关于法的社会规范功能。现代社会学认为，法是社会控制的手段，具有规范人们行为的功能，而顾炎武则更重视剖析“法制”对社会的危害性。他举例说：秦始皇强调法制，结果造成人们为了避免法律的惩罚而“奸伪萌起”，社会精神萎靡，最终归于灭亡；三国时代，诸葛亮“开诚心、布公道”，做到社会同心同德，遂使小小的西蜀“犹得小康”，而曹操、孙权用法术治国，结果是政治动荡，篡权夺势之事屡有发生，国家几无宁日。所以他得出结论：在社会治理方面，不是单纯靠法律就能做到的[②]。他同意春秋时人叔向“国将亡，必多制”的说法，认为法律的有效性受到很多人为因素的限制，必须审时度势，变法修法，而不是制定新法去保护旧法，以至于法律越来越多，而法律的弊端也越来越多[③]。

此外，他还指出，法令日繁，将导致“人才不振”，因为法令繁多，把人们“禁防束缚”得动弹不得，所以使得“人之智虑自不能出于绳约之内”，无法出现经世之人才。但是，顾炎武并不反对社会上有法制禁令之设，只是认为，社会治理离不开法律，但又不能把它当作天下大治的良方，天下大治要靠树立正气，敦厚风俗[④]。

顾炎武对法制的看法，与黄宗羲有相同之处。他们都指出法令日繁的弊害，但黄宗羲批评的是非法之法的弊害，其最终结论是“有治法而后有治人”，强调了社会契约对人们行为的规范和控制作用，而顾炎武则是通过对法令日繁之弊害的论述，指出法治不是最好的社会规范与控制工具，强调了应从正人心、厚风俗、倡廉耻、行孝悌等途径达到社会秩序的和谐。与黄宗羲相比，顾炎武更强调人的个性解放。

顾炎武的社会规范思想，强调了孝悌与廉耻的重要性，而对理学家们热衷的“三纲五常”无所论及，顾炎武常言孔孟而不言董仲舒及二程、朱熹，实则是对“后儒”的社会规范思想的否定。这无疑是中国社会规范思想发展史上的一个新倾向。

---

① 《日知录·孝弟为仁之本》：“克明俊德，以亲九族；九族既睦，平章百姓；百姓昭明，协和万邦，黎民于变时雍。”

② 《日知录·法制》：“天下之事，固非法之所能防也。”

③ 《日知录·法制》：“夫法制繁，则巧猾之徒皆得以法为市，而虽有贤者，不能自用，此国事之所以日非也。善乎杜元凯之解《左氏》也，曰：法行则人从法，法败则法从人。前人立法之初，不能详究事势，豫为变通之地，后人承其已弊，拘于旧章，不能更革，而复立一法以救之，于是法愈繁而弊愈多，天下之事，日至于丛脞。”

④ 《日知录·法制》：“法制禁令，王者之所不废，而非所以为治也，其本在正人心，厚风俗而已。”

三、论社会问题及其解决方案

顾炎武崇尚务实的精神，治学提倡经世治用，并以拯救社会为己任①。因此，他对现实社会问题尤为重视。为了考察现实社会，他不仅大量搜集文献资料，并且注重实地调查，以期了解社会的真实面目。在此基础上，顾炎武强调解决社会问题要对症下药，而且要有力度。他以医师治病为例说，古时庸医杀人，现在的庸医不杀人，而是使病人不死不活，病情逐渐加剧而最终还是要死亡。原因就是他们既不能把握病源，又不敢用药，即使用药也“杂泛而均停，既见之不明，而又治之不勇，病所以不能愈也”②，以致病人病重而死。他欣赏汉代名医华佗的治病方法，抓住病源，用药不过数种就能妙手回春，并把这种方法用于对现实社会问题的考察与解决方案的设计之中。顾炎武主要考察的社会问题有以下几方面：

第一，关于赋税征银问题。

顾炎武的时代，时值明末清初，“国家之赋不用粟而用银”，方便了官府的储存和运输，也养肥了地方官和吏胥，但给民众造成很大痛苦，带来一系列严重的社会问题③。农民生活境况凄惨，即使丰收之年也要卖妻卖子，或逃亡自尽，而无法安居乐业地生活，其根本原因之一就在于赋税征银而不征粮。农民不做官，不经商，不做盗贼，哪里得到银子呢④？况且银子也不是从天上掉下来的，在不许人们开矿和海外通商的情况下，中国民间白银消耗量太大，逐渐不够流通之用，在那些偏远地区根本没有银子可用于商品交换⑤。官府坚持赋税征银，造成的必然结果是通货膨胀，谷物价格下跌，人民生活日益贫困。这造成了恶性循环，市面上白银越来越少，通货越来越膨胀，老百姓越来越穷，欠国家的税银就越来越多。百姓为了逃避纳税只好逃亡，结果国家可支配的税源、劳力减少⑥。政策久而不变，认为如果长此以往，只能造成国力削弱，社会混乱，以至于国家和社会的崩溃⑦。为此，顾炎武提出的解决方案是：在商贾集聚的通都大邑，可以征银；在偏僻而不通商贾的农村，则仍应征谷物，若不得已，则征十分之三的钱（而不是银），这样既可使钱价贵，又方便了农民，一举而两利，并说“今日之计，莫便于此”⑧，认为这是解决问题的最佳方案。

---

① 《亭林文集》卷二《病起与蓟门当事书》：“今日者拯斯人于涂炭，为万世开太平，此吾辈之任也。”

② 《日知录·医师》。

③ 《亭林文集》卷一《钱粮论上》：“往在山东，见登莱并海之人多言谷贱，处山僻不得银以输官。今来关中，自鄠以西至于岐下，则岁甚登，谷甚多，而民且相率卖其妻子。至征粮之日，则村民毕出，谓之人市。问其长吏，则曰一县之鬻于军营而请印者，岁近千人；其逃亡或自尽者，又不知凡几也。何所故？则有谷而无银也，所获非所输也，所求非所出也。”

④ 《日知录·以钱为赋》：“田野之氓，不为商贾，不为官，不为盗贼，银奚自而来哉！”

⑤ 《亭林文集》卷一《钱粮论上》：“中国之银在民间者，已日消日耗，而况山僻之邦，商贾之所绝迹，虽尽鞭挞之力以求之，亦安所得哉？”

⑥ 《亭林文集》卷一《钱粮论上》：“谷日贱而民日穷，民日穷而赋日诎。逋欠则年多一年，人丁则岁减一岁，卒此而不变，将不知其所终矣！”

⑦ 参见《日知录》卷十一《以钱为赋》。

⑧ 《亭林文集》卷一《钱粮论上》。

第二，关于贫富悬殊问题。

顾炎武对社会上严重存在的贫富悬殊问题做了较为深刻的考察。他看到，除了上述官府要求田赋以银交纳等弊政给农民造成的痛苦之外，地主阶级的剥削也是农民日益贫困的重要原因①。政府和地主的盘剥，使社会中贫富悬殊日甚一日，贫穷的人们无法生存，而富者又格外吝啬，唯恐贫穷者向他们求财借贷，所以就造成贫富之间的冲突，进而造成社会秩序的混乱②。

顾炎武提出的解决贫富悬殊问题的方案，不是“均贫富”，而是让富人适当少剥削一些，使贫者也相对富裕起来，即由政府出面规定私人土地的最高租额，同时国家也要减轻土地税，既让贫者足以维持生活，又让地主不致受多大损害，因为国家田赋的减轻，可在一定程度上弥补因限制私租给地主带来的经济损失③。由此可见，顾炎武既对贫苦农民寄予同情，又始终维护着土地私有制度，具有很强的可行性，这是他提出的解决贫富悬殊问题之方案的最大特点。

第三，关于社会风俗问题。

顾炎武十分关注社会风俗问题，而其所谓“风俗”概念，包括的内容十分广泛，良好的社会风俗构成其社会理想的主要内容，而他所说的“末俗之弊”，又是指一种社会问题，所以侯外庐先生认为顾炎武的“风俗”，“可以说是社会制度的代名词”④是有一定道理的。顾炎武说：“目击世趋，方知治乱之关必在人心风俗。”⑤ 他把人心与风俗视为社会治与乱的关键，因此对所谓“末俗”进行了深刻揭露和尖锐批判。

其一，他对现实社会的“人情”进行了揭露。现实社会中，人们的行为表里不一，越是谦逊之人越虚伪；越是亲近之人越不可靠；越是奢侈豪华之人越吝啬⑥。

其二，他对士大夫晚年倾心于佛道之行提出批判。他指出，现实社会中“南方士大夫晚年多好学佛，北方士大夫晚年多好学仙”，这些人一生仕宦，到了晚年退休离职之后，本应利用闲暇反省过去，提高道德修养，弥补所犯过失，但他们自知没有这种能力，便流于异端以附庸风雅。其实，这种人与那些只知买田置地、没有远大志向的市井之人一样，是刻意追求眼前小利之人⑦。

其三，他借用夏侯湛、白居易及罗点等人之言，指出现实社会中的“末俗之弊”。即为官逃避职责，隐瞒实情，优柔寡断，怯懦寡言；以保住乌纱为明智，以八面玲珑为贤能，反对大胆正直的行动，看不起中立守道之人；面对争议不敢发表意见，甘于

---

① 《菰中随笔》卷二上：“吴中之民有田者什一，为人佃作者十九，其亩甚窄，而凡沟渠道路毕并其税于田之中。……佃人竭一岁之力，粪壅工作，一亩之费可一缗，而收之所得不过数斗，至有今日完租而明乞贷者。”

② 《日知录·庶民安故财用足》：“民之所以不安，以其有贫有富，贫者至于不能自存，而富者常恐人之有求而多为吝啬之计，于是乎有争心矣。”

③ 《菰中随笔》卷二上：“既减粮额，即当禁限私租，上田不得过八斗，如此，则贫者渐富，而富者不至于贫。”

④ 侯外庐：《中国思想通史》，第五卷，237页。

⑤ 《亭林文集》卷四《与人书九》。

⑥ 《日知录·三反》：“今日人情有三反，曰：弥谦弥伪，弥亲弥泛，弥奢弥吝。”

⑦ 《日知录·士大夫晚年之学》：“其与求田问舍之辈行事虽殊，而孳孳为利之心则一而已矣！”

随波逐流，还批评那些大胆直言的人是沽名钓誉，批评那些自身正直的人是标新立异①。

这种风俗不断蔓延，结果使得官员不敢再在朝廷上大胆直言，纠正弊政。做父亲的用“不要耿直以树仇敌”来训诫儿子，做兄长的以“做事不要讲原则以免招致别人的忌恨”去教导弟弟，结果使大家都谨小慎微，因循守旧，荒废职事，陷于社会病态而不自觉。顾炎武十分担心这种不良风俗的蔓延，认为如果长此以往，将会使所有的社会成员都变成善于巧言令色的大奸大佞。② 那么，如何解决这一重大社会问题呢？顾炎武说：“所以转移人心，整顿风俗，则教化纪纲为不可阙矣。”③ 可见顾炎武设计的解决“末俗之弊”的方案，就是实行前已述及的社会规范，用礼、廉、耻、孝悌等来“正人心，厚风俗”。

第四，关于生员制度造成的后果问题。

隋唐以后，科举制度成为中国人才选拔最主要的手段，在这种制度下，进士举人可以任官职，而再低一级的生员则构成准官僚阶层。顾炎武看到生员大量存在给地方造成的诸多社会问题，因此把生员制度视为苦害人民的东西予以揭露和批评。他认为，国家所以设生员制度，是为了收天下之才俊子弟，通过教育使之成德达材，通当世之务，将来出任官职，帮天子治理社会，但现实社会中的生员制度造成的后果却与这个初衷截然相反。其具体表现为：一是生员过多，以每县 300 人计，全国合计不下 50 万人。二是所学内容都是无用的八股文，而且能写好八股的不到十分之一，真能通经典、知古今，可为国家尽力者，更是几千人中没有一个，但是他们给政府和社会带来的弊害却比比皆是。因此，政府对生员们越来越厌恶、越来越轻视，要求也越来越苛刻，但人们仍趋之若鹜，十之七八的生员是用钱打通种种关系买到的，而至于武生员与奉祀生员则全都是用钱买到的。人们为了打通关节以获得生员的头衔，造成了通贿请托之风愈演愈烈，不可收拾的局面④。顾炎武认为，人们所以大行贿赂请托等舞弊之事而谋求成为生员，并不是他们要为国家、为社会尽力，而只是为了保全身家而已，因为一旦得到生员的身份，就进入了上流社会，可以免除劳役，不再受里胥小吏的欺辱⑤。

关于生员给社会秩序造成的弊害还远不限于此，顾炎武总结其弊害如下：

其一，生员弱化政府权威，阻碍政府有效施政。如他们有的人游说官员，干扰地方行政；有的人在家乡形成势力集团，仗势欺人；有的人勾结胥吏，或本身担任胥吏以捞好处；有些人见到政策于己不利就聚众闹事；还有的人专门抓官员的小辫子，以

① 《日知录·夸毗》：“居位者以养身为静，以寡交为慎，以弱断为重，以怯言为信。……以拱默保位者为明智，以柔顺安身者为贤能，以直言危行者为狂愚，以中立守道者为凝滞……无所可否，则曰得体，与世浮沉，则曰有量。众皆默。己独言，则曰沽名；众皆浊，己独清，则曰立异。”

② 参见《日知录·夸毗》。

③ 《亭林文集》卷一《与人书九》。

④ 《亭林文集》卷一《生员论上》：“故以今日之法，虽尧舜复生，能去在朝之四凶，而不能息天下之关节也。”

⑤ 《亭林文集》卷一《生员论上》：“一得为此，则免于编氓之役，不受侵于里胥，齿于衣冠，得以礼见官长而无笞捶之辱。”

此要挟官员[①]。

其二，生员加重了农民的负担和痛苦。他指出，生员之家是不出杂差的，其实这是把“杂泛之差”转嫁给了农民，所以生员越多，百姓的负担越重，民不聊生[②]。

其三，由生员结成的关系网是互结死党、相互倾轧、蠹政害民的根源。顾炎武认为，社会的最大祸患，是聚各地的本不相识的人结成庞大的关系网，而生员群体恰是编结这样一种社会关系网的基础[③]。这些生员，一旦被取中为举人进士，就进入了一个庞大的关系网之中，盘根错节，“朋比胶固，牢不可解”。由此造成的社会问题是人际关系复杂，危害严重，规模小的利益集团方便了请托贿赂之事，危害政府行政，大的利益集团则结党乱政，甚至颠覆政权[④]。

其四，生员制度破坏了有治世之才的人进身的渠道。顾炎武认为，国家取生员时的考试科目，应是考察应考者“通当世之务”的本领，但是现行的科考内容是“时文”，五尺童子能背诵几十篇时文，稍加改动，就可取得功名，其实完全不能选拔治国安邦之才，反而败坏人才，以至于士人、官员、士兵、将领均所任非人，使国家的政治、军事实力受到严重影响，危害了国家、政权的安全[⑤]。

鉴于以上的考察，顾炎武主张改革现行生员制度[⑥]，清理现有的生员[⑦]。也就是说，他并不是要彻底废除生员制度，而是主张纠正现实社会中生员制度的弊端并大幅减少生员数量，当他们真正地精通“当世之务”之后，仍可通过一定的人才遴选制度进入仕途，任以官职，协助君主治理社会。

顾炎武设计的选举人才方案，是通过多种渠道选拔用世之才，“用辟举之法，而并存生儒之制”，天下人才，不论是不是生员，都可向政府举荐，而不局限于科举一途。这样便可以消除生员给社会造成的祸害[⑧]。

从顾炎武对以上现实社会问题的考察和他所提出的解决社会问题的方案中，我们

---

① 《亭林文集》卷一《生员论中》：“今天下之出入公门以挠官府之政者，生员也；倚势以武断于乡里者，生员也；与胥吏为缘，甚有身自为胥吏者，生员也；官府一拂其意则群起而哄者，生员也；把持官府之阴事而与之为市者，生员也。”

② 《亭林文集》卷一《生员论中》：“今之大县至有生员千人以上者比比也。且如一县之地有十万顷，而生员之地五万，则民以五万而当十万之差矣。一县之地有十万顷，而生员之地九万，则民以一万而当十万之差矣。民地愈少则诡寄愈多，诡寄愈多则民地愈少，而生员愈重。富者行关节以求为生员，而贫者相率而逃且死，故生员之于其邑人，无秋毫之益，而有丘山之累……故病民之尤者，生员也。”

③ 《亭林文集》卷一《生员论中》：“生员之在天下，近或数百千里，远或万里，语言不通，姓名不通，而一登科第，则有所谓主考官者谓之‘座师’，有所谓同考官者谓之‘房师’，同榜之士谓之‘同年’，同年之子谓之‘年侄’，座师、房师之子谓之‘世兄’，座师、房师之谓我谓之‘门生’，而门生之所取者谓之‘门孙’，门孙之谓其师之师谓之‘太老师’。”

④ 《亭林文集》卷一《生员论中》：“书牍交于道路，请托遍于官曹，其小者足以蠹政害民，而其大者至于立党倾轧，取人主太阿之柄而颠倒之，皆此之由也。”

⑤ 《亭林文集》卷一《生员论中》：“故败坏天下之人才，而至于士不成士、官不成官、兵不成兵、将不成将，夫然后寇贼奸宄得以乘之，敌国外侮得以胜之。”

⑥ 《亭林文集》卷一《生员论中》：“废天下之生员而官府之政清……废天下之生员而百姓之困苏……废天下之生员而门户之习除……废天下之生员而用世之材出。”

⑦ 《亭林文集》卷一《生员论下》：“吾所谓废生员者，非废生员也，废今日之生员也。”

⑧ 《亭林文集》卷一《生员论下》：“天下之人，无问其生员与否，皆得举而荐之于朝廷，则取士之方，不恃诸生之一途而已也。夫取士以佐人主理国家，而仅出于一途，未有不弊者也。”

可以看出他不尚空谈，崇尚实学，经世致用的精神。他揭露社会问题之深刻，解决方案之切实可行，都反映出其社会思想具有务实性与现实主义特色。

四、理想社会模式

顾炎武提倡“经世致用”，不但注重对现实社会问题的考察，而且有其理想社会构想，即如侯外庐先生所说，顾炎武“有梦想的社会图景”①。他的理想社会充分反映出其民主主义的启蒙精神。他不是在为“家天下”的统治阶级设计理想社会模式，而是超脱了一家一姓的拘囿，在设计一个涵盖全社会的理想社会模式。这一思想特点从他对“亡国”与“亡天下”所作的明确区分之中，即可明显看出。他所谓的天下就是人类社会，它比国家更重要。如果社会解体，人失去了人性，而丧命禽兽之口，或者人与人相食，这远比改朝换代——亡国要惨烈得多，所以理想社会的设计应该着眼于“保天下”——维护人类社会的生存与发展秩序②。

可见，在经历了明清易代的大变迁之后，朝代兴亡已经不能局限顾炎武的视野，易姓改号的存亡变革已经不是最高正义的核心。在“天下兴亡，匹夫有责”的权利和义务的观点指导下，顾炎武设计了一幅理想社会的蓝图。其理想社会模式的特点和内容主要有：

第一，这个社会是注重人民日用饮食之满足和“民德厚”的社会。顾炎武反复强调“民之质矣，日用饮食”的道理③，他的理想社会注重人民的日用饮食问题，从而使人人皆有嘉德，并由此产生出和谐的社会秩序，成为一个“民德厚而礼俗成，上下安而暴慝不作”④ 的社会。

第二，这个社会是讲仁道、明人伦、厚风俗的社会。他强调君主以人为本⑤，注重人民的日用饮食等日常生活；赞成《管子》中“与天下同利者，天下持之；擅天下之利者，天下谋之”的思想，强调君主不应只顾私利，而应“与天下同利”。因此，其理想社会中的君主不是“财聚于上”的，而是让人民共享天下财富⑥。在顾炎武的社会理想中，仁慈的君主起用廉洁奉公的官员治理社会，帮助社会积累财富；社会富裕并辅以教化，人民财用足而且风俗淳厚，就能做到社会文明，人民行孝行悌，各亲

---

① 侯外庐：《中国思想通史》，第五卷，251 页。

② 《日知录·正始》：“有亡国，有亡天下。亡国与亡天下奚辨？曰：易姓改号，谓之亡国，仁义充塞，而至于率兽食人，人将相食，谓之亡天下。……是故知保天下，然后知保国，保国者，其君其臣，肉食者谋之；保天下者，匹夫之贱，与有责焉耳矣。”

③ 《日知录·民之质矣日用饮食》：“民之质矣，日用饮食。……是故有道之世，人醇、工庞、商朴、女重。上下皆有嘉德，而至治馨香感于神明矣，然则祈天永命之实，必在于观民。而斫雕为朴，其道何由？则必以厚生为本。”

④ 《亭林文集》卷五《华阴王氏宗祠记》。

⑤ 《日知录·子张问十世》：“圣人南面而治天下，必自人道始矣。……不仁而得天下，未之有也。此百世可知者也。保民而王，莫之能御也，此百世可知者也。”

⑥ 《日知录·财用》。

其亲，各长其长，明人伦，讲礼貌[①]，成为一个“风俗淳厚，而爱亲敬长之道达诸天下”[②] 的社会。

第三，这个社会是一个安宁的农业社会。顾炎武十分向往《史记·律书》中所载的“汉文帝时，人民乐业，因其欲然，能不扰乱，故百姓遂安，自年六七十翁亦未尝至市井”的时代，他十分企盼《后汉书·循吏传》所记刘宠为会稽太守时在那里形成的“狗不夜吠，民不见吏，庞眉皓发之者未尝识郡朝”的社会景象，并留恋他少年时代“见山野之氓，有白首不见官长，安于畎亩，不至城中者”的那种农夫终老乡里，甘其食，美其服，安然自得的社会状态。而对明末开始日益严重的“役繁讼多，终岁之功半在官府，而小民有‘家有二顷田，头枕衙门眠’之谚”的社会状况，以及随之而出现的“山有负隅，林多伏莽”，使得农民“舍其田园，徙于城郭”，破坏了过去淳厚的传统而形成的“锥刀之末，将尽争之”的风俗表现出担忧和不满[③]，认为这是与其理想社会背道而驰的。

他建议抓紧恢复农业生产，恢复农民的土地财产，使农民重返农村，重操故业，安居乐业，同时完善教育制度，展开社会教育，转变社会风俗[④]。可见，他的理想社会是一个人民有恒产，有恒心，安于田亩，不见官长，甘食美服，教化得行，风俗淳厚的农业社会。

第四，这个社会是君主善于分权，以至“以天下之权寄之天下之人”的社会[⑤]。

这一点和他的欲望论是相一致的，因为人人自私自为，所以使守令亲民之官各有分权，得以“自为”，是符合人的欲望的。同样，因为人人自私自为，为了使人得以“自私”，理想的社会应是“寓封建于郡县之中”，调动地方官员由“自私”而焕发出来的积极性，搞好地方的社会治理。分权的范围不可过大，基本以县为单位，县令如同家主，一县的财产即如同私有，一县的人民如同一个家庭的成员，从而发展一县的经济并爱护一县的人民，使得人民自爱其私产，从而发展其一家的私产。他们的直接目的是满足自私的欲望，但由此则可带来社区的安宁和发展，天下各个社区都如此，整个社会就出现理想的状态，他认为这正是理想中的天子所期望的[⑥]。这就是他所谓“天下之私，天子之公”的理论依据，他由此得出的结论即是“有圣人起，寓封建之意于郡县之中，而天下治”。

---

① 《日知录·未有上好仁而下不好义者也》：“治化之隆，则遗秉滞穗之利及于寡妇……故欲使民兴孝兴弟（悌），莫急于生财。以好仁之君，用不畜聚敛之臣，则财足而化行，人人亲其亲，长其长，而天下平矣。”

② 《亭林文集》卷五《华阴王氏宗祠记》。

③ 以上均见《日知录·人聚》。

④ 《日知录·人聚》：“今将静百姓之心而改其行，必在制民之产，使之甘其食，美其服，而后教化可行，风俗可善乎！人聚于乡而治，聚于城而乱。聚于乡则土地辟，田野治，欲民之无恒心，不可得也。聚于城则徭役繁，狱讼多，欲民之有恒心，不可得也。”

⑤ 《日知录·守令》：“所谓天子者，执天下之大权者也。其执大权奈何？以天下之权寄之天下之人，而权乃归之天子，自公卿大夫至于百里之宰，一命之官，莫不分天子之权，以各治其事，而天子之权乃益尊。”

⑥ 《亭林文集》卷一《郡县论五》：“夫使县令得私其百里之地，则县之人民皆其子姓，县之土地皆其田畴……县之仓廪皆其囷窌。为子姓，则必爱之而勿伤；为田畴，则必治之而勿弃，为……囷窌，则必缮之而勿损，自令言之，私也，自天子言之，所求乎治天下者，如是焉止矣。……（守令）非为天子也，为其私也，为其私，所以为天子也。故天下之私，天子之公也。”

第五，这个社会是一个有健全的宗法制，并能充分发挥宗法制协助君主规范族人行为、使族人之间互相帮助之功能的社会。顾炎武认为明代灭亡的一个重要原因，就是自天子至于民间宗族势力不发达[①]。因此，在他的理想社会构想中，把氏族宗法置于十分重要的地位，而且着重强调了氏族宗法的社会控制功能和社会保障功能[②]。在他看来，宗法是仅次于君道的社会控制和社会治理的有效方法，宗法既能体现父子之亲，又能体现君臣之义，可收到“众治而刑措”的效果。

同时，在他的理想社会中，宗法组织还能发挥贫富相助的社会保障功能。他认为，社会之所以不稳定，就是因为贫富差别太大所致，贫者不能生存，而富者又十分吝啬，就必然造成相互争夺以及社会秩序混乱。恢复氏族宗法组织，形成一个个农村公社，使社会成员都有其氏族，就恢复了氏族宗法组织内部富者与贫者相睦相恤的制度，矜寡孤独废疾等弱势者就会得到氏族内部人士的照管[③]。人们重视本氏族的事务，保护氏族的集体财产，即可体现为氏族内成员的互相帮助，由这样的一个个农村公社构成的社会，自然是和睦而无争夺，均而无贫和财用足的社会了。

第六，这个社会是一个提倡清议，民众拥有舆论监督权的社会。顾炎武认为，社会是属于统治者和平民所共有的，所以治理社会的事是统治者的事，而为治理社会而献计献策，平民百姓也有责任[④]。政教风俗出现问题，就应允许平民百姓提出批评意见。他非常向往民众拥有舆论监督权利的社会，主张民众的评议是官员升降的依据，而想出任官职者，也要先过民众评议这一关[⑤]。所以，人人都知道自我约制，社会风俗便归于淳厚。他非常重视“清议”的社会功能，认为即使是风俗最坏的地方，只要有清议，就仍能维持正常的社会秩序，一旦失去民众的舆论监督，争夺以至战争就会接踵而至。

综观顾炎武的理想社会构想，可以看到其与以往的社会思想家之理想社会有诸多明显区别。首先，他把人民的日用饮食的满足放在重要位置，并强调君主“与天下同利”，而不是一般地向往家给人足。其次，他强调分权而治，给地方官以更多自主权，甚至要“寓封建于郡县之中”。这显然不同于以往许多社会思想家只强调君主的权力的理想社会构想。最后，他强调民众对政教风俗的舆论监督，而不是只满足于那种人

---

① 《亭林文集》卷五《裴村记》：“自治道愈下，而国无强宗，无强宗是以无立国，无立国是以内溃外畔，而卒至于亡。……夫不能复封建之治，而欲借士大夫之势以立其国者，其在重氏族哉！其在重氏族哉！”

② 《日知录·爱百姓故刑罚中》：“古之王者，不忍以刑穷天下之民也。是故一家之中，父兄治之，一族之间，宗子治之。其有不善之萌，莫不自化于闺门之内。而犹有不师教者，然后归之士师，然则人君之所治者约矣。……是故宗法立而刑清。天下之宗子各治其族，以辅人君之治，罔攸兼于庶狱，而民自不犯于有司，风俗之醇，科条之简，有自来矣。”

③ 《日知录·庶民安故财用足》：“夫子有言，不患贫而患不均，夫惟收族之法行，而岁时有合食之恩，吉凶有通财之义……不待王政之施，而矜寡孤独废疾者皆有所养矣。此所谓均而无贫者，而财用有不足乎？……先王宗法之立，其所以养人之欲，而给人之求，为周且豫矣。”

④ 《日知录·直言》：“救民以事，此达而在上位者之责也。救民以言，此亦穷而在下位者之责也。……政教风俗，苟非尽善，即许庶人之议矣。”

⑤ 《日知录·清议》：“古之哲王，所以正百辟者……存清议于州里，以佐刑罚之穷……乡举里选，必先考其生平，一玷清议，终身不齿。君子有怀刑之惧，小人存耻格之风。教成于下而上不严，论定于乡而民不犯。……官职之升沉，本于乡评之与夺。”

民安其居、乐其俗，只享受理想社会的幸福，而不去监督和改善社会治理环境的社会。因此我们不难发现，顾炎武的理想社会于朦胧之中带有近代民主主义的某些特征，这是中国历代理想社会构想的一大进步。但与此同时，也应看到顾炎武理想社会仍有与其以前的社会思想家之构想相同或相近之处。如他还像过去的社会思想家一样，托古而阐发其对理想社会的构想，其理想社会中仍然还有君主，还照搬仁义孝悌等社会规范，还向往氏族宗法社会。尽管其所理想的“君主”已与以往不同，所构想的宗法社会也具有显著的社会治理与社会控制协调功能，但其中无论如何也有受其以前的历代社会思想影响的痕迹。另外，他向往一个安宁的农业社会、反对城市化的倾向，更是违背了历史发展的趋势。这都反映了其思想的历史局限性。但总体来说，顾炎武的社会思想是进步的，其理想社会构想也带有浓重的时代气息，反映出随着社会发展，中国的社会思想正在不断冲破旧的格局而不断觉醒和向着近代民主主义进步的趋向。

第三节 王夫之的社会思想

王夫之（1619—1692 年），字而农，号姜斋，湖南衡阳人，晚年隐居于湘西蒸左石船山（今湖南衡阳县曲兰，地处湘江以西，蒸水之左，故称湘西蒸左石船山），后人称为船山先生，是明末清初三大思想家之一。王夫之的著作很多，达 100 多种，新中国成立后绝大部分已整理出版，1988 年，岳麓书社出版《船山全书》16 册。其社会思想主要有以下几个方面。

一、论人性

从先秦至宋代，人性问题一直受到社会思想家们的关注，自从宋代张载、二程提出二重人性之说，经朱熹的继承和发展，可以说已从理论上解决了争论达一千多年的“性善”、“性恶”、“性三品”等问题。王夫之最推重张载，但在人性问题上却对张载的“天命之性”与“气质之性”持批判立场，质疑“天命之谓性，岂但初生之独受乎?”王夫之的观点是，人的“天命之性”不是初生独受的，而且连人的“形之善恶”、“气之善恶”，也不是初生就有“成形”或“成气”的[①]。

王夫之在人性问题上的发展，主要有以下几点：

第一，人性是“日生日成”的，是在生命历程中逐渐形成的。他认为，“性”就是“生”的意思，人性不是一生下来就生成的，而是随着年龄的增长逐步生成的。在

---

① 《船山全书·尚书引义》卷三，长沙，岳麓书社，1996。本节以下凡引自此书者不注书名。

人们的社会生活中，人性日日新生，日日形成，并逐步完善起来，并不是先天就定型的[①]。人生之初，只有性之根，但这只是人性形成的基础，否则仁、义、礼、智、信等就无法养成。人性的形成是在出生之后，在社会生活中日积月累，“受命成性”的，如果没有生命历程的经历和积累，人性就无法形成。

第二，人性是“习与性成”的，即人性是在社会生活的习惯中养成的。习与性相互影响，相互促进，在这个过程中，人性便逐渐形成[②]。也就是说，人们在日常生活之中，不断地认识自然，认识社会，在此过程中，人性亦日趋成熟[③]。

第三，人性有善而无恶，但人却有善有恶。王夫之不赞成把人性分为天命之性和气质之性，认为人只有天命之性，也就是天赋的“仁、义、礼、智之根”，是无不善的，而气质只是“才”，不是“性”。人们的“才”有清浊、明昏、全偏之分，清、明、全者可以抵制恶习的熏染而发展善性；浊、昏、偏者则易受恶习的影响而丧失善性。人之有善有恶不是由于人的“根”性不同，而是由于“习”之所致，在人们日常生活中“取之纯，用之粹而善；取之驳，用之杂而恶”。所以，人性是可以随着人们的习惯或习性而改变的。

需特别说明的是，王夫之所谓的性善，仍是以遵循“五常”为归宿的。只有人们日常生活的见、闻、言、动都符合仁、义、礼、智、信之“正”的人才是善，反之则是恶[④]。所以，王夫之的人性论完成了对宋明理学人性论的反思，但仍未完全跳出儒家人性论的框架。

二、论人的社会化

在王夫之的《四书训义》这部授徒讲义中，较为集中地反映了他关于人的社会化思想。

他认为，人的社会化的过程，也就是人们学习“理”、明人伦、做“成人”的过程[⑤]。人们只要努力学习，就能达到“圣德”的人格境界，成为君子型的社会成员[⑥]。他认为，作为社会规范的礼和乐，不是天造地设的，而是通晓人道的前辈们制定的，既然它是由人制作的，那么人们就可以发挥学习能力，学得礼和乐，从而成为符合社会要求的“成人”。王夫之所谓的“成人”，就是指经过合格的社会化过程的社会人。但要想成为社会人，就必须通过在社会中学习。人如果不是通过社会化达到“成人”，

---

① 《尚书引义》卷三《太甲二》：“夫性者，生理也，日生则日成也。则夫天命者，岂但初生之顷命之哉？但初生之顷命之，是持一物而予之于一日，俾牢持终身以不失……一受其成形，而无可损益矣。”

② 《尚书引义》卷三《太甲二》：“习与性成者，习成而性与成也。”

③ 《尚书引义》卷三《太甲二》：“举凡口得之成味，目得之成色，耳得之成声，心得之成理者，皆是也。是人之自幼讫老，无一日而非此以生者也，而可不谓之性哉？”

④ 《尚书引义》卷三《太甲二》：“饮食起居，见闻言动，所以斟酌饱满于健顺五常之正者，奚不日以成性之善。”

⑤ 《四书训义》卷三一：“规矩者方圆一定之极，必以是为准，而不可不用也。则夫人之有伦，遂谓唯人之随时而创，因俗而流，可以群处而自为尊卑乎？失其伦之理，则其伦亦灭矣。”

⑥ 《四书训义》卷二九：“惟知夫人无异性，性无异理，则可以信圣人之德，人人可学而至。”

即使有尚好的才质，也无法适应社会生活，更谈不上在社会上建功立业了。人要想养成完美的人格，智、廉、勇、艺都只是才质，只有通过社会化，才能利用其智以通达事理，利用其廉以坚守志操，利用其勇进行正当行为，利用其艺以完成事业①。纵使其才质在施展过程中，可能有时会出现过度或不足的情况，但都可以通过再社会化得到节制或增进。

社会化过程还有利于纠正人们禀赋中的偏蔽成分，调整个性偏差和习气。王夫之指出，很多人的个性都有所偏蔽，有的偏于仁，有的偏于智，有的偏于信，有的偏于直或偏于刚，偏于勇等。偏于仁者若不学得“恩义相成之序”，其弊为“愚”；偏于智者若不学得“居要不繁之用”，其弊为荡；偏于信者若不学得“通变善全之道”，将成为“害之府”；偏于直者若不学得“坦易顺行之度”，其弊为“绞急”；偏于勇者若不学得进退合乎时宜的策略，其弊为乱；偏于刚者若不学得“竞求之度”，其弊为狂。②所以人的社会化具有防止或纠正个性偏蔽倾向，使人达到“成人”乃至“圣人之德”的功能。

另外，王夫之论人的社会化过程并不是坐而论道式的，而是强调人们在社会实践中进行。他举饮食知味的例子，要想知道饭菜的味道，必须尝一尝才行。知道了味道，才能享受食物的美味③。社会化也是如此，人们只有在实践中学习，在学习中实践，才能完成社会化过程，而达到“成人”的标准。

王夫之的“成人”标准，也和其性善的标准一样，是适合于古代社会之生活秩序的儒家人格，即通过这一修身过程，达到齐家、治国、平天下的目的。这一点是与程朱理学家相一致的，但他所强调在社会实践中完成社会化的思想，是具有重要进步意义的。

王夫之认为，要达到“成人”的标准，一是要靠个人的努力，二是要靠师长的教导。关于个人的努力，王夫之提出几点要领：

其一是立志。儒家最重视志的问题，提倡为学先立志，个人应该有一个发展的愿景和生涯规划。王夫之指出，清晰有力的动机和目标可以鼓舞人奋发自强，进取不已④；立志之后，应该让社会知道自己的目标，既表明自信的态度，也请社会监督、激励自己持之以恒，努力完成⑤。同时，志向要专一⑥、远大、光明俊伟⑦，只有这样才是“明德以修己，新民以治人”的“大学之道”。

---

① 《四书训义》卷十八：“今使有人焉，其智足知，其廉足守，其勇足任，其艺足用，而行之无度，出之不知，则于伦物之缺陷既多，而纳之于士君子之林，则耳目茨而手足不适，未得满于人之心，即其有歉于人之理也。”

② 参见《四书训义》卷二。

③ 《四书训义》卷二：“今夫饮食之有味，即在饮食之中也。知其味，而后安于饮食。饮之食之，而味乃知。”

④ 《四书训义》卷十三：“学者亦视其立志之何如耳。志盈不求益，则虽勉强之，而终不能起其已衰之气。志锐而不自画，则不待鼓舞而自有不能已之情。”

⑤ 《四书训义》卷九：“君子之有志，无以大白于天下，则无以自信于生平。盖期之有恒，念之不昧，以之酬酢于万物者，皆秉此以行之。”

⑥ 参见《四书训义》卷十一。

⑦ 参见《四书训义》卷九。

其二是持之以恒。所谓“人能有恒则曲（曲，包容）”，即学习贵在坚持不懈。他解释《论语》的“学而时习之”一语时提出，君子应该终身学习，生命不息，学习不止①。人只有勤奋向学，有恒心，有毅力，不断地参研、琢磨、模仿、练习，才能日臻进步，日新月异，绝不能骄傲自满，以为“一日之所得”可以“守之终身”。

其三为脚踏实地，循序渐进②。王夫之的循序渐进地学习社会规范的思想，与朱熹讲格物致知时所强调的渐进法是大体一致的。

关于师长的教导问题，王夫之提出了师长要先修己而后育人的观点。他认为师长的言行对学生和后代人影响很大，师长在教导学生与后代学习知识、学做“成人”的过程中，应做到以下几点：

第一是身教重于言教。师长以身作则，以正言正行教导后代，才是后代人的起化之原和渐摩之益③。

第二是师长要有较高素质。教育人者要做到“以其昭昭，使人昭昭”，必须在“躬行”中获得对“事理”的全面正确的理解，并能深入浅出地对学生、后代循循善诱，才能使之心服口服，并将所学落实到行动中④。

第三是要做到因材施教⑤。教导的方法多种多样，关键是用得妥当，因材施教，“必知其人德性之长而利导之，尤必知其人气质之偏而变化之”⑥。根据每个人的不同特点，因势利导，才能收到理想的效果。

总之，王夫之关于人的社会化的思想有一个明显特点，就是注重“力行”，注重求实，注重效率。他主张在社会生活实践中学习事理完成人的社会化的观点，至今仍有重要理论意义和现实意义。

三、欲望论

宋明理学家们，无论是二程、朱熹的“道学”，还是陆九渊、王阳明的“心学”，都把“人欲”与“天理”对立起来，认为天理与人欲不可并存，并主张“存天理，灭

---

① 《四书训义》卷五：“君子之终身于学而不自已者，诚有所得于学而不容已焉。内也而信诸心，则有以大得乎情，外导而征诸行，则有以自成其德，则终身于学，而又安事他求乎！”

② 《四书训义》卷三：“君子之道，譬如行远必自迩，譬如登高必自卑矣……理之必然也，势之必然也。盖行无有不积，登无有不渐，迩称而远矣，卑渐而高矣。故积小者渐大也，积微者渐著也。国家天下积人而成大业，治教政刑积事而成大功。其中无可间断之处，其极无可凌越之节。有一念之得，即有一事之宜，有一事之功，即有一事之效。念念之积渐而善良以充，事事之积渐而德之成以盛，驯至其极而遂以至于高远矣。”

③ 《四书训义》卷三：“师弟子者以道相交而为人伦之一……故言必正言，行必正行，教必正教，相扶以正，义定而情自合……故欲正天下之心，须慎天下之师受。立教有本，躬行为起化之原；谨教有义，正道为渐摩之益。”

④ 《四书训义》卷三八：“道之不明也，而欲与天下明之，此贤者之责也。……贤者于此，必先穷理格物以致其知，本末精粗，晓然具著于心目，然后垂之为教，随人之深浅而使之率喻于道，所以遵其教，听其言，皆去所疑，而可以见于行。”

⑤ 《四书训义》卷三六：“夫教之为术也，或顺而成之，或逆而矫之，或诱之以易从，而生其慕道之切；或困之以难得，而起其奋发之切，盖亦多术矣。”

⑥ 《四书训义》卷十五。

人欲”。王夫之基于人性“日生日成”的观点，进而探讨了“天理”与“人欲”的关系，并提出了与程朱理学不同的观点。

首先，王夫之提出了天理寓于人欲之中的主张①。所谓“人欲”，就是人们日常生活中的饮食、男女之类，人欲和天理是一而二，二而一的东西，“天理”必须通过“人欲”来体现，离开“人欲”就无所谓“天理”；离开“天理”就无所谓“人欲”，所以，不能离开“人欲”而另有“天理”，也不能离开“天理”而另有“人欲”②。否则，离开人欲而谈天理，就会像佛教一样了，就会厌弃人们所要求的饮食、男女的规则，而废弃了社会中的人伦关系，社会秩序必然由此而混乱。所以他认为社会的现实状况应是“随处见人欲，即随处见天理”的，学者只有认识到这一规律，才符合社会事实。

其次，王夫之提出了人皆有欲的命题③。他认为，天理普照，凡是人类无不具备基本的生理需求，圣人也不例外，也有人欲。同时，人欲又各有不同，因此对于人的欲望又不能简单化、“一刀切”，一概而论。

再次，王夫之认为，人欲在人们的社会生活中具有积极作用。人欲无穷④，促成人们的社会活动，带来了社会的变化和财富的增加。因此，他不但反对“灭人欲”，而且还反对寡欲的做法；认为只有正视人们的欲望，并使之去努力地为满足欲望而行动，才能使天地之产皆有所用，饮食男女皆有所贞；然后在此基础上对天地之财产进行合理利用和分配，使人们的饮食男女之欲得到普遍的甚至是最好的满足才是“天理”的充分体现⑤。这显然是对程朱欲望论的进一步否定。

最后，王夫之还根据对理欲关系问题的新认识，提出了实行“均平”以解决“偏欲”的方案。人类具有基本相同的欲望和需求，其具体表现在每个人身上是有差异的，获得满足的程度也不平均，差异性满足就造成了“偏欲”。“偏欲”引起了人们的不满情绪，往往造成人际冲突和社会秩序的混乱。“偏欲”之人太多，聚敛成性，只顾利于己而不惜病于人，造成严重的贫富不均，导致欲望不得满足者的强烈不满，就会造成一夫揭竿而起则天下响应的农民起义。一旦到了这种程度，再想协调或控制，就为时已晚了。所以只有使天下均平，使人们的欲望都能较均平地得到满足，才能保持社会生活秩序的正常运行⑥。于是他提出了“整齐好恶而平施之”，均平天下，以

① 《四书训义》卷二：“私欲之中，天理所寓。”

② 《读四书大全说》卷八《孟子梁惠王下篇》：“人性之有礼也，二殊五常之实也。……是礼虽纯为天理之节文，而必寓于人欲以见；虽居静而为感通之则，然因乎变合以章其用，唯然，故终不离人而别有天，终不离欲而别有理也。”

③ 《诗广传》卷二：“饮食男女之欲，人之大共也……货色之好，人之情也。”

④ 《诗广传》卷三：“天地之大，山海之富，未有能厌鞠人之欲者也。”

⑤ 《诗广传》卷二：“吾惧乎薄于欲者之亦薄于理，薄于以身受天下者之薄于以身任天下也。……是故天地之产，皆有所用；饮食男女，皆有所贞。君子敬天地之产而秩以其分，重饮食男女之辨而协以其安。苟其食鱼，则以河鲂为美，亦恶得而弗河鲂哉？苟其娶妻，则以齐姜为正，亦恶得弗齐姜哉？”

⑥ 《诗广传》卷四：“两间之气常均。均，故无不盈也。……聚者有余，有余者，不均也；聚之于彼，则此不足；不足者，不均也。至于大聚，奚但不均哉，所聚者盈溢，而所损者空矣。……是以一夫揭竿而天下响应。贪人败类，聚敛以败国，而国为之腐，蛊乃生焉。虽欲弭之，其将能乎？故平天下者，均天下而已。”

达到“天下之理得，而君子之心亦无不安”的目标①。

当然，王夫之的欲望论和均天下思想，仍属地主阶级革新派的思想，但在客观上是有利于社会下层劳苦大众的，其“人欲之各得，即天理之大同”② 的思想，不但是对被明清统治者奉为官方理论的程朱欲望论的大胆批判，而且也对后来新社会思想的发展具有重要启蒙作用。

四、社会进化论

对于人类社会的变迁问题，先秦邹衍有“五德终始”说，汉代董仲舒有“三统”论，大体说来，均属社会循环论。理学的代表人物朱熹认为，夏、商、周三代，是天理流行的“王道”政治，社会和谐，人们生活快乐、富裕，而秦汉至唐，是“人欲横流”的“霸道”政治，社会混乱，人们生活在黑暗之中，这大体属于一种社会倒退论③。王夫之批判了这些社会历史观，探讨了社会变迁与社会进化的规律，提出了“后胜于古”和“理势合一”的社会进化论。

首先，王夫之认为，人类社会的发展，是一个由未开化到开化，从野蛮到文明的变迁、进化过程，既非循环，更非倒退。虽然无法得知唐尧、虞舜以前社会的详细情况，但可以肯定那时的人类社会生活是衣冠不整，社会规范和人伦关系不明确，通婚也没有制度限制，更不用说对死者的丧祭之礼了，人们的行为也与群兽走动相仿。总之，当时的人类社会还处于与禽兽差不多的野蛮时代④。由此他进而大胆地提出人类起源于“植立之兽”的观点。黄帝以前，华夏之人同夷狄等仍处野蛮阶段的落后民族一样，伏羲以前，人同禽兽相似。禽兽不具备人的品质，夷狄没有社会文明。人类生活没有知识积累，也没有社会规范和价值准则，所以，人们对以前的事不了解，又不知道将自己的经验传给后代，是非没有准则，取舍没有依据。肚子饿时便呴呴地叫，吃饱了便扔掉多余的食物，所以，人类的祖先不过是能直立行走的动物⑤。在近代达尔文进化论传入我国两个世纪之前，王夫之对人类起源问题考察如此深刻，并得出人类是由直立之兽进化而来的科学观点，是尤其值得我们珍视和骄傲的。

社会进化到后稷时代，由于农业生产的发展，中华文明由此发轫⑥。到了三代，

---

① 《读四书大全说》卷一。

② 《读四书大全说》卷四。

③ 《朱子四书或问·孟子或问》卷一：“古之圣人致诚心以顺天理，而天下自服，王者之道也。……汉宣帝自言：‘汉家杂用王霸。’其自知也明矣。”

④ 《读通鉴论》卷二十：“唐虞以前，无得而详考也，然衣裳未正，五品未清，婚姻未别，丧祭未修，狉狉獉獉，人之异于禽兽无几也。”这里的“五品”就是五伦。

⑤ 《问思录·外篇》：“考古者，以可闻之实而已，知来者，以先见之几已而，故吾所知者，中国之天下，轩辕以前，其犹夷狄乎！太昊以上，其犹禽兽乎！禽兽不能全其质，夷狄不能备其文。文之不备，渐至于无文，则前无与识，后无与传，是非无恒，取舍无据，所谓饥则呴呴，饱则弃余者，亦植立之兽而已矣。”

⑥ 《诗广传》卷五：“食之气静，衣之用乃可以文。烝民之听治，后稷立之也，无此疆尔介，皆陈常焉，后稷一之也……人之异于禽兽者，粲然有纪于形色之日生而不紊……来牟率育而大文发焉……不粒不火之禽心其免矣夫。”

仍是“国小而君多”，许多部落散居各处，没有形成统一的国家[①]。他们的首领，地位上类似于明清时西南边陲的土司，是称霸一方的“土皇帝”，在文化上仍然没有脱离低级阶段，人们营养不良，吃草木之果实，穿得也很破旧。王夫之的这一观点，显然是意在打破正统儒家及理学家美化三代社会的神话。他继续论述说，到了周代，“大封同姓”，扩大了疆域，社会才“渐有合一之势”。到了秦代，郡县制取代诸侯分封制，中国才实现了国家政治统一，文化风俗归一，老百姓的生活获得了很大的改善。所以，周秦社会是历史发展、社会进化的表现。社会发展到了唐代，已是一个盛世的局面，社会文明，天下大治。发展到了明代，更形成了一个“财足以自亿，民足以自强，智足以自明”[②] 的文明智慧、经济发达的社会。

王夫之认为社会是不断发展进化的，因此他批判复古主义者是泥古而薄今，蔑视人道。他不相信复古主义的陈词滥调，反对那种认为三代时的社会是最理想的社会，三代的制度是可以万古不变，照行后世的观点。他主张，后世社会与三代不同，所以“势在必革”，“革故鼎新”，时代不同，社会治理的方法也应有所不同[③]。社会治理应该根据时代的不同，建设自己的制度格局，以适应时代的需要，推动社会的进步[④]。

其次，王夫之不但认为社会是不断进化的，而且还认为社会进化是有其规律和必然趋势的，这就是他的“理势合一”、“理势相乘”的理论。其所谓“理”，是指社会发展过程中的规律；所谓“势”，是指社会发展的趋势。他认为，社会发展的规律本身（“理”）是不可得而见的，它只能通过社会发展的必然趋势而体现[⑤]。社会发展的理与势相依不离，不可在社会发展必然趋势之外寻求社会发展规律，也不可离开社会发展规律而寻求社会发展必然趋势[⑥]。他强调了社会发展规律与社会发展必然趋势的统一性，主张以“理势合一”的视角去考察社会的变迁与进化、权衡历史事件的得失与利弊，他在《读通鉴论》及《宋论》等著作中的诸多论述，基本上都是以这一理论为基础的。

那么，支配社会发展规律和必然趋势的动力是什么呢？王夫之认为是理势合一的“天”[⑦]。“天”，不是有意志的神，而是一种社会运行的自然趋势，来自于社会共识或人民的共同欲望——“民心之大同”[⑧]。他这种思想继承了中国古老的民本思想[⑨]，也

---

① 《读通鉴论》卷十五：“自邃古以来，各君其土，各役其民，若今化外土夷之长，名为天子之守臣，而实自据为部落，三王不能革，以待后王者也。”

② 《黄书·宰制》。

③ 《读通鉴论》卷二十：“以古之制，渝古之天下，而未可概之今日者。……以今日之制治今之天下，而非可以必之后日者。”

④ 《读通鉴论》卷二一：“一代之治，各因其时，建一代之规模，以相扶而成治。”

⑤ 《读四书大学说》卷九《孟子·离娄上篇》：“理当然而然，则成乎势矣”，“势既然而不得不然，则即此为理矣。”

⑥ 《尚书引义》卷四《武成》：“势者事之所因，事者势之所就，故离事无理，离理无势，势之难易，理之顺逆为之也。理顺斯势顺矣，理逆斯势逆矣”，“权衡审于理，顺逆成于势，端举而委从，故曰理外无势也。”

⑦ 《读四书大全说》卷九《孟子·离娄上篇》：“‘势’字精微，‘理’字广大，合而名之曰‘天’。”

⑧ 《张子正蒙注·天道篇》。

⑨ 《读通鉴论》卷十九：“天视听自我民视听，天聪明自我民聪明，天明威自我民明威”，“可以行之千年而不易，人也，即天也……人之所同然者即为天”。

与他的欲望论有着密切的内存逻辑关系。王夫之的社会进化论，已具备了人本主义进化论的雏形，在十六七世纪的中国，这当为最进步和科学水平最高的社会进化论之一。

五、社会治理思想

王夫之的社会治理思想是以他的人性论、欲望论及社会进化论为理论基础的。既然天理寓于人欲之中，民心所同就是天，天理是天的意志的表现①，那么天理与人欲、人与天、理与天必然存在着一致性，所以治理社会不可离开人，不可离开人欲去另寻方案。既然社会的进化有其必然规律和趋势，那么，治理社会就必须审时度势，遵循这个规律和必然趋势，所以他反对汉代董仲舒以来的“君权神授”、“以天制人”的社会治理理论，而提出了以人事为中心，以“致用”为目的的社会治理思想。

第一，他根据维护社会正常秩序的需要，提出了“尊君”与“公天下”的主张。他认为社会的运行必须有完整的组织体系，有尊卑上下之分②。如果丧失了社会组织秩序，人人只知道自己的家庭，而没有社会价值观和等级秩序，或人人都可随心所欲改变社会组织秩序，破坏上下等级关系及君主的权威，就会造成社会秩序的纷乱③。因此必须维护社会最高统治者君主的权威性，君主制所代表的权威体系对于“天下之民”来说，是维持社会正常运行和个人安全生活的必要保障。甚至可以认为，社会是一天也离不开君主的，上天是为了保佑百姓才设立君主制度，让他来教育和监督人民的。只有维护好君主制度，才能保证四海平安。从社会组织论和科层制理论考察之，在社会还不可能出现新的组织形式之前，从社会秩序的立场出发，这种观点不失为社会的一种理性选择。

如果说只考察王夫之的尊君论，可以认为这是一种落后思想，但如果把他的尊君论与其“公天下”和限制君权的思想联系起来考察，则可以说其社会思想在当时是颇为进步的。他主张，君主制的前提是天子不能以天下为私有，王位也不是一家一姓的私有之物，必须遵照“天下为公”的原则④。把改朝换代看成是一姓的兴亡，这是天下为私的观点，而把它看成是为了人民的生死存亡，则是天下为公的观点⑤。治理社会的基本原则当是“不以一人疑天下，不以天下私一人”⑥，因此，为了承天理民，王位应当是可禅让、可继承、可改变继承人姓氏的。基于此，他告诫社会的统治者要好自为之，遵循天理，敬畏民意，奋发有为，否则，就会由其他人取而代之。他赞成

---

① 《读通鉴论》卷十九：“理在是，天即在是。”

② 《读通鉴论》卷十一：“原于天之仁则不可无父子；原于天之义则不可无君臣。”

③ 《读通鉴论》卷二九：“蔑上下之等，视天子若亭长三老之待食于鸡豚，则置之废之，奉之夺之，易于反掌者，亦缘此为致祸之源。何也？天子者，以绝乎臣民而尊者也。”

④ 《读通鉴论》卷末叙论一。

⑤ 《读通鉴论》卷十七：“一姓之兴亡，私也，而生民之生死，公也。”

⑥ 《黄书·宰制》。

李泌的“君相可以造命”的理论，并认为这“足以警庸愚”[①]，这大概也是王夫之研究社会治理理论的目的所在。

第二，王夫之进而提出了限制君权的方案。即天子应与百官分权[②]、中央要与地方分权[③]。他主张天子和各级地方官员分别负责政务，而不是将治理社会的权力集于君主一人，认为只有这样，才能维系社会的正常秩序。不然，就会造成社会的祸乱，因为天子高高在上，不可能及时全面地了解基层及民众的切身甘苦。他应专心致志地管好他的直接下级州牧、刺史等，州牧、刺史管好其直接下级郡守，郡守再管好其直接下级县令。县令是最接近民众的官员，可以较清楚地了解民众的甘苦和情况，所以应由县令直接指挥民众，才最合理、最有效。

王夫之的分权论是符合社会学之社会组织论和科层原理的。他能在距今 300 多年以前明确地提出这种思想，显然具有重要的进步意义。但总体看来，王夫之对古代君主专制的批判没有黄宗羲及唐甄那样激烈而尖锐，这说明王夫之的社会治理思想与黄宗羲等相比更为温和，其社会治理方案是以“致用”为目的，而不是从乌托邦理想出发的。

王夫之是我国 17 世纪一位杰出的早期启蒙思想家，他生于明清之际“天崩地解”的大动荡年代，早年在致力于科举出仕的同时，即立志改革社会，曾参加“匡社”等名为“以文会友”，实为评史论政的团体组织活动，晚年隐居，在艰苦条件下，胸怀“六经责我开生面”的精神从事学术研究达 40 年，完成了 400 余卷，800 多万字的著作。他志在改铸老庄，批判佛学，扬弃程朱陆王，“推故而别致其新”，形成自己的社会思想体系。从总体上看，王夫之的社会思想具有志在打破程朱思想的既定框架的魄力，在一定程度上启发和酝酿了近代启蒙思潮，所以，从谭嗣同、梁启超到钱穆、侯外庐、嵇文甫等对“船山学”颇有研究的学者们，都对王夫之思想有很高的评价[④]。

但从社会思想的角度考察，王夫之思想也有一些糟粕。如在清兵入关，统一全国后，他誓做明朝遗民的立场，延续民族矛盾下形成的思维习惯，在其华夷之辩中认为中国汉族社区文化程度最高，中国汉族社区以外全是野蛮人，全是夷狄，而夷狄犹如“禽兽”，是“异类”，对异类不可讲仁爱和信义等[⑤]。又如，他论君子、小人之别时，多次认为“人之所以异于禽兽者，君子存之，则小人去之矣……小人之为禽兽，人得而诛之……庶民者，流俗也，流俗者，禽兽也”[⑥]，竟然把所谓“营营终日……求食、求配偶、求安居”的一般民众生活视为“流俗”，把这些“庶民”视为禽兽，这说明王夫之对民众生活的蔑视，也反映出王夫之的自命清高及其社会思想的地主阶级立场。

---

① 《姜斋文集》卷一《君相可以造命论》。

② 参见《读通鉴论》卷八。

③ 参见《读通鉴论》卷十六。

④ 参见谭嗣同《仁学》、梁启超《中国近三百年学术史》、钱穆《中国近三百年学术史》、侯外庐《船山学案》、嵇文甫《王船山学术论丛》等。

⑤ 《读通鉴论》卷四。

⑥ 《俟解》。

第四节
唐甄的社会思想

唐甄（1630—1704年），原名大陶，字铸万，号圃亭，四川达州人，10岁以后明亡清立。8岁时，其父任苏州吴江县令，随父寓居吴江。28岁（1657年，顺治十四年）中举；后来曾做过10个月的县令，因受到他人牵连而去职，此后再未从政①。他原有下等田地40亩，后因税重，入不敷出，于是贱价出卖，以“所得六十余金”为资本，做小商贩谋生②，由小地主转变而成为城市小市民。据文献所载，唐甄后来迁居郡城，生活贫困，常因缺少粮食而全家静卧床上，不敢动弹，不得已而出门，棉衣破败，很多地方露出棉絮，却又要体面，便以丝织料子的单衣罩在外面，心情郁闷地行走在街市中。尽管如此，唐甄仍然勤奋写作，积30年而最终完成《潜书》（原名《衡书》）97篇。此书正如潘耒为其所作序中所说，具有“独抒己见，无所蹈袭”的特点，体现出“17世纪中国启蒙时代的精神”的显著特征。唐甄所具有的强烈的平民（近代市民）意识，是此前的社会思想家们所少见的。他对君主制的抨击类似于黄宗羲，而并不一定是受黄宗羲的影响，而更多的是他自己的独立见解。唐甄的诸多社会思想反映了清代前期城市平民的新社会思想的萌发。因此，他成为清代前期有代表性的社会思想家之一。

一、欲望论

唐甄的欲望论与程朱及王夫之等人的欲望论有明显不同，他没有沿用理与欲的关系这一分析方式，而是直截了当地承认了人的物质欲望存在的合理性与天然性。他把欲望视为人们生存和发展的原动力，并认为如果抛开人们欲望的满足去追求精神的满足是毫无意义的③。把人的欲望提到这种高度来认识，在唐甄之前是不多见的。

基于上述理论前提，唐甄对欲望的天然性作了充分论述。首先，他认为人生的各种嗜好，如游玩、美色、财富、豪宅等，都是人所喜欢的，是“恒情”。这种恒情，不分阶层，上至天子，下至庶民，人人都有④。其次，他认为人的欲望与生俱来，随着人的成长而增加，欲望是人们从事各项社会活动的原动力。读书人努力读书，参加科举考试，盼望金榜题名，得到官职，是为了谋得尊贵的社会地位；民众经营田地，置办房产，从事商业活动是为了求富；民众之中的贫贱者们，也都竭尽全力地去从事

---

① 参见王闻远《西蜀唐圃亭先生行略》。

② 参见《潜书·食难》。

③ 《潜书·七十》：“生我者欲也，长我者欲也……舍欲求道，势必不能。”

④ 《潜书·善游》。

各项工作也是为了求富贵。一言以蔽之，大家这样做，都是为了满足自己的物质欲望①。他进而认为，人类认知能力的发展也是为了满足“五欲”的，从另一方面考察，正是人们强烈的物质欲望，才促使人们去学习知识。既然人们社会活动的动因是人的欲望，所以社会上各项事物，都必须从人的欲望出发，才能取得理想的效果②。

唐甄认为，物质欲望对个体有巨大的控制力。一个人意欲“轻富贵，安贫贱”，志向高洁，说来容易，但做起来却很困难。人们都说“我轻富贵，我安贫贱”，其实这往往都是自欺欺人的，即使不是自欺，面对富贵他也未必不动心③。他举例说：素食主义者，拒绝荤食，但是在闻到肉香的时候仍然不能不产生条件反射；安步当车，不喜欢高车大马的排场，但是见到车马仍然不能不感到劳累。由此他得出结论：不贪慕富贵的人可能真有，但是说他见了富贵而不动心，我就没有见到了。由于富贵对任何人都具有刺激欲望的作用，所以人世间的一切社会活动，都是在这个欲望驱使下展开的④。

可见，唐甄对人的欲望的认识是很深刻的，是继汉代司马迁，宋代李觏、叶适、陈亮之后，对中国功利主义欲望论的发展，他的发展主要表现在三个方面，其一，对人的物质欲望的自然性与合理性作了充分肯定；其二，提出人的欲望不仅是人们生存和发展的原动力，而且是人们社会行为的原动力；其三，他把行为与心理区分开来，认为行为上表现为不求富贵的人，不等于没有求取富贵的心理。

那么，对人们的欲望，是否可以任其膨胀而不加控制呢？唐甄认为不能如此。他说，作为一个人，如果成为物欲的奴隶，沉溺于世俗的东西，就丧失了人性，而与草虫没有什么区别⑤。同时，如果不控制人们的欲望，社会将不成其为社会。既然必须对人们的欲望加以控制，那么又该如何进行这种控制呢？唐甄提出的控制欲望的方案主要有以下几项：

第一，尽管人的欲望是无限的，但必须“取之有制，用之有节”⑥。他认为，正常的欲望如不过度，是有利于社会发展的，比如，好色是“人之恒情”，但必须做到合于婚姻礼仪、家庭和睦的要求，做到和乐有礼，谨慎有节；即使是君主，也不能因宠爱后宫而使之参政。又如，好财是“人之恒情”，但不能横征暴敛，能做到“取之有制，用之有节”，“无功之赏，不易一钱，无益之费，不易一金”，这种爱财之情，非但无害反而有益⑦。所以，必须将欲望节制在合理的范围之内。

---

① 《潜书·七十》：“盖人生于气血，气血成身，身有四官，而心在其中，身欲美于服，目欲美于色，耳欲美于声，口欲美于味，鼻欲美于香，其为根为质具于有妊之初者，皆是物也。及其生也……气血勃长，五欲与之俱长；气血大壮，五欲与之俱壮。二十以上，为士者贡举争先，规卿希牧而得贵；其为众者，营田置产，居货行贾而得富；其贫贱者，亦竭精敝神以求富贵。若是者奚为也？将以求遂五欲也。”

② 《潜书·六善》：“我有好，不即人之所好；我有恶，不即人之所恶。众欲不可拂也。以天下之言谋事，何事不宜？以天下之欲行事，何事不达？”

③ 详见《潜书·格定》。

④ 《潜书·格定》：“世之攘攘藉藉者，皆由欲起。”

⑤ 《潜书·格定》：“外诱于物，内徇于欲，溺于世，从于体，汩于贫富，颠乱于忧乐，此其生没与草虫何异？”

⑥ 《潜书·善游》。

⑦ 《潜书·善游》：“惟其爱财，故不伤财，此富国之善机也。”

第二，“学圣人之道”，以“知足”控制欲望。唐甄的一位做翰林的朋友曾说：“人之生，皆不自足者也。”所以从庶人到士、卿、天子，各有自己的忧愁事。唐甄认为，只有一个办法可以无忧，那就是“学圣人之道”，做到知足常乐。知足是最大的财富，不能知足的人，即使把所有的财富都给他，他都还是贫穷的，因为内心永远觉得不够，感受不到富足的快乐①。由此看来，唐甄所提倡的“圣人之道”，是把老庄道家之学包括在内的。

第三，用知耻知辱，保持人格的自尊去控制欲望。做人就要做君子。人生在世，谁能无欲！但是满足正常的需求，摒弃非分的想法，就是君子；相反则为小人。人的欲望无非围绕着衣、食、色、住，等等。野菜的滋味不如猪羊肉的味道鲜美，麻布的衣服不如貂皮、狐皮的裘服温暖，穷人家的女性不如富贵人家的女性华美，草屋不如宫殿舒适。这些东西难道不是君子所向往的吗？不能自己享有的时候，君子能安之若素，不思不求，是因为他有高尚的情操，不愿意为锦衣玉食而失去了自我，丧失了人格，成为他人的工具②。唐甄主张，作为“君子”，应当有自己的人格尊严，如为了满足物欲而被人当作宠物、玩物，则应宁可不去追求物欲，不去受这些“天下之大辱”。

第四，从养生的角度，以知人生短促而控制欲望。人的生命历程是很短暂的，如果人类为了自己的欲望而毫无限制地追求超过别人，追求性欲的满足，这如羊抵角于屠宰场，鸡求欢于炉灶边，而不知道死之将至，有什么两样呢？③ 当人在得了重病之后，意识到死之将至时，才领悟到养生的重要性，才领悟到人生之短促，恐怕已经悔之晚矣。

总之，唐甄认为控制人的欲望是必要的，否则人将与草虫禽兽无异。他提出的控制欲望的方案，核心是人的人生观、价值观和人的修养程度。他认为，人们只有控制住物欲的冲动，才能控制追逐物质享受的行为④。很显然，唐甄提出的控制欲望的方案，既不同于程朱的理学，也不同于陆王的心学，他没有强调社会规范的作用，而强调了为养生与保持自尊而对富贵“视之若浮云”⑤ 等，这就使他的欲望论具有了新的特色。

二、民本与人道思想

民本思想在中国有古老的传统，周公旦的“保民”思想、孟子的“民为贵”思

---

① 《潜书·劝学》：“不求足于世，孰有与之以不足者！本无不足于己，孰有处于不足者！坦坦然，荡荡然，游于天地间，如在唐虞之世，其有忧乎，其无忧乎？”

② 《潜书·贞隐》：“人之情，孰无所欲！得其正同安之，不得其正则弃之，是为君子；得其正而溺之，不得其正而强遂之，是为鄙夫。人所欲者，食色衣处是也。藜藿之菜，不如羊豕之味；布褐之衣，不如貂狐之温；穷巷之妾，不如姬姜之美；芦壁之屋，不如楠栋之居。此数者，君子岂不欲有之哉！然非其时，则丑其美而甘其恶者，是何也？盖以食其肉，是豢我也；束其带，是械我也；衣其锦绣，是涂墨我也。”

③ 《潜书·病获》：“生、旦也，死，晦也。羊相抵于屠门，而不知其将屠也；鸡乘尾于灶下，而不知其将烹也。人皆求胜于人，求遂其欲，何以异于是？”

④ 参见《潜书·破祟》。

⑤ 《潜书·七十》。

想，是历代学人皆知的。但汉唐以来，这种思想没有得到充分的发扬。程朱理学的核心目标是修齐治平，虽强调修身，但修身的目的是为齐家治国平天下打基础，这与其说是“人本”思想，不如说是“国本”思想。到明中叶资本主义萌芽，市民思想得到初步发展之后，才有人重新反思人的价值，唐甄即是其中的代表人物之一。

首先，唐甄认为人类社会的一切进化和文明都是为了人自身。自从人类形成以来，社会的进化，文明的发展，都是人为了让自己活得更舒适[①]。他肯定了那些先圣前贤的功劳，认为人们能处于安乐之居，行于仁义之途，过上安乐、文明的生活，离不开他们的“日夜忧思，不遑宁处”。也就是说，圣人们都是以人为本的，只要是对人类、对他人生存和发展有益的事，无论大小，都是有功的。所谓圣人之能事，儒者之效功，就在于使人民无困穷，以得到更好的生存和发展的条件[②]。

其次，唐甄认为，人民是国家的基础。国家政事主要有四方面，兵、食、度和赏罚，即所谓“四政”：军队强大，则边疆安全；粮食充足，则国库充实；制度健全，则政府威严；赏罚分明，则施政高效。这“四政”的基础就是人民，人民是军队的兵源，财富的创造者，政府权力之源，官员的衣食父母[③]。如果失去人民，这个国家，这个社会，是无法存在的。所以，他对“见政不见民”的思想进行了严厉批判。他论君与民的关系时，曾比喻说，人民如同一个人的身体，君主如同人的心脏，哪里有身体患疾病而心里能安宁的道理？哪里有戕害了身体而只保留心脏的道理？因此，社会统治者要想保住自己的冠冕和高额俸禄，就必须先满足民众的最基本需求。只有以民为本，让人民安居乐业，保其家室，人民才不会造反，才能保持现行社会生活秩序，而在保持现行社会生活秩序中受益最大的，还是现行社会的统治阶级[④]。所以，统治阶级必须改变以往那种“见政不见民”的错误做法。

再次，唐甄认为，治民先治官，官员当以爱民、为民为本职。他指出，天下难治，不在于民，而在于官。政治研究者不明原因，以为法令不能有效实施，全是刁民的过错，这实在是为官员开脱责任[⑤]。官员们只想当高官，只懂得做官样文章，而不知爱民和为民众办实事，百姓对仁政只是耳闻而不能亲身感受，这才是造成政令不得行于天下的主要原因。政令不行，人民无以为生，从而使社会处于危险之中。所以，欲治理社会，应先管理好官僚们，使他们真正做到爱民为民。

最后，唐甄认为，以人为本，首先应保证人的生存权，对贫弱者应给予优先照

---

① 《潜书·有归》：“人之生也，身为重。自有天地以来，包牺氏为网罟；神农氏为耒耜、为市货；轩辕氏、陶唐氏、有虞氏为舟楫、为服乘、为杵臼、为弓矢、为栋宇；禹平水土；稷教稼穑；契明人伦；孔氏孟氏显明治学，开入德之门，皆以为身也。”

② 《潜书·有归》：“救一时之民，保数世之安，其功亦大矣。……宁一方，惠一邑者，皆有功于人者也。……即不吝施者，饥与之一饭，寒推之一衣，亦有功焉。道者，道此；学者，学此，岂有他哉！泽被四海，民无困穷，圣人之能事毕矣，儒者之效功尽矣。”

③ 《潜书·明鉴》：“国无民，岂有四政？封疆，民固之；府库，民充之；朝廷、民尊之；官职，民养之。奈何见政不见民也？”

④ 《潜书·明鉴》：“茅舍无恙，然后宝位可居；蓑笠无失，然后衮冕可服；豆藿无缺，然后天禄可享。”

⑤ 《潜书·柅政》：“天下难治，人皆以为民难治也，不知难治者非民也，官也。……论政者不察所由，以为法令之不利于行者，皆柅于民之不良，释官而罪民，此所以难与言治也。”

顾。他对周秦以来，君将豪杰为争富贵，像杀猪宰羊一样地屠杀父老妇孺的行径感到愤恨。在他看来，那些靠屠城、屠天下，以强力手段而成为诸侯或天子的人，都是吃人肉，喝人血的魔鬼，他们剥夺了人民的生存权而得到自身的富贵，这是违反了“天道”的①。

唐甄所谓“天道”，其实就是他的人道②。他主张社会的治理应以国计民生为先，对贫弱者给以优先照顾。第一，他主张“用财之道，必先冻饿”，因为人们少吃一顿饭，就会饿得慌，寒冷之时没有衣服，就会使“强者病，弱者死”。所以必须先解决人的冻饿问题，至于丧事、婚事等则都是相对次要的事。第二，他主张“惠人之道，必先鲁弱”，因为残疾之人本来就遭受人生之不幸，受到不公正的社会待遇，如果再不及时给予救助，则是助天为虐。这充分体现了唐甄的人道主义思想。第三，他主张“听讼之道，必先负担”，官府听讼断案，要以解决贫苦劳动者的争讼事件为急务，因为对于体力劳动者来说，“夺之十车薪，立绝其食”③，为了生存，他们没有多余的时间用于打官司。而富有千金万金之家，所争只是余财之得失，暂缓办理，也不会危及其生存。第四，他主张“为政之道，必先田市”，即政府要以农业和商业的发展作为施政的核心。因为如果“家不安田，贾不安市，其国必贫”，至于死刑、盗贼之类，总而言之是为数不多的，所以，都可相对缓办。更何况，如果“农安于田，贾安于市”，就会使社会“财用足，礼义兴”，人们就不会轻易犯法为盗了。因而，为政以田市之事优先，是“去残去盗之事也”。

唐甄还进而主张，有“千金之产”的人，应在其每年的收益中拿出三分之一，“以周饥寒”。所有这些，都表明唐甄已具有早期市民思想和市民社会人道主义思想的萌芽。

三、社会平等思想

唐甄的近代市民社会思想的萌芽，还表现为他对社会平等的渴望。其社会平等思想的理论基础，是他的欲望论和民本思想。

他主张人生而平等④，尽管人生之初可能会继承不同的先赋条件，但是人的社会地位是可以改变的，下贱者也可以成为圣人⑤。也就是说，人生来虽有“遇”的不同，却没有质的不同，“遇”有不同并不是可耻的事，身处贫贱也不必自薄，因为社会上没有永恒的高低贵贱之分。

---

① 《潜书·止杀》：“覆车屠城，以取封侯，是食人之肉以为侯禄也，其忍之乎！覆天下之军，屠天下之城，以取天下，是食天下人之肉以为一人养也，其忍之乎！”

② 《潜书·尚治》：“天地虽大，其道惟人。”

③ 《潜书·善施》。

④ 《潜书·尚治》：“天地虽大，其道惟人；生人虽多，其本惟心；人心虽异，其用惟情。虽有顺逆刚柔之不同，其为情则一也，是故君子观于妻子而得治天下之道，观于仆妾而得治天下之道。”

⑤ 《潜书·格定》：“生于皂则为皂人，生于丐则为丐人，生于蛮则为蛮人。……皂人可以为圣人，丐人可以为圣人，蛮人可以为圣人。”

均平是中国社会思想中的重要课题，历代农民起义都以实现均平为目标，唐甄则更上升到理论的高度，提出“人之生也无不同”，“天地之道故平，平则万物各得其所”的命题。他认识到王公贵族的奢侈与贫民吃糠咽菜的明显对照是最大的不平等，并把这种不平等视为严重的社会失衡，并认为这种社会失衡是造成社会动乱的根源所在①。这显然是对现实社会的深刻批判，也反映了封建社会后期下层民众之近代市民意识的觉醒。

唐甄基于其人类天赋平等的思想，还认为男女也应是平等的②。既然男女是平等的，夫妻之间也就自然应是平等的。所以他提倡，人们要操持作为“善世之大枢”的“恕”道，做个遵行五伦的好人，就应从妻子开始③。他不但提倡夫妻之间的平等，也提倡要对夫妻双方的父母平等相待。所谓“父母一也，父之父母，母之父母，亦一也”。总之，他是主张男女平等的。

同样是基于其人类天赋平等的思想，他还主张特权阶级与平民农夫的平等。他在《潜书》中多处表达了这一思想。如他说：“古之贤君，虽贵为天子，富有四海，存心如赤子，处身如农夫，殿陛如田舍，衣食如贫士，海内如室家，微言妙道，不外此矣。”④ 持平等之心的天子，在接见贱民的时候如同接见公卿一样恭敬有礼，如同祭祀上帝一般谨慎小心。⑤ 以平等观来要求君主，贤君应做到生活上与民众保持平等，人格上尊重民众，尽管他们也有嗜欲，但为了防止因不平等造成的天下倾覆与社会混乱，他们应甘愿“恶衣菲食”，与民众保持一致而不恣意妄为⑥。由此可见，唐甄的社会平等理论是和西欧 17 世纪一些进步思想家的理论相似的⑦。这种把君主看作一名公仆，以及把匹夫看作上帝的思想，代表了近代城市平民的阶级要求。在人类天赋平等的思想方面，唐甄的理论达到了以往历代社会思想所未曾达到的高度，这是他对中国社会思想发展的一个贡献。

四、论富民的社会功能

唐甄以其欲望论、民本思想和天赋平等论为基础，在社会经济生活方面提出了富民论。其思想理论的主要特点如下：

第一，唐甄认为，人民富庶是立国的基础。如果只是国家积累大量财富，而民众

---

① 《潜书・大命》：“天地之道故平，平则万物各得其所。及其不平也，此厚则彼薄，此乐则彼忧，为高台者必有洿池，为安乘者则必有茧足。王公之家，一宴之味，费上农一岁之获，犹食之而不甘。吴西之民，非凶岁为䴵粥，杂以荞秆之灰也。无食者见之，以为是天下之美味也。人之生也，无不同也，今若此，不平甚矣！提衡者权重于物则坠；负担者前重于后则倾，不平故也。是故舜禹……惧其不平以倾天下也。”

② 《潜书・备孝》：“男女，一也，男之子，女之子，亦一也。人之为道也……若以言乎其所生，母不异于父。……人之于父母一也；女子在室于父母，出嫁于父母，岂有异乎！……以言乎所生，男女一也。”

③ 《潜书・夫妇》：“五伦百行，非恕不行，行之自妻始。”

④ 《潜书・尚治》。

⑤ 《潜书・善施》：“接贱士如见公卿，临匹夫如对上帝，礼之实也。”

⑥ 《潜书・大命》：“舜禹之有天下也，恶衣菲食，不敢自恣，岂所嗜之异于人哉？惧其不平以倾天下也。”

⑦ 参见侯外庐：《中国思想通史》，第五卷，305 页。

家里空虚贫困，这仍然是一个贫穷之国①。自古以来，没有一个贫穷之国是可以长久维持的，更不要说谋发展了。他批评清朝入关后五十年来“为政者无一人以富民为事，上言者无一人以富民为言”，统治者为自己家里“营田园，计子孙”，为了自家而求富忧贫，却从未去为国家社会着想而提倡富民。这种批评可以说是击中了统治者的要害。

第二，唐甄认为，富民是人们遵行礼义等社会规范的前提②。当百姓财用足时，社会规范、社会文明才能得到发展。相反，如果百姓都衣食无着，都为基本生存而焦虑，则社会规范就无从谈起了③。人们的基本生活有了保障就不会犯上作乱，只有这样，社会才能安宁，人们才能守规范、讲文明、循法令④。总之，发展经济，使百姓生活富足，才能使社会稳定，社会道德规范和行为规范才得以实行。

第三，唐甄认为，能否富民是衡量政治得失的最基本尺度⑤。要想使社会稳定，国家太平，关键在于富民，衡量社会政治得失的基本尺度是看其是否“以富民为功”⑥。

唐甄已将富民的重要性说得很清楚了。至于如何富民，他提出的观点是：富民在于“养民”。如果社会统治者都能全心全意地关心匹夫匹妇的物质经济生活，使民众的生活富庶，社会就必然会得到稳定和发展⑦。如果执政者都关注于养民，在很短的时间内就会见到成效，三五年将使社会安定，十数年将使国富民康⑧。他对这一社会治理方案充满信心，因此，他主张执政者的全部工作当以养民为核心，“虽官有百职，职有百务，要归养民”，并认为贤明的君主都是以治理国家为己任的，治国的基础是“举贤”，举贤的标准是“论功”，论功的标准是“养民”，养民的标准是使民众“足食”。所以，官员是否有贤才，要看他在养民、使人民衣食富足方面做出了多少成绩。离开了养民富民，讲廉洁、尚才干都是毫无意义的。总之，统治者努力“养民”，才能达到“富民”的目标。

养民的具体方法是什么？唐甄认为就是“不扰民”。所谓不扰民，至少包括以下两方面：其一是官僚豪强不得掠夺富户。他举了两个例子说明这个问题，其中一个例子说，兖州东门有一个卖羊肉的业主，已经经营了两代，雇用了十几个人，有人诬陷他盗羊，结果官府上下大肆勒索，致使他倾家荡产，只好以讨饭为生。唐甄说，“此取之一金，而丧其百金者也”，如果官府不保护富户，而是伺机掠夺，就永远达不到

---

① 《潜书·存言》：“立国之道无他，惟在于富。自古未有国贫而可以为国者。夫富在编户，不在府库。若编户空虚，虽府库之财积如丘山，实为贫国，不可以为国矣。”

② 《潜书·善施》：“农安于田，贾安于市，财用足，礼义兴。”

③ 《潜书·交实》：“冻饿逼矣，不可以言礼；考妣馁矣，不可以言孝。”

④ 《潜书·宗孟》：“尧舜之治天下也，耕耨是也，桑蚕是也，鸡豚狗彘是也。百姓既足，不思犯乱，而后风教可施，赏罚可行。”

⑤ 《潜收·富民》：“财者，国之宝也，民之命也，宝不可窃，命不可攘……此穷富之源，治乱之分也。”

⑥ 《潜书·考功》：“为治者，不以富民为功，而欲幸致太平，是适燕而马首南指者也。”

⑦ 《潜收·考功》：“天下之官皆养民之官，天下之事皆养民之事，是竭君臣之耳目心思而并注之于匹夫匹妇也，欲不治得乎？”

⑧ 《潜收·考功》：“三年必效，五年必治，十年必富。”

社会共同富裕。其二是使民众因自然之利而实现富裕。人民是财富的创造者，只要能为他们提供生产生活的保障，而不是束缚他们的手脚，干扰他们的生活，人民创造的财富将不可胜用①。充分利用自然条件，加上社会平等、相互合作的社会条件，人民就能实现富足。人民本来生活困苦，应对社会风险的能力是很弱的，就如同春天植下的柳枝，不能允许顽童随意拔起一样，如果加重对他的压榨、干扰他的生产和生活、妨碍他的自由，只能使他的生活更为困苦。总之，养民和不扰民，就是给民众创造良好的社会生存环境，扶植民众从事经济活动，以实现富民的目标②。

在唐甄的富民理论中，应注意的一点是，他所谓"富民"，是说要让人们都成为业主或富户。他反对政府对富户、业主的干涉和掠夺，要求政府为他们的发展提供宽松的社会制度环境。他认为只有社会中的中间阶层富起来，才能使国家富，同时也能使贫穷者得到好处。这里面的道理，正如一家富裕了，可以使很多人有谋生的机会和生活依靠一样③。一家致富，乡邻都能得到实惠，"千金之富，可惠戚友；五倍之富，可惠邻里；十倍之富，可惠乡党；百倍之富，可惠国邑；天子之富，可惠天下"④。所以，在唐甄看来，"富民"政策是有百利而无一害的。他显然是站在社会"中间阶层"的立场上的，也可以说他是新兴市民阶层利益的代表。

五、对君主的批判与理想社会构想

唐甄站在新兴市民阶层的立场上审视当时的社会，对君主制产生了强烈不满，并进行了激烈的批判。他痛骂君主，"自秦以来，凡为帝王者皆贼也"⑤，因为平民百姓杀了一个人夺了他的财物，就被称为"贼"，而君主们则勒索、捕杀天下之人而尽夺其财富，所以君主是世间头号大贼。他愤愤地说：如果上帝让我审判杀人案，我的断案原则是，君主杀人，罪加百倍，严惩不贷。

他痛骂君主是天下之大盗贼，并主张将君主处决，这在当时无疑是极为大胆、极有气魄的思想。同时，他基于社会平等思想，把君主从神圣的宝座上拉到与平民一样的位置上，说"天子之尊，非天帝大神也，皆人也"，但君主们不懂这个道理，高高在上，自视甚高，使公卿望而生畏，闻而动容，久而久之，必然蔽其耳目，无闻无见，君主"势尊自蔽"，但同时又掌握百姓生杀之权，实行专制统治，其结果只能是

---

① 《潜书·富民》："海内之财，无土不产，无人不生，岁月不计而自足。贫富不谋而相资……因其自然之利而无以扰之，而财不可胜用矣。"

② 《潜书·富民》："今夫柳，天下易生之物也；折尺寸之枝而植之，不过三年而成树。岁剪其枝，以为筐筥之器，以为防河之帚，不可胜用也。……若其始植之时，有童子者拔而弃之，安望岁剪其枝以利用哉！……不扰民者，植枝者也，生不已也；虐取于民者，拔枝者也，绝其生也。"

③ 《潜书·富民》："里有千金之家，嫁女娶妇，死丧生庆，疾病医祷，燕饮赍馈，鱼肉果蔬，椒桂之物，与之为市者众矣。缗钱锱银，市贩贷之，石麦斛米，佃农贷之；匹布尺帛，邻里党戚贷之；所赖之者众矣，此借一室之富可为百室养者也。"

④ 《潜书·善施》。

⑤ 《潜书·室语》。

“自蔽”亡国①。所以他说：“乱天下者惟君！”

为什么社会动乱的罪魁祸首是君主呢？唐甄对此进行了社会学的分析：君主们自幼享受富贵，娇生惯养，所以恣意妄为者多，成为圣明之君的少，大多是懦、辟、暗、暴之君，君主心理有问题必然给社会造成灾难②。这些“无道”的昏君，纵使他有很坚固的城防，最好的武器和众多的军队，可一旦激起民众的反抗，也必将被摧枯拉朽一般推翻。唐甄已经隐约地看到了民众的力量，因而得出“众为邦本”的结论。

唐甄奉劝君主，应当摆正自己与民众的关系。他认为君主与民众都是人，只是分工不同③，君主应懂得民众之价值取向的作用④，向古代贤君尧舜等学习“与民同欲”的政治风范⑤，做到“虽贵为天子，富有四海，存心如赤子，处身如农夫，殿陛如田舍，衣食如贫士，海内如室家”⑥，从而使社会成为一个理想的美好社会。

唐甄由对君主的批判和对理想君主的设计，进而构想出理想社会的模式。这个理想社会主要有以下特点：

第一，这个社会是由“贤君”统治的。他假借论述如何教育太子，构想了未来理想中的君主形象。这个理想中的君主形象大体特征包括：

首先，与公卿相敬如宾，不高高在上。公卿有病，君主则去看望；有丧事，则去吊唁；有喜庆事，则去祝贺；出差之时，则去送别；出差归来，则去慰问；公卿入宫，则降阶相迎；有人进言，则再拜而受之。

其次，真正了解农民生活劳动之艰辛，并深知农民的茅舍是君主的宫殿之本，农民所食的糟糠是君主的肥甘之本，农民的布衣是君主的冕服之本。因此能春视耕，夏视耘，秋视获，冬视藏，关心农事，并时常微服简从地到农民家中去体验他们的疾苦，“亲其妇子，知其生养；入其庐舍，知其居处；尝其饮食，知其滋味，揽其衣服，知其寒燠”。

再次，真正了解各种物质产品来之不易，从而切实尊重各种劳动者及他们的劳动。通过参观各种劳动过程，而深知衣服、坐骑、肉鱼、果蔬、材木、器用都是劳动者汗水之结晶。唐甄说：“不知百姓之生者，不可治百姓。”⑦贤君应到民众的现实生活中体验生活，在市场上观察做买卖的辛苦，在路上看看肩扛人抬的运输劳苦，能真正地了解民众从事劳动生产的艰辛。

最后，吃、穿、住都不搞特殊化，不专主自恣，少近女色，婚不多御，不重用

---

① 《潜书·抑尊》：“人君之尊，如在天上，与帝同体，公卿大臣罕得进见，变色失容，不敢仰视，跪拜应对，不得比于严家之仆隶。……臣日益疏，智日益蔽……而国亡矣。”

② 《潜书·鲜君》：“君之无道也多矣，民之不乐其生也久矣，其如彼为君者何哉！……帝室富贵，生习骄恣，岂能成贤？是故一代之中，十数世有二三贤君……其余非暴即暗，非暗即辟，非辟即懦。……懦君蓄乱，辟君生乱，暗君召乱，暴君激乱，君罔救矣，其如斯民何哉！呜呼！君之多辟，非人之所能为也。……世无君矣，岂有臣乎！”

③ 《潜书·格君》：“庶人有身，天子有天下。庶人自养其身，天子以天下为身，兼天下以养身。”

④ 《潜书·卿牧》：“群尚则爱，群弃则恶……群尚则贵，群弃则贱。”

⑤ 《潜书·抑尊》：“茅茨不剪，饭以土簋，饮以土杯……无不与民同情也。”

⑥ 《潜书·尚治》。

⑦ 以上均见《潜书·太子》。

太监。

总之，这个理想的君主是一个尊师长、敬大臣、礼群臣、言必信、知农事、知民穷、知物土、知人劳的君主。

第二，这个社会是经济上平等的富民社会。他认为，理想的社会应当是百姓生活富余，国库有盈余，即使天灾流行，庄稼歉收，老百姓也能吃穿不愁。政府政策清明，轻徭薄赋。皇帝没有小金库，后宫生活俭朴，贵族不窃取兼并富饶的土地，老百姓没有奢侈浮华的不良嗜好。国家无事，兵马不动；政府无事，没有大型的工程项目。① 这个社会最后将达到“谷不可胜食，财不可胜用，而天下大富”②。

第三，这个社会是一个“兴仁兴义，无争无党”，“治化大行”，人际关系和谐的社会。唐甄说，“衣食足而知廉耻，廉耻生而尚礼义”，人们衣食丰足，天下大富了，便知道有廉耻、尚礼义，于是社会才得以“治化大行”③。

他描述这个理想社会的情景是，社会规范行于朝廷，则君臣上下关系和谐，行于社会，则父子、兄弟、强弱、富贫之间保持和谐的关系。而且是君主大臣带头这样做，民众效仿之而心悦诚服地这样做，因而成为兴仁兴义，无争无党的和谐安详的社会④。

第四，这个社会不但能按民众的欲望制定法规，而且在执行时能从尊贵者开始。法律的沿袭和变革都听从人民的意见，人民乐意遵行的就坚持下去；人民感觉不便的，就立即废止或变革⑤。这样做的结果使法律具有权威性，人民遵纪守法，越轨者明显减少，社会安定，从而使整个社会各个阶层和群体都能各安其职，人民安居乐业⑥，最终达到虽有法规而不用的效果。

第五，这个社会是一个崇尚节俭，“民不费财，农安耕作，养老育幼，不废其业”的社会。在这个社会里，首先是君主带头节俭，由于君主不奢求丹青、翡翠、珠玑、织绣等珍奇之物，也不求苑囿禽兽、桂柏橘荔等逸乐之物，从而没有征伐转输之劳，于是在这个社会中生活的百姓都能安居乐业，尽享天伦。

总之，唐甄的理想社会是一个“上下同欲，民心大悦”的社会。与此同时，他还多次从总体上构想了这个理想社会的美好景象。如他在《潜书·格君》中说：“当是之时，天下无害，百姓和乐，五谷丰熟，民人养育，日月不失其明，四时不失其序，风雨不失其时。灾害不生，嘉祥并至，麒麟来游，凤凰来止。”

---

① 《潜书·卿牧》：“必使民有余藏，国有余用，虽天灾流行，年谷不登，而民不困。去贪黩……去苛敛……天子不得有私用之财，后宫不得有珠锦之饰，贵戚不得有田宅之饶，民庶不得有侈丽之好，不以征伐伤财，不以营作伤财，不以多事伤财。”

② 《潜书·厚本》。

③ 同上。

④ 《潜书·卿牧》：“礼行于朝，君毋过尊，臣毋过卑；凡尔百职，有功不伐，有能不矜，居上不骄，居下不援。礼行于四海，父子不相离，夫妇不相陵，兄弟不相争，强不暴弱，富不耀贫。……君身先之，大臣率之，小臣顺之，庶民观而化之。……兴仁兴义，无争无党。”

⑤ 《潜书·匪更》：“君子行法，为从为更……行之而民悦，则行之，从其所欲也；行之而民不悦，则不行，更其所不欲也。”

⑥ 《潜书·卿牧》：“臣安其职，不虞得罪；民安其家，不罹祸殃；寇贼奸宄，无衅以作。”

这确是一个富庶、和谐的美好社会：理想社会实现了，就会进入一个良性运行状态，人民会越来越富庶，社会秩序越来越和谐，其他国家也慕义永服。于是没有战争杀戮，甲兵良将都无用武之地，良马也只作乘用了。后世子孙们，不必贤才，只要是正派的常人，知道谨守成宪而不变，就能使社会越来越美好①。

唐甄对理想社会模式的构想与前人相比，具有明显的新特点。他强调的上下同欲、上下平等、民众生活富庶、法规要遵从民众的意欲、社会统治者带头尊法及带头节俭从而使百姓日益富裕安乐等，都带有浓重的时代特色，这反映了在他所生活的时代新兴市民阶层的要求和他们对未来理想社会的憧憬。也正是由于他所处的时代新兴生产关系和新兴市民阶层的力量仍很弱小，反映在他的理想社会构想之中，就表现为希望出现理想中的贤德之君，而不是彻底打倒专治君主。但是，从黄宗羲、顾炎武、王夫之到唐甄的社会思想中，我们已能看到明显不同于程朱理学的新的启蒙思想的发轫。这些都为鸦片战争以后新型社会思想的发展奠定了基础。

本章要点

1. 在黄宗羲构想的理想社会里，君主一心为民兴利而不享其利；群臣工作是为天下为万民，而不是为君主为一姓；社会的法令规范是为社会兴利除害使万民受益而设定；学校不仅是养士的机关，而且是评议朝政的机关；实行井田制，土地平均分配。这反映了清代初期启蒙思想家们对当时社会的反思与批判精神，也为以后中国社会理想的发展奠定了新基础。

2. 对于人性问题，黄宗羲企图建立“心与性一”的一元的人性论。在人性的善与恶问题上，黄宗羲是一位性善论者。显然，黄宗羲的人性论没有充分体现出他的社会批判精神，而有与理学家们殊途同归之嫌。但在人的欲望问题上，他又表现出与理学家的明显差别。他承认人情是自私自利的。使民众都可得其私自利是天经地义的“大公”。这一思想是与新兴市民阶层的要求相吻合的，因为使人各得其自私自利是市民社会的基本特征和新兴市民阶层的基本要求。但也可从中看到早期市民阶层社会思想的不成熟性和不彻底性。

3. 黄宗羲认为，现实社会中社会控制在沿着错误的方向发展，形成了诸多“非法之法”。他所谓的“法”泛指社会控制的所有方法措施及契约。他强调了社会控制的措施与契约的重要性，否认了人治的可靠性，这无疑是中国社会控制思想的一大进步。

4. 黄宗羲认为，要想治理社会就必须明确君与臣的社会角色，即君主当为人民的公仆，臣僚当是为服务于人民而帮助君主治理社会的。只有君主与臣僚们同心协力，为天下万民而治理社会，才能有所成就，实现理想的社会生活秩序。黄宗羲的社会思想具有浓重的时代气息，反映了他所处时代的进步的新兴市民阶层的愿望。

---

① 《潜书·厚本》：“于是富日益富，安日益安，中国之民，和乐相志，远夷之君，慕义永服，继世之子孙，苟非不肖，谨守成宪，虽千百世无变可也。当是之时，甲兵敝于武库，良马仅供服乘，虽有穰苴之将，无所用之，以此养生，以此治天下，皆长久之道也。”

5. 在人的欲望问题上，顾炎武与黄宗羲一样，强调了人的自私自为和满足自身欲望的合理性，进而认为财产私有制是杜绝纷争和促进生产的决定因素。但又认为利欲之心是造成贪邪之“污俗”的重要根源，为此，顾炎武提出以名克制利欲的方案。他要在肯定自利自为的天然合理性的同时“合天下之私以成天下之公”。顾炎武的欲望论具有时代的进步性，反映了新兴市民阶层的社会思想。

6. 顾炎武认为，社会价值观与社会规范的失调是造成社会混乱的最大妖孽，而他心中理想的社会价值观与社会规范不外乎儒家所说的社会价值观与社会规范。所不同的是顾炎武不像理学家那样，奢谈心性仁义，而是侧重于具体的社会伦理规范，如孝悌、廉耻，即是其强调的核心。通过对法令日繁之弊害的考察，他几乎全面否定了法治的社会规范与控制功能，强调应从正人心、厚风俗、倡廉耻、行孝悌等途径达到社会秩序的和谐。与黄宗羲相比，顾炎武更强调人的个性解放。

7. 顾炎武崇尚务实的精神，治学提倡经世治用，他以拯救社会为己任，强调解决社会问题要对症下药，而且要有力度。从他对现实社会问题的考察和他所提出的解决方案中，可以看出他不尚空谈，崇尚实学，经世致用的精神。其揭露社会问题之深刻，解决方案之切实可行，都反映出顾炎武社会思想的现实主义特色。

8. 顾炎武的理想社会充分反映出其民主主义的启蒙精神，他不是在为封建社会的统治阶级而设计理想社会模式，而是超脱了一家一姓的封建统治，在设计一个涵盖全社会的理想社会模式。朝代的兴亡已经不能局限顾炎武的理想，易姓改号的存亡变革已经不是他的最高正义的核心。顾炎武的理想社会已带有近代民主主义的某些特征，这是中国历代理想社会构想的一大进步。

9. 王夫之对人性理论的发展主要在于：他认为人性是日生日成的，是“习与性成”的，即人性是在社会生活的习惯中养成的。

10. 王夫之认为人的社会化过程就是人们学习“理”、明人伦、做“成人”的过程。社会化的过程利于纠正人们禀赋中的偏蔽成分。要达到“成人”的标准，既要靠个人的努力，又要靠师长的教导。个人的努力就要立志、“有恒”、脚踏实地，循序渐进。教导人的师长要先修己后育人。他强调身教重于言教、“欲明人者先自明”和因材施教。

11. 王夫之基于人性“日生日成”的观点，探讨了“天理”与“人欲”的关系。他提出了天理寓于人欲之中的主张和人皆有欲的命题，并认为人欲在人们的社会生活中具有积极作用。他根据对理欲关系问题的新认识，提出了实行均平以解决“偏欲”的方案。其“人欲之各得，即天理之大同”的思想，不但是对被明清统治者奉为官方理论的程朱欲望论的大胆批判，而且也对后来新社会思想的发展具有重要启蒙作用。

12. 王夫之探讨社会变迁、社会进化的规律，提出了“后胜于古”和“理势合一”的社会进化论。认为人类社会的发展是一个由未开化到开化，从野蛮到文明的变迁、进化过程，并认识到社会进化有其规律和必然趋势。

13. 唐甄的欲望论与程朱及王夫之等人的欲望论有明显不同。他没有沿用理与欲的关系这一分析方式，而是直截了当地承认了人的物质欲望的合理性与天然性，进而认为一些人提倡的所谓“轻富贵、安贫贱”其实是自欺欺人的。但是他又认为人们的欲望不能无限制地膨胀。他提出的控制欲望的方案，核心是人们的人生观、价值观和人的修养程度问题。他没有强调社会规范的作用，而是强调了为养生、为自尊而对富贵“视之若浮云”，这既区别于程朱理学，又区别于陆王心学。

14. 明中叶资本主义萌芽之后市民思想得到发展，人们开始反思自身的价值，唐甄即是其中的代表人物之一。他提出人类社会的一切进化和文明都是为了人类自身，人民是国家的基础，官员当以为民为本职以及以人为本，首先应保证人的生存权，对贫弱者应给予优先照顾等主张，都表明他已具有早期市民思想和市民社会人道主义思想的萌芽。

15. 唐甄的平等思想的理论基础是其欲望论和民本思想。他认为人生来虽有“遇”的不同，却无质的不同。因为人情是一致的，是没有高低贵贱之分的，所以“遇”有不同并不是可耻的事情。这就是天赋平等思想。基于这种天赋平等思想，他进而提出了男女平等的观点。同样是基于天赋平等思想，他还主张特权阶级与平民农夫的平等。

16. 他在社会经济生活方面提出了“富民论”。认为人民富庶是立国的基础，富民是人们遵行礼义等社会规范的前提，能否富民是衡量政治得失的尺度。富民的方案是养民，治国的基础是“举贤”，举贤的标准是“论功”，论功的标准是“养民”，养民的标准是“足食”，养民的具体方法就是“不扰民”。养民和不扰民，就是给民众创造良好的社会环境，扶持民众从事经济活动，以实现富民的目标。这显然是新兴市民意识。

17. 唐甄站在新兴城市市民的立场上审视当时的封建社会，对君主产生了强烈的不满并对君主进行了激烈的批判，并在此基础上构想出其理想社会模式。他的理想社会是一个人民富庶，社会平等，“上下同欲，民心大悦”的社会。从黄宗羲、顾炎武、王夫之到唐甄的社会思想中，我们已看到了明显不同于程朱理学的新的启蒙思想的发轫。这些都为鸦片战争以后近代社会思想的发展奠定了基础。

复习思考题

1. 评黄宗羲的社会理想。
2. 黄宗羲人性论的特点是什么？
3. 黄宗羲对欲望理论的贡献是什么？
4. 如何评价黄宗羲社会思想的时代性？
5. 顾炎武的欲望理论与程朱理学之欲望论的区别是什么？
6. 顾炎武与程朱之社会规范理论的区别是什么？
7. 顾炎武社会理想的基本特点是什么？
8. 试比较顾炎武与黄宗羲社会思想的特点。
9. 王夫之对中国人性理论有什么发展？
10. 试评王夫之关于人的社会化思想。
11. 王夫之是如何批判程朱之欲望理论的？
12. 王夫之社会进化思想的基本内容是什么？

13. 唐甄的民本思想的阶级性是什么？
14. 唐甄的社会平等思想有什么时代进步性？
15. 唐甄富民论的时代意义是什么？
16. 试评唐甄的社会理想。

推荐阅读书目

1. 陈定闳：《中国社会思想史》，第三十三章、第三十四章、第三十五章，北京，北京大学出版社，1990。

2. 张承汉：《中国社会思想史》，第七篇第四章，台北，三民书局，1992。

3. 杨懋春：《中国社会思想史》，第十三章，台北，台湾幼狮文化事业公司，1986。

4. 刘泽华：《中国政治思想史》（隋唐宋元明清卷），第十三章，杭州，浙江人民出版社，1996。

5. 萧公权：《中国政治思想史》（下），第十八章、第十九章，台北，台湾联经出版事业公司，1982。

6. （清）黄宗羲：《明夷待访录》，北京，中华书局，1981。

7. （清）顾炎武：《亭林文集》，北京，中华书局，1959。

8. （清）顾炎武：《日知录》，上海，上海古籍出版社，1985。

9. （清）王夫之：《船山全书》，长沙，岳麓书社，1996。

10. （清）唐甄：《潜书》，北京，中华书局，1963。

第七篇

晚清至民国时期的社会思想

自1840年鸦片战争爆发以来，中国社会进入近代化时期。这个时期的中国社会思想，与这个时期中西思想文化的碰撞与融合相伴而行。按照思想史家郭廷以的说法，“中西接触最少已有两千年的历史，西洋文化的输入中土，自非一日，而其真正在中国发生重大影响，则为近代之事”[①]。在这一时期，中国社会思想在奔向近代化的过程中是逐步提高的，正如陈旭麓所指出的，从1840年至新文化运动，“八十年来，中国人从‘师夷长技以制夷’开始，进而‘中体西用’，进而自由平等博爱，进而民主和科学。在这个过程中，中国人认识世界同时认识自身，其中每一步都伴随着古今中西新旧之争”[②]。

步入近代以前，对比中国与西方社会的发展轨迹可以发现，自明代中期直到近代，中国的经济水平及对世界GDP增长的贡献率都是领先的，但在社会思想与文化发展方面，却已开始落后于西方世界。西方经过宗教改革、文艺复兴、启蒙运动，使思想文化从中世纪的牢笼中解放出来，进入一个新的境界。而在同时代的中国，明代确立的官方思想——程朱理学成为中国社会思想陷于僵化的重要原因和标志。在中国一如既往地陶醉于“天朝大国”迷梦的同时，西方社会在政治经济方面经过产业革命而率先进入资本主义阶段，在思想文化方面则表现为“人文主义”社会思想日益活跃，各种新的社会思想大量涌现，从而率先进入西方社会思想发展的第二个黄金时代。[③]

当西方资本主义迅速发展，积极地向世界各国寻找原料产地和商品市场的时候，中国仍处于农业和家庭手工业相结合的自给自足的自然经济占主导地位、闭关自守、妄自尊大的状态之中。当西方列强以坚船利炮敲开中国的大门之后，才迫使中国士大夫阶层中的一些开明人士睁眼看世界，并在“师夷长技以制夷”的思想指导下，开始学习西方的近代物质文明，但他们又认为中国传统的社会制度和思想文化比西方更为优越，并将“中学”与“西学”的关系定位为“体”与“用”的关系，即所谓“中学为体，西学为用”。洋务运动与中国近代企业的起步，都是在这种思想指导下进行的。[④]

在内忧外患并存、多次外敌入侵的刺激下，中国国民开始觉醒，渐渐产生干预国事的观念，改革、革命的思想蓬勃发展起来。首先是农民，他们备受本国封建地主阶级和外国资本主义的剥削压迫，于是爆发了席卷大半个中国的太平天国运动（1851—1864年），以洪秀全为代表的农民起义领袖们，以“奉天讨胡”、“奉天讨妖”、“谕世救人”相号召，在革命实践过程中形成了一套代表近代中国农民的社会思想，并颁布《天朝田亩制度》，构想了自己的理想社会。太平天国的社会思想及理想社会构想，堪称中国历代农民社会思想的最高代表。

---

① 郭廷以：《近代西洋文化之输入及其认识》，见《中国近代现代史论集》之第十八编《近代思潮》（上），1页，台北，商务印书馆，1986。

② 陈旭麓：《近代中国社会的新陈代谢》，398页，上海，上海人民出版社，2006。

③ 参见王处辉：《中国社会思想早熟轨迹》，3～6页，北京，人民出版社，1996。

④ 参见夏东元：《洋务运动史》，上海，华东师范大学出版社，1992；张国辉：《洋务运动与中国近代企业》，北京，中国社会科学出版社，1979。

中日甲午战争中的惨败，作为一个分水岭，促使中国国民进一步觉醒，思想界出现了前所未有的急剧变化。1898 年的“戊戌变法”运动，就是在这种社会背景下出现的。康有为的社会思想，代表了在受到西方近代社会思想影响后，转变为具有资本主义思想倾向的改良主义者的具有忧国忧民精神的旧式知识分子的社会思想。他在百日维新时期的社会改良主张和此后的保皇党的活动，反映了他的旧式地主阶级知识分子的情结，而他在《实理公法全书》和《大同书》中所反映的诸多社会思想则具有资本主义乃至超资本主义的近代乌托邦社会思想之特点。与此同时，孙中山领导的民族资产阶级革命运动登上历史舞台，于 1905 年成立中国同盟会，提出了“驱逐鞑虏，恢复中华，建立民国，平均地权”的民主革命纲领，提出了“三民主义”的新社会思想。

五四运动之后，国民的社会运动和社会革命思潮进一步发展，以学生和大学教授为代表的知识分子阶层发起新文化运动，用白话撰写的小刊物风起云涌，普及于各地，罢课、罢教、罢工、罢市种种风潮层见叠出，各种政治运动、社会运动潮流日盛一日，使新文化运动成为一种迅猛无前的潮流，自由主义思想和各派社会主义思潮鼎盛一时。少数中国知识分子面对西方文明的种种弊端，提出走中国社会自己的发展道路，酝酿产生出具有文化保守主义特征的社会思想。

自晚清至民国时期，许多志士仁人经过艰苦探索，终于认识到了应以“民主和科学”为标准评价近代中国和近代中国人，认识到只有社会主义社会的前途才是适合中国社会发展的历史选择。

第二十二章
晚清之西力东侵初期的社会思想

中国社会思想本有自身发展的脉络和系统，在以前的学习中已经可以看出其中的规律。清代初期，以黄宗羲、顾炎武、王夫之为代表的一批思想家已开始反思程朱理学存在的不足，对其空谈性理的问题进行了一些批判，并将社会思想的重心引向经世致用。但清朝康雍乾时期大兴文字狱，禁锢了新思想的发展，同时清朝一如明朝，仍以程朱理学作为官方主导性社会思想，使得人们不敢再批判程朱理学。故清代前期的一百多年，虽重用了一批理学家，但他们在社会思想发展上几乎无所贡献。另有一批学者，则远离思想理论前沿，倾心于考据之学，形成所谓“乾嘉学派”。他们对历代文献整理考据颇有贡献，但对清代前期中国社会思想的发展则极少贡献。至道光年间，经世致用之学才开始复兴。在鸦片战争之前，思想家龚自珍、魏源已经开始针对现实社会问题，提出了自己的思想主张。梁启超在《清代学术概论》一书中，曾对龚自珍在清代思想界的历史地位作了如下评价，他说：“晚清思想之解放，自珍确与有功焉。光绪间所谓新学家者，大率人人皆经过崇拜龚氏之一时期。初读《定庵文集》，若受电然，稍进乃厌其浅薄。”梁启超所提及的“自珍之功”，主要是指龚自珍在鸦片战争前夜，率先打破“汉学”和“宋学”的束缚，力倡经世之学，同时其激进的现实批判精神也对后人有较大的启示作用。而所谓“厌其浅薄”则主要是指龚氏实际仍未跳出传统思想的范畴，没有确立起系统的近代意识来。龚自珍死于鸦片战争发生之时，而魏源则是林则徐的同志，他生逢其时，视野开阔，有睁眼看世界的学术精神（这在当时并不多见）。《海国图志》收录了林则徐组织翻译的大部分书报，时称奇书，后来张之洞称此书为中国知西政之始，而日本的明治维新深受此书的影响。在睁眼看世界之后，魏源在社会改革、社会变迁和中西文化方面提出了新的认识，推动了社会思想的近代化。

第一节 龚自珍的社会思想

龚自珍（1792—1841年），字瑟人，号定庵，浙江仁和（今杭州市）人，出身于官僚世家。他一生历乾隆、嘉庆、道光三朝，这正是西方资本主义侵略者浮海东侵的历史时期，在西方工业文明的挑战下，古老的中华帝国正面临着空前的历史变局。龚自珍已经意识到中国社会正处于“日之将夕，悲风骤至”的危机前夜，内心充满了危机和惶恐；而作为近代中国的第一位智者，他却没有确立起全新的近代意识，导引中国走向近代化。在这一意义上，可以说龚自珍仍是一个传统色彩浓厚的社会思想家。

龚自珍自幼年时起就师从其外祖父、著名经学家段玉裁学习，具有扎实的国学根底。但他对经学并不感兴趣，而是对经世之学更加关注，20 多岁时就写出了《明良论》、《平均篇》等批判封建社会现实的文章。龚自珍在科场和仕途上极为坎坷，他在 1818 年考取举人后不久出任内阁中书，此后他五次会试落第，直到道光八年（1828 年）才中了进士，但始终未受重用，只是担任内阁中书、礼部主事等闲职小官。鸦片战争爆发前夜，他因受权贵排挤，辞官南下，赴丹阳云阳书院讲学，同年患暴病而死。

龚自珍在社会思想方面的贡献主要表现在，他对封建末世现实社会存在的贫富分化严重问题有较深刻的领悟和体验，同时提出了“农宗论”，试图以宗法家族关系来解决社会上严重的流民问题，实现所谓“宗族社会福利保障”。

一、社会起源论

龚自珍在中国近代思想史上的突出贡献，就是倡导“通经致用”，开了晚清一代“议政”风气，他试图把士大夫阶层从书斋经卷中拉向社会现实，系统地提出了以社会批判论和社会改革论为核心的社会思想。不过，值得注意的是，龚氏的社会改革主张，是建立在其对社会起源认识的基础之上的。

龚自珍认为，人类的社会生活不是从来就有的，而是人类进化发展到一定阶段的产物。具体地说，有了农业生产才有了社会组织，社会组织就是在这种农业宗法基础上逐渐发展起来的。在《农宗》篇中，龚自珍写道：

> 有能以尺土出谷者，以为尺土主。有能以倍尺若什尺、伯尺出谷者，以为倍尺什尺伯尺主。号次主曰伯、帝若皇，其初尽农也。①

即谁能在多大范围的土地上种出多少谷物，谁就是这块土地的王，帝王、大臣起初也都是从事农业生产的。在龚自珍看来，农业是人类社会组织产生的始基，无论是宗法组织，还是调控维系社会秩序的礼乐刑法，都起源于农业生产。很显然，龚自珍的社会起源论是不科学的，但他把社会组织的起源与人类的物质生活资料生产活动结合起来考察，其路径是正确的，在当时的历史条件下实属难能可贵。

龚自珍还反对儒家传统的“圣人”创造文化的观点，认为礼、乐、刑法等人类文化是为了适应社会治理的基本需要，循着“自下而上”的路径发展起来的，而不是由圣人“自上而下”地创造出来的。他指出，“夫礼之初，始诸饮食”，“民饮食，则生

---

① 龚自珍：《五经大义终始论》，见《龚自珍全集》，41 页，上海，上海人民出版社，1975。

其情矣，情则生其文矣”[①]。认为礼乐文化产生于百姓的饮食生活，甚至连天地也是众人自创，而不是圣人所造。

在中国社会即将步入近代的前夜，出于对社会危机的深刻体认，龚自珍提出了他独具特色的社会起源论，他试图通过对社会起源问题的探究，来获得对现实社会的改造方略。

二、社会变迁论

龚自珍继承了中国古代传统的变易观，提出了系统的社会变迁思想，认识到人类社会是不断变化的。

首先，龚自珍根据公羊家把《春秋》三世说引申为“据乱世”、“升平世”、“太平世”的思想，进一步把社会的变易兴衰分为一日的三时，即早时、午时、昏时。他认为，人类社会发展一般都要经历由盛至衰的过程。他断言当时的清王朝已到了“日之将夕，悲风骤至”的“昏时”。要想起衰振竭，挽救清王朝所面临的严重危机，办法只有一个，那就是“更法”。他说“自古及今，法无不改，势无不积，事例无不变迁，风气无不移易”[②]。面对日益严重的社会危机，龚自珍警告清朝统治者“山中之民，有大音声起，天地为之钟鼓，神人为之波涛”[③]，必须迅速进行社会改革。由此可见，龚自珍对清王朝所面临的严重的社会危机有着深刻的体认，其社会变迁思想的出发点是探求拯救社会危机之道。

其次，龚自珍认为人类社会的变易发展存在着某种客观趋势。他说：“天道十年而小变，百年而大变。”[④] 人类社会的组织形式也随之而发生变化，如“封建……郡县……天不两立。天不两立，何废何立？天必有所趋，天之废封建而趋一统也昭昭矣”[⑤]。在他看来，郡县制取代封建制不是偶然的，而是历史发展演进的必然趋势，不可违逆。从进化的历史观点出发，龚自珍批驳了宋明理学家视夏、商、周三代为理想“至世”的学说。认为这种“颂古非今”的思想是不符合人类社会发展演进趋向的。他对太史公司马迁在《史记》中“褒汉氏盛德，赫然跻于周室”[⑥] 的写法给予充分肯定，认为汉代的社会发展既然远胜周代，那么褒汉氏盛德就是顺理成章的事情了。

最后，龚自珍虽然意识到社会变迁发生的必然性，但他提倡的所谓“变”是“渐变”，而非“突变”。他说：“体常静，用常动。”[⑦] “甚矣！风气之变之必以渐也。”[⑧]

---

① 龚自珍：《农宗》，见《龚自珍全集》，41页。

② 龚自珍：《上大学士书》，见《龚自珍全集》，319页。

③ 龚自珍：《尊隐》，见《龚自珍全集》，88页。

④ 龚自珍：《拟上今方言表》，见《龚自珍全集》，308页。

⑤ 龚自珍：《答人问关内侯》，见《龚自珍全集》，331页。

⑥ 龚自珍：《尊史三》，见《龚自珍全集》，82页。

⑦ 龚自珍：《壬癸之际胎观第七》，见《龚自珍全集》，19页。

⑧ 龚自珍：《与人笺》，见《龚自珍全集》，344页。

他所说的不变的“体”，实际上是指封建的社会价值观、伦理道德、制度，而变动不居的“用”，则是“体”之外的细枝末节，是事物的功用。他的上述“渐变”观点表现在其政治、经济改革的具体主张上，就是不主张从根本上触动封建政治、经济制度，而只主张温和的、渐进的改革。这决定了他虽然已经预感到一场巨大的社会变革即将来临，但却无法冲决封建网罗，构想新的社会形态。

但是，要进行自我改革就需要有人才，没有人才，想改革也不能成功，然而在当时的社会，人才又是怎样呢？他说：自有历史记载以来，世有三等，三等之世的划分，主要是由该世的人才状况所决定的。人才的等级，治世为一等，乱世为一等，衰世又别为一等。从表面上看，衰世与治世很相似，但实质上的区别是衰世没有人才。这种人才严重缺乏的情况不但表现为官府缺乏有才干的文官武将，学校缺乏有才干的知识分子，而且表现为社会上缺乏优秀的农民、工匠和商人，甚至连盗贼一类人都愚笨得不像样子。衰世所以人才缺乏，是由于充斥于社会各个角落的不才之人、恶劣的社会风气消磨人才、摧残扼杀人才，他称此为对人才的杀戮。怀才不遇的人们，思治不得，便会转而求乱。所以他说衰世也必然会造成社会的混乱。龚自珍去世后十年，洪秀全于广西金田村起义，一场大规模的太平天国运动爆发，可见龚自珍的此番议论确有先见之明。

三、贫富论

作为开创一代新风的思想大师，龚自珍已经清楚地意识到封建王朝的统治正面临空前的经济危机和政治危机，他抱着匡时济世的愿望，指陈时弊，系统展开了其社会批判思想。龚自珍对现实社会的批判思想是全方位的，从社会思想角度看，他所阐发的“贫富论”颇为深刻，因为它触及了中国封建社会的根本性问题。

第一，龚自珍揭露了社会中的贫富不均和两极分化现象，认为这是社会大动荡前夜的主要征兆。他在《西域置行省议》一文中说：“自京师始，概乎四方，大抵富户变贫户，贫户变饿者，四民之首，奔走下贱，各省大局，岌岌乎皆不可以支月日，奚暇问年岁?”在《平均篇》中，他还进一步指出：最为突出的不平现象是“贫相轧，富相耀；贫者阽，富者安；贫者日愈倾，富者愈壅”。通过上面两段文字可以看出，龚自珍认为社会上赤贫阶层的急剧增加，已经使清王朝的统治根基发生动摇，而且贫富之间的冲突和斗争已经非常激烈，如果不及时“更法”，改变贫富悬殊及贫富相倾的局面，清王朝的统治秩序将发生难以遏止的混乱。

第二，龚自珍认为贫富差别的程度是决定历代王朝存亡兴废的根本原因，这已成为历朝历代的普遍规律。早在春秋战国时期，《管子》的作者就曾指出：“法令之不行，万民之不治，贫富之不齐也。”[①] 将国家的法令不行与万民不治的原因归结为“贫富不齐”。龚自珍则进一步发展了《管子》的观点，他说：“其始，不过贫富不相

① 《管子·国蓄》。

齐之为之尔。小不相齐，渐至大不相齐；大不相齐，即至丧天下。”① 在这里，龚自珍已经把贫富不齐问题与封建社会的盛衰直接联系起来了，认为“小不相齐”虽然也会影响封建秩序的稳定，但尚不会影响大局，如果由“小不相齐”演变为“大不相齐”，就会导致“亡国”、“丧天下”的悲剧。龚自珍的上述言论实际上已经隐约地意识到中国封建社会周期性危机盛衰的规律。在当时的历史条件下，其认识可以说已经达到了相当的深度。

第三，龚自珍还借夏、商、周三代财富分配平均的故事，来影射批判现实社会的不平。他在《平均篇》中描述了三代时社会分配平均、平等的理想图景。② 在龚自珍看来，社会财富好像一池水，有人舀多了，有人舀不到，就要干涸而死。他认为君应取一石，臣应取一勺，民只能取一小杯，而臣侵取民的，民侵取君臣的，这就造成了大不平。龚自珍在这里并未指责君取过度，而只谈了臣民的多取而造成了贫富不齐。可以看出，他既反对上层等级地位的人“下侵”，也反对下层等级的人“上侵”，而推崇三代时“君取盂焉，臣取勺焉，民取卮焉”的等级分配制。

第四，龚自珍认为造成这种贫富大不齐的原因主要是官吏的贪污中饱和商人的兼并。他在《平均篇》中把商贾看成是贪欲膨胀、道德败坏者，他们是一种兼并社会财富、破坏社会秩序稳定的恶势力，认为正是商人的兼并导致了社会的贫富大不齐。③

龚自珍关于“贫富不齐”原因的分析显然是片面的，他没有谈及官府沉重的赋税和掠夺，以及地主的土地兼并与贪婪剥削，而把罪责全部推到商人兼并的身上，这显然是中国传统的“重农抑商”观点的翻版，没有看到贫富分化问题的实质。虽然如此，龚氏在中国即将步入近代社会的前夜，全面系统地剖析了社会上存在的严重的“贫富分化”现象，还是具有积极意义的，表现了他对劳动人民的深切同情。他希望现实社会能恢复到“三代”那样理想的均平社会，给下层贫苦百姓以基本的生活保障，使其社会思想带有一定的人民性。

四、公私论

在中国社会思想史上，宋明理学家常常推崇“公”而贬低“私”，主张以公灭私，大公无私，这一主张无形中对君主专制起了推波助澜的作用。黄宗羲曾指出，专制君主把一己之私当作天下之公，只许自己自私，不许天下人自私，所以在所谓大公无私之美名的背后，常常有专制的意味。龚自珍对理学家所提倡的“大公无私”的说教提出批评。他说：天地日月尚且有私，又何况人呢？“圣帝哲后，明诏大号，劬劳于在

① 龚自珍：《平均篇》，见《龚自珍全集》，78页。

② “三代之极其犹水。君取盂焉，臣取勺焉，民取卮焉。降是，则勺者下侵矣，卮者上侵矣。又降，则君取一石，民亦欲得一石，故或涸而踣。石而浮，则不平甚，涸而踣，则又不平甚。……大略计之，浮不足之数相去愈远，则亡愈速；去稍近，治亦稍速。千万载治乱兴亡之数，直以是券矣。”（龚自珍：《平均篇》，见《龚自珍全集》，78页）

③ “然而五家之堡必有肆，十家之村必有贾，三十家之城必有商……肆有魁，贾有枭，商有贤桀，其心皆欲并十家、五家之财而有之，其智力虽不逮，其号既然矣。”（同上书，79～80页）

原，咨嗟于在庙，史臣书之。究其所为之实，亦不过曰：庇我子孙，保我国家而已。何以不爱他人之国家，而爱其国家？何以不庇他人之子孙，而庇其子孙？……忠臣何以不忠他人之君，而忠其君？孝子何以不慈他人之亲，而亲其亲？寡妻贞妇何以不公此身于都市，乃私自贞私自葆也？”①

他又说：燕王子哙，让国于子之，汉哀帝欲传国于董贤，若按大公无私的标准，此二人岂不比文武成康周公都圣明吗？然而，此二人最终搞乱了国家，引起了政治上的动荡。孟子说“人人亲其亲、长其长而天下平”，对待自己的亲长厚于对待他人的亲长，这是人情自然之理，而主张大公无私的人是要“别辟一天地日月以自处”，这是造作而不自然的，这种主张是与天地自然的规律相违背的。最后，龚自珍又提出一个论据，说禽兽在光天化日之下交配，不知回避，这也类似一种大公无私的行为。与禽兽不同，“人则必有孰薄孰厚之气谊，因有过从宴游，相援相引，款曲燕私之事矣。今曰大公无私则人耶，则禽邪？”②

应当说明，龚自珍此处所谓“私”，不同于现代意义的个人主义的自私自利，而是伦理上的亲疏厚薄，也就是费孝通先生所说的差序格局。伦理上的亲疏厚薄本属自然，常人爱自己父母胜过爱他人父母，爱自己国家胜过爱他人国家，这是人之常情，是真实而自然的。龚自珍充分肯定了这一事实，主张以此为根基而扩充，由亲及疏，由近及远，由小及大，由家及国，由国及天下，层层扩大，步步展开，所谓孝悌为仁之本，老吾老以及人之老，幼吾幼以及人之幼。他认为大公之心是由私情而来，并非先灭了私情才有公心。如果虚慕大公无私的美名，灭私为公，是不近人情的，是蔑视了人类情感发展自然本有的顺序的，所以这种大公无私必然会没有根源，是矫伪而不真实的。而且人与禽兽的区别，就在于人有社会关系。有社会关系就必有亲疏公私，如果不分亲疏公私，尤其是如果要求人们大公而无私，就无异于使人类等同于禽兽。很显然，这是对当时作为官方主导性价值观的程朱理学的有力批判，而且风格与价值取向似乎直接继承了清初三大思想家，甚至明朝的李贽。

五、农宗论

自孟子提出以“井田模式”，营造一个“乡里同井，出入相友，守望相助，疾病相扶持，则百姓亲睦”的理想的宗族保障模式以来，历代思想家在谈及贫富分化问题的解决方案时，往往都就孟子的“井田模式”加以发挥，他们希望借传统的宗法制度来解决中国社会严重的贫富分化问题。龚自珍也不例外，他在作《平均篇》七年以后，又作了《农宗》篇，把注意力转移到土地问题上来。

龚自珍“农宗方案”的设想包括以下内容：

> 百亩之农，有男子二，甲为大宗，乙为小宗。小宗者，帝王之上藩，实农之余夫也。有小宗之余夫，有群宗之余夫。小宗有男子二，甲为小宗，乙为群宗。

---

① 龚自珍：《论私》，见《龚自珍全集》，92页。

② 同上。

群宗者，帝王之群藩也。余夫之长子为余夫。大宗有子三四人，若五人，丙丁为群宗，戊闲民。小宗余夫有子三人，丙闲民。群宗余夫有子二人，乙闲民。闲民使为佃。①

从上文可以看出，龚自珍将农宗中的全体社会成员按宗法关系分为大宗、小宗、群宗、闲民四个等级。在提出上述宗法等级划分的同时，龚自珍还提出一个土地分配方案，将二者结合起来看，这种宗法等级土地占有关系的内容如下：

大宗——子甲即长子，受田 100 亩，以后各代大宗的长子世为大宗，在父亲 60 岁时继承。子乙，即次子立为小宗，另请受田 25 亩。子丙、丁，即三、四子立为群宗，也可受田 25 亩。小宗和群宗又可称为余夫。子戊，即五子或五子以下为闲民，不能受田。

小宗——子甲，即长子可在其父亲 60 岁时，继承小宗的 25 亩土地。子乙，即次子立为群宗，另受田 25 亩。子丙，即三子或三子以下，为闲民，不受田。

群宗——子甲，即长子可以在其父 60 岁时继承 25 亩土地。子乙，即次子或次子以下，定为闲民，不受田。

龚自珍之所以提出以宗法嫡长子继承制为基础的土地占有关系的理想蓝图，主要是出于两点考虑：

其一，拥有百亩土地的大宗将土地传给自己的儿子时，如果不区分长子和余子，百亩土地就会被平均分割，只有将长子、余子区别对待，实行长子土地继承制，土地才不至于分散，以大宗为主干的家业才能得以传承。

其二，他之所以要划出一个“闲民”等级，主要是考虑到土地有限，人人均有土地是不可能的。而无地的闲民要耕种大宗和余夫的土地。据龚自珍推算，拥有百亩土地的大宗从事农业生产，必须雇用 5 名佃户，而拥有 25 亩土地的余夫也需要雇用 1 名佃户，雇用佃户的方法是，先要从同族的闲民中找，同族不够，才能找外族。由此可见，“闲民”实际上就是雇农。这样，我们便可发现，龚自珍小心翼翼精心地编织出来的“农宗制”，实际上就是主张在农村中建立一种以血缘关系为纽带的宗法关系，并以此来确定土地占有和组织农业生产。

从社会思想角度剖析龚自珍“农宗论”的思想价值，可以分析出以下两点：

第一，龚自珍提出“农宗论”的最直接动机，是为了解决生活无着，饥寒冻馁的流民的生计问题。

1823 年，龚自珍撰写《农宗》篇时，清代的流民问题非常严重，这些流民“不士、不农、不工、不商”，完全失去了生活的来源，不是铤而走险，入山林发动反清武装起义，就是饥饿冻馁而死，对清王朝的封建统治产生了严重的威胁。龚自珍察觉到流民问题的严重性，他认为解决流民问题的最主要的方法是设法使流民回到土地上去，参加农业生产。而《农宗》篇中所描述的那种以宗法家族为基础的温情脉脉的耕织图，便是他解决流民问题的具体方案。

第二，龚自珍的“农宗论”实际上是从宗法家族关系角度入手，构想了“宗族社

① 龚自珍：《农宗》，见《龚自珍全集》，49 页。

会保障”的典型模式。他认为，一个大宗加四个小宗或群宗，共拥有田地 200 亩，可以养活同宗族的无田的闲民 9 人。以此类推，如果有田 10 万亩，就能使 4 500 个无地闲民免受饥寒之苦，也就实现了所谓“宗族社会福利保障”。

龚自珍提出“农宗论”时，正是世界资本主义工业革命轰轰烈烈地开展的时代，用“坚船利炮”武装起来的资本主义列强企图把世界变成其原材料产地和产品销售地，开始向东方各国发动侵略战争。在中华民族面临“数千年未有之变局”的历史大时代，龚自珍没有提出推进社会发展的新方案，在封建主义制度已经日趋没落的时候，他仍醉心封建宗法关系，企图用宗法关系来拯救清王朝面临的严重的社会危机，其结果是可想而知的。

第二节
魏源的社会思想

魏源（1794—1857 年），字默深，湖南邵阳人，生于濒临破产的地主家庭。15 岁中秀才，开始研究王阳明的心学，后又师从刘逢禄，学习公羊学，奠定了经世致用的思想基础。他还常与龚自珍、林则徐切磋学术，议论时政。19 世纪二三十年代，面对严重的社会危机，魏源潜心经世致用之学，在 1822 年代江苏布政使贺长龄编辑《皇朝经世文编》的过程中，逐步形成了自己的改革思想。

鸦片战争爆发后，魏源坚决主张抵抗英军入侵，曾入两江总督裕谦幕府，亲临江浙前线，参与抗英斗争。战争之后，魏源连续编写撰著了《圣武记》、《海国图志》等著述，提出了“师夷长技以制夷”的主张，产生了重大影响，成为近代中国向西方学习的首倡者。1853 年任江苏高邮知州时，倡办团练，组织地主武装对抗太平天国。晚年弃官学佛，整理著述，于 1857 年病死于杭州，主要著述有《皇朝经世文编》、《古微堂集》、《元史新编》等。1975 年中华书局整理出版其诗文为《魏源集》。

在中国近代思想史上，魏源是地主阶级改革派中对时代剧变最为敏感的人物之一。早在鸦片战争爆发前，他就敏锐地察觉到清王朝的统治已面临严重的社会危机，力主改革。鸦片战争后，面对西方资本主义文明咄咄逼人的挑战，他更深刻地意识到一个剧烈的社会变革时代即将到来。正是在上述的大历史背景下，魏源系统地提出了他的社会思想。

一、社会变迁论

魏源继承了中国古代传统的变易思想，结合鸦片战争前后国内外形势的剧变，对古今历史演变规律进行了深入探讨，他认为社会历史无时无刻不在发生变化，提出了带有朴素辩证法色彩的社会变迁思想。

首先，魏源认为社会总体趋势是进化发展的。在中国社会思想史上有一个鲜明特点，就是社会思想家们常常憧憬上古三代，认为那时的社会淳朴简单，政治清明，当政的是尧、舜、禹、汤、文、武、周公等圣君贤相，实行的是封建、井田、学校等理想的社会制度。因此，上古三代成了理想社会的代名词，他们把一切理想的社会状态都归诸三代，以此对照后世的社会，似乎处处不理想，于是在社会演进的观念上形成了“崇古”的倾向，认为社会不是在进步而是在退化，社会变迁的路向应该是恢复上古之世，而不是向前。魏源继承了中国古代哲学的“气化论”思想，提出“气化无一息不变者也，其不变者道而已”①。从“气”的聚散变化，论证了一切事物无时无刻不在运动和变化着。人类社会也是不断发展变化的，“三代以上，天皆不同今日之天，地皆不同今日之地，人皆不同今日之人，物皆不同今日之物”②。在他看来，上古的夏、商、周三代绝不是人类不可企及的盛世，人类社会的历史总是向前不断发展变化的，总的趋向是越变越好。因此，“五帝不袭礼，三王不沿乐”，历史上任何一个王朝都在不断地变更着自己的礼乐典章制度，以顺应社会的剧烈变迁。

人类社会的变迁不仅是必然的，而且是有规律的，如从历史上看，赋税制度由租庸调变为两税法，又由两税法变为一条鞭法；兵制由丘甲变为府兵，由府兵变为营伍。所有这些社会制度的变化，都是社会内在规律运动的结果。即便是圣王再生，也“必不舍条鞭而复两税，舍两税而复租庸调也”，“必不舍营伍而复为屯田为府兵也”③。既然社会发展变迁是有规律的，那么其演进趋向便是不可逆转的。

其次，魏源分析了社会发展变迁的动力和原因。他说：“天下物无独必有对。”所谓“独”，是指事物的孤立状态；“对”，则是指事物分为对立的两个部分。在他看来，事物矛盾双方的对立和斗争，必然导致矛盾的转化和发展，从而推动社会的变易发展。他还把矛盾的斗争称为“逆”，指出：“逆则生，顺则夭矣；逆则圣，顺则狂矣。”这里所说的“逆”，实际上就是矛盾斗争，他认为社会是在“逆”的斗争中向前推进发展的。

在社会进化的动力问题上，魏源特别强调百姓民众的作用。他已经意识到直接从事物质资料生产的劳动民众在人类社会进化过程中的特殊地位和作用。他说，“人聚而势生”，“人聚则强”，即一般民众只要集聚起来，便可成为左右社会演化进程的具有重大影响力的“势”。很显然，魏源的上述观点与宋明理学家视“圣人”的“心术”是社会演化进程中决定性因素的观点是直接相对立的。

此外，应该指出的是，魏源的社会进化思想是很不彻底的，具有很大的局限性。他认为社会进化的变易只是“势”变，而维系封建等级秩序的“道”则是永恒不变的。

---

① 魏源：《默觚下·治篇五》，见《魏源集》，48页，北京，中华书局，1976。

② 同上书，47页。

③ 同上书，48～49页。

二、社会改革论

作为 19 世纪中叶地主阶级改革派的代表人物，魏源力倡经世致用，以匡时救世自诩，为了使清王朝走出内外交困的局面，他从中国传统的经世实学中寻找思想理论武器，究心时务，倡言改革，提出了系统的社会改革主张。

首先，魏源根据其社会进化思想，提出了“变古愈尽，便民愈甚”① 的社会改革基本原则，即变法越彻底，对人民越有利。这一社会改革的原则主要包括两个方面的内容：一是“变古愈尽”，即改革要有力度，除弊彻底，凡阻碍社会历史前进，应被淘汰的各种社会规章制度，都应予以彻底改革，变得越彻底效果越好，“小更革则小效，大更革则大效”。二是“便民愈甚”，即兴利要便民。凡有便于民众的举措，就大力兴办，凡不利于民众的，就予以革除。概括起来说，魏源前面所陈述的社会改革原则实际上就是坚持利国利民原则，这集中体现了他的民本思想，具有进步意义。

其次，魏源认为要想使社会改革成功，必须培养出一批能够胜任改革重任的人才。他深知改革成败的关键是得人、用人，认为“不难于立法而难得行法之人”，即“立法”是容易的事情，而得“行法”、“用法”之人却是难上加难。

要想培养推进改革的社会精英人物，首先在于改变世道人心。魏源引用明朝人的话说：“欲平海上之倭患，先平人心之积患。”在他看来，财用不足，并不意味着国家贫穷，缺少人才才是真正意义上的“贫”。只有改变世道人心，才能扭转封建官吏贪鄙无耻的精神面貌。在这里，魏源已经意识到社会风气对吏治的影响，主张整顿吏治，培养改革人才，应从“平人心之积患”开始，在当时的历史条件下，魏源的上述观点实属难能可贵。

最后，魏源以对待改革的态度为标准，将统治阶级划分为改革势力和顽固守旧势力两部分，主张改革者既要有坚定的决心和勇气，又要讲究策略。

魏源认为既然社会改革要革故鼎新，兴利除弊，就必定会触动现存的社会秩序，从而引起一些既得利益者的阻挠和反对，他们“动色相戒，以改作为多事，以因仍为持重”②，往往是“一人倡议，众人侧目，未兴天下之大利，而身先犯天下之大忌”③。通过上面这两段文字，魏源生动形象地描述了顽固守旧势力为了捍卫自己的既得利益，对改革百般阻挠的丑态。他认为这种反对改革的顽固势力往往具有强大的社会影响和力量。因此，“非夷难险而勇变通者”，不足以担当改革的重任，即改革者要有超乎常人的勇气和决心。同时，改革者还要讲究策略，不能“求治太速，疾恶太严，革弊太尽”④，否则就会因守旧势力的激烈反对而使改革走向失败。

---

① 魏源：《默觚下·治篇五》，见《魏源集》，48 页。
② 魏源：《御书印心石屋诗文录叙》，见《魏源集》，243 页。
③ 魏源：《筹河篇中》，见《魏源集》，373 页。
④ 魏源：《默觚下·治篇三》，见《魏源集》，45 页。

三、中西文化观

鸦片战争前，清政府以“天朝上国”自居，在经济上采取闭关政策，限制中外贸易往来；在文化上固守华夷观念，认为中国是世界文明的中心，中国以外的世界各国都是不知人伦的“化外蛮夷”，根本不能与中国相提并论。在这种畸形变态的文化世界秩序观的影响下，一般朝野官僚士大夫都极度蔑视西方文化，不可能形成科学的中西文化观。

鸦片战争失败后，屈辱的城下之盟极大地刺痛了国人的民族自尊心，有志之士都开始认真反思失败的原因，探索强国之策。于是中国大地上兴起了一股强劲的世界史地研究热潮，魏源编撰的《海国图志》便是这股热潮中最具经典意义的代表作，在该书中，魏源根据全新的世界史地知识，提出了全新的中西文化观，为近代中国知识界分析理解中国社会提供了一个全新的“参照系”。

首先，魏源抨击清政府的闭关政策，揭示了西力东侵的严峻形势，意识到世界文明中心已由东方开始向西方转移。他运用中国古代哲学中的“气运”概念，预言道：“天地之气，其至明而一变乎？沧海之运，随地环体，其自西而东乎？”[①] “从古不通中国之地，披其山川，如阅一统志之图；览其风土，如读中国十七省之志；岂天地气运自西北而东南，将中外一家欤？”[②] 可见，在魏源看来，19 世纪中叶正是人类社会“气运”剧变的时期，西方势力正是挟着这种“气运”自西东来，由以往的中外分隔，开始向世界文明“中外一家”的格局转变。在这里魏源实际上已经隐约地意识到人类文明由“分散”而走向“一体化”的进程。

在上述观念支配下，魏源把研究重点放在了欧洲，并对西方殖民侵略者在印度及南洋群岛的侵略扩张表示关注，他说：“红夷东驶之舶，遇岸争岸，遇洲据洲，立城埠，设兵防，凡南洋之要津，已尽为西洋之都会。”[③] 对南洋地区的殖民地化趋向表示忧虑，透过魏源对世界文明新格局的体认及强烈的忧患意识，可以发现其思想深层蕴藏着的“中国文化优越论”已经开始动摇，其文化价值观念也开始变异。

其次，魏源描绘出了立体实证的世界文明全图，为近代中国人认识西方资本主义文明提供了翔实完备的资料。要想确立科学实证的中西文化观，必须首先打破中国传统的“天圆地方”的陈腐地理观念，对中国以外的文明世界有一个清楚的认识，在此方面魏源的贡献最为突出。

在《海国图志》中，魏源按区分国，图文并茂地介绍了世界各国的地理、历史及其他情况，成为当时中国最为完备的世界知识总汇。他在描述西洋各国的经济特征时曾指出：“自意大利裂为数国，教虽存而富强不竞，于是佛朗机、英吉利代兴，而英

① 魏源：《海国图志·叙东南洋》，郑州，中州古籍出版社，1999。
② 魏源：《海国图志·后叙》。
③ 魏源：《海国图志·东南洋·新加坡》。

吉利尤炽。不务行教而专行贾，且佐行贾以行兵，兵贾相资，遂雄岛夷。”[①] 通过对英国资本主义经济兴起和海外扩张进程的描述，他将以英国为代表的西方诸国的经济特征概括为“以商贾为本计”，与中国传统的“以农为本”形成了鲜明的对照。在介绍英国政治制度时，他指出，英国“有要务，则国王召议事百十三员会议……议国大小事”[②]，并由此将西洋政治特征概括为国事取决于“会议”，带有民主色彩。他还称赞美国的民主共和制是值得后世师法的制度。

此外，魏源在《海国图志》中还介绍了西方资本主义的机器工业、铁路、银行、学校、新闻制度等情况。应该说，上述概括基本上反映了西洋文明的特性，再加上70多幅地图，构成了立体实证的世界文明全图。

再次，魏源打破了“中学独尊”观念，在近代中国第一个提出了“师夷长技以制夷”的主张。在《海国图志》“筹海篇”中，他针对清朝统治者长期闭关自守，对世界茫然无知的情况，特别强调“悉夷情”，他说：“欲制外夷者，必先悉夷情始；欲悉夷情者，必先立译馆翻夷书始”，“善师四夷者，能制四夷；不善师外夷者，外夷制之”[③]。就是说要想抵御外国侵略，就必须放弃闭关锁国政策，放眼世界，积极了解外国情况。

魏源认为，西人胜过中华的长技主要是：战舰、火器、养兵练兵之法。中国只有把外国的这些长技学到手，才能捍卫民族的独立。为此，他主张在广东设立造船厂、火器局各一个，聘请外国技师传授制造枪炮船舰的技术。上述工厂试办之后，不仅可以制造战舰武器，还可以制造商用航船和日常生活用品。另外，“沿海商民，有自愿仿设厂局以造船械，或自用，或出售，听之”[④]。即允许民间举办近代机器工业。魏源认为，只要按着上述建议去做，就一定会“尽得西人长技而为中国之长技”[⑤]，实现“制夷”的目的。

在向西方学习的问题上，魏源还特别批驳了两种排斥西方文化的观点：一是封建顽固派攻击西方的“长技”为坏人心术的“奇技淫巧”。魏源认为西洋的“长技”是有用之物，对国计民生大有益处。二是一些人把外国“长技”视为“夺造化，通神明”的玄妙之术，不能学。魏源认为西洋“长技”是西洋人“竭耳目心思之力”发明创造出来的，没有什么神秘性可言，凭中国人的聪明才智完全能把西方的先进技术学到手。而且将来一旦“风气日开，智慧日出”，中国一定能赶上和超过西方，实现富国强兵的目的。

魏源的上述思想实际上已经突破了古代华夷分界的文化世界观，开始承认西方文化在“器物”层面的价值，并主张大力学习摄取，这使得鸦片战争后“开眼看世界”的思潮具有了鲜明的主题，直接为19世纪下半叶地主阶级改革派学习西方文化提供了思想基础。从此以后，向西方学习成了近代先进中国人孜孜以求的奋斗目标，在中

---

① 魏源：《海国图志·欧罗巴洲各国总序》。

② 魏源：《海国图志·大西洋英吉利国广述上》。

③ 魏源：《海国图志·后叙》。

④ 魏源：《海国图志·筹海篇》

⑤ 魏源：《海国图志·筹海篇·议战》。

国近代史上形成了一次又一次的学习西方热潮。

此外，魏源的“师夷”主张也冲击了中国轻视科技的传统观念，促进了传统科技观念的变化。在漫长的农业社会时代，占绝对统治地位的封建文化具有重德轻智、贵义贱利、重道轻器的特点，一切技艺都被视为是“奇技淫巧”、“雕虫小技”，受到轻视和压制。魏源在《海国图志》中总结鸦片战争失败的教训时说：“夫力不均，技不等者而相攻，则力强技巧者胜。”并明确指出：“有用之物，即奇技而非淫巧。”[①] 在他看来，清政府之所以败给劳师远征的英国“东方远征军”，就是因为英军的“坚船利炮”优于清兵。鉴于此，他主张以实用、效用为标准，充分肯定科学技术的作用，很显然，这种观点昭示了近代中西文化交融的历史趋向。

最后，值得提出的是，魏源虽然在中国近代史上率先倡议学习西洋“长技”，打破了“中国独尊”的传统格局，但就其整个思想体系而言，西学所占比例还是微乎其微，西学的价值还只是体现在“制夷”上，不过是捍卫中学的一种手段。究其本质而言，魏源仍然是以传统儒家文化为出发点来看待西学、评价西学的，这正是其中西文化观的局限性所在。

本章要点

1. 龚自珍继承了中国传统的变易思想，认为“天道十年而小变，百年而大变”，论证了社会变迁发生的必然性，为其社会改革论奠定了基础。

2. 龚自珍在其社会批判思想中，非常关注贫富两极分化问题，认为贫富差别是王朝兴衰的决定性因素，幻想建立三代式的平等社会，其思想带有一定的人民性。

3. 作为拯救社会危机的救时对策，龚自珍提出了“农宗论”，试图借助传统的宗法制度来解决中国社会严重的贫富分化问题。这表明，在封建主义已经日趋没落的时代，他仍醉心以封建宗法关系来拯救清王朝所面临的严重危机，表现出难以摆脱的时代局限性。

4. 魏源继承了中国传统的变易思想，论证了人类社会变迁的必然性，为其导引中国这一文明古国回应西方挑战准备了理论基础。

5. 作为清代实学思潮中的代表人物，魏源提出了“变古愈尽，便民愈甚”的社会改革原则，主张进行全面的社会改革，以挽救封建社会的危机局面，这对此后洋务思潮的勃兴影响尤大。

6. 在对西力东侵局势深刻体认的基础上，魏源打破了“中学独尊”的局面，提出“师夷长技以制夷”思想，构建了当时历史条件下最为先进的中西文化观。

复习思考题

1. 结合19世纪中叶前后中国的社会历史背景，评价龚自珍社会思想的历史地位。

2. 龚自珍社会批判思想的主要内容是什么？

---

① 魏源：《海国图志·筹海篇·议战》。

3. 试分析龚自珍“农宗论”的实质。

4. 试分析评价魏源的社会变迁思想。

5. 试评价魏源中西文化观的历史地位。

推荐阅读书目

1. （清）龚自珍：《龚自珍全集》，上海，上海人民出版社，1975。

2. 李泽厚：《近代中国思想史论》，北京，人民出版社，1979。

3. 王处辉：《中国社会思想史》（下），第十四章，天津，南开大学出版社，2000。

4. 陈定闳：《中国社会思想史》，第三十六章，第三十七章，北京，北京大学出版社，1990。

5. 胡寄窗：《中国经济思想史》（下），第十七章，上海，上海人民出版社，1981。

6. 刘泽华：《中国政治思想史》（隋唐宋元明清卷），第十五章，杭州，浙江人民出版社，1996。

7. （清）魏源：《魏源集》，北京，中华书局，1983。

第二十三章

维新改良派的社会思想

改良主义是近代中国思想史上的主要思潮之一，它产生于中国思想界对西方文明挑战的最初回应。“师夷长技以制夷”是早期改良派的目标，开明士大夫寄希望于取西人器数之学，“变器卫道”，捍卫“吾尧舜禹汤文武周孔之道”，使中国走上富国强兵之路。“中学为体，西学为用”是19世纪后半叶广为流传的社会思潮。洋务运动失败之后，康有为、梁启超、严复、谭嗣同等维新改良派意识到，仅仅依靠“器物”层的变革还不足以挽救国家危亡之命运，因而依据进化论的思想对洋务派“道不变”的思想进行批判，提出了资产阶级变法维新的主张，试图以此使中国走上现代化的发展道路。从“变器卫道”到变法维新，标志着中国思想界已由“器”而“道”，开始从制度、文化层面反思中国的传统体制、思想与文化。

第一节 康有为的社会思想

康有为（1858—1927年），广东府南海县人（今佛山市南海区），出身于封建官僚地主家庭，自幼便接受严格的传统学术教育。光绪五年（1879年）曾游香港，开始留心西学著作。1884年中法战争的爆发使康有为的思想受到很大震动，他开始谋求维新变法。尽管变法在守旧势力的反对下失败，“但是他们在短时期所实行的废八股、兴学校等主张，已震动一时的人心不少了”[①]。他的主要著作有《新学伪经考》、《孔子改制考》、《大同书》等。

康有为是晚清思想界的巨人。在甲午战争后民族危机空前严重的背景下，他把19世纪七八十年代以来的早期维新思想进一步理论化和系统化，导演了悲壮的百日维新。同时他还将古代大同思想和西方民主人权思想结合在一起，提出了新的意义上的“大同世界”，昭示了中国社会的发展趋向。可见，变法救亡理论

① 常乃德：《中国思想小史》，132页，上海，上海古籍出版社，2005。

和大同理论构成了康有为思想主张的核心内容，也奠定了他在中国思想史上的独特位置。

作为19世纪末20世纪初中国思想界的风云人物，康有为在其变法富国论和理想社会论中，都系统地展开了其社会思想主张。在“公车上书”时，他将“恤穷”与务农、劝工、惠商并列为救国的四大要政，提出救国必从“扶贫济弱”开始，他坚信只有国民走出“穷弱”，国家才能变得强大起来。在《大同书》中，他更在批判现实社会的基础之上，指出中国传统的宗族救助模式的狭隘性，认为只有将生育、教养、老病、死丧等事都归于社会公共福利事业，建立“公养”、“公教”、“公恤”的福利保障制度，人类才能真正走向大同。

一、社会变迁论

作为戊戌维新派的“精神领袖”，康有为为了论证变法维新的合理性，继承了中国古代传统的变易思想，同时又学习借鉴牛顿的天体力学和康德的“星云说”等科学、哲学研究成果，积极主张变易进化，并创造出“三世说”的历史进化论，系统地提出了其社会变迁思想。

首先，康有为把西方进化论同中国传统变易思想结合起来，明确提出自然界和人类社会是不断变易发展的。他说：“盖变者，天道也”，认为“天、地、人”三者都是变化的，无论是自然界的寒暑更替，沧海成田，还是人类的由童幼到壮老，都是“变易进化”的，“变”是自然和人类进化的一种普遍现象。

根据西方近代科学家对天体运行的观测和研究，康有为指出，宇宙是一个统一的整体，天与地不能截然分开，地球是绕日旋转的行星，地球只是诸行星之一，因此，地是宇宙的一部分，天则是作为整体的宇宙。这种新的宇宙观，对于“受命于天”、“至高无上”的君权是一个沉重的打击。康有为还以康德—拉普拉斯的“星云说”，改造了中国的“元气说”，指出宇宙是发展变化的。这对于否定中国传统的“天不变，道亦不变”的思想提供了自然科学的依据。

根据自然界变易进化的普遍规律，康有为提出：圣人之为治法，随时而立义，时移而法亦发生变移，在他看来，由于人类社会是变化发展的，所以圣人的治法也必须因时改变。

其次，康有为从多重角度分析了社会变迁的动力。他认为事物内部的矛盾是其变化的动力，将中国古代传统的阴阳说与西方进化论思想结合起来，指出天下万物都具有阴、阳，“物必有两，而后有争”，正是这种对立面之间的竞争，构成了事物发展的动力。社会发展变迁也是由竞争所导致的优胜劣败的天然法则所决定的。

再次，康有为还从人性角度阐述揭示社会进化的动力问题。他认为，人类求乐免苦，对物质生活的强烈追求是人类社会进化的重要动力。由于人类在天性上都有仁爱之心，将这种“不忍人之心”扩充起来，便可推动人类社会由野蛮进入文明，最后达到“太平大同”的境界。康有为的上述观点实际上是从人性和人的主观精神来阐述社会的进化发展，这显然属于唯心史观。

康有为还根据对世界历史的考察，论证了先进的外部世界的挑战和压力，是落后国家社会进化变迁的外在动力。他列举俄国和日本由弱变强的经验，指出俄国的彼得大帝和日本的明治天皇之所以能够通过变法，使俄、日两国摆脱岌岌可危的局面，一跃成为强国，主要是因为两人敢于正视外来的压力和挑战，知时从变，毅然变法，自上而下地推进社会发展变迁。因此，中国要想摆脱贫弱危亡的局面，必须“以俄大彼得之心为心法，以明治之政为政法”，迅速变法。

最后，康有为根据变易进化的观点分析观察人类社会的进化发展历程，形成了“公羊三世说”的历史发展观，描述了人类社会进化发展的具体进程。他认为：“世有三：曰据乱世，曰升平世，曰太平世。必拨乱世，反之正，升于平世，而后能仁。盖太平世行大同之政，乃为大仁，小康之世犹未也。”①

在这里，康有为把人类社会历史的发展过程描述为一个沿着“据乱世”、“升平世”、“太平世”的轨道向前进化的，这便是人类社会进化发展的普遍规律。他还把《春秋公羊传》的“三世”与《礼记·礼运》篇的“大同”、“小康”相糅合，说：“读至《礼运》，乃浩然而叹曰：孔子三世之变，大道之真在是矣。”② 又说：“大道者何？人理至公，太平世大同之道也。三代之英，升平世小康之道也。”③ 很显然，康有为在这里是把儒家理想的“大同之世”比作“太平世”，把“小康”比作“升平世”。这样便把人类社会的进化历程与目标紧密地联系起来了，说明从“据乱世”进而为“升平世”，达到小康，再进而为太平世，达到大同，这是人类社会进化的普遍规律。

结合世界文明的演进过程和中国历史的发展特点，康有为还把“据乱世”、“升平世”、“太平世”的“三世”，与“君主专制”、“君主立宪”、“民主共和”这三种制度联系起来，界定了“三世”进化模式的性质，他说，孔子作《春秋》，“分据乱、升平、太平三世。据乱则内其国，君主专制世也；升平则立宪法，定君民之权之世也；太平则民主，平等大同之世也”④。很明显，康有为是以封建君主专制时代为“据乱世”，以资本主义君主立宪制为“升平世”，而以资本主义民主共和制为“太平世”。这三种政治制度，是人类社会进化的三个不同阶段，它构成了人类社会由低级向高级的进化过程。康有为的这种划分尽管并不科学，但他确认人类社会是不断向前发展的，并指出当时中国社会的剧烈变动究其实质是由君主专制（据乱世）向君主立宪（升平世）过渡，为维新变法提供了理论依据。

康有为在把“三世”与“三制”联系起来的同时，还特别强调“三世”或“三制”的发展演化都必须循序渐进，不可谋求跨越式发展。他说：

> 凡君主专制、立宪、民主三法，必当一一循序行之，若紊其序，则必大乱，法国其已然者矣。⑤

---

① 康有为：《论语注》，第十三卷，北京，中华书局，1984。

② 康有为：《礼运注叙》，见《康有为政论集》（上），192～193页，北京，中华书局，1981。

③ 康有为：《礼运注》，见《中国哲学史资料简编》（下），260页，北京，中华书局，1963。

④ 康有为：《答南北美洲诸华商论中国只可行立宪不可行革命书》，见《康有为政论集》（上），476页。

⑤ 同上。

在他看来，“三世”的演进，只能是“进化有渐”式的循序渐进，反对突变和骤进。这种“有渐循序”的社会进化论，强调社会进化发展是一个有秩序的过程，应该说其观点符合事物发展的一般过程。但如果仅仅强调按其秩序发展，否认社会进化发展中的质变，实际上坠入庸俗进化论的泥潭。

康有为的“三世”进化理论，打破了中国封建社会中长期占统治地位的“天不变，道亦不变”的传统思想，也打破了美化“三代”，贵古贱今的传统观念。认为封建专制之“天”，将要变为资产阶级君主立宪之“天”，极大地解放了人们的思想。虽然“三世”说的进化理论体系采取“托古”的手法，披上了古人的外衣，还有不少主观推想成分，但它终究传播了资产阶级的新文化和新思想，为戊戌维新运动提供了思想理论基础。

二、富国恤穷论

康有为在戊戌政变以前的社会福利思想，以其在《上清帝第二书》，即“公车上书”中所阐述的“恤穷论”最具有代表性。

在“公车上书”中，康有为提出了变法的指导思想是：“非变通旧法，无以为治。变之之法，富国为先。”[①] 这里所说的“富国”并不是仅指增加封建国家的财政收入，而是包括了富国和改善民生的双重含义。所以康有为将其富国论概括为“富国之法”和“养民之法”。“富国之法”有钞法、铁路、机器轮舟、开矿、铸银、邮政六项；“养民之法”则包括务农、劝工、惠商、恤穷四项。其中的“恤穷论”体现了康氏的社会福利思想。

所谓“恤穷”，即扶贫济弱以固结民心。康有为认为，以中国之大，人口之众，为何反受列强欺侮呢？其根本的原因就在于国家贫弱和民穷财尽，饿殍遍野。因此，要想救国，必须从“扶贫济弱”开始。

康有为认为，在中国这样土地广阔、人口众多的国度里进行“扶贫济弱”的工作，应该从以下三个方面入手：

第一，移民垦荒。我国的周边地区，尤其是东北三省、西北诸省、蒙古、新疆，地广人稀，急需开发。如果国家组织百姓向这些地区移民垦荒，既可以开发边疆，又可以恤养贫民，充实国家的边防。

第二，劝工警惰。令州县设立警惰院，收留无业游民和有劳动能力的乞丐，进行职业教育，教会其基本的生活技艺，使这些游惰之人能够自食其力。穷者得食，社会自然会走向安定。

第三，恤鳏寡孤独。各州县市镇会同善堂筹集款项，对社会上的鳏寡孤独、疲癃残疾、盲聋喑哑、断者侏儒等生活困难和生理有缺陷的人实施救助。

在康有为看来，只要国民能走出“穷弱”，国势自然会变得强大起来。

---

① 康有为：《上清帝第二书》，见翦伯赞等编：《戊戌变法》（二），140页，上海，神州国光社，1953。

三、理想社会论

戊戌变法时期，康有为还提出了一个具有空想社会主义性质的“大同”理想，体现了他对人类文明未来的深沉思考。

康有为对大同思想的思考贯穿他整个学术生命，《大同书》全稿到1901年至1902年间才最终完成。全书共30余卷，20余万字，分为10部，其主要内容是批判现实、规划人类社会未来。康有为吸收了中国儒家的“公羊三世”说，《礼运》篇的“大同”、“小康”论和西方进化论、天赋人权论以及空想社会主义思想，并在此的基础上，精心设计了一个人类未来社会的美好蓝图。

首先，康有为在《大同书》当中对现实社会进行了深刻的揭露和批判。他以《入世界观众苦》为全书的开篇，着力揭示了人类社会的种种苦难，指出造成这些苦难的根源是世界上存在着“九界”，即国界、级界、种界、形界、家界、产界、乱界、类界、苦界。人类要想真正地摆脱苦难，必须铲除上述这些苦难的根源。

通过对人类苦难生活的描述，康有为从儒家道德观的角度，揭露控诉了封建社会的不合理现象。他描述封建剥削压迫下的农民之苦，说：“农民穷苦，胼胝手足以经营之，而终岁之勤，一粒无获，宜其怨苍苍之大憾，而嗟上帝之不仁也。”[①] 他还指出社会下层民众“饥渴不得自由，劳动不得休职，冒风雪而跣征，穷昼夜不获少息”[②]，而上层权贵则居于高堂深厦，对下层民众进行肆无忌惮的剥削劫掠。而妇女受苦最深，她们不仅“不得仕宦，不得科举，不得为议员，不得为公民，不得为学者”，而且“不得自立，不得自由”，“甚至为囚，为刑，为奴，为私，为玩”。对于妇女在社会中这种极端低下的非人境遇，康有为深有感触地说：“不平至此，耗矣哀哉！”[③]

值得特别提出的是，康有为在《大同书》中还对资本主义社会严重的贵贱贫富对立等不合理现象进行了无情的揭露和批判。他说：资本主义社会的富者、贵者，虽然号称文明，但社会上却是贫者愈贫，乞丐盗贼遍地，整个社会充满了尔虞我诈和钩心斗角。至于资本主义时代国与国的关系，更是强国凌弱国，大国吞小国，给百姓民众带来了无尽的苦难。

其次，康有为在批判现实社会的基础上，提出了他对大同社会的构想：

第一，物质文明和精神文明高度发达。

康有为设想的“大国”极乐世界，物质文明高度发达，工业、交通、服务等行业都实现了自动化、电气化、机械化。人民生活极端幸福，人人在物质（衣、食、住、行）和精神（文化、教育、娱乐）方面都是尽善尽美，人们的思想境界和精神生活也非常高尚。

---

① 康有为：《大同书》，18页，上海，上海古籍出版社，2005。

② 同上书，33页。

③ 同上书，272～273、51、171页。

第二，废除私有财产，实行财产公有。

康有为在《去产界公生业》中提出：要想实现大同社会，“必去人之私产而后可；凡农工商之业，必归之公”[1]，就是说在他理想的物质生产高度发达的大同社会，必须是以公有制为基础的社会。其具体办法是：“公农”，即将天下的土地皆变为公有，不得私有买卖；“公工”，即将工厂、铁路、轮船等行业皆归公有，不许私人拥有产业；“公商”，即将所有商业划归政府商部统一公营，不得有私商；此外还有银行归公、货币公铸等措施。在社会公有制的基础上，农部、工部、商部都必须根据人口的需要和各地物产情况，制订相应的计划进行生产和消费。在消费方面实行工资制，按照人们的资历、才能、劳动成果和社会的贡献，发放不同等级的工资。

第三，消灭阶级，人人平等。

大同世界的社会结构是既无帝王君长，又无官爵科第，人人平等。社会实行自治制度，一切重要事情均要交给人民公议。全世界合为一个公政府，只有议员，没有行政官员，“举世界之人公营全世界之事，如以一家之父子兄弟，无有官也”[2]。在大同世界里没有刑罚，最严厉的刑罚是“警惰”。总之，大同之世是一个天下为公，没有阶级差别，一切平等的独立自主的社会。

第四，政府机关实行民主管理。

康有为设计的大同世界实行三级管理体制：全球设立公政府；地球划分 100 度，每度设度政府；度政府下面再分设若干个地方自治局，属基层行政单位。这三级行政机构只是社会的经济文化管理机关，而不是具有强制压迫性质的国家机器。在三级政府中实行真正、彻底的民主制，公政府的首脑是总统，由上下议员选举产生，任期一年，不得连任。总之，大同世界的政治原则无一不贯穿和体现着反对专制独裁的民主精神，是一个消灭了阶级、国家和私有财产，消灭了剥削压迫的极乐世界。

最后，康有为还探讨了实现大同世界的路径。他认为，“去九界”是人类通向大同社会的道路。所谓“去九界”，即去国界、去级界、去种界、去形界、去家界、去产界、去乱界、去类界、去苦界，换句话说，就是消灭国家，消灭阶级，同化人种，解放妇女，消灭家庭，消灭私有，达到极乐的境界。而“去九界”的关键在“去家界”、“去形界”，即消灭家庭，实行男女平等。他设计出一个惊世骇俗的空想方案：男女自由同居，所生子女由社会“公养公教”，这样才能使人去“家界”，以独立自由的个人为主体，组成理想的大同社会。

康有为以“大同思想”为核心的理想社会论，勇敢地揭露抨击了封建主义和资本主义，并以丰富的想象力虚构了高于资本主义的未来理想社会。他把大同社会建立在生产力高度发展的基础上，堪称是前无古人的。从历史上看，大同学说曲折地反映了下层民众渴望平等、自由的愿望，尽管它只是一种不能付诸实现的乌托邦，但对于解放处于封建枷锁束缚下的人们的思想具有积极作用。

---

① 康有为：《大同书》，233～234 页。

② 同上书，253～254 页。

四、“大同之世”的福利观

在《大同书》中，康有为还把西方的“人道”与儒家的“仁道”结合在一起，抨击了中国传统的“宗族保障模式”，构想了“公养”、“公教”、“公恤”的理想社会的福利保障体系。

（一）从“仁道论”到“批判论”

康有为把中国传统儒家思想的“仁”与西方的人道主义结合在一起，构成了颇具中国特色的“仁道主义”。他认为，“人之所以为人者，仁也”。“舍仁不得为人。”仁是爱的本质，人与人唯有相爱、相亲，才能达到“仁道”的理想境界。

在其“仁道论”中，康有为还将“人欲”置于宋明理学的“天理”之上，充分肯定了人的欲望的合理性。他说：“民之欲富而恶贫，则为开其利源，厚其生计，如农工商矿机器制造之门是也；民之欲乐而恶劳，则休息燕飨，歌舞游会是也……民乐则推张与之，民欲自由则与之。”①

康有为的“仁道论”和社会批判思想体现了他对贫苦劳动者的深切同情，既然百姓“欲富恶贫”的欲望是合理的，就应该予以保障，这实际上为其“大同世界”的福利论提供了理论依据。

（二）对传统宗族救助模式的批判

中国社会结构组织上的宗法家族制特点，使得中国的传统社会救助具有极强的“宗族福利保障”特点，很多思想家设计出的社会救助政策和措施也蒙上了温情脉脉的宗法家族色彩。

康有为认为，这种传统的宗族救助模式固然有其温情的一面，但也有其狭隘的一面。他从中西比较角度入手，探讨了中西社会救助的不同特点：

首先，他认为中国人重宗族而轻国家，而欧美人则重国家而轻宗族。他说：“欧美人以所游为家，而中国人久游异国，莫不思归于其乡，诚以其祠墓宗族之法有足系人思者，不如各国人之所至无亲，故随地卜居，无合群之道，无相收之理也。”② 在康有为看来，中西民族的社会团结模式不同，中国人是以宗族为凝聚单位，而西方人则是以国家、民族为凝聚单位。这种概括虽然未必严谨，但却大体反映了中西民族对家庭、国家问题的基本理解。

其次，正因为欧美人重国家轻宗族，所以欧美人才会捐千百万金钱，建立学校、医院、养老院等社会救助机构，使整个国家中的贫穷者受益。而由于中国人重宗族而轻国家，其社会福利善举只局限于捐祖堂、义田、义庄以恤贫兴学，只是荫其宗族而他族难受其惠，抚恤对象是宗族而不是国人。这种“宗族救助模式”的直接流弊，便

---

① 康有为：《孟子微·仁不仁》。

② 康有为：《大同书》，166～167页。

是中国很少有超越宗族的社会救助，惠及全体民众的社会救助机制无法建立。

最后，基于上述认识，康有为批判了中国传统宗族救助模式的狭隘性。他说："就收族之道，则西不如中，就博遍之广，则中不如西。是二道者果孰愈乎？夫行仁者，小不如大，狭不如广；以是决之，则中国长于自殖其种，自亲其亲，然于行仁狭矣，不如欧美之广大矣。仁道既因族制而狭，至于家制则亦然。"①

在他看来，中国传统的宗族救助模式行"仁爱"不够广博，只是局限于"自亲其亲"的范围内，在这一意义上，我们应该向西方学习。

康有为还在《大同书》中列举了"宗族救助"褊狭特性的具体危害，主要有：

(1)"人各私其家，则不能多得公费以多养医生，以求人之健康，而疾病者多，人种不善。"

(2)"人各私其家，则无从以私产归公产，无从公养全世界之人而多贫穷困苦之人。"

(3)"人各私其家，则不能多抽公费而办公益，以举行育婴、慈幼、养老、恤贫诸事。"

(4)"人各私其家，则不能多得公费而治道路、桥梁、山川、宫室，以求人生居处之乐。"②

在这里，康有为把封建宗族救助模式与封建宗法家族制结合起来进行批判，主张破"家"界而求公众之"大福利"，体现了他激进的反封建思想和建立现代社会救助制度的决心。

(三)"大同世界"的社会福利构想

在激烈批判现实社会苦乐不均、贫富悬殊等不平等现象的基础上，康有为认为，只有去国、去种、去家、去产，以完全自由自主的个人作为社会的基本构成单位，将生育、教养、老病、死丧等事都归于社会公共福利事业，才能达到理想的"大同世界"。为此，他设计了一个大胆的空想方案："大同无邦国，故无有军法之重律，无君主则无有犯上作乱之悖事……无私产，则无有田宅、工商、产业之讼……故太平之世不立刑，但有各职业之规则。"人们"无仰事、俯畜之累，无病苦、身后之忧，无田宅、什器之需，无婚姻、祭祀、丧葬之费，孑然独立之一身，少有二十年学校之教，长有专门生计之学，老疾皆有所养"③。在这一理想的"大同世界"中，所有的社会福利事业都由公共机构来承担，主要包括"公养"、"公教"、"公恤"三个方面。

(1) 公养机构。康有为认为，大同世界的成年男女，自由婚姻，定期同居，届时需易人。妇女怀孕后入公立政府组建的"人本院"赡养，实施胎教。婴儿出生后一律由公立的"育婴院"、"慈幼院"抚养。

(2) 公教机构。在大同世界，儿童 6 岁入"小学院"，11 岁入"中学院"，16 岁

① 康有为：《大同书》，167～168 页。

② 同上书，184～185 页。

③ 同上书，170～175 页。

入“大学院”，20 岁毕业。这样经过长达 14 年的义务教育，使每一个青年人都受到良好的教育和专门的技术训练，可以凭借其专长去为社会服务。值得提出的是，“人本院”、“育婴院”、“慈幼院”、“小学院”等公共福利机构的设施极为高级、完备，生活在其中的人们可得到超过家庭的、最高级的享乐。

（3）公恤机构。人如果患病或因工作受伤致残，可以进入社会举办的“医疾院”，得到精心高超的治疗。人到了晚年，则可进入社会举办的“养老院”、“恤贫院”，受到“公恤”，在这里老人可以欢快地安度晚年。“医疾院”和“养老院”的设备也非常高级，人们可以尽情地享用。人死了，还可以进入“化人院”火化，火葬场的旁边是肥料工厂。

通过上述的“公养”、“公教”、“公恤”等社会福利机构，人类社会便可达到孔子所描述的“老有所终，壮有所用，幼有所长，矜寡孤独废疾者，皆有所养”的幸福快乐的大同之世。

康有为在《大同书》中对“大同世界”理想的社会福利制度的设计，在中国社会思想史上占有重要的历史地位。它曲折地反映了中国先进人士和中国人民对幸福生活的渴望和对剥削压迫的憎恨。它将古代大同理想与发达的现代文明巧妙地结合在一起，昭示了中国社会的发展趋向，奏响了中国社会走向光明未来的欢乐颂歌。虽然他所设计的“公养”、“公教”、“公恤”的社会福利制度带有空想色彩，但仍体现了激进的反封建战斗精神，为后世中国有识之士设计和改造中国传统社会制度提供了宝贵的思想材料。

第二节
梁启超的社会思想

梁启超（1873—1929 年），近现代中国著名思想家，广东新会县人。1890 年，梁启超参加北京会试落榜，在回家途中，购得《瀛环志略》一书并阅读了江南制造总局翻译的多种西方著作，眼界为之一开。次年起师从康有为，在万木草堂学习了四年，树立了振兴中国的宏大志愿。1895 年春，康、梁师徒一起赴京赶考，参与发起了著名的“公车上书”，成为维新变法运动的领袖人物之一。1896 年 3 月前往上海就任《时务报》的主笔，20 岁出头的梁启超因在《时务报》上发表系列宣传变法的文章而名震天下。戊戌变法失败后，逃亡日本，先后创办《清议报》、《新民丛报》等著名改良报刊，创立政闻社等立宪团体，抨击以慈禧太后为首的清政府，鼓吹立宪保皇，与革命派展开论战，反对武装革命，并写下了《新民说》、《论中国学术思想变迁之大势》等著名篇章。辛亥革命胜利后，在海外漂泊 14 年之久的梁启超回到国内，积极投身政党政治的实践，先后出任袁世凯政府司法总长、币制局总裁、段祺瑞政府财政总长等职，并成为反袁世凯复辟帝制、张勋复辟的关键人物。1917 年他领导的研究系在选举中失败，结束了梁启超政党政治的实践，此后的梁启超开始致力于社会教育事业。1918年底，梁启超携张东荪、蒋百里一行赴欧洲考察，为时一年有余，发表旅欧观察的《欧游心影录》，宣布现代西方物质主义与科学万能论的破产，鼓吹东方文化的复兴。晚年梁启超积极办学讲学，先后任教于南开大学、东南大学、清华学校等国内著名高校，留下了《清代学术概论》、《中国历史研究法》、《先秦政治思想史》等一批传世之作。退出政坛的梁启超仍然积极参政，撰写大量时论文章，并在各地积极演讲，宣扬其政治社会主张，同时积极倡导国民运动。

梁启超一生著述等身，是一位“百科全书式”思想家，共留下了1 000多万字的著述，内容涉及政治、经济、文化、教育等历史与现实的方方面面，其中蕴含着丰富的社会思想。梁启超的著述被辑录于《饮冰室合集》中，由中华书局在1936年出版。

一、家族论与家国论

自19世纪下半叶中西频繁接触以来，很多思想家都发现：中西社会的“构成单位”有着根本的不同。与西洋社会的“个人本位”相比，中国传统社会具有极强的“家族本位”特质，“家庭精神”构成了中国社会“普通的原则”。由此，要对中国传统社会特性进行考察，必须从研究其作为基础的家庭开始。梁启超亦不例外，他认为“吾中国社会之组织，以家族为单位，不以个人为单位，所谓家齐而后国治是也。周代宗法之制，在今日其形式虽废，其精神犹存也”①。

从动态角度看，“家族伦理”是以“己”为中心，在对儒学“仁道”由内向外“推演”的过程中实现对传统社会建构的。

在梁启超看来，在传统儒家思想崇尚的“修身、齐家、治国、平天下”的治理过程中，逐步“推演”的各个阶段并不平衡。最基础的阶段是修身和齐家。相比之下，“齐家”最具实质意义和中心地位。继“齐家”之后的中间过渡性阶段是“治国”，而其最高境界是“平天下”，实现“大同”。“儒家之理想的政治，则欲人人将其同类意识扩充到极量，以完成所谓仁的世界，此世界名之曰‘大同’。”② 观此，我们应当承认，从理论上看，儒家思想所设计的这种“由近及远”、“由亲及疏”的“行仁”路径是相当完备的。但如果我们进入实践状态，就会发现由于“齐家”文化高度发达，致使“治国”和“平天下”阶段实际上被大大地淡化了。加之中国历代之“国”并非“国民”之国，而是一姓一氏的“家天下”。儒家学说虽然告诫君主应“推仁”于天下，但如果连集“天下之大仁”于一身的帝王都难以“推仁”于“国”和“天下”，那么，又怎能要求平民百姓做到呢？梁启超通过其犀利的分析，发现儒家所设计的“修齐治平”的“推仁”进程发生了严重的“阻断”。并断言：这正是国人知“家族秩序”而不知“社会秩序”，知“合小群”而不知“合大群”，社会呈现出一盘散沙局面的重要原因。

---

① 梁启超：《新大陆游记节录》，见《饮冰室合集·专集》之二十二，121页，北京，中华书局，1999。

② 同上书，72页。

对于以家族本位的整体主义为主要特征的伦理社会，梁启超的评价还是比较客观的。他认为在儒家文化影响下形成的“家族本位”观念在中国漫长的历史发展进程中起到了社会黏合剂的作用，建构了一种“礼治秩序”和“德治秩序”。但在更多的情况下，梁启超对“家族本位”文化所持的是一种批判取向。认为这种“家族至上”主义虽然可以形成“家族秩序”或“乡土秩序”的“小群”，却无法形成“合大群”的社会秩序。而且压抑了社会成员的个性，养成了所谓的主奴根性和自私自利的旁观者心态，使得中国人缺少超越家族的“集体生活”的经验，遂导致中国在回应西方挑战的过程中居于颓势。

提起“家国”概念，多数人会自然想起“家国同构”、“家国一体”等成说，梁启超也认为，与西方国家—社会关系的两极对立不同，中国古代社会在“氏族方面之组织极为完密。且能活用其精神，故家与国之联络关系甚圆滑，形成一种伦理的政治”①。呈现出“家国同构”的特点。但梁氏的“家国分析”并未止步于此，而是在界定中西“国”之语义区别的基础上，提出了“家国分离”的观点。

梁启超借助中西传统思想资源，首先界定了中西不同语境中“国”的区别。他发现在中国传统思想的话语体系中，数千年来并没有“国家”这一概念，“只有以国、家二字并称”的“国”，甚至中国作为文明古国已立于世界数千年，至今无一国名，近时流行的支那、震旦、钗拿等称呼，皆是“他族之人所以称我者，而非吾国民自命之名也”。古来的秦汉魏晋、宋齐梁陈，都是朝廷之名，而非国名。“盖数千年来，不闻有国家，但闻有朝廷。”② 从历史上看，这种几乎可以与“朝廷”画等号的“国”，实际上是通过“化家为国”的途径实现的。其直接后果在于以朝廷代国家。于是，“家”与“国”之间的关系实际上变成了“小家”和“大家”（王朝）间的关系。“朝也者，一家之私产也。国也者，人民之公产也。”③ 可见，在中国传统的话语体系中，作为一家私产之“国”是一个“虚假的集体”，与西方作为国民“公器”的现代之国根本不可同日而语。

既然在中国社会“国”是一种个人私产的表现和存在，那么“家”与“国”之间的关系绝不能仅仅用“同构性”来概括，其间必定存在着严重的分离性。根据此种判断，梁启超在中国社会思想史上较早地提出了“家国分离”的观点。认为：(1) 中国传统社会家族伦理虽然高度发达，但与西方社会相比，其社会伦理和国家伦理则极不完备。“今试以中国旧伦理，与泰西新伦理相比较。旧伦理之分类，曰君臣、曰父子、曰兄弟、曰夫妇、曰朋友。新伦理之分类，曰家族伦理、曰社会伦理、曰国家伦理。旧伦理所重者，一私人对于一私人之事也。新伦理所重者，则一私人对于一团体之事也。”“以新伦理之分类归纳旧伦理，则关于家族伦理者三：父子也、兄弟也、夫妇也。关于社会伦理者一，朋友也。关于国家伦理者一，君臣也。然朋友一伦决不足以尽社会伦理，君臣一伦尤不足以尽国家伦理。”“夫人必备此三伦理之义务，然后人格

---

① 梁启超：《先秦政治思想史》，见《饮冰室合集·专集》之五十，36页。

② 梁启超：《中国积弱溯源论》，见《饮冰室合集·文集》之五，15页。

③ 梁启超：《少年中国说》，见《饮冰室合集·文集》之五，9页。

乃成。若中国之五伦，则惟于家族伦理稍为完整，至社会、国家伦理不备，此多缺憾之，必当补者也。”[①] 在梁启超看来，儒家提出的“五伦”中，有三种属于家族伦理。这说明中国的家族伦理大大地发达于国家伦理。与亲子关系相比，其他都是其派生物。所以在中国人的社会价值系统中，家近而国远，家亲而国疏。在忠孝发生冲突时，人们往往将家庭和亲族的利益置于国家的利益之上。家族伦理并未直接升华为国家伦理。家族伦理的高度发展和国家伦理的缺位，使得中国民间百姓知“家族”而不知“国家”，造成了“国”与“家”的分离。(2) 在“国”(王朝) 与“家”这两极之间，中国社会组织体系缺乏强有力的社会组织因素。与以皇权为中心的中央集权相伴而生的一种现象是，中国的乡村自治传统非常发达。即“一族有一族之自治，一乡有一乡之自治，一堡有一堡之自治”[②]。这种“自治”局面的形成并非历代君相的赐予，而是因为“中国之地太大，人太众，历代君相，皆苟且小就，无大略，不能尽力民事，其于民仅羁縻勿绝，听其自生自养而已。……故以实情论之，一国之内，实含有无数小国，朝廷之与地方团体，其关系殆仅如属国。政府与民间，痛痒不甚相关，无论何姓代有天下，而吾民之自治也如故……夫政府民人，痛痒不关，爱国之心，因以薄弱”[③]。可见，家国分离直接导致中国社会的衰败。

二、公私论

“公私之辨”是宋明理学以来中国社会思想史上的核心命题之一。究其实质，其所反映的实际上是个人与社会之间的关系。从历史上看，中国传统公私观念发展演化的总体特点是：将“公私”关系视为道德问题，并将二者对立起来，强调“大公无私”、“以公灭私”、“存公去私”、以义为公，以利为私，致使公私关系长期处于不共戴天的对立紧张状态。泰州学派及清初启蒙思想家们对此进行过反思与批判，但其状况仍没有质的改变。到近代，在“救亡”与“启蒙”的双重背景之下，公私关系的紧张对立不但没有得到缓解，相反更加炽烈。从严复、康有为、梁启超到孙中山、陈独秀，都对中国社会的“有私无公”现象提出了激烈批评。在近代“公私论”中，梁启超观点的独特之处表现在，他力图从理论上缓解公私观念的对立，并通过公私观念的辨析，对中国传统社会构成原理给出新的解释。

其一，从社会构成论的角度来审视“公私”问题，梁启超发现，自秦以来封建帝王以“一己之私”充为天下之“公”，致使传统社会的“公私关系”发生了严重的错位。

梁启超继承了明清时期启蒙思想家的批判传统，认为在公私问题上存在的重大问题是：秦以后数千年来帝王以“国家为彼一姓之私产，于是凡百经营，凡百措置，皆

---

① 梁启超：《新民说》，见《饮冰室合集·专集》之四，12～13页。

② 梁启超：《论中国人种之将来》，见《饮冰室合集·文集》之三，49页。

③ 同上。

为保护己之私产而设”[①]。但在名义上，历代帝王却一直对外宣称自己的王朝是“公”的代表，将王朝称为“公门”、“公家”，这实际上是以一己之私来冒充天下之公，导致公私关系的严重错位。

在此基础上遴选出来的官僚不是“公仆”，而是帝王的“奴仆”。在这里梁启超表述了类似韦伯后来在《儒教与道教》一书中所描述的“家产官僚制”的思想。他说：“彼民贼既攘国家为己一家之私产矣。然国家之大，非一家子弟数人，可以督治而钤辖之也。不得不求助我者。于是官吏立焉。”在选官的标准上，“不必问其贤否才不才，而惟以安静、谨慎、愿朴。能遵守旧规、服从命令者为贵”[②]。公私关系的严重错位使得个人与国家的关系实际上被转化为君臣之间的私人关系。一般百姓知有“私忠”而不知有“公忠”；知“家族”而不知“社会”。可见，中国社会的散漫而无凝聚力，与社会内部公私关系的错位有着密切的联系。为克服这种因公私关系错位而带来的危害，他主张对传统体制进行适当的改良。如通过成立学会、办报纸等方式培植民间力量，推行地方自治。

其二，从道德角度看“公私”，梁启超虽然大力强调“公德”的作用，但他并未因此而完全否定“私德”，而是试图走出公私“两极对立”的传统模式，在二者之间建立起相互沟通互动的桥梁。

1902 年梁启超在《新民丛报》第 3 号中发表长文《论公德》。认为就“德”之分类而言，可分为“公德”和“私德”，即“人人独善其身者谓之私德，人人相善其群者谓之公德”[③]。中国道德虽然发达甚早，但其弊端在于“旧伦理所重者，乃一私人对于一私人之事也。偏于私德，而公德殆阙如”。公德乃是维持群治的最为关键的要素，公德盛者其群必盛，公德衰者其群必衰。公德诚人类生存之基本。“我国人所以至今不振者，一言蔽之，曰公共心缺乏而已。私家之事，成绩可观者往往而有，一涉公字，其事立败。……公林无不斩伐，公路无不芜梗，公田无不侵占，公园无不毁坏。”[④] 而国人之公共心之所以缺乏，主要是因为我国民均抱此“先私后公”之恶习。

但梁启超并未因此忽视私德的作用，他认为，“私德与公德，非对待之名词，而相属之名词也”。“无私德则不能立……无公德则不能团。”“断无私德浊下，而公德可以袭取者。”他还援引孟子的言论，说：“古之人所以大过人者无他焉，善推其所为而已矣。公德者，私德之推也。知私德而不知公德，所缺者只在一推，蔑私德而谬托公德，则并所以推之具而不存也。故养成私德，而德育之事思过半焉矣。”[⑤] 在他看来，对于人类来说，私德亦是须臾不可离的道德精神食粮。虽然梁启超认为从学理上看，公私关系不可偏废，但近代中国救亡图存的严酷现实，仍使他视“公德”重于“私德”，视“群”高于“己”。

---

① 梁启超：《中国积弱溯源论》，见《饮冰室合集・文集》之五，28 页。
② 同上书，32 页。
③ 梁启超：《新民说》，见《饮冰室合集・专集》之四，12～13 页。
④ 梁启超：《国民浅训》，见《饮冰室合集・专集》之三十二，16 页。
⑤ 梁启超：《新民说》，见《饮冰室合集・专集》之四，119 页。

三、阶级与阶层论

梁启超在社会分层的问题上，在不同时期，依据不同标准，对社会各阶层进行了具体分析。

（一）以是否“生利”为标准，将社会分为生利与分利者两大阶层

在1902年左右撰写的《新民说》中，梁启超曾依据是否增进社会、国家财富将社会群体分为生利（创造社会财富）、分利（侵夺他人所创造的财富）两大群体。其中生利的事业有六种：发现及发明；采收没有主权的天然物产；提供农、林、畜牧等初级产业的劳力；加工、制造业；用于交通的劳力；用于社会秩序、安全、医疗等保助的劳力。基于批判现实的立场，梁启超更重视对分利阶层的分析，将此阶层又细分为二类共20种群体。所谓二类，一为不劳力而分利者，二是劳力而仍然分利者。其中不劳力而分利者阶层包括乞丐、盗窃、混骗、僧道、纨绔子弟、浪子、兵勇及应武试者、官吏之大半、缘附于官以为养者、土豪乡绅（为分利群体中最强有力者）、妇女之大半、废疾、罪人13种人。劳力仍分利者阶层又包括奴婢、优妓、读书人（主要针对当时醉心八股、无补社会进步的传统读书人）、教师（指以科举为目标的传统教师）、官吏之小半、商业中之分利者（如投机商）、农业之分利者（如农业中种植罂粟、烟叶，工业中制造各种无益有害之物者）7种人。梁启超认为，只有生利者越多，才能创造更多的财富，国家才有可能富强。但现实却很不乐观，在当时的4亿中国人中，分利者占多数，有2亿1千万；从垂直等级关系来看，分利者多出于上等社会、中等社会，而下等社会则很少。[①] 因此，从强国立国的目标出发，梁启超希望国人“皆耻为分利者”。

（二）从是否“有枪”、“有业”为标准，将社会分为有枪阶级与无枪阶级、劳动阶级与游民阶级、有业阶级与无业阶级

1921年底，梁启超提出“无枪阶级对有枪阶级”的阶级结构分析方法。他认为，现代西方社会确实是有产阶级压迫、统治无产阶级，成为“无产阶级对有产阶级的时代”了。但中国却不然，“我们有产的人本来就不配成一个阶级，就勉强算个阶级罢，他们绝对的不配当统治者，那统治者与其说是有产的人，毋宁说他是无产的人——最少也是本来无产的人，因据者那统治者地位，才渐渐变成有产，或是靠着许多无产的人拥护他，他才变成有产。”[②] 在北洋军阀时代，统治阶级主要是大小军阀及依附于军阀的官僚、政客。传统社会以职业为标准，将社会主要分为士、农、工、商四大阶层，而在北洋军阀时代，随着传统社会流动机制的解体，从军当兵成了各个阶层青年

---

① 参见梁启超：《新民说》，见《饮冰室合集·专集》之四，114～128页。

② 梁启超：《无枪阶级对有枪阶级》，见张品兴主编：《梁启超全集》，第6册，3389页，北京，北京出版社，1997。

的普遍选择，军人已然已经成为一个地位举足轻重的、独特的新的社会阶层，兵民之间，强弱悬殊，“那么有枪阶级和无枪阶级，自然会划出一个大鸿沟来”。因此，当时中国的问题“只有无枪阶级对有枪阶级一个问题”。由于大小军阀（有枪阶级）割据混战，严重扰乱社会秩序，更耗费大量军费，“若不设法塞住，结果非闹至人民死绝国家亡掉不止”[①]。因此，梁启超呼吁组织“国民废兵运动大同盟”，通过国民（无枪阶级）的联合运动、协同动作，转移“有枪阶级”，使“有枪阶级”最终变成“无枪阶级”，从而最终消灭这两个阶级的对立。

1921年讨论社会主义问题时，梁启超又将劳动阶级与游民阶级相提并论。所谓“劳动阶级者，以多数有职业之人形成之（其中有一时偶失职业或求职业而未得，当然可以为附属品）”。与此相应，无正当职业的属于游民阶级，游民无职业而实际靠劳动阶级的利益为生，实际等于掠夺劳动阶级。社会从整体上看，固然可分为劳动阶级和游民阶级两大类。就是从“穿短衣服跑腿的”下层群体来看，其中也分为劳动者和游民两大类，不容混为一谈，“劳动阶级之运动可以改造社会，游民阶级之运动只有毁灭社会”。而劳动阶级又有广义和狭义两种含义，“狭义的解释，则专指在新式企业组织之下佣工为活的人。而社会运动之主体，必恃此狭义的劳动阶级”[②]。狭义的劳动阶级就是特指工人阶层。而当时生产衰落的趋势使得农民和散工中失业者越来越多，沦为游民阶层，因此，梁启超迫切希望工人阶层能日益壮大，形成强大的阶级，完成改造社会的使命。在这里，梁启超实际提出了以正当职业划分阶层的标准。

梁启超反对将西方的有产阶级与无产阶级的阶级对立结构用于中国现实社会中，而独辟蹊径，以是否拥有“正当职业”为标准，将社会区分为“有业阶级”与“无业阶级”。“有业阶级”是指拥有正当职业、创造社会财富的各类劳动者阶层，相当于上述的生利者阶层。[③] 而“无业阶级”则是无正当职业实际只消耗社会财富的寄生虫，即上述所谓的分利者阶层。国家、社会的正常发展，本应以“有业阶级”占主导地位为前提，但可悲的是，当时中国的现实发展趋势却是“无业阶级”统治或征服着“有业阶级”，这自然只能使中国的社会矛盾日益激化。因此，出路在于“有业阶级打倒无业阶级”。

总的来看，尽管梁启超在不同时期对社会阶层有不同区分，但从根本上都是以是否有正当职业，是否能增加国家财富、促进社会进步为基本指标。这正是梁启超终身期待并致力于国家富强的指向在社会分层思想中的具体体现。

四、社会改造与社会治理论

在社会发展和社会改造的问题上，梁启超始终采用的是“调适”的模式，如果用

---

① 梁启超：《无枪阶级对有枪阶级》，见张品兴主编：《梁启超全集》，第6册，3390页。

② 梁启超：《复张东荪书论社会主义运动》，见葛懋春、蒋俊编选：《梁启超哲学思想论文选》，303、304页，北京大学出版社，1984。

③ 参见梁启超：《无产阶级与无业阶级》，见葛懋春、蒋俊编选：《梁启超哲学思想论文选》，465页。

革命和改良这对观念来分析，则梁启超除了20世纪初流亡日本时一度短暂地鼓吹过激进革命外（这也与其特殊的背景与斗争策略有关），终其一生，始终坚持以温和的方式进行社会改良，以最终达到社会治理、国家富强的根本目标。在戊戌维新时期，梁启超追随康有为致力于制度的改造，认为变法的本原在"变官制"，以学习、引进西方议会制度为改造社会的关键。民国成立以来，梁启超两度积极参政，企图在体制内大展宏图，改良社会，连受挫折后，开始思考新的社会治理与社会改造之途。在晚年，其社会改造思想大致可以概括为：反阶级斗争的共产主义道路，主张劳资协调后的改良的社会主义道路，倡导国民运动推进社会整体进步。

（一）反对阶级斗争的社会主义道路

五四时期社会主义思想流行，从观念上梁启超也不反对社会主义，但他对社会主义的认识却与马克思主义者的认识并不一致，并极力反对当时主张阶级对立与武装斗争的马克思主义派的社会主义主张。

梁启超认为阶级是人类社会的共性，就西洋社会来看，他的认识与马克思主义有一致之处，即认为一部西洋史就是阶级斗争的历史。[①] 他根据在欧洲游历途中对西方社会普遍出现的社会革命动向的观察，认为当时西方社会进入工业社会后，便是无产阶级与有产阶级的对立斗争时代了。但梁启超认为历史为阶级斗争史的这一西洋模式并不适用于中国。他指出，西方社会先后经历了三种阶级结构类型：贵族对平民、平民对奴隶、资本家对无产阶级。但这三种类型在中国都有不同的表现却无明显的阶级对立。在贵族与平民的问题上，中国古代贵族与平民的分化对立并不明显，春秋时期因封建制度而盛行的贵族阶层到战国后因封建制度的消除逐渐平民化，秦汉之际，除奴隶外，"一切臣民皆立于法律平等的原则之下"，社会上层地位人人都可以"以贤以功"而得之，所以谈不上是一个特权阶级。关于奴隶与平民问题，中国古代奴隶的身份并不像西方那样固定，在社会上的影响力更不如西方，而且随生活状况与赋役制度的变迁，到清代中期后，奴隶制度也逐渐绝迹了。至于劳资对立在现代中国更与西方不同。马克思主义强调的劳资对立在当时中国并不存在，因为中国的产业还很不发达，还没有形成一个西方式的产业工人阶级。劳资成为中国社会的主要矛盾只能在中国完成工业化之后。

从理论上说，社会主义是从工业革命中孕育出来的。梁启超指出，在工业"方当幼稚之时"的中国谈社会主义可谓药不对症。与欧美社会主义迫切需要解决改善多数无产阶级地位的情况不同，"我国今日之大患，乃在全国人民什中八九欲求一职业以维持生命且不可得。"[②] 而之所以国人无法寻求到一正当职业，除了政治混乱的原因外，更主要的是受外国资本的压迫。所以问题的关键不在国内资本家对工人的剥削，中国的阶级对立不在内部，而应从国际上来看，压制阶级、掠夺阶级的大本营在欧

① 参见梁启超：《无枪阶级对有枪阶级》，见张品兴主编：《梁启超全集》，第6册，3389页。

② 梁启超：《复张东荪书论社会主义运动》，见葛懋春、蒋俊编选：《梁启超哲学思想论文选》，298、300页。

美、日本等帝国主义国家，而国内 20 省的中国人，都属于被压制被掠夺的阶级，在外部帝国主义的掠夺下，国内各阶层的对立斗争没有任何意义，需要的是共同一致对外，中国现实的主要矛盾在中外矛盾。在这种情况下，现实问题应该是在劳资协调的原则下，设法使资本家阶级与劳动阶级在中国同时发展。

因此，在梁启超看来，在当时的中国，如果强调农工革命、阶级斗争，从根本上就是错误的，只会使中国越来越乱。他对当时国共合作下的国民革命极感忧虑，仇视国共合作在两湖、江浙等地掀起的工农革命，指出在国共合作中，共产党实际成为国民党的灵魂，认为共产党这种“毒菌深入社会，把全国搅到一塌糊涂”，但“你们别要以为我反对共产，便是赞成资本主义。我反对资本主义比共产党还厉害，我所论断现代的经济病态和共产同一的‘脉论’，但我确信这个病非共产那剂药所能医的。”[①]

苏俄的社会主义模式受到当时社会各界普遍的赞扬与欢迎，苏俄对中国革命的支持，也使得国人将苏俄视为中国的朋友。但是，梁启超从改良与国家民族的立场出发，毫不犹豫地指出：“他（按：指苏俄）是帝国主义的结晶，他是帝国主义的大魔王”，苏俄式的社会主义并不是真正的共产主义，“苏俄……国家资本主义的侵略压迫，还要比私人资本主义加十倍！百倍！千倍！首当其冲的便是咱们中国”[②]。

（二）注重劳资协调的改良道路

如上所述，既然当时中国问题的关键在于中外矛盾，在于外国资本家对中国的压制与掠夺，在于中国还没有形成以工人为主体的劳动阶级，中国如没有资本阶级与劳动阶级出现，社会主义运动就无所凭借，那么问题的关键就在于：如何使中国的生产事业发达，使我国的消费所需由自身生产供给而不必仰给于外国资本主义；如此，我国才能形成劳动阶级，“然后社会运动得有主体，而新社会可以出现”。但劳动阶级又是与民族资本家阶级相伴而生的孪生兄弟，如何发展本国产业，发展民族资本家阶级，壮大工人阶级，又避免资本家压榨工人阶级的罪恶，就成为梁启超考虑经济发展过程中的核心问题。因此梁启超提出在当时中国发展经济的一个基本主张就是：“在保护关税政策之下，采劳资协调的精神，奖励国产。”[③] 即调和劳资关系，尽力发展国家经济。如何实施这一主张呢？

（1）对资本家采矫正态度。“所谓矫正态度者，将来浡兴之资本家，若果能完其‘为本国增加生产力’之一大职务，能使多数游民得有职业，吾辈愿承认其在社会上有一部分功德，虽取偿较优，亦可容许。惟当设法使彼辈有深切著明之觉悟，知剩余利益，断不容全部掠夺，掠夺太过，必生反动，殊非彼辈之福；对于劳力者生计之培养，体力之爱惜，智识之给与，皆须十分注意。质言之，则务取劳资协调主义，使两阶级之距离不至太甚也。”[④] 梁启超希望通过政府立法或社会监督等手段，使劳资双方相互体谅，共谋生产力发展。

---

① 梁启超：《1927 年 5 月 5 日致孩子们》，见张品兴主编：《梁启超全集》，第 10 册，6265、6266 页。

② 梁启超：《复刘勉己书论对俄问题》，见葛懋春、蒋俊编选：《梁启超哲学思想论文选》，466、467 页。

③ 同上书，465 页。

④ 梁启超：《复张东荪书论社会主义运动》，见葛懋春、蒋俊编选：《梁启超哲学思想论文选》，305 页。

(2) 极力提倡合作社，使全国生产之中枢渐移归公众之手。他认为不能形成资本家为国内唯一生产者的畸形现象，同时应该还有非资本主义的生产，其中一个重要举措就是“各种协社，须极力提倡，以传教的精神策进之，但使能得数处办有成效，将来自可联合扩充。倘能令生产的中坚力，渐渐由公司之手以移于协社之手，则健实之经济社会，亦可以成立矣”①。

(3) 培养劳动阶级的组织能力，助长劳动团体的发育成立。应该从劳动阶级的切身利益入手，使劳动阶级感受到相扶相助的实惠与团体的好处，从而成立真正的工会，各地仿行，产生全国总工会，使一切劳动运动有所凭借。“故吾以为我辈今日对于劳动阶级之态度，当以促成工会为第一义。必有组织完善之工会，然后可以言作战，而战之胜败，则视工会力量之强弱为断。”② 工会力量的壮大，为最后战胜全世界资本家的必要前提。

总之，梁启超并不反对社会主义道路，但在五四时期流行的各种社会主义思潮中，梁启超并不赞成实施马克思主义的社会主义，认为资本主义是社会主义不可逾越的发展阶段，强调根据现状，采取一种发展经济兼顾公平的改良的社会主义。

(三) 倡导国民运动推进社会改造

在政党政治实践屡屡受挫、通过欧游观察到西方社会普遍出现的社会革命后，晚年梁启超才意识到自己以往所热衷的政党政治、代议制政治从根本上是错误的。要解决政治、经济、社会问题，要摆脱当时军阀独裁的混乱局面，不在于依靠少数精英的推动、号召，而在于管理全体国民，启发各个阶层的国民自发自觉的团体爱国意识，通过自下而上的方式，发起国民运动，才能达到改造社会的目的。

所谓国民运动，“是要全国真正良善人民的全体运动”③。从政治上说，国民运动的政治就是全民政治，是“从国民全体下工夫，不从一部分可以供我利用的下工夫，才是真爱国，才是救国的不二法门”④。从广义上说，全民积极参与的国民运动包括政治运动、经济运动、社会改良运动、文化教育运动等诸多方面。从狭义来看，关键是指政治运动。

梁启超指出真正国民运动中的政治运动应该具有以下一些特质：运动主体，必为一般市民；运动范围，必普及于全国；运动的标帜，必为全体的或部分的公共利害事项；运动的方法，为散布印刷品，为公开演说，而聚众示威；运动之结果，为将所要求之事项在宪法上或法律上发挥效力，等等。将主体定位于一般市民，可见梁启超的国民政治运动是以城市为中心的社会运动。

从中西历史发展来看，中西国民运动观形成了鲜明的对比：一部西洋史，就是国民运动史，正是人人积极参与国家事务，逐步推进了国家的发展；而中国几千年以来，在国人的头脑里都没有民众政治的思想，始终摆脱不了“几个好汉”的政治思

① 梁启超：《复张东荪书论社会主义运动》，见葛懋春、蒋俊编选：《梁启超哲学思想论文选》，306页。
② 同上书，307页。
③ 梁启超：《欧游心影录》，见张品兴主编：《梁启超全集》第5册，2985页。
④ 同上书，2979页。

想。尽管如此，梁启超对辛亥革命以来的国民运动的发展充满了乐观与信心。他认为辛亥革命以来国民的自觉心日渐发展，认识到“第一，觉得凡不是中国人都没有权来管中国的事。第二，觉得凡是中国人都有权来管中国的事”[①]。其中五四运动因其热烈性而成为国民运动的标本，是民国史上值得特笔大书的大事，而 1921 年北京的国民裁兵运动大会，因各界市民的广泛参与，更使他对中国的民主政治充满信心，因为“（一）‘五四’性质，纯属对外的，此次却是对内的，所以精神越发鞭辟入里。（二）‘五四’全以学生为主体，此次各界人皆有，所以市民的色彩越加浓厚”[②]。梁启超指出“国民运动便是共和政治唯一的生命”，从中国自身的社会改造而言，今后国民运动的方向，应该由外转到内，而在 20 世纪 20 年代初，国内国民运动“目前最痛切最普遍最简单的，莫如裁兵或废兵这个大问题”，呼吁全国组织“国民废兵运动大同盟”，在废兵的大旗下，“大大的起一次国民运动”[③]。此外，针对当时军阀横行，国家无根本大法的状况，梁启超还提出了“国民制宪运动”的主张，期望通过国民的动议，以国民公决的方式，由全体国民投票确定国家的根本大法。

在培养国民运动的手段上，梁启超认为在过渡时代的中国，养成国民团体协作习惯是当务之急：“欲国民事业发展，总以养成国民协同动作之习惯为第一义。”[④] 政治运动应该以文化运动、经济运动、社会改良运动为基础，在当时应该以辅助的意味行政治运动，以教育的意味行政治运动。

总之，梁启超希望通过国民运动，以城市市民为主体动员社会各阶层，积极主动、协同动作，形成社会重心，参与社会公共事务，推进民主政治，达到重整社会的根本目标。

梁启超是清末民初的风云人物，是近现代转型时期的一代思想巨人，在传统标准的立德、立功、立言三方面都做出了杰出的贡献。尽管他在大量的著述中所体现出的社会思想复杂多变，即便在同一部作品中，也往往有前后矛盾之处，但其社会思想有不变的主题：积极向上的人生态度、中西调和的文化观、以创造社会财富为标准的社会分层观、注重人的现代化的新民观、温和改良方式的社会改革观。就梁启超晚年来看，尽管后人多将其视为落伍人物，但其诸多社会思想至今看来也不无时代的合理性而值得我们借鉴与思考。比如在人生观上始终宣扬乐观向上、积极进取的人生态度，从新的角度诠释“智仁勇”的健全人格，强调个性发展的“尽性主义”，可以说是其新民思想的新发展。在分层观上以创造财富为标准而非以今日我们所谓的文化资本、组织资本及经济资本等为标准，既有其特定背景的合理性，也是一种颇有道理的独特分层观。其提出的“化合”中西的中西观，从学理上看，至今仍然是一种合理的文化主张。他晚年关注下层，倡导国民运动，强调以市民为主体，也正是我们今日努力的目标。不过，梁启超受其独特的人生经历与时代环境所限，其晚年思想中也存在不少缺陷。如在文化观上，实际上他主张的是一种西方物质文化、东方精神文化的简单的

---

① 梁启超：《辛亥革命之意义与十年双十节之乐观》，见张品兴主编：《梁启超全集》，第 6 册，3379 页。

② 梁启超：《对于北京国民裁兵运动大会的感想》，见张品兴主编：《梁启超全集》，第 6 册，3340 页。

③ 参见梁启超：《外交欤内政欤》，见张品兴主编：《梁启超全集》，第 6 册，3409 页。

④ 梁启超：《政治运动之意义及价值》，见张品兴主编：《梁启超全集》，第 6 册，3338 页。

文化二分法，对西方的精神文化认识不免简单与偏颇，不利于他自己所提出的中西文化的合理化合。在社会改造问题上，他注重下层，但对农民却持忽视与鄙视的态度，认为中国农民最富保守性，合作组织不可能在农民中组织起来，这是一种偏颇的认识，没能认识农民在社会改造中的重要地位，这与梁漱溟重视农民忽视市民的观念恰成对比。梁启超虽然认识到以市民为主体的国民运动的重要性，但其改良方式却要求运动在法律范围内示威请愿，在军阀当权的当时，其结果自然是无疾而终。

本章要点

1. 康有为将中国传统的变易思想与西方进化论思想结合在一起，提出了独具特色的社会变迁思想，以为其变法图强提供理论依据。

2. 在社会改革论方面，康有为批判了洋务派只“变事”，不“变制”的局限性，主张社会改革要在政治、经济、文化、社会等多个层面同时进行。

3. 在社会福利思想方面，康有为提出了“恤穷论”，主张通过移民垦荒、劝工警惰、恤鳏寡孤独等措施扶贫济弱、固结民心。

4. 在《大同书》中，康有为从“仁道论”出发，批判了现实社会的黑暗，构建了“公养”、“公教”、“公恤”的大同社会。丰富了中国社会思想史的思想体系。

5. 中国传统社会具有极强的“家族本位”特质，“家庭精神”构成了中国社会“普通的原则”。由此，欲对中国传统社会特性进行考察，必须从研究作为其基础的家庭开始。

6. 在近代“公私论”中，梁启超观点的独特之处表现在，他力图从理论上缓解公私观念的对立，并通过公私观念的辨析，对中国传统社会构成原理给出新的解释。

7. 梁启超以是否有职业为标准进行社会分层。认为当时中国社会经济的主要问题是“有业阶级”太少，所以注重劳资协调的经济改良道路。相应地，主张以城市民众为主体，倡导国民运动，推进社会改造。这体现了其稳健改良的社会思想。

复习思考题

1. 试述康有为社会变迁思想的主要内容及其时代特点。
2. 试述康有为对中国传统宗族救助模式的批判。
3. 试述康有为“大同之世”理想的主要内容及其性质。
4. 试述梁启超关于中国社会分析的主要观点。
5. 简评梁启超对中国社会改造的主张。
6. 评述梁启超的公私关系论。

推荐阅读书目

1. 康有为：《康有为大同论二种》，北京，三联书店，1998。
2. 李泽厚：《中国近代思想史论》，北京，人民出版社，1979。
3. 汤志钧等编：《康有为政论集》，北京，中华书局，1981。
4. 萧公权：《近代中国与新世界：康有为变法与大同思想研究》，南京，江苏人民出版社，1997。

5. 王处辉：《中国社会思想史》（下），第十四章第四节，天津，南开大学出版社，2000。

6. 陈定闳：《中国社会思想史》，第三十九章，北京，北京大学出版社，1990。

7. 梁启超：《饮冰室文集点校》，昆明，云南教育出版社，2001。

8. 张灏：《梁启超与中国思想的过渡》，第四章、第六章，南京，江苏人民出版社，1997。

9. 张朋园：《梁启超与民国政治》，第六章、第七章，长春，吉林出版集团有限责任公司，2007。

10. 汪晖：《现代中国思想的兴起》，第一卷，北京，三联书店，2004。

第二十四章

农民与资产阶级革命家的社会思想

晚清到民国时期的一百多年间，中国社会发生了三次革命性运动，一是由洪秀全领导的太平天国农民革命，二是由孙中山领导的民族资产阶级革命，三是由毛泽东领导的工农联合形式的无产阶级革命。这三次革命运动，除洪秀全的太平天国农民革命以失败告终之外，其他两次革命都是成功的。孙中山领导的资产阶级革命推翻了清王朝，结束了延续两千多年的传统社会体制，建立了中华民国，推行资本主义制度，实现了中国社会体制的重大转型。毛泽东领导的无产阶级革命又建立了中华人民共和国，实行社会主义制度，实现了中国社会的又一次社会体制的重大转型。尽管这三次社会革命的基本诉求有诸多不同，但这三次革命的领导者有三个共性：其一是他们都想通过颠覆性的社会革命方式，谋求对中国社会的根本改造。其二是他们都代表着不同时期社会主要阶级或者阶层的最强音，是社会激进思想的代表。其三是他们都是面对中国社会发展中的突出问题，站在自己的阶级阶层立场上提出解决方案和提出理想社会构想的。他们对中国社会的认识与所追求的社会理想，代表着中国社会发展的主流方向。本章所论是上述三次社会革命中前两次革命运动领袖的社会思想。

第一节 洪秀全、洪仁玕的社会思想

在西方资本主义列强以“坚船利炮”打开中国大门后不久，中国大地上便兴起了农民革命的风暴，以洪秀全为代表的农民革命势力在以暴力武器批判不平等的旧世界的同时，也从思想上批判旧世界，并规划了农民的理想社会图景。这个农民革命集团的领导核心热情拥抱西方社会思想，以基督教平等思想和中国儒家大同思想为依据，规划了一个“有田同耕，有饭同食，有衣同穿，有钱同使”的理想社会。在这个社会里，人们的生活消费俱由国库提供，鳏寡孤独废疾者皆有所养，天下丰荒相通，没有饥民，劳动者实现了真正的平等。这个带有乌托邦色彩的理想社会，虽然没有在现实社会中实现，但在中国社会思想史上却占有特殊的重要历史地位。

洪秀全，广东花县人，嘉庆十九年（1814年）出生，卒于同治三年（1864年），出身于农民家庭，16岁时因家贫辍学，一边随父兄种地，一边读书。18岁后开始做乡村塾师，同时多次参加科举考试，但均名落孙山。他痛恨政治腐败，科场黑暗，从此与科举仕途决裂。1843年，洪秀全因阅读宣传基督教的小册子《劝世良言》而开始信教，并创立拜上帝教。在传教过程中，与地主团练发生冲突，使洪秀全逐渐由“传教者”转变为农民革命领袖。1851年，他发动金田起义，屡败清军，在南京建立了与清王朝对峙的太平天国政权，后又进行北伐和西征，沉重地打击了清王朝的统治。1864年，洪秀全在天京病故。他所领导的太平天国革命运动也在中外反动势力联合镇压下失败。

洪秀全既是一位农民革命家，同时也是近代中国颇具影响的思想家。他的思想和言论主要体现在《原道救世歌》、《原道醒世训》、《原道觉世训》等早期著作和《天朝田亩制度》当中。

洪仁玕，洪秀全的族弟，同是在农村靠做塾师为生。1843年洪秀全创立拜上帝会时，他是最早的参加者之一。金田起义爆发后，因清廷通缉洪氏家族成员，洪仁玕几经辗转，逃往香港。在香港居留期间，他亲眼目睹西方资本主义入侵后所发生的变化，努力学习西方的天文、地理、医学等西学知识，眼界大开，成为积极向西方寻求真理的代表性人物。1859年，洪仁玕到达南京，在太平天国政权面临着严重政治危机的时刻，出任军师、干王，总理朝政。他向洪秀全提出《资政新篇》，建议借鉴西方资本主义发展的经验，学习西方“技艺”，全面改革朝政。洪秀全看后，非常赞赏，下诏颁行。洪仁玕希望依靠自己的才能和见识为太平天国创建一个新天地和新世界，但因天国后期官员腐化堕落，洪秀全也失去了早年的英锐之气，这使他的很多主张无法实现。1864年6月，天京陷落，洪仁玕于同年10月被俘，在南昌慷慨就义。其著作主要有《资政新篇》、《英杰归真》等。

一、洪秀全“普天之下皆兄弟”的平等论

洪秀全社会平等思想提出的理论依据，是基督教的上帝面前人人平等和中国古代的大同思想。他主要强调了以下两个方面：

首先，洪秀全从基督教的基本教义中摘取出在“上帝面前人人平等”的思想，指出人间所有不平等的政治、经济等级都是不合理的，人人在上帝面前都是平等的。他说：“天父上帝人人共，天下一家自古传……上帝当拜，人人所同。”①

其次，从基督教平等思想出发，洪秀全认为，在上帝主宰之下的人与人之间的关系，是兄弟姐妹间的关系，应该相亲相爱，而不应该彼此争斗相互残杀。他说：“天下凡间，分言之则有万国，统言之则实一家……天下多男人，尽是兄弟之辈，天下多女子，尽是姊妹之群。何得存此疆彼界之私，何得起尔吞我并之念？”②

---

① 洪秀全：《原道救世歌》，见《太平天国》，第1册，83页，上海，神州国光社，1952。

② 洪秀全：《原道醒世训》，见《太平天国》，第1册，92页。

值得注意的是，洪秀全还把基督教的平等、博爱思想与中国古代“有无相恤，患难相救”、“天下为公”的大同世界相联系，他在《原道觉世训》中进一步强调了“天下一家”的道理：“天下总一家，凡间皆兄弟也，何也？自人肉身论，各有父母姓氏，似有此疆彼界之分，而万姓同出一姓，一姓同出一祖，其原亦未始不同。若自人灵魂论，其各灵魂从何以生，从何以出，皆禀皇上帝一元之气以生以出，所谓一本散为万殊，万殊总归一本。”①

从上文中可以看出，洪秀全从基督教教义中借来“上帝”一词，并结合中国古典哲学中的“元气”说，证明万姓之人类，都是“禀皇上帝一元之气”生出来的，万殊归于一本，万姓同出一姓。

洪秀全的平等论虽然外表包装了一层浓重的宗教色彩，但透过其表层，窥视其实质，会发现其平等思想与中国古代“天下为公”的大同思想和历代农民起义提出的“均贫富”思想是血脉相通的。洪秀全的平等论直接为太平天国时期农民政权的各种带有社会福利色彩的方案和政策措施提供了理论依据。

二、洪秀全的妇女解放思想

在以儒家思想为主干的传统思想文化体系中，无论是董仲舒的“夫为妻纲”，还是二程、朱熹的“饿死事小，失节事大”，都是以歧视和压迫妇女，剥夺妇女的基本人身权利为特征的。而在太平天国起义过程中，洪秀全则借助基督教的平等理论，突破了封建“夫权”的枷锁，提出了一系列带有男女平等色彩的主张和措施。主要表现在以下几点：

第一，无论男女，在上帝面前都是平等的。其言论主要有：

> 天下多男人，尽是兄弟之辈，天下多女子，尽是姊妹之群。②
>
> 惟愿天下凡间我们兄弟姐妹跳出邪魔之鬼门，循行上帝之真道。③

从上文的“兄弟”、“姐妹”并称来看，已经打破了男尊女卑的传统观念。

第二，在《天朝田亩制度》的土地分配方案中规定了男女平等分配土地的思想：

> 凡分田，照人口，不论男妇，算其家口多寡，人多则多分，人寡则分寡。④

第三，实行自愿婚姻。“凡天下婚姻不论财。”同时还允许妇女参加考试，命令放足。

所有这些突破封建夫权束缚的政策和措施，在中国历史上都具有革命性意义，这既是洪秀全的基督教平等思想的自然发展，同时也与太平天国起义的前期，妇女被编入起义军，“男将女将尽持刀，同心放胆共杀妖”的局面有联系。而应该指出的是，随着太平军定都南京后的封建化过程，洪秀全的妇女政策很快就开始发生大退步，他

---

① 洪秀全：《原道醒世训》，见《太平天国》，第1册，92页。

② 同上。

③ 同上书，91页。

④ 洪秀全：《天朝田亩制度》，见《太平天国》，第1册，322页。

开始谈论“妻道在三从，无违尔夫主，牝鸡若司晨，自求家道苦”，重新用封建伦理来约束妇女，这标志着洪秀全反封建革命思想的衰退。

三、洪秀全的理想社会构成模式

1853 年太平天国定都南京后由洪秀全主持颁布的《天朝田亩制度》，是公认的太平天国的总纲领。这一纲领以土地问题的解决方案为核心，提出了一整套的理想社会方案，其目的是要在地上建立天国。

洪秀全理想中的“天国模式”显然受了两个方面的思想影响：其一是基督教向人们展示的彼岸世界的天国；其二是中国古代传统的大同思想。洪秀全在《原道醒世训》中就曾借《礼记·礼运》中的大同思想，描述他理想中的社会是“有无相恤，患难相救，门不闭户，道不拾遗，男女别途，选举上德”。这就决定了洪秀全的理想天国与基督教不同，他除了信仰彼岸世界的天国之外，还企图在人间建立一个没有强凌弱，众暴寡，智诈愚，勇苦怯，不分此疆彼界，天下一家，天下太平的理想天国。

从内容上看，作为太平天国的革命纲领，《天朝田亩制度》包括了政治、军事、文教、经济、宗教等方面的政策措施，具有全方位特性。其理想社会论主要表现在以下几个方面：

首先，洪秀全理想天国的基本原则可以用“四有二无”来加以概括，即：

> 务使天下共享天父上主皇上帝大福，有田同耕，有饭同食，有衣同穿，有钱同使，无处不均匀，无人不饱暖也。①

自人类进入阶级社会以来，阶级剥削和政治压迫便如同两把利剑高悬在劳动人民的头上，时刻威胁着贫苦百姓的生存。从秦末农民起义军的“王侯将相，宁有种乎？”到宋代农民起义军的“等贵贱，均贫富”，到李自成起义军的“均田免粮”口号，都代表了劳动者反抗剥削压迫，追求幸福自由生活的强烈愿望，而在这一意义上，《天朝田亩制度》恰恰是继承了历代农民起义军的革命理想。它认为，劳动者真正的理想社会，应该是“有田同耕，有饭同食，有衣同穿，有钱同使”，很显然，如果上述条件能够实现，那将是一个真正的福利保障社会。

其次，要想实现“四有二无”的理想社会，就必须实现土地公有，将一切土地按平均主义原则分配给各户农民耕种：

> 凡天下田，天下人同耕，此处不足，则迁彼处；彼处不足，则迁此处。凡天下田，丰荒相通，此处荒则移彼丰处，以赈此荒处；彼处荒则移此丰处，以赈彼荒处。
>
> 凡分田，照人口，不论男妇，算其家口多寡，人多则分多，人寡则分寡。②

上文除了具体的分田方法之外，还蕴含着赈饥救荒的社会福利思想，即饥荒地和丰收地之间相互周济，使天下“丰荒相通”，永无饥民，这是中国古代所有的救荒思

---

① 洪秀全：《天朝田亩制度》，见《太平天国》，第 1 册，322 页。

② 同上书，323 页。

想家所不敢预想的。

最后，《天朝田亩制度》还规定取消对产品的私有，按平均主义原则统一分配。具体规定如下：

> 凡当收成时，两司马督伍长，除足其二十五家每人所食可接新谷外，余则归国库。凡麦豆苎麻布帛鸡犬各物及银钱亦然。盖天下皆是天父上主皇上帝一大家，天下人人不受私，物物归上主，则主有所运用，天下大家，处处平均，人人饱暖矣。

从上文可知，农民的农业收入，除留下自己的口粮外，一律上缴国库，由太平天国统一支配。这样做的理论依据便是“天下人人不受私，物物归上主”。

在生活物质分配大体归公的条件下，百姓的生活福利主要由国库来承担，即每25家设一国库，由两司马负责管理，25家中所有的婚娶、弥月、喜事[①]所需费用都由国库支付。在一般情况下，一家如有婚娶、弥月、喜事，国库支付钱一千，谷一百斤，不得多用。而对于“鳏寡孤独废疾”者，也都由国库出资供养。

综上所述，可知洪秀全在太平天国起义时期，不仅取得了军事上的伟大胜绩，而且在思想上把基督教平等思想，中国古代的“大同思想”和《周礼》中关于理想社会的具体设计杂糅在一起，提出了他的理想社会论。在他设计出的理想的“天国”里，劳动人民拥有平等的生活权和生存权，而且还有国库作为百姓福利保障的物质基础，因而我们可以说，洪秀全的“天国模式”代表了劳动者追求幸福自由生活的美好理想，是值得肯定的。但他的绝对平均主义理想又是不可能变为现实的，因为上述思想反映了小生产落后的一面，这是洪秀全无法摆脱的历史局限。

四、洪仁玕的近代化思想

《资政新篇》是继《天朝田亩制度》后，由太平天国提出的重要的建国纲领，它是由洪仁玕提出，经洪秀全批准刊布的。与《天朝田亩制度》的农业社会主义空想不同，洪仁玕在《资政新篇》中为太平天国提出的是一个要求发展资本主义的纲领。他认为，太平天国要想扭转天京事变后的衰落局面，就必须在政治、经济、文化和外交等方面进行改革，全面学习西方资本主义，当然，这其中也包括西方的社会福利制度。在洪仁玕看来，一个真正的近代化国家，除了拥有近代工业、农业、铁路、银行之外，还应该有自己的社会福利事业，使得老有所养，幼有所教，“鳏寡孤独废疾”者皆有所归依。正因为洪仁玕提出了上述看法，所以他成了中国介绍西方福利事业的第一人。

与《天朝田亩制度》不同，洪仁玕在《资政新篇》中所阐述的基本思想是在中国建立和发展资本主义，实现资本主义的现代化。他在《资政新篇》中开宗明义地写道：“事有常变，理有穷通，故事有今不可行而可豫定者，为后之福，有今可行而不可永定者，为后之祸。其理在于审时度势，与本末强弱耳。然本末之强弱适均，视乎

---

① 太平天国宗教理论认为，死是升天堂，是头等好事，宜欢不宜哭，故把丧事改称喜事。

时势之变通为律。”① 即人类社会是在不断地运动发展变化的，置身于人类文明的剧变时代，应该审时度势，适当变通。在天京事变后太平天国形势逆转和世界资本主义迅速发展走向繁盛的情势下，洪仁玕认为，太平天国要想重新走向辉煌，必须“取资”西洋，即学习西方资本主义的物质文化和制度文化，实现资本主义现代化。

首先，大力倡导学习移植西方资本主义物质文明。

洪仁玕在《资政新篇》的“法法类”中，提出以西方资本主义之法为法，实行新的社会经济政策。他认为，中国的经济之所以落后于西方诸国，“不能为东洋之冠冕”，主要是由于科学技术落后。为了学习外国科学技术，他建议：“凡外国人技精艺巧，国法宏深，宜先许其通商”，并允许有技艺的外国人进入内地，“教导我民”，“为国献策”，以推动科学技术不断走向进步。

洪仁玕认为，火船、火车、钟表、电火表、寒暑表、风雨表、日晷表、千里镜、连环枪等物质文化，都有夺造化之巧，足以广闻见之精，应该大力学习倡导。他还十分重视交通运输业的发展，提出了“兴车马之利”和“兴舟楫之利”的具体设想，设计了铁路、公路和水上运输的方案。此外，他还主张办银行，建立邮政等现代通信事业。

其次，洪仁玕还主张学习资本主义的制度文化，包括资本主义的政治制度和经济制度。

洪仁玕主张改革政治制度，仿效英、美等国的政制，反对人治，讲求法制。他说：“有法制而后有国家，此千秋不易之大经。”② 在政体创建上，使中央集权与“民心公议”相结合，推进国家政体的民主化。为保证法的执行，他特别强调奉法执法者要刚直不阿，不畏权贵，对那些敢于破坏法制的人，要明正典刑，传示各处。他还认为应废弃封建主义的酷刑峻法，重视审判程序，体现了资本主义法制的特点。他还建议设立新闻官和“暗柜”，以加强舆论监督，使基层民众的意见可直达中央，做到上下相通。

在经济方面，洪仁玕主张采用资本主义雇佣劳动制和工资制，准许富人请人雇工。为鼓励富民积极投资社会，他还建议采取资本主义利润制度，如对兴办银行的“富民”，可准许其每两取息 3 厘，而对开采矿藏的“总领”，则允许其取得生产总值的十分之二作为利润。为促进科技发明，洪仁玕对西方资本主义国家的专利制度推崇备至，力主实行，认为“有能造精奇利便者，准其自售，他人仿造，罪而罚之”。可见，洪仁玕的上述主张具有明显的资本主义性质，是近代中国第一个系统的学习西方的方案，是有利于商民的资本主义现代化方案。

五、洪仁玕的近代社会福利观

作为太平天国后期重要的建国纲领，《资政新篇》的基本思想是在中国建立和发

① 洪仁玕：《资政新篇》，见《太平天国》，第 2 册。

② 《干王洪仁玕立法制宣谕》，见《太平天国文书汇编》，94 页，北京，中华书局，1979。

展资本主义，实现资本主义现代化。洪仁玕认为，“治国必先立政，而为政必有取资”，他所说的“取资”，就是要审时度势，根据世界文明发展的大势和天京事变后天国革命形势逆转的现实，向西方学习，改革成法，以达到“与番人并雄”的目的。

为此，洪仁玕以实现现代化为核心，在政治、经济、文化、外交等领域，提出了一整套具有资本主义特色的改革方案。在改革方案中，洪仁玕积极主张学习西方资本主义国家的社会福利制度，在中国首先提出了具有近代意义的社会福利思想。

第一，洪仁玕提出太平天国应该模仿西方资本主义社会，在举办资本主义工商业的同时，兴办社会福利事业。他设计规划兴建医院，引进西医，以解救百姓的疾病之苦。兴建“跛盲聋哑院”，作为残病人的教育机构，使残疾人不因其丧失劳动能力和生活能力而被社会抛弃。同时还要兴建“鳏寡孤独院”，使这些无依无靠的贫苦百姓能老有所归，少有所养、所教。

第二，与《天朝田亩制度》中提出的“鳏寡孤独废疾”者都由国库抚恤养助不同，洪仁玕认为，医院、“跛盲聋哑院”、“鳏寡孤独院”等社会福利事业的建立，不是靠国家出钱来办，而是靠私人捐献施舍来兴办。他说：“兴医院以济疾苦，系富贵好善”，“兴鳏寡孤独院，准仁人济施”，“兴跛盲聋哑院，有财者自携资斧；无财者善人乐助”①。可见，“鳏寡孤独院”等社会福利机构的建立，是以西方资本主义社会的慈善事业为蓝本提出来的。

第三，洪仁玕还介绍了西方负责监督社会福利执行情况的机构——“士民公会”的职能。他认为，为保证社会慈善福利捐款不被滥用，也为了避免那些“一味望恩，不自食其力”的游手好闲之徒冒领社会福利捐款，应设立“士民公会”，以监督社会福利事业的正常运行。

第四，洪仁玕还特别强调社会教化在国家近代化进程中的作用。他认为，移风易俗，改变人们的传统观念，主要有两个办法，一是统治者要起表率作用，即“在上者以为可耻之行，见则鄙之忽之，遇则怒而挞之，民自愿而去之，是不刑而自化，不禁而自弭也”。在他看来，只要统治者带头抵制不良习俗、风气，百姓就会自然而然地效法，社会风气就会自然转善。二是如果百姓中有捐资修建医院、学馆、养病院等福利设施的，统治者应该亲临现场，褒奖善举，这也有助于良好社会风气的形成。

此外，洪仁玕还认为“设学馆”也是改革旧观念和旧习俗，革新思想的根本途径。他说这样可以“拯民出于迷昧之途，入于光明之途也”。

从《资政新篇》的整个体系和内容看，它所涉及的社会福利的内容并不是很多，但它却是在中国社会思想史上第一次介绍了西方社会福利事业的基本情况，并主张在中国大力实施。他认为社会事业是一个国家实现现代化不可缺少的内容，必须予以高度重视。洪仁玕的上述主张代表了历史前进的方向。但同时也应该看到，由于太平天国领导集团有时代的和阶级的局限性，也由于连年的征战，《资政新篇》所描述的现代化和近代社会福利事业的美好蓝图没有付诸实践。

---

①　洪仁玕：《资政新篇》，见《太平天国》，527页。

第二节 孙中山的社会思想

孙中山，名文，字逸仙，广东香山县（今中山市）人，生于1866年，卒于1925年，因甲午战争后在日本从事反清革命活动时曾经化名“中山樵”，故后名中山。他出身于贫苦的农民家庭，这对他后来成长为伟大的革命家产生了重要影响。1878年，他在哥哥孙眉（早年到檀香山打工，后成为中小资本家）安排下到檀香山定居，并入教会学校读书，接受了系统的资本主义的教育。1886年，入广州博济医学院学医，次年转入香港西医书院。在校就读期间，正值中法战争爆发，他痛感清廷腐败，产生了激进的反清革命思想。中日甲午战争爆发前夜，他到北京上书李鸿章，主张学习西方，发展工商业和农业，使“人能尽其才，地能尽其利，物能尽其用，货能畅其流”①。上书未被采纳，恰值甲午战争中国惨败的刺激，孙中山开始坚定地走上革命道路，他先后组建兴中会、同盟会等革命团体和政党，确定“驱除鞑虏，恢复中华，建立民国，平均地权”的政纲。1911年武昌起义推翻了清政府，建立了中华民国，孙中山当选为临时大总统。辛亥革命后，为反对袁世凯的独裁统治，组建中华革命党，发动了护国运动和护法运动。晚年又在共产国际和中共的帮助下，将旧三民主义发展为联俄、联共、扶助农工的新三民主义，建立国共合作革命统一战线，掀起了国民革命的新高潮。1925年3月在北京逝世。其著述、言论被合编为《孙中山全集》。

一、社会进化论

作为20世纪初期中国最具影响的思想家，孙中山吸取了达尔文的进化论，康德—拉普拉斯的星云说、哥白尼的天体运行学说等西方自然科学的成果，提出了进化论的自然发展观，并在此基础上系统阐述了社会进化思想。

首先，孙中山依据进化论原理，提出了物质世界进化三个时期的理论。他认为，自达尔文的《物种起源》出版后，进化论学说成为“大放光明”的理论，对世界产生了巨大的影响。据此，物质世界的进化可以分为三个时期：“其一为物质进化之时期；其二为物种进化之时期；其三则为人类进化之时期。”②

所谓“物质进化时期”，是指宇宙的起源和形成阶段。孙中山认为：“元始之时，太极（此用以译西名以太也）动而生电子，电子凝而元素，元素合而成物质，物质聚而成地球。”③ 在这里孙中山认为“以太”是宇宙万物的根源。由于以太的运动，产

---

① 孙中山：《上李鸿章书》，见《孙中山全集》，第1卷，8页，北京，中华书局，1981。

② 孙中山：《建国方略之一　孙文学说——行易知难（心理建设）》，见《孙中山选集》，上卷，155～156页，北京，人民出版社，1981。

③ 同上。

生电子，电子凝聚成各种化学元素，元素化合成各种物质，各种物质又聚合成地球。可见，地球的起源和形成是一个漫长的进化的历史过程。在其他文章里，孙中山还以康德和拉普拉斯的星云假说的基本思想来解说地球的起源。他说：“照进化哲学的道理讲，地球本来是气体，和太阳本是一体的。始初太阳和气体都是在空中，成一团星云，到太阳收缩的时候，分开许多气体，日久凝成液体，再由液体固结成石头。最古老的石头，有几千万年。”①

所谓“物种进化时期”，是指生物的生命发生和发展阶段。孙中山接受了近代生物学的细胞学说，把细胞命名为“生元”。认为生命开始于“生元”，他说：“据最近科学家所考得者，则造成人类及动植物者，乃生物之元子为之也。生物之元子，学者多译之为‘细胞’，而作者特创名之曰‘生元’，盖取生物元始之意也。”② 在孙中山看来，细胞是“生物之始”，一切生命都来源于原始生物的单细胞，是自然界长期发展进化的结果。

所谓“人类进化时期”，是指人类的产生与发展，即在“物竞天择”的规律的作用下，由细胞分化到物种的进化，再由物种的进化到人类的产生。这说明，人类并不是上帝所创造的，而是由动物经过长期的进化而逐渐形成的。

值得指出的是，孙中山并不是为了进行自然科学启蒙教育而向人们讲述地球、人类的形成进化史的，而是以自然发展观来说明人类社会也是一个不断革新变化的过程，借以强调革命的必要性。

其次，孙中山从其民生史观出发，认为“民生”是人类社会进化发展的基础和“原动力”。而“互助”则是社会进化的“主动力”。人类解决生存问题，是社会进化的定律，是历史的重心。他说：“古今一切人类之所以要努力，就是因为要求生存，人类因为要有不间断的生存，所以社会才有不停止的进化，所以社会进化的定律，是人类求生存。”③ 很显然，孙中山是把人类求生存的“要求”作为社会进化的动力。

孙中山还认为人类进化的原则是“互助”，而不是“相争”，他说：“人类进化之主动力，在于互助，不在竞争，如其他之动物者焉。故斗争之性，乃动物性根之遗传于人类者，此种兽性，当以早除之为妙也。”④

孙中山批判社会达尔文主义为一种野蛮的学问，认为人类的进化原则应与物种的进化原则不同，这种作为人类进化“主动力”的“互助”，主要表现为“社会互助”和“国际互助”两个方面。只有通过“互助”，才能使社会上大多数的经济利益相调和，才能使国与国之间取长补短，以促成世界文明的发展演进，达到幸福的“大同世界”。应该承认，自人类结成群体，组建社会以来，“互助”作为一种社会现象，是客观存在的，但孙中山否定阶级斗争，过分夸大了“互助”的作用，使其“互助”论走向了反面。

---

① 孙中山：《民权主义（三民主义）》，见《孙中山选集》，下卷，693～694页。

② 孙中山：《心理建设（孙文学说）》，见《孙中山选集》，上卷，121～122页。

③ 孙中山：《民生主义（三民主义）》，见《孙中山选集》，下卷，816～817页。

④ 孙中山：《建国方略之二　孙文学说——实业计划（物质建设）》，见《孙中山选集》，上卷，365页。

最后，在社会进化的趋势问题上，孙中山强调民众的重要作用，并据此提出了“突驾”说。他说：“一国之趋势，为万众之心理所造成，若其势已成，则断非一二因利乘便之人之智力所可转移也。夫华、拿二人之于美、法之革命，皆非原动者。”①

在上文中，孙中山认为是人民的心理，人民的需要，造成了历史的趋势，其观点具有一定的合理性。正是在上述观点的基础上，他强调只要是适乎世界潮流，合乎人群之需要的正义事业，就一定能成功，从而使人类社会实现“突驾”式发展。他不同意康有为提倡的庸俗进化论，认为中国社会的进化可以后来居上，以异常的速度，用十年二十年的时间举西人之文明而尽有之，甚至实现“突驾”，“赶超”，表明了其社会进化论的革命色彩。在他看来，人类文明步入近代社会以来，其发展进化的一般特点便是呈加速度状态向前运行，他说：“近代文明进步，以日加速，最后之百年，已胜于前之千年，而最后之十年，又胜以往之百年。”② 孙中山这种“后来居上”，“赶超突驾”的社会跨越式发展进化观，是人类自步入工业革命时代以来社会剧烈变迁的真实反映，既具有理论意义，对当时中国的政治革命和社会发展也具有直接的现实指导意义。

二、民生论

作为中国资产阶级民主革命的先行者和精神领袖，孙中山不仅提出了激进的民族革命和政治革命的方案，而且也提出了系统的“社会革命”思想，他试图“举政治革命、社会革命毕其功于一役”③，建立一个理想的社会。“民生论”是其社会思想的核心。

（一）“民生”的含义

孙中山认为：“民生就是政治的中心，就是经济的中心和种种历史活动的中心。”④“所以民生问题才可说是社会进化的原动力。”⑤ 即历史的重心是民生，不是物质。关于“民生”的具体含义，他作了以下的概括：“民生就是人民的生活——社会的生存、国民的生计、群众的生命便是。……故民生主义就是社会主义，又名共产主义，即是大同主义。”⑥ 从上述简短的概括可以看出，在孙中山看来，所谓“民生”，就是国民的生计，即是要改善人民的物质生活，解决人民的穿衣、吃饭和其他生活需要。民生问题是社会进化的原动力，也是人类历史活动的中心。孙中山对“民生”一词的阐释，体现了他对劳动人民生活和生命的重视和关怀。

---

① 孙中山：《孙文学说》，见《孙中山选集》，上卷，168～169页。

② 同上书，157页。

③ 孙中山：《〈民报〉发刊词》，见《孙中山全集》，第1卷，289页。

④ 孙中山：《民生主义（三民主义）》，见《孙中山选集》，下卷，824～825页。

⑤ 同上书，817～819页。

⑥ 孙中山：《民生主义》，见《孙中山全集》，第9卷，355页，北京，中华书局，1986。

（二）“民生论”的思想渊源

作为20世纪初期的东方资产阶级革命家和思想家，孙中山“民生理论”的思想来源极为复杂：一方面他继承了中国古代的传统思想；另一方面也借鉴了西方各种流派的非科学社会主义思想。这正如他自己所说：“余之谋中国革命，其所持主义，有因袭吾国固有之思想者，有规抚欧洲之学说事迹者，有吾所独见而创获者。”① 正是在综合了古今中外有关思想学说的基础上，孙中山提出了他别具特色的“民生论”。

首先，孙中山的“民生论”深受中国古代的“大同思想”和“均平思想”的影响。

孙中山曾经多次说过：真正的民生主义，就是孔子所希望的大同世界。“近日社会学说，虽大昌明，而国家界限尚严。国与国之间，不能无争。道德家必愿世界大同，永无争战之一日。我辈亦须存此心理，感受此学说。将来世界上总有和平之望，总有大同之一日，此吾人无穷之希望，最伟大之思想。”②

孙中山提出的“民生”思想，还借鉴了中国古代的“均平”思想。他说：民生主义的事实，最要紧的是均贫富。社会革命的原因，便是由于社会上贫富太不均。民生主义就是贫富均等，不能以富者压制贫者。他还明确表示，自己的民生主义是直接源于古代的，“诸君或者还有不明白民生主义是什么东西的。不知道中国几千年以前，便老早有行过了这项主义的。像周朝所行的井田制度，汉朝王莽想行井田方法，宋朝王安石所行的新法，都是民生主义的事实。”③

其次，欧美各种非科学社会主义思想也对孙中山的“民生思想”产生了较大的影响。

在辛亥革命前后，孙中山在周游世界的过程中，也深入地考察了欧美的社会思潮。其中美国经济学家和政论家亨利·乔治的“单税社会主义”、普鲁士王国的“铁血宰相”俾斯麦的“国家社会主义”、英国的“费边社会主义”等思想对他影响尤大。从孙中山民生主义的实际内容看，他所提倡的“平均地权”，实际上就是亨利·乔治“单税理论”的翻版。而他以国家权力限制大资本家的垄断，救济贫穷者的痛苦的思想，则是深受俾斯麦“国家社会主义”思想的影响，他自己曾说：“民生主义并非均贫富之主义，乃以国家之力，发达天然实利，防资本家之专制。德国俾斯麦反对社会主义，提倡国家社会主义，十年以来，举世风靡。……中国十年以后，必至有十万人以上之大资本家，此时杜渐防微，惟有提倡国家社会主义，此则兄弟提倡国家社会主义之微意也。”④

---

① 孙中山：《中国革命史》，见《孙中山全集》，第7卷，60页，北京，中华书局，1985。

② 孙中山：《在东京中国留学生欢迎会的演说》，见《孙中山全集》，第3卷，25页，北京，中华书局，1984。

③ 孙中山：《在广州欢宴各军将领会上的演说》，见《孙中山全集》，第8卷，472页，北京，中华书局，1986。

④ 孙中山：《在北京共和党本部欢迎会的演说》，见《孙中山全集》，第2卷，441～442页，北京，中华书局，1982。

（三）“民生思想”的演化轨迹

孙中山生活在社会剧烈转折过渡的历史大时代，其思想发展也自然呈现出阶段性发展的历史特点。

早在甲午战争前后，孙中山就在《致郑藻如书》、《上李鸿章书》中，提出要注重“国计民生”问题。1895 年，在香港兴中会章程中更明确提出要“兴大利以厚民生……必使吾中国四百兆生民各得其所，方为满志。”[①] 把“厚民生”、“民各得其所”作为兴中会追求的经济社会发展目标。

1905 年同盟会成立后，孙中山在《〈民报〉发刊词》等文章中进一步将其“民生思想”深化。提出用核定天下地价，现价归原主所有，革命后社会改良进步之增价则归国家的办法，来实现平均地权，从根本上解决民生问题。此时的孙中山已经意识到资本主义社会的弊端，试图“防患于未然”，避免走上资本主义社会的覆辙。

辛亥革命后，尤其是国民党一大前后，随着孙中山对西方资本主义制度弊端认识的加深，他开始把其“民生理想”与打破资本主义制度联系起来。明确提出：我们的“民生主义，以养民为目标，不以赚钱为目标”，“民生主义是以养民为目的”，而“资本主义是以赚钱为目的”[②]，还提出了“节制私人资本”、“耕者有其田”等口号，以保障劳动者的基本生活和社会福利。由此可见，从兴中会成立到国共合作的建立，孙中山的“民生论”始终以“养民”、“济穷”、“均平”为其宗旨，这为他提出系统的社会福利思想奠定了思想基础。

三、社会福利论

从其“养民济穷”的民生论出发，孙中山提出了很多颇具新意的社会福利主张，成为近代中国社会福利思想发展史上的集大成者。

（一）救济工农

孙中山非常同情工农劳动大众的苦难境况，主张消灭“贫富阶级”，实现“真自由平等博爱”，而在理想的博爱社会建立之前，应该采取社会救济措施，改善工人农民的生活。

1924 年 1 月，他在《中国国民党第一次代表大会宣言》中，强调了对农民的救济政策：“中国以农立国，而全国各阶级所受痛苦，以农民为尤甚。国民党之主张，则以为农民之缺乏田地沦为佃户者，国家当给以土地，资其耕作，并为之整顿水利，移殖荒徼，以均地力。农民之缺乏资本至于高利借贷以负债终身者，国家为之筹设调剂机关，如农民银行等，供其匮乏，然后农民得享人生应有之乐。”[③]

---

① 孙中山：《香港兴中会章程》，见《孙中山全集》，第 1 卷，22 页。

② 孙中山：《民生主义》，见《孙中山全集》，第 9 卷，355 页。

③ 孙中山：《中国国民党第一次全国代表大会宣言》，见《孙中山全集》，第 1 卷，120～121 页。

关于对工人的救济政策，《中国国民党第一次代表大会宣言》也特别指出："中国工人之生活绝无保障，国民党之主张，则以为工人之失业者，国家当为之谋救济之道，尤当为之制定劳工法，以改良工人之生活。"①

孙中山还非常推崇德国俾斯麦执政时代推行的国家社会主义政策，他说："德国当俾斯麦执政的时代，用国家力量去救济工人的痛苦，做工时间是由国家规定了八点钟；青年和妇女做工的年龄与时间，国家定了种种限制；工人的养老费和保险费，国家也有种种规定，要全国的资本家担任去执行。"②

（二）安老怀少

孙中山继承了中国古代"安老怀少"的社会福利思想，并将其进一步深化。他认为，《礼记·礼运》篇中所描述的"不独亲其亲"，"不独子其子"的大同世界，不仅是人类"高尚的思想"，也是人类进化的目的。他说："在吾国数千年前，孔子有言曰：'大道之行也，天下为公。'如此，则人人不独亲其亲，人人不独子其子，是为大同世界。大同世界即所谓'天下为公'。要使老者有所养，壮者有所营，幼者有所教。"③

他还把"安老怀少"作为理想社会的重要标志来看待，说："实现社会主义之日，即我民幼有所教，老有所养，分业操作，各得其所。"④ 在1924年4月制定的《建国大纲》的第11条中，规定将土地、山林川泽、矿产等收入，都归地方政府所有，"而用以经营地方人民之事业，及育幼、养老、济贫、救灾、医病，与夫种种公共之需"⑤。在上述种种社会福利项目中，将育幼和养老放在前列，体现了孙中山对"安老怀少"问题的重视。

在孙中山看来，儿童福利和老人福利是社会福利的核心内容，应该使之制度化、规范化。他设计的情况是："男子五六岁入小学堂，以后由国家教之养之，至二十岁为止，视为中国国民之一种权利。学校之中，备各种学问，务令学成以后，可独立为一国民，可有参政、自由、平等诸权。二十以后，自食其力，幸者为望人、为富翁，则不需他人之照顾。设有不幸者，半途蹉跎，则五十以后，由国家给予养老金。此制英国亦已行之，人约年给七百八百元，中国则可给数千元，如生子多，凡无力养之者，亦可由国家资养。此时家给人乐，中国之文明，不止与欧美并驾齐驱而已"⑥。在这里，孙中山实际上设计了义务教育制度、养老金制度等社会福利制度，他认为只要我们运用国家的力量强力推行上述社会福利政策，使社会不受经济阶级压迫之痛苦，就会建成"国利民福"的福利社会。

---

① 孙中山：《中国国民党第一次全国代表大会宣言》，见《孙中山全集》，第1卷，121页。
② 同上书，372页。
③ 孙中山：《在桂林对滇赣粤军的演说》，见《孙中山全集》，第6卷，36页。
④ 同上书，523页。
⑤ 孙中山：《国民政府建国大纲》，见《孙中山选集》，下卷，570页。
⑥ 孙中山：《在南京同盟会员饯别会的演说》，见《孙中山全集》，第2卷，323～324页。

（三）理想的福利保障模式

孙中山认为，在民族革命和政治革命成功的同时，革命党人还应该致力于以“平均地权”为核心内容的“社会革命”，以建立“家给人足，四海之内，无一夫不获其所”[①] 的福利保障社会。

首先，美国学者亨利·乔治的“单税社会主义”学说，是孙中山提出“平均地权”，建立高度发达福利保障社会的理论依据。

19世纪七八十年代以来，伴随着自由资本主义向帝国主义阶段的过渡，资本主义世界的阶级矛盾日趋激化，各种旨在缓和社会矛盾的社会改良学说颇为流行。美国学者亨利·乔治提出“单税社会主义”学说，他在其代表作《进步与贫困》一书中，宣布土地垄断是贫穷困苦的唯一原因，认为医治它们的药剂是把土地交给整个社会。他不主张强制没收私人土地，认为只需通过征收单一地价税把地租转化为国赋就算是实现了土地国有，资本主义贫富分化悬殊的弊端自然会得到解决。由于这种税收制度实行后，其收入足敷全国之支出，其他各种税收完全可以免除，那时的国家便可称得上是高度福利保障的“社会的国家”了。从本质上看，亨利·乔治的理论是错误的，它不过是企图通过改良方法来缓和资本主义社会的矛盾，以挽救资本主义制度罢了。孙中山领导的辛亥革命，是以西方资本主义制度为模式来改造中国社会的，但通过出洋考察，他发现西方资本主义社会正为严重的贫富分化问题所困扰，为了不致重蹈西方资本主义的覆辙，孙中山接受了亨利·乔治的理论，试图避免贫富分化，在中国建立一个高度发达的福利保障社会。

其次，孙中山认为，“平均地权”是实现福利保障理想社会的最主要途径。在孙中山亲自主持制定的同盟会宣言中，对平均地权的方法作了以下的解释和规定：“文明之福祉，国民平等以享之。当改良社会经济组织，核定天下地价。其现有之地价，仍属原主所有；其革命后社会改良进步之增价，则归于国家，为国民所共享。”[②] 结合上文，我们可知孙中山的“平均地权”具体实行办法可以分为以下四个步骤：

（1）核定地价：即在国民政府建立后，在换发地契时，令人民自己报告地价，政府将地主自报之地价写入地契。

（2）照价收税：即把从量地税改为从价地税。他说：“从前人民所有土地，照面积纳税，分上中下三等。以后应改一法，照价收税。因地之不同，不止三等。……如黄浦滩一亩纳税数元，乡中农民有一亩地亦纳税数元，此最不平等也。”“不如照价征税，贵地收税多，贱地收税少。贵地必在繁盛之处，其地多为富人所有，多取之而不为虐。贱地必在穷乡僻壤，多为贫人所有，故非轻取不可。”[③]

（3）照价收买：在核定天下地价时应明确规定，国家需地时，随时可照地契之价收买。

---

① 孙中山：《中国同盟会革命方略》，见《孙中山全集》，第1卷，297页。
② 同上。
③ 孙中山：《在南京同盟会员饯别会的演说》，见《孙中山全集》，第2卷，320页。

(4) 涨价归公：自报地价之后，如果因社会发展进步而地价上涨，所涨之价，应当归为公有，为国民所共享。他举例说："比方地主有地价值一千元，可定价为一千，或多至二千；就算那地将来因交通发达涨至一万，地主应得二千……赢利八千，当归国家。"①

综上所述，通过以上四个步骤，"平均地权"的目标得以实现，同时还实现了土地国有化，消灭了贫富分化。

最后，由于革命成功和社会不断发展进步，地价不断上涨，涨价部分全部归国家所有，为国民所共享，这样就可以废除一切捐税，只保留地租一项，百姓就已经是用之不竭了。他认为实行单一税的国家是高度的福利保障国家：

> 革命后社会改良进步之增价，则归于国家，为国民所共享。肇造社会的国家，俾家给人足，四海之内，无一夫不获其所。敢有垄断以制国民之生命者，与众弃之！②

又说，实行单一税，"这于国计民生，皆有大益。……现今苛捐尽数蠲除……把几千年捐输的弊政永远断绝……私人永远不用纳税，但收地租一项，已成地球上最富的国"③。由此可见，继洪秀全的《天朝田亩制度》和康有为的《大同书》之后，孙中山借鉴亨利·乔治的"单税社会主义"理论，构想了一个"家给人足"，"四海之内，无一夫不获其所"的理想的带有乌托邦色彩的福利保障社会，它反映了中国人对没有剥削没有压迫的理想社会和大同世界的强烈渴望，也代表了先进中国人对资本主义剥削制度的尖锐批判，在中国社会思想史上占有极其重要的历史地位。

本章要点

1. 洪秀全是近代中国农民革命家，也是颇具影响的思想家，其社会思想的主要观点包括社会批判论和理想社会论。

2. 洪秀全从基督教平等思想和儒家大同思想出发，在对旧世界进行武器批判的同时，也对现实社会的腐败黑暗进行了激进的思想批判。

3. 洪秀全还提出了"有田同耕，有饭同食，有衣同穿，有钱同使"的理想社会论。代表了劳动者追求幸福美好生活的理想，但这种绝对平均主义的理想又是不能实现的。

4. 洪仁玕社会思想的特点主要源发于其颇具传奇色彩的香港避难之旅，这为他了解外部世界、构建思想体系提供了较为开阔的视野。与洪秀全的《天朝田亩制度》不同，洪仁玕在《资政新篇》中所提出的是在中国建立和发展资本主义的现代化思想。这是近代中国第一个系统的学习西方的方案，值得特别注意。此外，洪仁玕还系统介绍了西方资本主义国家的社会福利制度，他希望通过社会福利政策的实施和改革，达到"与番人并雄"的目的。

---

① 孙中山：《在东京〈民报〉创刊周年庆祝大会的演说》，见《孙中山全集》，第1卷，329页。

② 孙中山：《中国同盟会革命方略》，见《孙中山全集》，第1卷，297页。

③ 孙中山：《在东京〈民报〉创刊周年庆祝大会的演说》，见《孙中山全集》，第1卷，329页。

5. 孙中山是中国资产阶级革命派的“思想领袖”，他在思想史上的杰出贡献在于概括提出了系统的资产阶级革命理论——三民主义。其思想体系中蕴含着丰富的社会思想。

6. 社会进化论。孙中山吸取了西方近代自然科学和医学成果，形成了独特的社会发展进化观，为其社会发展论奠定了理论基础。

7. 社会福利论。从“养民济穷”的民生论出发，孙中山提出了救济工农、安老怀少的社会福利观，设计了义务教育制度、养老制度，试图建立“国利民富”的福利社会。

8. 理想社会论。在以“平均地权”为核心的“社会革命”内容中，孙中山试图通过“核定地价”、“照价收税”、“涨价归公”等步骤，建立一个“四海之内，无一夫不得其所”的大同社会。

复习思考题

1. 洪秀全社会平等论的主要内容及其评价。
2. 洪秀全、康有为理想社会论之异同比较。
3. 试论洪仁玕现代化思想的历史地位。
4. 试述洪仁玕近代社会福利观的主要内容。
5. 试述孙中山社会变迁思想的时代特征及其主要观点。
6. 试述孙中山社会福利论的主要观点。
7. 试分析比较康有为、孙中山理想社会论的异同。

推荐阅读书目

1. 《近代史资料丛刊·太平天国》，第1册，上海，神州国光社，1952。
2. 洪仁玕：《资政新篇》，见《近代史资料丛刊·太平天国》，第2册，上海，神州国光社，1952。
3. 李泽厚：《近代中国思想史论》，北京，人民出版社，1979。
4. 王处辉：《中国社会思想史》（下），第十四章，天津，南开大学出版社，2000。
5. 陈定闳：《中国社会思想史》，第三十八章，北京，北京大学出版社，1990。
6. 孙中山：《孙中山全集》，1～9卷，北京，中华书局，1981—1986。
7. 萧公权：《中国政治思想史》（下），第二十四章，台北，台湾联经出版事业公司，1982。
8. 张承汉：《中国社会思想史》，第八篇第一章、第二章第一节，台北，三民书局，1992。

第二十五章

民国时期价值多元化趋向中的社会思想

辛亥革命虽然推翻了帝制，但积淀在民族文化深层结构中的封建糟粕并没有被彻底荡涤。随着西方思想的大量介绍，马克思主义、实用主义、唯意志论、生命哲学等大规模涌入中国，通过东西文化的比较，人们对中国社会落后挨打的深层原因有了更为清醒的认识，开始对传统文化进行反思和重估。因而辛亥革命之后中国思想史的主要特征，一方面是要破坏中国农业社会旧有思想，一方面是输入西洋工业资本社会的新思想，表现为传统与反传统的激烈冲突，形成了中国现代思想启蒙运动——五四新文化运动。

五四新文化运动期间，以陈独秀、李大钊、胡适、吴敬恒等为首的知识分子，高举着“科学”与“民主”两面大旗，对中国传统的封建文化进行了彻底的批判。陈独秀主张，作为东洋文化代表的孔子之道不能用来组织国家社会，而应输入“西洋式社会国家之基础，所谓平等人权之新信仰”。胡适“很热烈地颂扬西洋近代文明”，主张“往西走”，走以英美为楷模的自由资本主义的社会发展道路。马克思主义传入中国后，李大钊、陈独秀与胡适分道扬镳，以胡适为中心，丁文江、傅斯年、吴景超等成为中国自由主义思潮的突出代表。

随着新文化运动的深入，人们越来越倾向于把东西差异归结为时代差异，把中西冲突归结为古与今、新与旧的冲突，出现了像吴敬恒那样宣称要把“国学”丢到茅厕里的激进人物，相信科学可以解决一切问题，要求对传统进行全盘否定。少数中国知识分子出于对现代西方文化的反思和对民族文化虚无主义的忧虑，反对把文化的民族差异完全归结为时代差异，竭力强调文化的民族性与共性，传统与现代的连续性，对东方文化的现代振兴充满信心，主张要“批评地把中国原来的态度重新拿出来”，坚信走一条以东方精神文明为主，融合现代西方文明的特殊发展道路，形成现代中国的文化保守主义思潮。梁启超、杜亚泉、章士钊，尤其是梁漱溟等是这一派思想初期的代表人物，继其后的熊十力、冯友兰、张君劢等现代新儒家都基本上遵循着这条原则，向往着一条东方式的社会发展道路。

十月革命以后，陈独秀与李大钊等人由激进的自由主义者转变为马克思主义者，主张中国应该走十月革命的社会主义道路，发动无产阶级革命，实现无产阶级专政。其后，瞿秋白、恽代英、蔡和森、毛泽东等人，从理论与实践上进一步发展马克思主义思想，马克思主义思潮渐成社会思潮的主流。

因此，五四新文化运动时期，基本形成了自由主义西化派、文化保守派以及马克思主义者三家思想流派相互争锋的格局。此外，以孙中山为代表的三民主义思潮也在理论上进一步完善与充实，但随着国民党建立国家政权后，三民主义遂成为官方的意识形态，其社会影响力日渐衰弱。

总的来看，五四以来的民国时期，随着国际关系格局、世界思潮与国内社会结构的急剧变动，社会思想比晚清时期更为纷繁复杂，自五四新文化运动以来，自由主义、文化保守主义、马克思主义、三民主义等几大社会思潮一直同时并存，其中自由主义、文化保守主义、马克思主义三大思潮尤为突出，可谓中国社会思想发展史上一个新的繁盛时期。三大社会思想流派思想复杂、代表人物众多，本书因篇幅所限，无法一一介绍，故各撷取一个代表人物，以期对现代三大思想流派的社会思想有一个初步的了解。

第一节
陈独秀的社会思想

陈独秀（1879—1942 年），安徽怀宁县（今安庆市）人。自 1901 年到 1914 年，先后四次东渡日本，寻求国家强弱的根源，研究西方的资产阶级的政治、经济和文化学说，开始倾向革命。1915 年 9 月，创办并主编《青年》杂志（第 2 卷起改名为《新青年》），介绍西洋思想，抨击传统思想，发起新文化运动，与胡适、李大钊等人一起成为新文化运动的领袖人物。1917 年 1 月，被北京大学校长蔡元培聘请为北大文科学长，在北大提倡新文学，鼓吹新文化，使北大一变为中国新思想的发源地。1918 年底，与李大钊等创办《每周评论》，逐步接受马克思主义。

陈独秀一生的思想随时代的变化而有多次转折，由最初信奉康有为、梁启超的改良主义转向反清，转向资产阶级民主主义，五四时期又转向强调马克思主义，大革命失败后，又转向走国民会议道路的托洛茨基主义，最后宣称抛弃一切主义信仰，自诩为“终身的反对派”。著作辑为《独秀文存》、《陈独秀文章选编》（3 册）、《陈独秀著作选》（3 册）等。

一、社会进化论

进化论是近代中国知识分子普遍接受的一种思想学说，陈独秀终身信奉社会进化论，对于社会问题与社会改造主张，总是以是否有利于人类社会进化为标准来评价其是非得失。在接受马克思主义后，他更注重从以经济的唯物史观解释社会进化、社会变迁的根本原因。

陈独秀认为，人类社会的发展虽然时有曲折与反复，但总的趋势是遵循着由低到高的自然发展规律的，是不以人的意志为转移的，“由游牧酋长时代而封建时代，而资本主义时代，而无产阶级时代；这些时代之必然的推进，即所谓时代潮流”[1]，因此一切社会制度、思想、学说，都会随着时代的发展而不断变迁，不断发展，否则只会被时代社会所抛弃与淘汰。基于这种基本信念，他进而认为，“除了牵强，附会，迷信，世界上定没有万世师表的圣人，推诸万世而皆准的制度和包医百病的学说这三件东西”[2]。在现实社会生活中，陈独秀积极推动、发起中国的新文化运动，根据新的时代特点，积极引进现代思想、学说，破除偶像，批判、抨击“不适合现代生活”的儒家的纲常伦理、世法道德，推动中国社会从传统社会走向现代社会。

在社会进化、变迁的原因问题上，五四时期国人一般有地理环境论、种族论、文化传播论、经济决定论、综合因素论等几种观点，接受了马克思主义唯物史观的陈独秀对经济制度的原因深信不疑，指出：“我们相信，只有客观的物质原因可以变动社会，可以解释历史，可以支配人生观，这便是唯物的历史观。”[3]“我以为唯物史观底要义是告诉我们：历史上一切制度变化是随着经济制度变化而变化的。我们因为这个要义底指示，在创造将来的历史上，得了三个教训：（1）一种经济制度要崩坏时，其他制度也必然要跟着崩坏，是不能用人力来保守的；（2）我们对于改造社会底主张，不可蔑视现社会经济的事实；（3）我们改造社会应当首先从改造经济制度入手。”[4]在这里，陈独秀就将唯物史观与自然的社会进化论有机地结合起来。

应用到中国问题上，陈独秀认为，中国社会长期落后的关键是社会经济不发达的缘故。他说，从晚周到鸦片战争的前资本主义时期，“这一时期的农业造成社会的蒙昧无知和散漫，商业造成社会的奸诈和苟偷，于是他的生产力、武力、道德、文化，都一般的衰落”[5]。中国社会要进步、发展，只有从跟进现代西方的社会经济制度入手。

从理论本身看，这种唯物史观基础上的社会进化论并非陈独秀的创见，陈独秀本人的论述也谈不上系统深刻，但这种基本观念成为陈独秀探讨社会人生问题，从事社会改造和社会政治实践的基础。而作为中国马克思主义的先驱人物，唯物史观在中国的流行与发展也正与陈独秀、李大钊等早期共产党人的大力引进与宣传息息相关。

二、中西文化论

在中西文化的问题上，新文化运动的代表人物胡适、李大钊均主张融通调和，陈独秀则极力抨击以孔教为代表的传统文化，鼓吹西化，首先提出并倡导现代西洋文化中的“民主”与“科学”两面大旗，并崇西抑中，反对新旧调和。

---

① 陈独秀：《资产阶级的革命与革命的资产阶级》，见任建树、张统模、吴信忠编：《陈独秀著作选》(2)，446页，上海，上海人民出版社，1993。

② 陈独秀：《马尔塞斯人口论与中国人口问题》，见《独秀文存》，288页，合肥，安徽人民出版社，1987。

③ 陈独秀：《〈科学与人生观〉序》，见任建树、张统模、吴信忠编：《陈独秀著作选》(2)，554页。

④ 陈独秀：《答蔡和森》，见《独秀文存》，228页。

⑤ 陈独秀：《民族野心》，见任建树、张统模、吴信忠编：《陈独秀著作选》(3)，489页。

陈独秀否定以孔子为代表的儒家文化。针对五四时期康有为等人的尊孔主张，他从社会变迁的角度指出，孔子之道已经不适合于现代生活，应该为时代所淘汰。因为作为传统文化主要代表的孔子儒家文化（所谓孔教），立基于传统农业社会，强调三纲五常的尊卑贵贱等级规范，与伦理上强调人格独立与经济上强调个人财产独立的现代观念格格不入。在现代社会实行孔教不但不能增进社会福利和国家实力，只会使社会沦落到黑暗野蛮的境况。所以，在现代社会“儒教孔道不大破坏，中国一切政治、道德、伦理、社会、风俗、学术、思想，均无有求治之法”①。此外，陈独秀在论国民性时，对老、庄、佛等传统文化也进行了批判，认为因这些学说所产生的虚无思想与放任主义是国民性腐败堕落的最大原因之一。

针对五四时期传统派对固有的旧道德的弘扬，陈独秀从人类道德共性的角度出发指出，人类本能上光明方面的相爱、互助、同情心、利他心、公共心，与人类本能上黑暗方面的虚伪、嫉妒、侵夺、争杀、独占心、利己心、私有心，是东西各民族的人类共有的普遍现象。相反，从特殊性出发，“忠，孝，贞节三样，却是中国固有的旧道德”，中国历史与现实中种种悲惨不安的社会现象，恰恰正是由这三种旧道德造成的。而西方道德现在则前途光明，“正在要抛弃私有制度之下的一个人一阶级一国家利己主义的旧道德，开发那公有，互助，富于同情心，利他心的新道德”②。

不过，对孔子及孔教本身，陈独秀并没有采取全盘否定的极端态度，曾在不同场合多次指出不反对孔子并服膺孔学的精华，如孔子不语怪、力、乱、神的非宗教迷信的态度，以及孔子学说在立教当时所起的积极的社会整合作用。对非儒学派也曾有所肯定，如认为“墨家兼爱，庄子在宥，许行并耕，此三者诚人类最高之理想，而吾国之国粹也”③。但关键是传统文化已经不适应于现代生活，已成为社会进化的障碍，应该抛弃。

相反，对近代以来的西洋文化尤其是法兰西文明，陈独秀却大力讴歌与弘扬。在新文化运动之初，他就指出，人权学说、生物进化论、社会主义三大学说最能体现近代西洋文明的特点，而这三大文明都由法国人首倡，所以法国为世界文明的大恩人。④

五四时期，陈独秀更将西洋文明概括成“民主”与“科学”精神，认为只有高举这两面大旗，才“可以救治中国政治上道德上学术上思想上一切的黑暗”，中国才能步入现代社会。他还义无反顾地宣称：为拥护民主与科学，即使遭到任何政府、社会的压迫攻击，“就是断头流血，都不推辞”。因此，在中西文化的比较中，陈独秀体现出一种明显的西化倾向。他曾从东西根本思想的差异作了三方面的归纳，即：(1) 西洋民族以战争为本位，东洋民族以安息为本位。(2) 西洋民族以个人为本位，东洋民

---

① 陈独秀：《答孔昭铭》，载《新青年》第2卷第5号，1917。

② 陈独秀：《调和论与旧道德》，见蔡尚思主编：《中国现代思想史资料简编》，第1卷，54～55页，杭州，浙江人民出版社，1982。

③ 陈独秀：《答李杰》，见任建树、张统模、吴信忠编：《陈独秀著作选》(1)，315页。

④ 参见陈独秀：《法兰西人与近世文明》，见任建树、张统模、吴信忠编：《陈独秀著作选》(1)，136～139页。

族以家族为本位。（3）西洋民族以法治为本位，以实利为本位；东洋民族以感情为本位，以虚文为本位。[①] 在陈独秀看来，这三方面明显东劣西优。就政治伦理的根本观念而言，儒家的三纲说是中国伦理政治的根本，体现为一种典型的尊卑贵贱的阶级制度，而近代西方的道德政治则充分体现了自由平等独立的观念，这二者的区别正是“东西文明的一大分水岭”。

受这种文化偏向的影响，陈独秀对中西文化采取了势不两立的立场，反对文化调和论。在《〈新青年〉罪案之答辩书》一文中，他旗帜鲜明地声称：“要拥护那德先生，便不得不反对孔教，礼法，贞节，旧伦理，旧政治；要拥护那赛先生，便不得不反对旧艺术，旧宗教；要拥护德先生又要拥护赛先生，便不得不反对国粹和旧文学。”[②] 这段话被认为是五四时期“全盘西化”的代表性言论。他还说：“欲建设西洋式之新国家，组织西洋式之新社会，以求适今世之生存，则根本问题，不可不首先输入西洋式社会国家之基础，所谓平等人权之新信仰，对于与此新社会新国家新信仰不可相容之孔教，不可不有彻底之觉悟，猛勇之决心；否则不塞不流，不止不行。”[③] 在《〈新青年〉宣言》中，陈独秀提出他心中的理想社会是：“我们理想的新时代新社会，是诚实的、进步的、积极的、自由的、平等的、创造的、美的、善的、和平的、相爱互助的、劳动而愉快的、全社会幸福的。”显然，这个理想社会是建立在现代西方民主、自由、科学观念与社会主义精神之上的一个新社会，与传统社会毫不相干。

三、个人与社会关系论

新文化运动的一个重要内容就是批判旧道德，宣扬新道德。在陈独秀看来，就是要掀起一场伦理革命，去除陈腐的旧道德，确立适合现代生活的新道德，或者说，确立新的社会规范。就个人社会角色而言，陈独秀希望现代青年具有独立自主的人格，具有积极向上的人生态度；在个人与社会的关系中，陈独秀经过了一个从个人至上、兼顾个人与社会，到倾向社会至上的复杂过程。

社会规范、新道德的提出离不开对人性的基本认识与定位。陈独秀认为，人类自身具有黑暗与光明的两种本性。人生应用反抗社会罪恶、努力进取的积极态度，“爱世努力”的改造精神，发挥人性中光明的一面，去改造黑暗的一面，抛弃顺世堕落的乐观主义与厌世自杀的悲观消极观念，推动社会的进步。[④] 在社会的基本道德规范上，“我们应该把‘爱世努力的改造主义’当作社会中普遍的惟一信仰”[⑤]。

---

① 参见陈独秀：《东西民族根本思想之差异》，见蔡尚思主编：《中国现代思想史资料简编》，第1卷，7～11页。

② 陈独秀：《〈新青年〉罪案之答辩书》，见蔡尚思主编：《中国现代思想史资料简编》，第1卷，34页。“德先生”与“赛先生”为英文“民主”（democracy，当时音译为“德莫克拉西”）与“科学”（science，当时英译为“赛因斯”）的英译。

③ 陈独秀：《宪法与孔教》，见任建树、张统模、吴信忠编：《陈独秀著作选》（1），229页。

④ 参见陈独秀：《我们应该怎样》，见任建树、张统模、吴信忠编：《陈独秀著作选》（1）521～522页。

⑤ 同上书，524页。

要把“爱世努力”作为改造社会的普遍信仰，还需要崭新的人格规范。他指出，青年是未来改造社会、建设社会的主体，应该具备六种人格特点：(1) 自主的而非奴隶的。(2) 进步的而非保守的。(3) 进取的而非退隐的。(4) 世界的而非锁国的。(5) 实利的而非虚文的。(6) 科学的而非想象的。① 要求男女新青年“尊重个人独立自主之人格，勿为他人之附属品”②。新青年在人生幸福上的观念之一应为“自身幸福应以自力造之，不可依赖他人”③。

在近代中国，个人人格的独立还牵涉到与国家、社会之间的关系。近代中国因内乱外患频仍，这一问题尤其复杂。陈独秀在这一问题上经历了很大的转折。他早年针对西方列强瓜分中国，而中国国民尚无现代国家观念的现实，强调国家至上，推崇国家主义；民国成立后，鉴于内政外交日益混乱，共和精神荡然无存，人民生活愈加困苦的现实，转而提出个人至上的观点，把个人作为社会的基础；在新文化运动的初期，他开始大力提倡个人主义，也主要倾向个人至上，指出“集人成国，个人之人格高，斯国家之人格亦高；个人之权巩固，斯国家之权亦巩固”，希望青年们应该摆脱附属地位，“以恢复独立自主之人格”④。

随着新文化运动的进一步开展及互助论思想在国内的广泛流行，陈独秀的观点发生了进一步转变。他看到个人至上的明显弊端，注意到社会的重要性，开始批评自利主义者不明白“群己相维”的道理，“夫人者群居之动物也。文明愈进，则群之相需也愈深”⑤。认为应该兼顾个人与社会的利益，既反对个人至上，也反对社会至上。个人应该在独立自主追求幸福的过程中，对社会做出应有的贡献。对于个人与社会的关系，他作出了新的概括：(1) 人生在世，个人是生灭无常的，社会是真实存在的。(2) 社会的文明幸福是个人造成的，也是个人应该享受的。(3) 社会是个人集成的，除去个人，便没有社会；所以个人的意志和快乐是应该尊重的。(4) 社会是个人的总寿命，社会解散，个人死后便没有连续的记忆和知觉；所以应该尊重社会的组织与秩序。⑥

接受马克思主义后，陈独秀更重视社会、团体的重要性。他强调“社会的力量大过个人远甚，社会能够支配个人，个人不能支配社会”⑦。“盖社会支配个人，其力量大；个人支配社会，其力量小，理至明也。”⑧ 这种社会本位思想源于他对当时世界思潮的认识。在《自杀论》一文中，他将思潮分为古代思潮、近代思潮与最近代思潮三类，从 14 个方面将此三种思潮作了区分，其中有关自我、国家与社会的思潮趋向为：

---

① 陈独秀：《敬告青年》，见蔡尚思主编：《中国现代思想史资料简编》，第 1 卷，1～6 页。
② 陈独秀：《一九一六年》，见任建树、张统模、吴信忠编：《陈独秀著作选》(1)，172 页。
③ 陈独秀：《新青年》，见《独秀文存》，42 页。
④ 陈独秀：《一九一六年》，见任建树、张统模、吴信忠编：《陈独秀著作选》(1)，173 页。
⑤ 陈独秀：《道德之概念及其学说派别》，见任建树、张统模、吴信忠编：《陈独秀著作选》(1)，301 页。
⑥ 参见陈独秀：《人生真义》，见任建树、张统模、吴信忠编：《陈独秀著作选》(1)，347 页。
⑦ 陈独秀：《新教育是什么》，见《独秀文存》，378 页。
⑧ 陈独秀：《教育与社会》，见任建树、张统模、吴信忠编：《陈独秀著作选》(2)，257 页。

古代思潮	近代思潮	最近代思潮
无我	唯我	自我扩大
个人的非国家的	国家的	社会的非国家的

所谓近代思潮即近代西方资本主义思潮，最近代思潮即当时的社会主义思潮。将社会主义视为世界最新思潮是五四时期知识分子的普遍共识，而接受了马克思主义的陈独秀自然更要求社会高于个人。

四、对社会阶级、阶层的分析

社会上哪些群体、阶层能够成为革命的力量，这是一个政治家、革命家从事革命实践的前提。在接受马克思主义以前，陈独秀主要是根据职业不同谈论社会各阶层，如体力劳动者、做工的人、奸商、卖淫女等，对社会各阶层并没有一个较为清晰、全面的认识。转向马克思主义后，他主要以财产的占有与否及财产的多少将社会分为两大对立阶级——资产阶级和无产阶级。依据中国的特殊情况，除强调农工商逐渐为国民运动、革命的主要动力外，他还特别重视青年学生、资产阶级、军人、精英等群体的重要作用。

（一）做工的人

五四时期，因苏俄以劳工为主体的社会主义革命的胜利，在中国的进步知识分子中间很快掀起一股“劳工神圣”的思潮。陈独秀指出，“只有做工的人最有用最贵重”、“只有做工的人是台柱子”①。所谓做工的人，并不是专指工人，而是泛指“种田的、裁缝、木匠、瓦匠、小工、铁匠、漆匠、机器匠、驾船工人、掌车工人、水手、搬运工人等”所有从事手工、体力劳动的人群。因为这些人的工作直接生产社会生存所需的各种产品，是维持社会基本生存的基础。与此相应，陈独秀将那些没有正当职业、不能带来直接“生利”的群体斥为“无业游民”，包括媚外的军阀、官僚、奸商、没良心的大学教授、新闻记者等。其中无业游民中，尤其“军人、官僚、政客，是中国的三害”②，这些人具体包括北洋军人、老官僚、新官僚、旧交通系、新交通系、安福系、政学系等，共同特点是“明抢暗夺误国殃民”。

既然社会的主体在“做工的人”，陈独秀在五四初期也与其他社会活动家与理论家一样，积极探讨改善劳动者待遇，如减少工时、增加工资、实施教育等，随着革命形势的发展，陈独秀明确表示上述改良方法只是枝节要求，而非根本方法，根本办法在于工农联盟，自觉联合，通过武装革命的方法，推翻无业阶级政权，建立劳动者自己的政权。

---

① 陈独秀：《劳动者底觉悟》，见任建树、张统模、吴信忠编：《陈独秀著作选》（2），135 页。

② 参见陈独秀：《实行民治的基础》、《除三害》等文，见任建树、张统模、吴信忠编：《陈独秀著作选》（2），37～38 页。

（二）资产阶级

陈独秀将殖民地半殖民地社会的中国资产阶级分为三部分：一是革命的资产阶级，主要是指海外侨商和新兴工商业资本家的一部分；二是反革命的资产阶级，即官僚资产阶级；三是非革命的小资产阶级，主要是小工商业家。在劳资关系上，当时经济的现状是资产阶级与无产阶级还没有到截然分化的程度，二者应该妥协以对付共同的敌人，所以，“中国国民党目前的使命及进行的正轨应该是：统率革命的资产阶级，联合革命的无产阶级，实现资产阶级的民主革命”①。

（三）新军人

自从清末新政以来，军人阶层成了一个引人注目的新阶层。但辛亥革命以来政治社会失序的结果，却使大小军阀横行，成为社会混乱的一个重要原因，而军人素质也日益低下。陈独秀一度对孙中山领导的广东革命政府的军队寄予厚望，希望新军人具备两大新的信条：一是“要做社会公有的军人，不做个人私有的军人”；二是“要做有生产力的军人，不做单纯消费的军人”，希望军队政党化及军人成为“生利”的劳动者，以便更好地解决系列社会问题。他说：“新式军人是社会上人人应有抵御外侮之义务，所以除了在战争及训练期间，不应有不生产而消费的特权。军人若有了生产力，现在所极难解决的军费问题、裁兵问题、兵匪勾结问题、军人包庇烟赌问题便自然解决了。”②所谓社会公有的军人，就是主张军队政党化，防止军人的个人独裁，“每个革命党的军人，都应该尊重党的威权在军队的威权之上”③。

此外，陈独秀还特别重视社会精英（“先知先觉”）在引导社会改造及革命完成后的民主政治中的关键作用，具有明显的精英论倾向。他说：“社会中有勇气和自信心的先知先觉，应该用个人的努力，渐渐减少人性黑暗的方面，渐渐发展人性光明的方面。我相信这种努力，不但可以唤醒没有生活自觉力的人，并且可以指导一班有自觉力而胆怯的人，叫他们都抛弃那‘顺世堕落的乐观主义’和‘厌世自杀的悲观主义’，都来跟着努力的人信仰这‘爱世努力的改造主义’和人类种种黑暗奋斗。”④

五、中国社会主义革命道路论

五四时期，信奉马克思主义唯物史观的陈独秀并没有简单照搬马克思主义的无产阶级与资产阶级对立的阶级斗争学说，而是从现实政治经济状况入手，提出中国

① 陈独秀：《资产阶级的革命与革命的资产阶级》，见任建树、张统模、吴信忠等编：《陈独秀著作选》(2)，452页。

② 陈独秀：《欢迎新军人》，见任建树、张统模、吴信忠编：《陈独秀著作选》(2)，228、229页。

③ 陈独秀：《革命与武力》，见任建树、张统模、吴信忠编：《陈独秀著作选》(2)，1145页。

④ 陈独秀：《我们应该怎样》，见任建树、张统模、吴信忠编：《陈独秀著作选》(1)，522页。

革命分两步走的渐进革命之路。同时，对理想的社会主义制度本身，也提出了诸多设想。

（一）中国革命分两步走的社会主义道路

秉持从经济基础入手的唯物史观，陈独秀分析了20世纪20年代初中国的政治经济状况，指出中国的经济因受帝国主义侵略与本国军阀的扰乱，农业败坏，农民被迫进入城市找工作；手工业也渐为外国机器制造品所毁灭，新兴工商业因无保护关税与运输便利，也无法发展起来与外资竞争。政治上也体现为：一为国际帝国主义的压迫，二为国内大小封建军阀的扰乱，三是政党的萎弱，相应地因内扰外压，中国工商业无由发展，从而形成了中国幼稚的无产阶级与柔弱的资产阶级。因此中国的阶级斗争不得不分两段走："第一段是大的和小的资产阶级对于封建军阀之民主主义的争斗，第二段是新起的无产阶级对于资产阶级之社会主义的争斗。"[①] 只有经过第一阶段的资产阶级的民主主义革命，才能使得资产阶级得到充分的发展，相应地也是"解放无产阶级使他们由幼稚到强壮的唯一道路"。尽管资产阶级的民主主义政党政治必然包含许多腐败与罪恶，但依社会必然循序进化的社会进化观与中国政治经济的现状，第一阶段是必须也值得欢迎的阶段。

作为共产党的领导人，陈独秀在不同场合也宣扬过无产阶级专政，但中国革命分两步走这一基本主张大致可以说是后期陈独秀在政治改造上的基本立场，理论前提就是社会政治制度不能超越经济基础的唯物史观。也就是说，资本主义是中国经济发展的必经过程，不能超越。在他看来，经济落后的国家，即使政治上可以超越资本主义，进入社会主义，但经济上不能超越，必须有一个资本主义的发展阶段。"我们还敢说：即国民革命成功后之建设时期，也必然是革命的民主的民众政权，而不是无产阶级专政，并且还不是工农政府；在那时革命的民主的民众政权之下，中国的资本主义当然要发展起来，也只有到那时，真正中国的资本主义才能够自由发展。我们不是乌托邦的社会主义者，决不幻想不经过资本主义，而可以由半封建的社会一跳便到社会主义的社会。"[②]

陈独秀的这种基本主张也是他对西方社会主义运动反思的结果。他指出，西方近代以来的社会主义运动之所以失败，正是当时还没有集中的大产业，因而也没有能够领导一般平民执行社会主义任务的产业无产阶级及其政党，故其失败是历史的必然。鉴于"资产阶级势力在中国还小"的现实，当时中国"必须毅然决然采用资本主义制来发展工业，只有工业发展，才能够清除旧社会的落后性，才能开辟新社会的道路"。所以，"资本主义是中国经济发展必经的过程，要来的东西让它快点来，不要害怕它"[③]。从理论上，陈独秀曾指出，社会进化有循序进化和跳跃进化两条道路，"无产阶级的社会主义，若走循序进化的路，必须以内部经济的政治的成熟

---

① 陈独秀：《对于现在中国政治问题的我见》，见任建树、张统模、吴信忠编：《陈独秀著作选》(2)，375页。

② 陈独秀：《我们现在为什么争斗》，见任建树、张统模、吴信忠编：《陈独秀著作选》(2)，1109页。

③ 陈独秀：《我们不要害怕资本主义》，见任建树、张统模、吴信忠编：《陈独秀著作选》(3)，519页。

为条件，若走跳跃进化的路，则必须以外部的影响（刺激与援助）及内部政治的成熟为条件”。但他始终认为，当时中国内部经济、政治的成熟还谈不上，而外部的影响也还在等待时期，“而我们的经济建设却不能等待”①。

可见，陈独秀所持的是一种反超越论、反对过早实行无产阶级专政、坚持资本主义的发展为必经阶段的主张。

（二）对未来社会主义的构想

陈独秀的社会主义思想深受日本社会主义理论家河上肇和德国社会民主党理论家的影响，通过观察苏联的社会主义实践，陈独秀对社会主义的本质进行了较为深入的探讨，在社会主义的社会平均、社会经济结构、民主制度等方面提出了系列独到的见解。

在社会平均的问题上，针对时人（包括部分社会主义者）认为社会主义专讲分配而忽视生产的错误认识，陈独秀指出社会主义不是平均主义、均富主义。“其实专讲分配方法去平均贫富，是均富主义，不是社会主义。社会主义是对于生产方法和分配方法同时并重的。”②

在社会主义经济结构的问题上，陈独秀指出多种经济成分并存的合理性和必要性，主张不能马上废除私有制。“国民革命成功后，中国的经济制度，自然是家庭的手工业与农业、小生产制、私人资本主义的大生产制、国家资本主义等，四种并行。”在社会主义初期，四种制度中以国家资本主义为主，“已过渡到非资本主义的国家工业，即是行向社会主义的社会”③。在私有制的问题上，“非到共产社会实现，私有财产是不能完全废绝的”。社会主义“决非由国家包办一切大小工商业，马上就要禁绝一切私人企业”④。

在陈独秀生命的最后数年，陈独秀基于对苏联领导人斯大林个人专权的现实观察，深入反思了社会主义社会的民主政治问题，认为没有民主就没有社会主义，强调民主在社会主义社会中的至关重要性。他说：“‘无产阶级民主’不是一个空洞名词，其具体内容也和资产阶级民主同样要求一切公民都有集会、结社、言论、出版、罢工之自由。特别重要的是反对党之自由。没有这些，议会或苏维埃同样一文不值。政治上民主主义和经济上的社会主义，是相成而非相反的东西。民主主义并非和资本主义及资产阶级是不可分离的。无产政党若因反对资产阶级及资本主义，遂并民主主义而亦反对之，即令各国所谓‘无产阶级革命’出现了，而没有民主制做官僚制之消毒素，也只是世界上出现了一些史大林式的官僚政权，残暴、贪污、虚伪、欺骗、腐化、堕落，决不能够创造什么社会主义。”⑤

---

① 陈独秀：《资本主义在中国》，见任建树、张统模、吴信忠编：《陈独秀著作选》（3），499页。

② 陈独秀：《关于社会主义问题》，见任建树、张统模、吴信忠编：《陈独秀著作选》（2），462页。

③ 陈独秀：《答沈滨祈、朱近赤》，见任建树、张统模、吴信忠编：《陈独秀著作选》（2），1238页。

④ 陈独秀：《答张东荪》，见任建树、张统模、吴信忠编：《陈独秀著作选》（2），386页。

⑤ 陈独秀：《我的根本意见》，见任建树、张统模、吴信忠编：《陈独秀著作选》（3），560页。

第二节 胡适的社会思想

胡适（1891—1962年），现代中国著名学者、自由主义思想的领袖人物、教育家与社会活动家。安徽绩溪人，出身于官宦家庭。1904年14岁时随兄长至上海读书，阅读梁启超的《新民说》、严复所译《天演论》等书，开始接受西方新学知识，因受《天演论》“物竞天择，适者生存”观点的影响，改名“胡适”。1910年考取庚款留美第二期官费生并进入美国康奈尔大学习农科，后转入文学院习哲学。1915年入哥伦比亚大学哲学系，师从著名哲学家杜威。1917年1月在《新青年》上发表《文学改良刍议》一文，系统论述文学改良的8项条件。该文与陈独秀的《文学革命论》一起，成为五四新文化运动中文学革命的宣言，胡适也逐渐成为新文化运动的领袖人物之一。是年5月通过哥伦比亚大学哲学博士学位考试并起程回国，应北京大学校长蔡元培之聘，任北大教授。1918年在《新青年》上发表《易卜生主义》一文，强调发展个性，提倡健全的个人主义，引起重大反响。1919年，帮助傅斯年、罗家伦等北大学生创办《新青年》最重要的姊妹刊物——《新潮》杂志，与李大钊共任《每周评论》编辑，在《每周评论》上与李大钊等人展开“问题与主义”的论战，主张走“多研究些问题，少谈些主义”的改良主义路线。是年出版《中国哲学史大纲》（上卷），为现代中国哲学的开山之作。在1919—1921年间，陪同来华讲学的杜威到各地演讲，系统介绍、传播杜威的实用主义哲学。1922年5月，与蔡元培、王宠惠等16人联名发表《我们的政治主张》，主张“好政府主义”。1928—1930年任上海中国公学校长，期间在《新月》杂志发表系列文章，批判国民党政府蔑视人权、文化复古的专制独裁倾向，遭到国民党政府的警告。1932年5月与蒋廷黻、丁文江等人创办现代中国著名的自由主义知识分子刊物《独立评论》。1938—1942年，任中国驻美大使，在美国各地演讲，介绍中国文化，宣传中国抗战形势，争取国际支持。胡适一生经历丰富，在教育界、文化界、学术界、社会活动领域都曾发挥重要的影响，在国内外享有很高的声誉。他一生热衷演讲，勤于笔述，生前死后有多种著述出版，有《胡适文存》（4集）、《胡适文集》（12卷）、《胡适全集》（44卷）等。

一、个人与社会关系论

大力提倡个性解放，并结合中国国情提出健全的“个人主义”的界说，可以说是作为新文化运动代表人物的胡适留下的最有意义的文化遗产之一。[①] 新文化运动的一个重要主题是批判崇尚权威、压制个性发展的旧道德，高扬自主、独立的个人主义。但五四时期西方世界已经分裂，社会主义国家苏俄的诞生，使崇尚集体主义的社会主

① 参见耿云志：《胡适全集·序》，合肥，安徽教育出版社，2003。

义思潮更为流行，这样一来，如何处理个人与社会的关系便成为一个极其敏感与难以处理的问题。一度积极宣扬个人至上的陈独秀因接受马克思主义而最终走上了社会、团体至上的道路，周作人则始终坚持纯粹的个人至上的主张。在这种非此即彼的两难选择中，主张西化的胡适在《易卜生主义》等文章中别具一格地提出了“健全的个人主义”的新主张。其具体思想大致可以体现在以下四个方面：

其一，自由、独立的人格为健全个人主义的真精神。

五四时期，挪威写实主义剧作家易卜生的作品在国内甚为流行。易卜生从家庭、道德、法律、宗教、个人与社会等方面说明近世西方社会对个性的压抑，从而提出“救出自己”的主张。胡适对此极为欣赏，指出社会是由个人构成的，个人不能得到解放，整个社会自然只能堕落，所以“社会最大的罪恶莫过于摧折个人的个性，不使他自由发展”①。因此，问题的关键在个人个性的发展，一方面使人具有自由意志，另一方面又具备负责任的观念，这样才能平衡个人自由与社会秩序的合理关系。所以他常引用易卜生的话说：“你要想有益于社会，最妙的法子莫如把你自己这块材料铸造成器。”所谓把自己铸造成器，即铸造自己独立自主的人格，并不惮特立独行，敢向恶势力作战，这才是健全的个人主义的真精神。②

其二，社会的不朽：小我对大我的责任。

健全的个人如何有益于社会呢？个人为什么应该对社会负责任？传统侧重从个人的人格修养上立论，崇尚个人的立德、立功、立言为“三不朽”。胡适则指出：个人只是“小我”，社会是“大我”，在“小我”与“大我”之间，只有社会是不朽的。但这并不意味着个体无足轻重，因为“‘小我’虽然会死，但是每一个‘小我’的一切作为，一切功德罪恶，一切语言行事，无论大小，无论是非，无论善恶，一一永远留存在那个‘大我’之中”③。因此，小我的一切是非功过都或多或少地影响着大我的品质。所以，如何完善小我十分关键，小我对大我、个人对社会责任也就十分重大，对社会尽职尽责也就应该成为个人的道德与信仰：“我须要时时想着，我应该如何努力利用现在的‘小我’，方才可以不辜负了那‘大我’的无穷过去，方才可以不遗害那‘大我’的无穷未来?”④

其三，基于个人主义的个人与国家的统一。

从个人、家庭上升到国家社会，胡适认为只有个人有自主权有责任感，才会使国家社会有独立自主的人格，否则社会国家绝没有改良进步的希望。胡适重视社会的不朽，并非意味着社会高于个人或社会至上；在民族国家竞争激烈的现代国际环境中，也并非要求牺牲个人利益而崇尚国家至上。他强调国家的进步必须以健全的个人发展为前提，“自由平等的国家不是一群奴才建造得起来的!”⑤ 因此，强调社会的不朽、国家的自由与发展“并不是推崇社会而抹煞个人。这正是极力抬高个人的重要。个人

① 胡适：《易卜生主义》，见季羡林主编：《胡适全集》(1)，614页。
② 胡适：《介绍我自己的思想》，见季羡林主编：《胡适全集》(4)，662～663页。
③ 胡适：《不朽——我的宗教》，见季羡林主编：《胡适全集》(1)，664页。
④ 同上书，668页。
⑤ 胡适：《介绍我自己的思想》，见季羡林主编：《胡适全集》(4)，663页。

虽渺小，而他的一言一动都在社会上留下不朽的痕迹，芳不止流百世，臭也不止遗万年，这不是绝对承认个人的重要吗?”[①] 也就是说社会、国家的进步与发展始终是以个人的健全与发展为前提的。

其四，反独善的个人主义。

健全个人主义的对立面是独善的个人主义。在五四时期以周作人等发起实行的新村运动为代表，他们主张“完全发展自己的个性”，以勤工俭学式的内部互助的小团体为单位，期望与现实社会脱钩，自由自在地发展自己的个性。胡适指出这其实是一种独善的个人主义，无补于社会的发展，国内青年不应仿行，并从四个方面对这种个人主义进行了严厉批判：(1) 因为这种生活是避世的，是避开现实社会的。这便是让步。这便是不奋斗。(2) 古代这种独善主义还有存在的理由，在现代就不应该崇拜。因为古代只知个人势力弱，故不是得君行道便独善其身，现在社会“人人都是一个无冠的帝王，人人都可以做一些改良社会的事”。(3) 他们所信仰的“泛劳动主义”是很不经济的。因为“新村的生活使人人都要尽‘制造衣食住的资料’的义务，根本上否定分工进化的道理，增加生活的奋斗，是很不经济的”。(4) 这个观念的根本错误“在于把‘改造个人’与‘改造社会’分作两截；在于把个人看作一个可以提到社会外去改造的东西”[②]。

总的来看，胡适的个人与社会观是一种基于健全个人的个人与社会的统一观，这种强调权利与义务的健全的个人主义，尽管早已在近代西方启蒙思想家那里得到了很好的阐释，但在纠缠于个人至上与社会至上或国家至上的近现代中国社会，具有深远的历史意义。

二、中国社会群体论

胡适一生对社会结构、社会分层等问题并无系统论述，但在社会群体问题上，如妇女、青年学生、社会精英等方面却有不少独到的观点。

(一) 妇女问题

妇女的独立与解放、婚姻与家庭问题是五四新文化运动的重要主题，不但当时报刊上经常讨论，还出版了不少专著与译著。作为新文化运动主将的胡适也带着浓厚的兴趣加入讨论的行列。主要讨论了女子的自立、经济独立、女子贞操等问题，认为妇女的解放的关键在于自立与男女平等。

1918 年胡适在北京女子师范学校讲演，介绍美国妇女的自立情形，指出“自立”的观念是美国妇女精神的代表，并较详细地介绍了美国女子在受教育、职业、政治、社会改良事业等方面自立的表现，尤其介绍美国女子在婚姻家庭（结婚、离婚、独身）方面自立的表现，进而指出美国妇女的这种人生观“是我们中国妇女所最缺乏的

---

① 胡适：《介绍我自己的思想》，见季羡林主编：《胡适全集》(4)，664～665 页。

② 胡适：《非个人主义的新生活》，见季羡林主编：《胡适全集》(1)，711～713 页。

观念”，我们的妇女若用这种精神来补助我们的“倚赖”性质，定可使中国产生一些真正自立的女子，“有了这些‘自立’的男女，自然产出良善的社会”[①]。中国女子要取得自立，必须在家族家长的专制、女子教育、女子的财产继承权、女子是否算有后等问题上展开社会改革，突破宗法、父权社会对女性的控制与压制。

中国女子既不能自立，保守贞节、恪守男性的道德标准，便成为传统女子角色的最基本规范。在五四时期热闹一时的关于贞操问题的讨论中，胡适从男女人格平等的角度提出贞操应该是男女双方相互的道德，而不应该偏于女性一面，并由此引申出如下意见：“（1）男子对于女子，丈夫对于妻子，也应有贞操带的态度；（2）男子做不贞操的行为，如嫖妓娶妾之类，社会上应该用对待不贞妇女的态度来对待他；（3）妇女对于无贞操带丈夫，没有守贞操的责任；（4）社会法律既不认嫖妓纳妾为不道德，便不该褒扬女子的‘节烈贞操’。”[②] 从尊重人格的立场出发，胡适进而认为，正当的夫妇关系是一种爱情关系，是“正当的异性恋爱加上一种自觉心”[③]。

在当时形形色色的妇女解放的方案中，胡适提出“女子解放当从女子解放做起。此外更无别法”，以教育为例，解放的女子教育是：无论中学、大学，男女同校，使他们受同等的预备，使他们有共同的生活。“教育如此，女子社交的解放，生计的解放，婚姻的解放，都是一样的。”女子解放应该各个领域、各个方面切实行男女条件的平等。[④]

（二）青年学生问题

在从传统社会向现代社会转型的过程中，接受现代知识的学生群体是现代化建设事业的关键性力量。由于近代中国社会的特殊性，学生也常常积极参与政治，举行罢课示威游行，成为抗议帝国主义侵略与国内各种腐败的重要手段，有力地推进了中国政治现代化的进程。1919 年的五四运动与 1935 年的“一二·九”运动可谓现代学生参与政治的两大丰碑。作为教育家的胡适对青年学生的发展极为关注，但始终并不支持学生的罢课示威运动，认为学生的关键在学业，在于学好知识，培养能力，将自己铸造成器，因为中国的发展最终在学术救国。

早在留学时期，胡适就不赞成学生积极干预政治，针对时人提出的“读书不忘救国”的观点，他提醒学生更应注意“救国不忘读书”。五四时期，胡适又指出，学生干预政治是一班成年或老年人将事情弄坏了，而别的阶级又不肯出来干涉纠正，只好学生出来，但这毕竟是暂时的，非长久之计。更严重的是，学生老用罢课做武器，还有精神上的重大损失，如养成倚赖群众的恶心理、逃学恶习等。所以针对五四后持续不断的学潮，他希望学生停止罢课举动，回到正常的学生活动中去，过健康、正常的学问的生活、团体的生活和社会服务的生活[⑤]，培养一种学识、能力与社会服务精神

---

① 胡适：《美国的妇人》，见季羡林主编：《胡适全集》（1），632 页。

② 胡适：《贞操问题》，见季羡林主编：《胡适全集》（1），642 页。

③ 胡适：《论贞操问题——答蓝志先》，见季羡林主编：《胡适全集》（1），645 页。

④ 胡适：《女子解放当从女子解放做起》，见季羡林主编：《胡适全集》（21），191 页。

⑤ 参见胡适：《我们对于学生的希望》，见季羡林主编：《胡适全集》（21），220～222 页。

的合一，这正是青年现代化的当然要求。

基于这种对青年学生的基本态度，1935 年“一二·九”学生运动爆发后，他对各校陆续罢课持明确的反对态度，认为这是“很不幸的”、“最无益的举动”，忍不住提出几个忠告，其中之一便是要求青年学生要认清他们的时代。他指出，今日中国的国难是空前的大难，“在这个大难里，一切耸听的口号标语固然都是空虚无补，就是在适当时机的一声抗议至多也不过临时补漏救弊而已，青年学生的基本责任到底还在平时努力发展自己的知识与能力。社会的进步是一点一滴的进步，国家的力量也靠这个那个人的力量。只有拼命培养个人的知识与能力是报国的真正准备工夫”①。“一个青年最大的责任，要把自己这一块材料，造成一件有用的东西，自己还不能成器，那里能够改造社会，即使牺牲，也不能够救国，所以第一条我们应走的路，就是修己以爱人，或者说为己而后可以为人。”② 可见，作为持社会改良道路的胡适，他更关心的是在落后的中国，青年学生如何更好、更快地在体制内培养成知识与能力，铸造成器以建设中国的问题。

(三) 领袖人才与社会重心的寻求

对于后发外生型现代化的中国，由谁来发起、推进现代化进程是一个十分关键的问题，胡适对此问题大致经历了一个从崇尚“好人”(社会精英) 到寻求社会重心的转变过程。

20 世纪 20 年代初，胡适、蔡元培、王宠惠等一帮知识分子提倡好政府主义，认为国家败坏到今天这个地步，一个重要的原因在好人自命清高，不愿意出来和恶势力争斗，因此“今日政治改革的第一步在于好人须要有奋斗的精神。凡是社会上的优秀分子，应该为自卫计，为社会国家计，出来和恶势力奋斗”③。这样的“好人”或精英又应该具备怎样的基本素质呢? 胡适认为，“在今日的中国，领袖人物必须具备充分的现代见识，必须有充分的现代训练，必须有足以引起多数人信仰的人格”④。

与 20 世纪 20 年代注重个体的精英观相比，胡适在 30 年代初领悟到民族自救运动屡屡失败的一个根本原因“就是我们的社会没有重心”，欲“寻求建立一个社会重心而终不可得”。国民党虽一度成为新的社会重心，但终因缺乏活动领袖、远大政治眼光，只唱高调、钳制人民等因素而渐渐失去了社会重心的资格。所以要完成社会重建，必须通过努力寻求新的社会重心。胡适认为，未来社会重心必须具有如下条件：第一，必不是任何个人，而是一个大的团结。第二，必不是一个阶级，而是拥有各种社会阶级的同情的团体。第三，必须能吸收容纳国中的优秀人才。第四，必须有一个能号召全国多数人民的感情与意志的大目标：他的目标必须是全国的福利。第五，必

① 《为学生运动进一言》，见欧阳哲生编：《胡适文集》(11)，662 页，北京，北京大学出版社，1998。
② 胡适：《我们所应走的路》，见季羡林主编：《胡适全集》(21)，552 页。
③ 胡适：《我们的政治主张》，见季羡林主编：《胡适全集》(2)，423 页。
④ 胡适：《领袖人才的来源》，见季羡林主编：《胡适全集》(4)，540 页。

须有事功上的成绩使人民信任。第六，必须有制度化的组织使他可以有持续性。[①] 以上条件，概括成一句话就是：这样的一个社会重心是超阶级的、组织化的、以国家福利为目标而为国人所信任的联合性团体。

三、中国社会问题论

五四以来中国社会纷乱、落后的现状，一般都被归因于外国帝国主义的侵略与受帝国主义支持、控制的封建军阀、各种封建势力的横行，尤其强调外国帝国主义是中国独立富强的最大敌人。从唯物主义者如陈独秀到保守主义者梁启超、梁漱溟等基本都持这种外因附带内因论的观点。

胡适却与众不同，他主要从内因上看问题，认为导致中国落后挨打的关键在于中国社会自身存在贫穷、疾病、愚昧、贪污和扰乱五大敌人，帝国主义、封建主义、资本主义都不是中国的主要敌人。[②] 具体说来，中国人口95%在贫穷线以下，是为贫穷；疾病是中国种族衰弱的大原因，尤其是疟疾；号称五千年文明古国却没有一个30年的大学，是愚昧的明显体现，因为愚昧，故生产力低微，故政治力薄弱，故知识不够救贫、救灾、救荒、救病，故缺乏专家，故至今日国家的统治还在没有知识学问的军人政客手里；至于贪污更是我们这个民族的最大特色，不但国家公开"捐官"曾成为制度，不但25年没有考试任官制度之下的贪污风气更盛行，而且这个恶习惯已成了各种社会的普遍习惯。由于自身始终存在贫、病、愚、贪、乱这五大仇敌，所以"只要外国民族稍强盛一些，我们即不能抵抗"[③]。一旦打倒这捣鬼的五大仇敌，中国便可进入现代文明。

这种内因论显然是不全面的，因此遭到不少人的批判，梁漱溟曾专门撰文《敬以请教胡适之先生》批评胡适的这种内因论，指出导致中国问题的最大敌人是帝国主义，因为"疾病，愚昧，皆与贫穷为缘；贪污则与扰乱有关；贫穷则直接出于帝国主义的经济侵略；扰乱则间接由帝国主义之操纵军阀而来：故帝国主义实为症结所在"。对此，胡适以责己不责人的理念反驳。他说："我的主张只是责己而不责人，要自觉地改革而不要盲目的革命。在革命的状态之下，什么救济和改革都谈不到，只有跟着三尺童子高喊滥调而已。……军阀是扰乱的产物，而扰乱大抵皆是长衫朋友所造成。"[④] 显然，胡适这种五大仇敌论是与其主张的渐进式改良道路密切相关的。

与五大仇敌论相类似，民国时期著名的教育家、乡村建设实践家晏阳初曾在河北定县的平民教育实践中，提出中国乡村社会的主要问题是"愚、穷、弱、私"四端，主张以文艺、生计、卫生、公民四大教育分别加以医治。除"扰乱"外，晏阳初的四

① 参见胡适：《惨痛的回忆与反省》，见季羡林主编：《胡适全集》(4)，493～497页。
② 参见胡适：《我们走那条路》，见季羡林主编：《胡适全集》(4)，458页。
③ 胡适：《中国问题的一个诊察》，见季羡林主编：《胡适全集》(21)，530页。
④ 胡适：《我们走那条路》，见季羡林主编：《胡适全集》(4)，484页。

端论与胡适的五大仇敌论几乎完全一致，因此二者在社会改造的立场上都取改良的态度。不同的是，胡适认为整个中国社会存在五大仇敌，解决的方式是以改良的方式推进中国的民主政治；而晏阳初则认为乡村问题为中国主要问题，主张通过平民教育的方式加以解决。

对于中国乡村破产的问题，胡适也曾在 20 世纪 30 年代专门撰文讨论，虽然他指出农村破产有国际的原因，但认为问题的关键还是内因，他说："绝大多数的农村所以破产，农民所以困穷，都还是由于国内政治的不良，剥削太苛，搜刮太苦，负担太重"。救济的办法还是用改良的、政治的办法，其中消极的是，"救济农村必须赶紧努力做到减轻正税和免除一切苛捐杂税；而减除捐税必须从裁官省事裁兵三事下手"①。积极的救济则是农民借贷、合作运动、改良农产与农业技术等。

四、中国社会改造论

胡适终身怀着炽热的爱国热情，为建设现代国家、再造新文明而不懈努力，他理想中的新国家的目标是"要建立一个治安的，普遍繁荣的，文明的，现代的统一国家"②。为达到这一目标，胡适始终坚持走渐进式改良的道路，反对苏俄与中国共产党的暴力革命、阶级斗争的手段。在社会建设上，他重视社会人才的培养，在具体的政治改造的途径上，坚持主张走民主宪政之路。

（一）渐进式改良观

胡适是美国实验主义大师杜威的弟子与信徒，美国实验主义从达尔文主义出发，只承认持续渐进的改良是真实可靠的进化。因此，胡适主张的社会改造也必然是一点一滴的改造，他所追求的新思潮、新文化运动的目标是再造文明，目的就是逐步改造社会。

这种从具体问题、局部问题入手的渐进式改良观，必然是一种在现有体制下的和平改良路线，与马克思主义强调暴力革命方式的社会的整体改造、根本改造截然不同。因此，在五四时期，胡适以改良主义的"问题"观与强调共产主义的"主义"观的李大钊展开了激烈的问题与主义的论战，对当时大多数人称颂的法国革命与俄国革命，胡适也并不认可，认为二者"表面上可算是根本解决了，然而骨子里总逃不了那枝枝节节的具体问题；虽然快意一时，震动百世，而法国与俄国终不能不应付那一点一滴的问题"③。

在具体问题上，他反对阶级斗争学说，认为这种学说"无形之中养成一种阶级的仇视心，不但使劳动者认定资本家为不能并立的仇敌，并且使许多资本家也觉劳动者真是一种敌人。这种仇视心的结果，使社会上本来应该互助而且可以互助的两种大势

① 胡适：《从农村救济谈到无为的政治》，见季羡林主编：《胡适全集》（21），624、625 页。

② 胡适：《我们走那条路》，见季羡林主编：《胡适全集》（4），461 页。

③ 胡适：《这一周》，见季羡林主编：《胡适全集》（2），516 页。

力，成为两座对垒的敌营，使许多建设的救济方法成为不可能，使历史上演出许多本不须有的惨剧”[①]。在中国实际问题上，如前所述，他认为穷、病、愚、贪、乱五大仇敌才是中国的最大敌人，反对将封建势力、资产阶级作为革命的对象，明确宣称：“中国今日需要的，不是那用暴力专制而制造革命的革命，也不是那用暴力推翻暴力的革命，也不是那悬空捏造革命对象因而用来鼓吹革命的革命。”[②] 社会改造的根本途径只能是“认清了我们的敌人，认清了我们的问题，集合全国的人才智力，充分采用世界的科学知识与方法，一步一步的作自觉的改革，在自觉的指导之下一点一滴的收不断的改革之全功”[③]。胡适承认这种渐进改革的方法是迂缓的，但认为这也许是最快的路子。

（二）以普及教育与培养人才作为建设国家的重要基础

现代国家建设的一个最重要的客观前提是人才尤其是专门人才。他曾从人才的角度提出国家建设的三个标准为：“第一，有了专家计划，又有了实行的技术人才，这样的建设可以举办。第二，凡没有专门学术人才可以计划执行的事业，都应该先用全力培养人才。第三，在创办新事业之先，应该充分利用专门技术人才，改革已有的建设事业，使他们技术化，使他们增加效率。”[④] 正因为作为后发国家对具备现代知识专门人才的迫切需要，所以胡适对教育、对青年学生的动向与方向十分关注，他始终反对积极投身反现实政治的学生运动，认为学生的关键在于利用学校现有的条件与设备提升自己的知识与能力，从国家建设需要专门人才的长远目光来看，这才是最大的爱国。20 世纪 30 年代初，针对当时社会上因教育界的诸多弊端而出现一种“教育破产”的论调，胡适从培养真正的知识与技能人才的目标出发，认为救济教育破产的根本办法在于教育普及，“下决心在最短年限内做到初等义务教育的普及。国家与社会在今日必须拼命扩充初等义务教育，然后可以用助学金和免费的制度，从那绝大多数的青年学生里，选拔那些真有求高等知识的天才的人去升学。受教育的人多了，单有文凭上的资格就不够用了，多数人自然会要求真正的知识与技能了”[⑤]。

20 世纪 40 年代后期，胡适提出了一个引起广泛争论的“争取学术独立的十年计划”：“在十年之内，集中国家的最大力量，培植五个到十个成绩最好的大学，使他们尽力发挥他们的研究工作，使他们成为第一流的学术中心，使他们成为国家学术独立的根据地。”[⑥] 身为北大校长的胡适之所以有此提议，就是希望通过国家自身的积极努力，在有限的财政下，发展重点教育，减少出国留学的人数，尽快培养国家需要的高素质人才，以切实实现学术的独立与国家的振兴。

---

① 胡适：《四论问题与主义》，见季羡林主编：《胡适全集》（21），217 页。
② 胡适：《我们走那条路》，见季羡林主编：《胡适全集》（4），468 页。
③ 同上书，468 页。
④ 胡适：《今日可做的教育事业》，见欧阳哲主编：《胡适文集》（11），429 页。
⑤ 胡适：《教育破产的救济方法还是教育》，见季羡林主编：《胡适全集》（4），557 页。
⑥ 胡适：《争取学术独立的十年计划》，见欧阳哲主编：《胡适文集》（11），805 页。

（三）对民主宪政之路的追求

胡适所向往的文明的、现代的新国家，在政治上就是英美式的民主宪政的国家，这种政治制度模式，在胡适看来，不但是理想制度，也是最简单与易于实施的制度。胡适认为，这种制度真正体现了自由、平等的精神，真正达到了社会整合与社会和谐的目的。他盼望在中国能建立英美式民主政治制度，并不畏权势、不顾个人安危积极推动。20世纪20年代初，胡适与蔡元培等人积极推动“好政府主义”，在承认现政府的前提下，提出今后政治改革的三个基本原则为：第一，我们要求一个“宪政的政府”；第二，我们要求一个“公开的政府”；第三，我们要求一种“有计划的政治”①。这三个原则实际就是要求实施一种民主的、宪政的、从事解决具体问题的政治改造之路。

20年代末30年代初，南京国民政府通过“训政纲领”，宣布以“总理（按，指孙中山）遗教”为训政时期中华民国最高的根本法。胡适严厉批评孙中山对民主政治的误解与国民党的一党独裁，呼吁人权的保障与约法的实施，认为宪法的制定是民主政治秩序的第一步，明确提出自己的口号：“快快制定约法以定法治基础！快快制定约法以保障人权！”② 并宣称：“我们深信只有实行宪政的政府才配训政。”③

胡适不但认为中国应该实施民主宪政，而且认为这也是最容易实现的“幼稚的政治制度”。20世纪30年代初，面对日益严峻的政治危机，同是自由主义知识分子的蒋廷黻从建国统一的立场出发，以一般民众无爱国意识等为理由，主张有在中国采取苏联、意大利式的独裁专制的必要。倾心民主政治的胡适自然极力反对，针对一般认为民主政治需要较高知识程度的观点，胡适指出：“感觉到民主宪政只是一种幼稚的政治制度，最适宜于训练一个缺乏政治经验的民族。”“民主政治的好处在于不甚需要出类拔萃的人才；在于可以逐渐推广政权，有伸缩的余地；在于‘集思广益’，使许多阿斗把他们的平凡常识凑起来也可以勉强对付；在于给多数平庸的人有个参加政治的机会，可以训练他们爱护自己的权利。总而言之，民主政治是常识的政治，而开明专制是特别英杰的政治。……在我们这样缺乏人才的国家，最好的政治是一种可以逐渐推广政权的民主宪政。中国的阿斗固然应该受训练，中国的诸葛亮也应该多受一点训练。”④

五、中西文化论

胡适是现代史上西化派的代表人物，从其一生的言行来看，面对国内公众，他主要贬抑中国文化，崇扬现代西方文化；在文化重建的问题上，先后提出中西文化联结

① 胡适：《我们的政治主张》，见季羡林主编：《胡适全集》(2)，422～423页。

② 胡适：《人权与约法》，见欧阳哲主编：《胡适文集》(5)，529页。

③ 胡适：《我们什么时候才可有宪法?》，见欧阳哲主编：《胡适文集》(5)，539页。

④ 胡适：《再论建国与专制》，见季羡林主编：《胡适全集》(21)，701、702页。

与充分世界化的主张。

（一）对东方文化的贬抑与对西方文化的颂扬

胡适常常被视为全盘西化的代表，这不是偶然的，他曾多次用极端偏激的言论严厉批评、贬抑中国文化。在1928年的《请大家来照镜子》一文，他以美国使馆商务参赞提供的材料，说明中国的经济、交通的落后，劳动生产力的低下与社会风气的败坏，并得出中国在物质、机械、政治社会道德等方面“百事不如人”的结论。[①] 在《信心与反省》一文中，他指出，与西方文化比，“我们的固有文化实在是很贫乏的”，从周秦时代我们的文化就难以与古希腊、罗马相提并论，此后“我们所有的，欧洲也都有；我们所没有的，人家所独有的，人家都比我们强”。“反省的结果应该使我们明白那五千年的精神文明，那‘光辉万丈’的宋、明理学，那并不太丰富的固有文化，都是无济于事的银样镴枪头。”[②] 作为新文化运动的领袖人物，他指出：“新文化运动的大贡献在于指出欧洲的新文明不但是物质文明比我们中国高明，连思想学术，文学美术，风俗道德都比我们高明的多。”[③] 除了指出诸多的制度、风俗习惯中国不如西方外，胡适还曾具体指出崇尚自然无为、不争不辩、随遇而安等中国传统思想的基本观念都不适合于现代社会的需要。所以在1935年展开的中西文化论战中，他曾一度毫不犹豫地宣称自己是赞成全盘西化论的。

胡适之所以如此偏激地抨击中国固有文化，是与当时特定的背景有关的。20世纪20年代后期至30年代初，中国社会掀起了一股尊孔读经的热潮，广东、湖南在地方军阀的支持下，尊孔举措尤其热闹；新成立不久的南京国民政府也有一股颂扬中国传统道德文化的倾向，知识界以萨孟武、何炳松为代表的十教授又于1935年提出“中国本位的文化建设”主张。胡适对这股复古潮流深感忧虑，担心这将严重阻碍中国积极学习现代西方文化、走向现代化的步伐，所以不惜以偏激的态度批判中国文化，希望中国人对自己的文化能激起一股历史的反省意识，虚心认错，然后充满信心，死心塌地地去学人家，以重建新的中国文化。

实际上，在不同的场合，尤其在学理的层面，胡适始终没有忽视对传统文化的正面总结与肯定。他一辈子在学术上的重要工作就是对国故的整理与研究，声称整理国故就是要“从武断迷信里面寻出一个真价值来”。他指出，传统文化并非没有进步，“有人说，中国几千年来没有进步，这话荒谬得很”[④]，中国传统文化的自然主义的宇宙论，主张自然变化，不信上帝造化，在思想史与宗教史上有解放的大功用；从墨家到清代朴学，其逻辑原则与方法与近代科学方法在本质上是相通的。

胡适对中国文化持有理性的民族主义立场，在面对中国听众时，他主要采取批判态度以促使国人反省进而努力学习现代西方文化；面对美国等国外听众时，主要宣扬中国文化的长处如自由精神、自然主义传统、和平观念等，以争取中国文化的国际地

---

① 胡适：《请大家来照镜子》，见季羡林主编：《胡适全集》（4），31～32页。

② 同上书，502、505页。

③ 胡适：《新文化运动与国民党》，见季羡林主编：《胡适全集》（21），444页。

④ 胡适：《研究国故的方法》，载《东方杂志》第18卷第16号，1921-08-25。

位、消除外国人对中国文化的诸多误解。不过，作为现代西化派代表人物的胡适，显然更注重对西方文化的介绍与宣扬，尤其是对科学方法与民主精神的推崇。他对《红楼梦》、《水经注》等传统文献进行细致的考证工作，目的就是“要读者学得一点科学精神，一点科学态度，一点科学方法”①。

（二）中西联结、充分世界化与文化交流的原则

面对中西文化的交流，在文化重建的问题上，胡适从学理层面提出中西文化联结的主张，在现实层面则提出了“充分世界化”的主张。

中西文化联结的主张是胡适在申请博士学位的论文《先秦名学史》中提出的。他指出具有光荣历史并创造了灿烂文化的中华民族在与现代西方新文化相遇时，一个真正的问题是：“我们应怎样才能以最有效的方式吸收现代文化，使它能同我们的固有文化相一致、协调和继续发展?”这个大问题的解决，“唯有依靠新中国知识界领导人物的远见和历史连续性的意识，依靠他们的机智和技巧，能够成功地把现代文化的精华与中国自己的文化精华联结起来”②。就中国哲学而言，胡适指出，应该注重对有诸多重要贡献的传统非儒家学派思想的恢复与挖掘。对于中西学术思想，他认为各自都不必夸耀自豪，关键是在中西两大文化合流的现实环境中，产生出一种新的哲学，否则“那就真是辜负了这个好机会了”③。

在现实层面，因抵制文化复古潮流，胡适在20世纪30年代中期的中西文化论战中，曾一度附和全盘西化论者陈序经的主张，声称是完全赞同陈序经的全盘西化论的。但随着文化讨论深入，胡适认为自己理解的“全盘西化”的“全盘”实际是“充分”的意思，为避免误解，他郑重修正自己关于中西文化的主张为：充分世界化。“‘充分’在数量上即是‘尽量’的意思，在精神上即是‘用全力’的意思。”④

从理论上说，从“全盘西化”到“充分世界化”的口号变化，说明世界化不仅仅是西方化，体现了一种对文化多元化认识的进步，但胡适对于文化变动的特性与文化交流原则的认识并没有改变，即坚信“文化惰性”的不灭与文化交流的“折中”结果。

所谓“文化惰性”，就是文化的保守性，“凡一种文化既成为一个民族的文化，自然有它的绝大的保守性，对内能抵抗新奇风气的起来，对外能抵抗新奇方式的侵入”。所以，文化交流不管如何，“终不能根本扫灭那固有文化的根本保守性”⑤。因此，“文化惰性”使得不同文化之间的交流、碰撞最终只会形成一种折中调和的倾向。即便是对西方文化是“全盘接受了，旧文化的‘惰性’自然会使他成为一个折中调和的中国本位新文化”⑥，这是文化交流的规律，而不是人为选择所主导的结果。因为

① 胡适：《介绍我自己的思想》，见季羡林主编：《胡适全集》（4），672页。
② 胡适：《先秦名学史》，见季羡林主编：《胡适全集》（5），10、11页。
③ 胡适：《中国古代哲学史》，见季羡林主编：《胡适全集》（5），201页。
④ 胡适：《充分世界化与全盘西化》，见季羡林主编：《胡适全集》（4），585～586页。
⑤ 胡适：《试评所谓“中国本位的文化建设”》，见季羡林主编：《胡适全集》（4），580、581页。
⑥ 胡适：《独立评论》第142号（1935-03-17）“编辑后记”，《胡适文集》（11），671页。

“中国的旧文化的惰性实在大的可怕，我们正可以不必替‘中国本位’担忧。我们肯往前看的人们，应该虚心接受这个科学工艺的世界文化和它背后的精神文明，让那个世界文化充分和我们的老文化自由接触，自由切磋琢磨，借它的朝气锐气来打掉一点我们的老文化的惰性和暮气”①。

正是这种“折中”论，使胡适在极力西化的过程中并未沦落为西方文化的俘虏，相反对未来出现中国本位的新文化充满信心，认为“将来文化大变动的结晶品，当然是一个中国本位的文化，那是毫无可疑的”②。

第三节 梁漱溟的社会思想

梁漱溟（1893—1988 年），中国现代史上著名的思想家、社会活动家与教育家。出身于官宦家庭，自幼接受半西化的教育，较早地开始关心并思考社会人生问题。1916 年发表《究元决疑论》，引人重视，被北京大学校长蔡元培聘请到北大讲授印度哲学。1921 年出版著名的《东西文化及其哲学》一书，系统提出其中西文化观，认为解决中国社会危机的方案在于复兴以孔子为代表的儒学文化，在社会上引起强烈反响。此后，梁漱溟辞去北大教职，立志将儒学的社会理想付诸中国的社会改造。自 1929 年秋，参与筹办河南村治学院，开始从事乡村建设运动，1931 年在山东邹平倡办乡村建设研究院，先后任研究部主任、院长，切实从事邹平等地的乡村建设，成为民国时期乡村建设运动的代表人物之一。从事乡村建设期间，还先后出版《中国民族自救运动之最后觉悟》、《乡村建设理论》等阐述乡村建设理论的代表性著作。抗战爆发后，梁漱溟为民族的独立解放和国家的民主和平极力奔走，曾参与发起成立“统一建国统治会”、中国民主政团同盟。1946 年任民盟秘书长，参与国共和谈。1949 年出版系统论述中国社会、文化的《中国文化要义》一书。新中国成立后，梁漱溟参与政协工作，1953 年，因批评采取优先发展工业而牺牲农民利益的苏联模式而遭到猛烈批判，从此沉寂于政坛，但始终保持自己的独立人格与对儒家文化的信心。1975 年，完成《人心与人生》一书，为其一生研究哲学的结晶与重构儒学的系统表述。梁漱溟一生主要为实践儒学的理想而奋斗，临终前仍谆谆告诫世人：注意中国传统文化，顺应世界潮流。梁漱溟著述甚丰，有《梁漱溟全集》（共 8 卷）面世。

一、中西文化论

文化问题是梁漱溟一生思想中的核心问题，他也因出版了《东西文化及其哲学》

---

① 胡适：《试评所谓“中国本位的文化建设”》，见季羡林主编：《胡适全集》(4)，582～583 页。

② 同上书，583 页。

一书而声名鹊起。他对西洋、中国、印度等三种文化进行了详尽的比较分析，认为所有人类的生活表现为三个不同的路向：向前面要求；对于自己的意思变换、调和、持中；转身向后去要求。而西方、中国、印度文化则分别代表了这三种路向，即“西方文化是以意欲向前要求为其根本精神的”，“中国文化是以意欲自为、调和、持中为其根本精神的。印度文化是以意欲反身向后要求为其根本精神的”①。在梁漱溟看来，人类社会正常的路径应该是上述三种路向的依次推进。目前的情形是西方文化正由第一条路转向第二条。中国文化却在第一条没有走完的时候就提前进入了第二条，印度文化更是超前。所以中国文化、印度文化因文化早熟，在西方侵入之后，不合时宜，遇到了前所未有的失败。需要注意的是，梁漱溟的中国文化并非我们一般所理解的儒、释、道三教合一的文化，而是特指以孔子为代表的儒家文化、基本的人生态度。

梁漱溟认为，中西文化本身并没有好坏高低之分，只是类型不同。从基本态度上看，梁漱溟指出中西之间的不同主要体现在：西洋文化主要处理人对物的问题，态度为向外用力；中国文化主要处理人对人的问题，态度为向内用力。这种中西文化差异又可概括为：西方文化是从身体出发，中国文化是从心（理性）出发。② 从身体出发体现为个人本位、权利本位；从心出发则体现为伦理本位、情谊本位。而人类文化的正常发展本应该是从身体到心循序渐进的，中国直接从心发出来，就影响了全局，体现了“文化早熟”、“理性早启”的总体特征：融国家于社会，以天下兼国家；以道德代宗教，以礼俗代法律；伦理本位，职业分途；故两千年来消极相安，盘旋不进，故不能走入资本主义，也不能走入社会主义。与此相应，西方文化则是国家与社会的分离；中世纪以宗教代道德，近代以来则以法律代替礼俗；个人权利本位，阶级对立；近代更发展出民主与科学的精神，促成了资本主义的大发展。③

梁漱溟承认，由于中国文化的早熟，长久盘旋不进，在现实中已表现出幼稚、衰老、不落实、落于消极没有前途、暧昧而不明爽等五项缺陷。④ 而近代以来西方文化的入侵，更使中国文化屡败屡挫。那么，如何摆脱目前中国社会文化的困境呢？梁漱溟认为关键在坚持固有精神，同时吸收西方的民主与科学精神。根据他的文化路向进程，中国文化尽管遭遇挫折，但西方文化的第一条道路也到了尽头，并在转型过程中出现了很多问题，必须转入中国式的第二条路，所以他对以孔子儒学为代表的中国文化的未来充满了信心，认为“世界未来文化就是中国文化的复兴”⑤。

二、中国社会结构论

与西方社会相比，中国文化的根本特征表现为伦理本位、职业分途。“假设西方

① 梁漱溟：《东西文化及其哲学》，见《中国现代学术经典·梁漱溟卷》，34、64、65页，石家庄，河北教育出版社，1996。

② 参见梁漱溟：《中国文化要义》，见《中国现代学术经典·梁漱溟卷》，482页。

③ 同上书，506～509页。

④ 同上。

⑤ 梁漱溟：《东西文化及其哲学》，277、209页。

为个人本位、阶级对立的社会，则中国旧社会为伦理本位、职业分立。”“‘伦理本位，职业分立’八个字，说尽了中国旧时代社会结构——这是一种很特殊的结构。”①

梁漱溟反对当时认为中国社会是宗法社会的流行说法，认为中国社会是伦理本位的社会。何谓伦理本位的社会？他指出：“伦即伦偶之意，就是说：人与人都在关系中。……既在相关系中而生活，彼此就发生情谊。亲切相关之情发乎天伦骨肉，乃至一切相关之人，莫不自然有其情。因情而有义。……伦理关系即是情谊关系，也即表示相互间的一种义务关系。……人类在情感中皆以对方为主（在欲望中则自己为主），故伦理关系彼此互以对方为重；一个人似不为自己而存在，乃仿佛互为他人而存在者，这种社会，可称伦理本位的社会。”② “伦理社会所贵者，一言以蔽之曰：尊重对方。”③ 体现在个人与社会关系的问题上，这种伦理本位既不是个人本位，也不是社会本位。这种基于从家庭出发的、重情谊的伦理本位体现在中国社会的政治、经济、社会生活的方方面面。而西方社会则因从个人、团体出发，侧重的是以个人为中心的权利本位。

阶级形成于社会，本是一般社会的共性。梁漱溟却指出，中国社会自封建解体后，主要体现为一种职业分途的社会，“只有一行一行不同的职业，而没有两面对立的阶级。所以中国社会可称为一种职业分立的社会。在此社会中，非无贫富、贵贱之差，但升沉不定，流转相通，对立之势不成，斯不谓之阶级社会耳”④。他进一步具体指出，中国社会独立生产者大量存在；经济上因众子分家的遗产继承制度，土地和资本皆分散而不甚集中，尤其是常在流动转变，并没有固定地垄断于部分人之手；因科举制度的实行，政治上的机会也是开放流动的。因而实际上不存在阶级社会一说。他常用“朝为田舍郎，暮登天子堂”等俗语来证明传统社会阶层流动渠道的通畅与各阶层的非对立性。

梁漱溟认为，正是因为伦理本位与职业分途相互配合，才使得中国传统社会稳稳地维持了两千多年，而伦理本位与职业分途也体现为一种共同的中国儒家文化的人生态度——向里用力的人生。“一、从伦理本位的社会构造，让人人向里用力。……盖关系虽种种不同，事实上所发生问题更复杂万状；然所求无非彼此感情之融和，他心与我心之相顺。此和与顺，强力求之则势益乖，巧思取之则情益离。凡一切心思力气向外用者，皆非其道。”“二、从职业分立的社会构造，让人人向里用力。……此以大体上人人机会均等，各有前途可求，无当前为碍者，力气乃无可向外用之处。……总而言之，中国社会处处训练人向里用力。从前一面所得的教训，如反省、自责、克己、让人、学吃亏……从后一面所得的教训，如勤俭、刻苦、自励、要强……贯乎其中者要皆一种精神而已。”⑤ 这种态度，在积极方面体现了中国人的两大民族精神，

① 梁漱溟：《乡村建设理论》，见《梁漱溟全集》，第2卷，166、174页。
② 同上书，168页。
③ 梁漱溟：《中国文化要义》，见《中国现代学术经典·梁漱溟卷》，318页。
④ 梁漱溟：《乡村建设理论》，见《梁漱溟全集》，第2卷，171页。
⑤ 同上书，179～180页。

即“一为向上之心强，一为相与之情厚”[①]。正是这种基本态度及其体现的根本精神为梁漱溟从事乡村建设奠定了基础。

三、中国社会问题论

梁漱溟认为，从总体上看，中国社会失序解体的情形“归纳起来只是两个字：一个‘散’字（从前老社会），一个‘乱’字（近几十年来的社会）。散已难形成统治，散而且乱，将更难”[②]。“中国问题不是什么旁的问题，就是文化失调；——极严重的文化失调，其表现出来的就是社会构造的崩溃，政治上的无办法。”[③]

这种文化失调体现在中国社会的诸多方面：一是社会事实与意识要求的错位。“现在意识要求破坏了旧秩序，想要建立新秩序；而新秩序又以无社会事实为根据而建立不起。旧秩序破坏，新秩序建立不起，乃为我们此刻的真情实况。我常言：中国现在是没有秩序，不是有一个不平等的秩序。为什么没有秩序？就是因为社会事实与意识要求逗合不到一块。”[④] 二是“军权政权分裂，国权树立不起”[⑤]。在国家竞争日益激烈的近代世界中，中国却一直内战不断，政府的腐败，未能建立起强有力的国家权力。[⑥] 这也给农业发展与农业改良造成巨大障碍，使乡村社会普遍存在治安问题、运输问题、农民负担问题、灾害问题这四大问题。在论及乡村建设时，梁漱溟又专门指出当时中国存在农村经济破产、乡村自己腐坏问题（以毒品问题最为严重）、乡村匪患问题等具体问题。[⑦]

追溯文化失调的原因，则关键是西洋文化的压迫打击，“引起文化上相形见绌之注意，而急求如何自救的问题”[⑧]。所以他对胡适认为中国社会问题在自身内部的愚昧、贫穷、扰乱等原因的说法表示反对，认为症结实际上还是在于近代以来的外国帝国主义。“现在之中国问题，发自内部者轻而来自外面者重，或也可说由外面问题引发内部问题，并以外来的新形式演之者。”[⑨]

不过，在解决社会问题的思路上，梁漱溟却与胡适一样，认为要从自身内部的完善上去解决，“唯有将内部文化补充增高，使其物质与其人渐得跻于外面世界水平线的程度，是其问题解决所必要的工夫，而断不是以排开外面迫害为解决的”[⑩]。正因如此，梁漱溟指出，帝国主义和军阀都不是革命的对象，因为中国不是殖民地，与帝国主义的关系是一种国家之间的国际关系，不是革命的问题；而军阀本身又没有形成

---

① 梁漱溟：《中国文化要义》，见《中国现代学术经典·梁漱溟卷》，359 页。

② 梁漱溟：《答乡村建设批判》，见《梁漱溟全集》，第 2 卷，616 页。

③ 同上书，164 页。

④ 梁漱溟：《乡村建设理论》，见《梁漱溟全集》，第 2 卷，235 页。

⑤ 同上书，445 页。

⑥ 参见上书，444～445 页。

⑦ 同上书，396～407 页。

⑧ 同上书，233 页。

⑨ 参见上书，233 页。

⑩ 梁漱溟：《中国问题之解决》，见《梁漱溟全集》，第 5 卷，211 页。

一种秩序，也没有得到公开承认，更没有自身的政权基础，所以军阀也不是革命的对象。

那么中国问题到底应如何解决呢？尽管从政治上看，当时中国政治问题的解决在于“统一稳定”，但从根本上看，中国问题关键是一文化问题，他指出“中国问题根本不是对谁革命，而是改造文化，民族自救”[①]。在重新调整社会关系，形成一个和谐向上的新社会。而要达到这个目标，唯一解决之道则是乡村建设。

四、中国乡村建设论

在重建中国社会的道路问题上，五四以来主要有两派主张：自由主义派主张取法欧美民主宪政的资本主义道路，马克思主义派主张采取俄国的社会主义道路。梁漱溟认为，这两条道路都是“不通的路”。就前者而言，我们既不具备发展近代资本主义必需的物质条件，人民生活极困难、交通与工商业不发达，在基本精神上与西方也完全不合，我们的不争精神、伦理本位、“理”的强调与西方的不知足的精神、个人本位、物欲本位截然相对，所以无法走民主政治的路；就后者而言，以经济为主力的唯物史观并不适用于中国社会，他既认为工人、农民、小资产阶级、民族资产阶级等实际上都不是社会主义革命的阶级基础，也认为帝国主义和军阀（即马克思主义派强调的反帝反封建的革命对象）并非中国革命的对象，所以共产党的道路也行不通。[②] 认为中国的根本出路在于从乡村入手，通过乡村建设，成立乡村组织，改造文化，普及全国，这样不但可解决当前的中国社会问题，而且可以开出中国民族的出路，实现一个理想的社会。这也是“中国民族自救运动之最后觉悟”。

梁漱溟认为，乡村建设入手的关键是发挥理性建设一个新组织或新礼俗。中国乡村原来的社会关系主要局限于人与人的关系，而缺乏人与团体、组织的关系，故呈现“散”的特点，显然无法适应近代以来民族国家的世界格局，而近代西洋社会的长处正是团体组织与科学技术的发达。所以解决中国问题的关键“就是要发挥理性组织乡村；以组织的力量运用科学技术，来解决生活上之一切问题”[③]。

那么如何具体建设一个新组织呢？梁漱溟从传统的乡约组织中受到启发，指出：“这个新组织即中国古人所谓‘乡约’的补充改造。”[④] 古代乡约有四大纲领：德业相劝、过失相规、礼俗相交、患难相恤。他指出，其中前两项着眼的正是人生向上，把生活上的一切事情包含在里边。他特别欣赏清人陆桴亭对乡约的研究，陆桴亭在《治乡三约》中认为：乡约是纲，包括三大项，即三约：社学（教育机关）、保甲（自治自卫—政治机关）、社仓（经济机关）。乡约就是大家相约来办理这三者。新组织就是将陆氏的乡约“改消极为积极”，将以往偏于个人的积极向上改为偏于整个社会、偏

---

① 梁漱溟：《中国问题之解决》，见《梁漱溟全集》，第5卷，213页。

② 参见梁漱溟：《我们政治上第一个不通的路——欧洲近代民主政治的路》、《我们政治上的第二个不通的路——俄国共产党发明的路》两文，均见《梁漱溟全集》，第5卷。

③ 梁漱溟：《乡村建设理论》，见《梁漱溟全集》，第2卷，557页。

④ 同上书，332页。

于团体的积极向上，即根本区别在于“我们就是本古人乡约之意来组织乡村，而将其偏乎个人者稍改为社会的。我们要来发愿改造我们的乡村，更大的改造我们的社会，创造人类新文化”①。

依照这样的理念，梁漱溟在乡村建设的实践中，提出从乡农学校、乡校组织到全国乡村运动大联合的中枢组织的新组织构想。

乡农学校由校董会、校长、教员和乡民（学生）四部分构成。校董会中都是些领袖人物，再从校董中推出一个校长来主持教育的事情；教员可以从外边去聘请，聘请一个有新知识、更明白的人来做教员。学生即本地农民。只有教员是外来的，其他三项人都是本地人。② 这个新组织与当时其他乡建组织如平民学校、乡村改进会的根本区别是：通过现代新式知识分子的引导，“让乡村人发生自觉。并有齐心合力解决问题的机会”③。

乡校组织是乡农学校的进一步发展，由乡长、乡农学校、乡公所和乡民会议四部分构成，其具体职能如下④：

<table>
<tr><th>名称</th><th>其发展所自</th><th>作用</th><th>与现行法令表面近似而不同</th><th>直接系统</th></tr>
<tr><td>乡长</td><td>原乡农学校校长</td><td>监督教训机关</td><td>表面若即现行法令之乡长，而语其作用乃替代现行法令之监察委员会与调解委员会，掌教训而不负行政责任</td><td rowspan="2">属于文化运动团体（社会运动团体）系统而得现政权之承认</td></tr>
<tr><td>乡农学校</td><td>原乡农学校</td><td>推动设计机关</td><td>表面近似现行法令之国民补习学校及国民训练讲堂，而作用大异</td></tr>
<tr><td>乡公所</td><td>原乡农学校校董会</td><td>行政机关</td><td>相当于现行法令之乡公所</td><td rowspan="3">属于现政权下之政治组织系统</td></tr>
<tr><td>总干事</td><td>原乡农学校校董会常务董事</td><td>事务领袖</td><td>略同现行法令之乡长</td></tr>
<tr><td>乡民会议</td><td>原乡农学校全体学众</td><td>立法机关</td><td>相当于现行法令的乡民大会</td></tr>
</table>

通过这个新组织，可以充分发挥社会建设中必需的监督、设计、行政、立法四大职能。对乡长、乡民、总干事等各种社会角色又制定了详细的不同行为规范。值得注意的是，在这个组织系统中，虽然乡公所、乡民会议隶属现政权的政治组织系统，但组织的重心在以乡长和乡农学校为代表的文化运动（社会运动团体系统）系统。新组织从表面上看是为了解决日常生活问题、经济问题，但更重要的是养成一种新的文化

① 梁漱溟：《乡村建设理论》，见《梁漱溟全集》，第 2 卷，332 页。
② 同上书，347 页。
③ 同上书，353 页。
④ 同上书，362 页。

精神，发扬中西文化的长处，在固有的人生向上、相互尊重中，“让每一个分子对团体生活为有力的参加”。

以此为基础，梁漱溟认为参与乡村建设的知识分子应该使各乡村组织彼此联系，最后形成全国乡村运动大联合的中枢组织，成为大社会的总脑筋，间接操持政权，最终统一中国社会。

在乡村建设活动中，梁漱溟多次强调了国家与社会的合理关系，认为在社会重建过程中，乡村社会的文化系统是主力，现政权是助力，现政权应该辅助乡村建设；但乡村社会文化系统又不能推翻、取代现政权，否则以政府的惰性与行为的机械性，只能使社会更混乱。因此乡村建设团体只能守住在野的地位，始终站在社会运动的立场，通过政府的帮助，最终完成社会重建。同时，乡村组织包括文化与经济两方面，其中经济方面与政治关系密切，必须靠政治力量来推行；文化方面则属于社会层面，政治不应干涉。

要真正形成新组织与新礼俗，一个必要的前提是着手经济建设。梁漱溟从乡村入手的社会改造方案也相应提出中国经济建设的方针路线为：“就是散漫的农民，经知识分子领导，逐渐联合起来为经济上的自卫与自立；同时从农业引发了工业，完成大社会的自给自足，建立社会化的新经济构造。”① 梁漱溟指出，中国经济建设的基础一是由农兼工，二是由散而合。由于梁漱溟最终着眼的是文化改造，民族自救，所以他指出：“此最重要又最大部分的农民趋向联合，不但竞存的力量加厚，翻身可期，同时那也就是中国人的社会关系将一天一天增进而调整。在经济问题的解决中，实以调整人的关系为首要；其次才是让人对自然的问题。”②

在个人与社会的关系上，梁漱溟也试图通过苏联式合作社组织的推广，以伦理本位为出发点，来超越近代以来西方社会个人本位与社会本位的偏颇，达到个人与社会调和理想状态。因为“伦理就是确认相关系之理，互以对方为重，团体与分子之间得一均衡；合作社也恰好符合于此义，既不是个人本位，也不是社会本位，社会与个人之间得一调和，这就是正常的”③。

梁漱溟关于乡村建设的理论系统完整，也较为复杂，后来梁漱溟回应批评的过程中，将乡村建设的道路概括成四个要点：第一，推动社会，组织乡村。第二，知识分子为乡村运动的领导和推动者。第三，知识分子下乡，推动社会，使散漫的农民，日进于经济的合作组织、政治的自治组织。第四，乡建运动之主要任务，首在求得中国政治问题得以解决，使大局趋于稳定统一。④

概括说来，梁漱溟的乡村建设运动表面上似乎是乡村经济改善的运动，实际上是一场重新建立和谐的社会新关系的运动。它由知识分子引领，通过建立社会新组织，发扬固有文化精神，吸收西方文化长处，增进、调整社会关系（由散漫入组织，从矛盾到协调），使当时散漫的社会能达于社会一体，奠定统一基础；并通过社会权力的

① 梁漱溟：《乡村建设理论》，见《梁漱溟全集》，第 2 卷，495 页。

② 同上书，513 页。

③ 同上书，561 页。

④ 参见梁漱溟：《答乡村建设批判》，见《梁漱溟全集》，第 2 卷，597～598 页。

确立，树立国家权力；依乡村建设的规模与精神，建立未来国家的政治制度。所以梁漱溟说："治本治标都必在乡村建设运动。乡村建设是看清问题已达于根本，而从根柢上重新建造社会组织者，是为治本（中国政治问题之根本解决）；同时乡建运动又为眼前使国家统一稳定的唯一途径，是为治标（中国政治问题之相当解决）。"[①] 从梁漱溟的文化观来看，这种重在社会关系改造的乡村改造实际也就是中国文化的改造。

五、中国理想社会论

梁漱溟期望他的乡村建设思想可以实现一个理想的社会。在他看来，一个理想社会的基础条件"就是经济上的生产与分配都社会化，这样就是实现了社会主义；为消费而生产，非营利的生产"。理想社会之所以是一个美善的社会，就因为在这样的社会里，人们摆脱了生存压迫，而致力于人的创造，"人类生命中所有的聪明与德性，由群趋于创造而表现出来"[②]。在走向理想社会的过程中，应该注意两方面：（1）理想社会的成功，一面要生产技术进步，一面要社会组织合理；（2）理想社会，总是社会要对个人负责。梁漱溟认为他的乡村建设思想正体现了这种思路，因此走乡建道路，必然可以达到一个"成功的新社会形态"（即理想社会）。他较详尽地概括出理想社会的基本形态为[③]：

第一，新社会是先农后工，农业工业结合为均宜的发展。虽然生产技术愈进步，就是愈工业化，最后说不定工业范围愈宽，农业范围很小；但先后顺序是不变的，适宜的原则是不变的。

第二，新社会是乡村为本，都市为末；乡村与都市不相矛盾，而相沟通，相调和。如其都市只是政治经济文化的中心，而社会重心则普遍放于都市以外的乡村就对了。

第三，新社会以人为本位，是人支配物而非物支配人。

第四，新社会伦理是伦理本位合作组织，而不落于个人本位或社会本位的两极端。

第五，新社会内政治、经济、教育（或教化）三者是合一而不相离的。

第六，新社会秩序的维持，是由理性替代武力；说以理性代替武力，其实就是以教育（或教化）替代武力。这种教育怕以中国古代的礼乐为最好；在将来文化中就是要复兴礼乐教化，一定而不易。

可见他心中理想社会就是乡村建设运动的理想状态，在这个理想社会中，社会经济变迁的途径是先农后工的工业化途径；在城乡社会结构中，注重乡村，以乡村为本、为重心；在社会控制中，强社会弱国家，通过社会合作组织，以伦理本位的礼乐教化为社会规范，实施社会控制。而这一切，实际上都贯穿着"以人为本位"的基本

---

① 参见梁漱溟：《答乡村建设批判》，见《梁漱溟全集》，第 2 卷，634 页。

② 梁漱溟：《乡村建设理论》，见《梁漱溟全集》，第 2 卷，412、416 页。

③ 同上书，557～567 页。

文化观念或人生态度。概括地说，这就是一个以孔子儒家文化精神为核心、融合西方科技与团体组织的，从而超越古今中西的、社会和谐的理想社会。

第四节 对陈、胡、梁之社会思想的认识与评论

一、对陈独秀社会思想的基本认识

作为政治家，陈独秀是中国早期马克思主义者之一，他一生主要从事革命活动，其思想的内容与重心也随着政治形势的变化而不断变化，因此其思想谈不上系统完整，其社会思想更是如此。但作为政治家的陈独秀因为积极投身社会实践，对中国社会现实有较深入的观察，加上其渊博的学识，其社会思想在诸多方面也不乏独到的深刻见解。如在中西文化的问题上，注重从社会变迁、时代要求的角度全面评价传统的思想与学说，是一种较为理性的认识态度。基于对人类惰性的认识，面对五四时期文化保守的浓重氛围，他主张极端的西化态度，对五四以来的文化现代化过程无疑起了积极的推动作用。他反对传统纲常伦理道德，鼓吹现代人格独立的精神，也是我们至今还未完成的人格启蒙任务。在个人与社会的关系上，也一度提出了在人格独立前提下，个人与社会兼顾的合理主张，其根据社会主义社会互助、世界大同的理念所提出的社会至上论在个人至上的今天也有救偏的启示意义。在社会变迁的道路上，他依据唯物史观，强调经济发展阶段的不可超越性、社会主义社会经济成分的多样性、私有制度的必要性、社会主义民主制度的至关重要性、社会主义的非平均主义性等观点均已被今日的社会主义实践所证实，体现了陈独秀的深刻预见性。

陈独秀的社会思想也有明显不足的一面。其思想随时而变，体现了较强的功利性特点。他对个人与社会关系的认识就明显体现了这一点。在对社会群体、革命力量的认识上，其思想也较为复杂，多有矛盾冲突之处。在社会变迁的问题上，他虽然意识到有渐变与突变两种途径，但否认在中国突变的可能性，否认工农武装革命，说明对中国社会革命的独特途径还缺乏清醒的认识。他极力否定传统文化，虽有现实需要的一面，但在学理上对中西文化的认识显然过于偏颇，对文化的个性与民族性的一面缺乏必要的体认，这在日趋全球化的今天尤其值得警惕。

二、对胡适社会思想的认识

胡适是中国早期自由主义者的代表人物之一，他曾在《新思潮的意义》中提出“研究问题，输入学理，整理国故，再造文明”16字作为新文化运动的总纲。这一纲领也可用于对胡适本人社会思想的概括，即研究中国具体社会问题，谋求渐进式社会

改良；介绍、宣传近代西方文明，培育健全的独立人格，推动现代美英式民主政治道路；严厉批判传统文化，防止早期现代化过程中的文化复古倾向，通过社会改造，建设一个现代化的中国社会。他的社会思想与社会改造观的关键是谋求中国社会的现代化，谋求“怎样解决中国的种种困难，使她在这个现代世界里可以立脚，可以安稳过日子”，“中国的现代化只是怎样建设起一个站得住的中国，使她在这个现代世界里可以占一个安全平等的地位”①。内中浓缩着现代爱国知识分子群体炽热的强国之梦。这是我们认识现代知识分子社会思想的一个前提。

胡适的社会思想，在个人与社会的关系中，提倡健全的个人主义思想，主张个人与国家社会的有机统一；在社会性别观上，主张男女人格、机会平等，反对片面地对女子贞操的要求，注重女子解放中经济解放的前提；在社会群体中，关注青年学生，注重未来社会建设人才的知识与能力的培养，在爱国与求知之间，在谋求长远的强国之梦的前提下，强调求知优先；在中西文化问题上，深入认识文化惰性的特点与文化交流折中的本质，既提出中西文化融汇联结的合理主张，更顺应现代化的潮流与发展趋势，提出充分世界化的主张，坚信未来文化的本位性。凡此主张，尽管很难说有多深刻与系统，但作为现代新文化运动的首倡人物之一，其社会思想自有划时代的启蒙意义，而且至今也是我们在现代化的社会建设过程中值得大力提倡的思想观念。在社会问题与社会整合的问题上，注重自身内因的探寻，注重研究解决具体问题，希望稳步走上民主宪政之路，这是一种稳健的、现实的社会变革路向，应该说在社会根本变革之后，正是社会建设、社会发展应持的合理方向。

基于自由主义的社会改良立场是胡适社会思想的基本特点，所以他始终反对根本性的、颠覆性的社会变革，应该说这也正是胡适社会思想的局限所在。尽管社会的改造离不开具体问题的改造，但在社会秩序、社会结构存在根本问题的情况下，不谋求整体的、根本性的社会变动，社会、文化的重建必然难以落实。胡适参与社会改造实践屡屡受挫正说明其渐进式改良的方式在社会大变动时期的内在限制。胡适对文化问题虽有较为深入与清醒的认识，在特定时期对传统文化的偏激言论固然也体现了一种难得的理性自责，但对中国文化也确实始终缺少科学合理、系统深入的认识。他所提出的“充分世界化”主张中的“世界”，实际还是现代西方世界。在当时，充分西方化固然有其时代的合理性，但在今天看来，这一主张显然还缺乏对中国传统思想文化之现代性意义及世界文化多元性的深入认识。

三、对梁漱溟社会思想的认识

中国近代以来，像梁漱溟这样对中国文化与社会有系统完整的理论见解，提出并实践其社会改造主张的知识分子非常少见。

他思想与行动的诸多方面至今仍焕发着积极意义。比如他从讨论中西文化到致力于乡村建设，始终关注的核心问题是文化问题，是社会、群体的伦理道德素质在现代

① 胡适：《建国问题引论》，见季羡林主编：《胡适全集》(21)，669页。

社会的提升问题，这依然是今天的人文重建中的核心问题；他强调文化类型，论证文化的民族性，在当时的西化潮流下具有增强民族自信心的作用；他的“伦理本位、职业分途”的社会结构观虽不全面，但的确深刻地反映了中国社会实质的一个方面，如其分析传统社会中的职业分途，上下流动渠道相对畅通，阶级对立并不显著的观点，就越来越被史学界的一些实证研究成果所证实；在乡建思想中，他对社会整合社会和谐的高度关注、对社会力量与国家行政力量合理关系的思考、对中国经济发展道路特殊性的思考（如乡村工业化的道路）等，较为深刻与合理，至今不无借鉴意义；他关注乡村问题，从改造农民出发达到改造中国的思路，也可以说抓住了民国以来中国问题的实质；他强调知识分子与农民的结合并辞去大学教职，亲自实践，更是开启了近代知识分子与农村结合的风气，对今天的三农问题的解决尤其具有示范意义。

然而，他的思想与理论也存在一些明显的问题，大致说来，他对中国文化与中国社会结构的归纳可以说只是一种“理想类型”。他讨论中西文化，将中西文化分为三种不同类型，实际上是一种静态的文化观；而且始终认为中国文化在精神上高于西洋文化，这既与他自称文化类型无高低之别自相矛盾，也否认了文化的多元性，实际上依然是一种错误的文化单线进化论。他将中国文化定位为以孔子为代表的儒家文化，既忽视了中国传统文化儒、释、道三家文化合一的客观事实，也未能注意到儒家文化自身发展过程中的变化。他的伦理本位、职业分途的社会结构观虽有合理性的一面，但认识过于绝对化与理想化，使之成为一个超稳定的结构，而缺乏对历史与现实中国社会真正全面的了解，以致在乡村建设过程中出现理论与现实矛盾的两大尴尬局面：乡村建设应与国家政权保持距离而实际乡村建设却依附于政权（即“高谈社会运动而依附于政权”）；乡村建设应该由知识分子引导农民自发有力地进行团体参与而农民却只关注个人的经济利益（即“号称乡村运动而乡村不动”）[①]，乡村建设运动困难重重与他对乡村社会的认识偏颇是不无关系的。在社会变迁的路径上，也有过于强调乡村重要性而忽视工业化、都市化发展为另一条主线的必要性与重要性的缺陷。

本章要点

1. 作为政治家，陈独秀是中国早期马克思主义者之一，他一生主要从事革命活动，其思想的内容与重心也随着政治形势的变化而不断变化。作为政治家的陈独秀因为积极投身社会实践，对中国社会现实有较深入的观察。

2. 在中西文化的问题上，他注重从社会变迁、时代要求的角度全面评价传统的思想与学说，是一种较为理性的认识态度。基于对人类惰性的认识，面对五四时期文化保守的浓重氛围，他主张极端的西化态度，对五四以来的文化现代化过程无疑起了积极的推动作用。他反对传统纲常伦理道德，鼓吹现代人格独立的精神，这也是我们至今还未完成的人格启蒙任务。在个人与社会的关系上，他一度提出了在人格独立前

① 梁漱溟：《我们的两大难处》，《乡村建设理论》“附录”，见《梁漱溟全集》，第2卷，573～585页。

提下，个人与社会兼顾的合理主张，其根据社会主义社会互助、世界大同的理念所提出的社会至上论在个人至上的今天也有救偏的启示意义。

3. 陈独秀的社会思想也有明显不足的一面。其思想随时而变，体现了较强的功利性特点。他对个人与社会关系的认识就明显体现了这一点。在对社会群体、革命力量的认识上，其思想也较为复杂，多有矛盾冲突之处。在社会变迁的问题上，他虽然意识到有渐变与突变两种途径，但否认在中国突变的可能性，否认工农武装革命，说明对中国社会革命的独特途径还缺乏清醒的认识。他极力否定传统文化，虽有现实需要的一面，但在学理上对中西文化的认识显然过于偏颇，对文化的个性与民族性的一面缺乏必要的体认，这在日趋全球化的今天尤其值得警惕。

4. 胡适在《新思潮的意义》中提出“研究问题，输入学理，整理国故，再造文明”16字作为新文化运动的总纲。这一纲领也可用于对胡适本人社会思想的概括，即研究中国具体社会问题，谋求渐进式社会改良；介绍、宣传近代西方文明，培育健全的独立人格，推动现代美英式民主政治道路；严厉批判传统文化，防止早期现代化过程中的文化复古倾向，通过社会改造，建设一个现代化的中国社会。

5. 在个人与社会的关系上，胡适提倡健全的个人主义，主张个人与国家社会的有机统一；在社会性别观上，主张男女人格、机会平等，反对片面地对女子贞操的要求，注重女子解放中经济解放的前提；在社会群体中，关注青年学生，注重未来社会建设人才的知识与能力的培养，在爱国与求知之间，在谋求长远的强国之梦的前提下，强调求知优先；在中西文化问题上，深入认识文化惰性的特点与文化交流折中的本质，既提出中西文化融汇联结的合理主张，更顺应现代化的潮流与发展趋势，提出充分世界化的主张，坚信未来文化的本位性。

6. 基于自由主义的社会改良立场是胡适社会思想的基本特点，所以他始终反对根本性的、颠覆性的社会变革，应该说这也正是胡适社会思想的局限所在。尽管社会的改造离不开具体问题的改造，但在社会秩序、社会结构存在根本问题的情况下，不谋求整体的、根本性的社会变动，社会、文化的重建必然难以落实，胡适参与社会改造实践屡屡受挫正说明渐进式改良的方式在社会大变动时期的内在限制。

7. 梁漱溟从讨论中西文化到致力乡村建设，始终关注的核心问题是文化问题，是社会、群体的伦理道德素质在现代社会的提升问题，这依然是今天的人文重建中的核心问题；他的“伦理本位、职业分途”的社会结构观虽不全面，但的确深刻地反映了中国社会实质的一个方面，如其分析传统社会中的职业分途，上下流动渠道相对畅通，阶级对立并不显著的观点，就越来越被史学界的一些实证研究成果所证实。

8. 梁漱溟在乡村建设思想中，对社会整合社会和谐的高度关注、对社会力量与国家行政力量合理关系的思考、对中国经济发展道路特殊性的思考（如乡村工业化的道路）等，较为深刻与合理；他关注乡村问题，从改造农民出发达到改造中国的思路，也可以说抓住了民国以来中国问题的实质；他强调知识分子与农民的结合并辞去大学教职，亲自实践，更是开启了近代知识分子与农村结合的风气，对今天的三农问题的解决尤其具有示范意义。

复习思考题

1. 试述陈独秀人格启蒙思想的现实意义。

2. 试述胡适提出的“研究问题，输入学理，整理国故，再造文明”对传统文化研究的借鉴作用。

3. 试述梁漱溟身体力行的乡村建设运动与今天的新农村建设的区别与联系。

推荐阅读书目

1. 陈独秀：《陈独秀著作选》，上海，上海人民出版社，1993。

2. 胡适：《胡适文存》（四集），合肥，黄山书社，1996。

3. 梁漱溟：《梁漱溟全集》，第2卷、第3卷，济南，山东人民出版社，1989。

4. 唐宝林：《陈独秀全传》，北京，社会科学文献出版社，2013。

5. [美] 格里德：《胡适与中国的文艺复兴》，南京，江苏人民出版社，1993。

6. [美] 艾恺：《最后的儒家——梁漱溟与中国现代化的两难》，南京，江苏人民出版社，1993。

7. 唐宝林等：《陈独秀年谱》，上海，上海人民出版社，1988。

8. 李渊庭等：《梁漱溟先生年谱》，南宁，广西师范大学出版社，2003。

9. 耿云志：《胡适年谱》，福州，福建教育出版社，2012。

图书在版编目（CIP）数据

中国社会思想史/王处辉主编．—3版．—北京：中国人民大学出版社，2015.2
新编21世纪社会学系列教材
ISBN 978-7-300-20919-7

Ⅰ.①中…　Ⅱ.①王…　Ⅲ.①政治思想史—中国—高等学校—教材　Ⅳ.①D092

中国版本图书馆CIP数据核字（2015）第039249号

普通高等教育“十一五”国家级规划教材
教育部高等学校社会学学科教学指导委员会推荐教材
新编21世纪社会学系列教材
中国社会思想史
第三版
主　编　王处辉
Zhongguo Shehui Sixiangshi

出版发行	中国人民大学出版社		
社　　址	北京中关村大街31号	**邮政编码**	100080
电　　话	010-62511242（总编室）		010-62511770（质管部）
	010-82501766（邮购部）		010-62514148（门市部）
	010-62515195（发行公司）		010-62515275（盗版举报）
网　　址	http://www.crup.com.cn		
经　　销	新华书店		
印　　刷	北京昌联印刷有限公司	**版　　次**	2002年6月第1版
规　　格	185 mm×260 mm　16开本		2015年5月第3版
印　　张	34	**印　　次**	2023年9月第11次印刷
字　　数	738 000	**定　　价**	68.00元

关联课程教材推荐

书号	书名	作者	定价
978-7-300-11883-3	中国社会思想史新编	郑杭生、江立华	39.00 元
978-7-300-17210-1	社会学概论新修（第四版）	郑杭生	49.8 元
978-7-300-17863-9	社会研究方法（第四版）	风笑天	45.00 元
978-7-300-20344-7	社会心理学（第四版）	沙莲香	49.80 元
978-7-300-08932-4	外国社会学史（第三版）	贾春增	48.00 元

配套教学资源支持

尊敬的老师：

衷心感谢您选择使用人大版教材！

秉承“出教材学术精品，育人文社科英才”的出版理念，我社为教材打造配套教学资源，帮助老师拓展教学思路，革新教学方式。相关的配套教学资源，请到人文分社网站（www.crup.com.cn/rw）下载，或是随时与我们联系，我们将向您免费提供。联系人信息：

地址：北京海淀区中关村大街 31 号 211 室　龚洪训 收　邮编：100080

电子邮件：gonghx@crup.com.cn　电话：010-62515637　QQ：6130616/195761402

欢迎您随时反馈教材使用过程中的疑问、修订建议等，让我们与教材共成长。建议一经采纳，即有好书奉送。

如有相关教材的选题计划，也欢迎您与我们联系，我们将竭诚为您服务！

选题联系人：	电子邮件：	电话：
潘　宇	pany@crup.com.cn	010-62515634
宋义平	songyp@crup.com.cn	010-62511866